# VOYAGE

# EN ICARIE.

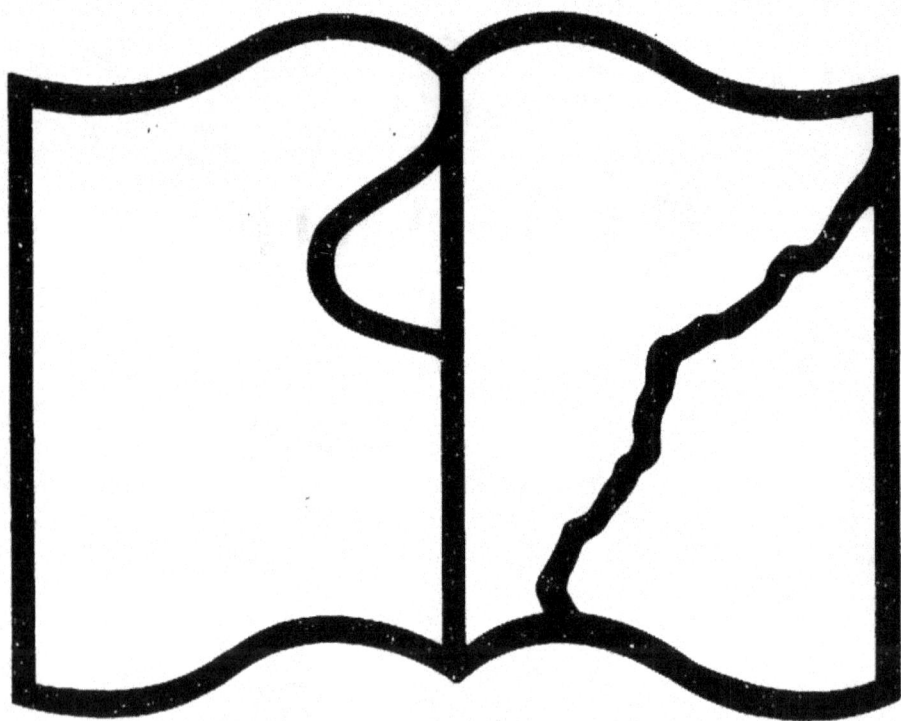

Texte détérioré — reliure défectueuse

**NF Z** 43-120-11

Imp. de P. BAUDOUIN, rue des Boucheries-St-Germain, 38.

# VOYAGE

## EN

# ICARIE

PAR

## M. CABET.

—

## FRATERNITÉ.

Tous pour chacun.                    Chacun pour tous.

—      Q      —

| | | |
|---|---|---|
| SOLIDARITÉ | AMOUR | ÉDUCATION |
| ÉGALITÉ—LIBERTÉ | JUSTICE | INTELLIGENCE—RAISON |
| ÉLIGIBILITÉ | SECOURS MUTUEL | MORALITÉ |
| UNITÉ | ASSURANCE UNIVERSELLE | ORDRE |
| PAIX. | ORGANISATION DU TRAVAIL | UNION. |
| — | MACHINES AU PROFIT DE TOUS | — |
| | AUGMENTATION DE LA PRODUCTION | |
| | RÉPARTITION ÉQUITABLE DES PRODUITS | |
| | SUPPRESSION DE LA MISÈRE | |
| | AMÉLIORATIONS CROISSANTES | |

Premier droit,    MARIAGE ET FAMILLE    Premier devoir,
Vivre.      PROGRÈS CONTINUEL      Travailler.
—      ABONDANCE      —
     ARTS.

A chacun      ◊      De chacun
suivant ses besoins.      suivant ses forces.

## BONHEUR COMMUN.

PARIS
AU BUREAU DU POPULAIRE, RUE JEAN-JACQUES-ROUSSEAU, 14.
Dans les Départements et à l'Étranger, chez les Correspondants du POPULAIRE.

1845

# PRÉFACE.

———

Quand on considère les *richesses* dont la bienfaisante Nature a comblé le Genre humain, et l'*Intelligence* ou la *Raison* dont elle l'a gratifié pour lui servir d'instrument et de guide, il est impossible d'admettre que la destinée de l'homme soit d'être *malheureux* sur la Terre; et quand on considère qu'il est essentiellement *sociable,* par conséquent sympathique et affectueux, il n'est pas plus possible d'admettre qu'il soit naturellement *méchant.*

Cependant, dans tous les temps et dans tous les pays, l'Histoire ne nous montre que troubles et désordres, vices et crimes, guerres et révolutions, supplices et massacres, catastrophes et calamités.

Mais si ces vices et ces malheurs ne sont pas l'effet de la volonté de la Nature, il faut donc en chercher la *cause* ailleurs.

Cette *cause* n'est-elle pas dans la *mauvaise organisation* de la Société? Et le vice radical de cette organisation n'est-il pas l'*Inégalité,* qui lui sert de base?

Aucune question n'est évidemment aussi digne d'exciter l'intérêt universel; car s'il était démontré que les souffrances de l'Humanité fussent un immuable arrêt du Destin, il faudrait n'y chercher de remède que dans la résignation et la patience; tandis que si, au contraire, le mal n'est que la conséquence d'une mauvaise organisation sociale, et spécialement de l'Inégalité, il ne faut pas perdre un moment pour travailler à supprimer ce mal en en supprimant la cause, en substituant l'*Égalité* à l'*Inégalité.*

A

Pour nous, plus nous étudions l'Histoire, plus nous sommes profondément convaincu que l'*Inégalité* est la cause génératrice de la misère et de l'opulence, de tous les vices qui sortent de l'une et de l'autre, de la cupidité et de l'ambition, de la jalousie et de la haine, des discordes et des guerres de tous genres, en un mot de tout le mal dont sont accablés les individus et les Nations.

Et notre conviction devient inébranlable quand nous voyons presque tous les Philosophes et tous les Sages proclamer l'*Égalité;* quand nous voyons *Jésus-Christ*, auteur d'une immense Réforme, fondateur d'une Religion nouvelle, adoré comme un Dieu, proclamer la *Fraternité* pour délivrer le Genre humain; quand nous voyons tous les Pères de l'Église, tous les Chrétiens des premiers siècles, la Réforme et ses innombrables partisans, la Philosophie du xviiiᵉ siècle, la Révolution américaine, la Révolution française, le Progrès universel, proclamer l'*Égalité* et la *Fraternité* des hommes et des Peuples.

La doctrine de l'*Égalité* et de la *Fraternité* ou de la *Démocratie* est donc aujourd'hui la conquête intellectuelle de l'Humanité; la réalisation de cette doctrine est le but de tous les efforts, de toutes les luttes, de tous les combats sur la Terre.

Mais quand on s'enfonce sérieusement et ardemment dans la question de savoir comment la Société pourrait être *organisée* en Démocratie, c'est-à-dire sur les bases de l'Égalité et de la Fraternité, on arrive à reconnaître que cette organisation exige et entraîne nécessairement la *Communauté des biens.*

Et nous nous hâtons d'ajouter que cette *Communauté* était également proclamée par *Jésus-Christ*, par tous ses Apôtres et ses disciples, par tous les Pères de l'Église et tous les Chrétiens des premiers siècles, par la Réforme et ses sectateurs, par les Philosophes qui sont la lumière et l'honneur de l'Espèce humaine.

Tous, et *Jésus-Christ* en tête, reconnaissent et proclament que la *Communauté*, basée sur l'éducation et sur l'intérêt public ou commun, constituant une assurance générale et mutuelle contre tous les accidents et tous les malheurs, garantissant à chacun la nourriture, le vêtement, le logement, la faculté de se marier et d'élever une famille, à la seule condition d'un travail modéré, est le seul système d'organisation sociale qui puisse *réaliser l'Égalité et la Fraternité*, prévenir la cupidité et l'ambition, supprimer les rivalités et l'antagonisme, détruire les jalousies et les haines, rendre le vice et le crime presque impossibles, assurer la concorde et la paix, donner enfin le bonheur à l'Humanité régénérée.

Mais depuis long-temps les adversaires intéressés et aveugles de la Communauté, tout en reconnaissant les prodiges qu'elle enfanterait, sont parvenus à établir ce préjugé — qu'elle est *impossible*, que ce n'est qu'un *beau rêve*, une magnifique *chimère*.

La Communauté est-elle ou n'est-elle pas *réalisable* et *possible*, voilà donc la question.

L'étude approfondie de cette question nous a profondément convaincu que la Communauté pourra facilement se réaliser dès qu'un Peuple et son Gouvernement l'auront adoptée. Nous avons aussi la conviction que les progrès de l'industrie rendent la Communauté plus facile aujourd'hui que jamais; que le développement actuel et sans borne de la puissance productrice au moyen de la vapeur et des machines peut assurer l'*égalité d'abondance*, et qu'aucun système social n'est plus favorable au perfectionnement des *beaux-arts* et à toutes les jouissances raisonnables de la civilisation.

C'est pour rendre cette vérité palpable que nous avons
rédigé le *Voyage en Icarie*.

Dans la I^re *Partie*, nous racontons, nous décrivons,
nous montrons une *grande Nation organisée en Communauté* : nous la faisons voir en action dans toutes ses situations diverses; nous conduisons nos lecteurs dans ses villes,
ses campagnes, ses villages, ses fermes; sur ses routes,
ses chemins de fer, ses canaux, ses rivières; dans ses diligences et ses omnibus; dans ses ateliers, ses écoles, ses
hospices, ses musées, ses monuments publics, ses théâtres,
ses jeux, ses fêtes, ses plaisirs, ses assemblées politiques;
nous exposons l'organisation de la nourriture, du vêtement, du logement, de l'ameublement, du mariage, de la
famille, de l'éducation, de la médecine, du travail, de l'industrie, de l'agriculture, des beaux-arts, des colonies;
nous racontons l'abondance et la richesse, l'élégance et la
magnificence, l'ordre et l'union, la concorde et la fraternité, la vertu et le bonheur, qui sont l'infaillible résultat
de la Communauté.

Du reste, la Communauté, comme la Monarchie, comme
la République, comme un Sénat, est susceptible d'une infinité d'organisations différentes; on peut l'organiser avec
des villes ou sans villes, etc., etc.; et nous n'avons pas la
présomption de croire que nous ayons trouvé, du premier
coup, le système le plus parfait pour organiser une grande
Communauté : nous n'avons voulu que présenter un
EXEMPLE, pour faire concevoir la possibilité et l'utilité du
système Communitaire. La carrière est ouverte : que
d'autres présentent de meilleurs plans d'organisation, de
meilleurs modèles ! Et d'ailleurs, la Nation saura bien
rectifier et perfectionner, comme les Générations suivantes sauront bien modifier et perfectionner encore.

Quant aux *détails* de l'organisation, beaucoup sont applicables à la simple Démocratie tout aussi bien qu'à la Communauté, et nous aimons à penser qu'ils peuvent, dès à présent, n'être pas sans quelque utilité.

Nous avons supposé que l'organisation politique d'Icarie était la *République :* mais nous prenons ce mot *République* dans son sens le plus large (*Res publica,* la *chose publique*), dans le sens que lui donnaient *Platon, Bodin, Rousseau,* qui appelaient République tout Etat ou toute Société gouvernée ou administrée dans l'*intérêt public ,* quelle que fût la forme du Gouvernement, simple ou multiple, héréditaire ou élective. Une Monarchie réellement représentative , démocratique , populaire , peut être mille fois préférable à une République aristocratique ; et la Communauté n'est pas plus impossible avec un Monarque Constitutionnel qu'avec un Président Républicain.

Dans la II° *Partie,* nous indiquons comment la Communauté peut *s'établir*, comment une grande et vieille Nation peut *se transformer* en Communauté. Nous sommes sincèrement et intimement convaincu que cette transformation ne peut s'opérer instantanément, par l'effet de la violence et de la contrainte, et qu'elle ne peut être que successive , progressive , par l'effet de la persuasion , de la conviction, de l'opinion publique, de la volonté nationale. Nous exposons un *Régime transitoire,* qui n'est autre chose qu'une *Démocratie* adoptant le principe de la Communauté, appliquant immédiatement tout ce qui est susceptible d'une application immédiate, préparant la réalisation progressive du reste, façonnant une première Génération pour la Communauté, enrichissant les pauvres sans dépouiller les riches, respectant les droits acquis et les habitudes de la Génération actuelle, mais supprimant sans retard la misère, assurant à tous du travail et l'existence, donnant à la masse le bonheur en travaillant.

Dans cette II<sup>e</sup> Partie, nous discutons la *théorie* et la *doctrine* de la Communauté, en réfutant toutes les *objections*; nous présentons le tableau historique des *Progrès de la Démocratie,* et nous passons en revue les *opinions* des plus célèbres Philosophes sur l'Égalité et la Communauté.

La III<sup>e</sup> *Partie* contient le Résumé des *Principes* du système Communitaire.

Sous la forme d'un ROMAN, le *Voyage en Icarie* est un véritable TRAITÉ de morale, de philosophie, d'économie sociale et politique, fruit de longs travaux, d'immenses recherches et de constantes méditations. Pour le bien connaître, il ne suffit pas de le lire ; il faut le relire, le relire souvent et l'étudier.

Nous ne pouvons sans doute nous flatter de n'avoir commis aucune erreur : mais notre conscience nous rend ce consolant témoignage que notre œuvre est l'inspiration du plus pur et du plus ardent amour de l'Humanité.

Abreuvé déjà de calomnies et d'outrages, nous avons besoin de courage pour braver la haine des partis, peut-être la persécution : mais de nobles et glorieux exemples nous ont appris que l'homme qu'enflamme et qu'entraîne son dévouement au salut de ses frères doit tout sacrifier à ses convictions ; et quel que puisse être le sacrifice, nous sommes prêt à l'accepter pour rendre, partout et toujours, un solennel hommage à l'excellence et aux bienfaits de la doctrine de la Communauté.

CABET.

# SOMMAIRE.

---

## PREMIÈRE PARTIE.

### VOYAGE. — RÉCIT. — DESCRIPTION.

## DEUXIÈME PARTIE.

ÉTABLISSEMENT DE LA COMMUNAUTÉ. — RÉGIME TRANSITOIRE.
— DISCUSSION.— OBJECTIONS.— RÉFUTATION DES OBJECTIONS. — HISTOIRE.
— OPINIONS DES PHILOSOPHES.

## TROISIÈME PARTIE.

RÉSUMÉ DE LA DOCTRINE OU DES PRINCIPES DE LA COMMUNAUTÉ.

FIN DU SOMMAIRE.

# VOYAGE

# EN ICARIE.

## PREMIÈRE PARTIE.

### VOYAGE.—RÉCIT.—DESCRIPTION.

### CHAPITRE PREMIER.

#### But du voyage. — Départ.

Le lecteur me pardonnera, j'espère, si je crois devoir lui donner d'abord deux mots d'explication sur les circonstances qui m'amènent à publier le récit d'un voyage fait par un autre.

J'avais connu lord W. Carisdall à Paris, chez le général Lafayette; et l'on comprendrait le plaisir que je dus éprouver en le retrouvant à Londres en 1834, si je pouvais, sans blesser sa modestie, parler des qualités de son esprit et de son cœur. Je pourrais dire, sans le contrarier, qu'il est un des plus riches seigneurs des trois royaumes et l'un des plus beaux hommes que j'aie vus, avec la physionomie la plus agréable que je connaisse, parce qu'il ne tire aucune gloire de ces faveurs du hasard ; mais je ne parlerai pas de l'étendue de ses connaissances, ni de la noblesse de son caractère, ni de l'amabilité de ses manières; je dirai seulement que, privé de ses père et mère dès son enfance, il avait passé toute sa jeunesse à voyager, et que sa passion était l'étude, non de choses frivoles, mais de toutes celles qui peuvent intéresser l'Humanité.

Il répétait souvent, avec douleur, qu'il avait trouvé l'homme malheureux partout sur la Terre, même dans les lieux où la Nature semble avoir tout réuni pour sa félicité; il se plaignait des vices de l'organisation sociale en Angleterre comme ailleurs ; et cepen-

1

dant il croyait qu'une Monarchie aristocratique, comme celle de son pays, était encore la forme de Gouvernement et de Société la plus convenable à l'Espèce humaine.

Un jour qu'il vint m'annoncer son projet de mariage avec *miss Henriet*, l'une des plus riches et des plus belles héritières d'Angleterre, il aperçut sur ma table un volume dont la reliure était aussi singulière que belle, et dont m'avait fait présent un voyageur récemment arrivé d'*Icarie*.

— Quel est cet ouvrage? dit-il en le prenant pour l'examiner. Quel beau papier! quelle magnifique impression! Quoi, c'est une *grammaire*! — Oui, une grammaire et un dictionnaire, lui répondis-je ; et réjouissez-vous! Vous vous plaignez souvent de l'obstacle qu'apportent au progrès des lumières la multiplicité et l'imperfection des langues : eh bien, voici une *langue* parfaitement rationnelle, régulière et simple, qui s'écrit comme elle se parle, et se prononce comme elle s'écrit ; dont les règles sont en très-petit nombre, et sans aucune exception ; dont tous les mots, régulièrement composés d'un petit nombre de *racines* seulement, ont une signification parfaitement définie, dont la grammaire et le dictionnaire sont tellement simples qu'ils sont contenus dans ce mince volume, et dont l'étude est si facile qu'un homme quelconque peut l'apprendre en quatre ou cinq mois.

—Vraiment! ce serait donc enfin ma *langue universelle* si désirée! — Oui, je n'en doute pas, chaque Peuple l'adoptera tôt ou tard, en remplacement de la sienne ou conjointement avec celle-ci, et cette langue d'Icarie sera quelque jour la langue de toute la Terre.

— Mais quel est donc ce pays, l'*Icarie?* Je n'en ai jamais ouï parler. — Je le crois bien : c'est un pays inconnu jusqu'à présent, et qui vient d'être découvert tout récemment; c'est une espèce de Nouveau Monde.

—Et que vous en a dit votre ami? — Ho! mon ami n'en parle que comme un homme que l'enthousiasme a rendu fou. S'il fallait l'en croire, ce serait un pays aussi peuplé que la France et l'Angleterre ensemble, quoiqu'à peine aussi grand que l'une d'elles. A l'entendre, c'est un pays de merveilles et de prodiges : les routes, les fleuves, les canaux, y sont magnifiques, les campagnes ravissantes, les jardins enchanteurs, les habitations délicieuses, les villages charmants et les villes superbes, avec des monuments qui rappellent ceux de Rome et d'Athènes, d'Égypte et de Babylone, de l'Inde et de la Chine. A l'en croire, son industrie surpasse celle de l'Angleterre, et ses arts sont supérieurs à ceux de la France ; nulle part on ne voit autant d'immenses machines ; on y voyage en ballon ; et les fêtes aériennes qui s'y donnent effacent la magnificence des fêtes terrestres les plus brillantes. Arbres, fruits, fleurs, animaux de toute espèce, tout y est admirable ; les enfants y sont tous charmants, les hommes vigoureux et beaux, les femmes enchanteresses et divines. Suivant lui, toutes les institutions sociales et politiques y sont marquées au coin de la raison, de la justice et de la sagesse. Les crimes y sont inconnus : tout le monde y vit dans la paix, les plaisirs, la joie et le bonheur. En un mot, l'Icarie est véritablement une seconde *Terre promise*, un *Eden*, un *Elysée*, un nouveau *Paradis terrestre*...

—Ou bien votre ami est un véritable visionnaire, reprit milord.

—C'est possible, et j'en ai peur : cependant il a la réputation d'un philosophe et d'un sage. D'ailleurs, cette grammaire, cette perfection dans la reliure, le papier et l'impression, cette *langue icarienne* surtout, ne sont-elles pas un premier prodige qui peut en annoncer d'autres ?

—C'est vrai !... cette langue me confond et me transporte. Pouvez-vous me confier la grammaire pour quelques jours ?—Certainement, vous pouvez l'emporter.

Et il me quitta d'un air aussi rêveur qu'empressé.

J'allai le voir quelques jours après.

—Hé bien ! me dit-il en me voyant, êtes-vous du voyage ? Moi je pars !—Et où allez-vous ?

—Quoi, vous ne devinez pas ? En Icarie.—En Icarie ! Vous riez !

—Non vraiment ! Quatre mois pour aller, quatre pour parcourir le pays, quatre pour revenir, et dans un an je viens vous raconter ce que j'ai vu...—Mais votre mariage ?...

—Elle n'a pas quinze ans, et moi j'en ai à peine vingt-deux ; elle n'a pas encore fait son entrée dans le monde, et moi je n'ai pas terminé mon instruction ; nous ne nous sommes jamais vus ; l'absence et ce *portrait* que j'emporte, me feront désirer davantage l'original... Et puis, je grille d'envie de visiter Icarie... Vous vous moquerez de moi... mais j'en ai la fièvre !... Je veux voir une Société parfaite, un Peuple complétement heureux... Et dans un an je reviens épouser. — Je suis bien fâché que mon ami soit reparti pour la France ! Mais je lui écrirai pour lui demander les détails de son voyage, afin qu'ils puissent vous guider dans le vôtre.

— Pas du tout ! c'est inutile ; je vous remercie : je ne veux plus rien en apprendre ; je voudrais même oublier tout ce que vous m'avez dit ; je veux avoir tout le plaisir de la surprise. Mon passe-port, 2 ou 3,000 guinées dans ma bourse, mon *fidèle John*, et votre grammaire icarienne que je vous vole, voilà tout ce qu'il me faut. Sachant déjà sept autres langues, je ne suis pas embarrassé pour apprendre celle-ci pendant la route. — Et si j'entends quelqu'un vous traiter d'original, d'excentrique, de...

— De fou, n'est-ce pas? — Oui de fou!

— Hé bien! vous ferez chorus si vous voulez. Je m'en irai, si j'ai le plaisir de rencontrer un Peuple comme je voudrais voir le Genre humain. — Vous écrirez un *journal* de votre voyage?

— Certainement oui!

Il était de retour en juin dernier (1837), plus enthousiasmé d'Icarie que mon ami qu'il appelait visionnaire, mais malade, dévoré de chagrins, le cœur brisé, presque mourant.

Je trouvai son *journal* (car il avait tenu parole) si intéressant, et ses aventures si touchantes, que je le pressai de le publier.

Il y consentit : mais trop souffrant pour pouvoir s'en occuper lui-même, il m'abandonna son manuscrit, en me laissant maître d'y faire toutes les suppressions que je jugerais convenables, et en me priant même de corriger les négligences de style que la précipitation avait multipliées.

J'ai cru pouvoir supprimer, en effet, quelques détails, qui paraîtront probablement plus tard : mais je me suis bien gardé de faire aucune autre correction, préférant laisser quelques fautes plutôt que de changer le récit original; et c'est le jeune et noble voyageur qui va raconter lui-même ses aventures et son voyage, ses plaisirs et ses douleurs.

---

## CHAPITRE II.

### Arrivée en Icarie.

Je quittai Londres le 22 décembre 1835, et j'arrivai le 24 avril, avec le fidèle compagnon de mes voyages, mon bon John, au port de Camiris, sur la côte orientale du pays des Marvols, séparé d'*Icarie* par un bras de mer qu'on traverse en six heures.

Je ne raconterai pas les mille accidents qui m'arrivèrent pendant la route : volé dans presque toutes les auberges; presque empoisonné dans une autre; persécuté par les gendarmes ou les autorités; vexé et outragé par les douanes; arrêté et emprisonné plusieurs jours pour avoir repoussé l'insolence d'un douanier; menacé sou-

vent d'être brisé avec la voiture sur d'épouvantables chemins ;
miraculeusement sauvé d'un précipice où nous jeta un misérable
conducteur aveuglé par l'ivresse ; presque enseveli dans la neige,
puis dans les sables ; trois fois attaqué par des brigands ; blessé
entre deux voyageurs qui furent tués à mes côtés ; je n'en ressen-
tais que mieux l'inexprimable bonheur d'apercevoir enfin le terme
de mon voyage.

J'étais d'autant plus heureux que, rencontrant là des *Icariens*,
j'acquis la certitude que je pouvais entendre et parler la langue
*icarienne*, dont j'avais fait mon unique étude pendant toute la route.

Ma joie fut bien plus grande quand j'appris que les étrangers qui
ne parlaient pas cette langue n'étaient point admis en Icarie, et
qu'ils étaient obligés de s'arrêter plusieurs mois à Camiris pour
l'apprendre.

Je sus bientôt que les Marvols étaient les alliés des Icariens ;
que Camiris était presque une ville icarienne ; qu'un vaisseau icarien devait partir le lendemain pour Tyrama, en Icarie; qu'il fallait
d'abord s'adresser au consul icarien, dont l'hôtel était tout près du
lieu d'embarquement ; et que ce fonctionnaire était constamment
visible pour les étrangers.

Je me rendis de suite au consulat, et je fus introduit à l'instant.

Le consul me reçut avec une bonté qui me parut sans affecta-
tion, et me fit asseoir à côté de lui.

— Si votre but, me dit-il, est d'acheter quelque marchandise,
n'allez pas en Icarie ; car nous *ne vendons rien ;* si vous ne venez
que pour en vendre, arrêtez-vous encore ; car nous *n'achetons rien;*
mais si vous n'avez qu'un but de curiosité, vous pouvez continuer ;
votre voyage sera rempli de plaisir. ▪

Ils ne vendent rien, ils n'achètent rien, répétais-je en moi-même
avec étonnement !

Je lui expliquai le motif de mon voyage en lui remettant mon
passe-port.

— Vous êtes donc curieux de voir notre pays, milord? me dit-il
après l'avoir lu. — Oui, je veux voir si vous êtes aussi parfaitement organisés et aussi heureux que je l'ai entendu dire ; je veux
étudier et m'instruire.

— Bien, très-bien ! mes concitoyens sont enchantés de recevoir
les étrangers, et surtout les personnages influents qui viennent apprendre ici les moyens d'être heureux, pour les reporter dans leur
patrie. Vous pouvez parcourir et visiter toute l'Icarie ; et partout,

le Peuple icarien, vous considérant comme son hôte et son ami, s'empressera de vous faire les honneurs de son pays.

Je dois cependant, continua-t-il, dans l'intérêt de mes concitoyens comme dans le vôtre, vous indiquer les conditions de votre admission chez nous.

Vous vous engagerez à vous conformer à nos lois et à nos usages, ainsi que vous les explique en détail le *Guide de l'étranger en Icarie*, qu'on vous a remis dans votre hôtel ; vous vous obligerez surtout à garder un respect inviolable pour nos filles et nos femmes.

Si par hasard ces conditions ne vous conviennent pas, n'allez pas plus loin.

Après ma déclaration que je me soumettais à toutes ces conditions, il me demanda combien de temps je me proposais de passer en Icarie ; et sur ma réponse que je voulais y passer *quatre mois*, il m'annonça que mon passe-port était prêt, et m'invita à verser dans la caisse *deux cents guinées* pour moi et autant pour mon compagnon, conformément au *tarif* des prix proportionnés à la durée du séjour.

Toutes les politesses du consul ne m'empêchèrent pas de trouver que *deux cents guinées* étaient énormément d'argent pour un passe-port ; et craignant que, si tous les prix étaient aussi exorbitants, ma bourse, toute bien garnie qu'elle était, ne fût insuffisante pour mes autres dépenses, je me hasardai à lui demander quelques renseignements à ce sujet. — Qu'aurai-je à payer pour mon passage ? lui dis-je. — Rien, me répondit-il.

— Combien me coûtera la voiture qui me conduira dans la capitale ? — Rien.

— Comment, rien ! — Non, rien ; les deux cents guinées que vous allez remettre sont le prix de toutes vos dépenses pendant quatre mois. Vous pouvez aller partout, et partout vous aurez les meilleures places dans les voitures publiques, sans avoir jamais rien à payer ; partout vous trouverez un *hôtel des Étrangers*, où vous serez logé, nourri, blanchi, vêtu même, sans avoir jamais et nulle part rien à donner. Vous serez également admis gratuitement dans tous les établissements publics et dans tous les spectacles. En un mot, la Nation, qui reçoit vos deux cents guinées, se charge de vous tout fournir comme à l'un de ses citoyens.

Et comme la *vente*, continua-t-il, est d'ailleurs inconnue parmi nous, et que par conséquent vous ne trouverez rien à acheter ; comme l'usage de la *monnaie* est interdit aux individus, depuis

que le bon Ican nous a délivrés de cette peste, vous allez déposer
en même temps tout le reste de l'argent que vous pouvez avoir.
— Comment, tout le reste de mon argent ! — Ne craignez rien ; ce
dépôt vous sera rendu à la frontière que vous choisirez pour partir.

J'étais encore étonné de toutes ces nouveautés singulières, lorsque
le lendemain, vers les six heures du matin, nous nous embarquâmes sur un énorme et magnifique bateau à vapeur.

Je vis avec plaisir qu'on entrait de plain-pied dans le bâtiment,
sans que les femmes fussent obligées de passer d'abord dans de
petites barques qui leur causent plus d'effroi, leur font courir plus
de danger, et même leur font souvent plus de mal que tout le reste
du voyage.

Je fus émerveillé et ravi de trouver là un bateau à vapeur
aussi beau que nos plus beaux bateaux anglais et même que les
plus beaux bateaux américains ; quoique ses chambres ne fussent
pas garnies d'acajou, mais d'un bois indigène imitant le plus beau
marbre, il me parut plus élégant, et surtout plus commode et plus
agréable pour les voyageurs.

Un Pagilois, qui n'avait pas encore vu de bateaux à vapeur, ne
pouvait cesser de se récrier sur la richesse et la beauté des deux
salons où brillaient les tapis, les glaces, les dorures, les fleurs,
une multitude de petits meubles charmants, même un piano et
beaucoup d'autres instruments de musique. Il allait et venait, montait et descendait, et s'extasiait comme un fou quand il voyait lire,
écrire, jouer, faire de la musique dans ce palais flottant, et surtout quand il regardait le bateau fendre majestueusement les
ondes, sans rameurs, sans voiles, sans vent, sur une mer immobile.

Pour moi, ce que j'admirais le plus, c'étaient toutes les dispositions prises pour préserver les voyageurs, non-seulement du froid
et du chaud, du soleil et de la pluie, mais encore de tous les dangers, de toutes les incommodités du voyage.

Indépendamment d'un long et large *pont*, parfaitement propre
et plat, garni de siéges élégants, où chacun pouvait se promener
ou s'asseoir, et jouir du magnifique spectacle de la mer, en respirant le frais sous une tente ; indépendamment des deux superbes
salons, où chacun pouvait se chauffer auprès d'un bon feu ; chacun
avait sa cellule fermée, contenant un lit commode et tous les
petits meubles qui peuvent être nécessaires.

Le consul icarien avait poussé l'attention jusqu'à faire imprimer
et distribuer à chaque voyageur, dans son hôtel, un *Guide du*

*voyageur en mer*, indiquant ce que chacun devait faire, avant et pendant le voyage, suivant son sexe et son âge, pour prévenir ou diminuer le mal de mer.

En parcourant ce petit livre, que sa jolie forme invitait à lire, je vis avec un plaisir extrême que le gouvernement d'Icarie avait ouvert un grand *concours* parmi les médecins, et qu'il avait offert une magnifique *récompense* à celui qui indiquerait les moyens de préserver l'homme de cet horrible mal de mer. Je vis avec plus de plaisir encore qu'on était parvenu à le rendre presque insensible.

Immédiatement après l'embarquement et avant le départ, le chef du bâtiment, appelé *tégar* (le soigneur), nous avait rassemblés et prévenus que nous ne devions avoir aucune inquiétude, parce que le navire, les matelots et les ouvriers étaient excellents, et parce que toutes les précautions imaginables avaient été prises pour rendre impossible un naufrage, une explosion de la vapeur, un incendie, un accident quelconque. Je retrouvai toutes ces assurances dans mon petit *Guide du voyageur en mer*, et j'y lus avec plaisir que les capitaines, les pilotes et les matelots n'étaient admis qu'après des examens à la suite d'une excellente éducation pratique et théorique, et que les ouvriers chargés de conduire la machine à vapeur étaient également des mécaniciens d'une instruction, d'une expérience, d'une habileté et d'une sagesse éprouvées ; j'y lus encore avec satisfaction que toujours, avant le départ, le *soigneur*, homme très-habile lui-même, *visite* tout le bâtiment, surtout la machine, et qu'il rédige un *procès-verbal* détaillé, constatant qu'aucun accident n'est possible. L'admiration que m'inspiraient toute cette sollicitude et tous ces soins pour la sûreté des voyageurs s'accrut encore lorsque je sus que le gouvernement d'Icarie avait, comme pour le mal de mer, ouvert un grand *concours* et décerné une superbe *récompense* à celui qui présenterait le plan du bateau à vapeur le plus parfait sous tous les rapports. J'examinai alors avec plus d'attention et de plaisir deux *statues* en bronze que je n'avais fait qu'apercevoir, qui représentent les auteurs des deux ouvrages couronnés dans les deux concours, avec les noms des auteurs des dix autres meilleurs ouvrages.

Je compris parfaitement alors comment le bâtiment pouvait offrir tant de perfections aux voyageurs ; et je le compris mieux encore quand je vis un énorme et superbe *registre* destiné à recevoir les observations et les idées que chaque voyageur voulait y consigner pour le perfectionnement du navire.

Vers les huit heures, lorsque nous avions parcouru le tiers de la route, nous déjeunâmes tous ensemble dans le salon; et, quoique le déjeuner fût remarquable par l'élégance de tout ce qui couvrait la table, je ne pouvais m'occuper que du Pagilois, qui ne pouvait concevoir l'immobilité des verres et des bouteilles, et dont les gestes et les exclamations amusaient beaucoup toute la compagnie.

Peu après neuf heures, le vent se leva subitement du côté d'Icarie, et nous nous trouvâmes bientôt au milieu d'une violente tempête, qui me donna l'occasion d'admirer encore les soins qu'on avait des passagers.

Tout était calculé pour éviter ce qui pouvait les effrayer; tous les objets étaient placés et fixés de manière que rien ne pouvait rouler ni produire du désordre et du bruit.

Pendant que le capitaine et ses matelots s'occupaient uniquement à diriger le navire, le *soigneur* s'occupait à rassurer les passagers.

Il nous dit que son gouvernement s'intéressait mille fois plus aux personnes qu'aux marchandises; que le salut des voyageurs était le principal objet de sa sollicitude; qu'il consacrait ses meilleurs bâtiments au transport des individus; que les naufrages étaient presque impossibles avec des navires de cette espèce, et qu'on n'en avait pas vu depuis dix ans, quoiqu'on vît fréquemment des tempêtes bien autrement violentes. Aussi personne n'avait peur.

Ne trouvant rien de plus beau qu'un orage sur mer, j'étais resté sur le pont, où je me plaisais à contempler les vagues, vertes ou blanches d'écume et mugissantes, qui s'avançaient sur nous comme des montagnes prêtes à nous engloutir, et qui, passant par-dessous le bâtiment et le soulevant, semblaient tantôt nous descendre au fond d'   ^irs abîmes sans nous laisser voir autre chose que des
       .tôt nous élever au haut du ciel sans nous laisser voir autre chose que des nuages obscurs.

Apercevant plusieurs gros bateaux qui paraissaient nous observer, je demandai au capitaine si c'étaient des *douaniers*. — Des douaniers! répondit-il d'un air étonné. Depuis cinquante ans nous n'avons plus de *douane:* le bon ICAR a détruit cette caverne de voleurs, plus impitoyables que les pirates et les tempêtes. Ces bateaux que vous voyez sont des bateaux *sauveurs* qui sortent pendant l'orage pour diriger ou secourir les autres bâtiments qui se trouveraient en danger. Les voilà qui s'éloignent parce que l'orage commence à passer.

1.

Peu après nous aperçûmes les côtes d'Icarie, puis la ville de Tyrama, dans le port de laquelle nous ne tardâmes pas à entrer.

J'eus à peine le temps de remarquer la rive, les maisons et les vaisseaux.

Notre bateau s'arrêta au pied d'une longue et large jetée en fer, suspendue sur la mer comme le pont de Brighton, construite exprès pour faciliter le débarquement et pour servir de promenade. Un magnifique escalier, sur lequel nous entrâmes immédiatement depuis le bateau, nous monta sur cette levée, au bout de laquelle une porte gigantesque, surmontée d'une statue colossale, présentait, en lettres énormes, cette inscription : *Le Peuple icarien est frère de tous les autres Peuples.*

Le *soigneur*, qui nous avait prévenus de ce que nous aurions à faire en arrivant, nous conduisit tous à l'*hôtel des Etrangers*, situé tout près de la porte, sur l'emplacement de l'ancienne douane, où notre bagage arriva presque aussitôt que nous sans que nous eussions ni à nous en occuper, ni rien a donner à personne.

Des hommes, qui paraissaient des maîtres et non des domestiques, nous conduisirent avec une politesse bienveillante dans des appartements séparés, tous semblables, aussi élégants que propres, et garnis de tout ce qui peut être nécessaire à des voyageurs. Il y avait même des bains dans l'hôtel.

Chaque chambre contenait un *avertissement* encadré, indiquant à l'étranger tout ce qu'il avait le plus besoin de connaître, et lui annonçant qu'il trouverait dans une salle particulière les cartes, les plans, les livres et les autres renseignements qu'il pouvait désirer.

Peu après, on nous servit un repas excellent pendant lequel un vénérable magistrat vint nous saluer au nom du peuple icarien, et s'assit amicalement au milieu de nous pour nous parler de son pays et nous éclairer sur notre voyage.

Il parut enchanté de voir un seigneur anglais en Icarie.

—Puisque vous venez pour étudier notre pays, me dit-il après dîner, je vous conseille de vous rendre directement dans la capitale et de prendre la voiture qui part ce soir à cinq heures, parce que vous y trouverez pour compagnon de voyage un jeune homme charmant, le fils d'un de mes amis, qui se fera un plaisir de vous servir de *cicerone;* et comme vous avez encore trois heures à attendre, si vous voulez jeter un coup-d'œil sur notre ville, je vais vous donner un guide qui vous conduira.

Je n'étais pas revenu de ma surprise, et je n'avais pas fini d'exprimer à l'obligeant magistrat combien j'étais touché de ses procédés bienveillants, quand le guide se présenta ; et nous sortîmes pour parcourir précipitamment quelques quartiers de la ville.

Tyrama me parut une ville neuve et régulière.

Toutes les rues que j'ai parcourues sont droites, larges, parfaitement propres, garnies de trottoirs ou plutôt de portiques à colonnades. Toutes les maisons que j'ai vues sont charmantes, toutes à quatre étages, bordées de balustrades, avec des portes et des fenêtres élégantes, peintes de diverses couleurs vernissées.

Tous les bâtiments d'une même rue sont pareils, mais les rues sont différentes. Je me suis presque cru transporté dans les belles rues de Rivoli et Castiglione à Paris, ou dans le beau quartier de Regent's Park à Londres, et même je trouvais ce quartier de Tyrama plus joli.

Aussi, l'un de mes compagnons de voyage s'extasiait à chaque pas sur l'élégance des maisons, la beauté des rues, l'agrément des fontaines et des places, la magnificence des palais et des monuments.

Les *jardins* surtout, qui servent en même temps de promenades publiques, m'ont paru charmants ; et j'avoue que, pour le peu que j'avais pu voir, c'était la plus jolie de toutes les villes que je connaissais : j'étais vraiment émerveillé de tout ce que j'apercevais dans ce pays d'Icarie.

Notre guide nous ayant avertis qu'il était temps d'arrêter notre course, nous rentrâmes à travers les flots d'une population qui présentait toutes les apparences de la richesse et du bonheur ; et je gagnai la voiture, contrarié de ne pouvoir offrir aucun gage de ma reconnaissance aux personnes dont la politesse affectueuse m'avait charmé.

## CHAPITRE III.

### Arrivée à Icara.

La vue de la voiture, appelée *staramoli* (*char voyageur*), attelée de six chevaux, me fit un indicible plaisir, en me rappelant les beaux *stages-coaches* et les chevaux de ma chère patrie. Les coursiers ressemblaient à nos plus beaux *chevaux anglais*, ardents et dociles à la fois, bien peignés et bien luisants, à peine couverts d'un harnais élégant et léger. La voiture, aussi jolie que celles d'Angleterre, aussi légère quoique plus grande parce qu'elle ne doit contenir rien autre chose que les voyageurs et leurs petites valises, me parut plus parfaite encore sous tous les rapports qui intéressent la sûreté des voyageurs : j'y voyais avec autant de plaisir que d'étonnement une infinité de petites précautions pour garantir contre le froid, surtout aux pieds, et contre la fatigue et les accidents.

Le jeune Icarien dont le magistrat m'avait parlé vint m'offrir gracieusement ses services, que j'acceptai volontiers, en le remerciant de son obligeance.

— Le temps est beau, me dit-il, montons sur la banquette supérieure, afin de mieux voir la campagne.

Nous nous assîmes sur la banquette de devant, faisant face à la route ; et les chevaux, conduits lentement dans la ville, s'élancèrent ensuite au son du cor exécutant une fanfare guerrière.

Je ne pouvais me lasser d'admirer la beauté, l'ardeur, les attitudes et les mouvements des superbes coursiers qui nous entraînaient en volant, et qui nous laissaient à peine le temps de distinguer la multitude d'objets qui se déroulaient successivement sous nos yeux.

Quoique habitué à la belle culture et à la belle campagne d'Angleterre, je ne pouvais m'empêcher de pousser des cris d'admiration en voyant la perfection de la culture icarienne et la ravissante beauté de la campagne, cultivée jusqu'au plus petit coin de terre, couverte de moissons naissantes, de vignes, de prairies, d'arbres fleuris, de bosquets, de bois qui semblaient plantés pour le plaisir des yeux, de fermes et de villages, de montagnes et de coteaux, de bestiaux et de travailleurs.

Je ne pouvais non plus me lasser d'admirer la *route*, aussi belle et plus belle que nos routes anglaises, plate et unie comme une allée, garnie de trottoirs pour les piétons, bordée d'arbres en fleurs, parsemée de fermes charmantes et de charmants villages, coupée à chaque pas par des ponts et des rivières ou des canaux, couverte de voitures et de chevaux courant dans tous les sens, et qui semblait une longue rue dans une ville sans fin, ou bien une longue et magnifique promenade au milieu d'un immense et magnifique jardin.

J'eus bientôt fait connaissance avec mon jeune *cicerone*, qui avait été transporté de joie quand il avait appris qui j'étais et quel était le but de mon voyage.

— Vous paraissiez, me dit-il, examiner notre voiture avec bien de l'attention..... — J'admirais surtout, lui répondis-je, avec quel soin tout est prévu et disposé pour la commodité des voyageurs.

— Ah ! répliqua-t-il, c'est un principe gravé par notre bon ICAR, dans notre éducation comme dans notre gouvernement, de rechercher en tout l'*utile* et l'*agréable*, mais de commencer toujours par le *nécessaire*. — Vous êtes donc un peuple d'hommes !

— Nous nous efforçons du moins de mériter ce titre.

— Ayez la bonté, lui dis-je, de m'expliquer une difficulté qui me préoccupe. Votre consul m'a dit que l'usage de la *monnaie* vous était interdit : comment paierez-vous donc votre place sur cette voiture ? — Je ne paierai pas.

— Et les autres voyageurs ? — Non plus.

— Comment ? — La voiture appartient à notre généreuse Souveraine.

— Et les chevaux ? — A notre puissante Souveraine.

— Et toutes les voitures publiques et tous leurs chevaux ? — A notre riche Souveraine.

— Et votre Souveraine transporte gratuitement tous les citoyens ? — Oui.

— Mais... — Je vous expliquerai cela tout-à-l'heure.

Comme il disait ces mots, la voiture s'arrêta pour recevoir deux dames qui l'attendaient. A l'empressement respectueux avec lequel chacun leur offrait sa place ou les aidait à monter, on aurait dit que c'étaient des femmes de haut rang.

— Vous connaissez ces dames ? dis-je à mon compagnon. — Pas du tout, répondit-il : ce sont sans doute la femme et la fille d'un fermier du voisinage ; mais nous avons l'habitude de respecter et d'assister toutes nos concitoyennes comme si elles étaient nos *mères*, nos *femmes*, nos *sœurs* ou nos *filles*. Cet usage vous choquerait-il ?

— Au contraire !

Et je disais vrai, car cette réponse, qui m'avait d'abord confondu, me transporta d'admiration pour un Peuple capable d'un pareil sentiment.

A son tour, VALMOR (c'était son nom) me pressa de questions sur l'Angleterre, me répétant à chaque instant qu'il était enchanté de voir un milord venir exprès pour visiter son pays d'Icarie.

Il m'apprit de son côté qu'il avait vingt-deux ans, qu'il étudiait pour être *prêtre*, qu'il habitait la capitale avec ses parents, et que tous, au nombre de vingt-six, logeaient ensemble dans la même maison. J'eus beaucoup de peine à savoir (tant il était modeste et réservé!) que son père était l'un des premiers magistrats, et que *Corilla*, sa sœur aînée, était l'une des plus belles filles du pays. Tout ce qu'il me dit de sa famille m'inspirait un vif désir de la connaître.

A l'entrée de la nuit, nous eûmes à traverser une chaîne de montagnes assez élevées; mais la lune, qui se trouvait pleine et magnifique, nous permit de jouir d'une foule de vues pittoresques.

Ce que j'admirais le plus, ce fut encore la *route*, toujours admirablement tracée, presque toujours en pente insensible, et que nous parcourions constamment au grand galop, même dans les montées les plus roides, parce qu'alors deux, ou quatre, ou six chevaux vigoureux, ajoutés aux six premiers, semblaient aplanir toutes les difficultés.

Ce que j'admirais le plus encore, c'étaient les précautions prises partout pour rendre impossibles toutes les espèces d'accidents.

Nous descendîmes ainsi une montagne assez escarpée, sur le bord d'un torrent mugissant et d'un effroyable précipice, et nous le descendîmes toujours au grand galop, parce que la route était bordée par un long *parapet*, et parce que la voiture était tellement *enrayée* que les chevaux n'avaient pas moins d'efforts à faire pour la descendre que pour la monter.

Aussi Valmor ne manquait-il jamais de me faire remarquer avec quelle sollicitude sa bienfaisante Souveraine avait tout prévu pour la sûreté du voyageur, tandis que je me rappelais avec autant de douleur que d'effroi les innombrables accidents qui arrivent ailleurs par l'incurie des gouvernements.

— Ces précautions, me dit-il avec une satisfaction visible, notre bonne Souveraine les prend partout, sur toutes les routes et sur toutes les rivières comme sur toutes les rues, parce que la sûreté des personnes est, à ses yeux, un objet de première *nécessité*. Partout elle fait détruire ou éloigner les précipices, ou bien fait exécuter tous les travaux nécessaires pour empêcher d'y tomber; car elle trouverait absurde ou coupable de ne pas faire, partout où l'on peut craindre une chute, les ouvrages qui paraissent indispensables sur les *ponts*.

Après avoir traversé beaucoup de villages et cinq ou six villes sans nous arrêter nulle part (tant les chevaux étaient rapidement dételés et attelés), et sans rencontrer jamais ni portes, ni barrières, ni visiteurs, nous nous arrêtâmes, pour souper, dans un *hôtel des Voyageurs* semblable à celui de Tyrama.

— Comment avez-vous payé votre souper? demandai-je à Valmor. — Je ne l'ai pas payé.

— L'hôtel appartient donc à votre Souveraine, comme les voitures, les chevaux?..... — Oui.

— C'est donc votre Souveraine qui nourrit et transporte ses sujets? — Oui.

— Mais... — Patience! je vous expliquerai tout ce qui vous étonne.

Descendus dans la plaine, nous entrâmes sur un chemin garni d'*ornières* artificielles, tantôt en fer et tantôt en pierres, dans lesquelles la voiture volait comme sur un chemin de fer.

Peu après, nous atteignîmes un grand *chemin de fer* sur lequel la vapeur nous emporta avec la rapidité du vent ou de l'éclair.

Je fus peu surpris de voir ce chemin percé sous une montagne, puis suspendu sur une vallée, parce que j'en ai vu de pareils en Angleterre; mais je fus bien étonné quand je vis le chemin *étagé* comme un canal, et de puissantes *machines* élevant et descendant les voitures comme les *écluses* élèvent et descendent les bateaux.

— Avez-vous beaucoup de ces chemins de fer? demandai-je à Valmor. — Nous en avons douze grands qui traversent le pays dans toutes les directions, et une multitude de petits qui joignent les premiers. Mais il paraît qu'on vient de découvrir un agent plus puissant que la vapeur, produit par le *sorub*, matière plus abondante que le charbon, qui va faire une révolution dans l'industrie, et qui permettra notamment de multiplier encore davantage les chemins de fer.

Nous avons d'ailleurs un grand nombre de *canaux*, sans compter que presque toutes nos *rivieres* sont *canalisées*. Dans moins d'une heure, nous voyagerons sur l'un de nos plus beaux fleuves.

Le jour pointait à peine quand nous arrivâmes à *Camira*, sur une large rivière couverte de *bateaux à vapeur*, destinés, les uns au transport des voyageurs, et les autres au transport des marchandises.

Le chemin de fer nous avait amenés jusque dans le bateau, en sorte que je n'avais pas eu le temps de voir la ville, qui, cependant, comme toutes celles que nous avions traversées pendant la nuit, me parut aussi belle que Tyrama.

A peine étions-nous hors de la vue de la ville que nous eûmes un

magnifique spectacle, celui du soleil se levant devant nous, au
milieu de la rivière, entre deux charmants côteaux couverts de
verdure, d'arbres fleuris, de bosquets et de jolies maisons qui paraissaient autant de châteaux, et qui me rappelèrent les bords de
la Saône en arrivant à Lyon.

Valmor me fit remarquer ensuite la beauté du bateau qui nous
portait, et surtout toutes les petites machines préparées pour l'embarquement et le débarquement, qui se font toujours de plain-
pied, sans l'intermédiaire de petites barques, sans possibilité d'accidents, et sans que les femmes et les enfants les plus craintifs
puissent jamais avoir le moindre effroi.

— Et ces bateaux, lui demandai-je. sont-ils encore à votre Souveraine? — Certainement.

— Et tous ceux qui transportent les marchandises? — Aussi.

— Et les marchandises lui appartiennent peut-être également?
— Sans doute.

— Mais, de grâce, expliquez-moi.... — Oui, je vous expliquerai
tout... Mais voyez ces personnes qui nous attendent là-bas pour
s'embarquer avec nous.

Il finissait à peine que déjà le bateau s'arrêtait devant huit ou
dix voyageurs qui furent bientôt nos compagnons de voyage. De ce
nombre étaient deux dames, qui paraissaient la mère et la fille.
Valmor s'était précipité vers elles, les avait saluées comme des
personnes de connaissance intime, et les avait fait asseoir à côté de
nous, lui se trouvant à ma droite entre elles et moi.

Je n'avais pu voir leurs figures, cachées sous de longs chapeaux
et des voiles épais; mais, à leur tournure, à la grâce de leurs
mouvements, je pensais que toutes deux, et la plus jeune surtout,
devaient être charmantes. Je tressaillis involontairement quand
j'entendis sa voix, une de ces voix indéfinissables qui remuent
l'âme et qui font légèrement frissonner, une voix comme je n'en
avais pas entendu depuis que mademoiselle Mars m'avait fait
pleurer d'attendrissement et de plaisir.

J'étais sûr qu'une si jolie voix devait sortir d'une tête divine;
néanmoins j'aurais voulu, je ne sais pourquoi, m'en assurer par
mes propres yeux, et plus la figure se cachait, plus je désirais de
la voir; mais j'eus beau regarder, me promener même pour examiner plus à mon aise, le voile jaloux et l'importun chapeau semblaient vouloir punir ma curiosité.

Mais mon désappointement fut au comble, et je maudis presque l'*invisible* quand, deux heures après, Valmor, qui ne s'occupait presque plus que d'elles, vint me prévenir que ces dames allaient s'arrêter dans une campagne voisine, et qu'il allait débarquer avec elles pour ne rentrer que le lendemain.

Quoique je ne le connusse que depuis bien peu de temps, ce fut avec chagrin que je le vis s'éloigner.

Il ne me quitta pas cependant sans me renouveler ses protestations et ses offres. Il ajouta que sa famille serait ravie de me recevoir si je voulais l'honorer de ma visite, et que lui-même se trouverait bien heureux si son amitié pouvait lui mériter la mienne.

Ses politesses, quoique bien empressées, me semblaient si naturelles et si sincères que j'en étais pénétré de reconnaissance ; et lui-même me parut si instruit, si bon, si aimable, que nous commençâmes une liaison affectueuse qui devint chaque jour plus étroite et plus intime, qui me fut d'abord bien agréable et bien précieuse, mais qui fut ensuite pour moi la source de bien des regrets et de bien des douleurs.

Peu après, je quittai la rivière avec les autres voyageurs pour reprendre un chemin de fer, et, vers les onze heures, nous aperçûmes les sommets des mille édifices de la capitale.

Bientôt, entre deux rangs de hauts peupliers, nous arrivâmes à la porte occidentale, monument gigantesque, sous l'immense arcade duquel je me trouvai sans avoir pu lire son inscription ni contempler ses statues.

Là se présenta la plus magnifique entrée de capitale que j'aie jamais vue : à travers une longue et large avenue en pente douce, comme celle des Champs-Élysées à Paris, bordée à chaque côté de quatre rangs d'arbres en étages, l'œil plongeait sur la cité, se reposait d'abord sur deux magnifiques palais à colonnades, et passait entre les deux pour se perdre dans une large rue qui traverse la ville.

Cette majestueuse entrée aurait suffi seule, je l'avoue, pour me disposer à croire toutes les merveilles d'Icarie.

La voiture s'arrêta devant l'*hôtel des Provinciaux*, à côté duquel était l'*hôtel des Etrangers*.

Les deux hôtels étaient immenses, et cependant tous les compatriotes pouvaient aisément s'y rencontrer, parce qu'ils étaient divisés en autant de sections qu'il y avait de provinces en Icarie, ou de peuples fréquentant le pays.

Que de place, m'écriai-je à la vue de ces immenses hôtels, les voyageurs occupent dans Icara! — Croyez-vous qu'ils en occuperaient moins, répondit quelqu'un, si des centaines et des milliers de petits hôtels leur étaient consacrés dans tous les quartiers de la ville?

Je fus bien contrarié de n'y trouver aucun Anglais; et cette circonstance me rendit plus précieuse la rencontre d'un jeune peintre Français, nommé Eugène, exilé de son pays après la révolution de juillet, et arrivé depuis une quinzaine de jours en Icarie.

Tout ce qu'il avait vu exaltait tellement son enthousiasme qu'il en avait la fièvre et le délire : je le pris d'abord pour un fou.

Mais je découvris de suite en lui tant de franchise, des sentiments si généreux, une si belle âme et un si bon cœur; il parut si heureux de trouver un compatriote (car un Français et un Anglais qui se rencontrent à cette distance se regardent comme étant du même pays) que je me sentis promptement disposé à lui rendre amitié pour amitié.

## CHAPITRE IV.

### Description d'Icarie; — d'Icara.

Le lendemain matin je m'étais remis au lit après avoir pris un bain dans l'hôtel, lorsque Valmor vint m'inviter, de la part de son père, à passer la soirée dans sa famille. J'acceptai avec empressement, impatient que j'étais de voir les personnes dont il m'avait parlé pendant la route ; et nous nous donnâmes rendez-vous pour quatre heures.

— Et la belle *invisible*, lui dis-je, l'avez-vous ramenée? — Non.

— Il faut qu'elle soit *laide* pour se cacher avec tant de soin. — Laide! oui, horrible! mais certainement vous trouverez (car vous la verrez quelque jour) qu'il est impossible d'avoir un caractère plus aimable.

Comme il sortait, Eugène entra.

— C'est mon compagnon de voyage dont je vous ai parlé, lui dis-je. — Comment s'appelle-t-il?

— Valmor. — Valmor! Je vous en félicite, car j'en ai ouï parler comme d'un des jeunes Icariens les plus distingués et les plus nobles.

— Il m'a dit que son père est un des premiers magistrats.—Oui, je le connais, un *serrurier*.

— Sa sœur Corilla est une des beautés d'Icarie. — Oui, c'est cela même, une charmante *couturière*.

— Mais que dites-vous? Un *serrurier*, une *couturière!* — Eh bien, qu'est-ce qui vous étonne? Est-ce qu'une couturière ne peut pas être jolie? Est-ce qu'un serrurier ne peut pas être un excellent magistrat?

— Mais il y a des nobles ici?... — Oui, beaucoup de citoyens nobles, célèbres, illustres; des mécaniciens, des médecins, des ouvriers qui se distinguent par quelque grande découverte ou par quelque grand service.

— Quoi! la Reine n'est pas entourée d'une Noblesse de naissance?— Quelle Reine?

— Mais la Reine d'Icarie, la Souveraine dont m'a souvent parlé Valmor, en vantant toujours son inépuisable bonté, sa sollicitude pour le bonheur général, sa prodigieuse richesse et sa toute puissance : j'avais bien du plaisir à trouver une Reine qui fait tant d'honneur à la Royauté. — Mais, encore une fois, de quelle Reine parlez-vous? comment la nommez-vous?

— Eh! Valmor ne m'a pas dit son nom : il m'a dit seulement que c'était la souveraine d'Icarie qui possédait les voitures, les chevaux, les hôtels, les bateaux à vapeur, et qui transportait les voyageurs en veillant partout à leur sûreté. — Ah! j'y suis, s'écria-t-il en éclatant de rire : cette souveraine que vous avez prise pour une Reine, c'est la *République*, la bonne et l'excellente République, la Démocratie, l'Égalité. Je conçois que vous ayez pu croire qu'une Reine possédait toutes les propriétés et tout le pouvoir; mais comment avez-vous pu penser...? Ah! milord, il faut déposer ici tous vos préjugés aristocratiques, et vous faire démocrate comme moi, ou fuir bien vite ce pays, car je vous préviens que l'air qu'on y respire est mortel pour l'aristocratie.

— Nous verrons, nous verrons, monsieur le *démocrate!* mais, auparavant, voulez-vous conduire un *aristocrate* dans Icara? — Volontiers, parce que je suis sûr de vous désaristocratiser des pieds à la tête; mais voulez-vous voir la ville sans vous fatiguer beaucoup?

— Certainement, si c'est possible. —Eh bien, suivez-moi.

Eugène me conduisit alors dans le grand salon commun, où se trouvaient un grand nombre de cartes et de plans immenses.

—Jetons d'abord, dit-il, un coup-d'œil sur cette *carte d'Icarie*, contenant seulement ses frontières, ses provinces et ses communes.

Vous voyez qu'Icarie est bordée au midi et au nord par deux chaînes de montagnes qui la séparent de la Pagilie et du Miron, à l'orient par un fleuve, et à l'occident par la mer qui la sépare du pays des Marvols, par lequel vous êtes arrivé.

Vous voyez aussi que le territoire se divise en cent provinces, à peu près égales en étendue, et qui le sont de même en population.

Voici maintenant la *carte d'une province!* Vous voyez qu'elle se partage en dix communes à peu près égales; que la *ville provinciale* est à peu près au centre de sa province, et chaque *ville communale* au centre de sa commune.

A présent, voici la *carte d'une commune!* Vous voyez qu'outre la ville-communale, elle contient huit *villages* et beaucoup de *fermes*, régulièrement dispersées sur son territoire.

Regardons maintenant cette autre *carte d'Icarie*, faite pour indiquer les montagnes et les vallées, les plateaux et les plaines, les lacs et les rivières, les canaux et les chemins de fer, les grandes routes et les chemins provinciaux.

Voyez! voilà les grands chemins de fer en rouge, les petits en jaune, les routes à ornières en bleu, et tous les autres chemins en noir. Voyez aussi tous les canaux, grands et petits, toutes les rivières navigables ou canalisées. Vous voyez également toutes les mines et les carrières en exploitation.

Voyez aussi les chemins provinciaux sur cette carte de la province, et les chemins communaux sur cette carte de la commune.

Et dites-moi maintenant s'il est possible de voir des communications plus multipliées et plus faciles!

J'étais en effet émerveillé; car c'est mieux encore qu'en Angleterre.

Nous examinâmes ensuite un magnifique *plan d'Icara*.

— Il est parfaitement régulier, m'écriai-je!

— Oui, répondit Eugène. Il a été tracé à volonté en 1784; et l'exécution, commencée depuis cinquante-deux ans, ne sera pas entièrement terminée avant quinze ou vingt.

Voyez! la ville, presque circulaire, est partagée en deux parties à peu près égales par le *Tair* (ou le *Majestueux*), dont le cours a été redressé et enfermé entre deux murs en ligne presque droite, et dont le lit a été creusé pour recevoir les vaisseaux arrivant par la mer.

Voilà le port, les bassins, et les magasins qui forment presque une ville entière !

Vous voyez qu'au milieu de la ville, la rivière se divise en deux bras, qui s'éloignent, se rapprochent et se réunissent de nouveau dans la direction primitive, de manière à former une île circulaire assez vaste.

Cette île est une place, la place centrale, plantée d'arbres, au milieu de laquelle s'élève un palais enfermant un vaste et superbe jardin élevé en terrasse, du centre duquel s'élance une immense colonne surmontée d'une statue colossale qui domine tous les édifices. De chaque côté de la rivière, vous apercevez un large quai bordé de monuments publics.

Autour de cette place centrale et loin d'elle, vous pouvez remarquer deux cercles d'autres places, l'un de vingt et l'autre de quarante, presque également éloignées les unes des autres et dispersées dans toute la ville.

Voyez les rues, toutes droites et larges ! En voilà cinquante grandes qui traversent la ville parallèlement à la rivière, et cinquante qui la traversent perpendiculairement. Les autres sont plus ou moins longues. Celles que vous voyez pointées en noir, et qui joignent ensemble les places, sont *plantées d'arbres* comme les boulevards de Paris. Les dix grandes rouges sont des *rues de fer ;* toutes les jaunes sont des *rues à ornières* artificielles, et les bleues sont des *rues à canaux.*

— Et qu'est-ce, lui demandai-je, que toutes ces larges et longues bandes roses que j'aperçois partout entre les maisons de deux rues ? — Ce sont des *jardins* qui se trouvent sur le derrière de ces maisons. Je vous les montrerai tout à l'heure.

Mais voyez d'abord ces masses distinguées par de légères teintes de toutes les couleurs qui comprennent toute la ville. Il y en a soixante ; ce sont soixante *quartiers* (ou *communes*), tous à peu près égaux, et représentant chacun l'étendue et la population d'une ville communale ordinaire.

Chaque quartier porte le nom d'une des soixante principales villes du monde ancien et moderne, et présente dans ses monuments et ses maisons l'architecture d'une des soixante principales nations. Vous trouverez donc les quartiers de Pékin, Jérusalem et Constantinople, comme ceux de Rome, Paris et Londres ; en sorte qu'Icara est réellement l'abrégé de l'univers terrestre.

Voyons le *plan* d'un de ces *quartiers !* Tout ce qui est peint est édifice public. Voici l'école, l'hospice, le temple ! Les rouges sont de grands ateliers, les jaunes sont de grands magasins, les bleus sont les lieux d'assemblées, les violets sont les monuments.

Remarquez que tous ces édifices publics sont tellement distribués qu'il y en a dans toutes les rues, et que toutes les rues comprennent le même nombre de maisons avec des édifices plus ou moins nombreux et plus ou moins vastes.

Voici maintenant le *plan d'une rue.* Voyez! seize maisons de chaque côté, avec un édifice public au milieu et deux autres aux deux extrémités. Ces seize maisons sont extérieurement pareilles ou combinées pour former un seul bâtiment, mais aucune rue ne ressemble complétement aux autres.

Vous devez avoir maintenant une idée d'Icara : voulez-vous examiner encore le plan d'une maison et d'un monument, ou bien sortir un peu? — Sortons, courons!

— Si vous voulez, nous irons prendre le bateau à vapeur au-dessous du port, afin de remonter la rivière jusqu'à la place centrale. — Oui, allons, courons, voyons d'abord quelques *jardins!*

Nous entrâmes presque aussitôt, par un magnifique portique, dans un de ces vastes jardins, et je reconnus avec plaisir ceux que j'avais vus à Tyrama.

Ce jardin formait un vaste carré compris entre les maisons de quatre rues (dont deux parallèles et deux perpendiculaires), traversé au milieu par une bande de gazon entre deux allées sablées avec un joli sable rougeâtre. Tout le reste était en gazon jusque contre les murs, ou cultivé et couvert de fleurs, d'arbustes, d'arbres fleuris et de fruits.

Toutes les façades des maisons (les façades de derrière) étaient d'une architecture champêtre et variée, garnies de treillages peints, et tapissées de plantes grimpantes vertes et fleuries.

Tout cet ensemble composait un magnifique jardin, qui parfumait l'air en même temps qu'il charmait les yeux, et formait une délicieuse promenade publique en même temps qu'il augmentait les délices des habitations contiguës.

— Et la ville, me dit Eugène, est couverte de jardins du même genre, comme vous l'avez vu sur le plan; car il y en a entre toutes les rues, sur le derrière de toutes les maisons; et le gazon du milieu est souvent remplacé tantôt par des arbres ou des berceaux, tantôt par des ruisseaux ou même des canaux bordés de jolies balustrades; et dans tous, comme dans celui-ci, le public entre par quatre superbes portiques au centre des quatre rues, tandis que chaque maison a sa porte particulière.

— Vraiment, m'écriai-je enchanté, ces jardins sont aussi beaux que nos magnifiques *squares* de Londres !

—Comment, aussi beaux, reprit Eugène! dites donc cent fois préférables à vos squares aristocrates, fermés de murs ou de hautes grilles et de haies qui souvent ne permettent pas même à l'œil du Peuple d'y pénétrer, tandis qu'ici le Peuple se promène dans ces jardins démocrates, parcourant ces charmantes allées garnies de jolis bancs, et jouissant complètement de la vue du reste par-dessus cette charmante bordure de fleurs, en même temps que chaque maison a la jouissance exclusive de son jardin, séparé des autres par un simple fil de fer que vous ne pouvez apercevoir. Aussi, voyez comme tous ces petits jardins sont bien cultivés, comme ces gazons sont peignés, comme ces fleurs sont belles, et comme ces arbres sont plantés, taillés et façonnés en mille formes différentes !

— Quoi, chaque maison a son jardin ! Que de *jardiniers* il faut pour les cultiver tous ! — Pas un, ou très-peu, parce que chaque famille met un de ses principaux plaisirs dans la culture des fleurs et des arbustes. Vous ne voyez maintenant que des enfants et leurs mères ; mais ce soir, vous verrez partout des hommes, des femmes, des jeunes garçons et des jeunes filles travaillant ensemble dans leurs jardins..... Mais allons vite, si nous voulons achever notre course.

— Il y a sûrement des *cabriolets* ou des *fiacres*, comme à Paris à Londres : prenons-en un pour aller plus vite ! — Oui, prenez, prenez ! Il n'y a pas un fiacre, pas un cabriolet, pas même un *équipage* dans ce misérable pays démocratique !

— Que dites-vous ? — La vérité ; car regardez ! dans toute la longueur de cette immense rue, vous n'apercevez pas une voiture...

— Et il n'y a pas d'omnibus ? — Il n'y a que les *staragomi* (*chars populaires*) que vous avez déjà dû voir : nous allons en prendre un.

Nous entrâmes en effet dans un *staragomi* qui passait dans la rue voisine. C'était une espèce d'omnibus à deux étages, contenant quarante personnes assises de front sur huit banquettes à cinq places, ayant chacune son entrée particulière placée sur le côté. Tout paraissait combiné pour la commodité des personnes, pour rendre la voiture chaude en hiver et fraîche en été, surtout pour éviter tous les accidents et même tous les inconvénients. Les roues sont placées sous la voiture et fixées dans deux ornières en fer sur lesquelles trois superbes chevaux les entraînent rapidement.

Nous rencontrâmes je ne sais combien de ces *staragomi* qui nous croisaient dans les ornières de l'autre côté de la rue, presque tous de formes différentes, mais tous bien plus élégants que les omnibus anglais et français.

Eugène me dit que la moitié des rues (de deux en deux) avaient des omnibus ; que cinquante grandes rues en avaient chacune assez pour qu'ils se succédassent sur toute la route de deux minutes en deux minutes, et qu'il y en avait des milliers d'autres avec des destinations spéciales, en sorte que tous les citoyens étaient transportés partout plus commodément que si chacun avait un équipage.

A l'extrémité de la rue, nous prîmes, sur un chemin de fer, un autre *staragomi* qui nous conduisit au-dessous du port ; et là nous entrâmes dans un bateau à vapeur pour remonter la rivière jusqu'au milieu de la ville.

Je me crus à Londres, et j'éprouvai un indéfinissable sentiment de plaisir et de regret, quand j'aperçus un immense bassin, des canaux, d'autres bassins moins grands, des quais superbes, des magasins magnifiques, des milliers de petits vaisseaux à vapeur et à voiles, des milliers de machines pour les chargements et les déchargements, enfin tout le mouvement du commerce et de l'industrie.

— A l'autre extrémité de la ville, me dit Eugène, nous trouverons un autre port presque aussi beau, pour les bateaux qui apportent les produits des provinces.

J'étais toujours émerveillé de plus en plus : mais je fus ravi quand, avançant dans l'intérieur de la ville, sur ce *Majestueux* couvert d'une multitude de barques légères, peintes et pavoisées, je vis se développer, à droite et à gauche, les quais plantés d'arbres et bordés de monuments et de palais. Ce qui me ravissait surtout, c'étaient les bords de la rivière qui, quoique emprisonnés entre deux murailles en ligne droite, étaient irréguliers et sinueux, plus rapprochés ou plus éloignés, couverts de gazons, de fleurs, d'arbrisseaux, de saules pleureurs ou de hauts peupliers, tandis que les murs des quais étaient souvent cachés par des plantes grimpantes.

Avant d'arriver à la place centrale, nous rencontrâmes deux petites *îles* charmantes, couvertes de verdure et de fleurs, et nous passâmes sous quinze ou vingt *ponts* superbes, en bois, en pierres ou en fer ; les uns pour les piétons et les autres pour les voitures ; ceux-ci plats, ceux-là courbés ; les uns d'une ou deux arches, les autres de dix ou quinze.

La place centrale, sa promenade sur le bord de l'eau, son vaste palais national, son jardin intérieur, sa gigantesque statue, me transportèrent d'admiration.

Eugène me conduisit ensuite à un pont bizarre appelé le *Sagal* (ou le *Saut*), composé de cordes parallèles et inclinées, attachées d'un côté au sommet d'une tour de vingt pieds au-dessus du quai, et de l'autre côté au bord de la rivière sur l'autre rive. A chaque paire de ces cordes est suspendue une espèce de nacelle contenant quatre personnes; et la nacelle, coulant doucement le long des cordes, prend les passants sur la tour et les dépose sur la rive opposée. Une autre tour, d'autres cordes et d'autres nacelles ramènent de même les voyageurs.

J'éprouvai une inexplicable jouissance (car je voulus en essayer) quand je me vis franchir, comme d'un saut, l'abîme ouvert sous mes pieds. On y courrait, comme autrefois aux *montagnes russes*, si l'on n'avait pas trouvé le moyen d'en éloigner ceux qui ne se présenteraient que pour s'en amuser.

J'étais encore ébloui et étonné de tout ce que j'avais déjà vu, lorsque Valmor vint, à l'heure convenue, me prendre à l'hôtel.

Que de *staragomi* vous avez! lui dis-je; est-ce que, par hasard, ce serait encore votre République qui ferait vos *chars populaires* comme vos *chars voyageurs* et vos *bateaux*, sans consulter autre chose que la commodité des citoyens? — Vous l'avez deviné.

— Et ces énormes *chevaux de trait* que j'ai vus (car ils sont magnifiques, vos chevaux de trait, aussi beaux, je crois, que nos colosses anglais), est-ce qu'ils appartiennent encore, avec leurs *chariots*, à la République? — Vous devinez tout!

— Mais c'est un fameux *entrepreneur* de diligences, de coches, d'omnibus et de transport, que votre République! — Comme votre Monarchie est un fameux entrepreneur de poste aux lettres, de poudre et de tabac; avec cette différence cependant que votre Monarchie vend ses services, tandis que notre République donne les siens.

— Mais si tous les chevaux et toutes les voitures appartiennent à la République, il faut qu'elle ait une belle *écurie*, votre République! — Elle en a cinquante ou soixante, aux extrémités de la ville.

— Elles doivent être curieuses! — Voulez-vous en voir une? nous avons le temps.

— Allons!

Nous montons en omnibus, et nous voila dans un quartier d'écuries.

2

J'étais émerveillé ! Figurez-vous une immense *écurie* à quatre
étages, ou plutôt cinq immenses écuries l'une sur l'autre, propres,
lavées, peintes, belles comme des palais, et contenant ensemble
deux ou trois mille chevaux.

Figurez-vous, à côté, d'immenses magasins de grains et de
fourrages.

Figurez-vous d'immenses hangars à plusieurs étages pour y
déposer les voitures.

Figurez-vous aussi d'immenses ateliers de charronnerie, d'autres
de ferrerie, d'autres de sellerie, renfermant tous les ouvriers occupés des chevaux et des voitures.

Valmor prenait plaisir à me faire remarquer l'économie, l'ordre
et tous les avantages qui résultaient de ce nouveau système de
concentration : point d'écuries particulières ni de remises dans les
maisons d'habitation ! point de fumier, ni de foin, ni de paille,
transportés dans les rues !

J'étais si étonné et si absorbé que j'aurais passé là toute la nuit,
si Valmor ne m'avait pas rappelé qu'il était temps de rejoindre sa
famille.

Nous la trouvâmes réunie dans le salon.

Là, se mêlaient quatre générations : le grand-père de Valmor,
vieillard d'environ soixante-douze ans, privé de sa vieille compagne depuis quelques années, chef de toute la famille ; son père
et sa mère, âgés d'environ quarante-huit à cinquante ans ; son
frère aîné avec sa femme, et leurs trois jeunes enfants ; ses deux
sœurs, Corilla, âgée de vingt ans, et Célinie, qui n'en avait que
dix-huit ; enfin deux oncles, dont l'un était veuf, et dix ou douze
cousins et cousines ou petits-cousins de tous âges ; en tout vingt-
quatre ou vingt-six personnes.

Le vieillard, sans être distingué par la beauté de ses traits,
avait, sous ses cheveux blancs et sur son front découvert et ridé,
un air de noblesse et de bonté qui me faisait prendre plaisir à le
regarder.

Le père de Valmor me présentait l'image de la force et de la
dignité.

Sa mère était, de toutes celles qui se trouvaient là, celle que la
nature avait le plus mal partagée du côté de la figure ; mais il semblait qu'on voulait l'en dédommager, ou qu'elle avait en bonté ce
qui lui manquait en grâces, car c'est elle qui me paraissait le principal objet de toutes les caresses.

Les enfants étaient presque tous charmants, surtout un petit neveu de Valmor, qui venait souvent s'asseoir sur ses genoux.

L'une de ses cousines était malheureusement privée d'un œil; mais deux autres étaient extrêmement jolies. Sa sœur Célinie, avec ses beaux cheveux blonds tombant en boucles sur ses épaules et son teint de lis et de rose, m'a paru belle comme une Anglaise; et sa sœur Corilla, aux yeux noirs et brillants, m'a semblé plus belle encore, avec toute la grâce et toute la vivacité d'une Française.

Tout respirait la magnificence, un goût parfait, une élégance exquise, dans le salon qu'ornaient encore des fleurs et que remplissait un air parfumé. Mais ce qui l'embellissait surtout à mes yeux, c'étaient la sérénité, la joie et le bonheur qui brillaient sur toutes les figures.

Je n'en revenais pas de trouver là le *serrurier* et la *couturière* dont Eugène m'avait parlé.

Valmor m'avait d'abord présenté à son père, qui m'avait présenté au grand-père; et c'est celui-ci, comme patriarche, qui m'avait présenté à tout le reste de la famille.

La conversation fut d'abord générale; et l'on me fit beaucoup de questions sur l'Angleterre. — Je connais votre patrie, dit le vieillard; j'y suis allé en 1784 pour y remplir une mission que m'avait confiée notre bon Icar, mon ami, et je conserve un souvenir reconnaissant de l'accueil que j'y ai reçu. Elle est bien riche et bien puissante, votre patrie! Votre Londres est bien grand, et renferme de bien grandes beautés! mais, milord, permettez-moi de vous le dire, il y a quelque chose de bien hideux, de bien révoltant, de bien honteux pour votre Gouvernement; c'est l'horrible misère qui dévore une partie de la population! Je n'oublierai jamais qu'en sortant d'une fête magnifique donnée par un de vos grands seigneurs, je rencontrai les cadavres d'une femme et de son enfant qui, presque nus, venaient de mourir de faim et de froid sur le pavé. (Ici, les enfants poussèrent un cri d'effroi qui me fit une douloureuse impression.)

— Ah, vous n'avez que trop raison, lui répondis-je; j'en rougis pour mon pays et j'en ai l'âme déchirée; mais comment faire? Nous avons beaucoup d'hommes généreux et de femmes charitables, qui donnent immensément aux pauvres..... — Je le sais, milord; je connais même un jeune seigneur, aussi modeste que bon, qui vient de faire construire, dans une de ses terres, un hôpital où sa bienfaisante humanité entretient cinquante-cinq mal-

heureux. (Je rougis involontairement à ces mots ; mais je me remis
bien vite, ne comprenant pas comment il aurait pu connaître ce
qui me concerne personnellement....) Ceux-là font honneur à leur
pays, continua-t-il ; qu'ils soient bénis ! leur bienfaisance est bien
plus belle à nos yeux que toutes leurs richesses et tous leurs titres. Ils
ont même beaucoup plus de mérite que nous, parce qu'ils ont à
lutter contre les entraves d'une mauvaise organisation sociale, tandis
que nous, grâce à notre bon Icar, nous n'avons pas de *Pauvres*....

— Comment, vous n'avez pas de Pauvres ! — Mais non, pas un :
avez-vous aperçu un seul homme en *haillons*, une seule habitation
ressemblant à une *masure*? Ne voyez-vous pas que la République
nous rend tous également *riches*, exigeant seulement que nous tra-
vaillions tous également?

— Quoi, vous travaillez tous.....?

— Eh oui, et nous en sommes heureux et fiers ! mon père était duc
et l'un des plus grands seigneurs du pays, et mes fils devraient
être des comtes, des marquis et des barons ; mais mes fils sont,
l'un serrurier, l'autre imprimeur, et le troisième architecte ; Valmor sera prêtre, son frère est peintre en bâtiments ; toutes ces
bonnes filles que vous voyez ont chacune un métier et n'en sont
pas plus laides ni surtout moins gentilles. Est-ce que notre Corilla
n'est pas une jolie couturière ? Vous l'irez voir à son atelier !

— Vraiment, je suis confondu...

— Ah, ah, milord, puisque vous êtes venu nous voir pour apprendre, nous vous en montrerons bien d'autres ! mais nous ne
pourrons vous montrer ni *oisifs* ni *domestiques*...

— Vous n'avez pas de domestiques?

— Personne n'en a ; le bon Icar nous a délivrés du fléau des domestiques, comme il les a délivrés du fléau de la domesticité.

— Mais, je m'y perds, quel est donc ce BON ICAR, dont j'entends
parler si souvent? Et comment avez-vous pu?.... — Je n'aurais
pas assez de temps pour vous l'expliquer aujourd'hui ; mais Valmor, sur qui vous paraissez avoir jeté quelque sortilége pour vous
faire aimer, et son ami Dinaros, l'un de nos plus savants professeurs d'histoire, se feront un plaisir de tout vous expliquer, de
tout vous faire voir, et de répondre à toutes vos questions. Vous
pouvez même vous laisser diriger par eux dans l'étude que vous
voulez faire de notre Icarie.

— Aimez-vous les *fleurs*, milord? me demanda l'une des mamans. — Beaucoup, madame, je ne trouve rien d'aussi joli.

— Rien d'aussi joli que les fleurs? reprit en rougissant une des *jeunes filles...* — Oui, mademoiselle, ne vous en déplaise, rien de plus joli que... certaines... roses.

— Vous n'aimez pas les *enfants?* me dit une des petites filles, qui s'était placée entre mes genoux et qui me regardait d'un œil scrutateur que je ne pouvais définir. — Je n'aime rien plus que les petits anges, lui répondis-je en l'embrassant.

— Aimez-vous la *danse?* me demanda Célinie. — J'aime à voir danser ; mais je ne suis pas un bon danseur.

— Hé bien, vous apprendrez, milord, reprit Corilla ; car je veux danser avec vous.

— Aimez-vous la *musique?* me demanda brusquement son père. — Passionnément.

— Vous chantez...? — Un peu.

— De quel instrument jouez-vous? — Du violon...

— Nous ne presserons pas milord aujourd'hui, dit le vieux grand-père ; il paiera sa dette une autre fois ; mais puisqu'il aime la musique, allons, mes enfants, chantons! Ma chère Corilla, faisons voir à milord ce que c'est qu'une couturière d'Icarie.

— Mais, repris-je tout bas, ne faites-vous pas comme les peintres, qui prétendent faire voir tous leurs tableaux et qui ne montrent que leurs chefs-d'œuvre? — Vous verrez, vous verrez, me répondit-il en souriant.

Les enfants s'étaient déjà précipités pour prendre une guitare, que l'un d'eux présenta avec un sourire charmant à Corilla, et Valmor prit sa flûte pour accompagner sa sœur.

Sans se faire prier davantage, et sans paraître mettre de prix à son talent, Corilla chanta. Son aisance, son naturel, sa grâce, son éclatante beauté, la pureté de sa prononciation, sa voix brillante, ses yeux pétillants d'esprit, tout me transporta de ravissement.

Un second air, dont le refrain était répété par toutes les jeunes filles et les enfants, m'enchanta davantage encore.

— Notre chant patriotique ! s'écria le père de Valmor. Et Valmor l'avait entonné déjà ; et tous les enfants chantaient en chœur ; et les pères, qui jouaient aux échecs, les mères, qui jouaient à une autre table, avaient suspendu leurs jeux, pour se tourner du côté des chanteurs; et tous, entraînés par le même enthousiasme, finirent par mêler leurs voix pour chanter la patrie ; et moi-même je me surpris faisant chorus au troisième couplet, ce qui excita de grands rires et de grands applaudissements.

Je n'avais jamais rien vu de si ravissant.

Dans un moment, pendant qu'on riait de mon enthousiasme musical, la table se trouva couverte de fruits frais ou secs, de confitures, de crèmes, de gâteaux, et de plusieurs breuvages légers. Tout fut servi par les jolies mains des jeunes filles; tout fut présenté avec le sourire enchanteur des enfants.

— Eh bien! milord, me dit le vieillard rajeuni, pensez-vous que nous ayons besoin de *laquais* pour nous servir? — Assurément non, quand (ajoutai-je tout bas en m'approchant de lui) on est servi par les grâces et les amours...

J'adressai, tant bien que mal, aux mamans et aux papas, quelques compliments sur leur famille; je remerciai de l'aimable accueil qu'on m'avait fait; je me retirai, rempli de délicieux souvenirs; et le sommeil ne vint lentement fermer ma paupière que pour me bercer des plus riantes illusions.

## CHAPITRE V.

Coup-d'œil sur l'organisation sociale et politique, et sur l'histoire d'Icarie.

Les chants de la veille retentissaient encore doucement à mon oreille enchantée; de gracieux sourires charmaient encore mes yeux, quand je me sentis réveillé par Valmor.

— Que vous êtes heureux, mon cher ami, lui dis-je, d'avoir une si aimable famille! — Elle a donc l'honneur de vous plaire?

— Ah! plus que je ne puis vous l'exprimer. — Tant pis, reprit-il d'un air qui me surprit beaucoup, j'en suis bien contrarié pour vous; mais je vous dois la vérité; et voici ce qui s'est passé à la maison après votre départ.

— Parlez, je suis impatient....

— Sachez donc que mon grand-père, quoique chef de la famille et maître d'admettre chez lui qui lui convient, ne veut cependant y introduire personne dont la vue pourrait déplaire à un seul de ses enfants.

— Aurais-je eu le malheur de blesser quelqu'un?.... Parlez donc!...... — Après votre retraite, il nous a tous fait ranger en cercle, et a posé la question de savoir s'il y avait opposition à votre admission, après avoir fait observer que j'avais en quelque sorte engagé d'avance la famille envers vous.

— Achevez donc!... — J'ai dit que je vous connaissais bien, parfaitement bien, comme si j'avais vécu plusieurs années avec vous, et que je sentais pour vous un irrésistible sentiment d'amitié....

.— Encore une fois, finissez!.... — Tout le monde paraissait applaudir.... mais Corilla a pris la parole.... et vous avez été....

— Refuse! m'écriai-je en sautant du lit....— Non pas, a-t-il continué en éclatant de rire, mais admis à l'unanimité, avec tout l'empressement que pouvait désirer votre ami.

Pardonnez-moi cette plaisanterie folâtre, inspirée par le plaisir
que me fait votre admission dans ma famille. Il faudrait d'ailleurs vous fâcher plus encore contre Corilla, car c'est elle qui m'en
a donné l'idée ; mais, afin de s'assurer que vous ne la boudez
pas, elle ordonne que vous veniez ce soir faire votre entrée solennelle, comme ami de la maison : vous verrez le savant professeur
d'histoire dont mon grand-père vous parlait hier, mon ami *Dinaros*,
frère de la laide mais aimable *invisible*. Est-ce convenu? pardon-
nez-vous? (Je ne pus lui répondre qu'en l'embrassant.)

— N'allons pas si vite cependant, et entendons-nous bien auparavant sur les conditions ; car Corilla met une condition à son vote.
— Quelle? Dites vite !

— C'est que *William* viendra lui annoncer que *milord* est parti.
Est-ce accepté? (Je l'embrassai une seconde fois.)

— Allons, dit-il en riant comme un fou, me voilà heureusement
sorti d'une périlleuse ambassade. Je me sauve et cours rendre
compte du résultat de mon message à mon redoutable maître qui
m'attend. A ce soir, à six heures.

Si la Terre avait voulu tourner plus vite à ma voix, le soir serait
arrivé plus tôt qu'à l'ordinaire. Pour l'attendre avec moins d'impatience, j'acceptai l'invitation d'Eugène, pour aller visiter avec lui
l'une des *imprimeries nationales*.

La vue de cette imprimerie m'a fait autant de plaisir et beaucoup
plus même que la vue des pyramides d'Égypte.

Sachez d'abord que c'est la République qui l'a fait construire, et
que l'architecte a pu prendre tout le terrain nécessaire.

Imaginez maintenant un édifice immense en longueur, et contenant cinq mille ouvriers imprimeurs dans deux étages supportés
par des centaines de petites colonnes en fer. Aux deux étages supérieurs, contre les murs, sont des *rayons* chargés de caractères typo-
graphiques de toute espèce, apportés ou plutôt montés par des
machines. Au milieu, sur une même ligne, sont les *casiers* adossés
deux à deux, devant chacun desquels est un *compositeur* ayant
sous sa main tout ce dont il a besoin.

A côté, sur une même ligne, sont des *marbres* pour recevoir la
composition, mettre en pages, et *imposer* les *formes*.

A côté de chacune de ces tables est une ouverture par laquelle
une mécanique descend la forme sur une presse qui se trouve au
rez-de-chaussée.

Et dans chaque étage se trouvent trois ou quatre rangs de casiers et de tables.

C'est magnifique à voir.

Au rez-de-chaussée sont les *presses mécaniques*.

A gauche de l'imprimerie sont d'immenses bâtiments pour la fabrication du *papier*, de l'*encre* et des *caractères*, et pour l'emma-
gasinage des matières premières ou fabriquées, apportées ou emportées par un canal, et transportées par des machines.

Et ces machines sont tellement multipliées que ce sont elles qui
font presque tout, remplaçant, nous dit-on, près de cinquante mille
ouvriers : tout est tellement combiné que le chiffon se transforme
en papier et passe immédiatement sur la presse, qui l'imprime des
deux côtés, et qui le dépose tout imprimé et séché dans l'atelier de
*pliure*, qui se trouve à droite avec d'autres bâtiments immenses et
parallèles pour l'*assemblage*, la *piqûre* et la *brochure* des feuilles
imprimées, pour la *reliure* des livres et pour les dépôts de *librairie*.

Tous les ateliers et tous les ouvriers consacrés à l'imprimerie se
trouvent donc réunis dans un même quartier, et forment ensemble
une petite ville ; car ces ouvriers demeurent presque tous dans le
voisinage de leurs ateliers.

— Jugez, me disait à chaque instant Eugène transporté, jugez
quelle *économie* de terrain et de temps doit résulter de cet admirable arrangement, indépendamment de l'économie de main-d'œuvre produite par les machines ! Et c'est la République qui sait organiser ainsi ses ateliers, ses mécaniques et ses ouvriers !

J'étais aussi émerveillé qu'Eugène à la vue de cet ensemble, de
cet ordre, de cette activité ; et j'entrevoyais ce que pouvait produire
le pays, si toutes les industries étaient organisées d'après le même
système.

Mais tout cela ne m'empêchait pas de trouver que six heures arrivaient lentement.

J'arrivai enfin chez Valmor, précisément à l'heure indiquée, et
ce ne fut pas sans émotion que j'entrai dans le salon où la famille
était réunie.

Imaginez donc mon trouble quand je vis Corilla se lever précipitamment en s'écriant : — Ah, le voilà ! c'est moi qui veux le recevoir ! puis accourir à moi et me dire : Mais, arrivez donc, William,

et donnez-moi la main ; car c'est moi qui veux vous présenter à mon père aujourd'hui.

— Milord ( me dit le vieillard d'un ton solennel en me tendant la main), plein de gratitude pour le bon accueil que j'ai reçu jadis dans votre pays, je serai charmé que ma maison vous soit agréable, et toute ma famille sera flattée que vous nous considériez comme des amis. En vous admettant parmi mes filles chéries et mes petites-filles bien-aimées, je vous donne une preuve de ma haute estime pour votre caractère et de mon entière confiance en votre honneur. Vous serez indulgent, si l'innocente et folâtre gaieté de mes enfants vous traite déjà comme une vieille connaissance.

Tous les enfants s'empressaient alors autour de moi ; c'était à qui me ferait le plus de caresses. J'étais troublé, pénétré de respect, enchanté, ravi ; et les paroles du vieillard se gravaient dans mon âme comme des paroles saintes et sacrées.

— Dinaros ne viendra pas, me dit Valmor, parce qu'il attend sa mère et sa sœur ; voulez-vous lui faire visite ? — J'acceptai, et nous nous levâmes pour sortir.

— C'est joli ! dit alors Corilla en prenant son chapeau ; on n'a qu'un frère garçon et qu'un ami de la maison ; et lorsque la pauvre Célinie et moi nous voulons aller voir nos amis, ces galants messieurs partent seuls, sans daigner s'informer si nous avons besoin d'être accompagnées.... Mais halte-là, messieurs, c'est nous qui voulons vous conduire. Célinie, donne le bras à Valmor ; moi, je prends celui de William.

Presque enivré de sentir si près de moi une si charmante créature, j'étais cependant à mon aise auprès de Corilla, moi généralement timide et embarrassé auprès des femmes. Je ne sais quel parfum d'innocence et de vertu semblait mettre mon âme en liberté et m'inspirer une délicieuse hardiesse que n'arrêtait aucune inquiétude.

— Mes sentiments affectueux pour votre frère, et même aussi pour votre famille, lui dis-je en marchant, et mon respect pour vous, peuvent bien mériter quelque retour de votre part : mais vous m'accablez de bontés ; et quelque précieuses qu'elles soient pour moi, quelque plaisir que j'aie à les recevoir, je ne puis m'empêcher de craindre de ne les avoir pas assez méritées.

— Ah ! je vous comprends à travers votre explication embarrassée : vous êtes surpris de la rapidité de notre amitié, vous êtes étonné de mon étourderie, de ma folie..... Hé bien, détrompez-vous.... notre République a autant d'espions que toutes vos monarchies.... Vous êtes entouré de mouchards.... votre John, que vous croyez si fidèle, est un traître... Interrogé par Valmor, c'est lui qui vous a trahi et qui nous a révélé tous vos crimes.... Nous savons qui a fait construire, pour cinquante-cinq pauvres, cet hospice dont vous parliez hier grand-papa..... nous savons qui entretient une école pour les pauvres petites filles de ses terres ; nous savons quel nom les malheureux ne prononcent qu'avec des bénédictions dans un certain comté... Je vous ai fait subir aussi votre interrogatoire sans que vous vous en doutiez, et j'ai constaté que vous aimiez les enfants et les fleurs, ce qui, pour nous, est l'indication d'une âme simple et pure ; en un mot, nous savons que vous avez un bon cœur, un excellent cœur ; et comme la bonté est la première de toutes les qualités à nos yeux, comme grand-papa vous estime et vous aime, nous vous estimons tous et vous aimons tous comme un vieil ami.... Tout est maintenant, j'espère, clairement expliqué : ainsi n'en parlons plus.... D'ailleurs, c'est ici que nous entrons. Attendons Valmor et Célinie, car nous avons couru sans nous en apercevoir.

Valmor, et même Corilla, me présentèrent à Dinaros, dont la physionomie me plut infiniment, et dont les manières et l'accueil me plurent encore davantage.

Les dames qu'on attendait n'étant pas arrivées, et ne devant arriver probablement que le lendemain, nous revînmes tous ensemble, avec Dinaros, chez le père de Valmor, traversant une partie du quartier d'Athènes.

— Vous n'avez donc aucune boutique, aucun magasin dans les maisons particulières ? dis-je à Valmor, quand nous fûmes rentrés.
— Non, répondit-il, la République a de grands ateliers et de grands magasins ; mais le bon Icar nous a délivrés de la *boutique* et du *boutiquier*, en délivrant en même temps le boutiquier de tous les soucis qui le rendaient malheureux.

— Allons, Dinaros, reprit le vénérable grand-père, expliquez à milord les merveilles qui sont une énigme pour lui ; exposez-lui les principes de notre organisation *sociale* et *politique* ; faites-lui connaître notre bon Icar et notre dernière Révolution : milord ne sera pas le seul qui vous entendra avec plaisir.

Les enfants même suspendirent leurs jeux pour écouter leur ami Dinaros ; et le jeune historien se rendit, sans hésiter, à nos vœux.

### PRINCIPES DE L'ORGANISATION **SOCIALE** EN ICARIE.

Vous savez, dit-il, que l'homme se distingue essentiellement de tous les autres êtres animés par sa *raison*, sa *perfectibilité* et sa *sociabilité*.

Profondément convaincus par l'expérience qu'il ne peut y avoir de bonheur sans association et sans égalité, les Icariens forment ensemble une SOCIÉTÉ fondée sur la base de l'ÉGALITÉ la plus parfaite. Tous sont *associés*, *citoyens*, *égaux en droits et en devoirs ;* tous partagent également les *charges* et les *bénéfices* de l'association ; tous ne forment aussi qu'une seule FAMILLE, dont les membres sont unis par les liens de la FRATERNITÉ.

Nous formons donc un *Peuple* ou une *Nation* de frères, et toutes nos lois doivent avoir pour but d'établir entre nous l'égalité la plus absolue dans tous les cas où cette égalité n'est pas matériellement impossible,

— Cependant, lui dis-je, la *nature* n'a-t-elle pas elle-même établi l'inégalité, en donnant aux hommes des qualités physiques et intellectuelles presque toujours inégales ?

— Cela est vrai, répondit-il ; mais n'est-ce pas aussi la nature qui a donné à tous les hommes le même désir d'être heureux, le même droit à l'*existence* et au *bonheur*, le même amour de l'égalité, l'intelligence et la RAISON pour organiser le bonheur, la société et l'égalité ?

— Du reste, milord, ne vous arrêtez pas à cette objection, car nous avons résolu le problème, et vous allez voir l'*égalité sociale* la plus complète.

De même que nous ne formons qu'une seule société, un peuple, une seule famille, notre territoire, avec ses mines souterraines et ses constructions supérieures, ne forme qu'un seul DOMAINE, qui est notre domaine social.

Tous les biens meubles des associés, avec tous les produits de la terre et de l'industrie, ne forment qu'un seul CAPITAL social.

Ce domaine social et ce capital social appartiennent indivisément au Peuple, qui les cultive et les exploite en commun, qui les administre par lui-même ou par ses mandataires, et qui partage ensuite également tous les produits.

— Mais c'est donc la COMMUNAUTÉ DE BIENS ! m'écriai-je. — Précisément, répondit le grand-père de Valmor ; est-ce que cette communauté vous effraie ? — Non... mais... on l'a toujours dite *impossible*... — Impossible ! vous allez voir...

Tous les Icariens étant associés et égaux, continua Dinaros, tous doivent exercer une industrie et travailler le même nombre d'heures; mais toute leur intelligence s'exerce à trouver tous les moyens possibles de rendre le travail court, varié, agréable et sans danger.

Tous les instruments de travail et les matières à travailler sont fournis sur le capital social, comme tous les produits de la terre et de l'industrie sont déposés dans des magasins publics.

Nous sommes tous nourris, vêtus, logés et meublés avec le capital social, et nous le sommes tous *de même*, suivant le sexe, l'âge et quelques autres circonstances prévues par la loi.

Ainsi, c'est la République ou la Communauté qui seule est propriétaire de tout, qui organise ses ouvriers et qui fait construire ses ateliers et ses magasins; c'est elle aussi qui fait cultiver la terre, qui fait bâtir les maisons, qui fait fabriquer tous les objets nécessaires à la nourriture, au vêtement, au logement et à l'ameublement; c'est elle enfin qui nourrit, vêtit, loge et meuble chaque famille et chaque citoyen.

L'ÉDUCATION étant considérée chez nous comme la base et le fondement de la société, la République la fournit à tous ses enfants, et la leur fournit également, comme elle leur donne à tous également la nourriture. Tous reçoivent la même instruction élémentaire et une instruction spéciale convenable à sa profession particulière; et cette éducation a pour objet de former de bons ouvriers, de bons parents, de bons citoyens et de véritables hommes.

Telle est, en substance, notre organisation sociale, et ce peu de mots peut vous faire deviner tout le reste.

Vous devez comprendre maintenant, dit le vieillard, pourquoi nous n'avons ni *Pauvres* ni *domestiques*.

Vous devez comprendre aussi, ajouta Valmor, comment il se fait que la République soit propriétaire de tous les chevaux, voitures, hôtels que vous avez vus, et qu'elle nourrisse et transporte gratuitement ses voyageurs.

Vous devez comprendre encore que, chacun de nous recevant en nature tout ce qui lui est nécessaire, la *monnaie*, l'*achat* et la *vente* nous sont complétement inutiles.

Oui, répondis-je, je comprends bien... Mais...

Comment, milord, dit le vieillard en souriant, vous voyez ici la Communauté voguant à pleines voiles, et vous ne voudrez peut-être pas y croire! Continuez, Dinaros · expliquez-lui notre organisation politique.

Puisque nous sommes tous associés, citoyens, égaux en droits, nous sommes tous électeurs et éligibles, tous membres du Peuple et de la garde populaire.

Tous réunis, nous composons la NATION ou plutôt le PEUPLE, car chez nous le Peuple est la collection de tous les Icariens sans exception.

Je n'ai pas besoin de vous dire que le Peuple est SOUVERAIN et que c'est à lui seul qu'appartient, avec la SOUVERAINETÉ, le pouvoir de rédiger ou de faire rédiger son contrat social, sa constitution et ses lois ; nous ne concevons même pas qu'un individu, ou une famille, ou une classe, puisse avoir l'absurde prétention d'être notre maître.

Le Peuple étant souverain, il a le droit de régler, par sa constitution et ses lois, tout ce qui concerne sa personne, ses actions, ses biens, sa nourriture, son vêtement, son logement, son éducation, son travail et même ses plaisirs.

Si le Peuple Icarien pouvait facilement et fréquemment se réunir tout entier dans une salle ou dans une plaine, il exercerait sa souveraineté en rédigeant lui-même sa constitution et ses lois. Dans l'impossibilité matérielle de se réunir ainsi, il DÉLÈGUE tous les pouvoirs qu'il ne peut exercer immédiatement et se réserve tous les autres. Il délègue à une REPRÉSENTATION POPULAIRE le pouvoir de préparer sa constitution et ses lois, et à un EXÉCUTOIRE (ou corps exécutif) le pouvoir de les faire exécuter ; mais il se réserve le droit d'élire ses représentants et tous les membres de l'exécutoire, d'approuver ou de rejeter leurs propositions et leurs actes, de rendre la justice, de maintenir l'ordre et la paix publique.

Tous les fonctionnaires publics sont donc les mandataires du Peuple, tous sont *électifs, temporaires, responsables et révocables*, et pour prévenir leurs empiétements ambitieux, les fonctions législatives et exécutives sont toujours incompatibles.

Notre REPRÉSENTATION populaire est composée de 2,000 députés, délibérant en commun dans une seule chambre. Elle est *permanente*, toujours ou presque toujours assemblée, et renouvelée chaque année par moitié. Ses lois les plus importantes sont, comme la constitution, soumises à l'acceptation du Peuple.

L'EXÉCUTOIRE, composé d'un Président et de 15 autres membres,

3

renouvelables chaque année par moitié, est essentiellement subordonné à la Représentation populaire.

Quant au Peuple, c'est dans ses *assemblées* qu'il exerce tous ses droits réservés, ses élections, ses délibérations et ses jugements.

· Et, pour lui faciliter l'exercice de ces droits, le territoire est divisé en 100 petites *Provinces,* subdivisées en 1,000 *Communes* à peu près égales en étendue et en population.

· Vous savez que chaque ville *Provinciale* est au centre de sa Province, chaque ville *Communale* au centre de sa Commune, et que tout est disposé pour que tous les citoyens assistent exactement aux assemblées populaires.

· Pour qu'aucun intérêt ne soit négligé, chaque Commune et chaque Province s'occupe spécialement de ses intérêts communaux et provinciaux en même temps que toutes les Communes et toutes les Provinces, c'est-à-dire le Peuple entier et sa Représentation, s'occupent des intérêts généraux ou nationaux.

·Disséminé dans ses 1,000 assemblées communales, le Peuple prend donc part à la discussion de ses lois, soit après, soit avant la délibération de ses Représentants.

Pour que le Peuple puisse discuter en parfaite connaissance de cause, tout se fait au grand jour de la PUBLICITÉ, tous les faits sont constatés par la *Statistique,* et tout est publié par le *Journal* populaire distribué à tous les citoyens.

Et pour que chaque discussion soit complétement approfondie, la Représentation populaire et chaque assemblée communale, c'est-à-dire le Peuple entier, est divisé en 15 grands COMITÉS principaux, *de constitution, d'éducation, d'agriculture, d'industrie, de nourriture, de vêtement, de logement, d'ameublement, de statistique,* etc. Chaque grand Comité comprend donc la quinzième partie de la masse des citoyens; et toute l'intelligence d'un Peuple d'hommes bien élevés et bien instruits est continuellement en action pour découvrir et appliquer toutes les améliorations et tous les perfectionnements.

. Notre organisation politique est donc une RÉPUBLIQUE démocratique et même une DÉMOCRATIE presque pure.

Oui, milord, ajouta le père de Valmor, c'est le Peuple entier qui fait ici ses lois, qui les fait uniquement dans son intérêt, c'est-à-dire dans l'intérêt commun, et qui les exécute toujours avec plaisir, puisqu'elles sont son propre ouvrage et l'expression de sa volonté souveraine.

Et cette volonté unanime, c'est toujours, comme nous l'avons déjà dit, de créer l'égalité sociale et politique, l'égalité de bonheur et de droits, l'égalité universelle et absolue : éducation, nourriture, vêtement, habitation, ameublement, travail, plaisirs, droits d'élection ou d'éligibilité et de délibération, tout est le même pour chacun de nous ; nos provinces mêmes, nos communes, nos villes, nos villages, nos fermes et nos maisons sont, autant que possible, semblables ; partout, en un mot, vous verriez ici l'égalité et le bonheur.

—Mais depuis quand et comment, lui dis-je, avez-vous fondé cette égalité ?

Il est trop tard, répondit le grand-père, pour vous l'expliquer aujourd'hui, et vous pourrez d'ailleurs lire notre histoire nationale : cependant nous pouvons encore vous en donner une idée, si Dinaros n'est pas fatigué, ou si Valmor veut le remplacer.

—Et moi donc, s'écria Corilla, est-ce que je ne puis pas avoir la parole aussi bien que Dinaros et Valmor !

— Oui, oui, cria-t-on de toutes parts, Corilla, Corilla ! et Corilla commença l'histoire d'Icarie.

### ABRÉGÉ DE L'HISTOIRE D'ICARIE.

Je ne vous dirai pas que la pauvre Icarie fut, comme presque tous les autres pays, conquise et dévastée par de méchants conquérants, puis long-temps opprimée et tyrannisée par de méchants rois et de méchants aristocrates qui rendaient les ouvriers bien malheureux et les pauvres femmes bien misérables : c'est le triste sort de l'humanité sur toute la terre.

Aussi, pendant des siècles, on ne vit que d'affreux combats entre les *riches* et les *pauvres*, des révolutions et d'horribles massacres.

Il y a environ soixante ans, je ne me rappelle pas l'année (en 1772, dit Valmor), le vieux tyran Corug fut renversé et mis à mort, son jeune fils banni, et la belle *Cloramide* placée sur le trône.

Cette jeune reine se rendit d'abord populaire par sa douceur et sa bonté. Mais la malheureuse se laissa dominer par son premier ministre, le méchant *Lixdox*, et sa tyrannie entraîna une dernière révolution (le 13 juin 1782, ajouta le grand-père), après deux jours d'un horrible combat et d'un épouvantable carnage.

Heureusement que le dictateur élu par le peuple, le bon et courageux *Icar*, se trouva le meilleur des hommes ! C'est à lui, c'est à nos généreux ancêtres, ses compagnons, que nous devons le

bonheur dont nous jouissons. C'est lui, ce sont eux qui ont organisé la République et la Communauté, après avoir bravé la mort
et exécuté d'immenses travaux pour assurer le bonheur de leurs
femmes et de leurs enfants.

Jugez donc, William, combien nous devons aimer notre bon Icar
et notre bon grand-père, l'un de ses plus intimes amis, l'un des
bienfaiteurs et des libérateurs de sa patrie...

A ces mots, le vieillard, qui jusque-là me paraissait écouter avec
délices le récit de sa petite-fille, la gronda doucement d'une in-
discrétion qui blessait sa modestie; mais Corilla se jeta à son cou,
et son grand-père l'embrassa avec attendrissement.

C'est Icar qui nous a électrisés, s'écria-t-il, les yeux humides et
brillants; à lui seul l'honneur et la gloire! Chantons, mes enfants,
chantons Icar et la patrie!

Et nous chantâmes tous ensemble leur hymne de reconnaissance
envers Icar, et leur chant patriotique.

Rentré chez moi, la tête échauffée par tout ce que je venais d'apprendre et de voir, je ne pouvais calmer mon imagination, qui
s'élançait pour concevoir ou deviner tout ce qui restait encore un
mystère pour moi.

Je ne pouvais non plus cesser de penser à la facilité, à l'éloquence, à la grâce avec lesquelles s'exprimaient Valmor, Dinaros et
surtout Corilla; et j'aurais voulu pouvoir supprimer la nuit, pour
faire arriver plus tôt la partie de promenade à laquelle cette charmante fille m'avait invité.

## CHAPITRE VI.

### Description d'Icara. (Suite.)

J'avais eu tant de peine à m'endormir que je dormais encore
lorsqu'Eugène entra dans ma chambre comme un fou, et me raconta ce que la veille, par un singulier hasard, il avait appris,
comme moi, sur Icar et sur Icarie.

— Quel homme ou plutôt quel Dieu que cet Icar! s'écria-t-il;
quel peuple! quel pays! heureux Icariens! Ah! pourquoi faut-il
que la fortune ne nous ait pas donné un Icar après notre révolution
de Juillet!... Quelles belles journées!... Aussi belles que les deux
jours des Icariens!... O peuple de Paris! que tu as été beau, grand,
héroïque, généreux, magnanime!... Quelle carrière nouvelle de

gloire et de bonheur s'ouvrait pour ma patrie!... Pourquoi faut-il?... Malheureuse France, France que je fuis, que je méprise, que je hais... Oh ! non, que j'adore plus que jamais !...

Et il se promenait à grands pas, comme s'il avait été seul ; et ses yeux étaient remplis de larmes ; et son agitation, qui d'abord m'avait fait rire, finit par me causer une émotion profonde.

Quand son exaltation fut calmée, il me lut une des lettres qu'il avait écrites à son frère : cette lettre me parut si intéressante et si instructive que je lui demandai de m'en laisser prendre copie ; et la famille de Valmor, à qui j'en fis lecture, l'entendit avec tant de plaisir qu'elle m'exprima le désir d'en connaître l'auteur, et me donna la permission de lui présenter Eugène.

Voici cette lettre :

## VILLE-MODÈLE.

Déchire tes plans de Ville, mon pauvre Camille, et cependant réjouis-toi, car je t'envoie, pour les remplacer, le plan d'une *ville-modèle*, que tu désirais depuis si long-temps. Je regrette bien vive ment de ne t'avoir pas ici pour te voir partager mon admiration et mon ravissement.

Imagine d'abord, soit à Paris, soit à Londres, la plus magnifique *récompense* promise pour le plan d'une *ville-modèle*, un grand *concours* ouvert, et un grand *comité* de peintres, de sculpteurs, de savants, de voyageurs, qui réunissent les plans ou les descriptions de toutes les villes connues, qui recueillent les opinions et les idées de la population entière et même des étrangers, qui discutent tous les inconvénients et les avantages des villes existantes et des projets présentés, et qui choisissent entre des milliers de plans-modèles le *plan-modèle* le plus parfait. Tu concevras une ville plus belle que toutes celles qui l'ont précédée ; tu pourras de suite avoir une première idée d'Icara, surtout si tu n'oublies pas que tous les citoyens sont égaux, que c'est la république qui fait tout, et que la règle invariablement et constamment suivie en tout, c'est : *d'abord le nécessaire, puis l'utile, enfin l'agréable.*

Maintenant, par où commencer ? voilà l'embarrassant pour moi ! Allons, je suivrai la règle dont je viens de te parler, et commencerai par le nécessaire et l'utile.

Je ne te parlerai pas des précautions prises pour la *salubrité*, pour la libre circulation de l'*air*, pour la conservation de sa pureté et même pour sa purification. Dans l'intérieur de la ville, point de cimetières, point de manufactures insalubres, point d'hôpitaux :

tous ces établissements sont aux extrémités, dans des places aérées, près d'une eau courante ou dans la campagne.

Jamais je ne pourrais t'indiquer toutes les précautions imaginées pour la *propreté* des rues. Que les trottoirs soient balayés et lavés tous les matins, et toujours parfaitement propres, c'est tout simple: mais les rues sont tellement pavées ou construites que les eaux n'y séjournent jamais, trouvant à chaque pas des ouvertures pour s'échapper dans des *canaux souterrains*.

Non-seulement la *boue*, ramassée et balayée à l'aide d'instruments ingénieux et commodes, disparaît entraînée dans les mêmes canaux par les eaux des fontaines, mais tous les moyens que tu pourrais concevoir sont employés pour qu'il se forme le moins de boue et de *poussière* que cela est possible.

Vois d'abord la construction des rues! chacune a huit *ornières* en fer ou en pierre pour quatre voitures de front, dont deux peuvent aller dans un sens et deux dans un autre. Les roues ne quittent jamais ces ornières, et les chevaux ne quittent jamais le trottoir intermédiaire. Les quatre trottoirs sont pavés en pierres ou cailloux, et toutes les autres bandes de la rue sont pavées en briques. Les roues ne font ni boue ni poussière, les chevaux n'en font presque point, les machines n'en font pas du tout sur les rues-chemins de fer.

Remarque en outre que tous les grands ateliers et les grands magasins sont placés sur le bord des rues-canaux et des rues-chemins de fer; que les *chariots*, d'ailleurs toujours peu chargés, ne passent que sur ces rues; que les rues à ornières ne reçoivent que des omnibus, et que même la moitié des rues de la ville ne reçoivent ni omnibus ni chariots, mais seulement de petites voitures traînées par de gros chiens, pour les distributions journalières dans les familles.

Ensuite, jamais aucune ordure n'est jetée des maisons ou des ateliers dans les rues; jamais on n'y transporte ni paille, ni foin, ni fumier, toutes les écuries et leurs magasins étant aux extrémités; tous les chariots et voitures ferment si hermétiquement que rien de ce qu'ils contiennent ne peut s'en échapper, et tous les déchargements s'opèrent avec des machines telles que rien ne salit le trottoir et la rue.

Des *fontaines* dans chaque rue fournissent l'eau nécessaire pour nettoyer, pour abattre la poussière et pour rafraîchir l'air.

Tout est donc disposé, comme tu vois, pour que les rues soient naturellement propres, peu fatiguées et faciles à nettoyer.

La loi (tu vas peut-être commencer par rire, mais tu finiras par admirer), la loi a décidé que le piéton serait en *sûreté*, et qu'il n'y aurait jamais d'accidents ni du côté des voitures et des chevaux ou des autres animaux, ni d'aucun autre côté quelconque. Réfléchis maintenant, et tu verras bientôt qu'il n'y a rien d'impossible à un gouvernement qui *veut* le bien.

D'abord, pour les *chevaux* fringants, ceux de selle, on n'en permet pas dans l'intérieur de la ville, la promenade à cheval n'étant soufferte qu'au dehors et les écuries étant aux extrémités.

Quant aux chevaux de diligences, d'omnibus et de transport, indépendamment de ce que toutes sortes de précautions sont prises pour les empêcher de s'emporter, ils ne peuvent jamais quitter leur ornière ou monter sur les trottoirs, et les *conducteurs* sont obligés de les conduire au pas à l'approche des passages où les piétons traversent les rues; et ces *traverses* sont d'ailleurs environnées de toutes les précautions nécessaires : elles sont ordinairement marquées par des colonnes, en travers de la rue, formant des espèces de portes pour les voitures, et des espèces de reposoirs intermédiaires où le piéton peut s'arrêter jusqu'à ce qu'il soit sûr qu'il peut continuer sans danger. Inutile de te dire que ces traverses sont presque aussi propres que les trottoirs. Dans quelques rues même, le passage est souterrain comme le *tunnel* de Londres; tandis que dans quelques autres, c'est un *pont* sous lequel passent les voitures.

Une autre précaution bien facile, qui évite bien des accidents, et qu'on pratique mal dans nos villes, parce qu'on ne fait rien pour que tout le monde la connaisse et prenne l'habitude de la pratiquer, c'est que partout les voitures et les piétons prennent leur *droite* en avançant.

Tu comprends en outre que les *conducteurs* de voitures, étant tous des ouvriers de la République et ne recevant rien de personne, n'ont aucun intérêt à s'exposer à des accidents et sont au contraire intéressés à les éviter.

Tu comprends aussi que, toute la population étant dans les ateliers ou les maisons jusqu'à trois heures, et les voitures de transport ne circulant qu'aux heures où les omnibus ne courent pas et où les piétons sont peu nombreux, et les roues ne pouvant jamais quitter leurs ornières, les accidents de la part des voitures et entre les voitures doivent être presque impossibles.

Quant aux autres animaux, on ne voit jamais des troupeaux de *bœufs* et de *moutons* comme ceux qui encombrent et déshonorent les rues de Londres, y causant mille accidents, y répandant l'inquié-

tude et souvent la terreur et la mort, en même temps qu'ils habituent le peuple à l'idée de l'égorgement ; car ici, les *abattoirs* et
les *boucheries* sont au dehors, sans que les bestiaux pénètrent jamais dans la ville, sans qu'on y voie jamais ni *sang*, ni *cadavres
d'animaux*, et même sans qu'un grand nombre de *bouchers* s'habituent à voir sans effroi des boucheries humaines, à force de tremper leurs couteaux et leurs mains dans le sang d'autres victimes.

Je ne quitterai pas les animaux sans te parler des *chiens*, dont la
République nourrit, loge et emploie un grand nombre, remarquables par leur taille et leur force, pour un grand nombre de transports qui se font ainsi avec moins de dangers encore que par
les chevaux. Tous les chiens, bien nourris, toujours bridés et mu-
selés ou conduits en lesse, ne peuvent jamais, ni prendre la *rage*,
ni mordre, ni effrayer, ni causer un scandale qui, dans nos villes,
détruit en un moment toutes les prévoyances d'une éducation de
plusieurs années.

Tout est si bien calculé que jamais cheminée, jamais pot de fleurs,
jamais aucun corps quelconque ne peut être ni lancé par l'orage,
ni jeté par les croisées.

Les piétons sont protégés même contre les intempéries de l'air,
car toutes les rues sont garnies de *trottoirs*, et tous ces trottoirs
sont couverts avec des *vitres*, pour garantir de la pluie sans priver
de la lumière, et avec des toiles mobiles pour garantir de la chaleur. On trouve même quelques rues entièrement couvertes, surtout
entre de grands magasins de dépôts, et tous les passages pour traverser les rues sont également couverts.

On a poussé même la précaution jusqu'à construire, de distance
en distance, de chaque côté de la rue, des *reposoirs* couverts, sous
lesquels s'arrêtent les omnibus, pour qu'on puisse y monter ou en
descendre sans craindre ni la pluie ni la boue.

Tu vois, mon cher ami, qu'on peut parcourir toute la ville d'I-
cara, en voiture quand on est pressé, par les jardins quand il fait
beau, et sous les portiques quand le temps est mauvais, sans avoir
jamais besoin ni de parasol ni de parapluie, et sans craindre jamais rien ; tandis que les milliers d'accidents et de malheurs qui
chaque année accablent le peuple de Paris et de Londres, accusent la honteuse impuissance ou l'indifférence barbare des gouvernements.

Tu penses bien que la ville est parfaitement *éclairée*, aussi bien
que Paris et Londres, même beaucoup mieux, attendu que la matière éclairante n'est absorbée ni par les boutiques, puisqu'il n'y

en a pas, ni par les ateliers, puisque personne ne travaille le soir.
L'éclairage est donc concentré sur les rues et les monuments publics ; et non-seulement le *gaz* n'y répand pas d'odeur, parce qu'on
a trouvé le moyen de le purifier, mais l'éclairage unit au plus
haut degré l'agréable à l'utile, soit par la forme élégante et variée
des réverbères, soit par les mille formes et les mille couleurs qu'on
sait donner à la lumière. J'ai vu d'assez beaux éclairages à Londres, dans quelques rues, certains jours de fêtes ; mais à Icara,
l'éclairage est toujours magnifique, et quelquefois c'est une véritable féerie.

Tu ne verrais ici ni *cabarets*, ni guinguettes, ni *cafés*, ni esta-
minets, ni bourse, ni maisons de jeux ou de loteries, ni réceptacles
pour de honteux ou coupables plaisirs, ni casernes et corps-de-
garde, ni gendarmes et mouchards, comme point de filles publiques
ni de filous, point d'ivrognes ni de mendiants ; mais en place tu y
découvrirais partout des INDISPENSABLES, aussi élégants que propres et commodes, les uns pour les femmes, les autres pour les
hommes, où la pudeur peut entrer un moment, sans rien craindre
ni pour elle-même ni pour la décence publique.

Tes regards ne seraient jamais offensés de tous ces *crayonnages*,
de tous ces dessins, de toutes ces écritures qui salissent les murs
de nos villes, en même temps qu'ils font baisser les yeux ; car les
enfants sont habitués à ne jamais rien gâter ou salir, comme à
rougir de tout ce qui peut être indécent et malhonnête.

Tu n'aurais pas même l'agrément ou l'ennui de voir tant d'*en-
seignes* ou d'écriteaux au-dessus des portes des maisons, ni tant
d'avis et d'*affiches* de commerce, qui presque toujours enlaidissent
les bâtiments : mais tu verrais de belles *inscriptions* sur les monuments, les ateliers et les magasins publics, comme tu verrais tous
les avis utiles, magnifiquement imprimés sur des papiers de diverses couleurs, et disposés, par des afficheurs de la République,
dans des encadrements destinés à cet usage, de manière que ces
affiches elles-mêmes concourent à l'embellissement général.

Tu ne verrais pas non plus ces riches et jolies *boutiques* de toute
espèce qu'on voit à Paris et à Londres dans toutes les maisons des
rues commerçantes. Mais que sont les plus belles de ces boutiques,
les plus riches de ces magasins et de ces bazars, les plus vastes
des marchés ou des foires, comparés avec les *ateliers*, les boutiques, les *magasins* d'Icara ! Figure-toi que tous les ateliers et les
magasins d'orfévrerie ou de bijouterie, par exemple, de Paris ou
de Londres, sont réunis en un seul ou deux ateliers et en un seul

3.

ou deux magasins ; figure-toi qu'il en est de même pour toutes les
branches d'industrie et de commerce ; et dis-moi si les magasins de
bijouterie, d'horlogerie, de fleurs, de plumage, d'étoffes, de modes,
d'instruments, de fruits, etc., etc., ne doivent pas éclipser toutes
les boutiques du monde ; dis-moi si tu n'aurais pas autant et peut-
être plus de plaisir à les visiter qu'à parcourir nos musées et nos
monuments des beaux-arts ! Hé bien, tels sont les ateliers et les
magasins d'Icara !

Et tous sont dispersés à dessein pour la plus grande commodité
des habitants et pour l'embellissement de la ville ; et-, pour l'embellir davantage, tous, à l'extérieur, sont construits comme des
monuments où prédominent la simplicité et les attributs de l'industrie.

Je viens de te parler de *monuments :* je n'ai pas besoin de te
dire que tous les monuments ou établissements *utiles* qu'on trouve
ailleurs se trouvent à plus forte raison ici, les écoles, les hospices,
les temples, les hôtels consacrés aux magistratures publiques, tous
les lieux d'assemblées populaires, même des arènes, des cirques,
des théâtres, des musées de toute espèce, et tous les établissements que leur agrément a rendus presque nécessaires.

Point d'*hôtels aristocratiques* comme point d'*équipages ;* mais
point de *prisons* ni de maisons de *mendicité !* Point de palais royaux
ou ministériels ; mais les écoles, les hospices, les assemblées populaires sont autant de palais, ou, si tu veux, tous les palais sont
consacrés à l'utilité publique !

Je ne finirais pas, mon cher frère, si je voulais t'énumérer tout
ce qu'Icara renferme d'utile : mais je t'en ai dit assez, peut-être
trop, quoique je sois sûr que ton amitié trouvera quelque plaisir
dans tous ces détails, et j'arrive à l'*agréable,* où tu trouveras encore la *variété,* constante compagne de l'*uniformité.*

Voyons donc les formes extérieures des maisons, des rues, et
des monuments.

Je t'ai déjà dit que toutes les *maisons* d'une rue sont semblables,
mais que toutes les rues sont différentes, et représentent toutes les
jolies maisons des pays étrangers.

Ton œil ne serait jamais blessé ici de la vue de ces *masures,* de
ces *cloaques* et de ces *carrefours* qu'on trouve ailleurs à côté des
plus magnifiques palais, ni de la vue de ces *haillons* qu'on rencontre à côté du luxe de l'Aristocratie.

Tes regards ne seraient pas attristés non plus de ces *grilles* qui entourent les fossés des maisons de Londres et leur donnent, avec la noirceur de la brique, l'apparence d'une immense prison.

Les *cheminées*, si hideuses dans beaucoup d'autres pays, sont un ornement ici, ou ne s'aperçoivent pas, tandis que le sommet des maisons présente à l'œil une charmante *balustrade* en fer.

Les trottoirs ou les *portiques* à colonnes légères qui bordent toutes les rues, déjà magnifiques aujourd'hui, seront quelque chose d'enchanteur lorsque, comme on en a le projet, toutes ces colonnades seront garnies de verdure et de fleurs.

Entreprendrai-je de te décrire la forme des *fontaines*, des *places*, des *promenades*, des *colonnes*, des *monuments* publics, des colossales *portes* de la ville et de ses magnifiques *avenues* ? Non, mon ami : je n'aurais pas assez d'expressions pour peindre mon admiration, et d'ailleurs il me faudrait t'écrire des volumes. Je te porterai tous les plans, et je me bornerai ici à t'en donner une idée générale.

Ah que je regrette de ne pouvoir les visiter encore avec mon frère ! Tu verrais qu'aucune fontaine, aucune place, aucun monument ne ressemble aux autres, et que dans tous sont épuisées toutes les variétés de l'architecture. Ici, tu te croirais à Rome, en Grèce, en Égypte, dans l'Inde, partout ; et jamais tu n'enragerais, comme nous l'avons fait à Londres devant Saint-Paul, contre les boutiques qui nous empêchaient d'embrasser d'un coup-d'œil l'ensemble d'un magnifique monument.

Nulle part tu ne verrais plus de *peintures*, plus de *sculptures*, plus de *statues* qu'ici dans les monuments, sur les places, dans les promenades et dans les jardins publics ; car, tandis qu'ailleurs ces œuvres des beaux-arts sont cachées dans les palais des rois et des riches, tandis qu'à Londres les musées, fermés les dimanches, ne sont jamais ouverts pour le Peuple qui ne peut quitter son travail pour les visiter pendant la semaine, toutes les curiosités n'existent ici que pour le Peuple et ne sont placées que dans les lieux fréquentés par le Peuple.

Et comme c'est la République qui fait tout créer par ses peintres et ses sculpteurs, comme les artistes, nourris, vêtus, logés et meublés par la Communauté, n'ont d'autre mobile que l'amour de l'art et de la gloire, et d'autre guide que les inspirations du génie, tu vas comprendre les conséquences.

Rien d'inutile et surtout rien de nuisible, mais tout dirigé vers un but d'utilité ! rien en faveur du despotisme et de l'Aristocratie, du fanatisme et de la superstition, mais tout en faveur du Peuple et de ses bienfaiteurs, de la liberté et de ses martyrs, ou contre ses anciens tyrans et leurs satellites !

Jamais ces *nudités* ou ces peintures voluptueuses qui, dans nos capitales, pour plaire aux libertins puissants, et par la plus monstrueuse des contradictions, tandis qu'on recommande sans cesse la décence et la chasteté, présentent publiquement aux yeux des images que le mari voudrait cacher à sa femme et la mère à ses enfants.

Jamais non plus de ces œuvres de l'ignorance ou de l'incapacité, que la misère vend ailleurs à vil prix pour avoir du pain, et qui corrompent le goût général en déshonorant les arts ; car ici rien n'est admis par la République sans examen ; et, comme à Sparte où l'on supprimait à leur naissance les enfants infirmes ou difformes, ici l'on plonge sans pitié dans les ténèbres du néant toutes les productions indignes d'être éclairées par les rayons du Dieu des arts.

Je m'arrête, mon cher Camille, quoique j'eusse beaucoup à te dire sur les rues-jardins, sur la rivière et les canaux, sur les quais et les ponts, et sur les monuments qui ne sont que commencés ou projetés.

Mais que diras-tu, quand j'ajouterai que toutes les villes d'Icarie, quoique beaucoup moins grandes, sont sur le même plan, à l'exception des grands établissements nationaux !

Aussi je crois t'entendre crier avec moi : Heureux Icariens ! malheureux Français !

Plus je parcourus ensuite la ville, et plus cette description d'Eugène me parut exacte.

Quand j'eus pris copie de cette lettre, nous allâmes visiter ensemble une des *boulangeries* de la République.

Nous parcourûmes cinq ou six immenses bâtiments parallèles, l'un pour les *farines*, l'autre pour la *pâte*, un troisième pour les *fours*, un quatrième pour le *combustible*, et le cinquième pour recevoir le *pain*, d'où des voitures le distribuent partout aux consommateurs.

Un canal apporte les farines et le combustible, que des machines transportent dans les magasins. De larges tuyaux versent la farine dans les pétrissoirs, tandis que d'autres tuyaux y versent l'eau à volonté. Ce sont des machines extrêmement ingénieuses qui pétrissent la pâte, qui la coupent, et qui la portent à l'entrée des fours, où d'autres machines apportent le combustible, tandis que d'autres emportent le pain dans le dernier bâtiment.

Eugène ne pouvait cesser d'admirer le soulagement procuré aux
ouvriers par ce système et la prodigieuse économie qui en était le
résultat.

Tout en partageant son admiration, je pensais à notre projet de
promenade, et je courus chez Valmor à cinq heures.

On était prêt à partir, et la famille presqu'entière se mit en
marche à mon arrivée. Valmor donnait le bras à l'une de ses cousines ; et la charmante Corilla prit le mien avec une familiarité si
séduisante que j'en aurais perdu la tête si j'eusse été moins bien
cuirassé.

Nous passâmes par les rues à jardins, dont beaucoup étaient
remplis de jeunes filles, ou d'enfants, ou d'hommes qui les arrosaient ou les travaillaient.

Plus je voyais ces jardins, plus ils me paraissaient délicieux ;
ces gazons, ces roses et ces fleurs de mille espèces, ces arbustes
fleuris, ces murs couverts de jasmins, de vignes, de lilas de Judée,
de chèvre-feuille, en un mot de verdure coupée de mille couleurs,
cet air embaumé, ce tableau de travailleurs et d'enfants, tout cela
formait un ensemble ravissant.

Mais la *promenade* me parut plus ravissante encore : allées sablées, droites ou tortueuses ; vastes gazons ; arbustes de toute
espèce ; arbres magnifiques ; petits bosquets et berceaux fleuris
partout ; à chaque pas, bancs élégants peints en vert ; grottes ou
collines artificielles, couvertes d'oiseaux ; eaux en nappes, en ruisseaux, en cascades, en fontaines, en jets ; ponts charmants; statues
et petits monuments ; tout ce que la féconde imagination du plus
habile dessinateur pourrait imaginer s'y trouve réuni, même des
oiseaux et des animaux de toute espèce sur les eaux et les gazons.

Et ce qui embellit encore cette promenade plus que tous les
prestiges de l'art ou de la nature, c'est l'innombrable quantité de
nombreuses familles qui la couvrent, pères, mères, enfants, se
promenant ordinairement ensemble. Des milliers de jeunes garçons
et de jeunes filles de tous âges, tous proprement et élégamment
vêtus, courent, sautent, dansent et jouent à mille jeux, toujours en
troupes et sous les yeux de leurs parents assemblés. On ne voit
que de la joie et du plaisir ; on n'entend que des rires, de joyeux
cris, des chants et de la musique.

—Il paraît, dis-je à Corilla, que vos compatriotes ont la passion
de la *musique*. — Oui, répondit-elle, et c'est le bon Icar qui nous
en a donné le goût, comme celui de la verdure, des fleurs et des
fruits. Depuis ce temps, notre éducation a rendu ces passions uni-

verselles parmi nous. Tout le monde acquiert une connaissance
générale de ce qui tient à la végétation et à la culture. Tous les enfants, sans exception, apprennent la musique vocale et savent
chanter ; chacun apprend à jouer d'un instrument. Aussi, partout et
toujours vous entendrez de la musique et des chants, dans les familles comme dans les réunions publiques, dans les temples et dans
les ateliers comme dans les spectacles et les promenades. Nous
allons rencontrer des bandes de musiciens de toute espèce, assis
dans de jolis salons préparés exprès, outre beaucoup de concerts
exécutés par des mécaniques qui remplacent les musiciens et qui
les imitent à s'y méprendre.

C'est la trompette qui donne presque tous les signaux ; c'est au
son du cor que partent et volent nos milliers de voitures publiques.
Est-ce que vous ne trouvez pas leurs fanfares charmantes ?

— Charmantes, en vérité. — Et vous verrez la musique de
nos fêtes nationales avec des chœurs de cinquante ou cent mille
chanteurs.

Nous étions alors arrivés vers la promenade à cheval, et nous
vîmes passer des centaines de petites cavalcades, composées
d'hommes et de femmes de tous âges, élégamment vêtus, quoique
bien autrement que nos cavaliers et nos amazones de Londres et
de Paris. Comme je me récriais sur la grâce des dames et sur la
beauté des chevaux, superbes pour les hommes, charmants pour
les femmes, tout petits et jolis pour les enfants : « N'en soyez pas
surpris, me dit Corilla ; car la République ayant décidé que nous
aurions le plaisir de la promenade à cheval, elle a particulièrement
soigné l'éducation des chevaux, et même a fait acheter les meilleures races des pays étrangers. Par la même raison, l'équitation
fait partie de notre éducation dès notre enfance, et vous ne trouveriez pas aujourd'hui un seul Icarien qui ne fût bon cavalier.

— Mais, lui dis-je, comment avez-vous assez de chevaux de selle
pour tout le monde ? — Voici comment, répondit-elle : la République n'a que mille chevaux de selle pour chaque ville communale,
et soixante mille pour Icara ; mais elle partage ces chevaux entre
tous les citoyens, de manière que chaque famille peut en jouir une
fois tous les dix jours.

— Et tous ces chevaux appartiennent à la République ? — Sans
doute, et sont logés dans ses écuries, et soignés par ses ouvriers.

Nous causâmes sur tout, sur les fêtes, les théâtres, la danse, les
plaisirs, les mœurs et les usages du pays : elle me parla même des

assemblées publiques et des journaux, et toujours avec tant d'aisance et de grâce que je ne m'aperçus pas que la nuit arrivait pendant que je prenais tant de plaisir à m'instruire, en écoutant une
si charmante institutrice.

## CHAPITRE VII.

### Nourriture.

C'était un jour de repos, dimanche d'Icarie, ou plutôt dixième
jour de la semaine icarienne, et Valmor, qui m'avait prévenu depuis deux jours, vint de bonne heure nous chercher, Eugène et moi,
pour aller avec eux à la campagne.

Je raconterai plus tard les moyens imaginés et pratiqués par la
République pour faciliter ces excursions et ces dîners champêtres,
dont les Icariens sont très-avides, depuis le printemps jusqu'en
automne.

Nous partîmes tous, les uns à pied, les autres sur de jolis ânes,
ou des mulets, ou des chevaux, les autres dans des omnibus, et
nous allâmes à une fontaine charmante et célèbre, qui se trouve à
deux lieues d'Icara, sur le penchant d'un délicieux coteau qui dô-
mine la ville.

Je ne pourrais dire quel spectacle offrait la route, couverte de
voitures, de chevaux, d'ânes, de mulets, de chiens, de promeneurs
et de provisions, qui se rendaient au même lieu ; je ne pourrais
non plus décrire ni la ravissante beauté de la vue des gazons, des
bosquets et de la fontaine où l'art et la nature avaient prodigué tous
leurs embellissements, ni les délicieux tableaux que présentaient des
centaines de groupes dînant sur l'herbe, chantant, riant, sautant,
courant, dansant et jouant à mille jeux.

Sur l'invitation de son grand-père, Corilla nous fit brièvement
la description de vingt ou trente promenades champêtres où la population d'Icara se rend ordinairement les jours de fête et de repos.
Elle nous expliqua que tous ces lieux charmants, qui font aujour-
d'hui les délices du Peuple entier, servaient exclusivement autrefois
aux plaisirs de quelques seigneurs, qui les enfermaient dans les
murs ou les fossés de leurs châteaux et de leurs parcs.

Quelque intéressant que fût pour moi le récit de Corilla, auquel
elle savait d'ailleurs donner tant de charme, Valmor m'intéressa

plus encore quand il nous exposa le système adopté par la République pour la *nourriture* de ses citoyens.

Je n'aurais pas manqué d'en retracer ici la substance, si je n'avais retrouvé ce système parfaitement exposé dans une autre lettre d'Eugène à son frère : cette lettre, que je vais transcrire ici, remplacera donc mon propre récit ; et, pour y arriver plus tôt, je me contenterai d'ajouter que le retour ne fut ni moins animé, ni moins joyeux que le départ et le séjour, et que mon âme était remplie du bonheur dont j'apercevais partout l'expression.

### LETTRE D'EUGÈNE A SON FRÈRE.

« O mon cher Camille, que j'ai le cœur navré quand je pense à la France et que je vois la félicité dont jouit ici le peuple d'Icarie! Juges-en toi-même en apprenant leurs institutions concernant la NOURRITURE et le *vêtement*.

### NOURRITURE.

» Sur ce premier besoin de l'homme comme sur tous les autres, tout, dans notre malheureux pays, est abandonné au hasard et rempli de monstrueux abus. Ici, au contraire, tout est réglé par la raison la plus éclairée et par la sollicitude la plus généreuse.

» Figure-toi d'abord, mon cher frère, qu'il n'y a absolument rien, dans tout ce qui concerne les aliments, qui ne soit réglé par la *loi*. C'est elle qui admet ou qui prohibe un aliment quelconque.

» Un *comité* de savants, institué par la représentation nationale, aidé par tous les citoyens, a fait la *liste* de tous les aliments connus, en indiquant les bons et les mauvais, les bonnes ou mauvaises qualités de chacun.

» Il a fait plus : parmi les bons, il a indiqué les nécessaires, les utiles et les agréables, et en a fait imprimer la liste en plusieurs volumes, dont chaque famille a un exemplaire.

» On a fait plus encore, on a indiqué les préparations les plus convenables pour chaque aliment, et chaque famille possède aussi le *Guide du cuisinier*.

» La liste des bons aliments ainsi arrêtée, c'est la République qui les fait produire par ses agriculteurs et ses ouvriers, et qui les distribue aux familles ; et comme personne ne peut avoir d'autres aliments que ceux qu'elle distribue, tu conçois que personne ne peut consommer d'autres aliments que ceux qu'elle approuve.

» Elle fait produire d'abord les nécessaires, puis les utiles, puis les agréables, et tous ceux-ci autant qu'il est possible.

» Elle les partage entre tous également, de manière que chaque citoyen reçoit la même quantité d'un aliment quelconque, s'il y en a pour tous, et que chacun n'en reçoit qu'à son tour, s'il n'y en a, chaque année ou chaque jour, que pour une partie de la population.

» Chacun a donc une part égale de tous les aliments sans distinction, depuis celui que nous appelons le plus grossier jusqu'à celui que nous qualifions le plus délicat ; et le peuple entier d'Icarie est aussi bien et même mieux nourri que les plus riches des autres pays.

» Tu vois donc, mon pauvre ami, que le gouvernement fait ici bien autre chose que notre monarchie : tandis que la royauté fait tant de bruit pour un bon Roi qui voulait que chaque paysan pût mettre la *poule au pot le dimanche*, la République donne ici, sans rien dire, à tous et tous les jours, tout ce qui ne se voit ailleurs que sur la table des Aristocrates et des Rois !

» Non-seulement la République fait élever tous les bestiaux, la volaille et le poisson nécessaires, non-seulement elle fait cultiver et distribuer tous les légumes et les fruits qui se consomment dans leur fraîcheur, mais elle emploie tous les moyens de les conserver en les séchant, les confisant, etc., pour en distribuer des provisions.

» Ce n'est pas tout : le comité dont je t'ai parlé tout à l'heure a discuté et indiqué le nombre des *repas*, leur temps, leur durée, le nombre des mets, leur espèce et leur ordre de service, en les variant sans cesse, non-seulement suivant les saisons et les mois, mais encore suivant les jours ; en sorte que les dîners de la semaine sont tous différents.

» A six heures du matin, avant de commencer le travail, tous les ouvriers, c'est-à-dire tous les citoyens, prennent en commun, dans leur atelier, un avant-déjeuner très-simple (que nos ouvriers de Paris appellent la *goutte* ou le *coup du matin*), préparé et servi par le restaurateur de l'atelier.

» A neuf heures, ils déjeunent dans l'atelier, tandis que leurs femmes et leurs enfants déjeunent dans leurs maisons.

» A deux heures, tous les habitants de la même rue prennent ensemble, dans leur *restaurant républicain*, un dîner préparé par un des *restaurateurs* de la République.

» Et le soir, entre neuf et dix heures, chaque famille prend, dans

sa propre habitation, un souper ou une collation préparée par les
femmes de la maison.

» A tous ces repas, le premier TOAST est *à la gloire du bon Icar,
bienfaiteur des ouvriers*, BIENFAITEUR DES FAMILLES, BIENFAITEUR
DES CITOYENS.

» Le souper consiste principalement en fruits, pâtisseries et su-
creries.

» Mais le *dîner* commun, dans des salles superbes élégamment
décorées, contenant mille à deux mille personnes, surpasse en magnificence tout ce que tu pourrais imaginer. Nos plus beaux restaurants et cafés de Paris ne sont rien à mes yeux, comparés aux
restaurants de la République. Tu ne voudras peut-être pas le croire,
quand je te dirai qu'outre l'abondance et la délicatesse des mets,
outre les décorations en fleurs et de tous autres genres, une musique délicieuse y charme les oreilles tandis que l'odorat y savoure
de délicieux parfums.

» Aussi, quand des jeunes gens se marient, ils n'ont pas besoin
de manger leurs dots dans un mauvais repas de noce et de ruiner
d'avance leurs enfants à naître ; les dîners que le mari trouve dans
le restaurant de sa femme, la femme dans celui de son mari, et les
deux familles ensemble chez chacune d'elles, remplacent les plus
beaux repas des autres pays.

» Et cependant, tu pourras concevoir que ces repas communs fa-
cilitent une immense économie sur les repas séparés, et permettent
conséquemment d'en augmenter beaucoup les jouissances.

» Tu concevras aussi que cette communauté de repas entre les
ouvriers et entre les voisins a d'autres grands avantages, notamment celui de faire fraterniser les masses, et celui de simplifier
beaucoup, en faveur des femmes, les travaux du ménage.

» Et comme la République n'est occupée que du bonheur de ses
enfants, tu ne seras pas surpris non plus qu'elle pousse la tendresse
et la complaisance jusqu'à leur donner la facilité de prendre, le dimanche, tous leurs repas en famille et chez eux, d'y dîner avec leurs
amis particuliers, même d'aller passer la journée à la campagne;
et pour cela elle fait préparer, dans tous les restaurants, des mets
froids qui sont transportés dans les familles, et elle met à leur disposition d'autres moyens de transport quand elles veulent jouir de
la *campagne*.

» En vérité, mon frère, je ne te mens pas quand je t'assure que ce pays est un paradis qui réjouit l'âme autant que les sens ; et cependant j'enrage ici..., moi..., Français, adorant ma patrie ; je souffre parfois pour elle tous les supplices de Tantale !

» Allons, du courage et de l'espérance ! et en attendant, étudions!

» Tu voudras sans doute savoir comment s'opère et s'exécute la DISTRIBUTION des aliments : rien n'est plus simple ; mais admire encore !

### DISTRIBUTION DES ALIMENTS.

» La république fait ici ce qu'on voit souvent à Paris et à Londres, ce que font quelquefois nos gouvernements, et ce que font maintenant presque tous les marchands.

» Tu sais d'abord que c'est la République qui fait cultiver ou produire tous les aliments, qui les reçoit et les réunit tous, et qui les dépose dans ses innombrables et immenses magasins.

» Tu peux facilement concevoir des *caves* communes comme celles de Paris et de Londres, de grands *magasins* de farine, de pain, de viandes, de poissons, de légumes, de fruits, etc.

» Chaque magasin républicain a, comme un de nos boulangers ou de nos bouchers, le *tableau* des restaurants, des ateliers, des écoles, des hospices et des familles qu'il doit fournir, et de la quantité qu'il doit envoyer à chacun.

» Il a aussi tous les employés, tous les ustensiles, tous les moyens de transport nécessaires, et tous ces instruments sont plus ingénieux les uns que les autres.

» Tout étant préparé d'avance dans le magasin, on envoie partout, à domicile, dans l'arrondissement du magasin, les grosses provisions pour l'année, ou le mois, ou la semaine, et les provisions journalières.

» La distribution de celles-ci a quelque chose de charmant. Je ne te parlerai pas de la propreté parfaite qui règne en tout, comme première nécessité ; mais ce que je ne manquerai pas de te dire, c'est que le magasin a, pour chaque famille, une *corbeille*, un vase, une mesure quelconque marquée du numéro de sa maison, et contenant sa provision de pain, de lait, etc. ; c'est qu'il a même toutes ces mesures *doubles*, de manière à porter l'une pleine et à rapporter l'autre vide ; c'est que chaque maison contient à l'entrée, une *niche*, disposée d'avance à cet effet, dans laquelle le distributeur trouve la mesure vide et la remplace par la mesure pleine ; de manière que la distribution toujours faite à la même heure, et d'ailleurs aunoncée par un son particulier, s'opère sans déranger la famille et sans faire perdre le moindre temps au distributeur.

« Tu comprends, mon cher ami, l'économie de temps et tous les avantages de ce système de distribution en masse.

« Du reste, tout est parfait dans cet heureux pays habité par des hommes qui méritent enfin le titre d'*hommes*, puisque, même dans les plus petites choses, ils font toujours un utile usage de cette sublime raison que la Providence leur a donnée pour leur bonheur.

» Aussi, vois encore leur système de VÊTEMENT, et admire encore, admire toujours, si tu n'enrages pas un peu comme moi... »

---

## CHAPITRE VIII.

### Vêtement.

#### SUITE DE LA LETTRE D'EUGÈNE A SON FRÈRE.

#### VÊTEMENT.

« Tout ce que je t'ai dit de la nourriture, mon cher Camille, s'applique au vêtement : c'est la *loi* qui a tout réglé, sur l'indication d'un *comité* qui a consulté tout le monde, qui a examiné les vêtements de tous les pays, qui a dressé la *liste* de tous avec leurs formes et leurs couleurs (ouvrage magnifique que chaque famille possède), qui a indiqué ceux à adopter et ceux à proscrire, et qui les a classés suivant leur nécessité, leur utilité ou leur agrément.

» C'est la République qui fait cultiver et produire, par ses agriculteurs, toutes les matières premières ; c'est elle qui fait fabriquer, dans ses manufactures, toutes les étoffes adoptées ; c'est elle encore qui fait confectionner tous les vêtements par ses ouvriers et ses ouvrières ; c'est elle enfin qui les fait distribuer aux familles.

» Elle a commencé par les *étoffes* les plus nécessaires : aujourd'hui, elle ordonne toutes les étoffes sans exception, les plus agréables, comme les plus utiles.

« Tout ce qui, dans la *forme*, le dessin et la couleur, était bizarre ou sans goût, a soigneusement été banni ; et tu ne peux rien imaginer de plus pur et de plus agréable que les couleurs choisies, rien de plus gracieux et de plus simple que les dessins des étoffes, rien de plus élégant et de plus commode que la forme des vêtements.

» Et tu le comprendras sans peine, quand tu te rappelleras qu'il n'y a pas une pièce de la chaussure, de la coiffure, etc., qui n'ait été discutée et adoptée sur un *plan-modèle*. Aussi, quoique dans ma passion pour la peinture j'aie toujours été très-difficile, tu le sais, sur les vêtements d'hommes et surtout de femmes, je te jure que je n'ai pas encore pu trouver un défaut dans ceux de ce pays.

» Je viens de te parler des *femmes* : ô mon bon Camille, que tu aimerais ces Icariens, toi si galant et si passionné, comme moi, pour ce chef-d'œuvre du Créateur, si tu voyais comme ils les entourent de leurs soins, de leurs respects et de leurs hommages, comme ils concentrent sur elles leurs pensées, leur sollicitude et leur bonheur, comme ils travaillent sans cesse à leur plaire et à les rendre heureuses, et comme ils les embellissent, elles déjà naturellement si belles, pour avoir plus de plaisir à les adorer ! Heureuses femmes ! heureux hommes ! heureuse Icarie ! Malheureuse France !

» C'est donc dans le vêtement des femmes surtout que tu trouverais à admirer : non-seulement ton œil avide serait charmé d'y voir tout ce que tu connais de plus fin, de plus délicat, de plus ravissant en étoffes, en couleurs et en formes, mais il serait, dans certaines occasions, aussi étonné de la pompe des plumages qu'ébloui de l'éclat des bijoux et des pierreries.

» Il est vrai que les plumes sont presque toutes *artificielles* comme les fleurs, que les bijoux sont rarement d'or pur, mais presque toujours d'*alliage* ou d'autres métaux dorés ou non dorés, et que toutes les pierreries sont *fabriquées*: mais qu'importe? toutes ces parures en sont-elles moins belles ? parent-elles moins bien les têtes qui les portent? sont-elles moins précieuses comme ornement, surtout quand toutes les femmes s'en parent également et qu'aucune d'elles ne peut en montrer d'autres ? Et ces Icariennes qui dédaignent et méprisent toutes les beautés de convention et tous les sentiments de puérile vanité, pour n'estimer que les agréments réels et les sentiments raisonnables, en sont-elles moins sensées, moins jolies et moins heureuses?

» Tu serais également enivré si tu sentais les *odeurs* suaves et délicieuses qui s'exhalent continuellement des vêtements des femmes et même des hommes ; car les Icariens considèrent l'habitude des parfums, non-seulement comme un agrément pour soi, mais comme un devoir envers les autres; et tu serais étonné de la variété de leurs huiles et de leurs essences, de leurs pommades et de leurs pâtes, en un mot de leurs parfums de toilette pour hommes comme pour femmes, si tu ne savais pas que tout leur pays est couvert de fleurs, et que rien ne leur est plus facile et moins coûteux que d'avoir des parfums pour toute la population.

» Aussi, tu te croirais transporté dans le palais d'une fée si tu voyais une *parfumerie républicaine !*

» Tout le monde a les mêmes vêtements, ce qui ne laisse pas de place à l'envie et à la coquetterie. Et cependant ne va pas croire que l'*uniformité* soit ici sans *variété ;* car, au contraire, c'est dans le vêtement que la variété marie le plus heureusement ses richesses avec les avantages de l'uniformité. Ce ne sont pas seulement les deux sexes qui sont vêtus différemment, mais dans chacun des deux sexes, l'individu change fréquemment de vêtements, suivant son âge et sa condition ; car les particularités du vêtement indiquent toutes les circonstances et les positions des personnes. L'enfance et la jeunesse, l'âge de puberté et de majorité, la condition de célibataire ou de marié, de veuf ou de remarié, les différentes professions et les fonctions diverses, tout est indiqué par le vêtement. Tous les individus de la même condition portent le même *uniforme;* mais des milliers d'uniformes différents correspondent à des milliers de conditions diverses.

» Et la différence entre ces uniformes consiste tantôt dans la différence d'étoffes ou de couleurs, tantôt dans la différence de forme ou dans quelques signes particuliers.

» Ajoute à tout cela que quand l'étoffe ou la forme est la même pour les jeunes filles du même âge, par exemple, la couleur est différente suivant leur goût ou leur convenance, telle couleur allant mieux aux blondes, comme tu le sais, et telle autre couleur aux brunes.

» Ajoute encore que, pour le même individu, le simple et commode habit de *travail* et celui de *chambre*, l'élégant habit de *salon* ou de *réunion publique* et le magnifique habit de *fête* ou de *cérémonie* sont tous différents.

» Et tu concevras que la variété de costume doit être presque infinie.

» Pense aussi que les fleurs ne sont permises qu'à un certain

âge, les chapeaux, les plumes, les bijoux, les pierreries, les magnifiques étoffes, à certains autres âges déterminés ; et tu concevras plus facilement encore que la République puisse en faire fabriquer assez pour le petit nombre de personnes de ces différents
âges.

» Figure-toi maintenant toute la population réunie, en habits de
fête, dans les cirques, dans les promenades ou les spectacles ; tu
pourras avoir l'idée que les loges des opéras de Paris et de Londres, ainsi que les salons et même les cours de ces deux capitales,
n'offrent rien de plus éclatant ni de plus magnifique, et que ces
petites sociétés privilégiées ne sont que des pygmées à côté de
toute la population d'Icara.

» Te parlerai-je de la CONFECTION et de la DISTRIBUTION des
vêtements ?
» Tu conçois combien il est facile à la République de connaître
la quantité de matières premières, d'étoffes et de vêtements qui
lui sont nécessaires ; de faire produire les matières premières, dans
son domaine, par ses agriculteurs, ou de les acheter à l'étranger ;
de faire ensuite fabriquer les étoffes, en masses, dans ses immenses manufactures, avec ses puissantes mécaniques ; et de faire enfin
confectionner les vêtements dans ses immenses ateliers par ses ouvriers et ses ouvrières.
» Tu peux deviner même que la forme de chaque vêtement a
été calculée de manière qu'il puisse être confectionné le plus facilement, le plus rapidement et le plus économiquement possible.
» Presque tous les vêtements, coiffures et chaussures, sont *élas-
tiques*, de manière qu'ils peuvent convenir à plusieurs personnes
de tailles et de grosseurs différentes.
» Presque tous se font à la *mécanique*, en tout ou en partie, de
manière que les ouvriers n'ont que peu de chose à faire pour les
achever.
» Presque tous se font sur quatre ou cinq grandeurs et largeurs
différentes, de manière que les ouvriers n'ont jamais besoin de
prendre les *mesures* auparavant.
» Tous les vêtements sont donc confectionnés en masses énormes,
comme les étoffes elles-mêmes, et souvent en même temps ; et
tous sont ensuite déposés dans d'immenses magasins où chacun
est toujours sûr de trouver, à l'instant, tous les objets qui lui sont
nécessaires et qui lui sont dus d'après la loi.
» Je n'ai pas besoin de te signaler la *perfection* du travail exé-

cuté par les mécaniques ou par des ouvriers qui font toujours la
même chose, ni la prodigieuse *économie* qui résulte de ce système
de fabrication en masses, ni la perte énorme qu'évite la République en prévenant les capricieuses et ridicules variations de
la *mode.*

» Quant à la *distribution* des vêtements, chaque magasin a le
*tableau* des familles qu'il doit fournir et des quantités qu'il doit
livrer. Il ouvre un *compte* à chacune d'elles et leur envoie ce qui
leur est dû, quand elles ont choisi ce qui leur convient.

» *L'entretien* et le *raccommodage* sont ensuite le travail des
femmes dans chaque famille ; mais ce travail n'est presque rien,
et le *blanchissage*, qui serait plus pénible, est l'affaire de la blan-
chisserie nationale.

» Juge du reste par ce que tu connais maintenant !
» Et si je veux terminer par un vœu pour ton bonheur, je te
souhaiterai, mon cher Camille, d'avoir bientôt une patrie comme
l'Icarie. »

J'allai rejoindre Valmor, qui m'avait donné rendez-vous dans
l'atelier d'HORLOGERIE où travaillait un de ses cousins, et je pris
sur moi d'y conduire Eugène.

Inutile de dire que Valmor accueillit parfaitement mon compagnon, et qu'il nous fit tout voir en détail.

C'est quelque chose d'admirable ! tout se trouve réuni là, depuis
les matières premières rangées dans un premier magasin, jusqu'aux horloges, pendules, montres, appareils de toute espèce rangés dans un dernier magasin qui paraît un brillant musée. L'atelier
spécial d'horlogerie est un bâtiment de mille pieds carrés à trois
étages, supportés par des colonnes en fer qui remplacent les murs
les plus épais et qui permettent de ne faire, de chaque étage,
qu'une seule pièce parfaitement éclairée par un système infiniment
simple d'y répandre la lumière.

En bas sont de volumineuses et pesantes machines pour couper
les métaux et ébaucher les pièces. En haut sont les ouvriers, divisés en autant de classes qu'il y a de pièces différentes à fabriquer, dont chacun fabrique toujours les mêmes pièces. On dirait
un régiment, tant l'ordre et la discipline y règnent ! C'est un plaisir aussi de voir les rayons, les cases, les outils attachés ou
suspendus.

Le cousin de Valmor nous expliqua tout le mouvement de cette petite armée. « Nous arrivons à six heures moins un quart, dit-il, nous déposons nos habits dans le *vestiaire* que je vous montrerai tout à l'heure, et nous revêtissons notre habit de travail. A six heures précises, nous commençons le travail au son de la cloche. A neuf heures, nous descendons tous au réfectoire pendant vingt minutes pour y déjeuner en silence, pendant que l'un de nous lit à haute voix le journal du matin. A une heure, le travail cesse ; et quand tout est rangé, nettoyé, nous descendons au *vestiaire*, où nous trouvons tout ce qui nous est nécessaire pour nous laver, et où nous reprenons nos habits de repos pour aller dîner, à deux heures, avec nos familles, et pour disposer ensuite du reste de la journée.

» J'oubliais de vous dire que, pendant deux heures de notre travail, nous observons un rigoureux silence : mais pendant deux autres heures, nous pouvons causer avec nos voisins ; et pendant le reste du temps, chacun chante pour soi ou pour les autres qui l'écoutent, et souvent nous chantons tous en chœur. »

Nous sortîmes émerveillés de tant de raison et de tant de bonheur, et nous allâmes visiter un superbe monument dont je parlerai plus tard.

Peu après mon arrivée chez Corilla, entrèrent une dame et six ou sept enfants de différents âges, parmi lesquels se trouvait une jeune fille d'une figure angélique.

Se lever, courir à elle, lui ôter son chapeau et l'embrasser, fut pour Corilla l'affaire d'un instant.

—J'ai le plaisir, dit le père de Valmor en me prenant par la main, de présenter à l'aimable madame Dinamé l'honorable milord Carisdall, dont son fils a dû lui parler. Il est notre ami... — Et par conséquent le nôtre, ajouta cette dame, du ton le plus gracieux.

— Et moi, dit à son tour Corilla,-en me prenant par la main et en affectant un ton solennel, j'ai l'honneur... de présenter le bon M. William à..... (j'allais dire la charmante, comme si on avait besoin de moi pour le voir), à la méchante Dinaïse, qui cache un diable sous la figure d'un ange, et qui me dévisagerait s'il n'y avait personne ici pour me défendre.

— Tu seras donc toujours folle, répondit mademoiselle Dinaïse en rougissant !

Et moi, je ne saurais dire ce que j'éprouvais en entendant cette voix : c'était celle de l'*invisible!* Je me sentis rougir ou pâlir. Heu-

4

reusement que les bruyantes caresses des enfants, qui couraient de
l'une à l'autre, empêchèrent qu'on ne s'aperçût de mon trouble.

Mais quel ne fut pas mon embarras quand le matin Valmor dit tout
haut à mademoiselle Dinaïse : Vous reconnaissez le promeneur du bateau; mais vous ne savez pas ce qu'il disait de vous... — Que disait-il,
s'écria Corilla ? — Que disait-il? s'écria toute la réunion. — Puis-je le
répéter, William?... — Oui, oui! s'écria-t-on de toutes parts. — Eh
bien ! il disait... il disait que toujours cachée sous son voile et son
chapeau, l'*invisible* était, sans aucun doute, épouvantablement laide.

Ce ne fut alors qu'un long éclat de rire universel et un feu roulant
fant de plaisanteries sur ma science divinatoire.

— Je ne pouvais.... croire alors, dis-je presque en balbutiant....
qu'une figure humaine.... pût paraître jolie.... quand elle accompagnait une voix si divine. — Mais mon compliment parut si gauche
que, tout en faisant rougir encore plus mademoiselle Dinaïse, il
n'empêcha pas Corilla et les autres de me répéter impitoyablement:
laide, horrible, épouvantable.

Bientôt, cependant, on fit de la musique ; et Corilla, qui commença par donner l'exemple, chanta mieux encore qu'auparavant.

Mademoiselle Dinaïse ne voulait pas chanter, mais Corilla la
pressa avec tant d'instances et de séduisantes caresses qu'elle finit
par y consentir. Elle chanta timidement et mal, mais avec une voix...
avec une voix qui me faisait doucement frémir des pieds à la tête.

— Ne jugez pas Dinaïse par sa timidité, me dit la mère de
Valmor, près de laquelle j'étais assis; elle est remplie d'esprit et
d'instruction; c'est la meilleure des filles, des sœurs et des amies.
Personne n'est plus affectueux, plus aimant, plus caressant, plus
empressé dans l'intimité ; elle s'oublie toujours pour ne s'occuper
que des autres; elle adore son frère Dinaros ; et si elle était moins
sauvage, ou moins mélancolique, ou moins timide avec le monde,
elle serait aussi aimable que ma Corilla... Sa famille, ajouta-t-elle,
est intimement liée avec la nôtre; son frère est l'ami d'enfance de
Valmor ; elle est elle-même la première amie de ma fille, elle
m'aime comme sa mère, je la chéris comme mon enfant, et bientôt
j'aurai le plaisir de lui donner ce titre ; car Valmor en est fou, ses
parents désirent autant que nous cette union, et dans quelques jours
nous en fixerons l'époque.

— Assez, assez, me dit Corilla en s'approchant de nous, c'est à
votre tour de chanter, monsieur William , seul , ou avec Dinaïse,
ou avec moi, choisissez ; et vous êtes bien heureux que je vous
laisse le choix ! mais vous chanterez...

Je n'aurais pu , et je m'excusai de mon mieux.

— Vous me refusez, dit-elle, et personne ne se joint à moi pour soumettre un révolté ! Eh bien ! je me venge sur vous tous , et je dispose de vous : demain nous irons tous ensemble voir partir les ballons, et nous embarquerons M. le milord. Après-demain nous irons passer la soirée chez madame Dinamé , et nous ferons de la musique. M. le milord étudiera ce morceau pendant son voyage aérien, et s'il retrouve sa voix sous un ciel pur, s'il a le bonheur de revenir, il chantera seul, puis avec Dinaïse, puis avec moi... Ainsi j'ordonne , sous le bon plaisir cependant de la bonne madame Dinamé et la ratification de notre terrible et redoutable souverain et maître.

Le grand-père et madame Dinamé sourirent ; sa mère l'appela folle ; mademoiselle Dinaïse parut la gronder ; mais les enfants applaudirent en sautant de joie , et la double partie fut arrêtée.

---

## CHAPITRE IX.

### Logement. — Ameublement.

Je venais d'écrire en Angleterre, lorsque Eugène entra pour me proposer d'aller visiter l'intérieur de la *maison* d'une famille de sa connaissance que la maîtresse devait lui montrer en détail. J'acceptai, et nous sortîmes.

#### LOGEMENT.

Sachant qu'Icar avait fait arrêter le *plan-modèle* d'une maison, après avoir consulté le *comité* de logement et le Peuple entier, après avoir fait examiner les maisons de tous les pays, je m'attendais à voir une maison parfaite sous tous les rapports, surtout sous celui de la commodité et de la propreté ; et cependant mon attente fut encore surpassée.

Je ne parlerai pas ici de l'extérieur et de tout de qui concerne l'embellissement de la rue et de la ville, mais de ce qui intéresse l'habitant de la maison.

Tout ce qu'on peut imaginer de nécessaire et d'utile , je dirais même d'agréable , s'y trouve réuni.

Chaque maison a quatre étages, non compris le rez-de-chaussée; trois, ou quatre, ou cinq fenêtres de largeur.

Sous le rez-de-chaussée sont les caves, caveaux, bûchers et
charbonniers, dont la base est à cinq ou six pieds plus bas que le
trottoir, et la voûte à trois ou quatre pieds plus haut. La dame
nous expliqua comment le bois, le charbon et tout le reste sont
transportés par des machines, depuis la voiture, dans ces pièces
souterraines, sans même toucher et salir le trottoir. Elle nous fit
voir ensuite comment tous ces objets sont montés, dans des paniers
ou des vases, jusque dans la cuisine et les étages supérieurs, au
moyen d'ouvertures dans la voûte et de petites machines qui
rendent l'emploi de la force personnelle inutile.

Au rez-de-chaussée, point de boutique, point de loges à portier,
point d'écurie, point de remise, point de porte cochère, point de
vestibule ni de cour; mais on y trouve une salle à manger, une
cuisine et toutes ses dépendances, un petit parloir servant de bibliothèque, un cabinet pour les bains avec une petite pharmacie
domestique; un petit atelier pour les hommes et un autre pour les
femmes, contenant tous deux les outils dont on peut généralement
avoir besoin dans un ménage; une petite cour pour la volaille, un
cabinet pour les outils de jardinage, et le jardin par-derrière.

Le premier étage renferme un grand salon où se trouvent les
instruments de musique.

Les autres pièces et toutes celles des autres étages sont des
chambres à coucher, ou des chambres destinées à tous les autres
usages.

Toutes les *fenêtres* s'ouvrent en dedans et sont garnies de
*balcons*.

Tout est combiné pour rendre les *escaliers* commodes et élégants,
sans prendre trop de place.

Quelle belle vue! m'écriai-je en arrivant sur une *terrasse*, bordée
d'une balustrade et couverte de fleurs, qui couronne la maison et
forme encore un délicieux jardin d'une autre espèce, d'où la vue
a quelque chose de magnifique. — Dans les belles soirées d'été, dit
la maîtresse, presque toutes les familles se réunissent sur leurs
terrasses pour y prendre le frais en y chantant, en y faisant de la
musique et en y soupant. Vous verrez! c'est quelque chose d'enchanteur!

Une autre petite terrasse garnie de fleurs sur la galerie qui
couvre le trottoir, et des fleurs sur presque tous les balcons, aug-
mentent encore l'agrément de l'habitation et parfument l'air en-
vironnant.

Non-seulement les *eaux pluviales* n'incommodent pas en descendant de la terrasse ; mais reçues dans un réservoir ou citerne, elles sont utilement employées, ainsi que les sources et les puits dans lesquels on puise aisément avec des *pompes*.

Nous admirions aussi, Eugène et moi, les cheminées et le système de *chauffage* répandant partout, avec la plus grande économie, une chaleur égale et douce, sans qu'on y craigne la peste de la *fumée*, et sans qu'on y craigne le fléau des *incendies*.

— Ces deux petites statues que vous voyez sur la cheminée, nous dit la dame, sont celles que la République a décernées aux inventeurs des procédés contre le feu et la fumée. Voyez aussi comme tout est combiné dans la construction du bâtiment et dans le choix des matériaux pour les préserver du feu ! Aussi nous n'avons presque jamais d'incendies ni dans nos maisons, ni dans nos ateliers, et ceux qui éclatent sont presque à l'instant étouffés. On dit même qu'on vient de découvrir un moyen de rendre, quand on veut, le bois et les étoffes incombustibles.

— Admire donc, me dit Eugène, comme les *portes* et les *fenêtres* roulent sans aucun bruit sur leurs gonds, comme elles se ferment d'elles-mêmes, et avec quelle perfection elles empêchent l'introduction de l'air extérieur !

— Et cependant, dit la dame, voyez comme tous nos appartements sont bien *aérés*, sans ouvrir ni porte ni fenêtre, au moyen de toutes ces ouvertures qui communiquent avec l'extérieur, et qui se ferment ou s'ouvrent à volonté !

Mais c'est surtout l'ensemble du système imaginé pour la *propreté* que j'admirais avec le plus de plaisir, ainsi que le système conçu pour épargner aux femmes toute peine et tout dégoût dans les travaux du ménage.

Il n'y a pas de précaution qu'on n'ait prise pour la propreté. Les parties inférieures, qui sont plus exposées à être salies, sont garnies d'une *faïence* vernissée ou d'une *peinture* qui n'admet pas la malpropreté et qui se lave facilement. Des EAUX potables et non potables, amenées de hauts réservoirs et élevées jusque sur la terrasse supérieure, sont distribuées, par des tuyaux et des robinets, dans tous les étages et même dans presque tous les appartements, ou sont lancées avec force par des *machines à laver*, tandis que toutes les *eaux sales* et toutes les immondices sont entraînées, sans séjourner nulle part et sans répandre aucune mauvaise odeur, dans

4.

de larges tuyaux souterrains qui descendent sous les rues. Les lieux
qui sont naturellement les plus dégoûtants sont ceux où l'art a fait
le plus d'efforts pour en éloigner toute espèce de désagrément ; et
l'une des plus jolies statues décernées par la République est celle
qu'on aperçoit, dans toutes les maisons, au-dessus de la porte d'un
petit cabinet charmant, pour éterniser le nom d'une femme inventeur d'un procédé pour chasser les odeurs fétides.

Il n'est pas jusqu'à la *boue* que les pieds peuvent apporter du
dehors qui ne soit l'objet d'une attention particulière. Indépendamment de ce que les trottoirs sont extrêmement propres, une infinité
de petits soins empêchent qu'un pied malpropre ne vienne souiller
les appartements et même le seuil de la porte et l'escalier, tandis
que l'éducation impose aux enfants, comme un de leurs premiers
devoirs, l'habitude de la propreté en tout.

Les *ordures* mêmes et les débris de toute espèce sont déposés de
telle manière que, quand ils ne sont pas employés pour engraisser
la terre du jardin, ils peuvent être enlevés sans que l'opération ne
soit ni dégoûtante ni pénible.

Quant au *ménage*, qui doit être fait non par des domestiques,
mais par les femmes et les enfants dans chaque famille, je ne pouvais me lasser d'admirer la sollicitude de la République pour éloigner des travaux domestiques toute espèce de fatigue et de répugnance.

— Balayer n'est presque rien, dit la mère de famille, et tous les
autres travaux sont moins pénibles encore. Non-seulement l'éducation et l'opinion publique nous habituent, nous autres femmes, à
nous acquitter de nos charges sans honte et sans chagrin, mais elles
nous rendent ces charges agréables et chères en nous rappelant sans
cesse que c'est le seul moyen de pouvoir jouir d'un inappréciable
avantage, celui de n'avoir pas de mercenaires étrangers pour
servir nous et notre famille.

Du reste, grâce à notre bon Icar et à notre République bien-
aimée, toute l'imagination de nos hommes travaille sans cesse
à nous rendre heureuses et à simplifier nos travaux domestiques.
Les deux principaux repas, le déjeuner et le dîner, se font au
dehors et sont préparés par les cuisiniers nationaux, tandis que
tous nos vêtements d'hommes et de femmes et tout notre blanchissage sont fournis par les ateliers de la République, en sorte que
nous ne sommes chargées que de l'entretien, du raccommodage, et
de deux repas les plus simples qui n'exigent que les plus agréables
préparations de la cuisine.

Et notre *cuisine*, retournons la voir ! Voyez ces fourneaux, ce four, ces robinets pour l'eau chaude et l'eau froide, tous ces petits instruments et ustensiles ; et dites-moi s'il est possible de rien imaginer de plus propre et de plus commode, et si ce n'est pas le plus galant comme le plus ingénieux des architectes qui a tout disposé pour nous faire aimer nos travaux !

Aussi toutes nos jeunes filles aiment à chanter une charmante *chanson* en l'honneur du jeune et galant architecte des cuisines.

— Ce n'est cependant pas à l'architecte qu'appartient le principal mérite, reprit Eugène, mais à la République, le plus paternel des gouvernements ou la plus tendre des mères, qui a tout ordonné pour le plaisir de ses enfants. Malheureuse France !...

— Vous avez raison, mon cher ami, ajoutai je brusquement pour l'interrompre et prévenir la répétition de son délire patriotique.

— Oui, dit la dame : aussi, si notre République était jamais attaquée par nos époux, nous divorcerions à l'instant, et c'est nous, vieilles ou jeunes, qui la défendrions ! Vous auriez même du plaisir à entendre nos filles le jurer tous les matins dans une autre *chanson* ; car c'est toujours en chantant (tant nous sommes heureuses !) qu'elles travaillent au ménage ou dans l'atelier ; et vous pourriez croire que leur costume de ménagères et d'ouvrières leur plaît plus que leur habit de repos ou de fête.

Voilà une maison d'Icarie ! Et toutes les maisons des villes sont absolument les mêmes à l'intérieur, toutes habitées chacune par une seule *famille*.

Mais les maisons sont de trois grandeurs, de trois, ou quatre ou cinq fenêtres de front, pour des familles au-dessous de douze personnes, de vingt-cinq ou de quarante. Quand la famille est plus nombreuse (ce qui arrive fréquemment), elle occupe deux maisons contiguës, communiquant alors par une porte intérieure : et comme toutes les maisons sont pareilles, la famille voisine cède ordinairement volontiers sa maison pour en occuper une autre, ou bien le magistrat l'y contraint en cas de refus, à moins que la famille nombreuse ne puisse trouver deux autres maisons contiguës qui soient vacantes.

Dans ce cas, les meubles étant absolument les mêmes comme les maisons, chaque famille n'emporte que quelques effets personnels, et quitte sa maison toute meublée pour en prendre une autre qui se trouve également meublée.

Ces changements d'habitation sont d'ailleurs si rares que la République évite l'énorme perte de travail et de meubles occasionnée
dans les autres pays par le déplacement et le transport de tout le
mobilier dans des déménagements continuels.

Mais la carcasse ou la distribution de la maison n'en est qu'une
partie, et c'est l'AMEUBLEMENT qu'il faut examiner pour avoir une
idée complète d'une habitation d'Icarie.

### AMEUBLEMENT.

Les mêmes règles président à l'ameublement : tout le *nécessaire*,
tout l'*utile* connu (ce que nous appelons le *confortable*), et l'*agréable*
autant que possible ; toujours la prévoyance et la raison.

Ainsi, partout des *parquets*, partout des *tapis*; partout les pointes
et les angles tranchants remplacés par des *formes arrondies*, afin
d'éviter les accidents pour les enfants, et même pour les grandes
personnes ; partout les meubles fermant si hermétiquement que la
*poussière* ne peut y pénétrer ; partout même les dispositions tellement prévoyantes, comme nous le fit remarquer la dame, que la
*poussière* peut difficilement s'arrêter sur les meubles, ou peut facilement en être enlevée chaque jour.

Cette bonne dame nous fit aussi remarquer, avec une sorte d'orgueil, que tous les coins et les angles rentrants, par exemple entre
les murs ou les boiseries, sont soigneusement garnis d'un plâtre ou
d'un mastic qui présente partout des formes arrondies, où peut
pénétrer plus facilement l'instrument à nettoyer.

Elle nous fit remarquer aussi, avec une visible satisfaction,
toutes les précautions prises pour préserver les habitations de tous
les *insectes* qui les infestaient et les désolaient autrefois ; et j'avoue
que toutes ces petites précautions me plaisaient autant que les plus
grandes beautés des appartements.

Tous ces appartements sont garnis de *placards*, d'armoires, de
buffets, de rayons, etc., et tous les murs sont disposés de manière
que ces meubles sont immobiles, incrustés, appuyés ou appliqués,
et ne consistent que dans des rayons intérieurs ou des tiroirs avec
des portes en devant et quelquefois des tablettes au-dessus, ce qui
procure une énorme économie de travail et de matériaux.

Tous les *murs* sont tapissés de *papier* ou d'étoffes, ou couverts
de peintures et de vernis, et garnis de *tableaux* encadrés, renfer-

mant non des peintures mais des impressions instructives et magnifiques sur les connaissances d'une utilité journalière.

Les tableaux de la cuisine, par exemple, indiquent les procédés
les plus usuels, en sorte que la cuisinière peut y trouver à l'instant
l'indication dont elle a besoin, sans perdre du temps à consulter un
gros livre. Dans la salle de bain, les tableaux indiquent le degré
de chaleur, la durée, etc., qu'il faut donner au bain. Dans la
chambre de la nourrice, ils lui rappellent d'un coup-d'œil les précautions les plus nécessaires pour elle et pour son nourrisson. Dans
les chambres des enfants, les tableaux leur indiquent tout ce qu'ils
doivent faire dans la journée. Mais ces cadres contiennent peu de
dessins gravés ou peints, parce que chacun peut aller voir dans les
musées nationaux et dans les monuments publics les collections de
peintures, de gravures et de sculptures.

Les *lits* sont en fer, et les chambres à coucher très-simplement
meublées, quoique contenant tout ce qui est utile, avec des cabi-
nets de toilette pour les hommes comme pour les femmes.

La salle à manger et le petit parloir sont mieux décorés ; la
salle des bains est charmante, mais le salon est magnifique.

Nous savions que chacun des meubles de chambre, de lit, de
table, etc., qui se trouvent dans une maison, avait été admis par
une loi, fabriqué et fourni par un ordre du gouvernement, et que
chaque famille avait une espèce d'*atlas* ou grand portefeuille contenant la liste ou l'inventaire de ce *mobilier légal*, avec des gravures
et des planches décrivant la forme et la nature de chaque objet.
Nous demandâmes à voir ce livre curieux, et nous le parcourûmes
avec autant de plaisir que d'intérêt. Chacun de ces meubles, nous
dit la maîtresse, a été choisi entre des milliers de la même espèce,
et adopté dans un concours et sur un *plan-modèle* : on a préféré
le plus parfait, sous tous les rapports de la commodité, de la simplicité, de l'économie de temps et de matières, enfin d'élégance et
d'agrément : aussi voyez !...

Nous étions enchantés en effet de tout ce qui nous environnait.
Dans les tapis, les étoffes, les papiers, les meubles de toute espèce, en un mot partout, nous remarquions avec admiration la
simplicité, l'élégance et le goût dans le choix des couleurs, des
dessins et des formes.

Et ce qui m'étonnait davantage, c'est que dans tous ces meubles

brillaient les matières les plus *précieuses*, tous les métaux, même
l'or et l'argent, tous les marbres et les pierres, les porcelaines et
les terres de toute espèce, les cristaux et les verres, les bois de
tout genre, les étoffes de toute nature et de toute couleur, en un
mot, toutes les productions minérales, végétales et animales.

Et comme j'exprimais souvent ma surprise : « Je m'étonnais
d'abord comme vous, me dit Eugène ; mais on m'a fait observer
que toutes les matières produites par la terre d'Icarie ne sont pas
plus précieuses les unes que les autres aux yeux de la République,
quand elles sont également abondantes, et qu'elle fournirait aux
familles des pelles d'or et d'argent, par exemple, tout aussi bien
que des pelles de fer, si ces trois métaux étaient également communs. Elle partage tout l'or et l'argent entre les citoyens, comme
elle partage entre eux le fer et le plomb. Quand une matière
est trop rare pour qu'on puisse en donner à tous, on n'en donne
à personne ; et si la matière est utile ou agréable, on la consacre
aux monuments publics.

» Eh bien ! maintenant, continua-t-il, ne concevez-vous pas
comme moi que les matières précieuses, entassées autrefois dans
les palais des rois et de l'aristocratie, peuvent suffire pour que
chaque maison en ait sa part ? »

» Remarquez d'ailleurs, ajouta la dame, que les alliages d'or et
d'argent, les cristaux artificiels et les pierres fabriquées sont, à nos
yeux, aussi bons et aussi beaux que l'or et l'argent purs, les diamants et les pierres, et que la République a assez d'alliages et de
compositions pour en procurer beaucoup à chaque famille.

» Ainsi glaces, cristaux, verreries, lustres, bronzes, albâtres et
plâtres, fleurs artificielles et parfums, en un mot, tout ce que la
République récolte ou fait fabriquer, elle le partage entre tous les
citoyens.

» Et remarquez combien est parfait tout ce qui concerne l'*éclairage* ! Non-seulement nos lampes, nos chandelles et notre gaz ne
répandent aucune mauvaise odeur, mais nos huiles, notre bougie
et toutes nos autres matières sont parfumées, et tout concourt à
charmer l'odorat et la vue sans les fatiguer.

» Aussi examinez bien notre *salon*. »

Et quoique j'en eusse déjà vu de pareils, je fus émerveillé et
l'étudiant avec plus d'attention dans tous ses détails. Je n'en énu-
mérerai pas ici les agréments et les beautés, et je me contenterai
d'affirmer que, dans aucun palais, je n'ai rien vu de plus élégant,
de plus gracieux et de plus magnifique.

« Et toutes les maisons d'Icarie sont pareilles ! s'écria Eugène transporté. Heureux pays !

» Et cette *uniformité* n'est pas fatigante, ajoutai-je.

» D'abord elle est un bien sans prix, dit la dame, une nécessité même, et la base de toutes nos institutions ; en second lieu, elle est combinée avec une *variété* infinie dans chaque partie. Ainsi regardez : dans cette maison, comme dans toutes les autres, vous ne voyez pas deux chambres, deux portes, deux cheminées, deux papiers, deux tapis qui se ressemblent ; et nos législateurs ont su concilier tous les agréments de la *variété* avec tous les avantages de l'*uniformité*. »

Nous nous retirâmes enchantés, après avoir remercié la dame de son aimable complaisance, et l'avoir félicitée de faire partie d'un peuple si raisonnable et si heureux.

J'attendais avec impatience la partie de ballons voyageurs ; et Eugène, à qui j'avais proposé de venir avec moi, n'avait pas moins d'impatience de voir mademoiselle Dinaïse. Mais jugez de mon désappointement, lorsque, en arrivant chez Valmor, j'appris que mademoiselle Dinaïse ne pouvait pas venir, qu'elle ne pourrait même nous recevoir le lendemain, mais seulement le jour suivant, et que Corilla était chez son amie et ne viendrait pas non plus avec nous. Nous partîmes seuls, Eugène, Valmor et moi, et je ne sais lequel était le plus contrarié, quoique nous parussions tous trois nous résigner très-philosophiquement.

« Comment est-il possible, dis-je à Valmor en cheminant, de diriger un ballon dans l'air ?

» Eh ! ne disait-on pas la même chose, répondit Valmor, avant la découverte des vaisseaux, de la boussole, de l'Amérique, de la vaccine, des paratonnerres, des machines à vapeur, des ballons eux-mêmes, et de milliers d'autres choses ?

» Mais il faudrait pouvoir trouver un point d'appui, et il paraît impossible d'en trouver un dans l'air. — Mais on disait également qu'il fallait des choses impossibles à trouver, et cependant on les a trouvées. En second lieu, qui peut dire qu'il faut absolument un point d'appui ? ou bien qui peut dire que ce point d'appui ne peut être trouvé dans l'air ? On peut bien dire, comme l'aveugle, *je ne vois pas le soleil*, mais, de même que l'aveugle aurait tort de dire :

*il n'y a pas de soleil*, de même personne, je crois, ne peut dire : *il est impossible de diriger un ballon.*

» Mais, dit Eugène, ce n'est plus un problème aujourd'hui, puisque nous allons en voir qu'on dirige à volonté.

« Il y a eu beaucoup d'accidents d'abord, reprit Valmor, comme avec les machines à vapeur et même avec les premières voitures. Plusieurs ballons ont pris feu, ou ont été frappés par la foudre, ou sont descendus trop précipitamment, ou sont tombés sur des pointes ou dans la mer, et beaucoup d'aéronautes ont péri ; mais nos savants étaient si convaincus qu'on finirait par réussir, que la République a mis à leur disposition tous les moyens de renouveler les expériences ; et au bout de tous ces essais, le hasard a fait découvrir enfin la chose qu'on commençait à croire impossible. On a trouvé le moyen de résoudre toutes les difficultés ; et depuis deux ans, le voyage aérien est non-seulement le plus rapide et le plus agréable, mais encore celui qui présente le moins d'accidents et de dangers. »

Comme il finissait, nous arrivions. Quel spectacle ! Dans une cour immense remplie de spectateurs, cinquante énormes ballons, contenant chacun quarante ou cinquante personnes dans sa nacelle pavoisée de mille couleurs, attendaient le signal du départ, comme cinquante malles-postes ou cinquante diligences !

Au signal donné par la trompette, les cinquante ballons s'élèvent majestueusement, au milieu des adieux réciproques et au son des trompettes qui se font quelque temps entendre au haut des airs. Puis, arrivés à une certaine hauteur, différente pour chacun d'eux, tous prennent leur direction dans tous les sens, et disparaissent comme le vent, long-temps suivis cependant, à l'aide de centaines de télescopes braqués sur eux.

« On les dirige à volonté, me dit Valmor, à droite ou à gauche, en haut ou en bas, et l'on ralentit ou l'on précipite leur vol. Ils s'arrêtent et descendent souvent sur les villes situées sous leur passage, pour déposer des voyageurs ou pour en prendre d'autres. On dit même qu'ils feront bientôt le service de la poste aux lettres. On ajoute encore qu'ils serviront de *télégraphes.* »

Au même instant nous entendîmes crier : Le voici ! C'était le ballon de Mora, dont on attendait l'arrivée, et qu'on apercevait comme un point à l'horizon.

Nous le vîmes bientôt au-dessus de nos têtes, tournoyer, descendre lentement dans la cour, et déposer ses voyageurs et ses paquets.

Je n'oublierai jamais l'impression que me causa la vue de ces ballons arrivant et partant : les réflexions qu'elle fit naître me jetèrent dans une espèce d'extase : il me semblait rêver, et je devais avoir l'air d'un extravagant.

— Cette nouveauté a d'abord produit sur nous le même effet, di⁺ Valmor. Aujourd'hui cette vue ne nous surprend pas plus que celle des bateaux à vapeur ou des voitures sans chevaux, que nous voyons arriver tous les jours. Mais que direz-vous donc quand vous verrez, dans quelques jours, une fête aérienne !

— J'ai même ouï dire, dit Eugène, que vous aviez des *bateaux sous-marins*, qui voyagent dans l'eau comme les ballons dans l'air.

— C'est vrai : nous avons trouvé le moyen d'imiter le mécanisme des poissons comme celui des oiseaux, et de nous diriger *dans la mer* en en parcourant à volonté toutes les profondeurs, comme de nous diriger dans l'air en en parcourant toutes les hauteurs.

Vous lirez la description de nos voyages sous-marins et aériens, et vous verrez que la mer présente à l'admiration des hommes presque autant de merveilles que le ciel et la terre.

Vous serez également étonné, j'en suis sûr, quand vous connaîtrez toutes nos autres découvertes depuis cinquante ans, et tous les prodiges de notre industrie.

— Mais puisque vous voulez, ajouta-t-il en s'adressant à moi, vous laisser diriger par nous dans l'étude de notre pays, je vous engage à bien examiner d'abord notre système d'*éducation*. Dinaros, qui vous a promis de vous l'expliquer, m'a chargé de vous dire qu'il sera demain à votre disposition ; et si par hasard M. Eugène désirait vous accompagner, je suis sûr que notre ami aurait autant de plaisir à le voir que j'en ai eu moi-même à faire sa connaissance.

---

## CHAPITRE X.

### Éducation.

Eugène ayant pris un engagement qui l'empêchait de venir avec moi, j'allai seul chez Dinaros.

— Vous voulez donc, milord, me dit-il, connaître, dans tous les détails, l'organisation et l'état de notre heureuse contrée, vous

5

voulez commencer par l'*éducation* : vous avez bien raison; car l'éducation nous paraît la base et le fondement de tout notre système social et politique, et c'est sur elle que le Peuple et ses représentants ont peut-être apporté le plus d'attention.

Rappelez-vous d'abord qu'à l'époque de notre régénération, un nombreux *comité* a préparé l'organisation de l'éducation publique, en consultant tous les systèmes anciens et modernes, et en recueillant toutes les opinions.

La LOI a ensuite réglé les différentes *espèces d'éducations* (physique, intellectuelle, morale, industrielle et civique); et, pour chacune de ces espèces, les *matières* de l'éducation, le *temps* et l'*ordre* des études, et les *méthodes* d'enseignement.

Tous les Icariens, sans distinction de sexes et de professions, reçoivent la même éducation *générale* ou *élémentaire*, qui embrasse les éléments de toutes les connaissances humaines.

Tous ceux qui exercent la même profession industrielle ou scientifique reçoivent en outre la même éducation *spéciale* ou *professionnelle*, qui comprend toute la théorie et la pratique de cette profession.

L'éducation est *domestique* pour une partie confiée aux parents dans le sein des familles, et *publique* ou *commune* pour la portion confiée aux instructeurs populaires dans les écoles nationales.

Vous concevez de vous-même que la République peut facilement avoir tous les Éducateurs ou Éducatrices nécessaires, quelque nombreux qu'ils soient, parce que le professorat est peut-être la profession la plus honorée, attendu qu'elle est peut-être la plus utile à la Communauté et la plus influente sur le bonheur commun.

Vous concevez aussi que ces professeurs peuvent facilement acquérir, dans des écoles *normales*, tout le savoir et toute l'habileté pratique désirables, et surtout l'habitude de la patience, de la douceur, et d'une bonté paternelle : mais ce que vous ne pouvez deviner, et ce que je dois vous faire remarquer de suite, c'est que, depuis 50 ans, l'éducation étant absolument la même pour tous, et chacun étant habitué à enseigner aux autres ce qu'il sait lui-même, il n'est pas un père aujourd'hui qui ne puisse élever ses garçons, pas une mère qui ne soit capable d'élever ses filles, pas un frère ou une sœur qui ne soit assez instruit pour instruire ses frères ou ses sœurs plus jeunes, et même pas un homme ou une femme qui ne puisse élever au besoin ses compatriotes moins âgés,

Maintenant je commence par l'éducation *physique*, que nous considérons comme la base de toutes les autres.

### ÉDUCATION PHYSIQUE.

Le *comité* a tout prévu et tout discuté ; le Peuple ou la *loi* a tout réglé.

Sachez d'abord que la République protége ses enfants non-seulement depuis leur naissance, mais même pendant la grossesse de leurs mères.

Aussitôt après leur union, les jeunes époux sont instruits de tout ce qu'ils doivent savoir dans l'intérêt de la mère et des enfants, la République ayant eu soin de faire composer des *ouvrages* d'a-natomie, d'hygiène, etc., etc., et de faire ouvrir les *cours* néces-saires à cet effet.

Nouvelles instructions pour la *grossesse*, indiquant toutes les précautions que la mère doit prendre pour elle et pour son enfant à naître.

La *naissance* arrive en présence des membres de la famille, et presque toujours de plusieurs accoucheuses : nouvelles instructions encore, toujours rédigées par les médecins, et indiquant dans les plus petits détails tout ce qu'exigent la santé de la mère et le phy-sique de l'enfant.

Et ne croyez pas qu'une seule femme ignore ce qu'elle doit savoir : créer à la République des enfants aussi parfaits et aussi heureux que possible étant considéré comme la plus importante de toutes les fonctions publiques, la Constitution ne néglige rien pour que l'éducation rende les mères capables de remplir parfaitement cette fonction.

On ne se borne donc pas à faire, pour elles, des *traités* utiles : des cours spéciaux de *maternité*, qu'elles sont obligées de suivre, les instruisent plus complètement sur toutes les questions qui peuvent concerner l'enfant.

Rien n'est intéressant comme ces *cours de maternité*, faits, par des mères de famille instruites à cet effet, pour de jeunes mères de famille heureuses de porter dans leur sein le premier fruit du plus pur amour ; car c'est pendant leur grossesse qu'elles fré-quentent ce cours, auquel ne peuvent assister d'autres hommes que leurs maris.

Là, se discutent les mille questions relatives, non-seulement à l'allaitement de l'enfant, à son sevrage, à sa dentition, à sa mar-che, à sa nourriture, à ses vêtements et à ses bains, mais encore

au développement et au perfectionnement de chacun de ses organes ; car nous sommes convaincus que l'enfant peut être, en quelque sorte, façonné comme certains végétaux et certains animaux, et
que les bornes au perfectionnement de l'espèce humaine sont encore inconnues.

J'ajouterai de suite, par anticipation, que, la mère étant seule
chargée de l'éducation pendant les cinq premières années, on l'instruit également sur toutes les questions concernant l'éducation
*intellectuelle* et *morale.*

Et nous mettons tant d'importance à cette première éducation
maternelle, dirigée d'ailleurs par le père, que la République fait
imprimer un *journal des mères,* dans lequel sont publiées toutes les
observations utiles : et jugez que d'observations de ce genre sont
recueillies, puisque toutes les femmes et tous les hommes sont
assez instruits pour en faire !

Vous apercevez déjà que, tandis qu'autrefois nos femmes et nos
hommes n'étaient que de *grands enfants* incapables d'en élever
d'autres, nos mères et nos pères d'aujourd'hui sont des *femmes* et
des *hommes* dignes de ce nom, et parfaitement capables de commencer l'éducation de leurs familles pour faire de véritables *hommes*
et de véritables *femmes.*

Les conséquences de cette première grande innovation sont incalculables ; et vous trouverez une foule d'innovations de même
nature.

Si l'enfant naît *infirme* ou *difforme,* tous les soins lui sont prodigués par les médecins populaires, dans le domicile de la mère ou
dans un hospice spécial quand il est nécessaire ; et il est peu de ces
infirmités ou difformités que l'art ne soit parvenu à guérir ou à
corriger, à l'aide d'instruments ingénieux récemment découverts,
que la République fournit toujours, sans s'arrêter jamais devant la
dépense.

Il est inutile de vous dire que c'est toujours la mère qui *allaite*
son enfant ; et dans le cas bien rare où elle ne peut remplir ce devoir et jouir de ce bonheur, l'on ne manque jamais de parentes, ou
d'amies, ou de voisines, ou de concitoyennes, qui consentent avec
plaisir à devenir la seconde mère de l'enfant. A cet effet, le magistrat et les accoucheuses ont toujours le *tableau* de toutes les
femmes qui, dans ce cas, sont capables de remplacer la mère.

La mère ne quitte pas plus son enfant après que pendant l'allaitement : elle l'a toujours sous ses yeux, le couve de sa tendresse,

et, comme une divinité bienfaisante, éloigne de lui tous les accidents auxquels l'exposaient jadis des mains mercenaires.

Aussi, si vous saviez comme nos mères sont ménagées et soignées
par tous ceux qui les entourent, pendant leur grossesse et pendant
l'allaitement ! comme elles sont respectées et honorées ! comme elles
sont tranquilles, sans soucis, sans inquiétude, en un mot heureuses ! et quel bon lait leur bonheur et leur santé préparent à
leurs enfants !

Vous ne sauriez imaginer toutes les *découvertes* qu'on a faites
depuis quarante ans sur l'éducation des enfants, toutes les améliorations qu'on a inventées, tous les soins que les mères prennent
aujourd'hui pour développer la force et la beauté physique, la perfection de la vue, de l'ouïe, des mains et des pieds !

Aussi, voyez nos enfants ! En avez-vous vu quelque part de plus
beaux, de plus forts et de plus parfaits ? Et si vous comparez nos
générations diverses depuis notre heureuse révolution, ne vous
semble-t-il pas que notre population s'est progressivement amé-
liorée et perfectionnée ?

Dès la naissance, la mère s'attache à faire prendre à son enfant toutes les *habitudes physiques* qui lui seront nécessaires un
jour.

Dès l'âge de trois ans, tous les enfants de la même rue, filles et
garçons, jusqu'à cinq ans, sont réunis pour jouer ensemble et
se promener, sous la surveillance de leurs mères ou de quelques-
unes d'elles.

Du moment que l'enfant est assez robuste, commencent, dans la
maison paternelle, puis à l'école, tous les exercices de *gymnastique* soigneusement déterminés par la loi, pour développer et perfectionner tous les membres et les organes.

Tous les jeux ont pour but de développer la grâce, l'adresse, la
force et la santé.

Bien marcher, courir, sauter dans tous les sens, gravir, grimper,
descendre, nager, monter à cheval, danser, patiner, s'escrimer,
enfin faire l'exercice militaire, sont autant d'études ou de véritables
jeux qui fortifient le corps et le perfectionnent. Quelques travaux
industriels et agricoles, les plus simples, produisent le même effet
avec le même agrément.

J'ai commencé par dire *bien marcher*, c'est-à-dire marcher avec
aisance, avec grâce et long-temps, parce que c'est à nos yeux un

talent, et un talent de première nécessité que nous apprenons dès
l'enfance, en y joignant ensuite la danse et les évolutions de tous
genres : toutes les promenades des écoliers sont presque des promenades militaires.

Et la plupart de ces exercices sont appliqués aux *filles* comme
aux garçons, même la nage et l'équitation, avec les modifications
convenables.

Aussi, voyez notre jeunesse et notre population entière ! voyez
les enfants, les hommes, les femmes, marcher seuls, ou deux à
deux, ou en troupes ! N'est-il pas vrai que nos hommes unissent la
souplesse à la force, tandis que nos femmes unissent la grâce à la
santé, et qu'il doit naturellement en sortir des générations d'enfants
toujours plus robustes et plus beaux que leurs pères et mères ?

Mais vous allez voir que notre éducation intellectuelle ne le cède
en rien à notre éducation physique.

### ÉDUCATION INTELLECTUELLE.

Inutile de vous répéter qu'ici encore tout a été prévu et délibéré
par le *comité*, et prescrit par le Peuple ou par la *loi*.

Vous n'avez pas oublié non plus que, soit les livres, soit le
cours de maternité, apprennent aux jeunes époux à bien élever
leurs enfants.

Cependant, vous ne sauriez vous faire une idée du soin avec
lequel, dans toutes les familles de la République, on observe, on
étudie, on cultive le développement de l'*intelligence* ! Si vous voyiez
avec quelle sollicitude et quel plaisir, surtout pendant les premières
années de l'enfance, la mère toujours, et le père en revenant de son
travail, s'occupent de l'éducation de leur enfant que se disputent
leurs caresses !

Aussi, avant de pouvoir s'exprimer, l'enfant montre déjà une
prodigieuse intelligence, qui lui fait acquérir une masse de connaissances matérielles dont j'ai souvent été surpris.

Jusqu'à cinq ans, l'éducation est domestique ; et pendant ce
temps, les mères et les pères apprennent à l'enfant leur langue, la
lecture, l'écriture, et prodigieusement de connaissances matérielles
et pratiques.

C'est toujours la mère qui réclame le bonheur et la gloire de
donner, à son fils comme à sa fille, les premiers instruments des
connaissances humaines, chaque femme d'Icarie étant toujours

prête à répondre, comme la mère des Gracques montrant ses enfants : *Voilà mes bijoux !*

A cinq ans commence l'éducation *commune*, jusqu'à dix-sept et
dix-huit ans, combinée avec l'éducation *domestique ;* car les enfants
ne vont à l'école qu'à neuf heures, après avoir déjeuné, et reviennent à six heures, après avoir suivi les cours et pris deux repas
dans l'école.

Comme le reste de la famille, les enfants de tout âge sont levés à
cinq heures.

Jusqu'à huit heures et demie, ils s'occupent, sous la direction de
leurs aînés, du ménage, de leur toilette et de leurs études.

Le soir, en rentrant, ils se trouvent avec leur famille, et distribuent leur temps de la soirée entre la promenade, les jeux, la conversation et l'étude : mais tout est calculé et combiné de manière
que c'est toujours de l'éducation.

L'enfant prend de suite l'habitude de bien *lire à haute voix*,
de bien prononcer ; et plus tard, il suit un cours de *déclamation*,
de manière à pouvoir toujours charmer les autres en leur lisant un
morceau d'histoire, ou de poésie, ou de théâtre, ou d'éloquence.

Aussi, tandis qu'autrefois on ne trouvait pas une personne sur
mille qui sût bien lire et bien parler, vous n'en trouveriez pas une
aujourd'hui sur mille qui fût incapable de le faire ! vous entendrez
nos enfants, nos conversations, nos professeurs, nos prêtres, nos
médecins, nos orateurs et nos acteurs !

L'enfant apprend aussi l'*écriture*, sous la direction de sa mère ;
et depuis le moment qu'il sait écrire, on ne souffre plus qu'il écrive
illisiblement, en sorte que vous verrez beaucoup d'Icariens écrivant
très-bien, beaucoup (ceux qui exercent la profession de *copistes*)
écrivant parfaitement ; mais vous ne trouverez pas une seule écriture illisible, parce que nous ne trouvons rien de plus facile que
d'écrire lisiblement, par conséquent rien de plus inexcusable que
de ne savoir pas le faire ; comme nous ne trouvons rien de plus ridicule et de plus impertinent que d'écrire son nom, une adresse,
une lettre de manière à donner aux autres une extrême fatigue
pour déchiffrer l'écriture.

Notre *langue* est si régulière et si facile que nous l'apprenons sans
nous en apercevoir, et moins d'un mois suffit ensuite pour en apprendre parfaitement les règles et la théorie, sous la direction d'un

maître qui fait composer la *grammaire* à ses élèves plutôt que de se
borner à la leur expliquer.

La *littérature* est une étude plus reculée, ainsi que celle de l'art
oratoire : mais, dès que l'enfant sait écrire, sa mère l'habitue à
composer de petites *lettres* et de petits *récits* pour ses parents ab-
sents et pour ses camarades. Elle l'habitue aussi à raconter en parlant, à répondre, à questionner et même à discuter.

Vous m'avez paru étonné de la facilité avec laquelle nos enfants
racontent oralement ; mais vous seriez bien plus émerveillé si vous
voyiez l'aisance et la grâce de leurs récits épistolaires !

Quant à l'étude du *latin*, du *grec*, des autres langues *anciennes*
et des langues vivantes *étrangères*, nous ne voulons pas que nos
enfants perdent, dans cette étude ennuyeuse, un temps précieux
qui peut être employé bien plus utilement.

. Nos savants peuvent trouver dans nos bibliothèques publiques
tous les ouvrages étrangers, anciens et modernes ; nous y trouvons aussi des traductions de tous ces ouvrages, du moins des
plus utiles ; et par conséquent nous pouvons profiter de l'expérience de tous les temps et de tous les peuples sans connaître leurs
langues.

Quant à l'étude de ces langues sous le rapport du langage seulement et de la littérature, c'est un si faible avantage, quand on a
tant d'autres choses plus utiles à apprendre, et surtout quand on
possède une langue aussi parfaite que la nôtre, que nous considérons comme une des plus monstrueuses absurdités l'ancien usage
d'absorber tout le temps de la jeunesse dans l'étude du grec et du
latin : nous sommes convaincus même que nos anciens tyrans n'im-
posaient ces études stériles que pour empêcher leurs sujets de s'instruire.

Nous avons cependant un certain nombre de jeunes gens qui étudient les langues anciennes et les langues étrangères ; mais ce sont
ceux qui doivent en faire leur profession comme *traducteurs, interprètes, professeurs, savants* et *voyageurs* envoyés par la République
en pays étrangers.

L'étude de ces langues est donc une profession, et cette profession, comme toutes les autres, fait partie de l'éducation spéciale,
qui ne commence qu'à dix-huit ans.

Le *dessin* linéaire est l'une des premières études de l'enfant :
aussi il n'est pas un jeune homme ou une jeune fille qui ne sache
dessiner un objet quelconque ; pas un ouvrier, pas une ouvrière qui,

ayant toujours son crayon et son carnet, ne soit toujours prêt à dessiner son idée. Vous ne sauriez calculer la conséquence du dessin sur les progrès du goût, des arts et de l'industrie !

Quant à la *peinture*, à la *gravure*, à la *sculpture* et à tous les arts accessoires, ce sont des *professions* qui ont, plus tard, leurs études *spéciales*.

Ce sont surtout les éléments des *sciences naturelles* qu'on enseigne de bonne heure aux enfants, les éléments de géologie, de géographie, de minéralogie, d'histoire des animaux et des végétaux, de physique, de chimie, d'astronomie.

Jugez ce que doit être un peuple qui, au lieu des futilités de l'ancienne instruction, possède universellement les éléments de ces sciences magnifiques !

Ce n'est qu'après toutes ces études qu'on parle aux enfants de *religion* et de *divinité*.

Le *calcul* élémentaire et la *géométrie* sont également enseignés, en sorte qu'il n'est pas un Icarien qui ne sache compter, mesurer, et même lever un *plan*.

Vous savez que la *musique vocale* et *instrumentale* est aussi un objet d'éducation générale, et que chacun commence à l'apprendre dès l'enfance. Tout le monde ici, hommes et femmes, enfants et vieillards, sont donc musiciens, tandis qu'autrefois nous n'avions presque que des musiciens étrangers : vous ne pourrez jamais calculer les heureux effets de cette révolution musicale !

Les éléments d'*agriculture*, de *mécanique* et d'*industrie* font également partie de notre éducation générale.

Et toute cette éducation *élémentaire* est la même, à peu près, pour les *filles* et pour les *garçons*, quoique souvent dans des écoles séparées et avec des professeurs différents.

Et nos filles se sont bien vengées du dédain avec lequel on prétendait autrefois que leur intelligence était inférieure à celle de leurs frères, car, presque en tout, elles rivalisent avec eux ; et s'il est quelques sciences où l'homme excelle généralement, il en est quelques autres où la palme semble appartenir aux femmes.

Jugez maintenant, si vous pouvez, les salutaires conséquences de cette révolution dans l'éducation des femmes !

Vous vous extasiez chaque jour sur le goût exquis de nos Icariennes dans leur parure et dans tout ce qui sort de leurs mains :

5.

mais qu'est-ce que leur grâce et leur esprit comparés au génie transcendant qui place beaucoup de nos femmes au premier rang dans la médecine, le professorat, l'éloquence, la littérature, les beaux-arts et même l'astronomie ! Si Dinaïse n'était pas ma sœur, je vous dirais que son esprit et son instruction sont bien supérieurs encore aux charmes de sa figure. Oui, mon cher, nous ne pouvons leur disputer la couronne de la beauté, et ces charmantes dominatrices nous disputent celle de l'intelligence !

A dix-sept ans pour les filles, et dix-huit pour les garçons, commence l'éducation *spéciale* ou *professionnelle*, qui a pour but de donner à chacun toutes les connaissances théoriques et pratiques nécessaires pour exceller dans sa profession scientifique ou industrielle.

Mais l'éducation générale ne cesse pas encore ; car c'est alors que commencent les cours élémentaires de *littérature*, d'*histoire universelle*, d'*anatomie* et d'*hygiène*, ainsi que les cours complets de *maternité* dont je vous ai parlé, et tous ceux qui constituent l'éducation *civique*.

Tous ces cours, obligatoires pour tous les jeunes gens, durent jusqu'à vingt et vingt-un ans, et se font après les travaux de la matinée.

L'éducation ne cesse pas même à vingt-un ans ; car la République fait faire beaucoup de *cours* pour les personnes de tout âge, par exemple un cours d'*histoire de l'homme*.

Les *journaux* et les *livres* (car nous savons nous instruire seuls avec des livres bien faits) sont encore un moyen d'instruction qui se prolonge toute la vie : mais cette instruction *complémentaire* n'est plus obligatoire ; et cependant il est bien peu d'Icariens qui n'en soient avides, chacun voulant dire, comme un ancien philosophe, *J'apprends en vieillissant*.

Mais comment pouvons-nous apprendre tant de choses ? le voici :

#### MÉTHODE D'ENSEIGNEMENT.

Nous voulons apprendre à l'enfant le plus possible, et par conséquent employer tous les moyens imaginables pour lui rendre chaque étude facile, rapide et agréable : notre grand principe est que chaque enseignement doit être un jeu, et chaque jeu un enseignement.

Toute l'imagination des membres du *comité* s'est donc épuisé pour trouver et multiplier ces moyens ; et dès que l'expérience en fait découvrir un nouveau, on s'empresse de l'adopter.

La beauté et la commodité des écoles, la patience et la tendresse des instructeurs ainsi que leur habileté, la simplicité des méthodes, la clarté des démonstrations, le mélange de l'étude et des jeux, tout concourt à faire atteindre le but.

Comme nous avons le bonheur d'avoir une langue parfaitement régulière, comme tout le monde la parle également bien, l'enfant l'apprend naturellement et sans effort. Néanmoins nous suivons un certain système, dont l'expérience a démontré l'efficacité, pour le choix et l'ordre des mots et des idées à communiquer à l'élève, en ayant soin de lui montrer toujours la *chose* dont on lui prononce le *nom*.

Dès ce moment, et plus tôt même, la mère et le père s'attachent avec une attention particulière à ne donner à leur enfant chéri aucune *idée fausse*, aucune *erreur*, aucun de ces *préjugés* que leur insinuaient autrefois les domestiques, ou même des parents ignorants et mal élevés.

Vous ne sauriez croire que de précautions le *comité* d'éducation a prises pour apprendre la *lecture* à l'enfant le plus rapidement et le plus agréablement possible. Il a long-temps délibéré pour choisir le meilleur mode, et celui qu'il a choisi, pratiqué par la mère, fait de cet apprentissage un plaisir dont l'enfant est tellement avide que c'est lui qui désire la leçon ; et l'on est si habile à échauffer son ardeur qu'il faut ensuite le retenir. Ajoutez à cela que, notre langue s'écrivant absolument comme elle se prononce et n'ayant aucune lettre équivoque ou inutile, il est beaucoup plus aisé d'apprendre à la lire. Aussi cette première grande opération de l'éducation, qui jadis coûtait tant de larmes et de temps à l'enfant et tant d'ennuis à l'instructeur, n'est plus aujourd'hui qu'un amusement de quelques mois pour l'enfant et sa mère.

Vous dirai-je que le choix des *premiers livres* employés pour apprendre à lire nous paraît tellement important que ce sont nos plus célèbres écrivains que la République a chargés de leur composition ? Nous n'en avons qu'un seul pour les enfants du même âge, et je vais vous le montrer. (Il alla le prendre dans une chambre voisine.) Tenez, voilà l'*Ami des Enfants !* Voyez quelle jolie reliure, quelles jolies gravures coloriées, quel beau papier et quelle magnifique impression ! Emportez-le pour le lire : vous verrez que de simplicité, que de clarté, que d'intérêt, que de charme et que d'instruction ce petit livre renferme, sans qu'il y ait un seul mot, une seule chose, une seule idée au-dessus de l'intelligence d'un enfant,

parce qu'il n'y a pas une idée, pas une expression, pas un sentiment qui n'ait été pesé et choisi par l'auteur. Le petit livre que nous
avions à cet usage, qui avait été couronné dans un concours au
milieu d'une foule d'autres, était déjà presque une perfection ; mais
celui-ci, adopté depuis vingt ans seulement (car nous améliorons
sans cesse), est un véritable chef-d'œuvre ; et pour mon compte
je ne trouve aucun ouvrage plus parfait et plus utile, ni aucune
*statue* mieux méritée que celle décernée par la République au compositeur.

La mère explique tout à l'enfant, l'interroge pour s'assurer
qu'il comprend et sait parfaitement tout ce qu'il a lu. Puis, à l'école,
quand tous les enfants du même âge sont réunis, la maîtresse (car
c'est une femme) les fait lire, et les interroge de manière à captiver
également l'attention de chacun. Si l'un d'eux hésite, un autre répond, et la maîtresse n'explique elle-même que quand aucun ne
peut donner l'explication. Et quand, au bout de six mois, l'enfant a
lu ou plutôt dévoré ce petit livre, vous seriez étonné de la prodigieuse instruction qu'il a déjà !

Inutile de vous dire que la maîtresse est presque une seconde
mère, pour la tendresse et les caresses envers chacun de ses petits
élèves ; car l'un de nos grands principes exige que l'instructeur soit
toujours pour ses élèves ce qu'est le plus tendre des pères pour ses
enfants : gronder un enfant, le haïr, et surtout s'irriter contre lui
à cause d'un vice ou d'un défaut quelconque, nous paraît un contre-
sens et une folie qui rabaisserait l'homme au-dessous de l'enfant
lui-même.

Ainsi l'*Ami des Enfants* est le premier livre que lisent tous nos
enfants de cinq ans.

Nous avons pour chaque âge des livres du même genre ; et la
*bibliothèque de l'enfant* est très-peu nombreuse, parce que nous
pensons qu'un petit nombre d'excellents livres, que l'enfant sait
bien, valent infiniment mieux qu'une confusion de bons et surtout
un mélange de médiocres et de mauvais.

Nous avons même introduit une innovation immense dans la composition des livres d'études : c'est que tous nos livres des premières
années, ceux de géographie, de calcul, par exemple, autrefois si
arides, sont rédigés en forme d'histoires charmantes.

L'enfant apprend l'*écriture* d'après les mêmes principes, en
jouant, avec plaisir, sous la direction de sa mère, qui lui explique
la raison de tout ce qu'elle fait et de tout ce qu'elle lui fait faire ;

car il y a toujours une raison pour laquelle on agit d'une manière plutôt que d'une autre, et l'un de nos grands principes est d'exercer de suite l'intelligence et le jugement de l'enfant, en l'habituant à tout raisonner, à toujours demander la cause, et à toujours expliquer le motif. Ainsi la mère explique à son enfant comment il doit tenir la plume et pourquoi, comment il doit placer son papier et pourquoi ; et quand les enfants sont réunis à l'école, le maître leur demande tous les *comment*, tous les *pourquoi*, quelle écriture produira telle position, et quelle position a dû produire telle écriture. C'est la *théorie* de l'écriture ; et dans toutes les parties de l'éducation, même dans la gymnastique et dans les jeux, nous unissons toujours la *théorie* et la *pratique*. Vous concevez alors que tous ceux qui savent écrire sont capables d'apprendre aux autres.

Cette méthode d'exercer le raisonnement s'applique à tout et s'emploie continuellement par tous ceux qui approchent l'enfant. Loin de comprimer sa *curiosité* quand elle a pour but de l'instruire, on l'approuve en répondant à toutes ses questions, et même on l'excite sans cesse en lui demandant toujours le motif ou la cause de tout ce qu'il voit.

On l'habitue aussi à ne pas rougir d'ignorer ce qui ne lui a pas été enseigné, et à répondre sans hésiter *Je ne sais pas*, quand il ignore. Vous pouvez concevoir les conséquences de cette habitude de tout examiner et de raisonner toujours !

Le *calcul* élémentaire et la *géométrie* sont enseignés dans l'école avec des instruments et des procédés tels que cette étude est charmante pour les enfants, d'autant plus qu'on unit ici la *pratique* à la théorie, et que la plupart des opérations d'étude se font dans des ateliers et des magasins nationaux, pour habituer l'enfant à compter, à peser, et à mesurer toutes les espèces de matières et de produits ; ou dans la campagne, pour lui apprendre à mesurer les superficies, et à résoudre sur le terrain les problèmes trigonométriques.

Vous n'avez pas besoin que je vous explique les moyens imaginés pour apprendre le *dessin*, la *géographie*, la *musique* et le reste.... D'ailleurs, je vous les montrerai quand nous visiterons une école. Mais vous devez comprendre que quand une nation entière veut absolument que l'enseignement de chaque science ou de chaque art soit agréable et mis à la portée de l'intelligence la plus limitée, cette nation doit nécessairement trouver les moyens de réaliser sa volonté.

Vous serez émerveillé quand vous verrez nos *instruments* d'enseignement et nos *musées*. Je ne vous parle pas des musées d'histoire naturelle, de minéraux et de végétaux, d'animaux vivants ou
morts, de géologie, d'anatomie (car nous en avons pour toutes les
sciences et pour tous arts, outre que nos grands ateliers et nos
grands magasins nationaux sont autant de musées industriels); je
vous citerai seulement nos musées de *géographie*, où des milliers
de cartes et de machines de toute espèce représentent la terre sous
tous ses aspects divers, les unes avec ses contrées seulement ou ses
peuples, les autres avec ses rivières seulement ou ses chaînes de
montagnes ; nos musées *religieux*, où des statues et des peintures
représentent les dieux et les cérémonies de toutes les religions différentes ; et nos musées d'*astronomie*, dans l'un desquels la plus
merveilleuse machine représente l'*univers en mouvement* et fait
toucher au doigt et à l'œil tous les phénomènes astronomiques les
plus difficiles à comprendre autrement.

Vous devez concevoir qu'avec tous ces moyens, avec des promenades journalières dans la campagne pendant le beau temps, ou des
visites dans les musées pendant les mauvais jours, il n'y a plus ni
fatigue, ni dégoût, ni difficulté à apprendre les éléments des arts
et des sciences.

Mais nous ne nous contentons pas des instruments et des moyens
matériels employés pour faciliter l'intelligence : l'un de nos procédés d'enseignement les plus efficaces consiste à exercer sans
cesse la réflexion et le *jugement*, et à charger chaque étudiant d'apprendre aux moins âgés ce qu'il sait déjà lui-même. Le professeur
n'explique que ce qu'il est nécessaire d'expliquer pour accélérer
l'enseignement, et il dirige ses élèves dans l'étude et les fait penser
eux-mêmes plutôt que de penser pour eux. C'est surtout dans l'art
d'interroger que brille son talent, ou plutôt dans l'art d'employer
tous ses élèves à s'instruire *mutuellement*. Ainsi l'un des élèves
explique ou répète l'explication, un autre interroge, chacun répond,
et le professeur n'intervient que quand son intervention est absolument nécessaire.

Mais je suis obligé de sortir; à demain ! si vous voulez venir
avant huit heures et demie, nous irons visiter l'*école* de notre
quartier, et je vous parlerai de notre éducation *morale*.

## CHAPITRE XI.

Éducation. (Suite.)

### ÉDUCATION MORALE.

J'arrivai chez Dinaros avant l'heure indiquée, et nous sortîmes en causant.

— Vous devinez, me dit-il, que le *comité* d'éducation et nos législateurs ont fait pour l'éducation *morale* comme pour l'éducation physique et comme pour l'éducation intellectuelle.

Ils ont fait plus encore, s'il est possible, parce que l'âme et le cœur de l'homme nous paraissent plus importants que son corps et son esprit.

Aussi vous seriez étonné si vous lisiez les discussions de nos philosophes et de nos moralistes à ce sujet, ainsi que le nombre immense des questions qu'ils ont examinées et des préceptes qu'ils ont adoptés.

C'est encore à la famille, et surtout à la mère, sous la direction du père, qu'est confiée la première éducation morale ; et par conséquent les cours de *maternité* dont je vous ai déjà parlé hier enseignent aux pères et mères tout ce qu'ils doivent faire pour rendre, autant que possible, leurs enfants parfaits au moral comme au physique.

Vous seriez émerveillé si vous voyiez avec quelle sollicitude les mères, et tous ceux qui se trouvent autour d'elles, épient, examinent et dirigent les premiers sentiments et les premières passions du jeune animal, pour arrêter les mauvaises inclinations à leur naissance et pour développer les bonnes qualités. Nulle part, je n'en doute pas, vous ne verrez des mères plus tendres, ni des enfants moins pleureurs, moins criards, moins colères, moins tyrans, en un mot moins *gâtés*.

Le premier sentiment que la mère cherche à développer dans son enfant c'est l'*amour filial*, une *confiance* sans réserve et par conséquent une *obéissance* aveugle, dont la mère elle-même sait prévenir l'excès. C'est la mère qui apprend à l'enfant à chérir son père, et c'est le père qui lui fait raisonner son amour pour sa mère.

Aussi, nos enfants sont habitués à adorer et à écouter leur mère et leur père comme des divinités souverainement bienfaisantes et éclairées.

Dès que l'enfant a quelque force, on l'habitue à se *servir lui-même* et à faire tout ce qu'il peut faire sans le secours d'un autre. Aussi, c'est avec plaisir, par exemple, que l'enfant nettoie ses vêtements et sa chambre, sans se douter qu'autrefois il ne l'aurait fait qu'avec un sentiment de répugnance et de honte.

On l'habitue même ensuite à *servir sa mère* et son père, puis ses parents plus âgés, puis ses frères et sœurs aînés, puis les amis et les étrangers qui viennent dans la maison ; et rien n'est moins importun et plus aimable que nos enfants s'empressant autour de tout le monde pour être de quelque utilité.

On habitue aussi l'enfant à soigner, servir et *protéger* son frère ou sa sœur plus jeunes ; et cette sollicitude fraternelle est l'un des premiers bonheurs de l'enfance.

C'est ainsi que l'enfant s'habitue à tous les travaux du *ménage*, sous la direction des aînés, qui font faire aux plus jeunes tout ce qu'ils peuvent faire ; et tous ces travaux, où chacun donne et reçoit l'exemple, s'exécutent en riant et en chantant.

Chaque jour, l'enfant est levé à cinq heures, en hiver comme en été ; et pendant une heure ou deux, il s'occupe de ces travaux domestiques sous un habit de travail : puis, toujours sous la surveillance d'un aîné, il fait sa *toilette*, dans laquelle on l'habitue à faire dominer la *propreté*, en y joignant le goût, la grâce et l'élégance, non par un sentiment de vanité, mais par un sentiment de devoir et de convenance envers les autres. Puis, il commence ses travaux d'étude, toujours sous les yeux de sa mère ou de ses aînés, jusqu'à l'heure du déjeuner et du départ pour l'école.

Vous concevez combien de leçons de *soin*, d'*attention* et d'*adresse* l'enfant reçoit pendant les opérations du ménage et de la toilette, et combien d'autres leçons utiles on lui donne pendant l'étude et le repas, toujours en y mêlant des caresses !

Vous concevez aussi combien doivent s'enraciner les habitudes d'amour entre tous les parents, de protection et de tendresse de la part des aînés pour les cadets, de respect et de reconnaissance de la part des cadets pour les aînés !

Je vous ai déjà dit que, après trois ans, quand l'enfant sait parler, on réunit ensemble, pendant quelques heures, tous les enfants d'une même rue, filles et garçons, pour se promener ou pour jouer, sous la surveillance d'une ou de plusieurs de leurs mères, afin de fortifier leur santé : mais le principal but de cette réunion est de commencer à les habituer à la société, à l'égalité et à la *fraternité*, habitude qu'on s'attache sans cesse à développer plus fortement dès qu'ils commencent à fréquenter l'école.

Mais voici l'ÉCOLE du quartier : voyez quel monument, que d'inscriptions, que de statues, quelle magnificence dans l'extérieur ! Voyez aussi que d'espace autour, et quels beaux arbres ! et tout-à-l'heure, vous verrez quelle magnificence encore dans l'intérieur ! Tout n'annonce-t-il pas ici que la République considère l'Éducation comme le premier des biens, et la jeunesse comme le trésor et l'espérance de la patrie ! Tout ici n'inspire-t-il pas aux enfants une sorte de respect religieux pour l'Éducation et pour la République qui la leur donne ! Vous voyez ces hommes qui entrent là-bas? ce sont les *instructeurs* qui se rendent dans leur salon.

Neuf heures vont sonner; attendons un moment pour voir arriver les enfants.

Les voici ! regardez ! tenez, voici toute une rue ! Ne dirait-on pas une petite armée composée de douze compagnies, de tailles, d'âges et d'uniformes différents? Tous les enfants de chaque famille se sont rendus, sous la direction de l'aîné, dans un bâtiment de leur rue; et tous les enfants de cette rue, réunis dans ce bâtiment, se sont rangés par âge et par école sous la direction du plus âgé de chaque école, et sont partis tous ensemble pour venir ici sous la direction d'un des aînés.

Ce soir, en quittant l'école, ils se rangeront ici par familles dans l'ordre des maisons de leurs rues, et, la petite troupe parcourant sa rue, chaque famille quittera la bande pour entrer dans sa maison, après avoir dit amicalement adieu à ses camarades.

Vous voyez combien ils sont propres, avec leurs uniformes pour chaque âge, et combien ils paraissent heureux, au milieu de leur discipline, en arrivant à l'école ! Maintenant que vous avez vu passer toutes les rues du quartier, entrons vite dans la grande salle !

Nous entrâmes dans une salle immense, ornée des statues des hommes qui avaient rendu les services les plus signalés à l'Éducation; et je me récriai de surprise en apercevant autant de filles que de garçons.

Voyez, me dit Dinaros, voilà tous les professeurs et les écoliers rangés par écoles : écoutez maintenant !

Je fus ravi en entendant ces milliers d'enfants chanter en concert deux couplets d'un hymne, le premier en l'honneur d'Icar, le second en l'honneur d'un des autres bienfaiteurs de la jeunesse.

— L'hymne a plus de cent couplets, me dit Dinaros ; et chaque matin les écoliers chantent celui d'Icar avec un des autres : c'est ainsi que nous habituons les enfants à la *reconnaissance*.

Vous êtes étonné, je le vois, de trouver ici les filles : apprenez donc qu'elles sont arrivées séparément comme les garçons ; qu'elles sont entrées par une autre porte ; et que le bâtiment est divisé en deux grandes parties séparées, l'une pour les filles, l'autre pour les garçons, avec quelques salles communes.

— Quoi, m'écriai-je, les filles de cinq à seize ans dans la même salle que les garçons du même âge !

— Hé ! oui, sans aucun inconvénient, et même avec beaucoup d'avantages, parce que, dès l'enfance, dans la famille et dans l'école, nous habituons les garçons à respecter toutes les filles comme leurs propres sœurs, et les filles à se rendre respectables par leur *décence*.

Considérant même la *pudeur* comme la sauvegarde de l'innocence et l'embellissement de la beauté, nous donnons à l'enfant les habitudes les plus pudiques, non-seulement entre les deux sexes, mais encore entre une fille et ses compagnes, même entre un garçon et ses camarades.

Les enfants sont à présent dans les classes : entrons dans celle-ci.

Voyez, me dit-il, comme les enfants sont attentifs et paraissent respectueux, comme le professeur leur parle avec bonté !

Voyez aussi comme tout est propre ! Pas une tache d'encre sur les tables pas plus que sur les habits ! Pas un coup de canif donné ailleurs que sur les plumes ! Tant est puissante l'habitude de l'ordre et de la propreté !

Après avoir visité d'autres classes, composées, les unes de garçons, les autres de filles, et d'autres de deux sexes séparés par une cloison légère, nous suivîmes les enfants au *gymnase*, où nous vîmes une multitude d'instruments et d'exercices gymnastiques. Nous y vîmes aussi un enfant de 10 ans grimper au haut d'un mât de 30 pieds, en détacher des cordes accrochées à une poulie horizontale, et en descendre en se laissant glisser.

On nous apprit que, la veille, un autre enfant du même âge

...ait monté sur la poulie, qu'il avait sauté de cette hauteur de
...0 pieds sans se faire de mal, mais, que la chose étant défendue
...arce qu'il aurait pu se casser une jambe, il allait être jugé pour sa
désobéissance, et que nous pourrions assister à son jugement.

Pendant que les enfants rentrèrent en classe, nous allâmes visi-
...er les deux écoles de *natation* qui se trouvaient dans la cour, l'une
...our les garçons et l'autre pour les filles. Dinaros me fit voir le
...êtement de bain ou de nage pour chacun des deux sexes, et m'ex-
...liqua que, quand un enfant savait nager, on l'habituait à le faire
...avec un vêtement complet, pour qu'il pût se sauver s'il tombait
...dans l'eau tout habillé ; et qu'on l'habituait même à sauver une autre
...personne qui se noierait, parce qu'on ne négligeait aucune occasion
...d'apprendre aux enfants à se rendre utiles à leurs semblables.

En attendant le jugement du petit sauteur désobéissant, nous
...allâmes nous promener dans la cour.

—Quelles sont, demandai-je à Dinaros, les *récompenses* décernées
...pour exciter l'émulation ? — Aucune, ni prix, ni couronne, ni distinction, parce que, voulant donner aux enfants l'habitude des
sentiments d'égalité et de bienveillance fraternelle, nous nous gar-
derions bien de créer des distinctions qui exciteraient l'égoïsme et
...l'ambition des uns en même temps que l'envie et la haine des autres. Nous avons d'ailleurs tant d'autres moyens de faire aimer
l'étude que nous avons besoin de réprimer plutôt que d'exciter l'ardeur des étudiants. La seule *distinction* désirée par les enfants,
c'est d'être *élu* comme le plus capable et le plus digne de les guider et de les instruire sous la direction du maître. Et cette distinction est d'autant plus honorable à leurs yeux que les élections, comme tous les examens, sont faites par tous les condisci-
ples eux-mêmes, sous la surveillance des professeurs.

Nous n'avons donc aucun *paresseux ;* et si par hasard il s'en
rencontre, au lieu d'augmenter leur dégoût de l'étude en les sur-
chargeant de travail pour les punir, nous redoublons de douceur,
de caresses et de soins pour leur en inspirer le goût.

Nous n'avons guère plus d'enfants *incapables* que de paresseux ;
et quand il s'en trouve, au lieu de nous irriter contre eux, nous
redoublons de patience, d'intérêt et d'efforts pour les aider à vaincre l'injuste inégalité de la nature.

Haïr et maltraiter l'incapable et même le paresseux nous paraîtrait une injustice, un contre-sens, une folie, presque une barbarie, qui rendrait le maître bien plus inexcusable que l'enfant.

Nous avons même très-peu d'autres *fautes* à punir ; et toutes les *punitions* sont légères, consistant dans la privation de certains plaisirs ou même de certaines études, et surtout dans le blâme et la publicité.

Toutes les punitions de l'enfant sont, du reste, déterminées comme ses devoirs et ses fautes : c'est le *Code de l'écolier;* et pour lui rendre plus facile l'exécution de ce Code, on le fait discuter, délibérer et voter de temps en temps par les élèves, qui l'adoptent comme leur propre ouvrage, et qui l'apprennent par cœur pour mieux s'y conformer. Il y a cinq ans, ce Code a été discuté en même temps dans toutes les écoles, et adopté presque à l'unanimité par les écoliers.

Quand une faute est commise, ce sont les écoliers eux-mêmes qui se constituent en *tribunal* pour la constater et la juger. Mais rentrons dans la grande salle, et nous ne tarderons probablement pas à voir un de ces *jugements scolaires*.

La salle était déjà remplie ; comme le matin, tous les professeurs et tous les écoliers étaient présents.

L'un des plus âgés était chargé d'accuser ; cinq autres devaient proposer la peine, et tous les autres formaient un jury.

Après avoir exposé le fait, un professeur, directeur des débats, exhorta l'accusateur à accuser avec modération, l'accusé à se défendre sans crainte, les témoins à déposer sans mensonge, les jurés à répondre suivant leur conscience, et les juges à appliquer la loi sans partialité.

L'accusateur exprima son regret d'accuser un frère, et son désir de le trouver innocent. Mais il fit sentir que le Code était l'œuvre du Peuple écolier et de l'accusé ; que tous ses préceptes, toutes ses prohibitions et toutes ses peines avaient été établis dans l'intérêt de tous et de chacun ; que l'accusé aurait pu se tuer ou se blesser en sautant du haut du mât, et que l'intérêt général réclamait sa punition s'il était coupable, mais plus encore son absolution s'il était innocent.

Le petit accusé se défendit avec assurance. Il avoua franchement qu'il avait sauté ; il reconnut qu'il avait désobéi à la loi et qu'il méritait d'être puni, quoiqu'il se repentît de sa désobéissance;

mais qu'il avait été entraîné par le désir de montrer à ses camarades sa hardiesse et son courage, et par la certitude qu'il avait de
ne se faire aucun mal.

Un autre enfant vint déclarer qu'il avait lui-même commis la
faute de l'exciter à sauter, sans se rappeler la défense de la loi.

Un autre, appelé comme témoin, déclara qu'il avait vu l'accusé
sauter, ajoutant que c'était à regret qu'il faisait cette déclaration
commandée par le devoir de dire la vérité.

Le défenseur reconnut la faute; mais il présenta comme atté-
nuation et comme excuse l'aveu de l'accusé, son repentir et l'exci-
tation des camarades. Il pria le jury de considérer que son ami
était le plus intrépide sauteur de son âge, et que c'était son intrépidité même et son adresse qui l'avaient exposé à se laisser entraîner.

L'accusateur reconnut que l'accusé méritait une couronne si
l'on en donnait à l'intrépidité du sauteur; mais il demanda si ce
n'était pas précisément pour contenir les intrépides que la prohi-
bition avait été prononcée, et si ce n'était pas à eux principalement
qu'il fallait appliquer la loi pour les préserver des dangers de leur
trop grande ardeur.

Le jury déclara unanimement l'accusé coupable de désobéissance
au Code; mais il déclara, à une faible majorité, que la faute était
excusable.

Le Comité des cinq proposa de décider qu'il n'y aurait pas d'autre punition que la publicité du fait dans l'enceinte de l'école:
l'Assemblée adopta cette proposition, et le Conseil suprême des
professeurs approuva la décision.

L'un des professeurs termina la séance en rappelant aux enfants qu'ils ne devaient pas moins en aimer le petit sauteur, à celui-ci qu'il ne devait pas moins en aimer ses juges, à tous qu'ils
devaient en aimer davantage la République qui faisait tant pour
leur bonheur, et s'aimer réciproquement davantage eux-mêmes
pour plaire à la République.

Je sortis émerveillé et tout échauffé de ce que je venais de voir,
et j'accompagnai Dinaros rentrant chez lui.

— Quel cours de *morale en action!* lui dis-je. Je conçois très-
bien maintenant vos enfants, vos femmes, votre nation!

— Et nous avons en outre un cours spécial de *morale*, que chacun suit pendant douze ans, pour apprendre tous ses devoirs, toutes
les qualités et toutes les vertus à acquérir, tous les défauts et les
vices à éviter; et ce cours, autrefois si négligé et si fastidieux, n'est

pas le moins attrayant aujourd'hui, parce qu'on y joint l'*histoire*
de toutes les grandes vertus et des grands crimes, des héros et des
scélérats célèbres.

Les livres les plus intéressants, composés par nos écrivains les
plus habiles, nos romans, nos poésies, nos pièces de théâtre, tout
concourt avec l'éducation pour faire aimer la morale, sans que
la République, maîtresse absolue, permette aucune œuvre d'immoralité.

Vous pouvez dire même que la *vie de famille* est un cours perpétuel de *morale en action*, comme vous l'appelliez tout à l'heure,
parce que, dès qu'il ouvre l'oreille et la bouche, l'enfant n'apprend,
ne répète et ne pratique que des actes de moralité : jamais, par
exemple, vous ne verrez un enfant proférer un *mensonge*.

Et pourquoi, d'ailleurs, les enfants icariens mentiraient-ils,
quand la Communauté les rend si heureux ? Comment n'aimeraient-
ils pas cette Communauté et l'Égalité, quand elles leur donnent
tant de bonheur !

Adieu, je vous quitte. Je ne vous dirai plus qu'un mot, c'est
qu'un *journal* spécial d'*éducation*, distribué à tous les professeurs,
les tient constamment au courant de toutes les découvertes et de
tous les perfectionnements qui concernent l'enseignement.

Mais vous venez passer la soirée chez ma mère avec Valmor
et sa famille : nous pourrons causer un peu de notre éducation
*civique*.

Je n'avais pas vu Corilla depuis deux jours, et, malgré toutes
mes agitations d'esprit, il me semblait qu'il y avait deux siècles :
j'éprouvais je ne sais quel besoin de la voir et de l'entendre.

Aussi je me rendis de bonne heure dans sa famille pour y passer quelque temps avant d'aller avec eux chez madame Dinamé.

Je ne l'avais pas encore vue si belle et si aimable !

— Ah! vous voilà, monsieur, me dit-elle en m'abordant. Il paraît
que vous avez beaucoup de plaisir à nous voir ! Comment ! vous
passez deux grandes journées sans venir rendre vos respects à mon
grand-père !.., C'est mal, très-mal, et grand-papa n'est pas content de vous ! n'est-ce pas, grand-papa?

Mais vous voilà... et nous pardonnons... Ah çà, nous devons
chanter ensemble chez Dinaïse : voyons si je ne me compromettrai
pas en chantant avec vous.

Nous chantâmes.—Allons, pas mal, dit-elle, et ce sera mieux, j'espère, la seconde fois.

Tout le long du chemin, elle fut d'une gaieté charmante.

Toute la petite famille de madame Dinamé était réunie, et nous nous trouvâmes environ quarante personnes. C'étaient des caresses, surtout de la part des enfants, une gaieté, une joie, un bonheur !...

— Vraiment, vous êtes un heureux peuple, dis-je à Dinaros, que j'avais attiré dans un coin !

— Probablement le plus heureux peuple de la terre, répondit-il ; et c'est l'effet de notre Communauté.

— Et de votre Éducation.

— Oui, de notre Éducation aussi ; car sans elle la Communauté dans toute sa perfection serait impossible, et c'est elle qui nous prépare à toutes les jouissances comme à toutes les obligations de la vie sociale et politique.

On pourrait dire que, dès ses premières années, l'enfant apprend à être citoyen. Il l'apprend surtout dans l'école, où la discussion du Code de l'écolier, les examens, les élections et le jury d'étudiants préparent l'enfant à la vie civique.

Mais l'ÉDUCATION CIVIQUE proprement dite commence à 18 ans, lorsque le jeune homme apprend les éléments de *littérature*, d'*art oratoire* et d'*histoire universelle*.

Elle consiste plus spécialement dans l'étude approfondie de l'*histoire nationale*, de l'organisation sociale et politique, de la *constitution* et des *lois*, des droits et des devoirs des magistrats et des citoyens.

Chaque enfant apprend par cœur la Constitution entière ; et il n'est pas un Icarien qui ne connaisse parfaitement tout ce qui concerne les élections et les électeurs, la représentation nationale et ses représentants, les assemblées populaires et la garde nationale ; il n'en est pas un qui ne connaisse tout ce qu'un magistrat peut et ne peut pas faire, et tout ce que la loi permet ou défend. Celui qui négligerait son éducation civique serait privé de l'exercice de ses droits de citoyen ; mais ce serait une honte et un malheur auxquels personne ne s'expose.

Les femmes mêmes apprennent les éléments de cette éducation civique, afin de n'être étrangères à rien de ce qui les intéresse et de comprendre tout ce qui occupe tant leurs maris.

Enfin, quoique nous espérions pour toujours la paix intérieure et extérieure, tous les citoyens sont membres de la garde nationale, et sont exercés au maniement des armes et aux évolutions militaires depuis 18 ans jusqu'à 21 : cet exercice est à la fois un immense agrément pour les fêtes nationales, un complément de la gymnastique utile au corps et à la santé ; et le complément de l'éducation civique.

A 21 ans, le jeune homme est *citoyen*; et vous voyez que les jeunes Icariens sont élevés pour être de bons patriotes, aussi bien que pour être de bons fils, de bons époux, de bons pères, de bons voisins, enfin de véritables hommes.

Je pourrais ajouter que ce sont des hommes de paix et d'ordre, car la maxime fondamentale de l'éducation civique, maxime qu'on leur enseigne dès l'enfance et qu'on leur fait mettre continuellement en pratique, c'est que, après une discussion libre et complète dans laquelle chacun a pu développer son avis, la *minorité* doit se soumettre sans aucun regret à la *majorité*, parce qu'autrement il n'y aurait d'autre mode de décision que la force brutale et la guerre, la victoire et la conquête, amenant la tyrannie et l'oppression.

— Avec votre Communauté et votre Éducation, lui dis-je, vous ne devez pas avoir beaucoup de crimes?... — Quels crimes voulez-vous que nous ayons aujourd'hui ? répondit Valmor, qui nous écoutait. Pouvons-nous connaître le vol d'aucune espèce, quand nous n'avons pas de monnaie, et quand chacun possède tout ce qu'il peut désirer? Ne faudrait-il pas être fou pour être voleur ! Et comment pourrait-il y avoir des assassinats, des incendies, des empoisonnements, puisque le vol est impossible ? Comment pourrait-il même y avoir des *suicides*, puisque tout le monde est heureux?

— Mais, répliquai-je, ne peut-il pas y avoir des meurtres, des duels et des suicides pour d'autres causes ; par exemple, par amour ou par jalousie?... — Notre Éducation, répondit encore Valmor, fait de nous des *hommes*, et nous apprend à respecter les droits et la volonté des autres, à suivre en tout les conseils de la raison et de la justice : les Icariens sont presque tous des philosophes qui, dès leur enfance, savent dompter leurs passions.

— Vous voyez donc, reprit Dinaros, que, d'un seul coup, la Communauté supprime et prévient les vols et les voleurs, les crimes et les criminels, et que nous n'avons plus besoin ni de tribunaux, ni de prisons, ni de châtiments.

— Pardonnez-moi, monsieur, s'écria Corilla d'un ton sévère en approchant de nous, il y a des vols et des crimes, des voleurs et des criminels ; il faut des tribunaux pour les juger et des châtiments pour les punir : et moi, qui ne suis pas un professeur d'histoire, je vais vous le prouver par des arguments sans réplique. Écoutez tous ! (Tous les enfants accoururent autour d'elle.) Je m'égosille à chanter depuis une demi-heure pour mériter les applaudissements de ces messieurs ; et non-seulement ces messieurs me ravissent les applaudissements que je méritais, mais leur caquetage empêche les autres de m'applaudir : vous êtes donc des voleurs ! (bravos !) Bien plus, et, crime bien autrement abominable, Dinaïse a chanter ; et ces messieurs allaient croasser pour nous empêcher de l'entendre !... Ils veulent nous contraindre à les écouter eux-mêmes comme s'ils étaient dans une chaire, pérorant sur la République et la Communauté ! vous êtes donc des perturbateurs, des usurpateurs ! (bravos !) et je vous accuse devant l'auguste tribunal qui siége ici ! (bravos, bravos !) et j'invoque contre vous toute la sévérité de la Justice et des lois ! (grands applaudissements) ou plutôt, comme je crains la corruption des juges prévaricateurs (murmures), je vais vous condamner moi-même pour être certaine que la sentence sera équitable ! (éclats de rire) Je vous déclare donc atteints et convaincus de l'effroyable crime de lèse-musique ; et, pour réparation, je vous excommunie de la Communauté (murmures), ou plutôt (car les agréables observations que j'entends m'avertissent que j'allais punir les innocents avec les coupables), je vous condamne tous deux, solidairement et par corps, d'abord à écouter le rossignol qui va chanter, puis à rossignoler vous-mêmes (bravos répétés).

— Rébarbatifs huissiers, dit-elle aux enfants, exécutez la sentence ! faites faire silence d'abord ; vous ferez chanter ensuite les condamnés !

Mademoiselle Dinaïse chanta avec embarras et sans confiance, mais d'une voix divine, qui parut arracher les applaudissements et qui m'arracha presque des larmes.

— Maintenant, dit Corilla, à M. le Rossignol aîné ! (tous les enfants coururent le prendre par les mains en l'entraînant ou le poussant).... Et qu'il chante bien, ou gare la Justice musicale !
— Folle, folle ! dit Dinaros. — Oui, folle si vous voulez : mais

6

vous, monsieur le philosophe sournois, ayez la sagesse d'obéir de temps en temps à la folie !

Je fus aussi forcé de chanter, d'abord avec Corilla, puis avec mademoiselle Dinaïse.

— Allons, dit Corilla, je vais décerner le prix, et je le ferai avec toute l'impartialité que vous me connaissez : attention !

Le savant et l'éloquent professeur a chanté comme un rossignol enrhumé (éclats de rire); le grand écolier communioniste a chanté avec Dinaïse comme un renard tombé dans un piége (nouveaux éclats plus bruyants); et Dinaïse a chanté comme un rossignol effrayé (longs éclats de rire).

Quant à moi Corilla, quel est le téméraire qui osera nier que je suis la Déesse ou la Reine du chant ? J'attends donc les applaudissements d'un auditoire aussi éclairé... ( tonnerre d'applaudissements); et j'ordonne qu'on serve à l'instant les bons petits gâteaux qu'a faits Dinaïse (oui, oui, oui), et toutes les bonnes choses que j'ai vues préparées, afin que ces beaux chanteurs, qui excellent dans l'art.... d'escamoter les friandises.... aient le plaisir.... de nous les voir manger.... (rires et bravos).

La soirée s'écoula délicieusement dans les jeux et les rires. Corilla me demanda pardon de ses folies, d'un ton qui charmait mon oreille long-temps après qu'elle n'entendait plus sa voix ; et je passai la nuit dans des rêves enchanteurs, petit oiseau voltigeant de fleurs en fleurs, poursuivi par un essaim de jeunes filles, fuyant avec crainte mademoiselle Dinaïse, et me laissant approcher de Corilla pour m'échapper avec bonheur au moment où ses mains croyaient m'attraper.

## CHAPITRE XII.

### Travail. — Industrie.

L'aimerais-je ? me dis-je avec effroi en m'éveillant. L'aimerais-je, quand j'entends encore le Consul de Camiris me recommander un inviolable respect pour les filles d'Icarie, quand j'entends surtout la voix du vénérable grand-père confiant ses enfants à mon honneur? L'aimerais-je, moi qui suis presque engagé envers la belle miss

*Henriet*, et qui veux remplir mon engagement? L'aimerais-je?....
Voyons, examinons-nous.... Et je sortis pour aller prendre Valmor,
qui devait me conduire dans un atelier de *maçonnerie*.

— Ne la trouves-tu pas belle, spirituelle, aimable, charmante?
me disais-je en marchant. — Oui.
— Ne trouves-tu pas du plaisir à admirer ses cheveux, ses yeux,
sa bouche, ses dents, ses mains, ses pieds? — Oui, tout me plaît
en elle.
— Tu sens de la joie en l'abordant, du regret en la quittant?—Oui.
— Le jour, tu penses à elle ; la nuit, tu la poursuis dans tes
rêves? — Oui.
— Malheureux ! je crois que tu l'aimes !

Cependant, la joie que j'éprouve est douce et tranquille ; le regret de la quitter est sans amertume et sans violence : j'y pense
sans fièvre ; j'y rêve sans délire ; je l'aborde sans trouble ; je sens
son bras ou sa main sans frissonner... Non, je ne l'aime que comme
une sœur, ou une amie !...

Et elle?... Si j'avais troublé son repos et son bonheur!.... Ha,
que je serais coupable et tourmenté! Et cependant, quand je me
rappelle... Mais non... Du reste, nous allons ce soir à la promenade;
et je veux adroitement, si je puis, interroger son cœur

J'entrai alors chez Valmor, qui m'attendait.
Et nous partîmes aussitôt pour aller voir l'atelier de *maçonnerie*,
en nous promenant et en causant.
— Puisque nous allons visiter des travailleurs, me dit-il, je vais
vous expliquer notre organisation du *Travail* et de l'*Industrie;* car
le travail est l'une des premières bases de notre organisation sociale.

### TRAVAIL. — INDUSTRIE.

Rappelez-vous d'abord quelques faits principaux qui sont la clef
de tous les autres.
Je vous l'ai dit, et je vais vous le répéter en peu de mots : nous
vivons en communauté de biens et de travaux, de droits et de devoirs, de bénéfices et de charges. Nous n'avons ni propriété, ni
monnaie, ni vente, ni achat. Nous sommes égaux en tout, à moins
d'une impossibilité absolue. Nous travaillons tous également pour la
République ou la Communauté. C'est elle qui recueille tous les pro-

duits de la terre et de l'industrie, et qui les partage également
entre nous ; c'est elle qui nous nourrit, nous vêtit, nous loge, nous
instruit, et nous fournit également à tous tout ce qui nous est nécessaire.

Rappelez-vous encore que le but de toutes nos lois est de rendre
le Peuple le plus heureux possible, en commençant par le nécessaire, puis par l'utile, et en finissant par l'agréable sans y mettre
de limite. Par exemple, si l'on pouvait donner à chacun un *équi-*
*page,* chacun aurait un équipage ; mais la chose étant impossible,
personne n'en a, et chacun peut jouir des voitures communes qu'on
rend le plus commodes et le plus agréables qu'il est possible.

Vous allez voir l'application de ces principes dans l'*organisation*
*du travail.*

C'est la République ou la Communauté qui, chaque année, détermine tous les objets qu'il est nécessaire de produire ou de fabriquer pour la nourriture, le vêtement, le logement et l'ameublement
du Peuple ; c'est elle, et elle seule, qui les fait fabriquer, par ses
ouvriers, dans ses établissements, toutes les industries et toutes les
manufactures étant nationales, tous les ouvriers étant nationaux ;
c'est elle qui fait construire ses ateliers, choisissant toujours les
positions les plus convenables et les plans les plus parfaits, organisant des fabriques immenses, réunissant ensemble toutes celles
dont la réunion peut être avantageuse, et ne reculant jamais devant
aucune dépense indispensable pour obtenir un résultat utile ; c'est
elle qui choisit les procédés, choisissant toujours les meilleurs, et
s'empressant toujours de publier toutes les découvertes, toutes les
inventions et tous les perfectionnements ; c'est elle qui instruit ses
nombreux ouvriers, qui leur fournit les matières premières et les
outils, et qui leur distribue le travail, le divisant entre eux de la
manière la plus productive, et les payant en nature au lieu de les
payer en argent ; c'est elle enfin qui reçoit tous les objets manu-
facturés, et qui les dépose dans ses immenses magasins pour les
partager ensuite entre tous ses travailleurs ou plutôt ses enfants.

Et cette République, qui veut et dispose ainsi, c'est le Comité de
l'Industrie, c'est la Représentation nationale, c'est le Peuple lui-
même.

Vous devez apercevoir à l'instant l'incalculable *économie* de toute
espèce et les incalculables avantages de tout genre qui doivent
nécessairement résulter de ce premier arrangement général !

Tout le monde est ouvrier national et travaille pour la Répu-

blique. Tout le monde, hommes et femmes, sans exception, exerce
l'un des métiers, ou l'un des arts, ou l'une des professions déterminées par la loi.

Les enfants ne commencent à travailler qu'à 18 ans pour les garçons, et à 17 ans pour les filles, leurs premières années étant consacrées au développement de leurs forces et à leur éducation. Les
vieillards sont exemptés à 65 ans pour les hommes et à 50 pour les
femmes : mais le travail est si peu fatigant, et même si agréable,
que très-peu invoquent l'exemption, tous continuant leur occupation
d'habitude ou s'utilisant de toute autre manière.

Inutile de vous prévenir que le malade est exempté de travail :
mais, pour éviter tout abus, le malade doit se rendre ou se faire
transporter dans l'hospice, qui d'ailleurs est un palais.

Inutile encore d'ajouter que chaque travailleur peut obtenir un
congé, dans les cas déterminés par la loi et du consentement des
collaborateurs.

Je viens de vous dire que le travail est *agréable* et sans fatigue :
nos lois n'épargnent rien, en effet, pour le rendre tel, parce qu'on
n'a jamais vu un manufacturier aussi bienveillant pour ses ouvriers
que la République l'est envers les siens. Les machines sont multipliées sans limite, et à tel point qu'elles remplacent deux cents
millions de chevaux ou trois milliards d'ouvriers ; et ce sont elles
qui exécutent tous les travaux périlleux, ou fatigants, ou insalubres,
ou malpropres et dégoûtants : c'est là surtout que brillent la raison
et l'intelligence de mes compatriotes ; car tout ce qui, par exemple,
n'excite ailleurs que du dégoût, est ce qu'on cache ici avec le plus
de soin ou ce qu'on environne de plus de propreté. Aussi, non-seulement vous ne verrez jamais dans les rues ni chairs saignantes,
ni même de fumier, mais encore vous ne verrez jamais dans les
ateliers la main d'un ouvrier toucher quelque objet rebutant.

Tout concourt à rendre le travail agréable : l'éducation qui dès
l'enfance apprend à l'aimer et à l'estimer, la propreté et la commodité des ateliers, le chant qui anime et réjouit les masses de
travailleurs, l'égalité de travail pour tous, sa durée modérée, et
l'honneur dont tous les travaux sont environnés dans l'opinion publique et tous environnés également.

— Quoi ! m'écriai-je, tous ces métiers sont également estimés,
le cordonnier autant que le médecin ? — Oui, sans doute, et vous
cesserez de vous en étonner ; car c'est la loi qui détermine les métiers ou professions exerçables, et tous les produits à fabriquer :
aucune autre industrie n'est enseignée ni tolérée, comme aucune
autre fabrication n'est permise. Nous n'avons pas de profession de

6.

*cabaretier*, par exemple, ni de fabrication de *poignards* dans nos coutelleries. Toutes nos professions et nos fabrications sont donc des professions et des fabrications également *légales* et jugées sous un certain rapport également *nécessaires :* du moment que la loi ordonne qu'il y aura des *cordonniers* et des *médecins*, il faut nécessairement qu'il y ait des uns comme des autres ; et comme tout le monde ne peut pas être médecin ; pour que les uns veuillent être cordonniers il faut que les cordonniers soient aussi heureux et contents que les médecins ; par conséquent il faut établir entre eux, autant que possible, la plus parfaite égalité ; par conséquent encore, il faut que tous deux, consacrant le même temps à la République, soient également estimés.

— Et vous ne faites pas de distinction pour l'esprit, l'intelligence, le génie ?

— Non : tout cela n'est-il pas en effet un don de la nature? Serait-il juste de punir, en quelque sorte, celui que le sort a moins bien partagé? La raison et la société ne doivent-elles pas réparer l'inégalité produite par un aveugle hasard ? Celui que son génie rend plus utile n'est-il pas assez récompensé par la satisfaction qu'il en éprouve ? Si nous voulions faire une distinction, ce serait en faveur des professions ou des travaux les plus pénibles, afin de les indemniser, en quelque sorte, et de les encourager. En un mot, nos lois rendent le médecin aussi honoré et aussi heureux que possible : pourquoi donc se plaindrait-il de ce que le cordonnier l'est autant que lui ?

Cependant, quoique l'éducation inspire déjà presque suffisamment à chacun le désir de se rendre toujours plus utile à la Communauté; pour exciter une utile *émulation*, tout ouvrier quelconque qui par patriotisme fait plus que son devoir, ou qui dans sa profession fait une découverte utile, obtient une *estime* particulière, ou des *distinctions* publiques ou même des *honneurs* nationaux.

— Et les *paresseux* ?.... — Les paresseux ! nous n'en connaissons pas..... Comment voulez-vous qu'il y en ait, quand le travail est si agréable, et quand l'oisiveté et la paresse sont aussi infâmes parmi nous que le vol l'est ailleurs ?

— On a donc tort de dire, comme je l'ai entendu en France et en Angleterre, qu'*il y aura toujours des ivrognes, des voleurs et des paresseux ?* — On a raison avec l'organisation sociale de ces pays ; mais on a tort avec l'organisation d'Icarie.

La durée du travail, qui d'abord était de dix à dix-huit heures, et qui a été successivement diminuée, est aujourd'hui fixée à sept heures en été et six heures en hiver, de six ou sept heures du matin jusqu'à une heure après midi. On la diminuera encore, et tant qu'on pourra, si de nouvelles machines viennent à remplacer des ouvriers, ou si la diminution dans les nécessités de la fabrication (celles des constructions, par exemple) vient à rendre inutile un grand nombre de travailleurs. Mais il est probable que la durée du travail est maintenant à son *minimum*, parce que, si quelques industries diminuent, d'autres industries nouvelles les remplaceront, attendu que nous travaillerons continuellement à augmenter nos jouissances. L'année dernière, par exemple, un meuble nouveau ayant été ajouté à tous nos meubles d'alors, et cent mille ouvriers étant nécessaires pour procurer ce meuble à toutes les familles, on a pris ces cent mille ouvriers sur la masse du Peuple travailleur, et la durée du travail général a été augmentée de cinq minutes.

Dans chaque famille, les femmes et les filles exécutent ensemble tous les travaux domestiques, depuis cinq ou six heures du matin jusqu'à huit heures et demie ; et à neuf heures jusqu'à une heure elles se consacrent aux travaux de leur profession, dans l'atelier.

— Les femmes enceintes ou qui allaitent leurs enfants sont sans doute exemptées du travail ? — Comme vous le dites, et même toutes les femmes chefs de famille sont exemptées de l'atelier, parce que garder la famille et la maison est encore une occupation utile à la République.

Tous les ouvriers de chaque profession travaillent ensemble dans d'immenses ateliers communs, où brillent aussi toute l'intelligence et la raison de notre gouvernement et du Peuple. — J'en ai visité plusieurs qui m'ont pénétré d'admiration.
— N'est-ce pas, c'est magnifique ? Ce sont surtout ceux de femmes qu'il faut voir ! En avez-vous vu ? — Non.
— Eh bien ! je demanderai une permission, et nous irons voir celui de ma jeune sœur Célinie ou celui de Corilla.
Et vous ne serez pas surpris de la perfection de nos ateliers, quand vous vous rappellerez que le *plan* de chacun d'eux a été arrêté dans un *concours*, après avoir consulté tous les ouvriers de la profession, tous les savants et le Peuple entier.

Les ateliers *mobiles* et portatifs, pour tous les travaux qui s'exécutent en plein air, présentent également toutes les commodités

possibles, comme vous allez le voir ; car nous arrivons à l'atelier
de *maçonnerie*, que je voulais vous montrer.

C'était une rue tout entière en construction : cinq ou six cents
ouvriers de toute espèce s'y trouvaient réunis.

A côté se trouvait un vaste hangar mobile et couvert en toile
imperméable, contenant un *vestiaire* et un *réfectoire* comme dans
les grands ateliers ordinaires.

Tous les échafauds sur lesquels travaillaient les maçons étaient
également couverts pour les garantir du soleil et de la pluie.

Tous les matériaux, pierres et briques, pièces de bois et de fer,
ciment et même mortier, étaient apportés tout préparés et tout prêts
à être employés.

— Toutes les pierres, me dit Dinaros, sont travaillées dans
d'immenses ateliers près des carrières, à l'aide de machines qui les
scient ou les ébauchent.

Les briques de toutes dimensions sont aussi faites à l'aide de machines, dans d'immenses ateliers élevés sur le terrain dont on emploie la terre.

Le ciment et le mortier sont aussi préparés en masse dans d'autres ateliers, et quelquefois sur place, mais toujours avec des
machines.

Tous ces matériaux, amenés par les canaux dans de grands
magasins de dépôt, sont ensuite transportés sur des chariots de
toute espèce près des bâtiments à construire.

Voyez comme tous ces chariots sont bien disposés pour charger
et décharger, pour ne rien gâter et ne rien laisser tomber !

Voyez ces *chemins portatifs*, où les plus lourds fardeaux roulent
ou glissent sans efforts, et ces innombrables machines, grosses et
petites, qui transportent tout, en haut, en bas, de tous côtés !
Aussi, dans cette foule d'ouvriers en action, vous n'en apercevrez
aucun avec un fardeau sur sa tête ou ses épaules : tous n'ont
d'autre tâche que de diriger les machines ou de placer les matériaux.

Voyez aussi que de précautions prises pour éviter la poussière et
la boue ! Voyez même comme tous ces vêtements de travail ont
un air de propreté !

Ce matin, tous ces ouvriers, c'est-à-dire tous ces citoyens, sont
arrivés à six heures, amenés presque tous par les voitures publiques. Ils ont déposé leurs habits bourgeois pour prendre leurs
habits de travail qui les attendaient dans le vestiaire ; et à une
heure, quand ils cesseront leur travail de la journée, tous repren-

ront leurs habits bourgeois et les voitures communes ; et si vous
les rencontriez, vous qui ne connaissez que les maçons des autres
pays, vous ne les prendriez certainement pas pour des maçons revenant de leur travail.

—Je conçois, lui dis-je, qu'on veuille être maçon ici, tout aussi
bien qu'exercer toute autre profession quelconque.

—Et tous les ouvriers qui travaillent au dehors sont traités avec
autant d'égards par la République ; tous trouvent également sur
place leur atelier, leurs outils, leurs habits de travail, et tout ce qui
leur est nécessaire. Le charretier lui-même, comme vous voyez, a
toujours une place sur sa voiture.

Remarquez-vous aussi l'*ordre* qui règne au milieu de ce mouvement universel ? Ici, comme dans tous nos ateliers, chacun a son
poste, son emploi, et pour ainsi dire son grade, les uns dirigeant
les autres, ceux-ci fournissant les matériaux à ceux-là, et tous
s'acquittant de leur tâche avec exactitude et plaisir. Ne dirait-on
pas que tout cet ensemble ne forme qu'une seule et vaste machine,
dont chaque rouage remplit régulièrement sa fonction ?

—Oui, cette discipline me paraît surprenante.

—Mais pourquoi donc surprenante ? Dans chaque atelier, les règlements sont délibérés et les fonctionnaires sont *élus* par les ouvriers
eux-mêmes, tandis que les lois communes à tous les ateliers sont
faites par les élus du Peuple entier, c'est-à-dire par les élus des
travailleurs de tous les ateliers. Le citoyen n'a jamais à exécuter
que des règlements ou des lois qui sont son ouvrage, et par conséquent il les exécute toujours sans hésitation et sans répugnance.

—Mais comment, lui dis-je en revenant, se distribuent les professions ? Chacun est-il libre de choisir celle qui lui plaît, ou bien chacun est-il forcé d'accepter celle qu'on lui impose ?

## DISTRIBUTION DES PROFESSIONS.

—Pour répondre à votre question, il faut que je vous expose
d'abord l'Éducation *industrielle* ou PROFESSIONNELLE.

Vous vous rappelez que, jusqu'à dix-huit ans, tous les enfants
reçoivent une éducation élémentaire sur toutes les sciences, et que
tous possèdent le dessin et les mathématiques.

Nous leur donnons une idée générale de tous les arts et métiers,
les matières premières (minérales, végétales et animales), des outils et des machines.

Et nous ne nous bornons pas à la démonstration *théorique*; nous y joignons la *pratique*, en habituant les enfants, dans des ateliers particuliers, à manier le rabot, les pinces, la scie, la lime, et les principaux outils ; et cet exercice, qui rend le jeune homme adroit et qui le prépare à apprendre tous les états, est pour lui un véritable amusement, en même temps qu'un premier travail *utile* à la Communauté.

Le jeune homme est ainsi capable de se choisir une profession quand il arrive à 18 ans. Voici maintenant comment il fait son choix.

Chaque année, dans les dix jours qui précèdent l'anniversaire de notre révolution, la République, qui par sa statistique connaît le nombre d'ouvriers nécessaires dans chaque profession, en publie la liste pour chaque commune, et invite les jeunes gens de 18 ans à *choisir*. En cas de concurrence, les professions se distribuent dans un *concours*, d'après des *examens*, et d'après le jugement des concurrents eux-mêmes constitués en *Jury*.

Tous les jeunes gens de 18 ans qui couvrent le sol de la République se trouvent donc ainsi distribués, le même jour, chaque année, dans toutes les professions, et par conséquent dans tous les ateliers ; c'est la *naissance ouvrière*, un de nos grands jours, une de nos grandes cérémonies.

Ce n'est pas tout : on peut dire que jusque-là le jeune homme a reçu, dans l'école, une éducation industrielle élémentaire et générale : maintenant, à 18 ans, quand il a choisi sa profession, commence pour lui l'*Education spéciale* ou *professionnelle*.

Cette Éducation dure plus ou moins long-temps, parce qu'elle exige des études spéciales plus ou moins étendues pour les professions scientifiques.

Elle est *théorique*, et se donne dans des cours où l'on enseigne la théorie et l'*histoire* de chaque profession.

Elle est *pratique*, et se donne dans l'atelier, où l'apprenti passe par tous les degrés de l'apprentissage, et commence à payer plus complétement à la Communauté sa dette de travail et d'utilité.

On agit de même envers les jeunes filles, soit pour leur apprendre les travaux du ménage, soit pour leur donner des idées et des habitudes générales sur les industries particulières aux femmes, soit pour leur faire choisir une profession à 17 ans, soit pour compléter leur éducation professionnelle,

Jugez quels ouvriers et quelles ouvrières doivent sortir de cette double éducation élémentaire et spéciale !

Et quant au système de travail et d'industrie, en voyez-vous les conséquences ?

— Je crois en apercevoir quelques-unes : tous les hommes doivent être capables d'utiliser leurs intelligences pour reculer les bornes de l'industrie humaine ; toutes les femmes doivent connaître parfaitement tous les travaux domestiques; toutes les maisons peuvent être sans boutiques et exclusivement consacrées au logement des familles; tous les ateliers peuvent être distribués dans les divers quartiers et même décorés extérieurement de manière à concourir à l'embellissement de la ville, personne n'a d'intérêt à cacher ou à voler une invention utile ; personne n'a le souci des *billets* à payer, ni la crainte des faillites !

Notre système a beaucoup d'autres conséquences utiles : autrefois nos ouvriers, forcés de s'attacher exclusivement à gagner de l'argent, travaillaient vite et mal ; souvent même ils s'entendaient pour gâter le travail les uns des autres, afin de se procurer réciproquement l'occasion d'un nouveau salaire : ainsi, quand des serruriers ou des menuisiers ou des peintres travaillaient dans une maison, le serrurier, par exemple, gâtait exprès le bois de la porte ou la peinture, de manière à rendre nécessaire un nouveau travail du menuisier ou du peintre. Maintenant, au contraire, l'ouvrier n'a point d'autre intérêt que de faire son ouvrage aussi bien que possible; tous ses mouvements sont marqués au coin de la prévoyance et de la raison, et tous les travaux sont presque parfaits.

Aussi, voyez le sentiment de *dignité* qui respire sur la figure de nos ouvriers ou plutôt de nos citoyens ! chacun considère son travail comme une *fonction* publique, de même que chaque fonctionnaire ne considère sa fonction que comme un *travail*.

Avez-vous aussi remarqué le mouvement régulier de notre population? A cinq heures, tout le monde est levé; vers 6 heures, tous nos chars populaires et toutes les rues sont remplis d'hommes qui se rendent dans leurs ateliers; à 9 heures, ce sont les femmes d'un côté, et les enfants d'un autre; de 9 à 1, la population est dans les ateliers ou les écoles; à 1 heure et 1|2, toute la masse des ouvriers quitte les ateliers pour se réunir avec leurs familles et leurs voisins dans les restaurants populaires; de 2 à 3, tout le monde dîne ; de 3 à 9, toute la population remplit les jardins, les terrasses, les rues, les promenades, les assemblées populaires, les cours, les théâtres et tous les autres lieux publics; à 10 heures, chacun est couché, et pendant la nuit, de 10 à 5 heures, les rues sont désertes.

— Vous avez donc aussi la loi du *Couvre-feu*, cette loi qui paraissait si tyrannique?

— Imposée par un tyran, ce serait en effet une intolérable vexation: mais, adoptée par le Peuple entier, dans l'intérêt de sa santé et du bon ordre dans le travail, c'est la loi la plus raisonnable, la plus utile, et la mieux exécutée.

— Oui, je le comprends, et je comprends aussi combien vos ouvriers doivent être heureux.

— Ils le sont tellement que les descendants de notre ancienne noblesse sont fiers de leurs titres de serruriers, d'imprimeurs, etc., qui remplacent ceux de ducs ou de marquis. »

Tous ces détails, donnés avec une grâce qui en doublait le prix, m'intéressaient infiniment, sans m'empêcher cependant d'être impatient de faire subir à Corilla l'interrogatoire nécessaire à mon repos.

Jugez donc de ma contrariété lorsque, trouvant dans sa famille madame Dinamé, sa fille et son fils, qui venaient les chercher pour aller à la promenade, j'entendis Corilla dire: — J'ai quelque leçon d'histoire à demander à M. le professeur, et je prends son bras; vous, monsieur William, offrez le vôtre à Dinaïse! Valmor avait offert le sien à madame Dinamé.

J'aurais presque voulu trouver un prétexte pour me retirer; mais impossible, et j'offris mon bras le moins gauchement que je pus: je me serais même volontiers battu, tant je me sentais embarrassé auprès d'une jeune fille charmante, qu'on disait plus aimable encore que jolie, et que j'avais vivement désiré voir quand je l'avais entendüe.

Elle paraissait aussi peu contente que moi, et son embarras augmentait encore le mien.

Après avoir cheminé quelque temps, tantôt sans rien dire et tantôt en parlant du beau temps et des beaux arbres, je crus lui faire plaisir en lui parlant de Valmor, et je lui en fis l'éloge avec toute la chaleur que m'inspirait la plus vive et la plus sincère amitié, d'autant plus qu'il me semblait qu'elle m'écoutait alors avec émotion et quelque plaisir.

A son tour, elle me parla de son amie Corilla, vantant beaucoup son esprit et sa gaieté, exprimant le plus tendre attachement pour elle, et affirmant que personne ne méritait plus qu'elle d'être aimée et heureuse.

Mais jugez encore de ma surprise, lorsqu'elle ajouta que Corilla attendait avec impatience l'arrivée d'un ami de son frère qu'elle aimait et qui devait l'épouser !

— Mademoiselle Corilla va se marier, m'écriai-je ! — Je croyais que vous le saviez, reprit-elle d'un air embarrassé.

J'apprenais donc ainsi par hasard le secret que je désirais connaître ; et cependant je ne sais ( tant le cœur humain est inexplicable) si cette découverte me fit de la peine ou du plaisir : mais elle me plongea dans une irrésistible rêverie et dans un trouble vague dont je ne pouvais me rendre compte.

Je reconduisis mademoiselle Dinaïse sans que sa douce voix pût ramener le calme dans mon âme ; et j'éprouvais un si vif besoin d'être seul que je m'échappai dès que j'en eus la possibilité.

## CHAPITRE XIII.

### Santé. — Médecins. — Hospices.

— « C'est aimable à vous, William ! vous nous quittez pour aller » reconduire Dinaïse, et vous ne revenez pas me dire adieu !... « Je suis d'une colère !...

» J'ai bien envie de pardonner cependant : mais il faut que vous » veniez demander votre pardon. Venez ce soir, à huit heures, pour » me conduire chez Dinaïse.

« Ne manquez pas de venir ! je vous apprendrai quelque chose » qui vous fera plaisir. Venez ! »

Ce billet me jeta dans une nouvelle perplexité : que signifient, me disais-je, cette colère et ce pardon ? Quel est ce quelque chose qu'elle veut m'apprendre ? Serait-ce son mariage ? Serait-elle coquette ? Non, non, c'est la candeur même ! Nous verrons !

Après le déjeuner, j'allai visiter l'*hospice* du quartier avec Eugène et un médecin de sa connaissance qui nous conduisit.

Je crus que nous serions obligés d'y laisser mon pauvre camarade, pour le guérir de la fièvre que lui donnait son enthousiasme toujours croissant pour tout ce qu'il découvrait en Icarie.

J'avoue que j'étais ravi moi-même de plus en plus, et que je par-

7

tageai complétement les sentiments qu'il exprimait en racontant notre visite à son frère : je joindrai tout-à-l'heure sa lettre, après avoir rapporté mon explication avec Corilla.

Corilla était prête quand j'arrivai, et nous sortîmes à l'instant.

— Venez donc, me dit-elle en prenant mon bras, venez donc que je vous raconte ma joie ! Vous savez que mon frère aime Dinaïse, il en est fou, le pauvre garçon !... mais aussi qu'elle est gentille, bonne, aimable, charmante !... Je n'ai pas besoin de le dire à vous qui, en l'entendant et en la voyant pour la première fois, lui trouviez une *voix divine*... une *figure angélique*... Oui, c'est un ange avec ses parents et ses amis ; et si elle était moins modeste, moins défiante d'elle-même, moins sauvage ou moins timide avec les personnes qu'elle ne connaît que peu, ce serait une perfection.

— Elle aime Valmor ? lui demandai-je alors. — Comment ne l'aime-rait-elle pas, un garçon si bon, si instruit, si estimé, le frère de sa meilleure amie, le meilleur ami de son frère, avec lequel elle a pour ainsi dire été élevée !... Oh! que nous serions malheureux tous, si elle ne l'aimait pas !... Que de mal elle m'a fait quelquefois en laissant échapper qu'elle ne pourrait jamais quitter sa mère, et qu'elle ne voudrait peut-être jamais accepter un époux !... Elle semblait fuir Valmor, tout en lui témoignant beaucoup d'amitié quand ils se trou-vaient ensemble ; et le pauvre Valmor n'osait lui parler de son amour ; et nous tous, mes parents et les siens, qui désirons cette union presque autant que mon frère, nous n'osions pas la presser de s'expliquer positivement. Mais heureusement les mauvais jours sont passés : depuis quelque temps elle nous voit plus fréquem-ment... Son frère et sa mère nous donnent les plus flatteuses espé-rances ; ils ne doutent même plus de son consentement, et nous venons de convenir qu'après-demain nos deux mères lui demande-ront le *oui* qui nous comblera tous de félicité... Vous verrez nos noces !... Et pour être sûre d'avoir un chevalier qui me plaise, je vous retiens d'avance : vous serez mon chevalier, William !

Quoique je partageasse bien sincèrement ses vœux, ses espé-rances et sa joie au sujet de Valmor, je me sentais mécontent et presque piqué de son silence sur elle-même.

— Et vous n'avez pas d'autre confidence à me faire ? lui dis-je. — Non.

— Aucune ? — Mais non, sans doute, aucune.

— Vous me cachez votre propre mariage !... — Comment, com-ment !... ma mère vous l'a dit l'autre jour...

— Jamais. — Mais si...

— Mais non, vous dis-je... — Je le croyais...

— Et ce mariage vous plaît ?... — Il complétera mon bonheur... C'est le meilleur des hommes !... Vous l'aimerez certainement quand il viendra, dans deux mois !... Dans la lettre que mon père a reçue de lui ce matin même, il dit que, d'après le portrait que nous lui avons fait, il partage déjà notre amitié pour vous... Il sera l'un des meilleurs maris, et moi je serai l'une des femmes les plus parfaitement heureuses !

— Et moi, que serais-je, si je vous aimais ? — Si vous m'aimiez, vous !... ha, ha, ha ! (en éclatant de rire)... et la belle *miss Henriet*, qui vous aime, que vous aimez, que vous avez promis d'épouser, et que vous épouserez dans huit ou dix mois !...

— Vous riez !... mais si je vous aimais, vous dis-je encore une fois !... — Que voulez-vous dire ? reprit-elle avec effroi... Que de reproches, que de regrets, que de remords, que je serais malheureuse !... William, milord, de grâce, rassurez-moi vite !...

— Hé bien, oui, je vous aime, je vous chéris... je vous aime comme le plus tendre des frères, comme le plus respectueux et le plus dévoué des amis...

— Ha, je respire, dit-elle !... quel poids vous m'ôtez ! quel bien vous me faites !... j'en étais sûre !... mais quelle leçon pour mes filles !... Adieu, mon ami, n'entrez pas, sauvez-vous, laissez-moi ! J'ai besoin de courir raconter à ma mère combien votre sœur est heureuse de l'amitié de son nouveau frère !

Sainte amitié ! me disais-je en m'éloignant, je ne connais encore que toi ; mais, quand tu nous donnes une pareille amie, qui mieux que toi peux mériter notre adoration et notre hommage !

Voici maintenant la lettre d'Eugène à son frère.

### SANTÉ. — MÉDECINS. — HOSPICES.

Que n'es-tu près de ton frère, mon cher Camille, toi dont le cœur est si rempli d'amour pour l'humanité ! que n'es-tu près de ton ami pour partager son admiration et ses regrets, ses transports et ses douleurs ! Je viens de visiter un hospice d'Icarie avec un des premiers médecins, qui a eu la bonté de tout me faire voir et de tout m'expliquer : écoute !

Je ne te décrirai pas l'immense bâtiment, ou plutôt le magnifique palais, situé sur une petite éminence aérée, au milieu d'un vaste et charmant jardin traversé par un joli ruisseau. La République cherchant l'utilité, la commodité et l'agrément dans tous ses monuments, toujours construits sur un plan-modèle, tu devines aisément

ce que doit être un hospice d'Icarie, destiné à recevoir, non des
pauvres et des misérables, mais tous les citoyens sans exception
(quand ils ont quelque maladie grave) et des citoyens si bien logés
chez eux! Je ne te mens pas en disant que l'intérieur est aussi
magnifique que celui d'un superbe palais; car il est encore plus
beau que celui des maisons, la République ayant pensé qu'il fallait
mieux traiter encore ses citoyens *malades* que ses citoyens en
bonne santé.

Au milieu de la verdure et des fleurs, on y voit les statues des
hommes qui ont rendu le plus de services à l'art de guérir.

Mais ce que j'admirais avec émotion, c'étaient les précautions
prises pour éviter le bruit, les mauvaises odeurs et généralement
tout ce qui pouvait contrarier les malades; c'étaient surtout les
soins et les attentions prodigués pour leur plaire, tantôt par une
musique harmonieuse et douce que fait entendre une mécanique
invisible, tantôt par d'agréables parfums, et toujours par des couleurs et des objets qui récréent la vue.

Ce que j'admirais également, c'étaient les lits mobiles et flexibles
en tous sens, les innombrables instruments et machines imaginés
soit pour porter le malade et lui donner toutes les positions qui peuvent le soulager, soit pour éviter les accidents et les douleurs, soit
pour faciliter les opérations et les pansements. Il semblait partout
que la mère la plus ingénieuse et la plus tendre eût tout disposé
pour éloigner la souffrance du lit de son enfant bien-aimé. Si tu
voyais les soins pris pour rendre les remèdes moins amers, les pansements moins douloureux, les opérations mêmes moins effrayantes
et moins cruelles! on dirait que le malade est ici le favori d'une
divinité bienfaisante!

J'étais profondément ému; et cependant je n'étais plus étonné de
rien quand je pensais que la République avait ordonné au *comité de
santé* de tout préparer pour le plus grand avantage des malades,
sans s'arrêter devant aucune dépense: je n'étais surpris de rien
quand je réfléchissais qu'il n'y avait pas un mercenaire et pas un
pauvre dans cet hospice, mais seulement des citoyens qui soignaient
les malades comme leurs enfants, et des malades qui ne voyaient
que des frères autour d'eux.

Chaque malade, sa famille et ses amis, ont d'ailleurs la consolation et le plaisir de se voir aussi souvent et aussi long-temps que
le permettent la prudence et le médecin.

Quand la nature de la maladie l'exige, le malade est placé dans
une chambre séparée: mais ordinairement ce sont de vastes salles
qui contiennent les lits; et quand la famille se présente, la place du

malade se trouve subitement transformée en une chambre close, où l'on peut entrer sans être aperçu.

Vois comme tout est bien disposé pour le service !

Les médecins, chirurgiens, pharmaciens et garde-malades demeurent à la circonférence de l'hospice, et pour ainsi dire dans l'hospice. Ils sont aussi nombreux qu'il est nécessaire, sans qu'ils soient eux-mêmes trop fatigués, chacun d'eux ne travaillant que six ou sept heures par jour.

Chaque jour, les médecins visitent régulièrement trois ou quatre fois tous les malades ; et, dans l'intervalle, on est toujours sûr d'en trouver assez dans l'hospice pour les accidents extraordinaires qui surviendraient, indépendamment des jeunes médecins qui restent continuellement dans les salles pour panser les malades et surveiller les maladies, et pour appeler les médecins toutes les fois qu'il en est besoin.

Toutes les visites sont faites par *trois* médecins au moins, et toutes les opérations par un chirurgien en présence de deux autres; tandis que, dans les cas graves, on réunit en consultation tous les médecins et chirurgiens de l'hospice.

Tu conçois combien il est plus avantageux pour le malade d'être traité dans l'hospice ! car, outre les agréments qu'il trouverait dans sa maison au sein de sa famille, il trouve dans l'hospice une infinité d'avantages qu'il lui serait impossible de se procurer ailleurs.

Ce n'est, au reste, que pour les maladies qui ont quelque *gravité* que les citoyens se transportent ou sont transportés à l'hospice ; et ces maladies, indiquées par les médecins ou par les livres d'hygiène, sont bien connues dans toutes les familles.

Pour les maladies légères, et pour les souffrances qui n'ont pas besoin du secours d'un médecin, elles sont traitées dans l'intérieur de chaque famille, dont tous les chefs, ayant suivi des cours d'*hygiène* et pouvant consulter les livres composés pour eux, connaissent parfaitement les cas où l'intervention du médecin devient nécessaire, ceux qui n'en ont pas besoin, le traitement à suivre dans ceux-ci, et la préparation des remèdes, dont la plupart sont préparés dans la petite *pharmacie domestique*.

Cette connaissance universelle de l'hygiène, jointe à ces petites pharmacies dans chaque famille, est une inappréciable innovation : car, tandis qu'autrefois les familles ne savaient comment préparer les remèdes les plus simples, prescrits par des médecins qui ne se donnaient pas la peine d'en indiquer la préparation, il n'est personne aujourd'hui qui ne sache parfaitement préparer les remèdes les plus ordinaires ; et tandis que la plupart de ces remèdes étaient le plus souvent appliqués au hasard ou à contre-sens, il n'en est aucun maintenant qui ne soit employó avec discernement et conve-nance.

Je prendrai pour exemple le *bain de pieds*, que les malades ou leurs familles emploient fréquemment sans ordre des médecins, ou que les médecins ordonnent sans s'informer si l'on sait bien le préparer : or, tu sais bien qu'un bain de pieds peut être pris de mille manières, trop chaud ou pas assez, trop long-temps ou pas assez, avec trop d'eau ou pas assez, etc., etc., etc.; et de ces mille manières une seule est utile, et toutes les autres sont nuisibles et quelquefois funestes ; et cependant l'ignorance choisit presque tou-jours l'une de ces dernières : que d'accidents en résultent ! tandis que maintenant, en Icarie, il n'est pas une femme et pas un homme qui ne sache parfaitement préparer un bain de pieds.

L'*hygiène* est poussée si loin, pour les *dents* par exemple, que les soins qu'on leur donne chaque jour depuis l'enfance les pré-servent presque entièrement des douloureuses et dangereuses maladies qu'on voyait si communes autrefois.

Une autre grande et précieuse innovation, c'est qu'à chaque ate-lier dont les travaux peuvent encore occasionner quelques acci-dents, est attaché un chirurgien avec une petite pharmacie, pour appliquer à l'instant les premiers remèdes nécessaires en cas d'ac-cident.

Les médecins ne se transportent donc que très-rarement dans les familles, et seulement pour des cas extraordinaires, surtout à la ville (car ils s'y transportent plus souvent à la campagne); et pour ces courses urgentes ou éloignées, des *chevaux* de selle sont tou-jours à leur disposition dans une petite écurie nationale construite dans chaque hospice.

C'est donc à l'hospice que les médecins traitent tous les ma-lades qui se trouvent avoir besoin de leur intervention : c'est à l'hospice surtout que se font presque toutes les opérations chi-rurgicales.

Il en résulte, pour le progrès de l'art, un avantage immense, que tu devines sans doute : c'est que tous les anciens médecins ou chirurgiens, les jeunes et les étudiants, peuvent assister et assis-tent à toutes les opérations importantes et au traitement de toutes les maladies graves ; que l'expérience de l'un profite à tous les aures, et que cette expérience est aussi grande qu'il est possible, puisque chaque médecin ou chirurgien voit tous les malades du quartier ou de la commune.

Admire aussi cette autre grande innovation !

Convaincus qu'il y avait de graves et d'innombrables inconvénients de tous genres à n'avoir que des hommes pour visiter, accoucher, opérer et traiter les femmes, les Icariens ont établi qu'il y aurait autant de *femmes* que d'hommes parmi les médecins et les chirurgiens, et que des femmes seules visiteraient, accoucheraient, opéreraient et traiteraient les femmes, tandis que les hommes seraient exclusivement réservés pour les hommes.

Tu ne saurais croire combien d'avantages résultent de cette révolution médicale !

Tu conçois qu'une femme peut avoir autant d'intelligence et d'instruction qu'un homme ; qu'elle doit être généralement plus patiente, plus douce, surtout plus caressante ; qu'elle doit inspirer plus de confiance en effrayant moins la pudeur, et qu'elle peut même mieux connaître les maladies particulières à son sexe. Mais, diras-tu peut-être, le courage, la force, nécessaires surtout dans les opérations chirurgicales !...

Pour le courage, les femmes n'en manquent pas : plus habituées que les hommes à souffrir elles-mêmes et à voir souffrir, elles savent y joindre plus de caresses pour aider à supporter la souffrance, et plus de sensibilité pour sympathiser aux douleurs et pour en consoler.

Quant à la force, les femmes en ont assez, comme elles ont assez d'adresse, surtout après leur éducation chirurgicale, pour tous les cas ordinaires ; et si, dans quelques cas rares, l'intervention d'un homme devient nécessaire, cette intervention est sollicitée par l'opératrice elle-même.

La République n'a donc point d'accoucheurs, mais des accoucheuses ; point de chirurgiens ni de médecins pour les femmes, mais des chirurgiennes et des femmes-médecins.

Quand elles sont gravement malades, les femmes sont, comme les hommes, transportées dans l'hospice. Aussi chaque hospice est-il composé de deux bâtiments semblables et séparés, l'un pour les femmes où l'on ne voit que des femmes, l'autre pour les hommes où l'on ne voit que des hommes.

Voici encore une autre innovation. Presque toutes les femmes font leur *accouchement* dans l'hospice, où elles se transportent quelques jours auparavant, et où elles restent ensuite tout le temps nécessaire. Dans la crainte que cette innovation ne répugnât à beaucoup de femmes, la République en a long-temps ajourné l'application, jusqu'à ce que l'éducation et la raison publique les eussent convaincues que cette mesure n'aurait pour elles aucun inconvénient réel, et qu'elles y trouveraient au contraire d'immenses avantages pour leurs enfants, pour elles et pour la nation.

Tu conçois que rien n'est plus simple alors que la constatation des *naissances* : c'est à l'hospice, sans déplacement et au moment même de l'accouchement, que la naissance est enregistrée, sur les déclarations des accoucheuses.

Tu conçois encore que, avec la Communauté, il ne peut y avoir aucun motif pour cacher ou supprimer la naissance et l'état d'un enfant.

Quelques femmes cependant sont accouchées chez elles, mais toujours en présence de trois accoucheuses au moins; et les cas exceptionnels où les femmes sont traitées hors de l'hospice sont plus nombreux que pour les hommes.

Les jeunes *enfants* sont plus généralement encore traités à domicile, et ce sont toujours des femmes qui les traitent jusqu'à l'âge de 5 ans, les petits garçons comme les petites filles.

Les enfants plus âgés sont traités dans le petit hospice de l'école, ou dans l'hospice ordinaire.

Quant aux *infirmes* ou aux vieillards qui peuvent être soignés dans leurs familles aussi bien que dans l'hospice, ce sont leurs parents qui les entourent de leur tendresse.

On n'a jamais le révoltant spectacle d'un *aveugle* réduit à se faire conduire par son chien ou son bâton et à demander l'aumône en accusant les hommes et la nature! rien n'est plus touchant au contraire que de voir, dans les promenades, de vieux pères traînés, dans de jolis petits chars, par leurs garçons et leurs filles, ou des enfants traînés par leurs frères et sœurs suivis des pères et mères !

Tu penses bien que toutes les dépendances de l'hospice, sa cuisine, sa lingerie, ses bains sont immenses et magnifiques ; mais ce qui te charmerait le plus, ce sont les dispositions prises pour monter partout, à l'aide de machines, sans bruit et presque sans bras, les ali-

ments, les médicaments, les baignoires et l'eau jusqu'auprès du lit
des malades.

Ce qui t'émerveillerait plus encore , c'est la *pharmacie*, son la-
boratoire, et son armée de pharmaciens.

Imagine , si tu le peux, son immensité, quand je t'aurai dit qu'il
n'y a que cette seule pharmacie dans le quartier ou la Commune ,
et qu'elle fournit non-seulement tous les médicaments nécessaires
à l'hospice , mais encore tous ceux qui composent toutes les *petites
pharmacies domestiques*.

Mais tout cela n'est presque rien encore, mon cher Camille : c'est
l'éducation des médecins qu'il faut connaître.

A dix-sept et dix-huit ans, les jeunes filles et les jeunes garçons
qui désirent exercer une partie quelconque de la médecine ou de
la chirurgie subissent d'abord un examen sur leur éducation élémentaire.

Ceux qui sont admis suivent tous pendant cinq ans , dans l'école
spéciale de médecine , des cours généraux dont le but est de leur
faire connaître , également à tous, l'état complet de la médecine et
de la chirurgie.

Après un nouvel examen , chacun opte pour la *médecine* ou pour
la *chirurgie*, et suit encore , pendant deux ans , des cours qui lui
sont plus spécialement utiles.

Après un troisième examen , chaque chirurgien ou médecin
choisit encore entre un grand nombre de *spécialités*, et suit encore
pendant un an de nouveaux cours particuliers.

Il y a donc des médecins GÉNÉRAUX , et des médecins SPÉCIAUX,
les uns pour les *enfants* , d'autres pour les *aliénés* , d'autres pour
chacune des principales maladies ; comme il y a des chirurgiens
GÉNÉRAUX, puis des *dentistes*, des *oculistes*, des *accoucheuses*, et
d'autres chirurgiens SPÉCIAUX pour les principales opérations chi-
rurgicales.

Ce n'est qu'après un quatrième examen que l'étudiant reçoit le
titre de *médecin* ou *chirurgien national*, et peut exercer sa profession.

Et personne ne peut se plaindre de la longueur des études, puisque chacun est nourri par la République.

Mais conçois-tu quels hommes sont ces médecins-chirurgiens ,
ces chirurgiens-médecins , et ces dentistes , par exemple , qui sont
aussi savants que le plus savant médecin et le plus savant chirurgien ?

7.

Aussi (tu vas peut-être rire, et cependant c'est la vérité), l'art et la science du dentiste sont tellement perfectionnés, les enfants sont tellement habitués à soigner leurs dents chaque jour, les dentistes font des visites si fréquentes dans chaque famille, que les Icariens ne connaissent presque plus les atroces douleurs et la perte des dents.

A tous ces moyens ajoute tout ce qu'il est possible d'imaginer pour faciliter et perfectionner l'étude, des *musées d'anatomie* (contenant en os, en squelettes, en cire, en dessins, toutes les parties du corps humain et les effets de toutes les maladies); des *musées de crâniologie* (contenant des milliers de crânes remarquables, avec les observations qu'ils présentent); des *musées d'anatomie comparé* (contenant la structure de tous les animaux); des *musées de chirurgie* (contenant tous les instruments et toutes les opérations), etc., etc.

Ajoute aussi la *pratique* jointe à la *théorie;* car, dès qu'ils sont assez instruits, les étudiants assistent, dans les hospices, à tous les traitements et à toutes les opérations, et sont chargés de panser et de surveiller les malades.

Ajoute enfin cette immense innovation, que tous les cadavres sans exception sont *disséqués*, dans un immense amphithéâtre, en présence de tous les étudiants, sous la direction d'un ou de plusieurs des médecins ou chirurgiens qui ont traité le défunt, et qu'un *procès-verbal* dressé pour chaque dissection constate toutes les observations utiles, sans mentionner le nom de la personne.

La République a longtemps attendu pour vaincre le préjugé contre ces dissections, comme pour vaincre le préjugé contre l'accouchement à l'hospice en présence de beaucoup d'autres femmes; mais elle est enfin parvenue, par l'irrésistible puissance de l'éducation et de l'opinion publique, à convaincre chacun que sa naissance et sa mort, comme sa vie, devaient être consacrées au bien de ses semblables. Les premiers convertis ordonnaient leur dissection, tandis que d'autres la défendaient : aujourd'hui c'est une conquête définitive de la raison sur le préjugé.

Ces deux grands actes principaux, l'accouchement et l'autopsie, sont d'ailleurs environnés, par ordre de la République, d'une sorte de *respect* religieux. Pendant plusieurs années, le nom des femmes accouchées et des personnes disséquées était inconnu des spectateurs; aujourd'hui même le corps des femmes n'est confié qu'à des femmes : c'est une relique sacrée que ne doit jamais profaner l'œil d'un homme, d'autant plus que les autopsies faites par les chirurgiennes sont publiées comme celles faites par les chirurgiens.

Je te parlerai une autre fois des *funérailles*, et je te dirai seulement ici qu'au lieu d'être abandonnés à la pourriture et aux vers,
les restes de l'homme sont envoyés dans les cieux, transformés en
flammes qui n'ont pas besoin de cimetières et qui ne craignent pas
de profanations.

Je ne finirais pas si je voulais, mon cher frère, te raconter les
*avantages* qui résultent aujourd'hui de ce système de funérailles,
d'accouchements et d'observations cadavériques faites par les médecins et chirurgiens de toutes les spécialités, les uns examinant
spécialement le cœur, d'autres le foie ou d'autres parties ; je dirai
seulement, quant aux accouchements, que non-seulement on les
opère aujourd'hui sans aucune espèce de danger, ni pour la mère
ni pour l'enfant, mais qu'on sait les préparer et les faciliter de manière à diminuer infiniment les douleurs : on sait même aujour-
d'hui pratiquer sur le corps de l'enfant des opérations qui ont une
grande influence sur sa santé, sa force et sa perfection physique
et intellectuelle. Quant aux autopsies, les découvertes qu'elles ont
fait faire les font considérer comme un des plus grands bienfaits reçus par l'humanité.

Je n'ai pas besoin de te parler des *journaux* de médecine et de
chirurgie, qui publient toutes les observations, tous les perfectionnements et toutes les découvertes.

Je n'ai pas besoin non plus de te parler des *pharmaciens* nationaux et de l'art de la pharmacie. Tu devines certainement la révolution dans cette importante profession, les études des pharmaciens,
leur instruction théorique et pratique, surtout leur honnêteté parfaite, provenant de leur haute capacité et de leur intérêt à mériter
l'estime publique sans aucun intérêt de s'enrichir.

Tu peux deviner même que leur art a fait tant de progrès qu'on
est parvenu à neutraliser tout ce que les remèdes avaient de répu-
gnant, et même à les rendre agréables presque tous.

Tu peux deviner encore que les *garde-malades* ont tous l'instruction nécessaire ; mais je t'apprendrai que cette profession est
généralement exercée par les individus à qui leur mauvaise santé
interdit le mariage, et qui, ne pouvant donner des citoyens à la patrie, se consacrent à la conservation de ceux qu'elle possède, tandis
que la République n'épargne rien pour leur procurer tous les autres moyens d'être heureux, et que les malades les vénèrent comme
des ministres de la Divinité !

Juge, mon cher ami, des conséquences de toutes ces révolutions dans la médecine, la chirurgie, l'hygiène et la pharmacie ! Les résultats sont tels que plusieurs maladies qu'on croyait incurables sont aujourd'hui facilement guéries, que d'autres ont entièrement disparu et que la mortalité est infiniment moindre.

Ce n'est pas seulement la *vaccine* que les Icariens ont tirée de l'étranger pour prévenir le fléau qui défigurait quand il n'entraînait pas les masses au tombeau, ils ont importé ou découvert beaucoup d'autres moyens de prévenir d'autres fléaux presque aussi terribles; et tandis que le génie de l'éducation enseigne aux bègues à parler aisément, aux sourds et muets à tout entendre avec les yeux et à tout dire avec les doigts, et aux aveugles à tout voir avec le toucher, la chirurgie rend la parole aux muets, l'ouïe aux sourds, la vue aux aveugles, et leurs membres à beaucoup de malheureux qui s'en trouvaient privés : en sorte qu'il n'y a pour ainsi dire plus aujourd'hui d'aveugles en Icarie, plus de sourds, plus de muets, plus d'édentés, etc. !

Et c'est la République qui fournit à chacun tous les *instruments* et tous les remèdes nécessaires à sa santé !

Et tous ces instruments sont parfaits, personne n'ayant intérêt à en faire et à en distribuer de mauvais !

Et rien n'est curieux comme le magasin qui les renferme !

Et c'est un habile chirurgien-mécanicien qui les distribue, en les appropriant adroitement aux besoins du malade ! Si tu voyais, par exemple, avec quelle attention l'oculiste choisit les *verres* qui conviennent à une vue imparfaite, donnant presque toujours des verres différents pour chacun des deux yeux !

Et tu penses bien qu'on ne donne des instruments de ce genre qu'à ceux qui sont reconnus en avoir réellement besoin !

Et tu ne verrais pas ici la ridicule mode de lunettes inutiles et nuisibles !

Et tu n'aurais jamais à te mettre en colère, comme tu l'as fait souvent, contre une habitude ordinairement aussi inutile et gênante pour celui qui l'a qu'incommode et dégoûtante pour les témoins, aussi dispendieuse pour le pauvre que ridicule pour les jeunes filles et les jeunes gens, la sale habitude du *tabac*, puisqu'il faut l'appeler par son nom ! car tu ne verrais fumer ou priser que le très-petit nombre des personnes à qui les médecins ont fait distribuer du tabac comme un remède nécessaire !

A toutes ces améliorations que la santé publique reçoit de la médecine, ajoute, mon cher Camille, toutes celles qu'elle reçoit de la nouvelle organisation sociale !

Par exemple, plus d'ateliers insalubres, plus de travaux excessifs, ni pour les femmes, ni pour les enfants, ni pour les hommes : presque plus d'accidents nulle part ; plus de misère, ni de mauvais aliments ; plus d'ivrognerie ni d'intempérance, et par conséquent presque plus de gouttes ; presque plus de passions violentes, et par conséquent presque plus de fous ; plus de libertinage, et par conséquent plus de ces maladies honteuses qui faisaient en secret tant de ravages !

Ajoute enfin qu'on ne voit plus ces habitudes funestes qui, dès l'enfance, énervent le corps, abrutissent l'intelligence, flétrissent le cœur et l'âme, et font peut-être à l'humanité plus de mal que la peste : la République, les Comités d'éducation et de santé, les pères et mères ont tant fait et font tant encore que cet ennemi de la jeunesse a presque entièrement disparu !

Aussi quelle incalculable révolution dans la *santé* publique et individuelle ! La République n'a pas aujourd'hui la centième partie des malades qu'elle avait avant la révolution !

Quelle différence aussi dans la *longueur de la vie !* Une enfance heureuse et sans travail, une virilité sans fatigue et sans soucis, une vieillesse fortunée et sans douleur, allongent presque du double l'existence humaine !

Quelle différence encore dans la *population*, qu'augmente progressivement la fécondité des femmes, toutes mariées, toutes robustes et heureuses, tandis que la jeunesse n'est aujourd'hui décimée ni par les infanticides ou la guerre, ni par les massacres ou les supplices, ni par les assassinats ou les duels ou les suicides ! Aussi, de 25 millions d'habitants qu'avait Icarie en 1782, est-elle arrivée à près de 50 millions, indépendamment de quelques colonies !

Et ce n'est pas tout encore ! Ce qu'il faut admirer le plus peut-être, c'est l'amélioration dans la pureté du sang, dans l'éclat du teint, dans la beauté des formes !

Tu sais combien l'abondance ou le besoin, le calme ou les angoisses, le bonheur ou l'indigence, influent sur la beauté physique et sur l'intelligence ! Tu sais combien les enfants des riches sont généralement plus beaux que ceux des pauvres, combien certaines populations sont belles, et combien certaines autres sont abâtardies par la misère !

Calcule donc ce que doivent avoir produit sur le perfectionnement du physique et du moral toutes les innovations et tout le
bonheur dont les Icariens jouissent !

Dans les premiers jours de mon arrivée ici, je ne pouvais presque en croire mes yeux quand je voyais des hommes si robustes
et si majestueux, des femmes si belles, des jeunes gens si beaux,
des jeunes filles si ravissantes, et des enfants qu'on prendrait pour
des anges ! Mais aujourd'hui je ne suis plus étonné de rien !

Apprends encore que, depuis cinquante ans, une *commission*
nombreuse, constituée par Icar, composée des médecins et des
hommes les plus habiles, s'occupe sans cesse du *perfectionnement*
*de l'espèce humaine*, avec la conviction que l'homme est en tout
infiniment plus perfectible que les autres animaux et les végétaux.

La République a d'abord fait déterminer par cette commission les
cas dans lesquels un jeune homme ou une jeune fille ne peuvent
donner naissance qu'à des enfants infirmes, et la loi leur défend
de se marier : elle ordonne aux parents de l'individu malade non-
seulement de prévenir l'autre individu et sa famille, mais de
s'opposer au mariage ; elle charge les magistrats de leur rappeler
leurs devoirs à cet égard avant la célébration, et, quoique cette
loi n'ait d'autre sanction que l'opinion publique, on n'y connaît
aucune infraction, tant l'éducation et l'opinion sont puissantes !

Mais ce n'est pas tout : de tout ce que j'ai vu ou appris ici, rien
ne m'a plus émerveillé que les travaux, les expériences, les observations, les découvertes, les succès et les espérances de cette
Commission de perfectionnement, dont le *journal* est dévoré par
tous les savants ; et quand j'y réfléchis, rien ne m'irrite davantage
contre l'aristocratie et la monarchie qui, pendant tant de siècles,
ont tant négligé le perfectionnement de la race humaine, tandis
qu'on travaillait tant à perfectionner les races de chiens et de
chevaux, les plans de tulipes et de pêchers !

Et vois l'inconséquence ! Presque toujours et presque partout on
a prohibé le mariage entre le frère et la sœur ; et pourquoi ? Parce
qu'on sait que si les frères et sœurs se mariaient ensemble pendant
plusieurs générations, leurs enfants dégénéreraient toujours de
plus en plus ! On a donc reconnu la nécessité de mêler les sangs,
de mélanger les familles, de croiser les races ! Et, cependant, on
s'est borné à prohiber les mariages entre les proches parents !

Ici, au contraire, la République, la bonne République, la Représentation populaire, la Commission de perfectionnement, le Peuple
lui-même, pensent et travaillent continuellement à l'amélioration

de la race humaine ; le brun choisit une blonde, le blond une brune, le montagnard une fille de la plaine, et souvent l'homme du Nord une fille du Midi : la République négocie avec plusieurs des plus beaux peuples étrangers pour avoir un grand nombre de beaux enfants des deux sexes qu'elle adopte, élève et marie avec ses propres enfants. Et quelque magnifiques que soient déjà les résultats de ces expériences, je n'oserais pas te dire jusqu'où s'é tendent les espérances des savants d'Icarie sur le perfectionne- ment physique et intellectuel de l'Humanité !

Et toutes ces merveilles, qui me transportent d'admiration, m'accablent en même temps de douleur quand je pense que le soleil de Juillet pouvait faire sortir d'aussi beaux fruits de la fertile terre de notre belle patrie, et qu'il n'a produit que des émeutes et la guerre civile, des fusillades et des mitraillades, des proscriptions et des supplices, avec la corruption des esprits, la servilité des âmes, et la lâcheté des cœurs !... O mon frère ! ô ma patrie ! !

---

## CHAPITRE XIV.

### Écrivains. — Savants. — Avocats. — Juges.

J'allais sortir lorsque Valmor est entré rayonnant de joie.

— Je suis trop heureux, me dit-il en se jetant à mon cou, pour ne pas venir te communiquer mon bonheur ! car maintenant nous sommes presque frères, puisque ma sœur est presque ta sœur ; et je veux te traiter fraternellement, comme j'attends de toi tous les témoignages d'une amitié fraternelle : mon bonheur doit donc être ton bonheur, comme tes peines seraient mes souffrances. Corilla m'a tout dit hier, et nous a tout raconté après ton départ ; et je ne sais si je suis moins heureux de l'amitié de ma sœur pour toi que de la tendresse de Dinaïse pour ton ami. Que je suis impatient d'apprendre son consentement ! Que ces deux jours vont me pa- raître longs, quoique son frère et sa mère m'aient presque promis pour elle !

O mon ami, que je vais être heureux ! Si tu savais quel trésor, quel ange !... Tu l'as vue et entendue : mais tu ne connais pas son esprit, son âme, son cœur... Si tu la connaissais comme moi, tu concevrais mon enthousiasme, mes transports.... Tu l'aimerais peut-être aussi... mais alors, je te tuerais !...

— Bien, très-bien, lui dis-je en riant... comme l'Icarien, le sage,
le philosophe, sait dompter ses passions! Comme tu vas vite, mon
pauvre Valmor! voilà donc un Caïn en Icarie, un prêtre homicide...!

— Oui, si... mais *miss Henriet* est là ;... et tu serais immortel,
ajouta-t-il en m'embrassant encore, si tu pouvais ne mourir que
de la main de Valmor !

Mais parlons sérieusement; nous passons la soirée tous ensemble,
et Corilla te prie de venir de bonne heure : n'y manque pas !

Comme il achevait ces mots, Eugène entra en riant.

— Vous ne savez pas? dit-il , j'ai failli me battre hier ! — Vous
battre ! dans ce pays ! vous voulez rire?

— Oui, j'en ris encore.... Il était rouge de colère, ce gros animal
arrivé depuis trois ou quatre jours je ne sais d'où , cette espèce
de je ne sais quoi, que vous avez dû remarquer avec sa large
barbe et son toupet pointu. — Et quel était donc le grave sujet de
la querelle?

— Vous allez voir ! On parlait d'une charmante *chanson* sur les
femmes ; et, à cette occasion, quelqu'un dit que toutes les chansons
d'Icarie étaient jolies, parce que personne ne pouvait faire imprimer un ouvrage quelconque, même une chanson, sans la permission
de la République. — Vous vous trompez, s'écria l'homme au toupet
pointu en l'interrompant brutalement ! Il est impossible que la République impose la *censure* comme fait la monarchie ! C'est impossible ! — Je n'en sais rien, dis-je à mon tour ; mais je crois aussi
qu'on ne peut écrire qu'avec la permission de la République. —
Eh bien! vous avez tort de le croire ! — Cependant, n'est-il pas
possible que ce soit une conséquence du principe de la Communauté ? — La conséquence serait absurde ! — Mais, il me semble
que la République pourrait ne permettre qu'à certaines personnes
de publier un ouvrage, comme elle ne permet qu'à des pharmaciens de préparer des drogues. — Votre République , qu'on
vante tant , serait plus despotique qu'un despote ! — Mais , monsieur, la liberté n'est pas le droit de tout faire indistinctement;
elle ne consiste qu'à faire ce qui ne nuit pas aux autres citoyens,
et certaines chansons peuvent être des poisons moraux tout aussi
funestes à la société que des poisons physiques. — Vous êtes un
ennemi de la liberté de la presse ! — Non, monsieur, je la désire
dans les monarchies oppressives; mais dans la République d'Icarie... — Vous êtes un aristocrate déguisé !...

J'allais peut-être rembarrer le butor, quand un éclat de rire des auditeurs, en m'entendant traiter d'*aristocrate*, me fit rire moi-même et mit fin à la discussion.

Hé bien, que dites-vous de la question, vous qui fréquentez les savants (ajouta Eugène en s'adressant à moi), ou plutôt vous, monsieur le savant Icarien (dit-il en se tournant vers mon ami)?

— C'est William qui va vous répondre, dit Valmor.

— Ma foi, je n'en sais rien précisément, répondis-je: mais je crois, comme vous, d'après ce que je vois de l'organisation d'Icarie, que la composition des ouvrages quelconques doit être une *profession*, comme la médecine; je pense qu'il y a ici des savants, des écrivains, des poètes *nationaux*, comme des médecins, des prêtres, des professeurs *nationaux;* je suis même persuadé, en y réfléchissant, que la République seule fait imprimer des livres, puisqu'elle a seule des imprimeries, des imprimeurs, du papier, etc.; et certainement la République ne fait imprimer que les bons ouvrages; personne ne peut vendre de livres, puisque personne n'a d'argent pour en acheter; personne ne peut avoir que des livres distribués gratuitement, et certainement encore la République ne peut distribuer de mauvais livres.

Oui, vos arguments adressés au butor me paraissent sans réplique; je suis convaincu que rien ne peut s'imprimer sans le consentement de la République; et, dans cette innovation qui étonne au premier coup-d'œil, je n'aperçois aucun inconvénient, car qui pourrait se plaindre de ne pouvoir faire imprimer un mauvais ouvrage (qu'on mépriserait sans le lire), puisque chacun est nourri, vêtu et logé par la République? Et si quelque bon citoyen, consacrant ses loisirs au bien public, compose un ouvrage utile, comment croire que la République ne s'empressera pas de l'accepter et de le faire imprimer?

— Et moi, reprit Eugène, non-seulement je n'aperçois aucun inconvénient, mais encore j'entrevois d'immenses avantages: je suppose que le travail d'*écrivain* soit considéré comme une profession, qu'à dix-huit ou dix-sept ans le jeune homme ou la jeune fille qui veut embrasser cette profession ne soit autorisé à la choisir qu'après un *examen* constatant les dispositions convenables; que l'écrivain futur reçoive alors pendant cinq ou six ans l'éducation *spéciale* nécessaire, et que ses ouvrages ne soient d'ailleurs imprimés qu'en vertu d'une loi, sur le rapport d'un comité; n'aurait-on pas la certitude de ne plus imprimer de mauvais livres, avec toutes les chances possibles pour faire composer tous les bons ouvrages qu'on pourrait désirer? La République aurait ainsi

des historiens, des romanciers, des poètes, des chansonniers natio-
*naux*, comme autrefois les rois avaient des écrivains pensionnés:
elle leur demanderait toutes les compositions qu'elle jugerait utiles,
indépendamment de celles qu'ils auraient spontanément conçues;
on n'aurait ni romans licencieux , ni chansons obscènes ; personne
n'aurait intérêt à se hâter pour faire un ouvrage médiocre ; et ce
système, appliqué à toutes les branches des lettres, des sciences et
des arts, pourrait conduire à la perfection : toute réflexion faite,
c'est le système d'Icarie !

— Vous avez bien deviné tous deux, dit Valmor , et je vois avec
bien du plaisir que vous comprenez notre organisation : mais
voyons, continuez !

— Tous les garçons et toutes les filles, dis-je alors, apprenant les
*éléments* de toutes les sciences et suivant un cours de *littérature*,
tous les Icariens sans exception ont nécessairement des idées sur
tout et savent exprimer leurs idées soit en parlant soit en écrivant.
La perfection de la langue icarienne et l'habitude du *laconisme*
que chacun acquiert dès l'enfance doivent augmenter encore la
facilité d'écrire. Il n'est certainement pas d'ouvrier qui ne soit capable d'envoyer aux commissions et aux journaux des notes bien
rédigées contenant des observations utiles, et il en est probablement une foule qui, après leurs travaux obligatoires de l'atelier,
composent de bons ouvrages en tous genres , dont les meilleurs
peuvent être adoptés et imprimés par la République. — C'est cela,
dit Valmor !

— Quant aux nombreux *savants* de profession (chimistes, géolo-
gues, mécaniciens, physiciens, astronomes, etc., etc.), ce doit être
bien autre chose: pendant long-temps, à partir de dix-sept et dix-huit
ans, leurs études spéciales doivent être tellement approfondies et
tellement transcendantes que, dans toutes les branches, les savants
de vingt-cinq ans puissent posséder généralement leur science ou
leur art dans toutes ses parties, et consacrer le reste d'une existence longue et heureuse à des expériences et à des découvertes
qui recu ent les bornes de cet art ou de cette science. C'est dans
cette masse de savants que se trouveraient les expérimentateurs,
les applicateurs, les professeurs, et les rédacteurs de traités et de
journaux scientifiques et industriels. — Très bien !

— Et il y aura, comme pour les serruriers, les imprimeurs et les
autres ouvriers, d'immenses ateliers pour les écrivains (historiens,
poètes, etc.), pour les savants (chimistes, astronomes, etc.), et pour

les artistes (peintres, sculpteurs, etc.); et ces ateliers, avec des salles immenses pour les examens, les concours et les discussions, seront tous construits sur des plans-modèles particuliers. — Très-bien !

— Et la République, ajouta Eugène, n'épargnera aucune *dépense* pour les expériences, les essais, les laboratoires, les musées de chimie et autres, les applications utiles ou agréables, l'enseignement, la rédaction des traités et des journaux, l'impression et la distribution des ouvrages adoptés. — Très-bien !

— Et tous les ouvrages, repris-je, seront confiés ou adoptés au *concours* ou à l'*élection* parmi les savants, en sorte qu'on choisira toujours le meilleur entre un grand nombre de bons et d'excellents. — Très-bien ! très-bien !

— Et la République, continua Eugène, fait imprimer les ouvrages préférés, pour les *distribuer* gratuitement comme tout le reste, tantôt à tous les savants seulement, tantôt à toutes les familles, en sorte que la *bibliothèque du citoyen* n'est composée que de chefs-d'œuvre. — Très-bien !

— Et la République, ajoutai-je, a pu faire *refaire* tous les livres utiles qui étaient imparfaits, par exemple, une histoire nationale, et *brûler* tous les anciens livres jugés dangereux ou inutiles.

— Les brûler ! dit Eugène. Si mon butor vous entendait, il vous accuserait d'imiter le féroce Omar brûlant la bibliothèque d'Alexandrie, ou ce tyran chinois brûlant les annales du pays pour favoriser sa dynastie !

— Mais je lui répondrais, dit Valmor, que nous faisons en faveur de l'humanité ce que ses oppresseurs faisaient contre elle : nous avons fait du feu pour brûler les méchants livres, tandis que des brigands ou des fanatiques allumaient les bûchers pour brûler d'innocents hérétiques. Cependant nous avons conservé, dans nos grandes *bibliothèques nationales*, quelques exemplaires de tous les anciens ouvrages, afin de constater l'ignorance ou la folie du passé et les progrès du présent.

— Et l'heureuse Icarie, s'écria Eugène qui s'échauffait graduellement, l'heureuse Icarie s'est avancée à pas de géant dans la carrière du progrès de l'humanité ! L'heureuse Icarie n'a plus rien de mauvais, plus rien de médiocre même, et presque la perfection en tout ; tandis que ma malheureuse patrie, qui pouvait également s'élancer à vol d'aigle, se tourmente et s'agite comme Prométhée sur son rocher, enchaînée par un despotisme aussi funeste aux autres Peuples qu'à mes compatriotes !

— Quel bon jeune homme ! dit Valmor quand Eugène fut sorti,

comme il aime sa patrie, et comme il est généreux en même
temps !

Après le dîner, Eugène m'accompagna chez Valmor.

Nous y trouvâmes madame Dinamé et sa famille ; et quoique
Eugène se fût déjà trouvé dans plusieurs familles d'Icara, il me parut
fort embarrassé quand il se trouva placé par hasard entre Corilla
et mademoiselle Dinaïse, qui toutes deux semblaient rivaliser d'a-
mitié pour lui, et qui le complimentèrent sur ses lettres à son frère,
dont je leur avais donné lecture.

De son côté, le grand-père le complimenta sur sa galanterie, sur
son patriotisme, et sur la bonne opinion qu'il avait des Icariens,
— Et des Icariennes, ajouta Corilla.

Valmor raconta notre petite scène du matin, et l'on rit beaucoup quand il parla du butor au toupet pointu qui traitait Eugène
d'aristocrate.

— Puisque vous avez si bien deviné tout ce qui concerne nos
écrivains et nos savants, dit le grand-père, voyons si vous devinerez
de même ce qui regarde l'éducation de nos *jurisconsultes* et de nos
magistrats. — Parbleu, ce n'est pas difficile ! répondis-je. — Hé
bien, reprit le vieillard, voyons !

— Il en est, dis-je, de vos hommes de loi comme de tous vos
savants : à dix-huit ans ou à dix-sept (car vous avez peut-être
aussi des femmes pour avocats) — (Et ce ne sont pas les moins
adroits, dit Corilla), les jeunes gens qui veulent suivre cette profession ne sont admis qu'après *examen* sur leur éducation élémentaire. — Bien, dit le grand-père en souriant.

— Une fois admis, ils se consacrent pendant cinq ou six années,
dans les écoles de droit et sous d'habiles professeurs, aux études
*spéciales* relatives à la législation. — Bien ! dit le vieillard. — Bien !
répétèrent tous les autres.

— Ils n'apprennent pas seulement tous les codes des lois nationales, mais même l'histoire des législations anciennes et étrangères.
— Bien ! bien ! s'écria toute la compagnie en applaudissant.

— On leur enseigne la *procédure* comme la *loi*, et la *pratique*
comme la *théorie :* on leur donne surtout l'habitude de bien raisonner et de n'exprimer leur opinion qu'avec prudence ; et comme
ils n'ont aucun intérêt à tromper leurs clients, puisqu'ils sont nourris par la République, ils ne conseillent jamais et ne défendent jamais que les causes qui leur paraissent justes ; ils ne sont jamais
obligés comme autrefois de s'avilir jusqu'à faire leur cour à des

procureurs qu'ils méprisent, afin d'obtenir d'eux quelques mauvais procès à plaider. — Très-bien! très-bien! s'écria-t-on en riant plus fort.

— Et les *avoués* sont presque aussi instruits que les avocats et ne sont pas moins honnêtes... Et les *huissiers* mêmes sont remarquables par leur instruction, par leur politesse, et par la beauté de leur écriture. — Très-bien, très-bien! s'écria Valmor en riant toujours davantage.

— Et les *juges*, choisis parmi les avocats les plus expérimentés et les plus honorés, unissent la vertu à la science, et sont de dignes ministres de la justice et de la loi. Les juges criminels surtout...

— Mais, dans quel pays vous croyez-vous donc, mon cher William? s'écria Eugène en éclatant de rire. Rêvez-vous? êtes-vous fou? avez-vous oublié que nous sommes en Icarie, dans un pays de Communauté, où il ne peut y avoir ni crime, ni procès, puisqu'il n'y a ni argent, ni propriété? — Bien, dit Dinaros en se frottant les mains.

— A quoi bon des *codes* et des *lois* sur la propriété, sur la vente, sur les hypothèques, sur les lettres de change, sur les banqueroutes? A quoi bon un code pénal, un code de procédure criminelle, un code de procédure civile? Tous ces énormes codes ne sont-ils pas de mauvais livres et d'insipides romans? — Très-bien! très-bien! s'écria Corilla.

— Et quand tout-à-l'heure ces dames vous applaudissaient (ajouta-t-il en riant plus fort), vous n'avez pas vu, mon pauvre William, qu'elles riaient de votre bonhomie!

(Tout le monde me regardait alors d'un air malin.)

— Et moi, répondis-je, je soutiens que c'est ainsi que les hommes de loi doivent nécessairement être élevés en Icarie.... s'il y en a....; mais je sais aussi bien que vous, mon cher ami le rieur, qu'il ne peut pas y en avoir; et tandis que vous vous amusiez de ma bonhomie, vous n'avez vu, ni les uns ni les autres, que je m'amusais moi-même de votre crédulité!

Tout le monde rit alors davantage encore.

— Ainsi, continua Eugène, ces caricatures ou ces masques en robe noire, laissant voir de jolies joues fraîches et rosées sous la poudre de leurs larges perruques (comme on en a vu beaucoup, mon cher William), ces troupes de noires harpies aux doigts crochus, ces bandes de corbeaux affamés, on n'en voit plus dans le paradis d'Icarie!

— Et cette armée de juges ou de bourreaux, ajoutai-je, en robe

rouge pour cacher le sang dont ils sont couverts, ces misérables
qui condamnaient la vérité (comme on en a connu beaucoup, mon
pauvre Eugène), dans quel enfer ont-ils été relégués depuis qu'on
n'en voit plus en Icarie?...

— Que vous êtes heureux ! reprit Eugène en s'adressant au
grand-père ; plus d'avocats, plus d'avoués, plus de notaires, plus
d'agents de change, plus de courtiers dans Icarie...! Plus d'huissiers, ni de recors, ni de gendarmes, ni de sergents de-ville, ni de
mouchards, ni de geôliers, ni de bourreaux ! Plus de juges grands
et petits, rouges et noirs, séides de la tyrannie et suppôts de Lu-
cifer!!! O Communauté, quel Dieu fut jamais aussi bienfaisant
que toi !

Et le pauvre Eugène ne s'apercevait pas que les jeunes filles
riaient beaucoup de son enthousiasme.

— Nous avons cependant, reprit Valmor, des crimes, des lois
pénales et des tribunaux.

— Mais quels crimes, reprit Eugène, peut-on commettre ici avec
votre Communauté et le bonheur dont elle vous inonde? Vol, impossible ! Banqueroute, fausse monnaie, impossibles? Point d'intérêt pour le meurtre ! Point de motifs pour l'incendie, les violences,
les injures même ! Point de cause pour les conspirations ! En vérité,
je ne vois plus de place que pour un excès de vertus ou pour des
peccadilles !

— Nous avons cependant de grands crimes, ajouta Dinaros. —
Mais, quels crimes? voyons !

— Eh bien, le retard ou l'inexactitude dans l'accomplissement
de quelque devoir, un distributeur qui n'aura pas envoyé assez,
quelqu'un qui aura trop demandé, un tort causé par imprudence...!
(Ici Eugène éclata de rire.)

— Un des crimes qui nous paraissent les plus odieux, c'est la
*calomnie.* — Ah! vous avez bien raison! quand elle est réfléchie,
*la calomnie est un vol, un lâche assassinat...!*

— Mais chez nous la calomnie ne fait de tort qu'au calomnia-
teur : on défend le calomnié comme on défendrait une victime attaquée par des assassins, et toute accusation qui n'est pas prouvée
ne fait pas plus d'impression que si elle n'avait jamais été proférée.
— On ne peut donc pas dire ici : *Calomniez, il en restera toujours
quelque chose?*

— Il en resterait bien quelque chose en effet contre le calom-
niateur, mais contre le calomnié rien, absolument rien, pas plus

que quand quelqu'un a dit que Dinaïse était épouvantablement
laide... — Ho, quel est le scélérat qui a pu... ?

(Et tous les enfants me montraient du doigt ou criaient : C'est
William ! c'est William ! )

—Mais l'éducation, reprit Valmor, nous inspire tant d'horreur
contre les calomniateurs, le sentiment de fraternité développé par
elle est si permanent que, depuis plus de vingt ans, on ne pourrait
pas en citer un exemple, tandis que, au contraire, on voit quelquefois poursuivre des citoyens pour n'avoir pas dénoncé un délit
dont ils ont été témoins.

—Et quelles sont les peines des forfaits qui souillent votre malheureux pays? demanda Eugène. — Terribles, répondit Valmor.
La déclaration du délit par le tribunal, la censure, la publicité
du jugement plus ou moins étendue (dans la Commune, ou dans
la Province, ou dans la République) ; la privation de certains droits
dans l'école ou dans l'atelier, ou dans la Commune, l'exclusion
plus ou moins longue de certains lieux publics, même de la maison
des citoyens... Vous avez l'air de rire! Eh bien! sachez que l'é-
ducation nous habitue à redouter ces peines autant qu'ailleurs on
redoute le carcan ou l'échafaud *.

—Vous n'avez pas même de prisons?...—Nous n'en avons aucun
besoin.

—Mais, dis-je à mon tour, s'il y avait quelque brutal dont la
violence menaçât la sûreté publique?—Nous n'avons pas de bête
de cette espèce... et, s'il y en avait, on traiterait l'individu dans
un hospice...

—Mais enfin, quelque désintéressés et sages que vous soyez
généralement, ne pourrait-il pas y avoir quelques meurtres par
jalousie d'amour ? — Non.

—Cependant, tu connais, aussi bien que moi, quelqu'un...—
Qui, qui ? s'écrièrent les jeunes filles. — Tais-toi!... On traiterait
le meurtrier comme fou **.

—Alors, vous n'avez pas besoin, dit Eugène, de cette invention
de l'enfer, de cette machine infernale qu'on appelle *police*.

—Parlez pour vous, lui dis-je, et qualifiez comme vous voudrez
votre police ; mais respectez nos *police-men* anglais qui ne s'occu-

---

* J'ai vu une petite fille pousser des cris de désespoir, parce que sa mère
l'avait condamnée à manger sa rôtie de confiture A L'ENVERS.
** En Angleterre tous les suicides sont attribués à la folle temporaire.
Autrement le cadavre serait traîné sur une claie et privé de sépulture.

pent qu'à surveiller les voleurs et les ivrognes, et qui le soir s'assurent que les portes des boutiques et des maisons sont bien fermées, afin que chacun puisse s'endormir en sûreté.

—Admirez plutôt, répondit-il, la République d'Icarie, qui n'a pas besoin de fermer ses portes, et qui n'a ni ivrognes, ni voleurs, ni *police*.

—Vous vous trompez, reprit Valmor. Nulle part la *police* n'est aussi nombreuse ; car tous nos fonctionnaires publics, et même tous nos citoyens, sont obligés de surveiller l'exécution des lois, et de poursuivre ou de dénoncer les délits dont ils sont témoins.

—Et vous ne craignez pas la haine ou la vengeance de l'accusé contre l'accusateur ? — Jamais ; car d'une part l'un accuse sans passion et sans malice, et d'autre part l'accusé sait bien que c'est la loi qui force l'accusateur à remplir un devoir, dans l'intérêt public ; et si, par hasard, le condamné s'abandonnait à quelque ressentiment, ce serait un délit nouveau, une rébellion contre la loi, une hostilité contre le Peuple, qui soulèverait l'indignation universelle. Vous en verrez cependant un exemple ; car le journal d'aujourd'hui contient un jugement qui vient d'être prononcé sur un fait de ce genre, par l'*Assemblée Populaire* d'une des Communes de notre Province.

—Corilla, dit le grand-père, lis-nous ce jugement, ou plutôt donne-le à ma petite Maria, qui va montrer à ces messieurs comment les enfants d'Icarie savent lire.

La gentille petite fille, à peine âgée de sept ans, nous fit cette lecture avec une pureté de prononciation, une intelligence et une grâce qui nous charmèrent autant qu'elles faisaient plaisir au vieillard. Voici ce *jugement :*

### JUGEMENT EN ICARIE.

« Le rapporteur du Comité de censure expose que T...., précédemment censuré par l'assemblée, pour un délit avoué par lui, sur l'information donnée par D...., a accusé ce dernier, en son absence, d'avoir agi *méchamment.*

» Il ajoute que cette imputation serait déshonorante pour D...., si elle était méritée ; mais que l'assemblée peut se rappeler la conduite de D.... devant elle ; que personne ne l'accusa alors de méchanceté ; que par conséquent l'accusation de T.... paraît fausse et calomnieuse, que cette calomnie, contre un citoyen qui n'a fait que son devoir, est d'autant plus grave qu'elle pourrait troubler la paix publique et dégoûter les citoyens d'obéir à la loi et de rendre service au Peuple ; enfin que T.... mérite d'être puni s'il est coupable.

» Le rapporteur désigne ensuite l'informateur et les témoins.

» Le président les invite à paraître à la barre, et les interroge. Ils confirment le fait exposé.

» L'accusé, appelé lui-même à la barre, avoue le fait principal, en relevant seulement une légère erreur des témoins.

» Il déclare, d'un ton ferme et pénétré, que la loi est éminemment utile et juste, que D.... n'a fait que remplir le devoir d'un bon citoyen ; qu'il regrette profondément d'avoir cédé à un premier mouvement de contrariété, mais qu'il veut réparer sa faute en exhortant lui-même ses concitoyens à lui faire l'application des lois.

» Plusieurs membres prennent sa défense, sans néanmoins l'excuser entièrement.

» Le rapporteur l'attaque ensuite, en reconnaissant cependant tout ce qu'avait de noble et de patriotique le repentir exprimé par lui.

» Puis le président consulte l'assemblée.

» T.... est-il coupable de calomnie ? — L'assemblée répond oui, en se levant unanimement.

» Y a-t-il des circonstances atténuantes ? — Oui, à la presque unanimité.

» Enfin le rapporteur et deux autres membres du comité de censure ayant rapidement délibéré entre eux et proposé, pour toute peine, la publication des débats dans le journal communal, avec le nom des parties, et la publication du jugement dans le journal provincial et dans le journal national *sans aucun nom*, cette proposition est unanimement adoptée par l'assemblée populaire. »

— Quoi ! dit Eugène pendant que j'embrassais la petite lectrice, c'est l'*assemblée populaire* qui est le tribunal !

— Et pourquoi pas ? Est-ce que vous ne répétez pas continuellement qu'un citoyen doit être jugé par ses *pairs*, c'est-à-dire par ses concitoyens ?

— Par *tous* ? — Et pourquoi pas ? Est-ce qu'un tribunal de deux ou trois mille ne vaut pas mieux qu'un tribunal de deux ou trois ?

— Et l'assemblée populaire juge tous les délits ! — Oh non ! nous avons d'autres tribunaux.... Chaque *école* est un tribunal pour juger les délits d'école ; chaque *atelier* juge les délits de l'atelier ; la *Représentation* nationale juge les délits commis dans son sein ; chaque *famille* s'érige en cour de justice pour juger les délits de fa-

8

mille.... Vous voyez que nulle part il n'y a plus de tribunaux et
plus de justice, et que nulle part les délinquants ne peuvent aussi
bien se vanter d'être jugés par leurs *pairs*.

Les *femmes* sont donc jugées par des tribunaux de femmes?
— Et pourquoi pas? Les fautes féminines commises dans l'atelier
sont jugées par les compagnes de l'atelier, qui ne sont pas les juges
les moins habiles.... Pour leurs autres fautes, les femmes seraient
jugées par leurs aînées dans les familles.... Et si c'était un délit
grave, elles comparaîtraient devant l'assemblée populaire.

— Mais les femmes d'Icarie sont.... — Des anges, n'est-ce pas?

— Et vos assemblées populaires n'ont sans doute pas souvent le
plaisir d'en voir comparaître à leur barre. — Jamais. Vous pouvez
deviner même, ajouta Valmor, que les petites fautes commises
pendant le dîner commun, dans le *restaurant* civique, sont jugées
par l'assemblée des dîneurs ; et comme ce sont tous les citoyens de
la rue et qu'ils se trouvent naturellement réunis tous les jours, ils
jugent journellement tous les petits délits publics commis la veille
par les habitants de la *rue.*

— C'est très-commode et très-expéditif assurément, repris-je;
mais si beaucoup de juges se trouvaient ivres?... — Ivres! tu oublies que tu parles d'Icarie !...

A tous ces tribunaux, ajoutez que chaque citoyen a le droit et le
devoir de s'interposer entre deux autres dont la discussion dégéné-
rerait en dispute, et que ceux-ci devraient se séparer dès que le
troisième les y inviterait au nom magique de la loi.

Ajoutez aussi que quand nous avons un différend quelconque,
nous avons l'habitude de choisir le prêtre ou tout autre citoyen
pour *arbitre-amiable-compositeur*.

— Allons, s'écria Eugène, je vois que la Discorde et les Furies
peuvent rester dans les Enfers, ou souffler leurs poisons ailleurs
que chez vous !

— Nous avons même, ajouta Dinaros, un tribunal pour les *morts.*

— Ah! j'en suis bien aise, s'écria Eugène, car rien ne me révolte
comme le triomphe du crime ; et j'ai souvent désiré que les cadavres
des tyrans fussent exhumés, pour être jugés et voués à une éternelle infamie.

— Ce tribunal, continua Dinaros, fut institué sur la proposition
d'Icar. La première année de notre Régénération, la Représentation nationale ordonna que tous les historiens d'Icarie se réuniraient
chaque année pendant un mois pour prononcer, après discussion,

sur les points controversés de l'histoire, et pour juger les hommes et les choses du passé.

Ce *tribunal historique* jugea d'abord la mémoire des principaux personnages icariens depuis 1772, puis celle des personnages antérieurs, puis celle des étrangers les plus célèbres, en recherchant toujours religieusement la vérité.

— Vous avez donc, lui dis-je, une *biographie* officielle de tous les hommes illustres de l'antiquité? — Nous avons celle de tous nos compatriotes; mais, quoique le travail soit commencé depuis cinquante ans, il n'est pas encore achevé pour tous les autres pays.

Nous avons de plus un *Musée historique*, véritable temple à la Justice, espèce de *Panthéon* et de *Pandémonium*, où, sur la proposition du Comité de censure, la Représentation nationale décerne la gloire aux anciens amis du Peuple et l'infamie aux ennemis de l'Humanité.

Vous y verrez Icar à la tête des glorieux, et Lixdox à la tête des infàmes.

— Je le verrai, s'écria Eugène; car j'irais jusqu'aux Enfers pour y voir les méchants et les tyrans démasqués et humiliés !

Heureuse Icarie, ajouta-t-il, qui donnes enfin aux nations l'exemple de la justice ! Malheureuse France, où l'on ne sait que donner celui de l'iniquité !

Cette nouvelle boutade d'Eugène fit encore beaucoup rire les jeunes gens; et le vieillard, qui craignait peut-être que leur gaieté ne parût moqueuse, assura mon ami le démocrate que toute la famille estimait et aimait sa franchise, sa chaleur, et son enthousiasme patriotique.

---

## CHAPITRE XV.

### Atelier de femmes. — Roman. — Mariage.

Il paraît que Valmor ne pouvait rester en place, tant le pauvre garçon était impatient d'apprendre son arrêt de la bouche de Dinaïse.

Il nous entretint plus d'une heure, Eugène et moi, des perfections de sa divinité, de son amour et de son bonheur.

— Mais, s'écria-t-il enfin, nous causons, tandis que nous devrions être en route ! Partons bien vite, ou nous arriverions trop tard !

Venez-vous avec nous ? dit-il à Eugène. — Non, j'ai à écrire....

— Allons donc, vous écrirez demain : venez voir nos jolies ouvrières dans leur atelier ! — Vos ouvrières ! s'écria Eugène ; oh ! j'y cours ! Attendez-moi deux minutes, je reviens à l'instant.

Nous prîmes l'omnibus ; et, dix minutes après, nous entrions à l'atelier des *modistes*.

Valmor nous fit entrer dans le salon des Directrices, qui dominait tout l'atelier, et d'où nous pouvions tout apercevoir sans être aperçus.

Quelle vue ! Deux mille cinq cents jeunes femmes travaillant dans un seul atelier, les unes assises, les autres debout, presque toutes charmantes, avec de beaux cheveux relevés sur leurs têtes ou tombant en boucles sur leurs épaules, toutes portant d'élégants tabliers sur leurs robes élégantes ! Entre leurs mains la soie et le velours aux couleurs éclatantes, les dentelles et les rubans, les fleurs et les plumes, les superbes chapeaux et les gracieux bonnets !

C'étaient des ouvrières aussi instruites que les femmes les mieux élevées des autres pays ; c'étaient autant d'artistes à qui l'habitude du dessin donnait un goût exquis ; c'étaient les filles et les femmes de tous les citoyens, travaillant dans l'atelier de la République pour embellir leurs concitoyennes ou plutôt leurs sœurs.

Valmor nous montra l'une des filles du premier magistrat de la capitale, plus loin la femme du président de la République ; tout près de nous sa sœur et celle de mademoiselle Dinaïse, sans qu'il vînt jamais à la pensée d'aucune d'elles qu'elle pouvait être supérieure à aucune de ses compagnes.

Aussi, comme tout était disposé pour la commodité et l'agrément de cette jeunesse féminine, la fleur de la nation ! Quelles jolies décorations présentait l'atelier partout ! Quel doux parfum s'y faisait sentir ! Quelle délicieuse harmonie s'y faisait entendre de temps en temps ! Tout annonçait un Peuple adorateur des femmes, une République plus attentive pour le plaisir de ses filles que pour le bonheur de ses autres enfants.

L'une des Directrices nous expliqua la loi de l'atelier, son règlement spécial délibéré par des ouvrières, les élections de tous leurs chefs faites aussi par elles-mêmes, la division du travail et la distribution des travailleuses : on aurait dit l'armée la mieux disciplinée !

Une autre nous raconta que la *mode* ne variait jamais, qu'il n'y avait qu'un certain nombre de formes différentes pour les chapeaux, les toques, les turbans et les bonnets ; que le modèle de chacune de ces formes avait été choisi et arrêté par une *commission* de modistes, de peintres, etc., et que chaque coiffure était tellement combinée qu'elle pouvait se rétrécir ou s'élargir à volonté et convenir à presque toutes les têtes sans qu'il fût nécessaire de prendre la mesure de chacune d'elles.

La République voulant que chaque chose se fasse le plus rapidement possible, chaque chapeau, par exemple, est combiné de manière à se partager régulièrement en un grand nombre de pièces, qui toutes se fabriquent en masses énormes à la mécanique, en sorte que chaque ouvrière n'a plus qu'à coudre et attacher ces pièces, et peut achever un chapeau en quelques minutes.

L'habitude qu'a chaque ouvrière de faire toujours la même chose double encore la rapidité du travail en y joignant la perfection.

Les plus élégantes parures de tête naissent par milliers chaque matin entre les mains de leurs jolies créatrices, comme les fleurs aux rayons du soleil et au souffle du zéphyr.

Quoique le règlement prescrive le silence pendant la première heure, afin que les chefs puissent donner leurs instructions à toutes et leurs leçons aux apprenties, celui qui régnait était si profond que j'en fus étonné, bien que je fusse convaincu depuis long-temps que la langue des femmes rassemblées n'est pas plus active que celle des hommes réunis, et qu'elles savent garder le silence et même un secret aussi bien que leurs injustes accusateurs.

Mais je tressaillis quand, à la dernière des dix heures sonnantes, ces deux mille cinq cents jolies bouches s'ouvrirent pour entonner un hymne magnifique, et seulement trop court, en l'honneur du bon Icar, qui avait recommandé le culte des femmes à ses compatriotes, comme celui des divinités d'où dépendait leur bonheur. Au milieu de toutes ces voix, il me sembla distinguer celle de mademoiselle Dinaïse, et j'aurais été persuadé que c'était la sienne si je n'avais pas su qu'elle était ailleurs.

Puis, plusieurs voix chantèrent une chanson pleine de grâce et d'esprit sur les plaisirs de l'atelier, dont je regrette bien de ne pas me rappeler le joyeux refrain, que l'atelier tout entier répétait avec la plus charmante gaieté.

6.

Cette heure de chant passa comme un éclair, et fit place encore au silence, pendant lequel nous ne pouvions nous lasser d'admirer l'ordre au milieu du mouvement des chefs qui parcouraient tous les rangs.

J'aurais bien voulu voir l'heure des causeries entre les deux mille cinq cents voisines !.... J'aurais bien voulu voir aussi les jolies ouvrières déposer leurs jolis tabliers, cacher de nouveau leurs jolies têtes sous leurs jolis chapeaux à voiles, et remonter dans les omnibus qui devaient les rendre aux divers quartiers de la ville.... J'aurais voulu voir aussi les bâtiments accessoires, l'immense magasin des étoffes et autres matières nécessaires à l'atelier, et l'immense magasin des chapeaux, bonnets, et autres ouvrages achevés..... Mais Valmor était obligé de partir, et nous sortîmes avec lui, quoique la directrice nous invitât à rester.

— Tous les ateliers de femmes (nous dit Valmor en nous quittant), ceux des couturières, des fleuristes, des lingères, des blanchisseuses, etc., ressemblent à peu près à celui-ci : c'est comme si vous les aviez tous vus.

— Non, non ! s'écria Eugène, je voudrais les voir tous et toujours!

Et pendant le retour, quoique je partageasse son admiration pour la galanterie des Icariens, son enthousiasme me fit souvent éclater de rire.

En rentrant à l'hôtel, je trouvai le billet suivant :

« Nous aurons, à quatre heures, le *oui* si désiré. Venez, venez! c'est moi qui veux vous l'annoncer.

«  CORILLA. »

Quelle ne fut donc pas ma surprise quand, deux heures après, je reçus cet autre billet, sans signature, mais dans lequel je reconnus l'écriture de Valmor.

« Ne viens pas... demain matin, à cinq heures, trouve-toi à l'entrée du jardin du Nord. »

Pourquoi ce changement, ce nouveau rendez-vous, ce lieu, cette heure? Je n'y tiens pas... Allons toujours!

Je courus chez Corilla. « *Ils ne sont pas visibles.* »

Je courus chez madame Dinamé. « *Ils viennent de partir pour la campagne.* »

Inquiet, troublé, ne sachant où porter mes inquiétudes et mes pas, j'allai machinalement devant moi, et je me trouvai, sans m'en apercevoir, au bord d'un ruisseau, dans une des grandes promenades d'Icara. Trouvant un siége dans un réduit isolé, et désirant m'y reposer un moment, je voulus commencer la lecture d'un *roman* que Corilla m'avait prêté ; mais cette lecture m'intéressa si vivement que je dévorai le petit livre, et ne m'arrêtai qu'à son dernier mot. Tableaux, récits, anecdotes, style, tout en était charmant.

Il est vrai que le sujet était extrêmement intéressant par lui-même : c'était le *mariage*, son bonheur ou son malheur, les qualités nécessaires aux époux et leurs devoirs pour être heureux, les inconvénients et les désastres qui résultent de chacun de leurs défauts. Vous pouvez deviner que de peintures gracieuses, que d'historiettes piquantes, que de leçons utiles, pouvaient sortir d'un pareil sujet !

C'était, quant au mariage, le plus charmant traité d'éducation morale pour les jeunes gens, pour les époux et pour les pères et mères.

Aussi ce roman avait-il été couronné par la Représentation nationale ; tous les écrivains nationaux avaient été appelés à présenter leurs projets, tous les citoyens invités à présenter les leurs, et celui-ci avait été couronné entre un grand nombre d'autres.

Je regrette de ne pouvoir en donner l'analyse ; mais le récit est si serré que je ne pourrais l'analyser ; et j'aime mieux me borner à quelques réflexions que de mutiler une si charmante composition.

Je commencerai par deux observations capitales : la première, c'est que d'après le système de la Communauté, les *dots* étant aussi inconnues en Icarie que les successions, les jeunes gens et leurs familles ne peuvent jamais considérer la fortune pour le mariage et ne recherchent que les qualités personnelles ; la seconde, c'est que tous les garçons et toutes les filles étant également bien élevés, tous pourraient faire également de bons époux quand même on formerait les couples par la voie du sort.

Mais les jeunes Icariens, considérant le mariage comme le paradis ou l'enfer de cette vie, n'acceptent un époux que quand ils le connaissent parfaitement ; et, pour le bien connaître, ils se *fréquentent* pendant six mois au moins, et souvent dès leur enfance et pendant long-temps, puisque la jeune fille ne se marie pas avant dix-huit ans, et le jeune homme avant vingt.

Pour que les jeunes filles puissent bien étudier le caractère de leurs futurs époux, on leur laisse une entière liberté de converser et de se promener avec les garçons de leur âge, mais toujours sous les yeux de leurs mères, à la promenade comme au salon. L'éducation inspire tellement aux hommes le respect des femmes et leur en donne tellement l'habitude, l'opinion publique serait si sévère contre une faiblesse, que deux jeunes gens qui s'aiment pourraient sans danger se trouver seuls : mais, outre l'extrême vigilance de la mère, de la famille et du public entier, outre la difficulté matérielle presque insurmontable d'éviter des yeux humains, l'éducation fait regarder comme un crime à la jeune fille de *fuir l'œil* de sa mère ou d'avoir pour elle aucun *secret*. Le jeune garçon n'a pas moins de confiance en son père.

La mère ou le père connaissant toujours les premiers sentiments de son enfant et les sentiments qu'un autre enfant peut avoir pour le sien, la fréquentation qui ne conviendrait pas serait arrêtée dès sa naissance.

Du reste, les pères et mères n'ont jamais d'intérêt personnel à s'opposer au mariage qui plaît à leur enfant, ni surtout à lui imposer celui qui lui déplaît, tandis que les enfants sont habitués à écouter les conseils de leurs parents comme ceux de leurs dieux tutélaires.

Dès qu'il est question du mariage pour une jeune fille ou pour un jeune homme, on lui enseigne tous les devoirs, toutes les obligations qu'il impose ; et ce sont surtout les pères et mères qui se chargent de cet enseignement, auquel concourent les livres, les prêtres et les prêtresses.

Les époux savent donc parfaitement qu'ils s'associent pour la vie, qu'ils se donnent l'un à l'autre sans réserve, que tout doit être commun entre eux, la peine et le plaisir, et que le bonheur de chacun d'eux dépend de son époux : chacun d'eux s'engage bien volontairement, et en parfaite connaissance de cause, à remplir tous ces devoirs.

Mais à quoi bon parler de devoirs à des époux qui s'estiment et qui s'aiment ? Toutes les précautions prises pour qu'ils s'aiment toujours, leur éducation, l'instruction de la femme qui la rend capable de parler de tout avec son mari et de l'accompagner partout, leur vie de famille, l'affection des nouveaux parents, leur amour mutuel, l'activité d'une existence laborieuse et sans oisiveté, surtout le bonheur dont la République et la Communauté les font jouir, ne valent-ils pas mieux que tous les sermons et toutes les recommandations des lois pour garantir l'accomplissement de leurs devoirs ! Et le chef-d'œuvre de l'organisation sociale donnée par Icar à son pays, n'est-ce pas d'avoir rendu tous les époux vertueux sans efforts ? La vertu leur est si facile qu'on ne peut même pas les appeler vertueux ; car ce titre doit être la récompense de l'infortunée qui, uniquement par devoir et pour rester fidèle à un tyran détesté, résiste à l'homme dont l'adoration a captivé son cœur : une Icarienne aurait autant de peine à trahir son époux bien-aimé que cette malheureuse a de peine à désespérer un amant chéri ; et l'Icarienne est assez modeste pour se contenter d'être heureuse sans disputer à l'autre la récompense méritée par la vertu.

Si, cependant, par hasard, le bonheur semblait vouloir s'éloigner du ménage, ce serait alors que les parents, qui ne pourraient manquer de s'en apercevoir, invoqueraient le devoir, ou plutôt la raison, la sagesse, pour convaincre l'époux malheureux ou chacun d'eux, que leur véritable *intérêt* est de se résigner à leur sort et de supporter mutuellement leurs défauts, comme une mère supporte ceux de son enfant sans cesser de l'aimer. C'est alors aussi que le prêtre ou la prêtresse vient quelquefois joindre l'autorité de sa parole aux tendres exhortations de la famille pour encourager les époux à chercher leur bonheur ou du moins la paix dans la vertu.

Le roman qui m'a fait tant de plaisir contient à ce sujet deux charmants portraits : l'un, d'une femme malheureuse qui conquiert l'affection de son époux et retrouve le bonheur à force de patience, de douceur et d'adresse ; l'autre, d'une femme malheureuse aussi, qui décuple son malheur en s'abandonnant à la vengeance.

Aussi le petit nombre d'époux qui ne trouvent pas le bonheur dans leur union sont assez raisonnables pour ne jamais manquer à leurs engagements et à leurs devoirs envers la République, qui leur offre le *divorce* quand leurs familles le jugent indispensable, et qui leur permet de chercher dans une nouvelle association conjugale le bonheur que leur refusait la première.

Considérant le mariage et la fidélité conjugale comme la base de l'ordre dans les familles et dans la nation, donnant à chacun une excellente éducation, une existence assurée pour sa famille et pour lui, toute facilité de se marier et le remède du divorce, la République flétrit le *célibat* volontaire, comme un acte d'ingratitude et comme un état suspect, et déclare que le *concubinage* et *l'adultère* sont des crimes sans excuse; et cette déclaration suffit, sans que des pièces soient nécessaires, parce que l'éducation habitue à regarder ces crimes avec horreur, et que l'opinion publique serait sans pitié pour les criminels.

Du reste la République a tout disposé pour que le concubinage

et l'adultère fussent matériellement *impossibles*; car, avec la vie de
famille et la composition des villes, où l'adultère pourrait-il trouver
un asile?

Aussi, le roman dont j'ai parlé fait-il une peinture effroyable des
difficultés, des angoisses, des remords et de la proscription générale
auxquels se trouve exposée une malheureuse femme qui s'est
laissé séduire.

Mais cette peinture paraît aujourd'hui purement imaginaire;
car, si l'on a pu voir encore quelques rares divorces dans les dernières années, depuis vingt ans on n'a pas vu, dit-on, une seule
femme coupable d'infraction à la loi.

Et l'opinion n'imite pas ici l'injuste et cruelle inconséquence des
temps anciens et des autres pays qui, indulgents pour le séducteur,
ne se montraient et ne se montrent impitoyables que pour sa victime; c'est au contraire contre le principal coupable que l'opinion
et la loi sont doublement inflexibles : séduire une fille en lui promettant de l'épouser, violer ensuite sa promesse, la tromper et
l'abandonner, serait, contre elle, sa famille et la République, une
trahison, un vol, un assassinat, un crime plus odieux que tous ces
crimes n'étaient autrefois ici et ne sont encore ailleurs. Au lieu de
trouver des admirateurs de son adresse, il ne rencontrerait que du
mépris et des imprécations, Au lieu de triompher et de rire impunément des larmes et du désespoir de sa victime, il verrait quelque
pitié pour celle-ci et l'excommunication universelle pour lui.

Rien n'est plus effrayant encore que le tableau que fait mon
roman du séducteur d'une femme mariée, poursuivi par l'exécration publique, traité d'assassin par toutes les femmes, de voleur
par tous les maris et d'ennemi par toutes les familles.

Une veuve *coquette*, qui se fait un plaisir d'enflammer les passions de quelques jeunes gens et qui trouve le souverain bonheur
à voir le cadavre de l'un d'eux qui s'est tué d'amour à ses pieds,
y figure également pour être repoussée de partout comme une
incendiaire et une empoisonneuse.

Mais quelque charme que le talent de l'auteur ait répandu dans
ses portraits, d'une inestimable moralité, leur but se trouve si
complètement atteint qu'on ne pourrait plus aujourd'hui leur trouver d'originaux; car, dans toute l'Icarie, on ne pourrait citer un
exemple d'adultère ou de concubinage, même de faiblesse.

Le *rapt* est inconnu; car comment le ravisseur pourrait-il enlever sa proie? La *séduction* même est presque impraticable ; car que pourrait offrir le séducteur ?

Plus de ces scandaleux *procès* en désaveu de paternité, en nullité de mariage pour cause d'impuissance, en divorce pour mauvais traitements corporels : un mari qui battrait sa femme serait un monstre que les femmes lapideraient ou mettraient en morceaux!

La nouvelle langue n'a pas même de mots pour l'avortement, l'infanticide et l'exposition d'un enfant nouveau-né, tant ces horreurs paraissent impossibles !

Plus d'empoisonnements d'une épouse par son époux !

Plus de galanteries perfides, plus de jalousies perturbatrices, plus de duels !

Il n'y a plus en Icarie que des filles chastes, des garçons respectueux et des époux fidèles et respectés, jouissant d'une félicité dont mon roman fait, d'après nature, le plus ravissant tableau, en montrant que, de tous les peuples de la terre, anciens et modernes, le peuple icarien est certainement celui qui jouit le plus complétement de toutes les délices que la nature a placées dans l'amour.

Et, je suis obligé de le reconnaître, toutes ces merveilles sont l'effet de la République et de la Communauté.

Et, comme Eugène, je me sens disposé à m'écrier : Heureuse Icarie ! heureuse Icarie !

## CHAPITRE XVI.

#### Dinaïse ne veut pas se marier. — Désespoir de Valmor.

En arrivant, tout inquiet, à l'entrée du jardin du Nord, j'aperçus à quelque distance Valmor qui se promenait à grands pas, l'air extrêmement agité. Aussitôt qu'il m'eut entendu, il courut à moi : —Es-tu mon ami? s'écria-t-il hors de lui; viens, suis-moi!... Je fuis Icara ! N'abandonne pas un malheureux... un homme bien malheureux, répéta-t-il en se jetant dans mes bras avant que j'eusse pu lui répondre !... Elle ne m'aime pas, William !... Hier matin j'étais le plus heureux des hommes, et aujourd'hui j'en suis le plus infortuné !... Elle ne m'aime pas !... Depuis plus de dix ans, je concentre sur elle toutes mes espérances, toutes mes affections, tout le bonheur de mon avenir.. . et elle ne m'aime pas !... Son frère et sa mère m'entretenaient dans une illusion qui me rendait

heureux ; et un mot a détruit à jamais pour moi tout bonheur! Elle
ne se mariera jamais!... O mon ami, que je suis malheureux de
ma douleur, de celle de ma famille et de ma sœur! car tous nous
l'entourions de notre amour, et son refus nous accable tous de
désolation... Si ton amitié n'abandonne pas un infortuné, tu ne
verras plus la joie parmi nous, mais la consternation et la tristesse....

Comme je lui prodiguais mes caresses et mes protestations, en
m'efforçant de lui donner quelque espoir :

— Non, me dit-il en me pressant les mains , plus d'espoir pour
ton ami!... Si elle me haïssait, j'espérerais plutôt...; mais elle a
de l'amitié pour moi... Et comment un si bon cœur pourrait-il
haïr un ami d'enfance, si tendre et si respectueux pour elle! Elle
est désolée de mon désespoir, désolée de la douleur de ma famille,
et presque désespérée de l'affliction qu'elle cause à sa mère et à
son frère... Mais elle déclare en pleurant qu'elle ne peut accepter
aucun époux; et ce qui nous désespère, c'est que cet ange d'innocence et de beauté, cet ange ordinairement si modeste, si timide,
et toujours si prêt à céder aux désirs de ceux qu'elle aime, unit
quelquefois à son affectueuse complaisance et à son angélique timidité le caractère le plus ferme et le plus inflexible. Connaissant
tout le chagrin qu'elle allait nous faire à tous, elle a long-temps
combattu, long-temps hésité ; et son refus, qui lui coûte tant à
elle-même , nous désespère d'autant plus qu'il nous paraît à tous
invincible et irrévocable.

Après l'avoir laissé long-temps exhaler sa douleur et lui avoir
témoigné combien elle m'affligeait moi-même, je tentai de lui offrir
quelque consolation en faisant un appel à sa raison, à son courage,
à son amour pour sa sœur et sa mère, dont il devait calmer le
chagrin par l'exemple de sa fermeté dans l'infortune et sa résignation aux malheurs qui sont irrémédiables.

J'obtins qu'il ne partirait pas : mais je ne le quittai pas de toute
la journée, mon amitié paraissant le soulager un peu ; et sa famille,
cette pauvre Corilla surtout, que je trouvai dans une tristesse qui
me fendait le cœur, me prièrent de l'accompagner à la campagne
où Dinaros devait le conduire, le lendemain, pour quelques jours.

## CHAPITRE XVII.

### Agriculture.

Nous sortîmes tous trois par la porte par laquelle j'étais entré dans Icara, et bientôt, volant sur le chemin de fer, nous atteignî-mes la rivière par laquelle j'étais arrivé. Valmor parut vivement ému quand nous passâmes devant l'endroit où mademoiselle Di-naïse avait débarqué. Je me sentis troublé comme lui quand le bateau s'arrêta pour nous descendre à l'endroit où elle s'embarqua, et où je la vis ou plutôt l'entendis pour la première fois avec sa mère. Je me sentis encore plus ému quand Valmor me dit : — Te rappelles-tu ? C'est ici qu'elle monta près de nous sur le bateau... Que l'avenir me souriait alors ! Et aujourd'hui !...

Nous traversâmes plusieurs fermes qui me parurent charmantes. —Quel beau temps! s'écria Dinaros, quelle belle campagne !—Oui, répondit Valmor, et cependant le soleil m'importune, la verdure me plaît moins, la nature n'a plus de charmes pour moi.

—Allons donc, mon ami, reprit Dinaros, du courage ! Est-ce que tu n'es pas un homme ! Est-ce que tu ne serais plus le sage Valmor !

Après avoir marché plus d'une heure, nous arrivâmes à une au-tre ferme située au pied d'un coteau.

— C'est ici qu'elle venait quand nous l'avons rencontrée avec sa mère, me dit Valmor : avec quel bonheur je m'en approchais au-refois, quand j'y venais avec elle et son frère ! Et maintenant je ne sais quel air épais et pesant !... et il ne put continuer.

Le père de madame Dinamé, M. Mirol, intime ami du père de Valmor, qui habitait cette ferme, avait été prévenu de notre arri-vée par une lettre de Dinaros. L'air d'empressement affectueux, et pourtant de tristesse, avec lequel nous reçurent sa famille et lui, faillit arracher des larmes à Valmor.

—J'y suis venu plusieurs fois avec elle, me répéta-t-il à part, et la vue de ces lieux va me faire beaucoup de bien et.... beaucoup le mal !...

Je trouvai la famille de M. Mirol bien nombreuse, de plus de quarante personnes : lui et sa femme, cinq fils et leurs femmes,

9

quatorze petits-fils et dix petites-filles, dont trois étaient mariées, et cinq ou six arrière-petits-enfants en bas âge, outre trois ou quatre qui fréquentaient l'école.

L'un des petits-fils, âgé de près de dix-neuf ans, allait bientôt avoir achevé son éducation.

Pendant le dîner, qui fut d'abord triste et silencieux, le grand-père interrogea son petit-fils sur ses études et son instruction. Il lui demanda quels étaient les animaux qui faisaient du mal à l'agriculture. Le jeune homme nomma, sans hésiter, tous les quadrupèdes, les oiseaux, les insectes et les vers qui coupent les racines, mangent les semences, les feuilles, le germe des fruits avec les fleurs et les fruits en maturité, ou qui s'attachent aux animaux utiles. Il raconta ensuite l'histoire des principaux de ces animaux, leur naissance, leurs habitudes, et les procédés pour les détruire.

Un de ses frères, plus âgé, nous raconta de même l'histoire des animaux utiles, avec toutes les particularités de leur éducation, de leur nourriture, de leurs maladies et de leurs qualités.

L'une des jeunes filles raconta l'histoire des vers à soie et de leur charmante production; tandis que, à l'occasion d'une ruche en cristal remplie de miel, dont on vantait la beauté et l'excellence, sa mère raconta l'histoire du miel et des abeilles.

Et pendant le récit de ces quatre orateurs principaux, chacun des auditeurs ajouta quelques circonstances intéressantes.

Quoique je connusse assez Icarie pour n'être étonné de rien, j'étais surpris cependant de leur aisance à raconter et de l'élégance de leur prononciation, autant que de l'étendue de leurs connaissances.

— Vous êtes surpris, me dit Dinaros, de trouver de pareils fermiers et de pareilles fermières; mais Valmor vous expliquera ce soir l'éducation de nos laboureurs (car nous étions convenus de faire parler Valmor le plus possible pour le distraire), et vous comprendrez alors toutes les merveilles que vous aurez le plaisir de contempler ici.

Après le dîner, M. Mirol voulut me faire visiter sa maison d'habitation. Je la trouvai, pour la distribution intérieure et l'ameublement, absolument semblable à la maison de ville, mais plus étendue, et avec cet avantage que tous les côtés de la maison ont des fenêtres pour éclairer les appartements.

Plusieurs de ceux-ci sont destinés à recevoir des parents ou des amis. La cuisine, où se prépare le dîner comme les autres repas, est plus considérable et plus garnie que celle de la ville, comme les campagnardes sont élevées pour être plus savantes cuisinières que les citadines. Le salon est aussi magnifique et plus grand que ceux d'Icara, afin de pouvoir contenir les familles de deux fermiers voisins, quand ils veulent se visiter.

Je remarquai les murs tapissés partout de *plans* et de beaux *tableaux* imprimés, indiquant tous les préceptes d'agriculture les plus utiles et les plus usuels.

— Vous voyez, me dit M. Mirol, que nous autres campagnards (car nous sommes tous logés de même intérieurement) nous n'avons rien à envier à nos frères des villes, et que nous ne sommes pas plus éblouis et embarrassés quand nous allons chez eux qu'ils ne sont dégoûtés ou privés quand ils arrivent chez nous. A la vérité, nous n'avons pas continuellement la vue de leurs superbes monuments; mais ils ne jouissent pas toujours des magnificences de la nature, et nous pouvons d'ailleurs aller en ville aussi facilement qu'ils peuvent venir à la campagne. Nous avons, comme eux, toutes les grandes et petites diligences qui parcourent continuellement la grande route, et, de plus qu'eux, nos chevaux de selle et nos cabriolets, qui nous conduisent jusqu'à ces diligences ou même jusqu'aux portes de la ville, où nous les déposons dans les écuries et les hangars nationaux, pour prendre les omnibus; et, vous avez pu le voir, nos chemins sont si beaux, nos chevaux si rapides, et nos fermes si rapprochées de la ville communale, que deux heures nous suffisent toujours pour aller et revenir, en sorte que nous pouvons facilement nous rendre à toutes nos assemblées populaires, aux écoles, aux cours, et même aux spectacles.

Du reste, des voitures spéciales nous apportent régulièrement de la ville, tout ce qui nous manque pour la nourriture, le vêtement et l'ameublement.

Comme il disait ces mots, nous sortions de la maison, dont il me fit remarquer que tous les côtés étaient différents, et qu'ils présentaient quatre maisons diverses réunissant toutes les nuances de l'architecture.

— Aucune ferme de la commune, ajouta-t-il, ne ressemble aux autres quant à la décoration extérieure; mais toutes sont également jolies.

Et voyez d'ici les murs des bâtiments de ferme, tous élégamment quoique simplement ornés de treillages peints, garnis de verdure et de fleurs.

Ne sont-ils pas charmants?

Et vous verrez tout-à-l'heure la laiterie, le poulailler et le reste.....

Mais venez d'abord voir le *jardin* et le *verger*.

Voici l'essentiel, le *potager*, département de ma chère Elisa et de mon neveu Eloïs. C'est une habile cuisinière que mon Elisa, comme vous avez pu le remarquer, et comme elle vous le prouvera mieux encore! C'est un habile jardinier que mon ami Eloïs! Voyez les beaux légumes de toute espèce! Depuis quarante ans, presque tous, par les prodigieux progrès de la culture, ont doublé et triplé en volume et en bonté. Voyez ces cloches, ces couches, et toutes ces inventions d'hommes assez hardis pour oser aider la nature!

Vous êtes maintenant dans le royaume de ma gentille Alaé et de son bon petit frère Alvarez. Admirez ces roses de mille espèces, ces œillets, ces fleurs de toute sorte qui charment nos yeux avant d'aller remplir nos parfumeries nationales, et pendant qu'elles fournissent leur miel à nos abeilles. C'est le palais et la cour où la majestueuse Alaé rassemble ses plus riches sujets; car, d'autres fleurs, vous en verrez et vous en sentirez partout, embellissant et parfumant tout le domaine de la République.

N'allez pas plus loin! c'est le *rucher*. Les ouvrières qui travaillent dans ces ateliers de paille et de verre, aussi sauvages et farouches que merveilleusement habiles, pourraient vous faire sentir combien leurs aiguilles sont piquantes, et combien elles aiment mieux les soins de mon aimable Camille que l'indiscrète curiosité d'un milord anglais.

Vous apercevez d'ici nos *espaliers*, et plus loin vous pouvez voir nos fraisiers et tous les *arbrisseaux fruitiers:* ce sont les états de Frasie et de son cousin Comar; car chacun ici est ministre, ou prince et princesse, et règne en maître absolu sur ses sujets, ce qui ne doit cependant pas vous faire croire que nous regrettions le despotisme ou la monarchie.

Eh bien! Valmor (qui avait failli tomber dans un petit ruisseau), vous ne connaissez donc plus nos *eaux* et notre jardin?.... Autrefois, milord, nous étions très embarrassés pour l'arrosage; mais depuis une trentaine d'années, nous avons si bien trouvé le secret de pénétrer dans les entrailles de la terre et d'y creuser des puits pour en faire jaillir ses sources, ses fleuves et ses lacs souterrains, que nous avons partout les eaux nécessaires pour nos maisons, nos jardins, nos prés et nos champs; et nos instruments d'*arrosage*

sont si commodes que, sans fatigue et sans vous mouiller, vous
pourrez vous procurer le plaisir de répandre sur nos fleurs et nos
légumes la fraîcheur et la vie. Et si vous aimez la *pêche,* vous
aurez encore le plaisir de trouver tous nos ruisseaux, comme
toutes nos rivières, tous nos canaux et tous nos réservoirs, remplis de *poissons* de toute espèce que nous avons grand soin d'y
entretenir.

Voici le *verger !* C'est ici mon empire et celui de ma vieille et
fidèle impératrice ; mais nous sommes si peu despotes, elle et moi,
que nous n'y sommes guère bien obéis ; et ce sont nos propres
enfants qui viennent nous y dévaliser !

— Quels beaux *arbres !* m'écriai-je. Quelles belles cerises ! —
Et que diriez-vous donc des autres fruits en automne ? reprit
Dinaros.

— Ah ! ah ! continua le vieillard, nous prenons des soins, nous
raisonnons notre affaire ; nous faisons pour nos arbres comme
pour nos légumes et nos fleurs ; nous avons nos *pépinières,* où
nous choisissons les plus beaux plants ; nous greffons les meilleures
espèces ; nous arrachons tout ce qui se montre ou devient défec-
tueux ; nous bêchons et nous arrosons ; toujours la serpette à la
main, nous taillons et coupons toutes les branches inutiles et para-
sites ; nous enlevons toutes les plantes surabondantes ; nous défen-
dons nos élèves contre tous leurs ennemis ; et, depuis leur naissance
jusqu'à leur vieillesse, nous les choyons comme des enfants ; et
par conséquent vous ne devez pas vous étonner qu'ils soient beaux
et bien élevés, et que leur reconnaissance réponde à notre sollicitude.

Du reste, vous ne verrez pas un arbre ou une haie *inutiles ;* mais
dans nos champs, partout où un arbre fruitier sera plus utile
qu'autre chose, vous trouverez un arbre à fruit, et vous les verrez
innombrables dans la campagne.

Mais la nuit approche : la soirée sera belle : allons rejoindre
les enfants sur la *terrasse,* où nous jouirons, en nous reposant, de
la magnificence du soleil couchant.

Nous montâmes donc au haut de la maison, où nous trouvâmes
la famille rassemblée parmi des fleurs, et une large table au milieu
sous une *tente* qui s'ouvrait et se pliait à volonté.

La vue de la campagne environnante et des fermes voisines,
légèrement éclairées par une lumière mourante ; les rayons du
soleil dorant encore le sommet des arbres et des hauteurs dont le

pied disparaissait dans l'ombre ; les nuages et le ciel peints de mille couleurs ; les cris des bestiaux rentrant à l'étable ou saluant la fin du jour ; le chant des oiseaux célébrant l'heure du repos et du sommeil ; le parfum et la fraîcheur de l'air ; la beauté du soleil qui semblait nous promettre un beau lendemain en descendant majestueusement sous l'horizon, tout concourait à me jeter dans une ravissante extase.

— Hé bien, milord, me dit M. Mirol, n'avons-nous pas aussi nos spectacles à la campagne, et croyez-vous qu'ils soient moins magnifiques que l'opéra des villes? Et si vous voyiez d'ici un bel orage d'été, des milliers d'éclairs embrasant au loin ce vaste horizon, illuminant soudainement l'obscurité la plus profonde et présentant à nos yeux éblouis l'image de la création sortant du chaos à la seule voix du créateur ! si vous entendiez, au milieu du plus complet silence, les éclats de la foudre, et le fracas du tonnerre répété par les échos de nos montagnes ! Mais vous verrez tout-à-l'heure les millions de lumières qui vont illuminer la voûte sans fin de notre immense salon, puis la *lune*, plus brillante encore, qui voudra les éclipser pour rivaliser avec son frère !

— Je l'ai vue, me dit Valmor à l'oreille, admirer ici toutes ces beautés : et je les admirais aussi, car mon cœur était rempli d'espérance et de bonheur ; mais à présent !....

— Allons, Valmor, lui dit M. Mirol, puisque milord s'étonne de voir les laboureurs d'Icarie si habiles, montrez-lui que c'est l'effet tout naturel de notre ÉDUCATION, et que, pour ne rien savoir, il faudrait que nous fussions aussi bêtes et entêtés que nos ânes. Nous allons nous asseoir autour de la table, et nous vous écouterons tous avec grand plaisir : commencez !

Valmor, s'excusant d'abord... — Je suis ton père ici, ajouta le vieillard d'un ton paternel, et par conséquent j'ordonne : nous attendons avec impatience : allons, allons, commence, Valmor !

— Tu sais, mon cher ami, dit-il enfin alors, en s'adressant à moi, que, jusqu'à dix-huit ans pour les garçons et dix-sept pour les filles, tous les enfants d'Icarie reçoivent, en commun, une ÉDUCATION élémentaire et générale.

L'agriculture étant considérée chez nous comme le plus indispensable des arts, la République veut que tous les citoyens puissent, au besoin, être agriculteurs, et que tous soient instruits et élevés de manière à pouvoir l'être.

Les connaissances nécessaires à l'agriculteur sont d'ailleurs jugées nécessaires aux citoyens de toutes les professions. Par conséquent, tous les enfants apprennent les *éléments* de l'agriculture.

Et comme on veut toujours, autant que possible, joindre la *pratique* à la théorie, on conduit journellement les enfants à la campagne pour leur expliquer les productions de la terre, et pour les faire assister aux travaux agricoles : ce sont pour eux des promenades aussi charmantes et salutaires qu'instructives.

Les plus robustes, ceux au-dessus de quatorze ans, y sont même conduits comme ouvriers pour travailler à certains travaux faciles, pour épierrer les champs, ou pour aider à faire les récoltes ; et ces travaux sont pour eux encore de charmantes parties de plaisir.

A dix-huit et dix-sept ans, l'enfant du laboureur est libre de choisir une autre profession, si quelque famille de la ville consent à l'adopter, comme l'enfant de la ville peut devenir agriculteur si quelque fermier veut l'accepter dans sa famille : mais les enfants des laboureurs préfèrent tous être laboureurs comme leurs pères.

Les enfants qui choisissent l'agriculture reçoivent alors, pendant un an, une éducation spéciale, théorique et pratique, qu'ils complètent ensuite dans la ferme paternelle, et qui doit les rendre des cultivateurs aussi parfaits que possible.

L'agriculteur étudie donc et connaît toutes les espèces de *métaux*, de *pierres*, et surtout de *terres*, leurs éléments et leurs qualités diverses ; toutes les espèces de *productions végétales* et leurs qualités, tous les *instruments* et leurs avantages ; tout ce qui tient aux saisons, aux vents, aux intempéries de l'air, et aux moyens de les éviter et de s'en garantir.

L'agriculteur étudie également et connaît tout ce qui touche non-seulement à la récolte, mais encore à la transformation des produits en vin, cidre, etc.

Aucun d'eux ne peut ignorer tout ce qui regarde les *animaux* nuisibles comme les animaux utiles, domestiques ou sauvages, ni les diverses *productions animales*.

La fille du fermier apprend de même et connaît tout ce qui peut l'intéresser dans l'agriculture, particulièrement tout ce qui concerne le laitage, la volaille, les légumes, les fleurs et les fruits.

Et remarque encore que chaque Province ou chaque Commune ayant des qualités de terres différentes, et par conséquent des

productions différentes, l'une seulement des terres à vignes par
exemple, et l'autre seulement des terres à grains, c'est spécialement sur ces espèces de terres et leurs produits que les écoles de
la Province et de la Commune dirigent l'éducation de leurs jeunes
agriculteurs.

Ajoute encore que, chaque ferme ayant sa *statistique territoriale*
et par conséquent la qualité plus spéciale encore de son petit territoire, c'est vers cette dernière spécialité qu'est concentrée définitivement l'instruction de chaque fermier.

Tu ne dois donc plus t'étonner, maintenant que tu connais leur
éducation, des connaissances et de l'habileté de nos fermiers et de
nos fermières.

Et ne me dis pas que tu es surpris, au moins, qu'ils puissent
tant apprendre ; car, en réfléchissant, tu apercevras que des enfants peuvent apprendre bien des choses jusqu'à dix-neuf ou dix-
huit ans, surtout quand leur éducation est soignée dès leur naissance.

Du reste, l'instruction de nos cultivateurs, comme celle de tous
nos ouvriers et de tous nos citoyens, ne s'arrête pas à l'école, mais
se continue et s'augmente pendant toute la vie. Sortis de l'école
et rentrés dans la ferme, le jeune homme et la jeune fille y trouvent les instructeurs les plus expérimentés et les plus affectueux
dans leurs pères et leurs mères, leurs oncles et leurs tantes, leurs
frères et leurs sœurs.

Ils y trouvent aussi, magnifiquement imprimés par la République, tous les *livres* et *traités* qu'ils ont étudiés, une vaste *Encyclopédie agricole*, une foule de *Guides du jardinier*, *du fleu-
riste*, etc,, enfin le *Journal d'Agriculture*, qui leur communique
toutes les découvertes et tous les perfectionnements qui se produisent chaque jour sur toute l'étendue de la République.

Et juge que d'observations, que d'inventions, que d'améliorations
doivent surgir d'une population si nombreuse d'agriculteurs si
éclairés et si habitués à raisonner !

Car, si tu compares nos laboureurs d'aujourd'hui aux laboureurs
d'autrefois, aussi brutes que leurs bestiaux, tu comprendras que
nous avons pour agriculteurs des millions d'*hommes* habiles, au
lieu d'animaux stupides, et que notre agriculture a dû faire plus
de progrès chaque année, depuis cinquante ans, et surtout depuis
trente ans, que pendant tous les siècles précédents.

Les progrès dans toutes les branches et sous tous les rapports sont tels que nous avons nous-mêmes besoin de nous en rappeler la cause pour n'en être pas étonnés.

Tu serais encore frappé d'étonnement, si je te racontais les observations astronomiques faites par nos campagnards, sur leurs terrasses, ou plutôt leurs *observatoires*.

Ici, par exemple...—Bien, très-bien, mon cher Valmor, lui dit M. Mirol en l'interrompant , nous oublierions le souper et nos lits en t'écoutant : mais tu dois être fatigué ; et demain, nous aurons le plaisir de nous revoir, à condition que tu nous procureras encore celui de t'entendre.

J'avais un grand plaisir pour mon compte ; car indépendamment de l'intérêt du sujet , et du charme avec lequel parle Valmor, sa mélancolie rendait sa voix plus touchante, sa voix , qui déjà naturellement rappelait un peu le timbre si pénétrant de celle de Dinaïse.

Nous n'avions pas eu le temps d'examiner le ciel et ses constellations, lorsqu'une des jeunes filles vint nous avertir que la table était servie.

Après une collation délicieuse, Valmor m'emmena coucher dans la même chambre, où je restai long-temps sans dormir, le malheureux ne pouvant s'empêcher de me parler de son malheur, des qualités et des perfections de celle dont son amour faisait un ange.

---

# CHAPITRE XVIII.

### Agriculture. (Suite.)

Réveillés de bonne heure, j'entraînai Valmor dans les bâtiments de la ferme, où Dinaros ne tarda pas à nous joindre.

Nous visitâmes successivement les diverses étables des nombreux animaux domestiques , les dépôts de fumier, les hangars pour les chariots, ceux pour les machines et les instruments aratoires, l'atelier pour les travaux de raccommodage, les vastes magasins pour les récoltes brutes, les granges pour travailler celles-ci, et les dépôts pour les productions prêtes à être transportées en ville : nous terminâmes par la basse-cour, le poulailler et la laiterie.

Si je n'avais pas su que les fermes avaient été construites sur

9.

des *plans-modèles*, comme tous les autres ateliers de la République, j'aurais admiré celle-ci plus encore que la maison; car, là
où d'ordinaire on ne voit ailleurs que dégoûtante saleté, désordre
et misère, je retrouvais toute la propreté, tout l'ordre, toute la
commodité et toute l'élégance que j'avais remarqués partout.

Valmor, qui m'expliquait tout, me fit admirer les grandes et
petites *charrues*, et les nombreuses *machines* récemment inventées
pour faciliter, abréger et perfectionner les travaux, et pour épargner au laboureur presque toutes les fatigues, en remplaçant ses
bras et ses épaules par des animaux ou par des instruments in-
animés, en sorte que le rôle de l'agriculteur se trouve presque
réduit à celui d'un directeur intelligent et d'un ordonnateur éclairé,
tandis que, d'un autre côté, un seul homme en fait autant aujour-
d'hui que dix ou quinze autrefois, et fait même beaucoup mieux.

— Le *mulet*, me dit-il, l'*âne* et le *chien* même sont autant de
machines vivantes qui portent, en place de l'homme, dans les plus
étroits sentiers.

Aussi, le *vêtement* de travail du cultivateur, aussi chaud en
hiver que frais en été, et d'ailleurs toujours imperméable à la pluie,
est-il, comme celui de l'ouvrier quelconque, tellement propre et
même élégant qu'on a du plaisir à le voir, sans que j'aie besoin
d'ajouter que celui des jeunes fermières est charmant, comme les
fermières elles-mêmes, au milieu de la verdure, des fleurs et des
fruits de leurs campagnes.

Nous rencontrâmes deux des cousines de Dinaros dans la *laiterie*, où la blancheur de leur peau rivalisait avec celle du lait,
tandis que leurs joues colorées semblaient des roses à côté des lis.

Qu'elle était propre, cette laiterie garnie de vases remplis de
lait, de crême, de beurre et de fromages de dix espèces!

Mais, qu'elle était jolie et animée, la *basse-cour* rafraîchie par un
réservoir couvert d'oiseaux aquatiques, et garnie tout à l'entour de
cellules pour des troupes d'oiseaux de toute espèce! Quels beaux
coqs, fiers et jaloux comme des sultans dans leurs sérails! Comme
tous ces peuples divers accouraient à l'aspect de leur jolie maîtresse
répandant sur eux ses bienfaits!

— Tiens, voilà sa poule chérie, me dit Valmor en me montrant
une magnifique poule blanche comme la neige! Ah! si tu l'avais vue
au milieu de ces oiseaux! qu'elle paraissait heureuse de leur présenter du grain que les plus hardis venaient becqueter dans sa
main! Avec quel ravissement je la contemplais un jour, à travers

ce feuillage, elle riante et heureuse de répandre le bonheur autour
d'elle!... Je ne l'y verrai donc plus!...

Après le déjeuner, M. Mirol voulut me conduire lui-même sur
les *champs* de la ferme.

Il me montra d'abord, sur un magnifique *plan* de la ferme tapis-
sant le mur d'une des salles, le jardin à droite, les bâtiments derrière, les champs à gauche, et, devant, une prairie traversée par
une rivière et terminée par un bosquet de hauts arbres.

— Hier, me dit-il, nous avons vu le jardin, et ce matin vous
avez visité les bâtiments; maintenant, nous allons passer par la
prairie, qui nous conduira à la pépinière et au bois, et nous re-
viendrons par les champs.

Nous n'avons pas d'inutiles *gazons* de luxe; mais peut-on voir
un plus beau tapis que cette *prairie* émaillée de fleurs, et dont la
verdure, parsemée de rouge, de blanc et de bleu, rend plus éclatant encore le beau jaune de cette navette qui la borde? Voyez
là-bas ces bestiaux qui s'y délectent dans des *parcs mobiles* qui
nous dispensent de les garder.

Du reste, cette prairie, toute grande qu'elle est, serait loin de
nous suffire, si nous n'avions pas, presque partout, d'autres prairies artificielles, d'autres herbes et d'autres légumes, avant ou
après nos autres récoltes; car l'art de varier la culture et les semences est maintenant poussé si loin que nous sommes parvenus
à faire produire, chaque année, successivement plusieurs choses à
chaque champ, sans le laisser reposer jamais.

Voyez quel joli bassin et quelle jolie *rivière*, où nous pourrons
tantôt aller nous promener en barque! Mais remarquez surtout
avec quel soin mes fils en ont aplani les bords, de manière à éviter
tout danger. Plus haut, où la rive est bordée par une roche à pic,
ils ont élevé une petite barrière pour empêcher d'y tomber; car,
quoique nos garçons et nos filles apprennent tous à nager, la République ordonne de travailler le bord de toutes nos rivières, canaux et eaux quelconques, de manière à éviter les accidents.

Après avoir traversé la rivière sur un joli pont, et parcouru le
reste de la prairie, nous arrivâmes à la *pépinière*, puis au *bois*,
ou plutôt au bosquet, dont les arbres me parurent magnifiques;
mais que je fus étonné de voir cultivés et travaillés comme ceux du
verger.

. — Quel âge leur donnez-vous? me demanda Dinaros. — Soixante
ou quatre-vingts ans, répondis-je. — Trente-cinq, répliqua-t-il.

— Mais, reprit M. Mirol, il faut vous dire que la République a
adopté un système tout nouveau relativement aux *bois.* Elle a fait
arracher tous ceux qui étaient mal placés, d'une exploitation trop
difficile, ou qui pouvaient être remplacés par des produits plus
avantageux. Les autres, elle les a partiellement défrichés, et n'a
laissé que des *bosquets* entremêlés de cultures et de fermes ou de
manufactures, en arrachant tous les arbrisseaux de ces bosquets,
et en cultivant les grands arbres restants. Puis, dans toutes les
fermes sans bosquets, elle en a fait planter comme celui-ci. J'ai
choisi la place et l'ai préparée ; puis j'ai pris dans la pépinière les
espèces et les plants qui m'ont paru le mieux convenir et qui sont
les plus utiles, et je les ai transplantés. Depuis, je n'ai pas cessé de
les cultiver, tailler, soigner, comme on faisait autrefois seulement
pour la vigne, le houblon, le peuplier et des arbres aristocrates ; et
vous voyez comme ils sont beaux !

Nous n'avons donc plus ni vastes bois, ni taillis, ni broussailles
comme jadis ; mais toutes les fermes ont des bosquets, indépendamment des arbres fruitiers réunis dans les vergers ou dispersés
sur les champs, et des autres arbres qui bordent souvent les rivières,
les canaux et les routes.

Nous avons ainsi tout autant de bois à brûler au moins, et en
tout cas autant qu'il en est besoin, avec l'avantage d'avoir beaucoup plus de terres, beaucoup plus d'arbres fruitiers, et beaucoup
plus de beau bois de toute essence pour toutes les nécessités de
l'industrie.

Ajoutez à tant d'avantages celui, qui n'est pas le moindre, d'a-
voir purgé le pays de presque tous les *animaux dangereux* à
l'homme ou nuisibles à l'agriculture.

Et d'un autre côté, on a trouvé le moyen de semer ou planter
des arbustes et des arbres sur des montagnes pelées qui ne présentaient que de la pierre, d'y porter ou d'y créer en quelque sorte
de la terre et de la végétation, et de les conquérir pour ainsi dire
sur la stérilité.

Nous voici sur nos champs, et vous apercevez mes enfants et
nos voisins dispersés partout : car, depuis le premier jusqu'au dernier jour de l'année, il y a toujours quelque chose à faire au dehors ou au dedans, d'autant plus que nous ne sommes obligés de travailler que six ou sept heures, comme les citadins ; mais nos

travaux, que nous faisons à volonté ou suivant le temps, nous sont tellement agréables que nous nous occupons sans cesse.

Mais je me sens fatigué de parler : Valmor, expliquez à votre ami ce qui concerne nos terres.

— Vois d'abord, me dit Valmor, comme tout est cultivé de manière à ne pas perdre un pouce de terre. Vois ; non-seulement pas une ronce, pas un chardon, pas une plante ou une herbe inutiles, mais pas une clôture, pas un mur, pas une haie stérile ! seulement les fossés, les rigoles, les chemins et les sentiers nécessaires ! Cette jolie bordure de groseilliers et de cassis, c'était jadis un gros vilain mur en ruines qui mangeait dix pieds de terre de chaque côté !

Calcule, si tu peux, la valeur des murs, des grilles, des palissades, des fossés en maçonnerie, et tu verras l'*économie* de tout genre qui résulte de la suppression des clôtures !

Ce joli talus que tu aperçois là-bas au bord du chemin, orné de la verdure et des fleurs d'un excellent légume, c'étaient autrefois des broussailles, des épines, et des nids à chenilles.

Et tu le vois, chemins, sentiers, fossés, sillons eux-mêmes, tout est en ligne droite : tous nos champs sont, autant que possible, des carrés longs, ce qui facilite la culture en même temps qu'il économise la terre, ce qui d'ailleurs n'a pas été difficile à pratiquer, puisque, comme tu le sais, le terrain de chaque ferme a été tracé à volonté par les ingénieurs de la République.

Et vois comme la surface est *unie*, lors même qu'elle est inclinée ! Tu n'aperçois pas d'éminences ni de cavités ! tu ne vois pas même une *pierre !*

Aussi peut-on voir une culture plus parfaite, de plus beaux épis, de plus belles chenevières, de plus belles navettes !

Et remarque ces beaux chemins, ces fossés si bien coupés à la bêche et si bien curés, ces jolis sentiers ferrés en pierres et sablés! Ne voit-on pas partout avec satisfaction le travail d'hommes qui raisonnent tout, qui cherchent la perfection en tout, et qui portent en tout autant de goût que de raison! Cette ferme entière ne semble-t-elle pas un seul et superbe jardin dont ces jolis sentiers font une délicieuse promenade !

— Que dis-tu? dit Dinaros ; toutes ces fermes ne forment qu'un seul jardin, tous ces champs ne sont qu'une promenade sans fin.

— Tu as raison, reprit Valmor : nous n'avons pas plus de *clôtures* que de *procès*, puisque nous ne connaissons plus la propriété ; et chaque fermier peut se promener sur les fermes voisines, comme les citadins peuvent se promener sur toute la campagne.

Et ne va pas craindre que personne se permette de toucher à rien ou de rien gâter en marchant : notre système d'éducation nous habitue dès l'enfance à tout respecter, d'autant plus que quand des citadins, qui d'ailleurs ne manquent jamais de rien en ville, se présentent dans une ferme, il n'est pas un fermier qui leur refuse des fleurs et des fruits.

— Mais, lui dis-je, toutes les fermes ne peuvent pas être aussi jolies, dans les montagnes, par exemple. — Dans les pays de montagnes, répondit-il, il y en a de bien plus charmantes encore, embellies par les mille agréments des sites, des vues pittoresques et des eaux limpides, jaillissantes ou tombant en cascades! Il est vrai cependant qu'il y a des montagnes moins fertiles et naturellement moins agréables : mais c'est là surtout que se concentrent tous les efforts et toute la sollicitude de la République, pour corriger par la bienfaisance des arts l'apparente injustice de la nature. Ai-je besoin de te rappeler que là se trouvent également des villes communales parfaitement semblables aux autres, dont le territoire contient le même nombre de fermes de pareille étendue! Ai-je besoin aussi de te redire que les maisons de ces fermes de montagnes sont pareilles aux autres, et que les bâtiments sont semblables suivant leurs destinations! Inutile encore d'ajouter que ces fermes ont également leurs jardins, leurs légumes, leurs fleurs et leurs fruits particuliers. La culture et les productions ne sont, il est vrai, les mêmes ni en nature ou en qualité, ni en quantité ; mais tout est également cultivé et bien cultivé, tout produit autant qu'il peut produire et même produit beaucoup, tant l'art est devenu puissant! Toutes ces fermes ont des agréments qui leur sont propres; toutes sont agréables à ceux qui les habitent ou les visitent; toutes sont utiles à la République ; et si tu veux que je te le dise, ce sont les lieux les plus déserts et les plus stériles dans le principe qui me plaisent le plus aujourd'hui par les miraculeuses métamorphoses que le génie leur a fait subir.

— Mais il peut arriver, dis-je, que quelques fermes aient trop de bras et d'autres pas assez : comment faites-vous alors? — D'abord, tu dois comprendre que des hommes intelligents, élevés pour être laborieux et utiles, trouvent toujours à s'occuper pour rendre meilleur ce qui est déjà bon. Ensuite si quelque cultivateur se trouve réellement sans travail, il peut, même dans la ferme de son père, exercer une autre industrie, ou bien aider un fermier voisin. Quant à ceux qui ont besoin d'un secours habituel ou momentané, ils le trouvent toujours dans quelques membres des fermes voisines, ou dans quelques jeunes citadins qui viennent s'incorporer volontairement dans leur famille, ou dans leurs amis, ou dans les écoliers, ou dans les citadins qui ne refusent jamais le plaisir des travaux champêtres.

— A gauche, Valmor ! lui cria M. Mirol : rentrons du côté des *espaliers;* je veux les montrer à milord.

Il me fit voir, en effet, des espaliers fort singuliers : c'étaient, non des murs, mais des cloisons mobiles qui réverbèrent encore mieux la chaleur pour mûrir les fruits, et qu'on enlève quand on craint que les arbres ne soient brûlés par un soleil trop ardent.

Nous nous reposâmes un moment sous des *treilles* et des *berceaux* charmants où nous respirions un air parfumé sous une voûte de verdure et de fleurs ; puis nous rentrâmes en cueillant, avec les jeunes filles qui vinrent embrasser leur grand-père, des fruits pour le dîner.

— Qu'elle était belle sous son large chapeau de paille, me dit tout bas le pauvre Valmor en me serrant le bras, la dernière fois que je l'ai vue cueillir ici des fraises ! Ah, mon ami ! puisses-tu n'être jamais aussi malheureux que moi !...

Pendant le dîner, M. Mirol mit la conversation sur les *récoltes*, la *chasse* et la *pêche*, en s'adressant toujours à ses filles ou petites-filles, qu'il me parut toujours avoir un grand plaisir à entendre.

L'une d'elles raconta comment se faisaient la fenaison, la moisson, la vendange, la récolte des légumes, des fleurs et des fruits.

Elle expliqua d'abord que chaque fermier choisissait le temps qui lui convenait pour chaque récolte ; qu'il s'arrangeait toujours de manière à faire chacune d'elles en un seul jour pour être plus sûr d'avoir un beau temps : que, quand il avait besoin d'aides, il les demandait soit aux fermiers voisins qu'il aidait de même à son tour, soit aux jeunes gens des écoles, soit à ses amis de la ville, qui ne refusaient jamais, parce que le jour de récolte était toujours un jour de plaisir et de fête ; et que, à cet effet, chaque ferme avait des chaussures et des coiffures de campagne pour quarante ou cinquante étrangers, avec les instruments nécessaires.

Elle expliqua encore avec une grâce charmante comment tous ces fermiers et fermières improvisés arrivaient de la ville en omnibus ou diligences, avec leurs vivres portés par des mulets.

Puis elle raconta, avec un esprit qui nous arracha souvent un

sourire universel, la joie des jeunes garçons et des jeunes filles en
arrivant, leurs rires en se travestissant, leurs cris ou leurs chants
en travaillant, les gaietés des repas champêtres, les jolies et folâtres
cérémonies qui commencent le travail, les danses et les jeux quelquefois prolongés jusqu'au milieu de la nuit et toujours sous les
yeux des parents aussi joyeux que leurs enfants. Ce récit si gracieux rappelait sans doute d'heureux ou plutôt de douloureux souvenirs au pauvre Valmor, car je crus plusieurs fois apercevoir une
larme briller dans ses yeux.

Une autre jeune fille nous raconta la *chasse,* non aux gros animaux sauvages, puisqu'ils n'ont plus de retraites et qu'on les a
tous détruits, mais aux oiseaux nuisibles, auxquels on tend toutes
sortes de piéges, et surtout aux insectes. Comme sa sœur, elle nous
fit beaucoup rire en nous racontant la chasse qu'on fit un jour,
sur tout le territoire de la République, à un oiseau qui mangeait le
quart des récoltes en blé et qui fut totalement détruit dans la
journée. Elle nous fit beaucoup rire encore en nous racontant une
autre chasse à certain insecte qui arrive en nombre infini à certaine époque fixe ; chasse qui se fait le même jour dans toutes les
fermes de la République, et pour laquelle presque tous les citadins
accourent à la campagne comme pour la plus précieuse récolte.

Un des jeunes garçons nous raconta aussi la réparation d'un chemin commun à plusieurs fermes, expliquant comment tous les fermiers et leurs enfants, réunis en une seule troupe et dirigés par un
seul général, terminaient ordinairement l'opération en deux ou
trois jours.

Après le dîner nous reconduisîmes jusqu'au bateau Dinaros, qui
ne pouvait pas rester plus long-temps avec nous. J'en eus beaucoup de regret, parce que, dans le peu de temps que nous avions
pu causer ensemble, j'avais découvert en lui autant de bonté et
d'amabilité que je lui connaissais auparavant d'instruction ; et l'attachement qu'il avait pour Valmor me les rendait tous deux plus
chers encore. Il se montrait lui-même reconnaissant de l'amitié
que je témoignais à son ami autant que s'il avait été son frère, et
me fit promettre d'aller le voir souvent à notre retour.

Le pauvre Valmor faillit s'évanouir quand il l'embrassa pour lui
dire adieu. — Que je dois te paraître lâche ! me dit-il ensuite.
Mais je redeviendrai homme, tu verras !

Comme nous revînmes à travers cinq ou six fermes toutes plus riches et plus belles les unes que les autres, je m'extasiais sur tant de richesses et de beautés.

— Et que dirais-tu donc, me dit-il, si tu comparais la prospérité de notre agriculture d'aujourd'hui à sa misère d'autrefois ! Nos progrès ne m'étonnent pas ; mais ils sont immenses, incalculables. Quelque part que nous jetions les yeux, tout est perfectionné, admirablement perfectionné. La terre cultivable est presque doublée en étendue par les défrichements et la culture des parties autrefois négligées et perdues ; cette même terre est presque doublée une seconde fois par l'art plus parfait de la culture, des mélanges et des engrais, et par la multiplicité des semences successives sur la même terre dans la même année : chacune de nos productions est non-seulement plus abondante par le nombre et par le volume, mais incomparablement supérieure en qualité ; nous avons même beaucoup d'espèces nouvelles extrêmement utiles. Par exemple, tu as vu dans le jardin une espèce de melon monstrueux et plus exquis qu'aucun de nos anciens fruits : eh bien, il y a trente ans nous n'en avions pas un ; et les premiers qui furent apportés d'un pays voisin étaient médiocres en saveur comme en volume, tandis qu'aujourd'hui ils sont aussi gros que délicieux et tellement abondants que tous les Icariens s'en régalent.

Et tout ce que je te dis des fruits s'applique aux animaux et aux productions animales, aussi bien qu'à tous les végétaux et à leurs produits : la République n'a rien épargné pour obtenir des pays étrangers tout ce qu'ils avaient de mieux en procédés agricoles, en espèces végétales et en races animales. Aussi nos chevaux, nos bœufs, nos moutons et leurs laines ne sont pas plus reconnaissables que nos grains et nos légumes, nos fruits et nos fleurs. En un mot, en tenant compte de toutes les améliorations, devine combien de fois la production totale de l'agriculture est augmentée depuis cinquante ans, d'après la statistique nationale ?—Que sais-je, moi ! cinq fois ? — Douze fois, et tu pourras le vérifier toi-même. Après cela sois donc étonné que la population ait presque doublé, et que les 50 millions d'Icariens soient tous logés, meublés, nourris et vêtus comme tu le vois ! — Oh, je ne m'étonne de rien...

Il allait continuer, lorsque nous aperçûmes M. Mirol, qui nous avait promis de venir au-devant de nous avec une partie de ses enfants.

Il voulait nous conduire à une fontaine charmante, disait-il : mais nous étions fatigués, et nous nous retirâmes de bonne heure.

Je réfléchissais encore à tout ce que j'avais vu et entendu, que déjà Valmor dormait d'un sommeil agité, murmurant des phrases entrecoupées ou plutôt des sons inarticulés, parmi lesquels j'eus peine à distinguer Bonne.... belle.... angélique.... regret éternel....

## CHAPITRE XIX.

### Agriculture. (Suite.) — Commerce.

Avant de déjeuner, pendant que Valmor écrivait à sa sœur, M. Mirol me fit voir les *tableaux* et les *plans* qui tapissaient les murs de sa bibliothèque.

L'un était un grand *plan* imprimé de la *commune*, la ville communale au centre à peu près, entourée de villages, avec l'indication de toutes les fermes, des routes et des chemins, des rivières et des montagnes.

M. Mirol me fit remarquer des fermes où il n'y avait que des vignes, d'autres où il n'y avait que du blé ; plusieurs exploitations de mines, et plusieurs grandes manufactures. Il me parla beaucoup d'une fabrique très-curieuse, à une lieue de sa ferme, qu'il me proposa d'aller visiter après déjeuner.

Un autre tableau était l'*inventaire* ou *état* de la ferme, indiquant tout ce qui s'y trouvait.

Un troisième, dont j'admirai beaucoup l'écriture, faite par l'un des copistes nationaux, était une *statistique* de la ferme, indiquant tout ce qu'elle avait produit l'année précédente, ce qui avait été conservé pour la consommation du fermier, et ce qui avait été versé dans les magasins nationaux : je fus émerveillé de l'énormité des produits, et je compris parfaitement comment l'agriculture pouvait donner à la République tout ce qui était nécessaire pour nourrir, vêtir, loger et meubler splendidement tous les citoyens.

Un autre tableau contenait la *liste* des produits demandés par la République pour l'année courante ; et, dans cette liste, M. Mirol me fit remarquer qu'on lui demandait moins d'un produit, plus d'un autre, et quelque essai d'une production nouvelle.

Il m'expliqua ensuite comment les produits étaient *transportés* dans les magasins de la République, quelques-uns par ses chariots, d'autres par les chariots nationaux. Quant aux légumes, à la volaille, au laitage, aux fruits, qui doivent se transporter chaque jour à la ville, chaque fermier a des paniers et les vases nécessaires, et les dépose, à des heures fixées, sur le bord du chemin, où diverses voitures nationales convenablement disposées viennent les prendre pour les porter en ville.

La fabrique que nous allâmes visiter était une *faïencerie*, située sur une veine de terre qu'on ne trouve nulle part ailleurs, à une demi-lieue de la ville communale.

On y fabrique de la faïence pour toute la République; et presque toute la population de la ville communale y est employée, amenée et ramenée chaque jour en cinq minutes sur un chemin de fer. — Que d'ateliers différents! que de machines! quel mouvement! quelle activité! quels magasins pour recevoir momentanément les vases fabriqués! quel mouvement pour l'emballage! que de voitures pour le transport dans toutes les communes de la République! Nous aurions passé là la journée entière que nous n'aurions pas eu le temps de tout voir et de tout admirer.

— Je vois, dis-je en revenant, que vous n'avez pas besoin du COMMERCE.

— Hé non sans doute, répondit Valmor: c'est la République qui demande à chaque Commune la production agricole et industrielle qui convient le mieux à la nature de son terrain et à sa situation; et c'est la République qui emporte de chaque Commune son superflu pour le distribuer à d'autres, et qui lui apporte ce qui lui manque en le prenant à toutes celles qui le produisent.

C'est l'échange, ou plutôt le partage et la distribution des produits; et personne ne pourrait le faire aussi bien que la République.

Suppose en effet un riche et habile négociant, une puissante compagnie, qui fait le commerce d'échange entre deux Communes, ou entre deux Provinces, ou entre deux Pays, achetant à chacun ses produits surabondants et lui vendant ceux qui lui manquent.

Tu conçois que la République peut faire la même chose et bien mieux encore, parce que tous les négociants réunis ne pourraient jamais avoir sa puissance, son unité, et surtout la coopération et l'appui volontaire du peuple entier.

Tous les moyens de transport nécessaires, chariots et chevaux, voitures à vapeur et chemins de fer, bateaux et canaux, etc., etc., elle les a !

Voituriers, bateliers, agents de toute espèce, elle les a, et tout dévoués, puisqu'elle les nourrit et les loge magnifiquement !

Ses voitures vont souvent, sans s'arrêter, d'un bout du pays à l'autre ; mais ses conducteurs et ses chevaux ne sortent pas du territoire de leur Commune ou de leur Province, et sont remplacés par d'autres !

Quelle rapidité ! et jamais la voiture qui part pleine ne revient vide !

Vois aussi l'emmagasinement ! Chaque Commune a ses magasins *communaux*, où l'on met d'abord la portion de tous ses produits nécessaire à sa consommation ; des *dépôts provinciaux* et des *dépôts nationaux*, qui reçoivent l'excédant pour être transporté dans d'autres Communes et d'autres Provinces ou en Pays étrangers.

Quant à la prévoyance et à tous les moyens de prévenir la *disette*, qui pourrait en avoir autant qu'elle ! Qui pourrait, comme elle, connaître les accidents qui menacent les récoltes, les besoins de chaque Province, et ce qu'il faut demander à chacune dans l'intérêt des autres !

Qui pourrait aussi rivaliser de puissance pour faire le *commerce extérieur ?* Ce n'est pas avec les particuliers qu'elle traite, c'est avec les gouvernements étrangers eux-mêmes, du moins avec tous ceux qui sont ses alliés. Elle examine d'abord quels sont les produits qu'elle doit *exporter* et quels sont ceux qu'elle doit *importer*: c'est le peuple lui-même ou ses Représentants qui décident la question ; et c'est ensuite le Gouvernement qui négocie l'échange.

Et la République se garde bien de faire cultiver ou fabriquer ce qu'elle peut avoir facilement d'un autre pays, si son agriculture et son industrie peuvent être employées plus utilement à d'autres produits.

Tu conçois encore l'économie et les avantages qui doivent résulter de là pour le bonheur du Peuple !

Le soir, la conversation roula sur les *plaisirs* de la campagne comparés à ceux de la ville.

— Je ne sais pas, dis-je, si les citadins sont plus ou moins heureux que les campagnards ; mais ce que je vois avec admiration, c'est qu'il est difficile d'être aussi heureux que les uns et qu'il me paraît impossible d'avoir plus de bonheur que les autres. S'il vivait aujourd'hui, au lieu de dire : *O fortunatos nimium sua si bona nórint, agricolas* * (car vous savez mieux le latin que moi), le poète romain dirait : Heureux les laboureurs, *puisqu'ils* savent apprécier toute leur félicité !

—Vous avez raison, répondit M. Mirol : aussi, je ne regrette ni le palais que j'avais en ville autrefois, ni le château de mon comté, ni mon parc, ni ma chasse, ni même ma loge à l'Opéra ; et si vous voulez vous lever demain avant quatre heures , je vous mènerai vers le grand chêne, sur le sommet du coteau, pour contempler le lever du soleil ; et vous verrez que notre spectacle du matin vaut bien les spectacles du soir dans les villes !

## CHAPITRE XX.

### Religion.

Un quart-d'heure avant le jour, nous étions sur la montagne, M. Mirol , Valmor et moi.

—Quelle magnificence , m'écriai-je , précède l'apparition du *Soleil !* comme la belle *Vénus* elle-même disparaît devant lui après avoir brillé pour guider le berger ! que l'*Aurore* est charmante ! que la riante imagination des Grecs semble avoir eu raison d'en faire une jeune Déesse aux joues vermeilles et aux doigts de rose , semant autour d'elle la rosée, les fleurs et les parfums, colorant les nuages légers de son pinceau trempé dans les mille nuances du rouge le plus gracieux, annonçant l'arrivée de son maître, ouvrant enfin les immenses portes du ciel pour le laisser passer !

Il approche, sans paraître encore ; et déjà ses puissants rayons éclairent, échauffent et raniment les plantes qui reverdissent et se redressent aidées par le doux souffle du zéphyr, les fleurs qui rouvrent leurs odorants calices, les oiseaux qui témoignent leur reconnaissance et leur joie par leurs concerts, et les travailleurs qui se répandent gaiement dans la campagne réveillée !

Enfin le voilà, entouré de feux et de lumière, éclipsant tout autour de lui , illuminant le ciel et la terre, éblouissant l'œil assez téméraire pour oser fixer sa splendeur et son éclat !

Voyez comme il s'élance pour parcourir majestueusement l'im-

* Trop heureux les habitants de la campagne s'ILS connaissaient leur bonheur !

mense voûte circulaire des cieux d'azur, sur son char étincelant, traîné par quatre rapides et superbes coursiers, escorté par les Heures, et répandant partout des torrents de chaleur, de lumière et de vie !

C'est le père, le bienfaiteur, le dieu de la nature, recevant presque partout les hommages de ses créatures et l'adoration des mortels !...

— Et tout cela n'est qu'illusion et mensonge, s'écria Valmor en poussant un long soupir, comme le bonheur sur cette terre ! Ce soleil, que ton imagination fait si rapide et si généreux, n'est qu'une petite lampe ou qu'un petit poêle immobile, attaché à son poste pour éclairer et échauffer notre petite terre et quelques autres atomes tournant autour de lui, à côté de milliards d'autres soleils et d'autres terres dont chacun a sa place et son emploi dans l'*atelier de l'univers*.

C'est cet *univers* qu'il faut admirer, cet *atelier* éternel en durée, immense en espace, sans commencement et sans fin, sans limite en longueur, en largeur et en hauteur, où fourmillent d'innombrables armées d'ouvriers de toute taille et de toute espèce autour d'innombrables machines suspendues et entassées sans désordre, dont les unes, *infinies* en volume, en poids, en vitesse et en puissance, sont des millions de fois plus grosses que la Terre et cependant volent des milliers de fois plus vite qu'un boulet de canon; tandis que d'autres créatures, infinies en délicatesse et en ténuité, sont des millions de fois plus petites que le plus imperceptible ciron.

Valmor nous paraissant transporté d'enthousiasme, nous nous gardâmes bien de l'interrompre ; et je regrette vivement de ne pouvoir rappeler qu'imparfaitement ses paroles.

— Et l'on a pu croire, continua-t-il, que ce soleil, cette petite lampe, ce petit poêle, était un *Dieu !*

Tous ces innombrables soleils seraient donc autant de Dieux? Mais qui les aurait créés, ces Dieux ? qui les gouvernerait ? qui aurait créé leurs empires et leurs sujets?

Car je ne puis concevoir une Terre qui n'ait pas été créée, un Dieu qui ne soit pas un Créateur ou un Père !

J'ai donc besoin de croire à un Dieu *unique*, Créateur, Père, Architecte de tout le reste de l'univers.

Et d'un autre côté, quel est cet Architecte qui a dessiné le plan de cet univers et qui l'a construit ? Où a-t-il pris les matériaux et es ouvriers? Comment a-t-il eu la puissance de créer ces prodigieuses machines et de fabriquer ces merveilleux ouvrages?

Pourquoi, dans quel but, pour qui a-t-il créé tant de machines et de merveilles?

Et ce Créateur, cet Architecte, ce Père des Dieux et des hommes, qui l'a créé lui-même? quel est son père? quand, où, comment, de quoi est-il né?

Comment comprendre la toute-puissance, l'éternité, l'infini? et cependant comment comprendre aussi des limites à l'espace et à la durée, le commencement et la fin de l'univers, des bornes au possible et à l'impossible?

N'y aurait-il donc pas de Dieu? La *matière* existerait-elle par elle-même et de toute éternité? Cette puissance infinie, cet ordre si admirable qui suppose l'intelligence et la prévoyance infinies d'un infiniment habile Ouvrier, toutes les merveilles de l'organisation minérale, végétale et animale ne seraient-ils qu'une *qualité* de la matière?

Le plumage si varié des oiseaux, la merveilleuse structure de l'œil, la forme si gracieuse de la bouche, toutes les admirables parties de l'admirable machine humaine se formeraient-ils comme les sels et les cristaux?

Mais comment concevoir les merveilles de la cristallisation elle-même plus facilement que l'existence d'un Dieu? Et même, n'est-ce pas une pure question de mots? car cette *qualité* de la matière n'aurait-elle pas alors tous les attributs qu'on donne à la Divinité, la toute-puissance, l'infini, l'éternité? Cette *qualité*, ou bien la *matière*, ne serait-elle pas ce qu'on veut exprimer par les expressions trop vagues et trop indéfinies, *Dieu*, *Divinité*, *Nature*, *Être suprême?*

Pour moi, la *Divinité* est cette *cause première* dont je vois les *effets*, à qui je prête une figure humaine afin de mieux la comprendre et de pouvoir plus facilement en parler, mais dont, avec mes sens restreints et mon organisation imparfaite, je ne puis apercevoir et connaître ni la forme ni l'essence.

Je m'incline devant elle, sentant profondément mon imperfection et mon infériorité. Je comprends qu'il me manque un sens, comme au sourd ou à l'aveugle, pour l'entendre ou l'apercevoir ; et quand ma faible raison s'obstine trop à vouloir percer ces mystères, je sens qu'elle s'obscurcit et tombe en démence, comme ma faible vue s'éblouit et me fait tomber en vertige quand elle s'opiniâtre à fixer l'éclat du soleil.

J'admire ses merveilles ! Quelquefois je trouve partout des sujets d'admiration, même dans la fange et la boue d'où s'élancent des milliers d'êtres vivants ou végétants ; et quelquefois je n'admire plus rien, ou plutôt je ne m'étonne plus de rien, prêt à découvrir de plus grandes merveilles encore.

Je me sens enclin à bénir sa *bonté* (si je puis me servir en parlant d'elle d'une expression qui s'applique ordinairement à l'homme), sans pouvoir pourtant m'expliquer pourquoi cette Divinité toute-puissante condamne l'innocent enfant à payer par d'atroces douleurs les dents qui lui sont nécessaires, ni pourquoi cette même Divinité me rend si malheureux aujourd'hui, moi qui ne hais personne, qui n'ai jamais fait de mal à personne, qui chéris tous mes semblables, et qui ne les distingue dans mon amour que par une tendresse plus vive pour mes parents et mes amis ! Pourquoi me fait-elle tant souffrir aujourd'hui?

(J'ai cru qu'il ne pourrait continuer, tant son cœur paraissait alors oppressé.)

Je voudrais croire à sa *justice* dans une autre vie, à ses récompenses éternelles pour les bons et à ses punitions pour les méchants; car, pour ne pas l'accuser, j'ai quelquefois besoin d'espérer que les malheurs des opprimés seront compensés par une félicité d'une autre espèce, et que l'insolent triomphe des oppresseurs sera changé en humiliation et en souffrance ; j'ai besoin d'espérer que les tyrans seront punis, sans désirer pourtant contre eux un châtiment sans fin.

Et si je parle des tyrans, ce n'est que pour les autres Peuples; car nous avons mieux fait que de les maudire et de les condamner; nous les avons à jamais chassés de chez nous, sans attendre une autre vie pour faire le bonheur des hommes.

J'ai souvent du plaisir à croire que l'*âme* est une émanation divine, quand je considère la puissance de la *raison*, de l'*intelligence* et du *génie* déposés dans une si petite tête et dans un si faible corps.

J'aime à croire que l'âme est *immortelle;* car je ne vois dans la nature que des transformations sans anéantissement, et je ne puis supporter l'idée qu'une créature si belle, si parfaite, si angélique....

Son émotion l'empêchant d'achever, il cacha sa figure avec ses mains.

Alors le vieillard, pour distraire la douleur de son jeune ami, nous prit tous deux sous le bras et nous emmena visiter une grotte délicieuse qui se trouvait à quelques pas plus loin, de l'autre côté, sur le penchant de la colline.

—Avez-vous des *matérialistes* en Icarie? lui demandai-je pour l'exciter. — Oui, quelques-uns.

—Et vous les souffrez? — Comment, nous les souffrons ! Et quel mal leur opinion peut-elle faire quand tout est réglé par les lois et quand ils obéissent aux lois? Quelle importance peut avoir une opinion religieuse quelconque de quelques individus, quand la nation entière est heureuse? Et d'ailleurs nos opinions ne sont-elles pas indépendantes de notre volonté? Es-tu libre de croire ou de ne pas croire? La croyance ne doit-elle pas être respectée comme les goûts? Trop long-temps nos ancêtres ont été superstitieux, fanatiques, intolérants, persécuteurs et sanguinaires! Trop long-temps la religion, invoquée comme le salut des hommes, en a été le fléau! Les supplices et la guerre ne seraient-ils pas aussi absurdes entre des opinions diverses qu'ils le seraient entre ceux qui préfèrent la groseille à la fraise et ceux qui préfèrent la fraise à la groseille? Persécuter les matérialistes ne serait-ce pas un acte d'injustice, d'oppression, de barbarie, de démence et de rage, tout aussi bien que si l'on proscrivait ceux qui sont d'avis de la minorité dans des milliers de questions d'astronomie, de médecine et d'autres sciences?

—Vous avez donc plusieurs *sectes* religieuses? — Oui: et puisque nous sommes sur ce sujet qui t'intéresse beaucoup, si j'en juge par les questions que tu m'adresses tous les jours, je vais t'expliquer notre *système religieux*, si tu le désires et si mon vénérable ami le permet.

—Parlez, parlez, répondîmes-nous en même temps.

—Eh bien, écoute! car c'est ici l'un des chefs-d'œuvre de notre bon et divin Icar, qui ménagea prudemment et patiemment les esprits jusqu'à ce qu'il les eût amenés universellement à son opinion. Ce que je vais te dire est donc, comme toutes nos institutions, l'ouvrage du Peuple entier. Maintenant, écoute bien! car ici, comme presque en tout, nous avons fait une révolution radicale, et nous avons tout reconstruit à neuf, en conséquence du principe de la Communauté.

Nous avons d'abord remplacé les expressions *Dieu, Divinité, Religion, Eglise, Prêtre*, par des expressions nouvelles et si parfaitement définies qu'elles ne peuvent donner lieu à aucune équivoque.

En second lieu, ici encore, comme en tout, l'*éducation* est la base du système entier. Jusqu'à seize et dix-sept ans les enfants n'entendent pas parler religion et ne sont enrégimentés sous aucune

10

bannière religieuse. La loi ne permet ni aux parents ni aux étrangers de les influencer avant l'âge de raison. Ce n'est qu'à cet âge, à seize et dix-sept ans, quand leur éducation générale est presque achevée, que le professeur de philosophie, et non le prêtre, leur expose, pendant un an, tous les systèmes religieux et toutes les opinions religieuses sans exception.

— Mais quel est donc le *frein* des enfants et des jeunes gens?

— De quel frein parles-tu? Pourquoi un frein? Autrefois ce frein pouvait leur être nécessaire : mais aujourd'hui, je ne dis pas quel crime, mais quel mal un enfant pourrait-il faire? La garantie de sa bonne conduite n'est-elle pas dans son éducation, dans la sollicitude affectueuse de ses instituteurs, dans la tendresse éclairée de ses parents, et dans le bonheur dont on le fait jouir? Demande à notre vénérable ami si l'on trouve l'occasion de faire un reproche grave aux enfants d'Icarie !

A dix-sept ou dix-huit ans, chacun adopte, en parfaite connaissance de cause, l'opinion qui lui paraît la meilleure, et choisit librement la religion qui lui convient. Quelle que soit sa croyance, on la respecte ; quel que soit son culte, on le lui permet ; et dès qu'une secte est assez nombreuse pour avoir un temple et un prêtre, la République lui donne l'un et l'autre.

Ne va pas croire cependant que les *sectes* soient nombreuses : en religion, comme en politique, comme en morale, comme en tout, la vérité, sinon absolue, au moins relative, est *une*, et notre République marche vers l'*unité* en fait de religion comme en toute autre chose, parce que l'influence de l'éducation, de la raison, de la discussion, amène naturellement chacun à l'opinion des plus éclairés, qui devient l'opinion universelle. Peut-être, probablement même, modifierons-nous nos opinions religieuses, comme nous les avons modifiées déjà et comme nous modifierons certainement nos opinions scientifiques et industrielles : mais, pour le présent et depuis cinquante ans, les sectes sont rares parmi nous, les sectaires sont très-peu nombreux, et l'on peut dire que l'universalité des Icariens a la même croyance religieuse. — Et quelle est cette *croyance?*

— Suppose qu'aujourd'hui, dans l'état actuel des lumières, les hommes les plus instruits, les plus sages et les plus judicieux, se réunissent en *concile*, comme les chrétiens l'ont fait jadis, pour discuter, dégagés de tout intérêt personnel, toutes les diverses opinions religieuses, et pour déclarer quelle est la plus raisonnable : tu conçois que ce *concile* pourra déclarer, sinon à l'unanimité, au

moins à une grande majorité, qu'il adopte une même croyance.—
Oui, je le conçois : mais enfin quelle est cette *croyance* que vous
avez universellement adoptée ?

—Ce serait trop long de te l'exposer maintenant, parce qu'on
ne peut entamer un pareil sujet sans entrer dans tous les détails ;
et je ne voudrais pas blesser tes susceptibilités religieuses..... —
Ne crains rien, et dis-moi quelle est cette *croyance* !

— Je t'en prie, n'insiste pas aujourd'hui ! je promets de te l'expliquer plus tard.

Mais ce que je puis te dire dès à présent, c'est que la Religion
n'est plus le Gouvernement ni l'État, et qu'elle s'en trouve complétement séparée, sans avoir aucune autorité civile, et sans être en
aucun cas affranchie de soumission à la loi ; tandis que, d'un autre
côté, la loi n'intervient dans la religion que pour protéger la liberté
des croyances et maintenir la paix publique, pour obtenir tout le
bien qu'elle peut produire en évitant tout le mal dont elle a trop
souvent été la cause ou l'occasion.

Notre religion, universelle ou populaire, n'est, à vrai dire, qu'un
système de *morale* et de *philosophie*, et n'a d'autre utilité que de
porter les hommes à s'aimer comme frères, en leur donnant pour
règle de conduite ces trois préceptes qui renferment tout : « Aime
ton prochain comme toi-même. Ne fais pas à un autre le mal que
tu ne voudrais pas qu'il te fit. Fais à autrui tout le bien que tu
désires pour toi-même. »

Notre *culte* même est infiniment simple : chacun admire, remercie, prie et adore la Divinité comme il lui plaît, dans l'intérieur de
sa maison : nous avons même des *temples* pour nous instruire ou
pour adorer en commun ; mais nous pensons que la justice, la fraternité, par conséquent la soumission à la volonté générale et l'a-
mour de la Patrie et de l'Humanité, sont le culte le plus agréable à
la Divinité ; nous estimons que celui qui sait le mieux l'adorer et
lui plaire, c'est celui qui sait être le meilleur père, le meilleur fils,
le meilleur citoyen, et surtout celui qui sait le mieux aimer et vénérer la femme, chef-d'œuvre du créateur ; nous pensons que les
privations et les souffrances que le fanatisme s'impose sont des
outrages à la bonté divine ; nous pensons aussi que la nature entière est le plus beau temple où l'on puisse offrir ses hommages a
l'Être suprême.

Notre culte est donc sans aucune *cérémonie* ni *pratique* qui sente
la superstition, ou qui ait pour but de donner des pouvoirs aux
prêtres. Point de jeûnes, point de mortifications, point de pénitence

volontaire ou imposée ! Si quelqu'un commet une faute qui cause un tort quelconque, c'est en le réparant qu'on s'en punit, et en redoublant d'efforts pour être utile à ses concitoyens et à la Patrie. Nous trouverions absurde de prononcer des *prières* dans une langue inconnue ou seulement autre que la nôtre, comme nous trouverions presque stupide de réciter des prières officielles que chacun de nous n'aurait pas composées lui-même.

Nos *temples* sans images, beaux et surtout commodes et salubres comme tous nos autres établissements publics, sont principalement destinés à la prédication et à l'instruction religieuse.

Et pour terminer en deux mots, j'ajouterai que nos *prêtres* n'ont aucun pouvoir, même spirituel ; qu'ils ne peuvent ni punir, ni absoudre ; et qu'ils ne sont que des prédicateurs de morale, des instructeurs religieux, des conseils, des guides et des amis consolateurs, heureux quand ils n'ont pas besoin eux-mêmes de consolations et de conseils !...

Après ces mots, il parut vouloir s'arrêter, absorbé dans une profonde mélancolie.

— Quoi ! lui dis-je alors, tu veux être *prêtre ;* par conséquent tu sais que tout ce qui concerne vos prêtres est peut-être ce qui m'intéresse le plus, et tu ne m'en dis pas davantage à leur égard ! Apprends-moi leur éducation, leur réception, leur ministère !

— Eh bien, répondit-il d'une voix touchante de tristesse et d'amitié, écoute encore !

Sache d'abord que nous avons des *prêtresses* pour les femmes, comme des prêtres pour les hommes. Ce que je vais te dire des prêtres doit s'appliquer aux prêtresses.

Le *sacerdoce*, comme la médecine, est une profession, ou, si tu veux, une fonction publique.

A dix-huit ans, quand l'éducation générale est terminée, et quand chacun choisit son industrie, le jeune homme qui veut être prêtre subit un examen pour savoir s'il possède l'instruction, les dispositions et les qualités nécessaires.

S'il est admis comme *aspirant*, il fait, jusqu'à vingt-cinq ans, des études spéciales sur l'éloquence et la morale, la philosophie et la religion ; et pendant ce temps d'étude et d'épreuve, il se consacre encore comme *instituteur* à l'éducation de la jeunesse.

Il doit se *marier* avant vingt-cinq ans, afin de se mettre autant que possible à l'abri des passions, et pour qu'on puisse juger si, dans toutes les positions de la vie sociale, il pourra servir de modèle aux autres.

A vingt-cinq ans on l'examine encore, pour s'assurer qu'il est digne et capable de conseiller et de consoler ceux qui peuvent avoir besoin de consolation ou de conseil ; car, quoique les Icariens soient élevés de manière à devenir des hommes dignes de ce nom, quoique les pères et mères et les amis soient bien capables d'être les conseillers et les consolateurs de leurs enfants et de leurs amis, la voix du prêtre n'est quelquefois pas inutile dans des circonstances extraordinaires, et produit d'autant plus d'effet qu'elle est plus rarement entendue.

Le prêtre devant être un conseil et un conducteur pour les malheureux, un second père pour les jeunes, un frère pour ceux de son âge, un ami pour les autres, on exige qu'il soit l'homme le plus distingué par la prudence, par la sagesse, par la patience et par le talent de la persuasion.

Si l'examen, à vingt-cinq ans, est favorable, l'aspirant est proclamé *candidat ;* et c'est parmi les candidats que les citoyens de chaque quartier *élisent* ensuite leur *prêtre.*

Ce n'est même que pour *cinq ans* qu'ils l'élisent, afin de pouvoir écarter celui dont la vertu ne serait pas constamment digne de servir de modèle aux autres ; car c'est la *vertu* surtout qu'on exige du prêtre ; et plus on l'honore, plus on veut qu'il soit vertueux, comme plus il est vertueux et plus il est honoré.

—Aussi est-on impatient, dit le vieillard en l'interrompant, de te voir atteindre tes vingt-cinq ans ; car personne, mon cher Valmor, n'a subi avec plus d'éclat l'examen d'aspirant ; personne n'a plus de succès comme instituteur ; personne n'est plus généralement aimé et estimé ; personne n'est plus sûr d'être proclamé candidat et d'être unanimement élu prêtre ; et tu sens combien j'en suis heureux, moi le plus ancien ami de ton grand-père, moi qui t'aime comme un de mes enfants !

—Ah ! s'écria Valmor, qui depuis long-temps me paraissait vivement agité, que me parlez-vous d'estime publique ! Cette estime que j'ambitionnais et que je méritais (car, j'en prends le ciel à témoin, quel cœur est plus pur que le mien ?), cette estime, je ne la mérite plus ! Et comment pourrais-je conseiller de dompter ses passions, moi qui me laisse subjuguer par les miennes ? De quel front oserais-je encourager un autre à supporter un malheur avec résignation, moi si faible et si lâche ! Mais aussi quel malheur fut jamais égal au mien, dites, vous son grand-père, vous qui connaissez son âme....!

Et sa douleur, long-temps maîtrisée, faisant enfin irruption

10,

comme un torrent qui rompt sa digue, le malheureux fondit en larmes.

Oh! que les larmes d'un homme font de mal à ses amis! Nous pleurions tous deux avec lui.

Mais lui, honteux et irrité de ses pleurs : — Voyez, nous dit-il en montrant sa poitrine rouge et presque déchirée avec ses mains, voyez comme je luttais contre mes larmes et comme je me punissais de ma faiblesse!

— Pleure, mon enfant, pleure sans contrainte avec tes amis! J'ai souffert aussi dans ma jeunesse et je sais compâtir à tes souffrances! J'ai pleuré aussi; et je sais que si nous sommes tentés d'accuser le ciel de nous faire souffrir, nous devons reconnaître du moins que les larmes sont un bienfait de la nature.

— Oui, je me sens soulagé d'un poids qui m'oppressait....

— Eh bien, maintenant de la raison, du courage! Ma fille Naïra n'était-elle pas un ange aussi? Et nous, qui la chérissions, n'avons-nous pas supporté sa perte?

— Ah! si Dinaïse était morte, je serais peut-être moins malheureux!... (Et ses larmes recommencèrent.)

— Allons, Valmor, lui dit le vieillard d'un ton presque sévère, du courage! Il est temps d'être homme; il est temps de montrer de la vertu, et l'on n'est vertueux que quand on sait triompher de l'adversité. Au lieu de dire : Je suis faible et ne veux plus être prêtre, il faut dire, Valmor : Je serai prêtre et je veux être digne de l'être.

— Eh bien oui! s'écria-t-il d'un air transporté, oui, j'en serai digne, et j'en prends avec vous l'engagement, avec vous, son père, qui deviez être le mien! Mais excusez encore ma trop légitime douleur! (Et il s'était jeté dans ses bras en fondant encore en larmes; et le vieillard pleurait avec lui.)

Je suis mieux, dit-il enfin... Je me sens plus fort; je vaincrai, je le veux : mais laissez-moi le temps de combattre!

Demain, ce soir peut-être, nous partirons.

Je ne le fuirai pas.... Bientôt vous serez content de moi!

Pauvre Valmor, il aura bien à souffrir encore, et de rudes assauts à soutenir! mais il aura des consolations; et moi qui l'aide à se consoler aujourd'hui, je serai bientôt accablé sous le poids d'inconsolables douleurs! Il guérira et moi je serai la proie d'un mal sans remède! Son cœur pourra battre encore de plaisir et de bonheur, et moi, malheureux, j'épuiserai jusqu'à la lie le calice des infortunes humaines!

## CHAPITRE XXI.

### Guérison de Valmor. — Anxiété de Milord.

J'avais ramené Valmor dans sa famille, qui ne savait comment m'exprimer sa reconnaissance de l'amitié que je lui avais témoignée en l'accompagnant à la campagne. Corilla surtout, que sa tristesse rendait plus touchante, redoublait de caresses et d'amabilité pour son frère et pour moi.

Une heure après notre arrivée, Valmor voulut aller voir Dinaros; et, le soir, nous retournâmes tous ensemble chez madame Dinamé.

Chacun s'efforçait d'agir comme avant la fatale explication : Valmor et Dinaïse ne cherchaient point à s'éviter; seulement Valmor ne s'empressait plus auprès d'elle comme autrefois, et tout le monde semblait s'entendre pour les occuper tous deux, les uns se réunissant autour de Valmor, et les autres autour de Dinaïse.

Je m'approchai plusieurs fois moi-même quand Corilla était auprès d'elle; et je ne pus m'empêcher de plaindre vivement Valmor en secret, car elle ne m'avait jamais paru si ravissante. Je fus surpris de la trouver moins timide avec moi, son ton me paraissait presque affectueux ; il me semblait même que, comme Corilla, elle voulait se montrer reconnaissante des soins que j'avais eus pour Valmor. Mais, tandis qu'elle acquérait de la hardiesse, je n'en étais pas moins troublé quand j'osais la contempler, et surtout quand j'entendais sa voix, qui chaque fois me faisait tressaillir. Je me rappelais souvent tout ce que Valmor m'avait dit d'elle, et je concevais mieux son enthousiasme et son désespoir.

J'étais étonné même de la tranquillité de Valmor : cependant je crus l'apercevoir une fois pâlir et changer de voix en la regardant; mais ce fut un éclair.

— Eh bien, nous dit-il en sortant, à Corilla et à moi, êtes-vous contents de Valmor? Si vous saviez ce que j'ai souffert, et quels combats je me suis livrés!... Je me croyais plus fort! Que l'homme est faible ! Mais c'en est fait, j'ai vaincu, et, j'en suis sûr, je ne cesserai plus de vaincre ; je vous rendrai le repos, à toi, ma chère sœur, à toi, mon bon et fidèle ami. (Et souvent il me serrait affectueusement la main. )

Je devais être satisfait de l'état de Valmor, de ses caresses, de l'accueil de Dinaïse : mais voyez la bizarrerie du cœur humain! je me retirai triste et troublé, sans pouvoir m'expliquer à moi-même la cause de ma tristesse, et sans me douter que l'anxiété vague qui m'oppressait était le présage des malheurs qui devaient m'accabler, comme un air étouffant est ordinairement le précurseur de la tempête !

---

## CHAPITRE XXII.

### Représentation nationale.

Nous étions convenus, Corilla, Dinaros et moi, que j'entraînerais Valmor le plus souvent que je pourrais au dehors pour le distraire, et je lui avais fait promettre à lui-même de m'expliquer plus en détail leur organisation politique et de me la faire voir en action.

Son grand-père nous ayant avertis que la prochaine séance de la Représentation nationale devait être intéressante, je lui avais demandé de m'y conduire avec Eugène, dont je savais que la compagnie lui était agréable.

Nous allâmes donc le prendre de bonne heure, et nous partîmes en causant, après avoir promis de revenir à la maison, où nous trouverions probablement madame Dinamé et sa famille.

— La Représentation nationale, nous dit Valmor en marchant, est le premier Pouvoir après le Peuple.

Vous la verrez composée de deux mille Députés, élus pour deux ans, et dont moitié sont renouvelés chaque année.

Les mille Communes qui composent la République ayant chacune deux Députés, chacune d'elles en réélit un tous les ans.

Les élections se font le même jour dans toute la République, le 1er avril.

Elles se terminent partout en une seule séance, après que les listes de candidats ont été dressées et discutées dans deux séances précédentes, à dix jours d'intervalle.

Tous les citoyens acquérant l'habitude des affaires publiques dans les assemblées populaires, presque tous exerçant quelques-unes des fonctions communales ou provinciales, les plus habiles remplissant successivement presque toutes ces fonctions, et les Députés étant choisis parmi les plus remarquables d'entre les habiles, vous concevez que les représentants sont presque tous des hommes mûris par l'âge et l'expérience, la crème du pays par leurs talents, par leurs vertus et par leur patriotisme : si quelques jeunes hommes apparaissent parmi eux sans avoir passé par la filière des emplois inférieurs, comme vous en verrez quelques-uns, c'est que ce sont des hommes de génie.

La Représentation nationale est *permanente*, comme le Peuple, et comme la Souveraineté populaire qu'elle représente.

Elle siège pendant *neuf mois*, et prend trois vacances d'un mois chacune, pendant lesquelles elle est représentée par une *Commission de surveillance*, qui la rappellerait s'il était nécessaire.

Les représentants se réunissent et se séparent aux époques fixées par la Constitution, sans autre ordre que le mandat du Peuple souverain.

Tous sont logés et nourris en commun dans le *Palais national*.

Un autre jour nous visiterons leurs logements et leur réfectoire, et vous verrez qu'ils ne sont pas autrement traités que tous les autres citoyens. Leur salon des conférences et tout ce qui sert exclusivement à leur usage personnel n'ont rien d'extraordinaire.

Mais le monument public, le *Palais national*, regardez-le bien (nous en approchions alors), et dites-moi, vous qui avez tant voyagé, avez-vous vu quelque plus beau palais impérial ou royal... ! On a envoyé partout pour avoir des modèles, on a préparé et discuté le plan pendant quatre ans. Il n'y a que 22 ans qu'il est achevé, après un travail de 28 années. Icar et la République avaient dit ensemble : *Que le Palais national soit le plus beau monument de la terre !* Et le voilà...!

Mais entrons vite, parce que l'heure approche.

Je n'entreprendrai pas de décrire l'intérieur... Je ne crois pas qu'aucune salle de trône dans aucun palais de monarque soit aussi majestueuse, aussi superbe, aussi magnifique que cette salle des délibérations des représentants d'un *Peuple Empereur, Pape et Roi !*

Plusieurs vastes galeries contiennent plus de 6,000 spectateurs.

Pas un soldat, pas une garde, pas une arme ! mais une musique tantôt imposante et tantôt délicieuse.

A 4 heures moins 5 minutes, le Président, les Vice-Présidents et les Secrétaires, précédés de nombreux huissiers, et suivis des 2,000 représentants, entrèrent dans la salle en superbes costumes, et prirent respectivement leurs places au milieu d'un majestueux silence.

Ces 2,000 Députés assis sur des bancs demi-circulaires s'élevant

en amphithéâtre, ces 6,000 spectateurs suspendus sur leurs têtes,
ces costumes éclatants, les élégantes et brillantes toilettes des femmes, toutes ces figures belles ou gracieuses, la tribune en face, les
officiers derrière et plus haut, le Président au milieu d'eux et plus
élevé, les inscriptions et les statues, les lustres étincelants et les
drapeaux, la musique et le silence (au milieu duquel une voix
semblait crier : *C'est ici que se décide le bonheur ou le malheur
d'un grand Peuple*), tout formait un spectacle que ne peuvent
offrir ni la stérile magnificence d'une cour ni la vaine féerie d'un
opéra.

Quatre heures sonnaient quand un superbe vieillard, en habit
de citoyen, parut au-dessus du Président et prononça ces mots
d'une voix solennelle :

« Représentants d'Icarie, souvenez-vous que le Peuple ne vous
» a envoyés ici que pour travailler à son bonheur, et que vos frères
« ne vous ont choisis que pour recevoir de vous l'exemple de toutes
» les vertus ! »

Aussitôt le Président déclara que la séance était ouverte.

« Chef des huissiers, dit-il, tous les représentants sont-ils à leur
poste ? — Non. — Combien en manque-t-il ? — Trois. — Qui sont-
ils ? (L'huissier les nomma.)

» Je déclare à l'Assemblée, ajouta le Président, que les deux
premiers m'ont envoyé leurs motifs d'absence ; et je transmettrai
leurs lettres au Comité de censure.

» Quelqu'un demande-t-il un congé momentané ? » Quatre députés se levèrent et exposèrent leurs motifs. L'Assemblée en accorda
trois, et renvoya le quatrième au Comité de censure.

Un Rapporteur lut ensuite à la tribune, au nom du Comité d'a-
meublement, son rapport sur un projet de loi, pour ajouter un
nouveau meuble au mobilier de chaque famille. Il déclara que le
Comité était unanimement d'avis de l'adoption, et fit connaître
brièvement ses motifs. Personne ne demandant la parole contre ce
rapport, l'assemblée vota sans discussion par *assis et levés*, et
adopta la loi à l'unanimité.

Un autre Rapporteur était à la tribune quand la porte de la salle
s'ouvrit avec un carillon de clochettes qui attira tous les regards.
— Regardez bien, nous dit Valmor : c'est le troisième Député dont
le chef des huissiers vient de déclarer l'absence. — Mais pourquoi,
lui dis-je, cette porte bruyante, au lieu d'une porte ouvrant sans

interrompre l'orateur? — C'est pour que l'assemblée remarque l'entrée du retardataire. Tu verras tout à l'heure !

Le Rapporteur, qui s'était arrêté jusqu'à ce que le Député fût à sa place, termina son rapport.

Après le vote de l'Assemblée, le Président dit au député : « Représentant B....., vous n'avez pas donné à vos concitoyens l'exemple de l'exactitude à remplir un devoir : quelle est votre excuse? » Le Député exposa la cause de son retard.

« L'assemblée, dit ensuite le Président, veut-elle renvoyer au Comité de censure? » Tous restèrent assis. « Admet-elle l'excuse? » Tous se levèrent.

— Mais cette cérémonie est déjà une punition sévère, m'écriai-je sans assez de précaution pour n'être pas entendu..... — Monsieur, me dit poliment un vieillard à côté de moi, je suis venu pour entendre nos représentants et non vos réflexions : veuillez ne pas m'enlever mon droit...! — Excusez-moi, lui répondis-je (car il avait raison).

Quinze à vingt-cinq projets de lois furent de même adoptés et quelques-uns rejetés, sans discussion, à l'unanimité des Comités et de l'Assemblée.

Un Rapporteur vint ensuite déclarer que son Comité n'avait adopté le projet qu'à la majorité des deux tiers. Après lui se présenta un contre-rapporteur, choisi par la minorité de ce Comité pour exposer les motifs de son opposition. Plusieurs orateurs prirent ensuite la parole pour et contre le projet, et s'exprimèrent avec un *laconisme* extrême. L'assemblée n'étant point unanime, on compta la *minorité* qui se leva à la contre-épreuve, et l'on en trouva cent cinq, dont on prit rapidement les noms, en sorte qu'on connut par là ceux des dix-huit cent quatre-vingt-quinze qui formaient la *majorité* en faveur de la loi.

La séance fut alors suspendue pendant un quart-d'heure.

— La mercuriale de mon voisin était juste, dis-je alors plus librement à Valmor; mais ma réflexion n'était pas moins juste elle-même : votre porte à carillon et l'interruption de l'orateur sont une véritable punition pour le retardataire. — Ha, me répondit-il, nous ne badinons pas avec les devoirs! Les fonctions de Représentant ne sont pas un jeu pour nous! Vous avez entendu l'homme du Peuple rappeler à la Représentation nationale qu'elle doit donner l'exemple de toutes les vertus! Le Député qui manque volontairement à ses devoirs nous paraît beaucoup plus coupable qu'un autre; et l'opinion publique est tellement inexorable sur ce point qu'on a vu, il y a dix ans, un Député unanimement exclu de la Représentation nationale pour avoir manqué une seule fois d'assister à la chambre sans motif légitime : aussi personne n'y manque, et, sur deux mille Députés, vous n'avez vu qu'un seul retardataire.

— Ho ! je suis loin de blâmer cette sévérité, répondis-je ; je l'approuve au contraire de tout mon cœur et je l'admire.

— Il paraît, dit Eugène, que vos Comités ont une grande part dans le travail de la législation : comment agissent-ils? — Vous savez que la Représentation nationale a *quinze Comités principaux* de cent trente-trois membres chacun ; ceux-ci se subdivisent en soixante Sous-Comités de trente-trois. Tous ces Comités et Sous-Comités ont leurs matières spéciales et leurs salles particulières; toutes les propositions leur sont distribuées suivant leurs spécialités, pour être examinées et discutées séparément et sans retard. Les séances de ces Comités sont *publiques* et ont lieu tous les jours, le matin, de dix à une heure, tandis que celles de l'assemblée générale ont lieu le soir, de quatre à huit heures, et quelquefois jusqu'à neuf.

Quoique ces Comités aient toutes les *statistiques* qu'ils peuvent désirer, quoiqu'ils soient en relation régulière avec des comités analogues dans toutes les assemblées populaires, ils font souvent des *enquêtes* avec l'autorisation de la chambre, et interrogent publiquement, soit les fonctionnaires publics, soit les citoyens.

Ils organisent même, à côté d'eux, des *Commissions* spéciales, dans lesquelles ils appellent des citoyens non députés, qui recueillent les renseignements et qui leur donnent leur *avis*. Ces commissions libres, jointes aux comités, ont rendu d'immenses services pour organiser la Communauté.

Quand le Comité a pris sa délibération, son Rapporteur rédige de suite son rapport, qui est déposé, imprimé et distribué dix jours avant sa lecture et sa discussion, excepté dans les cas d'urgence, qui sont infiniment rares.

La séance étant rouverte, j'eus le plaisir d'un débat animé sur une grave question qui avait été renvoyée aux Assemblées populaires pour avoir leur avis, et qui partageait ces Assemblées comme le Comité : c'était la question de savoir s'il conviendrait de travailler sept heures *et demie* par jour, au lieu de sept, et d'avoir un jour de repos tous les *cinq* jours, au lieu d'un tous les *dix* jours, afin que les citoyens pussent jouir plus souvent de la campagne. Les *deux* orateurs les plus habiles avaient été choisis par la Minorité et par la Majorité pour soutenir seuls les deux opinions : ils se pressèrent de questions, d'objections et de raisonnements pendant plus d'une demi-heure, répliquèrent vingt fois l'un à l'autre, se mirent successivement d'accord sur beaucoup de points qui les divisaient d'abord, et finirent par convenir d'un essai pendant trois mois d'été, en soumettant même cette nouvelle combinaison à l'approbation des Assemblées populaires ; et la Représentation nationale, qui les avait silencieusement écoutés, comme un tribunal écoute deux avocats, adopta presque unanimement leur opinion.

J'eus ensuite l'avantage d'un spectacle assez rare, celui du Président du corps exécutif, appelé par la Représentation nationale et paraissant à sa tribune pour lui donner les renseignements qu'elle lui demandait : c'était sur l'état d'une négociation ordonnée par la Chambre avec cinq Gouvernements étrangers, relativement à un projet de colonisation à exécuter en commun. Le Président lut des lettres, répondit à toutes les questions, et fit connaître que trois de ces gouvernements avaient accepté les propositions de la République, et que les deux autres les accepteraient bientôt ; puis il se retira avec les mêmes cérémonies qui avaient accompagné son entrée.

— Le Président ne refuse jamais (demandai-je à Valmor, pendant une seconde suspension) de se rendre à l'invitation des Représentants ?—Refuser ! répondit-il, ce serait une révolte ; et la Représentation nationale le destituerait et le mettrait en accusation ! L'une est le Souverain ou le représentant du Souverain : l'autre, son subordonné, l'exécuteur de ses lois, élu par elle et responsable devant elle.

Aussi, chaque année, la Représentation nationale appelle le Président, au jour qu'elle lui indique, pour lui rendre compte de l'exécution de toutes les lois : elle appelle fréquemment les Ministres pour leur demander également des comptes.

— Et toutes vos affaires étrangères sont ainsi publiques ? — Sans doute ! Est-ce qu'il peut y avoir un secret pour la Représentation nationale ? Ne serait-ce pas absurde, puisqu'elle est le Souverain ?

— Mais cependant, si le Président soutenait que le salut du peuple exige que l'affaire ne soit connue d'aucun autre ?... — Absurdité, audacieux mensonge des despotes et des tyrans ! Si le

Président déclarait que l'affaire exige du secret, la Chambre le
verrait bien elle-même ; et si elle avait quelque doute, elle nom-
merait une Commission spéciale qui recevrait la confidence et qui
lui ferait son rapport : mais quand elle juge qu'une publicité plus
ou moins étendue n'a pas d'inconvénient, personne ne peut plus
prétendre le contraire. Du reste, la difficulté ne s'est pas encore
présentée depuis notre révolution, et toutes nos affaires étrangères
ont eu la même publicité que les autres.

La séance reprise encore, la Chambre expédia rapidement un
grand nombre d'affaires. Elle distribua entre ses Comités quelques
*pétitions* qui lui étaient adressées par des Assemblées populaires,
et des *propositions* faites et lues publiquement par ses propres
membres. Puis enfin elle fixa son ordre du jour pour le lendemain,
et se retira comme elle était entrée, laissant tous les spectateurs
pénétrés de respect, et notre Eugène transporté d'enthousiasme.

— Si chaque séance est aussi remplie, dis-je à Valmor en sortant, quelle quantité de lois votre Représentation nationale doit
faire chaque année pendant neuf mois de session !
— Oui, répondit Eugène ; mais toutes ses lois sont certainement,
comme celles-ci, dans l'intérêt du Peuple, et par conséquent je
pense que vous ne vous plaindrez pas de leur nombre.
— Eugène a raison, dit Valmor, et, pour t'en convaincre, quand
nous serons à la maison, je te montrerai la liste des lois faites
l'année dernière.
— Mais, répondis-je, j'ai toujours enten re que le Pouvoir
législatif ne devait ni administrer ni concen je vois qu'ici la
Représentation nationale administre et conc
— Non, répliqua Valmor, notre Représ ionale n'*administre* pas : elle discute seulement, déc nne beaucoup
d'actes d'administration, comme font tou lateurs ; et nous
regrettons qu'elle ne puisse pas les d er tous, car quel mal
peut-il y avoir à ce que ces actes soien rdonnés par deux mille
législateurs au lieu de l'être par quelques exécuteurs généraux ou
par un seul ? N'est-il pas même plus avantageux qu'ils soient exa-
minés par le corps qui a le plus de lumières et qui peut en outre
consulter tous les autres corps et le Peuple entier ?

Tu dis qu'elle *concentre*...! Tant mieux ! Puisse-t-elle établir
l'*unité* et l'*égalité* partout, en s'attachant toujours à éviter les
inconvénients et à réunir tous les avantages ! Fléau sous le despo-

tisme et la tyrannie, la *concentration* est un bienfait avec la République et la Communauté !

Quand nous arrivâmes à la maison, où Dinaros nous apprit que nous ne verrions pas sa mère et sa sœur, près desquelles était Corilla, Valmor remit à Eugène la liste des lois votées pendant l'année précédente, et Eugène la parcourut à haute voix.

« Loi qui ordonne l'inscription d'un nouveau *légume* sur la liste des aliments, sa culture et sa distribution. — Dix autres lois du même genre pour les aliments, les vêtements, le logement et l'ameublement.

« Loi qui ordonne une amélioration sur toutes les routes. Cinq autres lois du même genre pour les canaux et les rivières.

« Loi qui ordonne la composition, l'impression et la distribution d'un *tableau* chronologique et alphabétique de toutes les *inventions* humaines. — Une douzaine de lois de même nature.

« Loi qui ordonne des constructions et des expériences sur un projet de *paragrêle*.

« Quinze lois pour l'utilité et l'agrément des *femmes* dans leurs ateliers et ailleurs.

« Quarante lois ordonnant la construction et l'emploi de nouvelles *machines* dans les ateliers nationaux. »

— En voilà assez, j'espère...—Non, non, continuez! dit Valmor.

« Quinze lois pour l'amélioration de l'*enseignement*.

« Deux lois qui ordonnent la fabrication et la distribution de certains objets à un Peuple *sauvage* pour essayer de le civiliser.

« Loi pour proposer au Congrès des *Peuples alliés* de faire en commun des creusements et des fouilles concernant la *géologie*. »

— Assez, assez....!

Les deux ou trois cents autres lois ont toutes également pour but l'intérêt général.

—Hé bien, me dit le grand-père en rentrant, êtes-vous satisfait? —Enchanté, lui répondis-je, émerveillé! Je n'ai cependant pas entendu une seule pièce d'éloquence, je n'ai rien vu de dramatique : mais j'admire la raison, la sagesse, la décence, la dignité, le laconisme de vos représentants : on dirait des juges à leur tribunal, toujours attentifs, silencieux et fixés sur leurs bancs ! Pas une interruption, pas un cri, pas le moindre bruit qui puisse importuner l'orateur ou les auditeurs ! au contraire, tous les égards, toutes les manifestations d'estime et de fraternité ! Certainement vos assem-

blées populaires, vos fonctionnaires publics et vos citoyens trouvent
là des modèles ! voilà ce que j'ai toujours désiré ! voilà ce qui me
transporte et me ravit...!

— Mais je ne conçois pas votre ravissement, répliqua le vieillard : vous ne voyez ici que ce que vous voyez dans nos écoles, dans
nos ateliers, dans nos théâtres, dans toutes nos réunions publiques...! Est-ce que par hasard les élus du Peuple devraient être
moins raisonnables que des écoliers ! songez donc que dès l'enfance
notre éducation nous donne toutes les habitudes physiques et morales nécessaires à l'homme en société et surtout au citoyen en assemblée : savoir écouter en silence, répondre brièvement, ne jamais
importuner son voisin, tout cela n'a rien de difficile ; ce qui paraissait moins facile, c'était de faire prendre au corps toutes les
habitudes nécessaires pour pouvoir rester plusieurs heures immobile, assis, silencieux et attentif : mais, en y travaillant dès l'enfance, nous y sommes complétement parvenus..... Quant à la politesse, à la fraternité, à l'exactitude et à l'accomplissement de tous
les devoirs, ce serait un crime à nos hommes d'élite de donner
l'exemple de leur mépris.

— Oh ! que vous êtes heureux ! s'écria Eugène, que vous êtes
heureux !

— Nous le sommes d'autant plus sous ce rapport, répliqua le
vieillard, que c'était tout le contraire autrefois, avant notre révolution de 1792 : à cette époque, de honteuse et douloureuse mémoire, la masse des Députés se jouaient de leurs devoirs : ceux qui
avaient le plus prodigué les promesses pour se faire élire laissaient
passer des semaines et des mois entiers sans venir à la Chambre,
sacrifiant ainsi leurs obligations à leurs plaisirs ou à leurs intérêts ;
chaque jour, un grand nombre d'entre eux arrivaient après la
séance et partaient avant sa fin ; et souvent, au grand scandale du
Peuple, on a vu le théâtre rempli de Députés, le palais législatif
vide de Législateurs, et le Président réduit à lever la séance parce
qu'il se trouvait presque seul.

Pendant la discussion, on les voyait se promener dans la salle,
sortir et rentrer à chaque instant. Sur leurs bancs, ils lisaient les
journaux, écrivaient leurs lettres, ou causaient avec leurs voisins ;
n'entendaient qu'ouvrir les portes, marcher, causer et faire du
bruit de toute espèce, en sorte que les uns n'écoutaient pas l'orateur et empêchaient les autres de l'entendre, l'empêchant lui-même
de parler à son aise.

Nos jeunes gens ne reviennent pas d'étonnement quand on leur

raconte aujourd'hui l'histoire de ces temps de discorde et d'oppression; ils ont peine à croire à si peu d'égards, à tant d'impolitesse
et de grossièreté, même dans l'élite et la fleur du pays; mais ce
monstrueux contre-sens, ce renversement de toutes les idées de
raison, n'est malheureusement que trop certain et n'était que trop
ordinaire alors : ceux qui se seraient étouffés plutôt que de souffler
devant une chanteuse ou une danseuse faisaient autant de tapage
que des gens ivres quand leur devoir les avait amenés dans le
prétendu sanctuaire des lois !

Il n'y avait pas d'école, pas de corps-de-garde, pas de caserne,
pas de cabaret, pas de foire même où l'on ne trouvât plus de décence et d'ordre qu'on n'en voyait quelquefois dans la solennelle
assemblée des législateurs !...

— Mais, mon père !..... s'écria Valmor... — Laisse, laisse, mon
fils, reprit le vénérable vieillard en s'animant davantage : je sais
combien ces vérités te font rougir pour la patrie, mais la honte et
la folie du passé rehaussent la sagesse et la gloire du présent; et il
est bon de nous rappeler les vices et les malheurs de notre ancien
régime, afin de mieux apprécier les vertus et le bonheur que nous
devons à notre Icar; il est bon de montrer à nos jeunes amis ce
que nous étions, afin qu'ils puissent juger des prodiges qu'a produits notre Communauté ! Je continue donc :

La législature se divisait en deux fractions, la *majorité* qui défendait les intérêts de l'Aristocratie, et la *minorité* ou *opposition*
qui défendait les intérêts du Peuple : ces deux partis formaient
deux camps séparés, deux armées ennemies qui se menaçaient de
l'œil, du geste et de la voix; qui se lançaient et se renvoyaient
les injures et les outrages; qui applaudissaient comme des forcenés
leurs orateurs, ou qui vociféraient pour ôter la parole à leurs adversaires ; qui grognaient ou hurlaient, riant aux éclats ou trépi-
gnant du pied comme des fous ou des enragés ; qui se montraient
le poing et poussaient des cris de guerre, comme des barbares attaquant les retranchements de leur ennemi ; qui emportaient une
loi comme des soldats emportent une citadelle au milieu de la confusion et d'un épouvantable vacarme ; qui se tuaient séparément en
duel, enfin qui ne pensaient qu'à se proscrire quand ils ne se pro-
scrivaient pas en effet.

Vous frémissez, mes enfants, au récit de tant d'horreurs.....
Mais tout était renversé dans ces temps de tyrannie, de guerre ci-
vile et d'abominations : les Ministres, qui devaient être l'*élite* de
L'ÉLITE, donnaient souvent, à la tribune, l'exemple des *mensonges*

les plus manifestes, proclamaient les maximes les plus *immorales*,
prodiguaient l'injure et la calomnie, louaient la trahison, et récom-
pensaient l'assassinat !

Et ces Ministres avaient l'impudence de s'encenser eux-mêmes,
de se prodiguer les éloges, d'accaparer pour eux toute la sagesse
et toutes les vertus, d'accuser le Peuple d'ignorance et de stupidité, et de traiter d'imbéciles et de niais, de brouillons et d'anarchistes ceux qui défendaient l'intérêt populaire !.... et leur Majorité
couvrait toujours leurs voix d'applaudissements et de bravos !....

Et ces mêmes Ministres, siégeant à la tête de leur Majorité
comme des généraux à la tête de leurs soldats, lui donnaient
l'ordre et le signal d'applaudir ou de murmurer, de se lever ou de
rester assis.

Et cette Majorité accordait aux Ministres toutes les lois de tyrannie, de terreur et de sang qu'ils demandaient pour eux, et tous les
millions qu'ils désiraient pour la Reine et pour ses trois enfants.


Mais, qu'était-ce donc que cette Majorité, me demandez-vous
peut-être intérieurement? De quelle espèce d'animaux se compo-
sait-elle donc? Rampants, domestiques et voraces...; renards,
goulus, chiens couchants, caméléons, loups cerviers...; vous auriez
trouvé toutes les espèces dans cette ménagerie...!

C'était une poignée de riches (200 à peine), choisis par une autre
poignée de riches (30 ou 40,000), ou plutôt désignés et nommés par
les Ministres, qui disposaient des électeurs par leur influence et par
les places ou faveurs qu'ils donnaient et promettaient.... Ils choi-
sissaient pour Députés les Aristocrates qui avaient le même intérêt
qu'eux, leurs agents ou leurs fonctionnaires publics qui leur étaient
le plus dévoués (c'est-à-dire qui étaient le plus dévoués à leurs
places), les chambellans, les écuyers, les capitaines des gardes,
les eunuques, les grands-officiers ou les grands valets de la couronne, même les beaux pages de la Reine. On a cru même un moment qu'ils enverraient parmi les législateurs, pour représenter la
Souveraine, ses jolies femmes de chambre et ses belles dames d'a-
tour; mais ils se sont contentés de se nommer eux-mêmes, et, dans
plusieurs circonstances décisives, c'est leur voix qui a fait la majorité et par conséquent la loi.

Je crois rêver moi-même quand j'y pense, et j'ai quelquefois de
la peine à croire mes propres souvenirs.... Nous appellions cette
machine un gouvernement *représentatif ;* mais, comme vous voyez,
ce n'était qu'une farce grossière, passez-moi l'expression, une vraie
*comédie,* et une comédie qui coûtait cher au pauvre Peuple : car

c'était en réalité la Reine ou plutôt ses ministres qui faisaient la loi, et les Ministres étaient plus absolus qu'un Autocrate, plus despotes qu'un Sultan, et plus hardis pour frapper et pour prendre des millions que s'ils n'avaient pas eu des fantômes de Députés pour leur servir de plastrons et pour leur tout donner au nom du Peuple.

Aussi, tandis que notre Représentation nationale ne fait aujourd'hui des lois que dans l'intérêt du Peuple et de l'Humanité, vous frémiriez si je vous citais les lois faites dans notre malheureuse Icarie pendant les dix ans depuis 1772 à 1782. Des budgets, une liste civile pour la Reine, des apanages pour ses deux fils, une dot pour sa fille ; des lois de terreur, toutes en faveur de la famille royale et de ses valets, des Ministres et de l'Aristocratie, toutes contre le Peuple ! Et si, par peur et par rouerie, pour se populariser, on en a d'abord consenti quelques-unes qui parussent populaires, on les a successivement révoquées, ou dénaturées, ou laissées sans exécution !

Et voyez comme on foule aux pieds toute pudeur quand le despotisme parvient à tout démoraliser ! Cette Majorité, ces Députés qu'on disait envoyés pour surveiller et accuser les Ministres, ne quittaient ni les hôtels ministériels, ni même le palais de la Reine, et se précipitaient comme des affamés aux dîners et aux fêtes de la Cour et des courtisans ! C'était à qui se distinguerait des autres par ses flatteries, ses adulations, sa servilité et ses bassesses : vous ne croirez peut-être pas que ces Députés, envoyés pour délibérer sur le bonheur du Peuple, délibérèrent gravement un jour pendant deux heures sur la question de savoir si les *plumes* n'allaient pas mieux à la Reine que les *fleurs*.

Et pour achever de les séduire et de les acheter, les Ministres leur prodiguaient, pour eux, leurs femmes et leurs enfants, les places, les faveurs de tout genre, les distinctions les plus puériles, de petits rubans de toutes les couleurs, de petites croix de toutes les formes, tandis qu'ils destituaient et ruinaient les Députés qui votaient contre eux en préférant leur conscience à leur intérêt.

Après avoir *divisé* la Chambre pour la gouverner, ils lançaient leur Majorité contre la Minorité comme des polissons excitent un chien contre un autre !

Ils ne permettaient pas même à la Minorité de parler et surtout de faire une seule *proposition !*...

— Mais, dis-je au vieillard, que disaient les spectateurs de ces débats, et le Peuple qui lisait le récit de ces séances ?... — Ils disaient que c'était une école de scandale et d'immoralité, un antre, une caverne, un repaire, un foyer de peste, une maison d'aliénés, une tabagie, un mauvais lieu qu'il fallait purifier.

— Et le peuple ne faisait pas de *pétitions* comme en Angleterre?... — Des pétitions! mais à qui? Aux Ministres ou à la Reine contre leurs complaisants et serviles Députés? A la Reine contre ses complaisants et serviles Ministres?...

— Et le Peuple ne se réunissait pas comme en Angleterre pour délibérer dans ses *meetings*?... — Mais la loi (c'est-à-dire les riches, les députés et les ministres) punissait les associations et les réunions!...

— Et la *Presse* ne criait pas pour le Peuple comme en Angleterre? — Mais la loi (c'est-à-dire l'aristocratie) bâillonnait la Presse!...

— Et le Peuple ne couvrait pas de *boue* comme en Angleterre ceux qui le vendaient en prétendant le représenter? — Mais les ennemis du peuple se faisaient escorter par des bandes d'assommeurs et d'empoigneurs!

—Et le Peuple ne criait pas contre le Ministre comme en Angleterre, où le grand Duc de Wellington a été obligé de faire mettre des grilles, des portes et des volets en fer tout autour de son hôtel?... — Mais les mitrailles et les Crands-Prévôts!...

— Il n'y avait donc aucun remède comme en Angleterre, où le Peuple a bien su faire sa *Réforme parlementaire?*... — Mais que dites-vous? Le ciel ne nous a-t-il pas envoyé Icar et la Communauté quarante ans avant de vous envoyer ce que vous appelez votre Réforme? Et quoique vous puissiez vous en glorifier, je l'avoue, qu'est-ce que cette petite réforme comparée à notre régénération radicale? Pouvons-nous nous empêcher de rire quand nous vous entendons parler ici, en Icarie, de votre *radicalisme* anglais? J'ai vu avec plaisir, je l'avouerai encore, vos fiers candidats comparaître humblement sur vos *hustings* en plein air, devant l'Assemblée du Peuple *entier*, et lui exposer leurs sentiments et leurs principes, comme pour rendre hommage à sa souveraineté; mais pourquoi ce même Peuple est-il dédaigneusement exclu, le lendemain, quand il s'agit de voter et d'élire? Pourquoi d'ailleurs ces indignes *calomnies* entre les partis, ces grossières *injures* entre les concurrents, ces cris, ces vociférations, ces outrages, ces ignobles et sauvages *violences* du Peuple contre ceux qui vont être ses législateurs? Pourquoi cette audacieuse et impudente *corruption* des suffrages à prix de guinées, qui renferme en elle seule toutes les corruptions et toutes les immoralités, qui

transforme vos élections en un immense mensonge, qui déshonore
vos riches *corrupteurs* et vos pauvres *corrompus*, et qui suffit pour
démontrer irrésistiblement la fatale influence de l'opulence en face
de la misère? Ne parlez donc plus, mon pauvre milord, de votre
Réforme, de vos élections, de votre prétendue Représentation du
Peuple anglais, surtout quand vous sortez d'une séance de notre
Représentation nationale icarienne, n'est-ce pas, démocrate Eugène?.....

— Oh oui, répondit Eugène que j'avais vu plusieurs fois rougir,
pâlir et cacher sa tête dans ses mains; oui, j'envie... j'admire...
j'admire cette Représentation, ces législateurs, ce Peuple..., ou
plutôt j'admire cette Constitution, cette Éducation, cette Communauté, qui ont ainsi métamorphosé vos électeurs, vos députés, vos
ministres... Et quand j'y réfléchis, mon sang bouillonne; mais ce
n'est pas contre les *hommes* que je ressens de la haine et de la
colère, c'est contre cette épouvantable *organisation* sociale et politique qui pervertit les riches et les pauvres, les électeurs et les
députés, même les ministres et les monarques, en faisant le malheur
des Aristocrates et le désespoir des Peuples.

— Bien, Eugène! bravo, bravo! lui dit le vieillard en lui tendant la main.

Quoique la conversation fût d'un haut intérêt, tout le monde paraissait triste; les enfants mêmes étaient sérieux, comme si tout
devait languir en l'absence de Corilla et de Dinaïse

## CHAPITRE XXIII.

Pairie icarienne. — Représentation provinciale. — Panthéon.

— Conçois-tu, dis-je à Valmor, qu'Eugène a passé la nuit à la
Chambre des députés de Paris, et qu'il s'est réveillé tout rouge de
colère?

— Eh bien! dit Valmor, pour lui mettre du baume dans le sang,
je lui ferai voir, s'il veut, notre Chambre des *Pairs*.

— Comment, s'écria Eugène prenant aussitôt feu, des *Pairs* en
Icarie! Vous vous moquez de moi!

— Non vraiment: nous avons des *Pairs* qui sanctionnent ou rejet-
tent les lois les plus importantes votées par la Représentation nationale; et notre Chambre des *Pairs* n'est pas composée seulement

11.

de quelques centaines de Pairs, mais de quelques milliers, et nous n'avons pas seulement une seule Chambre, mais mille Chambres des Pairs....

— Vous ne comprenez pas, dis-je à Eugène, que leurs *Pairs* sont leurs citoyens, qui sont tous égaux, et que leurs mille Chambres des Pairs sont leurs mille Assemblées communales ou populaires.

— A la bonne heure, reprit Eugène : et pour celles-là je veux bien les voir, et tout de suite, quoique j'en aie déjà vu plusieurs.

— Doucement! l'Assemblée n'aura lieu que demain ; et d'ailleurs je voudrais vous montrer auparavant une séance de notre *Représentation provinciale.*

— Quoi! lui dis-je, vous avez encore une Représentation provinciale ?

— Sans doute, répondit-il : chaque Province a sa Représentation dans son palais, son palais au centre de sa capitale, et sa capitale au milieu de ses dix Communes.

Cette Représentation provinciale est composée de cent vingt députés spéciaux élus par les Communes. Elle est organisée sur le plan de la Représentation nationale, se renouvelle chaque année par moitié, se divise en quinze Comités, et délibère en public.

— Mais c'est une petite Chambre des députés, dis-je ; et si l'envie lui prenait de se déclarer rivale de la Représentation nationale!...

— Jamais, répondit Valmor : elle est trop peu nombreuse ; elle ne se réunit que pendant quatre mois, divisés en quatre sessions de dix jours chacune, avec de longs intervalles; elle ne peut s'occuper que des matières qui lui sont expressément indiquées par la Constitution. Essentiellement subordonnée à la Représentation nationale, comme une province l'est à la nation, son premier devoir est de veiller à l'exécution des lois dans toutes les Communes de la Province; elle ne peut délibérer et rendre des *décrets* que pour faciliter et assurer cette exécution, ou pour régler certaines affaires qui n'intéressent que la Province.

Comme une séance de cette Représentation provinciale ne pouvait être qu'une petite répétition de ce que nous avions vu dans la séance de la Représentation nationale, je préférai visiter le *Musée historique* ou le *Panthéon.*

Toutes les figures étaient en cire coloriée, de grandeur naturelle,

avec des cheveux, des yeux et des costumes véritables, qui produi-
saient une illusion tellement complète qu'on se croyait au milieu
d'une réunion de personnes vivantes.

Toutes avaient des postures différentes, et beaucoup faisaient, au
moyen de ressorts cachés, des mouvements qui rendaient encore
l'illusion plus parfaite.

Eugène s'extasiait sur la perfection de la ressemblance humaine.
— Oui, lui dis-je; mais ces statues de cire habillées ont bien moins
de mérite que des statues de marbre ou de bronze.

— Eh! que m'importe, répondit-il, le mérite de la difficulté
vaincue! c'est le mérite de la ressemblance que je veux avant tout,
puisque c'est là le but de la peinture et de la sculpture : or, quel est
le portrait ou le buste, le tableau ou la statue, qui puissent, aussi
bien que cette cire, imiter une personne ou une tête?

— D'ailleurs, ajouta Valmor, ne crois pas que cette perfection
dans ces statues de cire soit chose si facile! Examine ces formes,
ces mains, ces têtes, ces chairs, ces poses; et sache que nos plus
habiles statuaires et nos plus savants peintres comptent ici leurs
chefs-d'œuvre couronnés dans des concours. Les costumes mêmes
exigent plus de science et de talent que tu ne parais le croire,
pour l'exactitude et pour l'application ; et c'est ici que nos acteurs
et nos peintres viennent maintenant pour apprendre à habiller les
anciens personnages qu'ils veulent représenter sur la scène ou dans
leurs tableaux.

Nous parcourûmes, d'abord dans le Panthéon, puis dans le Pandémonium, je ne sais combien de salles contenant les personnages
les plus célèbres de chaque nation ; et nous y passâmes pour ainsi
dire en revue les temps et les pays, les bienfaiteurs et les fléaux
du genre humain. Mais il faudrait consacrer un mois à cette revue,
et la rapidité de notre examen n'a presque servi qu'à fatiguer ma
tête en éblouissant mes yeux.

Ce furent surtout les personnages icariens contemporains que
Valmor nous fit remarquer, en nous prévenant que c'étaient eux-
mêmes que nous voyions, tant leur ressemblance était frappante.

Je m'attendais à trouver dans Icar, idole d'Icarie, un air d'inspiré, et dans Lixdox, dont le nom n'est prononcé qu'avec horreur,
un air de démon ou de brigand ; mais Icar n'avait rien de remarquable que la sérénité de son visage, et Lixdox n'était qu'un
homme laid, borgne et bossu, qui paraissait plus malin que méchant, quoiqu'il fût réellement aussi méchant qu'ambitieux et
hypocrite.

Quant à la jeune reine Cloramide, son image ne s'effacera jamais de mon souvenir, pas plus que l'étourderie d'Eugène, qui, en l'apercevant, s'écria : — Comme elle ressemble à la sœur de Dinaros !

Je vis Valmor rougir ; et son trouble trop évident me jeta moi-même dans un trouble inexprimable.

Jamais je n'ai rien vu de plus charmant! Jamais, je crois, plus beau front n'a porté le diadème ; jamais plus beaux cheveux n'ont enlacé une couronne ; jamais plus de majesté et plus de grâces ne se sont assises sur un trône; jamais regards plus doux n'ont pénétré dans les cœurs; jamais bouche plus jolie n'a souri d'un sourire plus enchanteur : il ne lui manquait que la voix de Dinaïse, et j'écoutais pour l'entendre s'échapper de ses lèvres entr'ouvertes !

— Pauvre femme ! m'écriai-je, quel malheur, quel malheur qu'elle ait eu Lixdox pour Ministre !

— Quel malheur, reprit Eugène, qu'elle ait eu ce titre de Reine qui peut pervertir les meilleurs cœurs !

Je ne me lassais pas de contempler cette belle image, et c'est avec peine que je me vis entraîné par Eugène et Valmor ; mais je reviendrai souvent visiter ce musée !

## CHAPITRE XXIV.

### Assemblées populaires.

Je refusai d'aller avec Eugène, qui voulait m'emmener visiter un monument, et je retournai seul au Panthéon, où je passai la matinée à revoir les différentes salles.

Je revins souvent vers la belle Cloramide, et chaque fois je sen tais mieux qu'Eugène avait raison de trouver en elle les traits d Dinaïse.

Après le dîner, Eugène, qui voulait me bouder de ne l'avoir pas accompagné, consentit enfin à venir avec moi prendre Valmor pour aller ensemble à son Assemblée communale.

— Si tout le Peuple icarien pouvait se réunir à Icara, nous dit Valmor, nous n'aurions pas de Représentation nationale, comme nous n'aurions pas de Représentation provinciale si toute la population d'une Province pouvait s'assembler au chef-lieu : par conséquent nous n'avons point de Représentation communale, parce que tous les citoyens d'une Commune peuvent aisément se réunir dans le *palais communal*.

Le Peuple de la Commune est donc, pour ses intérêts purement communaux, sa propre Représentation ou son propre Conseil, ou plutôt il exerce sa Souveraineté et fait lui-même ses affaires.

Il prend d'abord toutes les mesures nécessaires pour assurer dans la Commune l'exécution des *lois* de la Représentation nationale et des *décrets* de la Représentation provinciale. Puis il rend, dans les cas déterminés par la Constitution, des *ordonnances* qui règlent les intérêts spéciaux de la Commune.

Le Peuple se réunit régulièrement *trois* fois par mois, tous les dix jours, et extraordinairement toutes les fois qu'un certain nombre de citoyens ou les magistrats le requièrent.

Les réunions ordinaires ont lieu les mêmes jours et à la même heure dans toute la République, en sorte que le Peuple entier se trouve assemblé au même moment.

C'est toujours le soir, à quatre heures, que les réunions commencent, après le travail et le dîner ; et, les jours d'assemblée, tous les autres lieux publics (théâtres, concerts, cours scientifiques, musées, etc.) sont fermés, parce que tous les citoyens, sans exception, doivent se trouver à l'assemblée, qui dure ordinairement jusqu'à huit ou neuf heures.

Si vous sortiez dans une heure, vous ne rencontreriez dans les rues et les promenades que des femmes, des enfants et des jeunes gens, comme vous l'avez sans doute déjà remarqué ; et si vous aperceviez quelques hommes, ce seraient des étrangers. Vous ne trouveriez même que quelques omnibus en mouvement, conduits par des jeunes gens qui ne sont pas encore citoyens.

— Personne ne manque donc à l'assemblée ? lui dis-je. — Personne : tu comprends que tous les citoyens étant nourris par la République, et les ateliers se fermant à *une* heure, personne n'a de motif ou de prétexte pour se dispenser de remplir son devoir : ce serait une honte, une espèce de vol fait à la République, un des plus graves délits : mais c'est un délit sans exemple, parce que nous sommes habitués à considérer nos assemblées comme un droit dont nous devons être fiers et jaloux.

Tenez, ajouta-t-il en nous montrant un imprimé, voici l'*ordre du jour* pour aujourd'hui : vous voyez que nous avons beaucoup d'affaires à traiter, onze *communales*, cinq *provinciales* et huit *na-*

*tionales.* Mais nous les expédierons rapidement, parce que toutes
ces affaires sont annoncées depuis l'avant-dernière séance et ont
été renvoyées à des Comités spéciaux qui les ont examinées de
suite et dont les rapports ont été déposés à la dernière séance,
mis à l'ordre du jour pour aujourd'hui, et distribués le lendemain
à chacun de nous.

— Votre Assemblée est donc divisée en *Comités* comme la Représentation nationale? — Tout de même; elle est partagée en plus
de soixante Comités ou Sous-Comités, à chacun desquels sont renvoyées toutes les affaires de sa spécialité, pour qu'il les examine
séparément avant la séance qui doit suivre.

Nous sommes donc préparés à voter, d'autant plus que nous
avons pu discuter toutes ces questions, soit dans nos ateliers, soit
dans nos salons.

— Ah! je vois, lui dis-je, la proposition dont tu m'as parlé, pour
faire agrandir l'hôtel des étrangers! — Oui, je l'ai faite à l'avant-
dernière séance, pour qu'elle pût être connue d'avance et discutée
aujourd'hui.

— Mais qu'est-ce que c'est que ce mouvement (car nous étions
entrés depuis quelque temps, et la foule se précipitait alors dans
la salle)? — Ce sont les citoyens qui prennent leurs places, parce
que quatre heures vont sonner, et que la séance va s'ouvrir. Vous
voyez le Président et les membres du Bureau qui s'asseyent sur
leurs fauteuils. Ce serait une faute grave d'arriver après l'heure,
et vous ne verrez personne manquer d'exactitude.

Valmor nous quitta alors pour courir à son poste, après nous
avoir promis de venir nous rejoindre un moment à la première
suspension de la séance.

La salle était immense et magnifique, remplie de plus de dix mille
citoyens assis. On aurait dit une petite ou plutôt une grande Chambre de Représentants; car il y avait cinq ou six fois plus de citoyens qu'il n'y a de Députés: mais la galerie des spectateurs était
beaucoup moins vaste, et l'on n'y voyait presque que des femmes.

La séance ouverte, au milieu d'un profond silence dont l'horloge
seule avait donné le signal, on s'occupa d'abord des affaires *Communales,* pour passer successivement aux affaires *Provinciales* et
aux affaires *Nationales* dans le rang indiqué par l'ordre du jour.

Sur chaque affaire, on commença par lire un *rapport* très-court
rédigé au nom d'un Comité.

Le plus grand nombre des affaires furent votées, sans discussion, par assis et levés, à une très-grande majorité.

Quelques-unes furent discutées par quelques orateurs, qui parlèrent debout à leur place.

On procéda de même à l'élection de cinq ou six officiers communaux, sur des listes de candidatures arrêtées et publiées dans la dernière séance.

On annonça d'autres élections pour lesquelles chaque citoyen fut invité à présenter ses candidats avant la réunion prochaine.

Après l'expédition des affaires communales et provinciales, la séance fut suspendue une demi-heure ; et nous allâmes nous promener sur la place environnante avec Valmor, qui nous avait rejoints.

— Quel silence ! lui dit Eugène, quel calme, quel ordre, quelle rapidité ! j'en suis émerveillé ! — Mais vous vous émerveillez toujours, mon cher Eugène, lui répondit Valmor, et je ne conçois vraiment pas votre surprise : le silence, l'attention, l'ordre, le laconisme, ne sont-ils pas des nécessités senties de tous, si nous voulons expédier nos affaires et utiliser notre droit d'assemblée ? Comment ne serions-nous pas calmes, puisque nous n'avons point d'intérêts exclusifs, point de partis, point de passions politiques ? Oubliez-vous donc l'influence que doit avoir notre éducation générale et surtout notre éducation civique ?

C'est comme pour nos élections ! est-ce que vous vous émerveillerez si nous n'avons ni *brigues* pour des fonctions qui sont des charges, ni *corruption* envers des électeurs qui n'ont rien à recevoir de candidats qui n'ont rien à donner ?

Vinrent ensuite les affaires intéressant la Nation tout entière, dont plusieurs avaient été envoyées par la Représentation nationale au Peuple, pour avoir son avis ou sa sanction. Parmi ces affaires se trouvait une question présentée par un citoyen de Province dans son Assemblée communale, admise par celle-ci, puis par toutes les Assemblées de la même Province ; envoyée ensuite à la Représentation nationale, renvoyée enfin par celle-ci à toutes les Assemblées de toutes les autres Provinces.

La discussion fut plus longue, un plus grand nombre d'orateurs parlèrent pour et contre ; et le vote se donna par *oui* ou *non*, de manière que la Représentation nationale pût connaître exactement le nombre total des *oui* et celui des *non* dans les mille Assemblées Communales de la République, c'est-à-dire le vœu du Peuple.

L'ordre du jour étant épuisé, le Président proposa à l'Assemblée l'ordre du jour pour la prochaine séance.

On reçut ensuite dix ou douze *propositions* présentées par divers membres, dont les unes concernaient les affaires communales ou provinciales, tandis que les autres intéressaient la Nation. Toutes furent renvoyées à leurs Comités respectifs. Parmi ces propositions, je remarquai celle d'un cordonnier qui proposait un moyen d'abréger le travail dans les imprimeries nationales : c'était de faire fondre, comme une seule lettre, les *mots* qui se répétaient très-fréquemment dans le même ouvrage, comme *Représentation nationale*, *Représentants du Peuple*, *République*, *Gouvernement*, etc., qui se répètent des milliers de fois dans les impressions sur la législature.

— Vous vous moquerez encore de moi, si vous voulez, dit Eugène en sortant ; mais je n'en suis pas moins émerveillé de tout ce que j'ai vu. — Tant mieux ! vous pourrez jouir une seconde fois du même plaisir demain ; car nos *sténographes* ont tout recueilli, et vous pourrez tout lire dans notre Journal Communal.

— J'aime, ajouta Eugène, la franchise et la hardiesse du vote public par assis et levés, ou par oui et non ! — Comment, la hardiesse ? Est-ce que nous avons besoin de courage pour manifester notre opinion ! Est-ce que nous avons quelque chose à gagner ou à perdre ! Et s'il fallait du courage, est-ce que notre éducation ne nous le donnerait pas ?... Je ne vous permets pas même de vous étonner de l'*initiative* accordée à tout citoyen, et du droit qu'il exerce de proposer dans son Assemblée toutes ses idées sur les intérêts communaux, provinciaux ou nationaux ; car rien n'est plus raisonnable et plus naturel.

— Vous voulez donc que je n'admire que ce qui n'est ni raisonnable ni naturel ? — Eh bien ! admirez tant que vous voudrez, puisque notre éducation et notre organisation sociale ne vous font pas deviner combien de milliers d'idées utiles doivent sortir de nos Assemblées populaires !

— Mais alors le droit de *pétition* vous est inutile ! — Sans doute, ou plutôt c'est à son Assemblée seulement que chaque citoyen adresse sa pétition ; et si l'Assemblée l'adopte, elle devient alors la pétition de l'Assemblée à la Représentation nationale ; si l'Assemblée la rejette, elle peut être présentée une autre année, ou de suite à l'Assemblée d'une autre Commune : par ce moyen, toutes les bonnes idées sont sûres de se faire jour, et les mau-

vaises ne peuvent entraver les travaux de la Représentation nationale.

Valmor voulait nous parler des *journaux*, dont il considère la
perfection comme étant la conséquence du droit de proposition :
mais, obligé de nous quitter, il remit au lendemain de nous en
parler plus en détail.

---

## CHAPITRE XXV.

### Journaux.

Dès que nous nous trouvâmes réunis, nous reprîmes notre
conversation sur les *journaux;* et je fus bien surpris lorsque j'entendis Eugène les attaquer avec chaleur.

— Certainement, dit-il, la *liberté de la presse*, avec tous ses
excès, est nécessaire contre les Aristocraties et les Royautés; c'est
un remède à d'intolérables abus : mais quelle liberté menteuse, et
quel effroyable remède que celui des journaux de certains pays
que nous connaissons bien, William et moi!

Le monopole, la spéculation d'argent, l'intérêt personnel, la
partialité, les calomnies et les injures auxquelles on ne peut répondre, les mensonges, les fausses nouvelles et les erreurs qu'on ne
peut relever, les contradictions journalières, l'incertitude et la
confusion des doctrines, voilà ce qu'on trouve dans la plupart des
journaux ! et quel gâchis, quel chaos résultent de leur multiplicité ! Il faut que l'organisation sociale et politique soit bien détestable pour qu'on invoque contre elle un défenseur si détestable
lui-même !

— Nous avons, dit Valmor, presque coupé le mal dans sa racine :
1º en établissant une organisation sociale et politique qui rend inutile l'hostilité de la presse ; 2º en ne permettant qu'*un seul journal
communal* pour chaque Commune, *un seul journal provincial* pour
chaque Province et *un seul journal national* pour la Nation ; 3º en
confiant la rédaction des journaux à des fonctionnaires publics *élus*
par le Peuple ou ses Représentants, désintéressés, temporaires et
révocables : mais nous avons extirpé la racine entière en ordonnant
que les journaux ne seraient que des *procès-verbaux*, et ne con-
tiendraient que des *récits* et des *faits*, sans aucune discussion do

la part du journaliste. Comme tout autre citoyen, le journaliste
peut soumettre son opinion à son Assemblée communale ; qui la
discute et qui l'appuie ou qui la réfute ; et quand chacun peut publier son opinion en la soumettant à son Assemblée, pourquoi
lui permettre de la publier d'une autre manière, qui laisserait sans
contrôle de dangereuses erreurs?

Notre *liberté de la presse*, à nous, c'est notre *droit de proposition*
dans nos Assemblées populaires! L'opinion de ces Assemblées,
voilà notre *opinion publique!* Et notre presse, qui fait connaître
toutes nos propositions, toutes nos discussions et toutes nos délibérations avec le chiffre et avec l'opinion de la *minorité*, est,
dans toute la force du mot, l'*expression de notre opinion publique.*

— Aussi, j'admire, j'admire, j'admire! reprit Eugène....
— Ajoutez que les journalistes élus sont des écrivains les plus
habiles, et qu'ils mettent leur gloire à raconter les faits et à analyser
les discussions avec clarté, avec ordre, avec le plus de dramatique possible et surtout avec le plus parfait laconisme, de manière à ne rien omettre d'important et à ne pas admettre un seul
mot inutile!... Et vous avez remarqué la beauté du papier, la
commodité du format, la magnificence de l'impression, la distribution des matières!... Comparez avec vos journaux anglais ou
français...! Admirez donc, admirez!...
— Et pourquoi vous, qui me reprochez si souvent d'être émerveillé, voulez-vous maintenant que j'admire!... Je ne veux pas
admirer, moi! Ne voilà-t-il pas une belle merveille qu'un journal
soit mieux fait par une République et par la Communauté que par
un journaliste-boutiquier!
— Ah! vous avez raison, dit Valmor en souriant.

## CHAPITRE XXVI.

### Exécutoire.

Notre première règle fondamentale, nous dit Valmor, c'est que
le Pouvoir *exécutif* est essentiellement subordonné au Pouvoir législatif, dont il est uniquement chargé d'exécuter les décisions, les
ordres et la volonté : aussi c'est toujours *au nom du Peuple et de la
Représentation nationale* qu'il agit.

De là résulte qu'il est nécessairement *comptable, responsable et destituable.*

Vous comprenez aussi qu'il est essentiellement *électif* et *tempo-raire.*

Un autre principe radical, c'est que ce pouvoir n'est jamais confié à un seul homme, mais à un *corps* que nous appelons l'*Exé-cutoire,* ayant un Président.

Nous n'avons donc pas un *Président de la République,* mais seu-lement un Président du corps exécutif ou de l'Exécutoire de la République.

Chaque corps législatif a son Exécutoire : nous avons donc un Exécutoire *national,* cent Exécutoires *provinciaux,* et mille Exé-cutoires *communaux.*

L'Exécutoire national se compose de seize membres appelés *Exécuteurs généraux* (nombre plus un des Comités principaux de la Représentation nationale). Chacun de ces Exécuteurs généraux est une espèce de Ministre, ayant son département particulier, et leur Président est un véritable Président de Conseil de Ministres.

L'Exécutoire national a, dans la capitale, dans les chefs-lieux de provinces et dans chaque ville communale, tous les fonctionnai-res subalternes qui lui sont nécessaires.

Les seize Exécuteurs généraux sont élus pour deux ans ; l'Exé-cutoire national se renouvelle par moitié tous les ans comme la Représentation nationale.

L'élection est faite par le peuple, sur une liste triple de candi-dats élus par la Représentation nationale.

Tous les autres fonctionnaires subalternes sont élus, quelques-uns par l'Exécutoire, quelques autres par la Représentation natio-nale, la masse par le Peuple.

Aussi la responsabilité de l'Exécutoire, quant aux actes de ses subalternes, est-elle limitée à ce qui peut provenir réellement de sa propre faute.

Les Exécuteurs généraux et leur Président sont logés dans le pa-lais national, à côté de la Représentation nationale ; et tous leurs ministères ou leurs bureaux y sont également, ou dans le voisinage : de sorte que la correspondance entre la Représentation nationale et son Exécutoire est extrêmement facile.

Je n'ai pas besoin de vous dire que l'Exécutoire n'a ni garde, ni liste civile, ni traitement, pas plus qu'aucun autre fonctionnaire ; il n'est ni mieux nourri, ni mieux logé personnellement qu'aucun autre citoyen : car, chez nous (je crois vous l'avoir déjà dit), toutes les fonctions publiques ne sont que des *professions*, ou toutes les professions sont des fonctions publiques ; toutes les magistratures ne sont autre chose que des *charges*, dont personne ne peut se dispenser sans motif, et qui souvent ne dispensent pas même des travaux d'atelier.

L'Exécutoire n'a donc aucun moyen de séduction ou de corruption, d'intimidation ou d'usurpation.

— Et le Président du corps exécutif, dis-je à Valmor, qui remplace les Rois d'autrefois, ne se sent pas humilié de sa condition subordonnée ? — Humilié ! si nos Présidents étaient d'anciens Princes de l'ancienne famille royale, ils pourraient se trouver déchus : mais tous nos Présidents et leurs collègues ont été et sont encore des ouvriers. Comme tous nos Représentants, comme tous nos fonctionnaires et tous nos citoyens, notre Président actuel, l'un des plus vénérables, ancien Président de la Représentation nationale, est un *maçon*, qui a repris sa profession dans l'intervalle, et dont tous les enfants travaillent dans les ateliers. Il n'est pas venu dans la pensée à un seul de nos Présidents qu'il pouvait y avoir quelque humiliation à être subordonné à la Représentation nationale ou au Peuple.

Dans la crainte de quelque collision entre les deux Pouvoirs, ou de quelque tentative d'usurpation de l'un sur l'autre, on a d'abord parlé d'un corps *Conservateur*, qui tiendrait la balance entre eux et qui veillerait à la défense de la Constitution ; mais cette précaution a paru superflue, et l'expérience a prouvé qu'on avait eu raison de la rejeter.

Je ne vous dirai qu'un mot de l'*Exécutoire provincial*, chargé de l'exécution des lois et des arrêtés pour tout ce qui regarde l'intérêt de la Province : cet Exécutoire est organisé comme l'Exécutoire national, et composé de membres élus par le Peuple de la Province, sur une liste de candidats présentée par la *Représentation provinciale*.

Quant à l'*Exécutoire communal*, il se compose aussi de seize membres dont l'un est Président, tous élus par le Peuple de la Commune, chargés chacun d'une spécialité, et dirigeant des fonctionnaires subalternes.

Ces fonctionnaires communaux subalternes sont extrêmement nombreux, afin que chacun puisse mieux remplir sa spécialité, afin que la charge puisse être ajoutée à la profession sans être trop lourde, et afin que le plus grand nombre possible de citoyens puissent s'habituer au maniement des affaires publiques. Aussi les écoles, les hospices, les ateliers fixes ou mobiles, les magasins, les monuments, les théâtres, les rues, les promenades, les campagnes sont remplis de fonctionnaires spéciaux.

— Vous n'avez cependant pas d'armée, dit Eugène, ni de généraux, ni de garde nationale en activité, ni de gendarmes, ni de sergents de ville, ni de mouchards, puisque vous n'avez ni discordes civiles, ni partis politiques, ni émeutes, ni conspirations? — Non certainement !

— Vous n'avez pas non plus de geôliers ni de bourreaux, puisque vous n'avez plus de crimes ni de prisons? — Non assurément.

— Puisque vous n'avez plus d'impôts, ni de monnaie, ni de douane, ni de droits réunis, ni d'octrois, vous ne devez plus avoir une armée de receveurs et de payeurs, ni une armée de douaniers, ni une armée d'agents fiscaux ? — Non ! mais cela n'empêche pas que nous ayons des collecteurs, des receveurs, et des distributeurs de tous les produits de la terre et de l'industrie, des directeurs d'ateliers, et des fonctionnaires de tout genre, pour protéger les citoyens, veiller à leurs intérêts et même à leurs plaisirs.

Tous ces fonctionnaires sont élus annuellement par le Peuple. Ils assistent à toutes ses Assemblées, et sont toujours prêts à lui rendre compte de tous leurs actes.

— Ils ne se croient donc pas les serviteurs du Gouvernement, dit Eugène, obligés de travailler dans son intérêt personnel contre l'intérêt du Peuple ? Ils ne sont donc pas insolents envers lui ?

— Quel absurde contre-sens ! répondit Valmor. Mandataires de leurs concitoyens, ils traitent chacun d'eux avec la politesse, les égards et le respect qu'ils doivent au Peuple souverain et à ses membres, tandis que chaque citoyen les traite avec le respect qu'il doit lui-même au Peuple et à ses mandataires.

Dans le principe on voulait que le citoyen pût résister au fonctionnaire qui abuserait de son autorité; mais nous avons préféré obliger le citoyen à obéir sans résistance au fonctionnaire qui lui parle au nom du Peuple et de la loi, en lui permettant ensuite de traduire le fonctionnaire à la barre du Peuple pour faire punir l'abus d'autorité.

— Ils ne jouissent donc pas du révoltant privilége de l'impunité?...

— Au contraire ! Élus comme les plus dignes, les fonctionnaires doivent donner l'exemple de toutes les vertus civiques et sociales, surtout de l'observation des lois et de la fraternité. Leurs fautes quelconques sont plus graves que ces mêmes fautes dans les autres citoyens ; et plus le fonctionnaire est élevé, plus sa faute est grave. Enfreindre la loi est un crime surtout dans ceux qui la font, ou dans ceux qui sont chargés de la faire exécuter.

Et la publicité plus ou moins étendue qui serait donnée à la prévarication ou à l'abus de pouvoir, la censure et la destitution qui pourraient en être le châtiment, sont considérées comme des punitions si graves qu'on ne voit jamais un fonctionnaire s'exposer aux poursuites d'aucun citoyen, comme on ne voit personne manquer de déférence et de respect au fonctionnaire, tant est grande la force de l'éducation et de l'opinion publique !

— Dites donc plutôt, reprit Eugène, tant sont nombreux les bienfaits de la Communauté !

## CHAPITRE XXVII.

Mariage. — Bal. — Danse.

Corilla et Dinaïse étaient invitées depuis quelques jours au mariage et au bal de noces d'une amie commune, et leurs deux familles se trouvaient conséquemment invitées avec elles ; car on ne voit jamais dans les lieux de plaisir une jeune fille sans sa mère, une mère sans sa fille, un mari sans sa femme, une femme sans son mari.

On avait d'abord voulu s'excuser, dans la crainte que Valmor ne souffrît beaucoup en assistant à cette cérémonie ; mais Valmor, qui avait deviné le motif des refus, avait pour ainsi dire exigé qu'on acceptât l'invitation, affirmant qu'il sentait sa raison assez forte pour supporter désormais toutes les épreuves.

Chaque famille pouvant conduire un ou deux étrangers, j'avais accepté avec empressement l'offre de Valmor d'aller avec eux ; et j'eus le plaisir d'être le chevalier de Corilla, qui me fit promettre de danser avec elle et avec Dinaïse.

Nous arrivâmes à cinq heures au *palais matrimonial*, où se trouvèrent bientôt réunies toutes les familles habitant les rues des deux mariés, invitées de droit, et plusieurs autres familles amies, spécialement invitées.

Madame Dinamé, arrivée presque en même temps, s'était placée près de nous.

Toutes les familles étaient en habit de fête ; et ce mélange d'hommes et de femmes, de vieillards et d'enfants, de jeunes filles et de jeunes garçons, composait une réunion charmante.

Toutes les jeunes filles me paraissaient belles et jolies ; mais Corilla me parut la plus belle et Dinaïse la plus jolie : il me semblait même que les nombreux regards dirigés sur elles confirmaient mon sentiment : et, je ne sais pourquoi, j'en éprouvais un secret plaisir.

La cérémonie fut courte, parce qu'on n'attend pas ce moment pour instruire les futurs époux de la gravité de l'engagement qu'ils vont contracter et des devoirs qu'ils vont s'imposer vis-à-vis eux-mêmes et vis-à-vis la République. Le magistrat, revêtu de son costume solennel, leur adressa cependant une allocution touchante, qui pouvait servir de leçon indirecte à tous les auditeurs ; puis il les décora du titre d'époux et plaça leur union sous la protection de la Communauté.

De là nous passâmes dans la salle de bal, qui se trouve dans le même édifice.

Cette salle des bals publics est tout ce que vous pouvez imaginer de plus gracieux, de plus élégant et de plus magnifique. Les dorures, les glaces, les tentures, les candélabres, les lumières, les fleurs, les parfums, tout en fait un lieu enchanté. Tout autour, des fauteuils en gradins reçoivent les nombreux spectateurs ; car toutes les salles publiques sont disposées pour que chacun puisse toujours tout voir à son aise et puisse toujours être vu.

La salle s'allonge ou se raccourcit à volonté, au moyen d'une cloison légère et mobile glissant entre le plafond et le plancher.

Ce furent les jeunes mariés qui ouvrirent le bal en dansant et valsant tout seuls ; et ils ne paraissaient pas intimidés de voir tous les regards fixés sur eux pour admirer leur grâce et leur adresse, parce que tout le monde sait danser et valser.

Les enfants dansèrent ensuite, tous ensemble, puis les jeunes garçons, puis les jeunes filles, puis les hommes et les femmes et même les vieillards; car tous aiment la danse, et un bal est toujours organisé comme un drame ou un ballet où tout le monde a son rôle.

La danse icarienne consiste principalement en figures et en évolutions.

Celle des citoyens diffère essentiellement de celle des danseurs

sur les théâtres, comme celle des hommes n'est pas la même que
celle des femmes.

Après les enfants, un jeune homme dansa seul quelques minutes,
puis deux ensemble, puis trois, puis tous les jeunes gens divisés en
groupes.

Il en fut de même des jeunes filles, dont les unes s'accompagnaient avec des castagnettes, et d'autres avec divers instruments.

Plusieurs vieillards, hommes et femmes, exécutèrent des danses
de caractère qui firent beaucoup rire.

On valsa ensuite des *valses* de différentes espèces : mais les
hommes valsaient avec des hommes et les femmes avec des femmes, les maris ayant seuls le privilége de valser avec leurs épouses.
Je croyais d'abord qu'il y aurait peu de valseurs ; mais tous les
garçons valsèrent ensemble, toutes les jeunes filles également, et
beaucoup de maris avec leurs femmes ; et cette variété produisait
un effet charmant.

Enfin la danse devint générale, confondit tous les âges et tous les
sexes, et présenta le spectacle le plus animé.

La salle de bal se trouvant vis-à-vis le restaurant populaire,
celui-ci avait envoyé, pour rafraîchissements, des fruits et des
liqueurs que tous les Icariens aiment beaucoup et qui furent présentés aux mères par les petits garçons et aux pères par les petites
filles, commençant toujours par les vieillards.

—Il paraît, dis-je à Corilla et à Dinaïse, que vous aimez tous
beaucoup la danse : vous n'avez sans doute pas des bals comme à
Paris et à Londres, des bals particuliers dont le principal mérite
est de réunir tant de monde, même inconnu, que les derniers
arrivés restent à la porte ou sur l'escalier ; tandis que les premiers,
entassés dans des salles étroites, s'écrasent les pieds ou s'étouffent
sans pouvoir danser.

—Nous ne sommes pas aussi fous, répondit Corilla : nous dansons rarement dans nos salons, et seulement quand deux ou trois
familles intimes se trouvent réunies ; et nous ne dansons alors que
pour avoir le plaisir de danser à notre aise.

— Mais nous dansons souvent ici, ajouta Dinaïse, parce que
chaque mariage amène un bal comme celui-ci pour toutes les
familles de la rue de chacun des époux et pour toutes les autres
familles unies avec les leurs ; et comme il n'y a pas de rue où il
n'y ait annuellement huit ou dix mariages, vous voyez que chaque
famille a huit ou dix bals de noces chaque année. Nous avons

même, chaque hiver, quatre ou cinq bals où chaque rue se réunit uniquement pour danser.

— Et nous avons encore nos bals d'été, reprit Corilla, dans toutes nos promenades, où chaque famille peut entrer une heure pour danser et voir danser, en plein air, sous des voûtes de ver-dure et de fleurs, au milieu desquelles des lumières de toutes couleurs et de toutes formes produisent un effet magique.

— Nous avons encore, reprit Dinaïse, nos danses champêtres, ou plutôt nos rondes et nos courantes, qui sont des courses, des sauts et des évolutions plutôt que des danses, mais que nous aimons passionnément, parce que nous pouvons les improviser partout, à la campagne et en promenade, dès que plusieurs familles de connaissance se trouvent réunies.

— Mais la musique? demandai-je. — C'est presque toujours un orchestre artificiel, comme celle-ci que vous trouvez charmante quoiqu'elle soit invisible et qu'il n'y ait pas un seul musicien. A la campagne, nous dansons au son d'une flûte ou d'un flageolet, dont tous les danseurs peuvent jouer tour à tour, ou bien au chant animé des danseurs et des danseuses.

Je savais que Corilla dansait à ravir, mais la danse de Dinaïse me parut plus ravissante encore; et quoique j'eusse assez bien dansé moi-même avec Corilla, je fus si troublé quand j'eus à danser en face ou à côté de Dinaïse, et surtout quand je sentis sa main, qui me parut brûlante, que je manquai la figure et perdis la cadence: je marchai sur le pied de l'un, j'en heurtai d'autres, et je bouleversai toute la contredanse; ce qui fit beaucoup rire Corilla et tout le voisinage, tandis que Dinaïse me parut aussi embarrassée que j'étais honteux et contrarié: mais je pris bientôt ma revanche, et dansai si bien que je n'entendis plus que des murmures flatteurs.

Le bal se termina par une danse où figurait un seul danseur, afin que tous les autres danseurs pussent se reposer avant de sortir; et à neuf heures un quart, toutes les familles avaient quitté la salle de bal.

— C'est moi que le beau danseur a amenée, dit en riant Corilla à Dinaïse, c'est toi qu'il reconduira.

Je fus donc obligé de lui présenter mon bras: et, pour la première fois peut-être, j'acceptai avec plaisir cette nécessité; car

12

j'avais besoin de m'excuser près d'elle sur ma gaucherie, qui m'avait paru lui déplaire ; mais qui du reste, lui dis-je, n'avait rendu que plus brillante la grâce d'une des danseuses.

Sa réponse, faite avec cette voix que je n'avais jamais entendue sans émotion et qui me semblait plus douce et plus pénétrante que jamais, fut si généreuse, en même temps que spirituelle et modeste, que je la quittai moins mécontent de moi-même.

---

## CHAPITRE XXVIII.

### Promenade à cheval.

J'avais été tellement agité toute la nuit que je n'avais pu dormir; j'étais si fatigué, si.... je ne sais quoi, que je refusai deux ou trois propositions d'Eugène, qui voulait que je sortisse avec lui. J'étais fâché de le contrarier ; mais je me sentais je ne sais quel besoin d'être seul, et j'allai voir Cloramide au Musée, en attendant l'heure de la promenade à cheval que Dinaïse et Corilla m'avaient proposé de faire avec elles.

L'heure impatiemment attendue étant arrivée, je courus chez Corilla, où Dinaïse et son frère ne tardèrent pas à paraître, et nous allâmes dix ou douze monter à cheval.

Le temps était magnifique ; j'éprouvais une inexprimable jouissance à me trouver, pour la première fois depuis long-temps, sur un coursier qui me semblait impatient du frein, et je me sentais je ne sais quelles dispositions à trouver admirable tout ce qui m'entourait.

Je trouvais charmante cette route sablée et arrosée, à travers une verte prairie, couverte de jolies cavalcades, dont les unes allaient au pas, les autres au trot ou au galop, tandis que quelques jeunes gens divertissaient leurs compagnons par toutes sortes d'exercices extraordinaires d'équitation.

J'avais du plaisir à retrouver le souvenir d'une de mes courses à *Hyde-Parck*, entre une jeune duchesse et une charmante marquise.

Je me plaisais à admirer cette jeune Icarienne qui tout-à-l'heure travaillait dans l'atelier, et qui maintenant à cheval pouvait rivaliser en élégance et en adresse avec la partie la plus brillante de notre belle aristocratie anglaise.

Je ne pouvais me lasser d'admirer l'aplomb, l'aisance et la grâce d'amazones qui toutes étaient plus ou moins jolies.

Je ne pouvais surtout me lasser de regarder tour à tour mes deux compagnes, et j'éprouvais presque autant d'orgueil que de plaisir à me trouver entre celles qui me semblaient plus belles que toutes les autres belles.

J'eus quelque inquiétude cependant quand je vis Corilla proposer le grand galop et nous entraîner malgré l'opposition de Dinaïse, qui me paraissait moins hardie sur un cheval plus ardent; j'éprouvai même quelques mouvements d'effroi qui me firent plusieurs fois porter la main vers la bride de son cheval : mais je vis bientôt qu'elle n'avait pas d'inquiétude elle-même, et je m'abandonnai au plaisir de voler pour ainsi dire entre deux charmantes amazones, ou plutôt entre deux anges : j'étais énivré !

Mais la course finit; et quand je me trouvai seul, je sentis je ne sais quel malaise, quel vide, quelle agitation que je ne connaissais pas encore...

---

## CHAPITRE XXIX.

**Milord aime Dinaïse. — Histoire de Lixdox et Cloramide, d'Icar.**

J'étais encore au lit quand Eugène entra d'un air sérieux.

— Ah çà, dit-il, je n'y tiens plus, expliquons-nous franchement : qu'avez-vous? — Rien, lui répondis-je extrêmement étonné.

— Rien, c'est impossible : je ne sais pas comment vous êtes au dehors, mais depuis quelque temps je ne vous reconnais plus; vous n'êtes plus le même avec moi; vous m'évitez, vous me refusez; on dirait que ma présence et mon amitié vous sont à charge : parlez, que vous ai-je fait?

— Mais je ne vous comprends pas, mon cher Eugène; car je vous aime tous les jours davantage.

— Bien; mais vous êtes triste, sombre même; on dirait quelquefois que vous avez votre maudit *spleen* : vous ennuyez-vous déjà loin de votre Angleterre? avez-vous la maladie du pays?

— Mais vous vous trompez, je vous assure.

— Depuis quelques jours, vous êtes impatient, agité; vous ne pouvez rester en place; à peine sorti vous rentrez, à peine rentré

vous sortez. Vous ne vous en apercevez sans doute pas, mais votre
humeur et votre caractère sont changés ; vous ne paraissez plus si
doux, si bon, si indulgent ; et ce pauvre John, qui vous aime tant,
a plus d'une fois souffert de votre vivacité.

— Que dites-vous ? vous m'affligez !

— Vous ne dormez plus, vous ne mangez guère, vous maigris-
sez : il y a quelque chose là-dessous, j'en suis sûr !... et vous ne
confiez pas vos peines à votre ami !...

— Mais vous vous trompez, Eugène, je n'ai rien...

— Vous avez quelque chose, et quelque chose de grave, j'en
suis certain ! Avez-vous reçu quelque mauvaise nouvelle d'Angleterre ? avez-vous appris quelque grande perte d'argent ? Miss Henriet vous serait-elle infidèle ?

— Non, je n'ai rien reçu qui puisse m'affliger...

— Personne ne vous a offensé ? — Non, certainement !

— Eh bien, mon cher, c'est d'amour que vous êtes malade, et
maintenant je suis tranquille ; vous partirez bientôt, et la vue de
miss Henriet saura bien vous guérir sans le secours de la médecine.

— Vous êtes vraiment un habile médecin, vous, si vous devinez
que miss Henriet me rend malade !...

— Ce n'est pas miss Henriet, s'écria-t-il alors ! Ah ! malheureux, c'est donc une Icarienne que vous aimez, c'est de mademoiselle Corilla que vous êtes amoureux..... ou de mademoiselle
Dinaïse !

— Taisez-vous, lui dis-je, vous êtes fou !

— Oui, l'un de nous deux est fou ; mais ce n'est pas moi : ou, si
je suis fou, c'est d'Icarie seulement et de sa Communauté, que rien
ne m'empêche d'adorer de toute la puissance de mon âme ; tandis
que vous... pauvre William ! Oh ! je m'en doutais quand je vous ai
vu vous exposer si souvent entre deux feux !... Je n'osais pas les
regarder ni l'une ni l'autre, moi, de peur d'être incendié par toutes
deux... Mais un Anglais, c'est bien plus courageux !... Ah ! je ne
m'étonne plus qu'hier, à la promenade à cheval, vous ne m'ayez pas
aperçu quand je vous faisais signe de la main ! vous ne pouviez
plus voir personne entre deux soleils qui vous éblouissaient! Pauvre
William, pauvre William, que je vous plains !

J'eus beau nier, Eugène n'en persista pas moins dans son opinion, sans pouvoir cependant la fixer entre Corilla et Dinaïse...

J'avais beau m'efforcer aussi de me tromper moi-même ; il ne
m'était plus possible de me faire illusion, pas plus à moi qu'aux au-

tres, sur la passion qui s'était allumée dans mon sein. Il est bien vrai que les images de miss Henriet et de Corilla étaient presque toujours unies dans mes rêves à celle de Dinaïse ; mais c'était toujours avec des différences qui ne pouvaient plus me laisser de doute sur le véritable état de mon cœur. Rien dans ma vie ne pouvait se comparer ni au frémissement que m'avait toujours fait éprouver la voix de Dinaïse, ni au trouble dans lequel m'avait souvent jeté sa présence, ni au plaisir que j'avais senti près d'elle ces derniers jours, ni à la tristesse que je n'avais pu vaincre après l'avoir quittée.

Je vis bien alors que je l'aimais depuis long-temps sans m'en être rendu compte, et que la beauté et l'amabilité de Corilla n'avaient été qu'une diversion momentanée dont j'avais été dupe. Je sentis que le mal, faible et caché d'abord, était devenu trop dévorant pour n'être pas manifeste, et j'aperçus avec effroi l'abîme où je me précipitais en aveugle.

Ma résolution fut bientôt prise de chercher mon salut dans la fuite et de quitter immédiatement Icarie.

— Cependant, me disais-je, si elle m'aimait !... L'autre jour, quand j'étais dans le cabinet de son frère, elle entra et s'enfuit aussitôt, pâle et tremblante, comme si elle avait ignoré que j'étais là..., et elle le savait !... Pourquoi donc ce prétexte, cette curiosité, ce trouble ?... Mais quelle folie !... sa froideur avec moi, son embarras, sa résolution de ne pas se marier, son refus d'épouser Valmor... Mais... ce n'est que depuis mon arrivée qu'elle a repoussé les vœux de Valmor... et si par hasard !...

Je passai ainsi toute la journée dans la plus violente agitation, cherchant à recueillir mes souvenirs, ne pouvant fixer mon opinion quant à ses sentiments pour moi, et cependant m'arrêtant quelquefois à la délicieuse pensée que je ne lui étais pas indifférent.

Mais l'idée du tourment qu'éprouverait Valmor, s'il me savait aimé, des soupçons qu'il aurait peut-être sur ma loyauté, et des reproches que pourraient m'adresser Corilla et sa famille, fit cesser toutes mes irrésolutions ; et, travaillé par une fièvre brûlante, le front couvert de sueur, je jurai de fuir à jamais Dinaïse.

Cependant, comme j'avais promis de passer la soirée chez Corilla, dont le grand-père voulait me raconter l'histoire d'Icar, je crus sans inconvénient de m'y rendre encore une fois avec Eugène.

Quels ne furent pas ma surprise et mon trouble lorsque j'aperçus madame Dinamé, que Corilla était allée chercher, et Dinaïse, plus attrayante que jamais ! Quel supplice quand je la vis s'approcher de moi et me dire d'une voix impossible à définir : — Vous êtes pâle, monsieur William ! vous paraissez souffrant ! qu'avez-vous ? — Quel supplice encore de trouver les regards d'Eugène presque toujours fixés sur moi, quoiqu'il les détournât rapidement aussitôt que je tournais la tête de son côté ! Quel supplice nouveau de la voir ensuite se rapprocher de Valmor et lui parler avec un air d'affection qui n'était pas accoutumé !... Il ne me manquait plus que d'être jaloux !

— Allons, dit le grand-père quelque temps après, puisque milord a tant remarqué les portraits d'Icar, de Cloramide et de Lixdox, il faut lui raconter leur histoire : — veux-tu, ma Corilla ? — Et Corilla commença celle de Cloramide et de Lixdox. — Puis elle força Dinaïse à raconter celle d'Icar.

Quelle grâce, quel charme, quelle voix ! Et j'étais obligé de me contraindre, de ne rien laisser paraître des mille sensations qui remuaient et bouleversaient mon âme ! Et j'allais la fuir pour jamais ! Non, personne ne comprendra mon plaisir et mon tourment !

J'étais trop troublé pour qu'il me soit possible à présent de me rappeler les récits de Corilla et de Dinaïse : mais voici l'analyse qu'en a faite Eugène, quoique très-distrait lui-même.

### HISTOIRE DE LIXDOX ET DE CLORAMIDE.

Après l'expulsion du vieux tyran Corug, en 1772, les Icariens choisirent, ou plutôt reçurent pour Reine la jeune et belle Cloramide, qui leur fut présentée ou imposée par Lixdox, à la tête d'une partie de l'Aristocratie.

Frère du roi détrôné, immensément riche et puissant, petit, laid, borgne et bossu ; dévoré d'ambition ; rempli d'esprit, d'instruction, d'éloquence, d'adresse et même de génie, Lixdox travaillait depuis long-temps à supplanter son frère et son maître.

Secrètement aidé par une partie de l'Aristocratie, aussi fourbe et dissimulé qu'ambitieux et despote, il avait épuisé toutes les ruses et même toutes les bassesses pour tromper la Cour et le Peuple et pour se populariser.

Tout en versant des larmes hypocrites sur les fautes et les malheurs du Roi son frère, il excita sourdement ses partisans ou plutôt ses complices à le faire juger et décapiter; il fit secrètement assas siner la Reine sa belle-sœur, et fit empoisonner tous leurs enfants, a l'exception du plus jeune fils, que des serviteurs fidèles parvinrent à conduire à la cour d'un Roi voisin.

Il pouvait aisément monter sur le trône, où l'appelaient à grands cris ses nombreux partisans parmi la Noblesse et le Peuple; mais il crut qu'il trouverait plus de sécurité et même de facilité à régner sous le nom d'un autre; et, dissimulant toujours, feignant le plus parfait désintéressement, il proposa d'élire une Reine et de choi- sir la comtesse Cloramide, d'une des premières familles de la Noblesse.

Cloramide, âgée de vingt ans à peine, était peut-être la plus belle femme du pays, comme vous avez pu en juger par son portrait exposé dans notre Musée Historique: jamais Reine n'avait mieux mérité d'être appelée Divinité.

Les éloges de la renommée ne tarissaient pas plus sur la bonté de son caractère, sur ses qualités et ses vertus, que sur les per- fections de sa personne. Veuve d'un des plus illustres généraux, dont elle avait trois jeunes enfants charmants, une fille et deux fils, on la disait la meilleure des épouses et des mères.

Simple et magnifique, charitable et généreuse, elle avait tout ce qu'il fallait pour séduire et captiver la Noblesse et la bourgeoi- sie, les pauvres et les riches; et c'est précisément parce qu'elle était le plus puissant agent de séduction que l'adroit Lixdox l'avait choisie.

Quant à lui, n'ayant qu'un seul enfant dont il dirigeait lui-même l'éducation, il affectait de n'aspirer qu'aux douceurs de la vie pri vée: non-seulement ses partisans ne cessaient de vanter parto, ses vertus comme mari et comme père, ses talents et son immen capacité, mais encore des députations et des adresses sans nomb venaient chaque jour le presser et le supplier d'être le conseil, guide et le Premier Ministre de la Reine.

Ces éloges et toutes ces supplications étaient secrètement sou- doyés et dirigés par lui; mais pour mieux cacher son ambition et tromper les crédules, il résista long-temps, allégua sa mauvaise santé, feignit même pendant quinze jours d'être malade, et n'ac- cepta enfin qu'en déclarant qu'il se sacrifiait au bonheur de son pays, pour obéir à la volonté générale.

Maître absolu de l'esprit de Cloramide, ce fut lui qui gouverna;

et la Reine, dont il méditait probablement de se débarrasser plus tard, n'était entre ses mains qu'un instrument pour gouverner.

Pendant quelque temps, la Reine et son Premier Ministre, épuisant de concert tous les moyens de popularité, parvinrent en effet à conserver la faveur populaire.

Mais quand Lixdox, appuyé par les riches et par un puissant Roi voisin, qui fit camper trois cent mille soldats sur la frontière, se crut assez fort pour lever le masque, il cessa de dissimuler ses projets aristocratiques et despotiques, et ne parla plus que d'intimidation et de terreur.

Pendant quelque temps encore, la Reine, dont il exploitait toujours habilement la beauté et l'apparente bonté, lui servit de manteau, d'égide et de paratonnerre.

Sa tyrannie devint à la fin si violente et si sanguinaire, et la Reine elle-même, corrompue par lui, devint si méprisable et si odieuse, que l'exécration populaire éclata en conspirations, en attentats et en insurrections, jusqu'à ce que, en 1782, le Peuple eut enfin le bonheur d'écraser ses tyrans.

Deux des Ministres furent, après la bataille, massacrés par le Peuple en fureur ; les quatre autres, fuyant déguisés en laquais et en femmes, furent ramenés en triomphe ; Cloramide fut arrêtée par ses propres gardes dans son palais ; et Lixdox, qu'on cherchait partout, fut découvert et pris caché sous des haillons de cuisinière.

Bientôt, ceux qui avaient fait condamner tant d'innocents furent jugés à leur tour.

Quel changement alors ! Cette Reine si adorée, ce Lixdox si insolent et si cruel, ces Ministres si impitoyables, se trouvaient presque à genoux devant les Représentants de ce même Peuple qu'ils appelaient leur *sujet !*

Vous pourrez lire ces tragiques débats, qui arrachèrent mille cris d'horreur aux assistants quand on entendit déposer que : « le 13 juin
» lorsqu'il reçut la fausse nouvelle qu'il était vainqueur, Lixdox,
» nonchalamment étendu sur des coussins dorés et fumant les plus
» délicieux parfums d'Arabie, n'avait un moment quitté sa pipe de
» sultan que pour prononcer froidement ces abominables paroles :
» *Qu'on amène sous mon balcon Icar et dix autres chefs des révoltés ;*
» *je veux les voir écarteler par mes chevaux.* »

La Représentation populaire les déclara, à l'unanimité, parjures, traîtres, usurpateurs, voleurs, parricides et populicides : mais, considérant la reine comme entraînée et Lixdox comme le véritable Roi entraînant tous les autres, elle condamna Lixdox et les autres Ministres à mort, et la Reine à un emprisonnement perpétuel : elle ordonna que Lixdox serait conduit au supplice pieds nus, en chemise, la face couverte d'un voile noir ; qu'il assisterait à l'exécution de ses complices, et qu'il aurait ensuite la main coupée et la tête tranchée.

Elle déféra cependant au Président de la République le pouvoir de modifier la sentence.

Puis, elle les condamna tous solidairement à *un milliard d'indemnité envers le Peuple :* voulant faire un salutaire exemple en condamnant à l'aumône les enfants de ceux qui n'avaient pas craint de condamner à la mendicité des milliers de veuves et d'orphelins.

Sur la proposition d'Icar, la peine de mort fut commuée par le Peuple.

Abandonnés de leurs anciens flatteurs, ignorant complétement, au fond de leurs cachots, tout ce qui venait de se passer, Lixdox et ses complices furent conduits au lieu des supplices au milieu d'une immense population dont le majestueux silence glaçait d'étonnement ceux d'entre eux que la peur n'avait pas anéantis.

Quand ils furent placés tous sur l'échafaud, on leur donna lecture de leur sentence, puis de la commutation.

Lixdox eut ensuite la tête rasée par la main du bourreau, et fut exposé dans une *cage de fer.*

Je ne vous dirai pas les *imprécations* lancées contre lui par des femmes qui lui demandaient leurs enfants ou leurs maris : ceux qui lui jetèrent le plus de boue et d'injures furent précisément les pauvres qu'il avait attirés dans son parti en les trompant, et les boutiquiers qui, par suite de ses calomnies, avaient été les plus furieux et les plus cruels envers leurs frères.

Les autres Ministres furent enfermés pour leur vie ; et Cloramide fut mise en liberté, après avoir, pendant un mois, demandé l'aumône à la porte de la Représentation populaire.

Telle fut la fin du méchant Lixdox et de la malheureuse Cloramide, exemple frappant des calamités qu'attirent l'injustice et l'ambition sur la tête des oppresseurs du Peuple! Vous allez voir maintenant combien fut différent le sort du bon Icar.

### HISTOIRE D'ICAR.

La passion d'Icar était l'amour de l'Humanité.

Dès son enfance, il ne pouvait voir un autre enfant sans courir pour le caresser, l'embrasser et partager avec lui le peu qu'il avait.

Dans sa jeunesse, il ne pouvait voir un malheureux sans souffrir lui-même de ses misères et sans le consoler. Souvent on l'a vu donner son pain au pauvre qu'il rencontrait. Un jour même, ayant trouvé un jeune homme presque nu et mourant de froid sur le pavé, il lui donna ses vêtements, qu'il n'avait que depuis deux jours, et rentra transporté de joie, mais presque nu lui-même, chez son père qui, pauvre et brutal, furieux de la perte des habits qu'il avait eu tant de peine à lui procurer pour l'hiver, le mit en sang à coups de fouet.

Un autre jour, dans un effroyable incendie qui glaçait d'épouvante les spectateurs les plus intrépides, on le vit avec terreur se précipiter au milieu des flammes, et, les habits en feu et la main droite presque brûlée, revenir avec un enfant dans ses bras.

Fils d'un misérable charretier, *charretier* lui-même pendant plusieurs années, il avait éprouvé toutes les misères de l'ouvrier et du pauvre.

Passionné pour les livres, il consacrait à la lecture tout le temps que les enfants et les ouvriers de son âge sacrifiaient à leurs jeux. Dès qu'il avait commencé la lecture d'un livre, il fallait qu'il le lût jusqu'à la fin; il lisait en marchant, sur les routes ou dans les rues, même pendant ses repas, même pendant la nuit, malgré les défenses et les colères de son père; et c'étaient les livres philosophiques qui lui plaisaient le plus : il les dévorait comme les jeunes filles dévoraient alors les romans d'amour.

Tout excitait ses méditations et lui faisait tirer d'utiles conséquences, qui restaient ineffaçables dans son esprit. — Ce furent les deux premiers mots de la prière chrétienne, *Notre Père*, qui commencèrent à lui persuader que tous les hommes sont *frères* et *égaux*, que tous ne devraient former qu'*une seule famille*, et que tous devraient s'aimer et s'aider fraternellement. —Une succession inattendue, qui avait subitement fait passer l'un de ses voisins, le plus

paresseux et le plus méchant, de la plus profonde misère à l'opulence, tandis qu'au même moment la foudre réduisait à la misère
le plus riche, le plus laborieux et le plus charitable des autres voisins, lui avait donné la première idée du vice d'une organisation
sociale dans laquelle la fortune ou l'indigence dépend du caprice,
du hasard. — Ce fut en examinant un tailleur de pierre au travail,
et en réfléchissant aux dispositions prises par l'architecte pour préparer la construction d'une maison, qu'il comprit, pour la première
fois, comment un pays tout entier pourrait être bien administré. —
Ce fut enfin en conduisant sa voiture dans un vaste monastère qu'il
eut la première pensée que tous les habitants d'un pays pourraient
travailler et vivre *en commun*.

Je ne vous dirai pas par quel singulier hasard il se fit *prêtre*, ne
voyant rien de plus beau que de se consacrer au salut des hommes.
Je ne vous dirai pas non plus comment il fut amené de sa Province
dans la Capitale. Son instruction, son âme tendre, son cœur chaud,
son imagination ardente le rendirent bientôt un prédicateur célèbre. Rempli de douleur et transporté d'indignation à la vue de
l'effroyable misère des ouvriers dont il visitait les cabanes, il fou-
droyait, du haut de la chaire évangélique, les vices de l'organisation sociale, l'insensibilité des riches et la dégénération des chrétiens. Il invoquait sans cesse le nom et les paroles de *Jésus-Christ* en
faveur de l'égalité, de la fraternité et même de la Communauté des
biens; et son éloquence produisait une impression si profonde que
ses supérieurs lui interdirent la prédication et le condamnèrent à
l'inaction et au silence.

Il quitta l'Église, publia contre les abus plusieurs écrits qui lui
attirèrent de nouvelles persécutions de la part du Gouvernement.
Il fut exposé publiquement sur un échafaud, comme un voleur, pour
avoir dit que *Jésus-Christ* était le plus intrépide *propagandiste* et le
plus hardi *révolutionnaire* qui eût jamais paru sur la terre. Mais
loin de l'humilier et de refroidir son zèle, cet outrage ne fit qu'augmenter son enthousiasme.

Ce fut alors qu'après avoir étudié profondément la question de
l'organisation sociale ; après avoir examiné tous les systèmes des
philosophes anciens et modernes, étrangers et nationaux; après avoir
médité sur la doctrine de *Jésus-Christ* et sur les milliers de Communautés religieuses dont cette doctrine est la base; après avoir dressé
le *plan* d'une nouvelle organisation politique et sociale basée sur le

principe de l'*égalité parfaite* et de la *Communauté de biens ;* ce fut alors, dis-je, qu'il demeura convaincu , non-seulement que cette nouvelle organisation était la seule qui pût faire le bonheur du genre humain sur cette terre, mais encore qu'elle n'était pas impraticable.

Une brochure qu'il publia en faveur de la Communauté le fit arrêter de nouveau et faillit lui coûter la vie. Comme les premiers chrétiens, il fut accusé de conspiration, de provocation au régicide et à la guerre civile ; comme eux, il fut traité d'anarchiste, de *buveur de sang,* d'ennemi du Peuple et de l'Humanité ; et cependant, en lui présentant la mort, on lui offrait la liberté s'il voulait se rétracter : mais il répondit qu'il préférait mourir comme *Socrate* et *Jésus-Christ* \*, plutôt que de renier une vérité qui ferait un jour la conquête du monde. La moitié des juges le condamnèrent et les autres ne l'acquittèrent qu'en déclarant ses doctrines insensées.

Devenu tout à coup maître d'une immense *fortune* laissée par un oncle qui venait de mourir aux Indes orientales, il fit vœu, dans un transport de saint enthousiasme, de consacrer cette fortune et sa vie à la régénération de sa patrie ; et son exaltation était d'autant plus grande qu'il considérait la régénération de son pays comme entraînant la régénération de l'Humanité tout entière.

Dès ce moment, il se fit *révolutionnaire* et *propagandiste* comme *Jésus-Christ,* prêt à se dévouer comme lui pour le bonheur des hommes, prêt aussi à ne remplir qu'un rôle subalterne s'il pouvait découvrir quelqu'un plus capable, par son nom ou par son génie, de remplir le premier rôle, de rallier les masses et de faire triompher la *Réforme.*

Dès ce moment encore, il s'entoura de jeunes gens instruits et généreux, qui l'aidèrent dans ses écrits et ses travaux, et qu'il chargea notamment de rechercher et de réunir toutes les opinions, anciennes et modernes, étrangères et nationales, pour ou contre la Communauté, afin de présenter au Peuple, non pas seulement son opinion individuelle, mais la *pensée humaine* sur cette question, la plus intéressante pour le bonheur de l'Humanité ; et sa joie égalait ses espérances quand il parcourait, sur la liste des opinions favorables, les plus grands noms historiques dans la législation et la philosophie.

Dès ce moment enfin il ne négligea rien pour accroître sa popularité déjà grande.

\* Et comme Thomas Morus, chancelier d'Angleterre.

Je ne vous dirai pas tous les moyens qu'il employa : mais en peu d'années, sa frugalité, toujours la même malgré sa récente et soudaine opulence, la simplicité de ses vêtements et de ses manières, son affabilité, la réputation de sa grande fortune, l'emploi qu'il en faisait en la consacrant entièrement à la cause populaire, son indubitable amour pour le Peuple, ses luttes contre la tyrannie, son courage et son habileté, lui conquirent tellement la confiance et l'affection qu'il se trouva le chef reconnu du parti réformateur et révolutionnaire.

Il eut assez d'influence pour empêcher les attentats individuels et les tentatives imprudentes et prématurées : mais, quand un acte de tyrannie manifeste lui parut une occasion convenable, ce fut lui qui donna le signal de l'insurrection, enflammant, par son exemple autant que par ses proclamations, le courage et le dévouement patriotique du Peuple insurgé.

Après un combat acharné et sanglant qui dura deux jours, les 13 et 14 juin 1782, le Peuple resta victorieux, et le brave Icar, légèrement blessé, fut proclamé *dictateur* au milieu des acclamations populaires.

Maître alors du pouvoir, et n'ayant toujours d'autre pensée que celle de faire le *bonheur* de sa Patrie, il ne négligea rien pour obtenir plus complétement encore la confiance universelle, afin d'arrêter le massacre, de rétablir l'union, d'organiser le Peuple comme un seul homme, d'assurer le triomphe de la révolution au dehors comme au dedans, et d'accomplir enfin son grand projet de *Réforme radicale* et de régénération.

Ce fut lui, dictateur, qui proposa à ses concitoyens l'*Egalité* sociale et politique, la *Communauté* de biens et la *République* démocratique, avec un plan d'organisation TRANSITOIRE *pendant cinquante ans*.

Après une guerre terrible contre tous les Rois voisins coalisés, après d'épouvantables revers suivis d'une victoire décisive, après la paix générale conclue dans un Congrès des Peuples, tous ses plans furent adoptés avec enthousiasme ; et les immenses travaux nécessaires pour la réalisation de la Communauté furent commencés sur tous les points du pays.

Plusieurs Provinces et beaucoup de Communes possédaient déjà le régime de la Communauté, et plus de trois millions de pauvres

jouissaient du bienfait de l'organisation nouvelle, lorsque, le 7 jan-
vier 1798, la seizième année de l'ère de notre régénération, après
avoir vu l'accomplissement de sa grande œuvre assuré, le meilleur
et le plus bienfaisant des hommes qui jamais honorèrent l'Humanité
mourut âgé de cinquante-neuf ans.

Jamais homme ne reçut plus d'unanimes bénédictions pendant sa
vie et après sa mort. Simple magistrat de son village après avoir
été dictateur, simple citoyen même (car il avait voulu donner l'exemple de la vertu dans toutes les situations sociales), il ne pouvait sortir
sans être salué par les acclamations populaires et sans recevoir à
chaque pas les plus touchantes manifestations d'amour et de respect. Aussi disait-il souvent lui-même qu'il était le plus heureux des
mortels.

A la nouvelle du fatal événement, tous les citoyens, sans en
excepter un seul, suspendirent spontanément leurs travaux ou leurs
plaisirs et prirent le deuil : jamais tant de larmes ne furent répan-
dues à la mort d'un Roi !

La Représentation populaire décida que son corps serait amené
dans la capitale ; que ses funérailles seraient célébrées le même jour
dans toutes les Communes de la République ; qu'elle porterait elle-
même le deuil pendant un an ; que chaque année le Peuple célébrerait l'anniversaire de sa naissance ; que sa statue serait élevée sur
la place centrale de toutes les villes ; enfin que son buste serait placé
dans tous les bâtiments nationaux, et son portrait dans toutes les
maisons particulières ; et celui qui s'était constamment opposé
à l'exposition publique de son effigie, est peut-être l'homme dont
l'image a été le plus multipliée et le plus vénérée après sa mort.

Jusque-là, l'anniversaire des *deux jours* ne se célébrait que par
deux fêtes, celle des *martyrs* et celle du *triomphe* : mais la Représentation nationale décida qu'on ajouterait une troisième fête (à
laquelle Icar s'était toujours opposé), celle de la *dictature*.

Elle décréta même que la Nation quitterait son nom pour prendre
celui d'Icar, que le pays s'appellerait désormais ICARIE, le peuple
ICARIEN, la capitale ICARA, et ses habitants ICARIENS.

Beaucoup de personnes prétendaient qu'Icar était un second
*Jésus-Christ* et voulaient qu'on l'adorât comme un *Dieu*, invoquant, pour prouver sa divinité, les mêmes raisons qui furent invoquées, plus de dix-huit cents ans auparavant, par les premiers
adorateurs du *Christ*.

Mais Icar ne s'était jamais présenté lui-même comme un Dieu ; et ses admirateurs se contentèrent de vénérer sa mémoire comme celle d'un Génie bienfaiteur de l'Humanité.

---

## CHAPITRE XXX.

### Théâtres.

— Mais êtes-vous fou, de me réveiller de si bonne heure ? me dit Eugène en se frottant les yeux ; je dormais si bien ! Parce que l'amour vous empêche de dormir, faut-il troubler le sommeil de ceux qui n'ont pas le bonheur d'être amoureux ?

Pauvre William, je vous le disais bien, vous êtes fou d'amour ! Et vous êtes fou de croire que vous aurez assez d'adresse pour tromper tous les yeux ! Et vous êtes fou d'aimer une Icarienne, qu'un étranger ne peut épouser ! Et vous êtes fou d'en aimer une qui ne veut pas se marier... car c'est en vain que vous voudriez le nier, c'est Dinaïse que vous aimez ; oui, Dinaïse que vous affectiez de ne pas regarder hier, et non Corilla, sur laquelle vous affectiez de tenir vos regards attachés !...

— Mais je pars, lui dis-je ; je fuis toutes les Icariennes ; je fuis Corilla et Dinaïse.

— Vous partez ! bravo, William ! J'en serai désolé pour moi, mais je m'en réjouirai pour vous, mon cher ami ; car il y a des ennemis qu'on ne peut vaincre qu'en les fuyant, des dangers que la sagesse conseille d'éviter plutôt que de s'obstiner à les braver ; et si vous emportez avec vous le trait qui vous a percé, de nouveaux traits du moins ne viendront pas rendre la blessure incurable et mortelle

J'acceptai son offre de m'accompagner jusqu'à la frontière, et nous convînmes que nous quitterions Icara dans deux ou trois jours.

Voulant partir sans faire d'adieux à personne et même sans revoir ni Corilla ni Valmor, ne pouvant d'ailleurs rester seul avec moi-même, je cédai aux instances d'Eugène, qui me tourmenta long-temps pour que je l'accompagnasse au spectacle, où il avait pris l'engagement d'aller avec une famille de sa connaissance.

Almaès, l'ami d'Eugène, me parut un jeune homme charmant, et ses sœurs de bien jolies personnes ; la salle était pleine ; et la pièce excitait vivement l'intérêt universel : mais quelle solitude pour moi dans cette foule ! que le spectacle me parut long ! que j'étais mal à mon aise au milieu de tous ces visages qui respiraient le bonheur !

Je ne pouvais même prendre part à la conversation d'Almaès et d'Eugène, sur les théâtres d'Icarie ; et quelque intéressante que fût cette conversation, il me serait impossible de la rapporter, si je n'avais pas la ressource d'emprunter le Journal d'Eugène pour la transcrire ici.

### EXTRAIT DU JOURNAL D'EUGÈNE.

#### THÉATRES.

—Dites-moi, demanda Eugène à Almaès, comment faites-vous pour vos spectacles, puisque, d'un côté, rien ne se vend, et que, d'un autre côté, tous les citoyens ont les mêmes droits ?

— Vous ne devinez pas ? répondit Almaès : allons, arrangez cela vous-même ; comment feriez-vous ? voyons !

— Il faut, n'est-ce pas, dit Eugène, que toute la population d'Icara, les provinciaux et les étrangers qui s'y trouvent, puissent voir le même spectacle et le voir sans payer ? — Oui, sans doute.

— Il faut aussi que chacun soit sûr d'avoir une place quand il se présente, sans être obligé d'attendre à la porte ? — Oui, certainement.

— Hé bien, quel est le nombre des habitants et des voyageurs qui peuvent désirer voir le spectacle ? — Environ 900,000.

— Combien la salle peut-elle contenir de spectateurs ? — Environ 15,000.

— Il faut donc qu'une pièce ait soixante représentations pour que tout le monde la voie ? — Oui, à peu près.

— Vous connaissez le nombre des familles d'Icara, et le nombre des personnes de chacune d'elles ? — Oui, parfaitement.

— Vous connaissez par conséquent combien il y a de familles de trente personnes, combien de vingt-cinq, combien de vingt, etc.? — Oui, sans la moindre erreur.

— Alors, l'administration du théâtre peut composer chaque re-présentation avec un certain nombre de familles de trente, vingt-cinq, vingt, etc., et un certain nombre de provinciaux et d'étran-gers? — Oui, très-facilement.

— Eh bien, le reste est facile aussi : on peut faire des billets de famille et d'individus pour chaque représentation et les distribuer par la voie du sort... Chaque famille aura son billet comme chaque individu isolé, et chacun connaîtra d'avance la représentation à laquelle il pourra assister... — Très bien; c'est cela ! Cependant, si le jour de ma représentation ne me convenait pas?...

— Vous pouvez connaître le tableau du tirage des billets et trouver une famille qui veuille échanger son billet contre le vôtre... — Parfaitement, vous avez bien deviné...

Nous faisons de même, ajouta Almaès, pour tous les théâtres et pour toutes les pièces : nous prenons des moyens analogues pour toutes les curiosités publiques, pour les musées et les cours scienti-fiques, même pour les séances de la Représentation nationale ; nous suivons le même système pour la promenade *à cheval*, dont chaque famille ne peut jouir que tous les dix jours, parce que nous n'avons des *chevaux de selle* que pour le dixième de la population ; et vous voyez que rien n'est plus facile que de distribuer les *plaisirs*, comme la nourriture, *également* et *gratuitement*.

— Mais, lui dit Eugène, puisque chaque famille n'a qu'une re-présentation sur soixante, elle est donc privée de spectacle pendant long-temps?...

— Du spectacle qu'elle a vu, oui, répondit Almaès; mais elle peut jouir des musées, des cours scientifiques, de la promenade, des soirées de société, et même de quelque autre spectacle ; car voyons, que feriez-vous, si vous étiez la République et si vous vouliez procurer souvent au Peuple le plaisir du spectacle ?

— J'établirais, dit Eugène, des spectacles de tout genre, tragédie, drame, comédie, opéra, danse, chant, musique, équita-tion....

— Eh bien, c'est précisément notre affaire : nous avons quarante ou cinquante théâtres de la même grandeur, toutes les espèces que vous pouvez imaginer ; et la famille qui aime les spectacles peut jouir de ce plaisir presque tous les jours, car on en trouve même en plein air et dans toutes les promenades. Vous n'avez certainement vu nulle part autant de théâtres de marionnettes, d'ombres chi-noises, et surtout de polichinelles, qui font les délices des *enfants;*

nulle part vous n'en avez vu d'aussi jolis, parce qu'ici c'est la République qui les fait faire, sans rien épargner pour les rendre charmants sous tous les rapports.

Nulle part non plus vous n'avez vu tant de spectacles *à miracles*, comme nous les appelons, où la physique, l'électricité, la lumière, la chimie, l'astronomie, et les escamoteurs de toutes sortes, opèrent en effet plus de *miracles* qu'on n'en a jamais vu.

Nous partîmes quinze en omnibus ( car le service des voitures publiques est si parfaitement organisé que des omnibus spéciaux sont consacrés, dans chaque quartier, à conduire et à ramener les familles qui vont aux spectacles), et nous descendîmes à quelque distance sous le portique couvert.

Les entrées, les escaliers, les couloirs, tout me parut large, commode, magnifique, principalement disposé pour prévenir les accidents.

— Quelle salle immense ! dit Eugène en entrant. Dans aucun pays je n'en ai vu d'aussi grande !

— Tous nos théâtres sont construits de manière à contenir le plus grand nombre possible de spectateurs, répondit Almaès : nos architectes avaient les plans de tous les théâtres du monde.

— Et l'on entend bien?...

— Vous allez en juger. On ne perd pas un mot , parce qu'il est de première nécessité pour une salle de spectacle de bien transmettre les sons, et c'est le premier objet que se proposent nos constructeurs.

— Tous vos autres théâtres sont-ils sans *loges* comme celui-ci?

— Oui, tous : la loge est essentiellement aristocratique et privilégiée, et nous sommes des démocrates qui ne pouvons supporter l'ombre du privilége ; elle prend beaucoup de place, et nous voulons toute la place pour les citoyens, elle est un foyer d'incendie, et tout est disposé pour éviter le feu... Mais, est-ce que vous n'aimez pas ces bancs demi-circulaires , élevés les uns au-dessus des autres en amphithéâtre?...

— Certainement ! on est très-bien assis, et l'on voit l'assemblée aussi parfaitement bien que le théâtre... Cette population mélangée, ces belles toilettes, ces décorations, tout est magnifique : l'Opéra de Londres ou de Paris n'est pas plus beau !

— Eh bien, tous nos théâtres sont aussi vastes ; et si vous pouviez les visiter tous à cette heure, vous les trouveriez tous également

remplis d'une population pareille. Nos *théâtres d'enfants*, presqu'aussi grands, vous paraîtraient peut-être encore plus jolis.

La toile ne tarda pas à se lever.

Demain, je tâcherai de tracer l'esquisse de la pièce ; et je me
bornerai à en dire un mot aujourd'hui.

Le sujet est historique : c'est la fameuse *Conspiration des poudres* formée en 1777 contre Lixdox, et le *fameux procès* de Kalar,
condamné, quoique innocent, comme coupable d'être l'instigateur
et le chef de l'attentat.

Ce sont les partisans du jeune prétendant Corug qui conspirent,
et c'est Lixdox qui les y provoque par l'intermédiaire d'un courtisan dévoué qui les trahit : cependant Lixdox veut sauver les vrais
conspirateurs, aristocrates, et s'arrange pour compromettre et faire
condamner Kalar, redoutable démocrate.

On voit la conférence entre Lixdox et le courtisan ; la résolution
du complot ; l'engagement pris par un Comte de l'exécuter ; sa tentative d'exécution ; son arrestation ; son interrogatoire en prison ;
les manœuvres employées pour le décider à accuser Kalar, en se
cachant lui-même sous la fausse qualité de charbonnier ; l'interrogatoire de Kalar dans son cachot, son refus de répondre et son
courage.

—Comme cet acteur remplit bien le rôle de Kalar ! dit Eugène à
Almaès, quand la toile fut baissée, à la fin du premier acte. Comme
il dit bien son « *Je ne veux rien répondre,* » qu'il répète vingt fois et
qui paraît toujours nouveau ! quelles belles poses ! quels beaux gestes ! son silence même est éloquent !... Du reste, tous les rôles sont
bien remplis et l'ensemble est parfait.

—Mais leurs rôles sont trop faciles pour que vous puissiez juger
les acteurs, répondit Almaès : nous en avons d'excellents ; et vous
le concevrez sans peine, puisqu'ils ne suivent cette carrière que par
inclination, et qu'ils reçoivent pendant long-temps l'éducation la
plus capable de développer le génie. Tous nos acteurs et nos actrices
sont éminemment distingués par leur instruction littéraire et dramatique. Comme ils sont tous nourris par la République, ils ne se
pressent pas de débuter et ne peuvent le faire qu'après qu'un examen les en a déclarés capables.

— C'est une classe très-peu estimée chez nous et même généralement peu estimable...

—*C'est probablement votre faute ;* car ici, où l'art dramatique est
une profession nationale comme celle de la médecine, où l'acteur

est élevé, nourri, traité comme tout autre citoyen, il n'est ni plus ni moins estimable que les autres. Aucune femme chez-nous n'aurait la pensée qu'une actrice, une danseuse, une chanteuse, ne fût pas aussi bonne épouse, aussi bonne mère, aussi bonne fille qu'elle-même... Aussi, vous voyez les égards du public! on applaudit le talent, mais le silence est la seule manifestation qu'on se permette envers l'imperfection.

Le second acte représenta le procès et la condamnation. On vit le tribunal des Seigneurs et les débats; on vit le faux charbonnier, le Grand-Prévôt, le Grand-Jugeur, les Seigneurs et un portier, faux témoin, se réunir contre Kalar, qui se défendait avec énergie. Le courage d'une jeune fille qui refusa d'être faux témoin produisit des scènes tragiques; le désespoir de la femme et de la fille de Kalar produisit une scène déchirante; et le dévouement de Kalar lui-même eut quelque chose de sublime qui électrisa tous les spectateurs.

La toile à peine baissée, les noms des acteurs parurent successivement dans de magnifiques transparents. Ceux qui venaient de remplir les rôles de Kalar, du faux charbonnier et des deux jeunes filles, furent salués par des applaudissements unanimes. Les autres excitèrent plus ou moins d'acclamations, ou furent reçus en silence.

Parurent ensuite, dans d'autres transparents, les noms des personnages du drame historique. Ceux de Kalar et de la fille du portier excitèrent des acclamations et un enthousiasme dont je ne croyais pas les heureux Icariens capables; et ceux de Lixdox, du courtisan traître, du Comte faux charbonnier, du Grand-Prévot, du Grand-Jugeur, de la Cour et du portier, excitèrent des huées, des sifflets, des imprécations qui formèrent pendant quelques minutes un nouveau et bien singulier spectacle.

— Cette pièce, dit Eugène à Almaès en sortant, a peu de mérite en elle-même comme composition dramatique; l'auteur semble n'avoir fait autre chose que mettre en scène un événement historique : mais je conçois l'intérêt et l'enthousiasme que ce drame vous inspire; et si vous avez beaucoup de pièces de ce genre, je conçois l'utilité morale et patriotique de votre théâtre.

— Ce drame, répondit Almaès, a été fait peu après la révolution; c'est en 1784, je crois, qu'on l'a joué pour la première fois, et depuis on ne l'a représenté que tous les huit ou dix ans : mais nous en avons beaucoup d'autres du même genre, notamment un qui excite plus d'enthousiasme encore ; c'est le jugement de notre dernier tyran Lixdox, en 1782 : je ne l'ai pas encore vu ; mais on dit que rien n'est beau comme notre meilleur acteur quand il déroule toutes les accusations contre la tyrannie. Le dernier acte représente le tyran exposé dans une *cage de fer* sur la place publique : on dit encore que rien n'est dramatique comme les *imprécations* du Peuple contre le coupable.

— Du reste, continua Almaès, notre théâtre est infiniment varié; nous avons tous les genres, des pièces gaies, comiques, burlesques: mais toutes ont un but moral et patriotique; il n'en est pas une que les enfants et les jeunes filles ne puissent entendre et voir, et le théâtre est une *école* où les professeurs sont les *beaux-arts* chargés d'unir tous leurs prestiges pour instruire en amusant.

Et vous n'en serez pas surpris quand vous réfléchirez que nous avons supprimé presque toutes nos anciennes pièces, et que nos pièces nouvelles sont toutes commandées ou acceptées par la République, et faites par des auteurs qui n'ont à suivre d'autre inspiration que celle du patriotisme et du génie, soutenus par la plus parfaite éducation !

— Hé bien, au milieu de toutes ces perfections, reprit Eugène, savez-vous ce qui me fait le plus de plaisir ? — Non.

— C'est la pensée que ce public, si plein de décence et de dignité, n'était pas une assemblée d'élite, mais des citoyens pris au hasard, en un mot le Peuple... — Et qu'y a-t-il donc là d'admirable ?

— En Angleterre comme en France, dans presque tous les théâtres, on entend des cris, des sifflets, un vacarme épouvantable, même pendant que les acteurs sont en scène ; et souvent on voit des querelles et des combats. — Eh bien, je vous répondrai encore comme tout-à-l'heure, *c'est votre faute ;* car nous étions autrefois aussi tapageurs et aussi fous que votre Peuple, et votre Peuple pourrait être aussi sage et aussi tranquille que nous sommes aujourd'hui!

— Ha, je ne le sais que trop, répliqua Eugène en soupirant !... Notre funeste organisation sociale ne peut enfanter que des vices, des désordres et des misères, tandis que votre bienfaisante Communauté ne peut avoir pour enfants que des perfections, des vertus et le bonheur !!

## CHAPITRE XXXI.

Drame historique. — Conspiration des poudres. — Jugement et condamnation d'un innocent.

Si je consigne ici l'analyse d'un drame historique, ce n'est pas pour le citer comme œuvre littéraire, mais uniquement pour donner une idée de la moralité du théâtre Icarien, principalement consacré à rappeler les vices de l'ancienne organisation sociale et politique, et à montrer leurs funestes mais inévitables conséquences, surtout en ce qui concerne la *Justice*. Voici cette analyse :

### ACTE PREMIER.

*Scène* 1. — C'est un cabinet presque entièrement obscur. On ne peut distinguer les deux personnages dont on entend la voix ; mais on comprend que c'est *Lixdox* et le *Duc* de Coron son favori.

Épouvanté des conspirations et des attentats qui se méditent chaque jour contre lui, soit parmi les nobles restés fidèles à la cause du jeune prétendant exilé (le fils de Corug), soit parmi les principaux démocrates dévoués à l'intérêt populaire, Lixdox a cherché le moyen de répandre la terreur parmi ses ennemis. Après avoir consulté toutes les traditions machiavéliques soigneusement recueillies depuis des siècles et déposées dans un gros registre, il a imaginé le plan d'une effroyable conspiration dans laquelle il tâcherait d'entraîner les plus dangereux Seigneurs et de compromettre les plus redoutables chefs du Peuple.

Son plan dressé, il lui fallait, pour l'exécution, un ami sûr et dévoué, un second lui-même : c'est le Duc de Coron qu'il a choisi.

Le Duc a feint une insulte, un mécontentement, une rupture et le désir de la vengeance. Il s'est fait le chef de la Noblesse hostile; il caresse, excite, pousse, provoque, et vient secrètement presque chaque jour rendre compte à Lixdox de ses succès.

Tout va parfaitement... Douze des principaux Seigneurs, tous individuellement décidés à conspirer, doivent se réunir le soir même à sa table.

— Quel rôle vous me faites jouer! dit le Duc à Lixdox. Provocation, parjure, trahison, délation, infamie!... — Vous sauvez

l'État, le trône, la religion, votre ami... Ma reconnaissance sera
sans bornes.... Vous seul et moi connaîtrons la vérité... C'est la fortune et la gloire qui vous attendent !...

*Scène 2.* — La toile levée laisse voir une superbe salle de festin
dans le château du Duc, où se trouvent, à table, douze autres Seigneurs, qui parlent avec chaleur du Premier Ministre.

—Oui, dit le *Duc*, après tout ce que j'ai fait pour lui, il me refuse la place de femme de chambre de la Princesse royale que je
lui demandais pour ma fille ! C'est un ingrat, un insolent, à qui je
ne pardonnerai jamais son ingratitude et ses affronts !

—C'est un hypocrite, un menteur, un perfide ! dit un *Marquis.*
—C'est un impie, qui vise à se faire proclamer Dieu ! dit un *Prélat.*
—C'est l'Antechrist et peut-être Satan ! dit un autre *Prêtre.* — Il
a fait tuer mon fils ! dit un *Baron* en pleurant ! — Il m'a enlevé ma
maîtresse, le scélérat ! dit le *Comte* de Gigas avec colère. — Il a
tué son frère et son Roi ! Il a fait emprisonner la Reine et ses ne-
veux ! dit un autre. — Le *Duc :* Il est méprisé, haï, détesté ! s'il
mourait chacun se réjouirait de sa mort !...—Le *Comte :* S'il était
immolé, personne ne le regretterait ; car personne n'a moins d'amis
et plus d'ennemis !—Le *Duc :* Personne n'a été l'objet d'autant de
conspirations et d'attentats !... — Le *Comte :* Ceux qui échouent
sont plaints comme des martyrs !...—Le *Duc :* Celui qui réussirait
serait applaudi comme un libérateur !... mais il n'y a que des victimes! — Le *Comte :* Les conspirateurs ont tous été des niais !... Il
y a un moyen de succès infaillible !... — *Tous :* Lequel ?... — Le
*Comte :* Vous savez qu'un charbonnier occupe une cave sous le palais de la Reine : hé bien, vingt barils de poudre dans cette cave,
un brave qui mette le feu un jour de séance royale... la Reine et
ses enfants, le tyran, ses complices et ses satellites, tous sautent
d'un seul coup !... — Le *Duc :* Oui, mais où est le brave ?... — Le
*Comte :* Ici.—Le *Duc :* Qui ?... — Le *Comte :* Moi ! — *Tous :* A bas
la tyrannie ! Gloire au libérateur !

Cependant, plusieurs ont des scrupules ; ils craignent que l'Aristocratie ne soit déshonorée... mais le *Comte* et surtout le *Duc* leur
rappellent rapidement tous les exemples de conspirations, de meurtres, d'empoisonnements, de régicides, qn'avaient donnés non seulement des Seigneurs et des Évêques, mais des Princes de familles
royales, des fils de Rois contre leurs pères, des Rois et des Empereurs ou des Papes contre d'autres Souverains ou d'autres Papes...
et l'attentat est résolu.

Le Comte se déguisera en charbonnier, prendra la cave du charbonnier qui l'occupe, y fera conduire vingt barils de poudre, les y cachera sous des fagots, et lui-même mettra le feu à une mèche qui lui laissera le temps de fuir avant l'explosion.

Les autres doivent tout préparer pour la Restauration du Prétendant.

C'est le perfide Duc qui propose de se lier par un inviolable *serment*, et tous se jurent dévouement et fidélité, au milieu des plus vifs transports d'enthousiasme.

*Scène 3.*—C'est le cabinet du Duc, à demi éclairé par une lampe. —Il vient de congédier les conspirateurs, et va se rendre au palais où l'attend Lixdox pour apprendre ce qui s'est passé.

Mais que doit-il faire?... quel est son intérêt?... est-ce de trahir les conjurés? n'est-ce pas plutôt de trahir Lixdox?

Il discute quelque temps ces questions en se promenant à grands pas dans sa chambre, et sort encore indécis.

*Scène 4.* — C'est la *cave*... On entend le bruit des voitures des courtisans, puis le son des cloches de la chapelle... On voit arriver un charbonnier... C'est le *Comte*.... Les vingt barils de poudre sont là sous ces fagots..... La séance royale va commencer..... Le son des trompettes et des fanfares annonce l'apparition de la Reine et de Lixdox au milieu des Seigneurs... Il enlève un fagot qui cachait l'un des bouts de la mèche... Il aura cinq minutes pour s'éloigner par une porte de derrière..... Tout à coup on entend la trompette... Il tressaille... Il se réjouit de lancer dans le ciel un trône usurpé, une Reine usurpatrice, un tyran, une cour, une monarchie tout entière !... Le feu brille en sa main... De l'autre il saisit la mèche..... Elle est enflammée..... Mais d'épouvantables cris sortent de dessous les fagots.... Une foule de soldats en sortent aussi et se précipitent sur lui... Cinq ou six tombent morts à ses pieds.... Il s'élance comme l'éclair sur l'escalier, et va disparaître... mais d'autres gardes qui descendent lui barrent le passage... Il frappe encore, fait tomber, tombe à son tour baigné dans son sang; et des soldats l'emportent mourant, tandis que d'autres découvrent avec effroi le volcan qui devait ébranler la terre.

Mais l'un des gardes s'aperçoit que la mèche était interrompue et coupée par le milieu !...

*Scène 5.* — Voici un cachot obscur et sale, un peu de paille, un malheureux couvert de linges et poussant des cris aigus arrachés

par la douleur... C'est encore le *Comte !* Les juges, les gardes, les
courtisans qui l'entourent l'accablent d'imprécations... Mais il ne
voit rien, n'entend rien, ne répond rien ;... et l'on voudrait qu'il
vécût pour nommer ses complices et périr sur l'échafaud... Médecins et chirurgiens s'empressent autour de lui, l'opèrent, le pansent,
lui font avaler quelque liqueur.... Il renaît, respire, regarde et paraît entendre et voir.

— Votre nom ? lui demande le Grand-Inquisiteur. — *Miguf*, ré-
pond le malheureux d'une voix qu'on entend à peine.
— Votre état ? — *Charbonnier*.
— Votre pays ? — *Pirma*, en Cassie, à 300 lieues d'ici.
— Vouliez-vous tuer la Reine ? — Non, mais le tyran.
— Quel mal vous a fait son Excellence ? — Il opprime le Peuple.
— Quelétait votre but ? — Délivrer la patrie, servir l'Humanité.
— Scélérat ! lui dit l'un... Monstre ! lui dit l'autre...
— Quels sont vos complices ? — Tous... Cent... Aucun.
Les injures, les anathèmes, les menaces, rien ne peut l'ébranler;
il n'a pas de complices, et demande la mort comme le commence-
ment de son immortalité.

Scène 6. — C'est encore un cachot où l'on voit un autre prisonnier blessé... C'est le *Duc !*
Lixdox et lui sont convenus qu'il serait arrêté pour éloigner tout
soupçon, qu'il tuerait un des hommes chargés de son arrestation,
qu'il se ferait lui-même une légère blessure, et qu'on répandrait le
bruit qu'il aurait été grièvement blessé dans le combat.
Dans quelques jours, on déclarera qu'on s'est trompé, que le soldat tué avait usé de violence illégale, et que le Duc n'a fait qu'exercer le droit de légitime défense.
Il s'est arrangé de manière que la liste des conjurés fût déposée
chez l'un d'eux, où la police pourrait la trouver ou la mettre.
Il a pris aussi toutes ses mesures pour que Kalar, l'un des chefs
du parti populaire, pût être gravement compromis par quelques
apparences.

Bientôt arrive dans le cachot un homme enveloppé d'un manteau ;
c'est Lixdox déguisé ! Il raconte au Duc ce qui s'est passé. Tous les
conspirateurs sont en fuite ou cachés. La police en a trouvé la liste
chez celui que le Duc avait désigné comme en étant *dépositaire* ;
mais on a eu grand soin de cacher toutes ces circonstances, et d'é-
garer l'opinion en répandant le bruit que l'horrible attentat est

l'œuvre infernale du parti démocrate, dont le charbonnier Miguf n'est que le misérable instrument.

Les courtisans , encore tout épouvantés du péril qui les menaçait, poussent des cris d'extermination contre les révolutionnaires ; les partisans de Lixdox crient presque aussi fort ; les partisans du Prétendant crient comme eux contre les anarchistes... Les démocrates sont intimidés... Lixdox et le Duc sont ivres de joie en voyant le succès complet de leurs manœuvres.

Mais l'essentiel est de faire condamner Kalar et d'accuser tout le parti démocrate : comment y parvenir ? Voici le plan que Lixdox a conçu et qu'il expose au Duc.

— Vous aurez, lui dit-il, une entrevue avec le Comte. Vous lui raconterez votre arrestation, le meurtre du soldat, votre propre blessure... Puis, vous lui ferez des reproches sur son imprudence... vous lui direz, et les journaux raconteront, que ses démarches et son air mystérieux dans les environs de la cave ont excité les soupçons d'un agent de police ; qu'on est entré dans la cave à l'aide d'une fausse clef pendant la nuit, et qu'on a ainsi tout découvert par sa faute.

Vous ajouterez qu'un de mes confidents est venu vous dire, de ma part, que je ferais grâce au Comte, que je vous mettrais vousmême en liberté, et que je renoncerais à poursuivre les autres conjurés, à la condition que le Comte accuserait et ferait condamner comme son complice Kalar, notre ennemi commun.

Vous ajouterez que, dans ce cas, le véritable nom du Comte ne sera jamais connu ; on ne lui donnera que le nom et la qualité qu'il a pris (Miguf, charbonnier, de Pirma en Cassie); et ce seront les démagogues, surtout Kalar, un de leurs chefs, et le misérable charbonnier leur agent, qui seuls seront les exécrables auteurs de cet abominable forfait.

Pour appuyer l'accusation du Comte contre Kalar, nous achèterons un ou deux faux-témoins ; et pour que les autres Ministres et les Juges soient trompés eux-mêmes, il faut que vous vous chargiez encore de l'exécution vis-à-vis le Comte et les faux témoins.

Le Duc deviendra prince... Il accepte ; et le perfide Lixdox sort, tandis que le perfide Duc se prépare à conférer avec le Comte !

*Scène* 7. — C'est encore le cachot du Duc. Il est dans son lit... Quelqu'un arrive pouvant à peine se soutenir : c'est le *Comte !*

On lui a appris mystérieusement que le Duc était arrêté, qu'il

avait tué un soldat, qu'il était grièvement blessé et presque mourant, et que leurs deux cachots étaient contigus... Il a désiré le
voir... le Duc a d'abord refusé... puis il a permis...

Le traître Duc paie d'audace :.... il reproche au Comte d'avoir
tout perdu par sa faute, et d'avoir compromis tous ses amis.

Le Comte, dupe de la trahison, s'excuse, se jette presque à ses
pieds et lui demande pardon.

Alors le Duc s'attendrit, devient affectueux... Puis il parle du
message de Lixdox... Lixdox a la liste, il sait tout :.. tout est perdu,
même leur parti, même la cause du Souverain légitime... Cependant, ajoute le Duc, Lixdox veut faire le généreux, le clément....,
Quant à moi, j'ai rejeté avec indignation la proposition de me sauver en perdant un innocent. Je saurai mourir avec courage! j'y
suis résolu!

Mais le Comte voudrait sauver tous ses amis, son parti, la cause
de son Souverain... D'ailleurs, tout démocrate n'est-il pas un coupable, un criminel, un scélérat?... C'est donc le Comte qui presse
et supplie le Duc d'accepter, pour tous, l'offre de Lixdox ; c'est lui
qui vante la clémence et la générosité du Tyran!

Le Duc feint toujours de résister, et ne consent enfin que pour
sauver le Comte, leurs amis et l'honneur de la Noblesse... Il remet
au Comte le plan tracé par Lixdox pour accuser Kalar.

Le Comte lit ce plan : c'est l'histoire et la vie supposées du charbonnier Miguf, de ses liaisons avec Kalar, et de son complot avec
lui ; c'est aussi la marche détaillée que le faux Miguf doit suivre
dans sa défense et dans son accusation.

Lixdox, le Duc et le Comte seront seuls dans le secret :... on
disposera les juges en faveur de Miguf... Toute la colère sera dirigée contre Kalar... Et les juges seront d'autant plus animés contre
lui que beaucoup d'entre eux seront trompés comme le public, et
qu'ils le croiront véritablement l'inventeur et le chef de l'infâme
complot.

Le Comte consent à tout et se dispose à étudier et à jouer son
rôle de charbonnier... Il continuera d'abord à soutenir qu'il n'a
pas de complices ; il niera que Kalar soit coupable ; puis, affectant
de céder aux cris de sa conscience, il avouera toute la vérité et
accusera formellement Kalar d'être l'inventeur, l'instigateur et le
chef du complot; il lui reprochera de l'avoir entraîné ; il l'accusera
de lâcheté....

Quant au Duc, il va recouvrer sa liberté et chercher deux faux
témoins.

*Scène 8.*—Autre cachot. — Beaucoup de gardes amènent un bel homme, les habits déchirés, nu-tête, l'air triste mais résigné.... l'un le frappe avec une canne, l'autre avec une cravache ; celui-ci lui arrache sa moustache, cet autre ses favoris :... c'est Kalar !

On le jette sur la paille, et le geôlier lui laisse un peu de pain noir et d'eau.

Resté seul, il se plaint :... mais il saura souffrir pour la liberté !

— Les juges vont venir pour m'interroger, dit-il, que répondrai-je ?... Mais que dis-je, les juges ! des ennemis, des voleurs, des assassins !... Me voici dans une caverne de brigands, entouré de piéges... Non, je ne répondrai rien ici !

Bientôt arrivent le Grand-Inquisiteur, le Grand-Prévôt, le Grand-Jugeur, des Ministres, des Seigneurs et des gardes.

— Le *Grand-Inquisiteur :* Connaissez-vous Miguf? — *Kalar :* D'abord, de quoi m'accusez-vous ?

— Le *Grand-Jugeur :* D'être l'un des auteurs, inventeurs et directeurs de l'infernale conspiration des poudres. Connaissez-vous Miguf? Répondez! — *Kalar.* Voici ma réponse : je suis innocent!

— Le *Grand-Prévôt :* Connaissez-vous Miguf?... Répondez ! — *Kalar :* Je n'ai plus rien à dire. Si vous prétendez que je suis coupable, c'est à vous à prouver ma culpabilité. Mettez-moi en liberté ou faites-moi juger promptement, alors je répondrai ; mais je ne veux rien *nier* ici ni rien *avouer*, je ne veux *rien répondre* tant que je n'aurai pas mon *Conseil* et que je ne serai pas en présence du *public.*

— Le *Grand-Inquisiteur :* Mais on ne vous demande que la *vérité* ; vous n'avez pas besoin de Conseil pour répondre sur des faits qui vous sont personnels. Vous êtes ici en présence de la Justice ; et puisque vous êtes innocent, il vous sera facile de vous justifier. — *Kalar :* Je ne veux rien répondre.

— Le *Grand-Jugeur.* Mais c'est votre *intérêt* de répondre pour prouver votre innocence ! — *Kalar.* Je ne veux rien répondre.

— Le *Grand-Prévôt :* C'est le *devoir* d'un accusé d'éclairer la Justice... — *Kalar.* Je ne veux rien répondre.

— Un *ministre :* Vous ne craignez donc pas de *désobéir* à la Justice ? — *Kalar :* Je ne veux rien répondre.

— Un *seigneur :* Mais vous *outragez* la Justice !.... — ( Silence.)

— Le *Grand-Jugeur :* Vous n'avez donc pas confiance en moi....
(Silence.)

— Le *Grand-Prévôt :* On vous croira *coupable !*

— Le *Grand-Jugeur :* Vous vous nuisez à vous-même; car voyons, raisonnons un peu... — *Kalar :* Je ne veux ni discuter, ni raisonner, ni rien répondre.

— Le *Grand-Jugeur :* Ce que je vous demande ne peut vous compromettre... — *Kalar :* Je ne veux rien répondre.

— Un *Ministre :* Vous sortiriez promptement !

— Un *Seigneur :* Ceux qui vous ont conseillé ce système de silence ne sont pas vos amis !... — *Kalar :* Mais vous... Je ne veux rien répondre.

— Une *dame de la Cour :* Vous sacrifiez l'intérêt de votre *famille !*

— Le *Grand-Prévôt :* On a arrêté Xirol et Yard, vos amis.... Vous sacrifiez leur intérêt !...

— Le *Grand-Jugeur :* Ils sauront que c'est vous qui retardez leur mise en liberté !...

— Le *Grand-Inquisiteur :* Votre silence est inutile et ne peut que vous compromettre, car les *témoins* ont tous déclaré...

— Un *Ministre :* Vos coaccusés ne font pas comme vous : tandis que vous vous sacrifiez généreusement pour eux, ils avouent tout et vous accusent !...

— Un *Seigneur :* Nous savons tout ce que vous avez fait. Votre obstination ne peut que vous être funeste, tandis qu'on pourrait vous tenir compte de votre franchise. — *Kalar :* Encore une fois, je ne veux rien répondre.

Les colères, les menaces, les caresses, rien ne peut ébranler sa résolution.

— Il m'aurait été bien facile de leur répondre, dit Kalar quand il est seul, et j'ai souvent été tenté de les écraser ou de les confondre ; mais je suis plus sûr d'avoir évité leurs piéges.

Cependant le *Grand-Jugeur* rentre aussitôt. — Nous sommes seuls, lui dit-il : ce n'est plus le magistrat qui vous parle ; c'est un homme qui admire votre courage et votre générosité, qui s'intéresse à vous... Je vous confierai même que je partage au fond du cœur vos opinions et vos sentiments... — *Kalar :* Je ne connais pas d'*amis* en prison ; je ne *cause* pas en prison ; je ne veux rien répondre ! Laissez-moi !

— Ils ne m'en condamneront pas moins, je le sais, dit-il en se jetant sur sa paille ; mais je leur ferai voir qu'ils m'assassinent, et ma mort ne sera pas inutile à la patrie !

## ACTE SECOND.

*Scène 1.* — C'est un immense *tribunal*, vieux, sombre, éclairé par de lugubres lumières. Cent Juges, précédés de nombreux licteurs, les ux accusés enchaînés et couverts d'une robe noire, de nombreux soldats, des témoins, de nombreux spectateurs, paraissent successivement.

Les bancs des juges sont élevés : celui des accusés, en face, est à leurs pieds.

Au milieu, on voit les barils de poudre et la mèche.

Les Juges sont tous les Seigneurs de la Cour, tous les grands-officiers de la Couronne, tous ceux que la poudre devait faire sauter en l'air.

Leurs magnifiques habits, les uniformes des soldats, la variété des costumes, le grand nombre de spectateurs en scène, forment un imposant spectacle.

Le faux Miguf a l'air insolent, Kalar l'air intrépide et calme.

Le Grand-Jugeur interroge Miguf. — Miguf avoue son crime : il en reconnaît l'énormité ; il pleure de repentir ; il se jette à genoux et demande pardon à la Reine, aux Ministres, aux Seigneurs qui vont le juger. Il fait leur éloge à tous. Il invoque la vertu, l'honneur, la fidélité au Souverain, la religion même... Il déclame contre les révolutionnaires et les anarchistes dont les funestes doctrines l'ont égaré. Il accuse enfin Kalar de l'avoir entraîné et de lui avoir fourni les moyens de commettre l'attentat. Ce n'est ni par vengeance ni pour avoir sa grâce qu'il l'accuse, mais uniquement pour obéir à sa conscience, pour éclairer la justice et pour servir l'État en effrayant les conspirateurs par l'exemple de ses remords, de son supplice et de ses révélations contre son compagnon d'attentat.

Dix fois les juges et les spectateurs du procès l'ont encouragé par leurs murmures d'approbation, par leurs bravos et leurs applaudissements.

Le Grand-Jugeur et le Grand-Prévôt le louent solennellement de déclarer si franchement la vérité.

C'est le tour de Kalar d'être interrogé.... Tout le monde le croit ou feint de le croire coupable ; partout il ne voit que de la fureur contre lui. Le Grand-Jugeur et le Grand-Prévôt l'interrogent d'un air menaçant.... Que va-t-il devenir ?

Avant de répondre, il commence par récuser ses Juges. — Vous êtes les généraux du camp aristocrate, dit-il, et moi je suis un soldat du camp démocrate ; c'est vous d'ailleurs que les barils de poudre menaçaient : vous êtes mes *ennemis*, et vous ne pouvez être mes *Juges !* — Mais la Cour saute de colère, et lui ordonne de répondre !

— Je prends le ciel à témoin que je suis *innocent*. Je n'ai plus rien à dire ; prouvez que je suis coupable !...— Miguf affirme ! répond brutalement le *Grand-Jugeur*.

— Miguf !... Il s'est contredit vingt fois... Il a avoué qu'il s'était trompé et même qu'il avait menti... — Mais il dit aujourd'hui la vérité ! s'écrie le *Grand-Prévôt*.

— Vous savez que Miguf est un étranger, un voleur, un faussaire ; c'est un assassin qui a tué huit agents de l'autorité publique ; c'est un régicide qui voulait assassiner la Reine et vous tous ; c'est un infâme, un scélérat, un monstre ; et vous m'opposez son témoignage !

Miguf, pâle et tremblant, va peut-être se rétracter... mais des murmures, des trépignements, des cris partant de tous côtés, annoncent l'irritation des Juges contre Kalar.

Le Grand-Prévôt, le Grand-Jugeur, d'autres Seigneurs, le pressent d'objections, de questions, de reproches, de menaces : mais toujours imperturbable et ferme, Kalar leur répond à tous avec vigueur.

— Répondez aux accusations de Miguf ! lui dit le *Grand-Prévôt* en se levant avec fureur. — Un régicide n'est-il pas un monstre à vos yeux ? répond *Kalar* ; et vous voulez que je m'abaisse à répondre à Miguf, un régicide, un monstre !

— C'est la Justice qui vous interroge, dit le *Grand-Jugeur*, et c'est la Justice que vous outragez... — La Justice ! c'est un nom profané ! je ne vois ici que des *ennemis* et pas un *Juge !*

— La *loi* vous ordonne de répondre ! s'écrie le *Grand-Prévôt*.
— Non, répond *Kalar* ; et l'accusateur cherche à me tromper pour me perdre ! c'est abominable !

On entend plusieurs témoins sur les faits.

Le portier de la maison habitée par Kalar déclare avoir vu plusieurs fois Miguf entrer chez Kalar, et avoir vu celui-ci remettre à l'autre une *lettre* saisie sur lui et qui pouvait compromettre Kalar. La Cour laisse éclater sa joie et paraît triomphante.

— Qu'avez-vous à répondre à cette accablante déposition? dit le *Grand-Jugeur* en redressant la tête.—Miguf est venu, c'est vrai ( éclats de joie parmi les Juges ), et je suis convaincu maintenant qu'il tramait alors quelque infernale machination contre moi... (murmures): mais il ne m'a jamais parlé de complot, et c'est un infâme imposteur ! Je ne lui ai jamais remis de lettre, et le témoin est un infâme menteur ! c'est un faux témoin !

Le *Grand-Prévôt :* — Tous les scélérats disent la même chose.
— *Kalar :* Et les innocents aussi !

Le *Grand-Jugeur :* — Le témoin était-il votre ennemi? — Il ne me témoignait que du respect. (Éclats de joie parmi les Juges.)

Un *Seigneur :*—Quel intérêt aurait-il donc à être faux témoin? —J'ignore : peut-être a-t-on acheté son témoignage !...

Le *Grand-Prévôt :* — Vous calomniez les magistrats ! — Je n'ai pas donné la lettre, et c'est un faux témoin !

—Eh bien, dit le *Grand-Jugeur*, vous allez entendre un enfant, l'innocence et la candeur !

On amène alors la fille du portier, enfant de 12 ans.

— Mon enfant, lui dit le *Grand-Jugeur* d'un ton caressant, vous avez vu Kalar donner une lettre au charbonnier Miguf, n'est-ce pas? —L'enfant hésite, pâlit, rougit. On la presse, on la caresse, on l'encourage, on la menace.

— Votre père l'a dit... est-ce que votre père est un menteur?... —L'enfant hésite encore et pleure.... Puis, pressée de nouveau, d'une voix faible elle dit *Oui.* ( A ce mot les Juges tressaillent de joie.)

— Vous l'entendez ! s'écrie le *Grand-Jugeur* triomphant. Vous voyez combien l'innocence avait de peine à déclarer la vérité qui vous accuse ! — Je vois, répond *Kalar*, qu'on torture l'innocence pour assassiner un innocent ! ( Les Seigneurs poussent des cris de fureur.)

—Regardez bien l'accusé, dit le *Grand-Jugeur* à l'enfant.—La jeune fille n'ose lever les yeux.

—Regardez-moi, pauvre enfant, lui dit *Kalar* d'un ton impossible à définir....— C'est lui, s'écrie-t-elle !... oui, c'est lui !... mais je n'ai pas vu donner la lettre... (Et après ces mots, ou plutôt ce cri, elle tombe dans d'affreuses convulsions.)

L'étonnement, la confusion et l'agitation sont extrêmes. On emporte l'enfant, et l'on suspend un moment la séance.

L'enfant rentre, on la presse encore... elle nie.

— Mais vous l'avez avoué devant le *Grand-Inquisiteur*, et tout à l'heure encore ici : vous mentiez donc? Prenez garde! — On m'avait engagée... on m'avait dit que ma déposition ne pouvait faire mal à personne.

— Mais qui? Parlez! — L'enfant baisse la tête, et pleure de nouveau sans répondre.

— Nous ne pouvons souffrir un pareil scandale, s'écrie le *Grand-Prévôt :* le père est faux témoin ou bien la fille !... nous demandons que la séance soit suspendue pendant une demi-heure, et que tous deux soient mis au secret sans pouvoir communiquer avec personne..... Il faut que la vérité éclate !...

*Scène* 2. — C'est un affreux cachot, on y voit d'horribles instruments de supplice.

L'enfant arrive en pleurs... Presque aussitôt, arrivent le Grand-Prévôt, le Grand-Jugeur, plusieurs Seigneurs et même une Duchesse. On la caresse, on la flatte, on cherche à l'effrayer.

— Vous l'avez vu, lui dit-on, c'est la vérité... dites la vérité.... votre père est déshonoré, perdu!... les galères, la mort peut-être!.. Vous tuez votre père et votre mère pour sauver un misérable, qui sera toujours condamné !...

La mère arrive aussi, pleurant, criant, désespérée. Le père est amené couvert de chaînes..... Tous unissent leurs efforts pour obtenir un aveu.

L'enfant promet enfin, et l'on sort pour retourner à l'audience.

*Scène* 3. — La Cour est en séance.

— Les deux témoins, dit le *Grand-Jugeur*, enfermés séparément dans deux chambres différentes, sans avoir conféré ni entre eux ni avec aucune autre personne quelconque, ont eu le temps de faire leurs réflexions, et nous allons certainement connaître la vérité. (Le père et la fille sont amenés : l'anxiété est peinte sur tous les visages.)

— Persistez-vous à soutenir que vous avez vu remettre la lettre? demande-t-on au père. — Oui.

— Votre fille l'a-t-elle vu remettre? Nous ne demandons que la vérité. — Oui. (La Cour s'épanouit.)

—Votre père vient de dire la vérité, dit le Grand-Jugeur à la jeune fille ; imitez-le, dites la vérité ! Vous avez vu remettre la lettre ?... — L'enfant, toujours troublée, baissant la tête, pleurant, répond d'une voix à peine entendue : Oui...

— On n'entend pas, s'écrient plusieurs Juges... Qu'a-t-elle répondu ? — Elle a répondu *oui*, dit le Grand-Jugeur. (La joie éclate bruyamment sur tous les bancs.)

— Vous n'êtes pas des juges, s'écrie Kalar, mais des tigres altérés de sang !

Alors le Grand-Prévôt, le Grand-Jugeur, plusieurs Juges se réunissent pour accabler Kalar, et lui opposent la déclaration de la jeune fille comme écrasante, parce qu'elle confirme la déclaration du père et celle de Miguf.

— Vous avez vu, s'écrie le Grand-Prévôt, les combats de la jeune fille ; c'est elle qui vous condamne !

— Non, non, non ! s'écrie l'enfant de sa place. Je n'ai rien vu, je n'ai rien vu !... et elle tombe évanouie. (Stupéfaction universelle, irritation sur plusieurs bancs.)

On la relève, on la ramène au milieu de la salle, on la presse de questions... mais on entend un cri perçant... on la voit tomber encore... elle s'est coupé la langue !

Et la séance est suspendue, sur place, au milieu de la plus grande confusion.

Après la reprise de la séance et l'audition de plusieurs autres témoins, le Grand-Prévôt soutient l'accusation. Il loue le repentir et la sincérité du faux Miguf ; il le présente comme une victime de Kalar, presque comme un héros et comme un ange.

Quant à Kalar, il trouve mille preuves de sa culpabilité ; les contradictions de Miguf, ses mensonges, son audace, ses injures contre Kalar, sont des preuves... Les hésitations, les rétractations, la catastrophe de la jeune fille sont aussi des preuves... Le silence de Kalar, ses dénégations, ses protestations d'innocence, son courage, sont encore des preuves.

C'est le principal coupable, le seul coupable, un scélérat dont il faut se hâter de purger la terre !

Le faux Miguf, certain de conserver la vie, ne prend la parole que pour demander hypocritement à mourir en expiation de son crime, et pour exhorter le Peuple à renoncer aux complots.

Mais Kalar, certain de sa condamnation, proteste qu'il est victime de quelque infernale machination qu'il ne peut découvrir... Vous êtes un assassin ! dit-il au Grand-Prévôt... Vous êtes un assassin ! dit-il au Grand-Jugeur... Vous êtes tous des assassins ! dit-il aux Juges...

C'est en vain qu'on lui impose silence, et que des soldats le forcent à s'asseoir. Ma mort est résolue depuis long-temps ! s'écrie-t-il. C'est le démocrate et l'ami du Peuple que l'Aristocratie veut livrer à la Tyrannie !... Je mourrai martyr !... (on va lui mettre un bâillon...) ; mais quelque jour le Peuple vengera ma mémoire !...

Les soldats l'emportent, et la Cour se retire pour délibérer son arrêt.

*Scène* 4. — C'est la salle des délibérations. Les Juges sont assis.

— Il n'y a pas de preuves, disent les uns ; son accusateur ment évidemment ; Miguf est d'ailleurs un exécrable scélérat qu'on ne peut croire... Kalar est innocent... Nous nous déshonorerions... Ce serait un martyr !...

— Il est coupable, disent les autres ; c'est un scélérat, un anarchiste, un révolutionnaire !...

Lixdox entre alors et les conjure de considérer la raison d'État, le salut de la Reine et de la Noblesse, journellement attaquées par la démagogie... Il faut une condamnation !... Et la clémence royale fera le reste.

— Kalar est-il coupable ? demande le *Grand-Jugeur.* — Presque tous se lèvent. Et les deux accusés sont condamnés comme parricides.

*Scène* 5.—Le faux Miguf est dans une chambre propre, élégante et bien meublée, qui lui sert de prison.

— Ce pauvre Kalar ! se dit-il... Mais c'est un démocrate !...

Le Duc accourt et lui annonce la sentence... Mais il vient le chercher pour le mettre en liberté... On mettra en sa place un misérable qui vient de se pendre dans son cachot, et le journal de la Cour publiera que Miguf s'est étranglé.

*Scène* 6. — C'est l'affreux cachot de Kalar... Il est enchaîné... il dort épuisé de fatigue.

Le geôlier vient le réveiller et le garotter plus étroitement.

Le bourreau arrive et lui lit sa sentence... Dans une demi-heure
il sera roué, écartelé et brûlé !

Kalar lance des imprécations contre la Justice, la Société, l'A-
ristocratie et la Tyrannie.

Il se représente avec horreur le désespoir de sa femme et de
sa fille.

Il se rappelle leurs vertus, leurs qualités, son amour pour elles,
leur amour pour lui... il s'attendrit à ce souvenir.

L'idée de son supplice le fait frissonner... mais l'amour de la patrie lui rend son courage.

Survient un Ministre de la Reine, qui lui offre sa grâce s'il veut
accuser un autre chef du parti populaire qui vient de mourir. Il refuse avec indignation.

Un autre Seigneur arrive et lui demande seulement de s'avouer
coupable... Il semble réfléchir... On lui ôte ses chaînes... mais il
refuse encore.

— Demandez seulement votre grâce ! lui crie-t-on.

Alors paraissent sa femme et sa fille, qui se précipitent dans ses
bras en criant... Il les embrasse avec transport.

Le Seigneur leur montre la grâce signée par la Reine, leur explique qu'elle y met seulement pour condition qu'il la demandera...

— Demander grâce ! s'écrie-t-il, ce serait me reconnaître coupable, et je suis innocent !

Sa femme est à son cou, sa fille est à ses pieds, lui tendant sa
grâce que le Seigneur a mise entre ses mains.

Il hésite... il combat... on croit qu'il consent...

— O patrie ! s'écrie-t-il, quel sacrifice je te fais aujourd'hui !

— Roué, écartelé, lui dit le Seigneur... Sa femme et sa fille
poussent des cris affreux.

Il se dégage avec violence, les repousse évanouies, et s'élance
pour aller au supplice.

Mais il rentre aussitôt comme un inspiré, relève sa fille, et fond
en larmes en la pressant avec transport contre son cœur...

On n'entend que quelques mots entrecoupés... Liberté... Patrie... Peuple... Tyrannie !...

— Grâce ! demandez votre grâce ! lui crient tous ceux qui l'entourent.

Mais il s'élance encore une fois et disparaît pour toujours, lais-sant tous les yeux remplis de larmes, tous les fronts couverts de sueur, et toutes les âmes remplies de colère contre la tyrannie et d'admiration pour le dévouement à la liberté.

## CHAPITRE XXXII.

### Jalousie et folie. — Raison et dévouement.

Je ne les ai pas vus depuis deux jours ; et je dois partir ce soir (24 mai), la quitter pour jamais, sans lui laisser connaître le mal qu'elle m'a fait !

J'écrirai seulement à Valmor pour lui dire que je vais être absent quelques jours et pour m'excuser auprès de sa famille et de ses amis. Plus tard, j'écrirai de nouveau pour m'excuser encore de quitter Icarie sans les avoir remerciés. Qu'ils me plaindraient s'ils savaient les tourments que j'endure !

J'avais commencé ma lettre : mais mon sang bouillonnait dans mes veines ; ma tête brûlait comme un volcan et semblait prête à s'entr'ouvrir ; bientôt un froid glacial me fit frissonner et battre des dents ; ma vue s'obscurcit ; mes doigts laissèrent tomber ma plume ; et..... je ne sais plus ce qui suivit.

### Maladie, délire, premier réveil.

Quel mauvais sommeil ! Quelle longue insomnie ! Que la nuit et le chaos sont horribles !... De noirs tourbillons qui disparaissent et reparaissent sans cesse et que l'œil suit toujours sans jamais pouvoir les atteindre !...

— C'est vous, Eugène ? Pourquoi m'avez-vous donc abandonné depuis si long-temps ?

J'ai vu Dinaïse, qui pleurait ! qu'avait-elle ? où est-elle, Dinaïse ?

Quand finira donc mon voyage ?... J'ai les os et les membres brisés !

Mais, où suis-je donc ?... — Chez un ami fidèle, répondit Eugène en me serrant doucement la main : reposez-vous encore, mon cher William ! dormez tranquille !

Et cette voix, cette main, cette douce étreinte de l'amitié, sem-blaient verser dans mes veines la fraîcheur et la vie...

Mais bientôt après j'étais retombé dans le néant.

*Convalescence.*

Je renais à la vie ; et le bon Eugène vient de m'apprendre que j'ai été indisposé, mais que je serai bientôt rétabli.

Je me croyais en Angleterre... et je suis dans un des hospices d'Icara !

Mais on ne veut pas encore me permettre de parler !

*Il apprend ce qui vient de se passer.*

Mes forces reviennent; et Eugène, qui chaque jour prenait toutes sortes de précautions pour m'instruire de ce qui s'est passé, vient enfin de tout m'apprendre.

Pendant sept jours, une fièvre ardente a mis mon existence en danger. Je ne reconnais plus personne, pas même Eugène ni Valmor. Ce n'est pas Dinaïse, que j'ai vue, mais Corilla, qui fondait en larmes. Les médecins n'ont plus d'inquiétude ; mais il faut encore de la prudence et des ménagements, si je veux être bientôt en état de partir.

*Indiscrétions du délire.*

Pressé par mes questions Eugène vient de m'avouer que, dans mon délire, je prononçais continuellement le nom de Dinaïse, et que Valmor, qui se trouvait présent, en avait été si péniblement affecté qu'il était sorti brusquement pour ne plus reparaître. Mais il ne s'est point passé de jour sans que Corilla ait envoyé plusieurs fois demander de mes nouvelles.

Bonne Corilla ! Pauvre Valmor ! Pourvu que Dinaïse ne connaisse pas mes indiscrétions involontaires ! Mais pourquoi donc Dinaros ne vient-il pas ?

*Révélations complètes.*

Mes cheveux ont blanchi : cependant je vais assez bien pour qu'Eugène me permette de lire une lettre de Corilla, lisons vite !

*Lettre de Corilla à Milord.*

                                                    30 mai.

« Enfin, mon cher William, vous voilà rétabli ! Si vous saviez
» combien votre maladie m'a coûté de larmes et combien je suis
» heureuse de votre guérison !

» Et cependant, je devrais peut-être vous haïr, malheureux !
» Que d'inquiétude vous nous donnez à tous ! Que de désolation
» vous jetez dans deux familles qui vous ont accueilli avec affec-

« tion! Que de mal vous faites à mon pauvre frère ! Que de mal
» vous avez fait à madame Dinamó, à Dinaros, à ma pauvre
» amie !... »

— A Dinaïse ! m'écriai-je. Que lui est-il arrivé? Ne me cachez
rien, Eugène, Eugène, parlez ! Comment va Dinaïse? — Mieux.

— Elle a été malade ! Comment? pourquoi? Dites-moi tout, mon
cher Eugène !

— Calmez-vous; je vais tout vous dire : Corilla et Dinaïse se
trouvaient ensemble quand Dinaros leur a annoncé votre maladie
subite. Dinaïse ne laissa paraître aucune émotion, tandis que
Corilla se montra vivement émue. Mais le lendemain, Valmor
ayant ajouté que dans votre délire vous prononciez souvent le nom
de miss Henriet, Dinaïse, frappée comme d'un coup de foudre, est
tombée dans d'affreuses convulsions....

— Elle m'aime !... Et je tombai moi-même évanoui.

— Et où est-elle? m'écriai-je aussitôt que j'eus repris connaissance.

— Elle est chez sa mère depuis quelques jours ; mais elle a été
long-temps à l'hospice, presqu'aussi dangereusement malade que
vous....

— Elle m'aime !... Mais Valmor?...

— Valmor s'est éloigné pour quelque temps, et ne tardera pas,
je l'espère, à revenir.... Mais calmez-vous, mon cher William !
reposez-vous !

— Pauvre Valmor !.... Eugène, nous partirons toujours ! Mais
si vous saviez quel baume a versé dans mon sang la nouvelle que
je suis aimé !

Après quelques heures de repos, nous achevâmes la lecture de
la lettre de Corilla.

### Fin de la lettre de Corilla.

« — Que de mal vous avez fait à madame Dinamó, à Dinaros, à
» ma pauvre amie, dont le repos est à jamais perdu !

» Nous sommes tous bien malheureux aujourd'hui, William, et
» c'est moi peut-être qui souffre le plus ; car je souffre cruellement
» de l'injustice dont vous êtes l'objet : l'une de mes tantes et son
» mari vous accusent d'être la cause de tous nos maux, ma-
» dame Dinamó est quelquefois très-irritée et me reproche à moi
» de vous avoir introduit dans sa famille ; et tandis que Dinaros
» ose à peine prononcer quelques mots pour votre défense, Valmor

» est furieux contre vous. Ah! qu'il m'a fallu de courage et d'amitié
» pour ne pas vous maudire moi-même, quand j'ai vu Dinaïse pres-
» que mourante, tout le monde en larmes, et mon frère, mon
» frère bien-aimé, presque fou de désespoir!

» Mais mon cœur ne s'est jamais trompé sur vous; je vous con-
» nais mieux que les autres; et j'étais sûre que vous n'étiez nulle-
» ment coupable et que nous n'avions tous à nous plaindre que de
» la nature et du hasard.

» Eugène (oh! que vous devez l'aimer, ce bon Eugène!), Eugène
» m'a d'ailleurs tout confié, tout; et votre amie a trouvé des forces
» nouvelles pour vous défendre.

» J'ai calmé la bonne madame Dinamé; Dinaros ira bientôt vous
» voir; j'ai écrit deux lettres, trois lettres à mon pauvre Valmor,
» et j'espère que ma tendresse réveillera sa raison; ma tante et
» mon oncle sont toujours obstinés, mais nous les ramènerons!

» Espérons donc, mon ami, non le bonheur, car je crois qu'il ne
» peut plus y en avoir pour nous; mais espérons que nous nous
» aiderons tous à trouver des consolations dans l'amitié: pour moi,
» je serai forte et courageuse tant que vous en conserverez un peu
» pour celle qui en a tant pour vous.      CORILLA. »

» P. S. Je ne sais si vous persisterez dans votre projet de dé-
» part aussitôt que vous serez complétement rétabli: peut-être
» ferez-vous bien: mais, je vous en prie, William, ne partez pas
» sans nous dire adieu!... Au reste, non, pas d'adieu! »

Quelle amie! m'écriai-je en embrassant Eugène. Quel mortel
serait plus heureux que moi sur la terre, si l'ami de Corilla était
encore l'époux de Dinaïse! Mais Valmor!... Pauvre Valmor!...
Nous partirons bientôt, Eugène! et sans dire adieu!

### Billet de Corilla.

3 juin.

» Eugène m'a dit que vous me conjuriez de vous tout dire sur
» Valmor et Dinaïse, et que vous me promettiez d'être sage et cou-
» rageux; je cède, et vous envoie une lettre de la malheureuse:
» mais du courage, William, vous me l'avez promis! »

### Lettre de Dinaise à Corilla.

1er juin.

» Tu dois être bien fatiguée, ma tendre amie!... Tant de nuits
» passées, sans dormir, au chevet de mon lit! et je viens te fatiguer

encore de mes lettres! Mais quand je ne te vois pas, il faut que
je t'écrive ou que je te lise, ma Corilla chérie !

» Comment te trouves-tu? Viens vite, que je t'embrasse comme
je t'aime!... Dis-moi que tu vas venir... Moi, j'ai bien dormi ;
j'ai fait des rêves!... Je te les dirai. Je vais mieux, bien, très-
bien. C'est toi qui m'a sauvée par le seul mot que tu m'as dit à
l'oreille !...

» N'amène plus ta tante!... je ne veux plus la voir!... Est-ce ma
faute à moi si je n'ai pu maîtriser mon cœur?... On me parle des
qualités, des talents, des vertus de Valmor... Mais personne ne
connaît mieux et n'apprécie mieux son âme ; personne ne l'estime
et ne le respecte autant que moi ; personne même ne trouve plus
aimable son caractère et ses manières. Je l'aimais, ton frère ! je
le croyais du moins ! et même je l'aime encore, autant que je
t'aime, autant que tu l'aimes toi-même... Je l'aurais épousé ; je
croyais pouvoir faire son bonheur ; j'aurais été heureuse d'être sa
femme ; et je ne soupçonnais pas qu'un autre pût m'inspirer d'autres sentiments.

» Mais William a paru, et depuis ce moment, tout mon être est
bouleversé... Pourquoi ? je n'en sais rien ; car j'aimais déjà Valmor, mon ami d'enfance, le frère de ma bien-aimée, tandis que
William était un étranger que je n'avais jamais vu et pour qui
j'avais alors autant d'indifférence qu'il en avait pour moi.

» Il ne m'a jamais dit qu'il m'aimait ; il ne me l'a jamais laissé
voir ; je l'ignorais, je croyais même que je n'étais rien pour lui ;
et cependant j'éprouvais à son aspect un trouble qui m'était inconnu.

» Quand je le comparais à Valmor, ma raison me conduisait à
ton frère ; mais quelque irrésistible puissance me poussait et
m'entraînait vers ton ami.

» Tu l'aimais aussi, Corilla, en même temps que tu aimais ton
frère !... Valmor l'aimait aussi ; vous l'aimiez tous, même mon
frère et ma mère...

» Pauvre mère, comme elle est désolée, à cause de Valmor !
Comme je souffre à cause d'elle ! Plains-moi, Corilla ! car mon
cœur a bien des blessures et saigne bien douloureusement quand
je vois pleurer ma mère... La malheureuse femme, elle n'ose pas
me gronder ! Ce matin, pourtant, après ton départ, elle s'est presque plainte de ce que je lui avais caché mon amour... Mais, tu
le sais bien, Corilla, je l'ignorais moi-même, et tu l'ignorais avec
moi. La première fois que je l'ai vu, sur le bateau, avec ton frère,
je me suis cachée, par un mouvement machinal, comme si quel-

14.

» que secret pressentiment m'eût avertie que c'était un ennemi qui
» s'avançait pour m'enchaîner. Depuis, tu l'as vu, je l'ai presque
» toujours évité ; tu me reprochais ma sauvagerie et mon air ef-
» frayé ; et sans le coup de poignard que m'a porté la jalousie (et
» j'en rougis quand j'y pense), j'ignorerais probablement encore
» que je l'aimais.

» Il m'aimait aussi, sans le savoir et sans le vouloir ; il partait
» sans me le dire, sans connaître mes sentiments ; il se sacrifiait à
» moi ; il me sacrifiait à Valmor et à l'honneur ; c'est la fièvre et
» presque la mort qui vous a révélé notre amour ; et ta tante, qui
» n'a peut-être jamais aimé, nous accuse au lieu de nous plaindre !
» Ah, cette injustice fait taire ma timidité naturelle et me donne de
» la hardiesse et du courage ! Je me sens maintenant une âme de
» feu, une énergie capable de braver l'infortune. Oui, je l'aime !
» oui, je suis heureuse de me savoir aimée ! oui, qu'il parte ou
» qu'il reste, je l'aimerai toujours ! Je pourrai mourir de dou-
» leur ; mais ni ta tante ni personne ne pourra m'ôter mon amour
» pour lui, pas plus que mon amitié pour toi !

» Mais Valmor, le bon Valmor, le pauvre Valmor !... Je te l'ai
» dit et je te le répète, je l'aime aussi plus que jamais ! Tu ne penses
» donc pas que je puisse être heureuse de son malheur : non, mon
» amie, je le jure à toi comme à lui, je ne lui donnerai jamais le
» chagrin de me voir la femme d'un autre ; et c'est moi, faible et
» chétive créature, qui veux lui donner l'exemple de chercher le
» bonheur dans la pure et sainte amitié. Là, je pourrai les aimer
» tous deux, vous aimer tous, et chérir encore ma Corilla de toute
» la puissance de mon âme.                        DINAÏSE. »

Je n'entreprendrai pas de raconter les sentiments qu'excita dans
moi la lecture de cette lettre : non, je ne trouve point d'expressions
qui puissent donner l'idée de mon émotion, de mon trouble, de mon
admiration, de mon bonheur, de mes délicieuses larmes...

Je ne pourrais pas plus exprimer le plaisir et les transports que
me causa la lecture des lettres suivantes... Je ne sais même comment tant d'émotions si vives ne m'ont pas tué !...

*Second billet de Corilla.*

6 juin.

» Bonne nouvelle, mon cher William ! Valmor revient ! Je vous
» envoie toutes ses lettres et l'une de celles que je lui ai écrites ;
» mais soyez sage ! »

*Première lettre de Valmor à Corilla.*

Mola, 24 mai.

» Rassure notre mère, ma chère sœur. Je lui demande pardon
» de l'inquiétude que je lui cause.

» J'ai fait deux cents lieues en vingt heures, à pied, à cheval,
» en voiture, sur les chemins de fer, en bateau, en ballon même :
» je suis exténué, brisé, moulu, et ma tête est plus fatiguée que
» mon corps! Mais je suis content d'avoir cherché du repos dans la
» fatigue! J'étouffais...

» Je t'écrirai demain. Écris-moi de suite, poste restante, à Val-
» dira. »

*Deuxième lettre de Valmor à Corilla.*

Mola, 25 mai.

« Oh, que j'ai bien fait de fuir! Je ne me connaissais plus...
» J'aurais fait un malheur... Oui, ma sœur, j'ai eu l'horrible pensée
» de le tuer, de la tuer, et de me tuer après eux...; et même, quel-
» ques heures après, courant dans la campagne, j'ai encore eu (j'ai
» honte à te le dire) la plus affreuse tentation.

» Mais aussi, avoue-le, ma chère sœur, a-t-on jamais vu mal-
» heur égal au mien? Je l'accueille; je le comble d'amitiés, je le
» traite en frère, je lui confie mon amour, et il me vole mon bon-
» heur!

» J'étais presque guéri et il rouvre toutes mes blessures!

» A peine sais-je qu'il est malade, je cours lui sacrifier mon re-
» pos et mon sommeil, et c'est pour l'entendre répéter sans cesse
» qu'il est mon insolent rival!

» Et quand j'oublie mes souffrances pour ne penser qu'à l'intérêt
» d'une ingrate, c'est elle-même qui m'apprend qu'elle me préfère
» un traître!

» Insensible à dix ans d'amour, infidèle à son amitié d'enfance,
» parjure à ses promesses, elle repousse mes hommages sous l'hy-
» pocrite prétexte qu'elle a fait vœu de ne se marier jamais, et
» quelques jours après la perfide se jette à la tête du premier
» étranger qui se présente!

» Ils s'aiment, Corilla! ils mourraient l'un pour l'autre! Ils seront
» heureux et triomphants! Ils pourront rire de ma crédulité, de ma
» confiance, de mon supplice!

» Non, non, je ne serai pas seul malheureux! Je retourne à
» Icara... Ils me reverront bientôt!...

» P. S. Je rouvre ma lettre. Non , ma sœur, je ne retourne pas
» encore. J'étais fou ! heureusement , il me vient assez de raison
» pour continuer ma route. »

### Réponse de Corilla à Valmor.

Icara, 26 mai.

« Ta lettre, mon cher frère, nous a fait verser bien des larmes, à
» ma mère et à moi. Que je te plains, mon pauvre Valmor ! que tu es
» malheureux ! Ils seraient bien coupables tous deux s'ils méritaient
» tes reproches , et je les haïrais bien, moi qui sentais tant d'amitié
» pour eux !

» Mais, mon ami , les apparences ne sont-elles pas souvent trom-
» peuses ? Si tu te trompais !... s'ils étaient innocents !... si William
» ne t'avait jamais trahi !... si Dinaïse !... Tu ne la reverras peut-
» être plus , ma pauvre Dinaïse !... ni William , qui ce matin était
» mourant !

» Eugène nous a tout raconté , à ma mère , à mon grand-père et
» à moi : écoute-moi bien, mon frère !

» Trois jours avant la crise, William ne connaissait pas lui-même
» ses sentiments pour Dinaïse ; c'est Eugène qui s'en est douté et
» qui les lui a fait connaître. William , ne pensant qu'à toi et au
» chagrin qu'il pourrait te faire , a pris aussitôt la résolution de
» quitter Icarie , sans rien dire à Dinaïse, sans connaître ses senti-
» ments et sans même faire aucun adieu. Il devait partir trois jours
» après avec Eugène, qui l'aurait accompagné jusqu'à la frontière.
» Mais quelques heures avant celle fixée pour le départ, la fièvre
» l'a empêché de partir ; et tu sais le reste...

» Hé bien , mon cher Valmor , toi dont la tête est ordinairement
» si supérieure et dont le cœur est toujours si excellent , dis-moi,
» comment pourrions-nous appeler ce pauvre William un perfide
» et un traître ? N'est-il pas, au contraire, un ami fidèle, généreux
» et dévoué ?

» Tu ne peux lui reprocher que de n'avoir pu voir impunément
» Dinaïse : mais, réfléchis, mon ami ! n'est-ce pas un malheur dont
» il est la première victime ? Et n'en sommes-nous pas tous la
» cause, toi d'abord qui l'entretenais sans cesse des perfections de
» l'objet de ton amour, ma mère et moi qui lui vantions souvent les
» qualité de Dinaïse et qui le rendions témoin de notre amitié pour
» elle ? Oui , mon cher ami, accuse ta mère et surtout ta sœur, car
» ce sont elles (elles qui donneraient leur vie pour toi) qui ont fait

connaître Dinaïse à William, et qui l'ont exposé au danger de devenir malheureux pour toujours.

« Quant à cette malheureuse Dinaïse, que nous chérissions tant, tu le sais bien, mon frère, rien ne nous aurait rendus plus heureux que son amour pour toi, et rien ne pouvait m'affliger davantage que l'impossibilité de l'appeler ma sœur... Je l'aurais en horreur si c'était une ingrate, une perfide, une infidèle !... Mais, crois-en ta Corilla, je suis sûre qu'elle ne se connaissait pas elle-même et qu'elle est la victime d'une sorte de fatalité ; je suis certaine qu'elle a pour toi l'affection la plus sincère et la plus tendre : je n'ai pu l'interroger depuis qu'elle est malade, mais je la connais assez pour oser jurer qu'elle n'épousera jamais William. Pauvre fille, elle peut nous reprocher aussi d'avoir détruit son repos et son bonheur !

« Plains-la donc, mon frère, mon bon frère ! Je ne suis qu'une femme, mais je suis ton amie ; et si la voix de l'amitié n'est pas assez puissante, consulte ta propre raison ; rappelle-toi tes réflexions, ton courage, ta résolution de te vaincre, tes serments à M. Mirol, tes combats et ta victoire ! Ta sagesse t'avait guéri ; et la découverte d'un fait qui t'est étranger aurait rouvert toutes tes blessures ! C'est la jalousie qui t'égarerait ! cette passion des âmes vulgaires serait maîtresse de Valmor ! Non, mon frère, non ! tu nous dois à tous des exemples de courage, de justice, de bonté et de vertu ! Tu nous les dois et tu nous les donneras ! Mais n'oublie pas que ta sœur ne dormira pas jusqu'à ce qu'elle ait reçu la réponse de son frère bien-aimé.               CORILLA. »

*Troisième lettre de Valmor.*

Valdira, 29 mai.

« Je reçois ta lettre du 28. Il est mourant ! elle est en danger ! Et il partait, à cause de moi, sans lui dire qu'il l'aimait ! Est-il bien vrai ? Ah, Corilla, ma sœur !... cours vite à William ! non, cours à Dinaïse ! cours !

« Écris-moi, écris-moi ! »

*Lettre de Corilla à Valmor.*

Icara, 2 juin.

(Cette lettre, mentionnée dans la suivante, contenait la copie de celle de Dinaïse rapportée ci-avant.)

*Quatrième lettre de Valmor.*

Valdira, 3 juin.

« Réjouis-toi, chère Corilla ! car tu m'as fait un bien extrême en
» m'apprenant que tous deux sont hors de danger. Je reçois ta lettre
» du 2 et la copie de celle de Dinaïse.

» Quoi ! William persiste à partir et Dinaïse me sacrifie son
» amour !... Que je suis petit à côté d'eux !

» Ma tête est trop brûlante encore pour que je te réponde à l'in-
» stant... J'ai besoin de marcher, de courir au grand air... Je t'é-
» crirai tantôt... tu seras contente ! »

*Cinquième lettre de Valmor.*

Valdira, 4 juin.

» Je me vengerai, Corilla ! je me vengerai de moi !

» Je viens de relire tes lettres et celle de Dinaïse : je les ai re-
» lues dix fois, dévorées et baisées !

» Que je suis faible et téméraire, injuste et fou, lâche et violent !
» mais je me vengerai !

» Oui, c'est la jalousie, l'aveugle, la stupide, la féroce jalousie,
» qui m'avait égaré et dénaturé ; mais je me vengerai !

» Oh, ma chère sœur, que je te remercie ! que je suis fier d'être
» ton frère ! avec quel plaisir je te presserai dans mes bras fra-
» ternels !

» Embrasse William ! presse Dinaïse contre ton cœur !

» Je veux leur rendre les sacrifices qu'ils m'ont faits ; je veux, je
» l'ai résolu, mettre mon bonheur à voir leur bonheur.

» Qu'ils s'aiment en me conservant leur amitié !

» J'aurai peut-être encore des combats à livrer, des efforts à faire,
» des douleurs à supporter ; il me faudra du temps encore, et je
» ne vous rejoindrai pas immédiatement ; mais je veux vaincre ou
» mourir, et je vaincrai, j'espère.

» Puissé-je vous rendre le bonheur à tous, pour réparer, autant
» que possible, le mal que je vous ai fait involontairement ! Mais
» ce dont je suis bien sûr, ma belle et bonne Corilla, c'est que ton
» frère t'aimera toujours bien tendrement. »

*Rétablissement.*

Sept jours après, le 11 juin, deux jours avant les fêtes, Valmor
était de retour ; Dinaïse était complétement rétablie : j'étais si près

de l'ère que son retour me rendit tout-à-fait mes forces. Il nous embrassa tous avec tant d'effusion et de tendresse que nous commençâmes à goûter, après la plus horrible quinzaine, un bonheur que nous croyions tous perdu pour jamais.

Cependant Dinaïse persistait dans son *vœu* de ne se jamais marier ; je persistais à partir, et c'était Valmor qui nous pressait de renoncer à notre double résolution.

Ne pouvant nous persuader d'abord, il déclara qu'il le voulait, qu'il le demandait en grâce, qu'il l'exigeait, qu'il l'ordonnait et qu'il saurait bien nous y contraindre ; et comme nous riions beaucoup de cette nouvelle folie qui succédait à la première, il ajouta d'un air triomphant : « Et si je me mariais moi-même avant un mois, sûr d'épouser une femme qui me rendrait heureux, cèrtain surtout de rendre heureuse l'épouse qui me confiera son bonheur?... Si j'épousais Alaé, la cousine de Dinaïse, qui m'a toujours beaucoup aimé et pour qui j'ai toujours eu beaucoup d'amitié?... (Imaginez notre étonnement !)

Eh bien, continua-t-il, tout est réglé : avant de revenir, je suis allé passer quatre jours chez le grand-père de Dinaïse ; je lui ai tout raconté. Alaé, qui connaît bien mes sentiments, n'a pas repoussé ma preposition ; nos deux familles y consentent, et dans deux mois nous ferons trois noces en un jour... Et, maintenant que je suis dégonflé, taisez-vous !

Corilla donna le signal en se jetant à son cou ; nous l'embrassâmes avec des transports impossibles à décrire, et nous commençâmes une nouvelle ère de félicité avec les fêtes préparées pour célébrer l'anniversaire de la nouvelle ère du bonheur d'Icarie.

---

## CHAPITRE XXXIII.

Prélude aux fêtes de l'anniversaire. — Naissance scolaire ; ouvrière ; civique.

C'est demain l'Anniversaire de la régénération icarienne. On y prélude par trois actes d'un immense intérêt populaire.

L'année commençant au 13 juin, jour de l'insurrection du Peuple, c'est à ce jour qu'on a fixé la *naissance* SCOLAIRE pour tous les enfants qui se trouvent avoir *cinq ans* révolus, la naissance OUVRIÈRE, pour tous les garçons de *dix-huit ans*, et les filles de *dix-sept*, et la naissance CIVIQUE, pour les hommes de *vingt et un ans*,

Dès le matin, aujourd'hui, on a publié, par de magnifiques affiches, dans chaque Commune, la liste des nouveaux *écoliers*, c'est-à-dire de tous les enfants de cinq ans.

On a également affiché la liste de tous les nouveaux *ouvriers*, c'est-à-dire de tous les garçons de dix-huit ans et de toutes les filles de dix-sept, avec les différentes *professions* choisies par eux dans les *concours* qui viennent d'avoir lieu ces jours derniers.

Ce soir on affichera celle de tous les nouveaux *citoyens*, qui auront, dans la journée, obtenu leur admission civique. Cette dernière cérémonie est si intéressante que Valmor a voulu nous y conduire avec Eugène, qui désormais est notre inséparable.

### RÉCEPTION CIVIQUE.

Nous arrivâmes tous trois au Palais communal, au moment où la séance allait commencer.

Celui que vous voyez dans le fauteuil, nous dit Valmor, est le Président de l'Assemblée populaire de la Commune : à sa droite est le Président de l'Exécutoire communal ; celui qui se trouve à sa gauche est le Prêtre ; ceux qui les entourent sont les principaux Magistrats populaires.

Ces beaux garçons qui remplissent la première enceinte sont tous les jeunes hommes de la Commune qui ont aujourd'hui *vingt et un ans* révolus : ce sont eux qu'on va recevoir citoyens.

Ces hommes de tous âges que vous apercevez derrière eux sont leurs *Parrains*, c'est-à-dire des amis de leur famille qui les présentent à la *Société* (car c'est ici notre véritable *naissance sociale*), et qui leur serviront de *conseils et d'amis* pendant tout le reste de leur vie.

Les bancs supérieurs sont occupés par tous les jeunes gens de la Commune qui ont aujourd'hui *vingt ans* révolus : ils sont obligés d'assister à cette cérémonie, et de fréquenter assidument, pendant l'année, les Assemblées populaires, afin d'y compléter leur éducation civique. L'année prochaine, ce sont eux qui seront proclamés Citoyens et admis à l'exercice de tous les droits civiques.

Les autres spectateurs sont, comme nous, de simples curieux qu'intéresse vivement cette cérémonie.

Quand la musique eut cessé (car en Icarie on entend une délicieuse musique dans tous les lieux de réunion publique, comme ailleurs dans les églises), le Président ouvrit la séance, et donna la parole à l'un des magistrats, qui fit un petit discours sur l'importance de cette cérémonie civique. Puis le secrétaire commença l'appel des jeunes citoyens et de leurs Parrains.

Le Président et les membres du Bureau en interrogèrent alors quinze ou vingt, indiqués par le sort, sur la *Constitution* et sur les *droits* et les *devoirs* du Citoyen. Inutile d'ajouter que tous répondirent avec confiance et dignité.

Le Président leur lut le SERMENT CIVIQUE(*dévouement à la Patrie, obéissance aux lois, accomplissement de tous les devoirs et fraternité avec tous les concitoyens*), et leur fit sentir l'importance de ce serment, que la République n'exige qu'une seule fois de chaque Citoyen, quelles que soient les fonctions qui lui seront confiées par la suite : tous le prêtèrent à la fois, debout, et tendant les deux mains.

Alors le Président, au nom de la République, les proclama *Citoyens*, membres du Peuple souverain, électeurs et éligibles. Il ordonna que leurs noms fussent inscrits sur le tableau des membres de l'Assemblée populaire et de la Garde nationale.

Il ordonna aussi que l'*uniforme* du Citoyen leur serait distribué, et remit lui-même le *signe* du civisme à leurs Parrains, qui l'attachèrent devant les poitrines de leurs jeunes amis, pendant que la musique faisait entendre un air patriotique.

Le Président termina cette majestueuse cérémonie par une courte allocution sur l'amour que les Icariens devaient avoir pour leur République.

Près d'un million de nouveaux citoyens naissaient ainsi, à la même heure, dans les soixante communes d'Icara et dans les mille communes d'Icarie !

Cependant tout est en mouvement pour le grand Anniversaire de la Révolution dont la fête de demain doit être une *représentation fidele :* les deux armées s'organisent pour jouer le *drame historique*, l'une devant représenter la garde royale, l'autre le Peuple insurgé. Les compagnies, les petites troupes, les bandes, les patrouilles se préparent et reçoivent le mot d'ordre. Les postes et les rôles sont distribués, les uns devant figurer Icar et ses généraux, d'autres Lixdox et Cloramide.

Des matériaux pour des barricades sont amassés dans l'*arène de*

15

l'*Insurrection* située près de la grosse cloche qui sonna le tocsin le matin du 13 juin 1782 et qui seule est restée dans Icara ; un palais en planches représentant l'ancien palais de la Reine s'élève à l'une des extrémités de la grande *arène de la Victoire*.

Tout est prêt ; et le soleil, magnifique à son coucher, promet d'être magnifique encore demain, pour rendre complète la répétition des deux brillantes et glorieuses journées.

---

## CHAPITRE XXXIV.

### Anniversaire de la Révolution.

#### 1re *Journée : insurrection ; combat ; victoire.*

L'air est pur ; le soleil, plus étincelant qu'hier, semble un dieu qui veut éclairer l'affranchissement d'un grand Peuple.

Dès les cinq heures j'entends le tocsin, puis des cris et le tambour d'alarme.

Je cours avec Eugène prendre Valmor et Dinaros, comme nous en étions convenus, et nous courons tous quatre au tocsin.

A peine sortis, nous rencontrons de nombreuses troupes de jeunes gens, qui chantent des hymnes de combat et de liberté, qui affichent une proclamation insurrectionnelle d'Icar, et qui courent en agitant de petits drapeaux noirs, et en criant *Aux armes ! aux armes, Citoyens !*

Bientôt nous apercevons un énorme drapeau noir flottant sur la haute tour où le tocsin redouble son bruit électrisant.

Bientôt encore nous voyons les citoyens sortir et s'amasser autour des proclamations. On en lit des milliers, écrites à la main et toutes différentes, car chacun fait la sienne.

Des patrouilles de la garde royale croisent la baïonnette ou font feu et dispersent les rassemblements.

Des troupes de citoyens portent des cadavres en criant *Vengeance ! aux armes !*

Mais les attroupements résistent ; les coups de fusil répondent aux coups de fusil ; des barricades se forment partout, avec des cordes, des chaînes, des perches et des voitures ; et l'on s'y fusille des deux côtés.

Nous sommes forcés de rétrograder pour prendre d'autres rues.

Puis arrivent les feux de peloton et de bataillon, puis le canon ; et nous finissons par entendre, dans toutes les directions, des fusillades et des canonnades, mêlées au tocsin, au tambour, aux cris *Aux armes ! au champ de l'Insurrection !*

Toutes ces nouveautés me bouleversaient et me plaisaient en même temps : mais Eugène était tellement électrisé qu'il en paraissait fou : — Courons donc, courons donc ! répétait-il à chaque instant ; je me crois au 27 juillet !

En continuant, nous rencontrons des bandes de *fuyards* composées tantôt d'insurgés et tantôt de soldats.

Nous rencontrons aussi des bandes de *prisonniers*, les unes composées de citoyens emmenés par les gardes, les autres, de gardes royaux désarmés, emmenés par des citoyens qui tiennent leurs armes.

Nous sommes plusieurs fois arrêtés nous-mêmes, tantôt par des insurgés qui veulent nous entraîner avec eux, tantôt par des soldats qui nous entraînent prisonniers ; mais nous parvenons à nous échapper.

Nous arrivons avec la foule au *champ de l'Insurrection,* et nous nous plaçons sur les gradins élevés qui entourent l'arène et qui se couvrent de curieux, car le tiers de la population est *spectateur,* tandis qu'un autre tiers est *acteur* dans ce drame immense.

Beaucoup d'insurgés sont déjà dans l'arène, où se font remarquer des uniformes de la garde bourgeoise et des orateurs haranguant ceux qui les entourent.

Nous voyons sans cesse arriver des citoyens, des femmes, des enfants en habits d'ouvriers ou de bourgeois, et portant toutes sortes d'armes et d'instruments.

Icar est à cheval, au milieu, qui les organise et qui les excite au combat.

A côté d'Icar, Dinaros me fait remarquer un de ses aides-de-camp mieux vêtu que lui, qui paraît déjà blessé, et je reconnais le grand-père de Valmor.

Et toujours le tocsin, les tambours, les trompettes, les coups de fusil et de canon !

Bientôt la fusillade et la canonnade se rapprochent ; les insurgés qui sont aux prises avec la garde royale accourent en fuyant ; des barricades s'élèvent pour arrêter les soldats.

La première *barricade* est vivement attaquée, vivement défendue, prise enfin, la deuxième l'est également ; la troisième est, sous nos yeux, la scène d'un combat héroïque : le canon gronde à nos oreilles; un enfant plante un drapeau sur la barricade, y brave long-temps la fusillade, et tombe enfin comme percé de balles.

Les soldats poussent des cris de victoire et vont escalader la barricade : mais le tocsin redouble avec le danger ; la trompette et le tambour animent les combattants. Icar s'élance à la tête des bandes qu'il vient d'organiser dans l'arène ; tous se précipitent en chantant l'*hymne du Combat*, et la garde est repoussée : le feu devient terrible devant la première barricade formée par les soldats, mais elle est reprise ; des cris, la trompette, le bruit du canon qui s'éloigne, annoncent que les insurgés vainqueurs poursuivent la garde royale du côté de l'*arène de la Victoire*.

Mais le bruit cesse ; on n'entend plus que quelques coups de fusil tirés par intervalles ; l'arène de l'Insurrection se vide ; et chacun rentre quand la chaleur arrive.

Peu après trois heures, nous repartons tous ensemble, Dinaïse, Corilla et les deux familles, pour nous rendre dans l'*arène de la Victoire*. Toute la population s'y rend également, les uns comme *acteurs*, les autres comme *spectateurs*, tous dans l'ordre le plus parfait, le passage et la place de chaque quartier ayant été indiqués par le *programme*, et chacun étant assuré d'être bien placé et de bien voir.

Point de gendarmes ni de mouchards, mais des commissaires de cérémonie élus dans chaque quartier, respectueux et respectés.

La grande arène est immense, plus grande que le Champ-de-Mars à Paris. Le sol en est parfaitement uni, composé d'un mastic qu'on arrose et qui ne fait ni boue ni poussière.

Tout autour, à dix pieds du sol, commencent des *gradins* propres et commodes, élevés circulairement en *amphithéâtre*, sur lesquels peuvent s'asseoir plus d'un million de spectateurs, abrités sous une couverture légère présentant la forme de mille *tentes* supportées par de minces colonnes.

Le Peuple de chacun des soixante quartiers d'Icara, les Provinciaux, les Colons, les Étrangers, leurs Ambassadeurs, les différentes Magistratures, ont leurs places séparées et leurs *drapeaux*, tous de différentes couleurs.

Ces milliers de drapeaux flottant sur ces mille tentes, le nombre des spectateurs et la variété des vêtements, forment déjà un imposant *spectacle*.

Mais l'intérieur de l'arène forme un *autre spectacle* superbe : elle est remplie de troupes royales en uniformes rouges, verts, jaunes, noirs, etc., infanterie, cavalerie et artillerie : le palais de la Reine, situé à l'une des issues, est rempli et entouré de canons et de soldats.

Bientôt le tocsin recommence, la fusillade et la canonnade se raniment et se rapprochent ; et 5 ou 600,000 spectateurs couvrent les gradins, lorsque, vers quatre heures, le combat recommence sérieusement sous nos yeux.

Nous voyons l'armée royale manœuvrer pour se ranger en bataille ; Cloramide, Lixdox et la cour, en costumes magnifiques, caracolant sur de superbes chevaux, la passent en revue et font tous leurs efforts pour obtenir quelques *vivat*.

La canonnade et la fusillade, plus rapprochées, annoncent que la garde royale est en retraite.

Le tocsin, la trompette et le tambour sonnant et battant la charge, la fusillade plus nourrie du côté des insurgés et leurs cris, annoncent qu'ils ne sont pas loin.

L'avant-garde royale arrive, fuyant en désordre, soldats, chevaux, canons, tout pêle-mêle.

Quelques pièces défendent l'entrée et font un feu continuel : mais des enfants, se glissant le long des colonnes des portiques ou se traînant ventre à terre, s'emparent d'une batterie, que des citoyens tournent aussitôt contre l'armée ; tandis que quelques cavaliers populaires enlèvent une autre batterie voisine, sur laquelle leurs chevaux se sont précipités comme l'éclair.

Les soldats se barricadent à leur tour : mais les insurgés arrivent en foule, les uns avec leurs habits d'ouvrier et de bourgeois et leurs armes de tout genre, les autres à demi vêtus ; et la barricade est attaquée au milieu d'une vive fusillade appuyée par le canon des insurgés. C'est une jeune fille qui l'escalade et paraît la première au sommet, agitant un drapeau, à côté d'un jeune homme en habit militaire.

D'innombrables cris saluent leur apparition, et la barricade est emportée.

Le gros de l'armée royale s'ébranle alors et s'avance contre les assaillants ; et les deux armées se trouvent en présence, l'une composée de masses, l'autre composée de petites troupes, au milieu desquelles on aperçoit Icar à cheval, entouré d'aides-de-camp, parmi lesquels nous distinguons le grand-père de Valmor.

La fusillade et la canonnade recommencent des deux côtés : mais plusieurs régiments de cavalerie et d'infanterie renversent leurs fusils et leurs sabres, inclinent leurs drapeaux et passent du côté des citoyens en criant *Vive le Peuple !* Les spectateurs applaudissent et crient bravo, tandis que les insurgés répondent en criant : *A bas la Tyrannie ! vive l'Armée !*

Effrayée de cette défection et de ces cris, la garde royale et surtout la garde étrangère rentrent dans le palais ou fuient par-derrière.

Icar, s'avançant à la tête des siens, tombe de cheval comme *blessé* par une balle : mais il reparaît bientôt, et sa blessure ne fait qu'enflammer davantage l'ardeur populaire.

Alors commencent l'*attaque du palais*, l'*assaut* et l'*escalade*, dans lesquels les assiégeants déploient tous les prodiges de la *gymnastique* et du *génie militaire*.

Enfin le palais est pris, après une fusillade et une canonnade effroyables.

Cent trompettes, qui fendent l'air du haut de la terrasse du palais, annoncent que les insurgés peuvent s'asseoir sur le trône de la Reine.

On ne voit plus que des uniformes rouges ou des costumes de Cour précipités des fenêtres par les vainqueurs ; et le drapeau royal tombe aux applaudissements des spectateurs.

Bientôt la reine, arrêtée par ses propres gardes, est amenée par eux, au milieu des cris et des bravos ; et le vilain Lixdox, qu'on a vu tout à l'heure en habit couvert d'or et qu'on vient de découvrir caché dans un charbonnier, est amené en habit de cuisinière, au milieu des huées, des imprécations.

Cependant l'*incendie* éclate dans le palais ; des torrents de fumée et de flammes s'en échappent par les croisées et dans tous les sens ; des amas de poudre font explosion ; les colonnes éclatent et s'écrasent avec fracas au milieu d'une éblouissante clarté.

Soudain, des milliers de trompettes font retentir l'air, puis des centaines de tambours ; puis je ne sais combien d'orchestres composés chacun de mille instruments ; et, vers neuf heures, la Royauté s'éteint dans les cendres de son palais, au bruit des *chants de vic-*

*toire* entonnés par 50,000 insurgés vainqueurs, et répétés par plus de 800,000 témoins de leur combat et de leur triomphe.

Et la population, escortée par de nombreuses troupes de tambours, de trompettes et de musiciens qui se dirigent dans tous les quartiers, rentre en chantant des *hymnes à la Liberté* et *à la Patrie !*

Et je me garderai bien d'essayer la description des transports d'enthousiasme et d'admiration qu'a fait éclater cette première journée !

### DEUXIÈME JOUR : FUNÉRAILLES.

*Honneurs aux anciens martyrs, aux héros et aux dernières victimes.*

Dès le matin, la grosse cloche, le canon tiré à de longs intervalles dans tous les quartiers de la ville, de lugubres tambours parcourant toutes les rues en même temps, annoncent une grande cérémonie funèbre.

Tous les citoyens, les femmes et les enfants revêtent leur *habit de deuil ;* et le drapeau national est partout recouvert d'un crêpe funéraire.

Partout on lit ou l'on prononce l'*éloge* des anciens martyrs et des dernières victimes, tous les citoyens étant invités à composer de ces éloges funèbres.

Après cinq heures, soixante *cortèges funéraires,* de quatre ou cinq mille personnes chacun, partent des soixante quartiers d'Icâra, tandis que sept ou huit cent mille spectateurs vont couvrir les gradins de la grande arène.

Chacun de ces cortéges, comprend : des tambours ; plusieurs musiques ; une troupe de jeunes filles portant des corbeilles de fleurs ; une troupe de jeunes garçons portant des couronnes et des guirlandes ; trois troupes représentant des citoyens *blessés,* des *combattants* non blessés portant leurs armes, et ceux qui se sont distingués par quelque trait d'*héroisme ;* des chevaux blancs couverts de draperies noires ; des chars portant des blessés ; d'autres chars portant des cercueils ; d'autres chars portant les femmes et les enfants des morts ; les magistrats communaux, et des bataillons de garde nationale à pied et à cheval.

Au milieu de l'arène est un énorme *bûcher* entouré de cent autels, sur lesquels brûlent des parfums. Au-dessus du bûcher paraissent, comme suspendus sous des couronnes d'immortelles, les noms des principales *victimes* ; autour , et moins élevés , paraissent de même les noms des *héros*, puis ceux de cent des anciens *martyrs*; ces trois catégories se distinguant , les unes au-dessus des autres, par des couleurs différentes.

A six heures, la cloche et le canon annoncent l'arrivée du premier convoi.

Il entre dans l'arène, les chevaux marchant de front, les chars aussi, et s'arrête autour du bûcher. Pendant qu'on y transporte les cercueils, les tambours roulent, la musique fait entendre des sons lugubres, les jeunes filles jettent des fleurs, les jeunes garçons jettent des couronnes, et la garde nationale abaisse ses armes et ses drapeaux ; puis le convoi se remet en marche, revient sur lui-même en côtoyant celui qui lui succède immédiatement, s'arrête près do l'ouverture par laquelle il est entré, et prend position perpendiculairement au bûcher, les jeunes filles en tête, puis les jeunes garçons, les tambours, la musique, la garde nationale, les chevaux, enfin les chars adossés aux gradins.

Les blessés qui sont à pied, les héros et les combattants, vont s'asseoir sur les premiers gradins, et les magistrats vont s'asseoir à leur place.

Les soixante convois défilent ainsi sans interruption, à la suite les uns des autres, comme un immense convoi.

Arrivent ensuite Icar à cheval et blessé, puis la Représentation nationale tout entière en grand costume de deuil, qui vient se placer autour du cercueil.

Jusque-là les évolutions des convois et leurs différentes attitudes présentaient un spectacle aussi animé qu'imposant.

Maintenant que tous les cortéges ont pris position, vers les huit heures, l'arène présente le plus magnifique spectacle. On aperçoit: le bûcher au centre ; autour , les cent autels ; au-dessus , les centaines de couronnes et d'inscriptions suspendues au milieu de nuages d'encens ; autour encore , le large cercle de la Représentation nationale ; puis, dans un sens, soixante rayons perpendiculaires formés par les soixante convois, et, dans un autre sens, une multitude de cercles différents ; d'abord un large cercle de jeunes filles en blanc ; un large cercle de jeunes gens en noir ; un cercle de tambours et de musiciens ; deux cercles de gardes nationaux à pied et à cheval, en uniforme ; des cercles de chevaux blancs et de chevaux noirs; un cercle de chars vides; un autre de chars couverts de veuves et d'orphelins; et par-dessus, les gradins présentant des cercles de blessés, de héros et de combattants, puis douze cercles mélangés; et, par-dessus encore, le sommet de mille tentes surmontées de milliers de drapeaux! Et chacun voit tout, étant vu de tous! Chacun est *spectateur* et *spectacle!*

Alors commencent les *honneurs* funèbres.

Au signal qui leur est donné, on entend successivement le son lugubre de la grosse cloche, le long roulement du cercle des tambours et le son des soixante musiques. L'encens fume de nouveau et plus abondamment, Icar et la Représentation nationale jettent des couronnes aux Martyrs, aux Héros, aux Victimes; puis ils montent à leur place sur les gradins, tandis que tous les autres cercles font un mouvement pour se rapprocher du bûcher.

Quelle magique harmonie vient alors animer les airs! Le cercle des jeunes filles chante, en jetant des fleurs vers le bûcher, le premier couplet d'un hymne à la gloire des Victimes, des Héros et des Martyrs, dont les jeunes garçons répètent le refrain avec elles; le cercle des garçons chante, en jetant des couronnes, le deuxième couplet, dont les jeunes filles répètent le refrain avec eux; la garde nationale chante, en abaissant ses armes et ses drapeaux, le troisième couplet, dont les filles et les garçons répètent le refrain; et tous ensemble chantent un quatrième couplet, dont 600,000 spectateurs répètent le refrain avec eux.

Puis, au son de cent trompettes, paraissent, à cinquante pieds au-dessus du bûcher, une lumière éclatante et ces mots en lettres de feu: *La Patrie adopte leurs enfants et leurs femmes.*

Au même moment soixante étoiles paraissent et brillent sur les soixante groupes de chars qui portent les Veuves et les Orphelins. Puis, au son nouveau de cent trompettes, la Représentation nationale, les Provinciaux, les Colons, le Peuple et les Magistrats se lèvent tous ensemble pour ratifier l'*adoption.*

Alors disparaît l'inscription et paraît cette autre en sa place: *Gloire aux héros!* et soixante étoiles brillent au-dessus de leurs têtes; et tous les spectateurs se lèvent de nouveau au bruit des chants et de la musique.

Puis succèdent d'autres étoiles et de nouvelles cérémonies avec ces inscriptions: *Honneur aux Blessés! Honneur aux combattants!*

Puis, au bruit de la cloche, des canons, des tambours, de la musique et des chants, le bûcher s'allume, s'enflamme et devient lo

15.

siége d'un immense et superbe *incendie*, dont la flamme tantôt rouge
et tantôt violette illumine le ciel et l'arène.

A cette lumière éblouissante succèdent des torrents de noire fumée et une obscurité profonde, au milieu de laquelle réapparaissent
soudainement les noms des Victimes, des Héros et des Martyrs,
illuminés par des couronnes d'étincelantes *étoiles* ; et plus haut cette
inscription en énormes lettres de feu : *Gloire immortelle à nos
Martyrs révolutionnaires !*

Tout s'éteint, et cependant tout n'est pas fini ; car, plus haut encore, à cinq ou six cents pieds, paraissent cent larges *couronnes de
lumière* supportées par cent énormes ballons, et une *immense couronne* formée par le cordon lumineux qui réunit ces cent ballons
circulairement rangés.

Et la population rentre sous ses portiques, maintenant obscurs et
privés d'éclairage, au bruit des soixante musiques, qui parcourent
ses soixante quartiers.

Et je n'entreprendrai pas encore de décrire les sentiments de cette
population, éblouie, électrisée, transportée d'enthousiasme et de
reconnaissance pour le dévouement patriotique !

### TROISIÈME JOUR.

#### *Dictature d'Icar ; triomphe.*

Le canon et la grosse cloche, maintenant accompagnés d'un
harmonieux carillon, annoncent une fête de triomphe ; et pendant
toute la matinée on ne voit que des troupes de musiciens parcourant les rues, les unes à pied, les autres à cheval ou sur des chars ;
on n'entend que des fanfares guerrières, des airs de victoire et des
chants de triomphe.

A quatre heures, presque toute la population d'Icara et de ses
60 quartiers ou Communes, 100,000 Provinciaux, 10,000 Colons
(dont près de 8,000 noirs ou cuivrés) et 25,000 Étrangers, sont
réunis dans la grande *arène de la Victoire.*

Tous sont réunis en groupes nombreux, distingués par leurs costumes, leurs couleurs et leurs drapeaux : voilà les 2,000 Députés
composant la Représentation nationale ; les 100,000 Provinciaux,
les 10,000 Colons ; les 720 Députés composant la Représentation
provinciale des 6 provinces d'Icara ; les Magistrats communaux de

ses 60 quartiers ; les 25,000 Étrangers et leurs Ambassadeurs,
placés à la place d'honneur, entre la Représentation nationale et
le Peuple.

Sur les gradins occupés par le Peuple, on aperçoit d'abord des
cercles d'enfants, de jeunes filles et de jeunes garçons, qui devront
descendre dans l'arène pour danser et chanter.

Bientôt arrivent plus de 300,000 *Gardes nationaux*, infanterie et
cavalerie, composant la Garde nationale des 60 quartiers ou communes d'Icara, avec ses 60 musiques qui se placent sur les gradins
en laissant entre elles des intervalles égaux, tandis que les 60 Brigades de Garde nationale prennent position en occupant le centre
et faisant face aux spectateurs.

Tous les fonctionnaires ont leurs éclatants *costumes :* tous les citoyens ont leurs *habits de fête ;* tous les ornements de plumages, de
fleurs, d'étoffes brillantes et de pierreries, sont dehors aujourd'hui
pour embellir la beauté : partout des guirlandes de verdure et de
fleurs, partout des drapeaux déployés et flottants.

Et, au milieu, 100 *autels* sur lesquels brûlent des parfums aux
pieds d'une femme de haute stature représentant ICARIE assise sur
un *trône* élevé ; de brillants uniformes, de superbes panaches, des
chevaux, des armes brillantes, des casques étincelants et des drapeaux : non, on ne peut rien voir de plus magnifique !

Et je suis assis entre Dinaïse et Corilla, parées et belles comme
des Divinités ! Et mon âme, enivrée de bonheur et d'espérance, est
ouverte à toutes les jouissances de l'admiration !!

La cloche, le canon, les 60 musiques annoncent l'ouverture de
la fête, la *dictature.*

Aussitôt entre dans l'arène une troupe de *combattants* composée
d'hommes, de femmes et d'enfants, les uns à pied, d'autres à cheval, tous armés différemment, les uns portant des habits de toutes
espèces, les autres les bras nus, criant : *Icar dictateur ! Icar dictateur !* et adressant leurs bruyantes acclamations à un homme à
cheval qui se trouve au milieu d'eux et qui représente *Icar blessé,*
près duquel Corilla, les yeux brillants de joie, nous fait remarquer
son grand-père.

Icar et son cortége font le tour de l'arène, entre les spectateurs
et le front circulaire de la Garde nationale ; et à mesure qu'ils
avancent, au bruit du tambour et de la musique, la Garde nationale abaisse ses drapeaux et présente les armes en criant : *Icar
dictateur !*

Puis ils parcourent une seconde fois l'arène en se tournant vers
les gradins , et tous les spectateurs se lèvent en poussant le même
cri, mélé au bruit des tambours et de la musique.

Puis Icar monte auprès d'Icarie, qui lui met sur la tête une couronne de laurier, pendant que tous les tambours battent, que toutes
les musiques jouent, que toute la Garde nationale lui présente les
armes, que tous les drapeaux s'inclinent vers lui, que tous les
spectateurs se lèvent en agitant leurs chapeaux ou leurs écharpes,
et que l'arène entière répète le cri *Icar dictateur !*

C'est maintenant la cérémonie du *triomphe*.

La troupe des insurgés vainqueurs, qui accompagnait Icar en
arrivant, rentre alors par l'ouverture opposée et passe sous un arc
triomphal caché jusque-là sous une toile et qui se montre subitement à découvert.

Elle porte en trophées ou traîne à terre les emblèmes de la
Royauté, des débris du trône, des costumes de Cour, des armoiries
de la Noblesse, et fait le tour de l'arène au bruit de la cloche et
de son carillon, des canons, des tambours, des trompettes, de la
musique et des chants de victoire, sous une pluie de couronnes,
de lauriers et de fleurs jetés par le Peuple depuis les gradins.

Elle traîne à sa suite la Reine, conduite par ses gardes qui l'ont
arrêtée ; ses Ministres, les uns en habits brodés et les autres déguisés en laquais et en mendiants ; des Seigneurs en magnifiques
costumes déchirés ; enfin Lixdox, en habit de cuisinière, enfermé
dans une *cage*, sur un chariot qui le laisse en évidence.

On ne dit rien à la Reine : mais ses Ministres, ses Courtisans et
surtout Lixdox sont reçus partout avec des huées et des malé-
dictions.

Viennent enfin des triomphateurs à cheval ou sur des chars;
puis, sur un char triomphal, *Icar*, tête nue, aux pieds d'*Icarie*
couverte d'un magnifique manteau et d'une brillante couronne.

La cérémonie triomphale terminée, *Icarie* et *Icar* se replacent
au centre, elle sur le trône, lui sur le premier degré, pour présider
aux *jeux* et aux *exercices* qui commencent.

Soixante mâts sortent de terre ; et pendant un quart-d'heure,
les rires éclatent à l'aspect des jeunes gens qui s'y succèdent pour
grimper, et qui glissent jusqu'à ce que l'un d'eux parvienne au
sommet.

Les mâts disparaissent et les rires redoublent à la vue des garçons qui courent, enfermés dans des sacs, et dont la plupart tombent avant d'arriver au but.

D'autres jeux se succèdent rapidement et font éclater la joie sur tous les points.

Suivent diverses courses de jeunes garçons et de jeunes filles, de chevaux et de chars, toutes exécutées au son de la trompette et remplacées par des exercices d'équitation.

Maintenant c'est la *revue* de la Garde nationale, organisée par Icar quelques jours après la Révolution. Monté sur un superbe cheval, escorté du grand-père de Valmor et de quelques généraux caracolant sur des chevaux ardents, il parcourt rapidement le front de la ligne entre elle et les spectateurs.

Vient la *manœuvre* militaire, pendant laquelle la Garde nationale exécute mille évolutions différentes d'infanterie et de cavalerie.

Puis la *Représentation nationale*, organisée et convoquée par Icar après la Révolution, quitte ses gradins et défile devant Icar et Icarie, en cent pelotons de vingt Députés, portant les cent drapeaux provinciaux et les mille drapeaux communaux.

Rangée autour des cent autels, entourée de la Garde nationale, elle prête *serment* à la CONSTITUTION républicaine et communitaire présentée par Icarie et par Icar, et le serment est répété par la Garde nationale et par les spectateurs, qui, tous debout et découverts, tiennent leurs bras tendus.

Voilà vingt mille enfants, de six à dix ans, qui descendent des gradins dans l'arène, passent entre les brigades de la Garde nationale, et forment un premier cercle central.

Trente mille jeunes filles et trente mille jeunes garçons, de dix à vingt et un ans, descendent de même et forment deux autres cercles : les uns portent des fleurs et des couronnes, les autres des écharpes et des guirlandes, des branches et des drapeaux.

Alors commencent le *ballet*, les danses, les rondes entre ces quatre-vingt-mille danseurs, qui forment mille évolutions en jetant des fleurs et des couronnes vers Icar et Icarie, en agitant leurs rameaux et leurs écharpes, leurs guirlandes et leurs drapeaux.

Voici le *chant* : les 20,000 enfants, puis les 30,000 jeunes filles, puis les 30,000 garçons, puis plus d'un million de voix, répètent un hymne de reconnaissance à la Communauté.

Voici maintenant le *concert :* la cloche et son carillon , puis le canon sur toutes les places de la ville, puis 5 ou 600 tambours, puis 5 ou 600 trompettes, puis les 60 musiques dispersées sur les gradins, puis toutes ces musiques et près de 10,000 instruments réunis en masse autour du centre, font retentir l'arène tantôt de différents airs de victoire et de triomphe, tantôt de la plus ravissante harmonie.

Et cependant la nuit est commencée : mais un immense *feu d'artifice* est préparé sur des charpentes dispersées partout et masquées par des guirlandes, des feuillages et des drapeaux ; et bientôt le ciel paraît embrasé de mille feux qui s'élancent de tous côtés, qui se croisent en tous sens, qui présentent mille couleurs et mille formes, et qui se terminent par le plus gigantesque et le plus magnifique *bouquet* qu'on puisse imaginer.

La fête n'est cependant pas terminée ; car en quittant l'arène, accompagné des 60 musiques, le Peuple trouve ses portiques décorés de guirlandes et de drapeaux, son éclairage ordinaire remplacé par une *illumination* (toujours au gaz) qui, dans les rues comme sur les façades des monuments ou dans le feuillage des arbres des promenades publiques, présente mille couleurs, mille inscriptions différentes et mille formes diverses.

Ce n'est pas tout encore ! arrivés chez Valmor , nous montons tous sur la *terrasse,* où le souper a été préparé avant le départ ; et là, en soupant, nous jouissons d'un spectacle d'une magnificence toute nouvelle.

Nous voyons toutes les terrasses illuminées et couvertes de familles soupant , riant et chantant ; toutes les balustrades dessinées par l'illumination ; et, par-dessus, tous les sommets des monuments illuminés également et dessinés par la lumière.

Puis, pour le signal de la retraite, la large voûte des cieux, obscurcie par la nuit, paraît subitement enflammée par des milliers de feux de toutes couleurs lancés dans toutes les directions par les 100 ballons, dispersés à 5 ou 600 pieds au-dessus de la ville, qui versent enfin sur elle une immense pluie d'étoiles et de feux.

Il est certain qu'après un pareil spectacle il n'en est plus que l'œil puisse contempler avec plaisir.

## CHAPITRE XXXV.

### Fêtes; jeux; plaisirs; luxe.

En arrivant chez madame Dinamé, où nous devions passer la soirée, Eugène et moi, nous trouvâmes les deux familles prenant le frais dans le jardin, au milieu de la verdure, des fleurs et de leurs parfums. Dinaïse, en habit de jardinière, plantait et semait des fleurs, tandis que les enfants arrosaient et que Corilla donnait des ordres pour diriger l'arrosage.

Corilla m'ayant fait un signe, je m'approchai : — Voyez, me dit-elle tout bas, comme elle est coquette !... Elle a mis son habit de travail pour que vous voyiez qu'elle est encore plus jolie qu'en habit de fête, et que moi en habit de société. — O la méchante ! répondit Dinaïse. — O la rusée ! répliqua Corilla. — O le flatteur ! me dirent-elles toutes deux quand je leur eus dit en m'éloignant que toutes deux étaient charmantes.

—Hé bien, messieurs, nous dit le grand-père de Valmor, comment vous trouvez-vous aujourd'hui ? Je ne demande pas à mon ami Eugène s'il a bien dormi ; car je suis sûr qu'il a tiré des coups de fusil toute la nuit : mais vous, milord, avez-vous encore la fièvre? Savez-vous qu'hier et les deux jours précédents vous paraissiez aussi fou (je veux dire aussi enthousiaste, reprit-il en souriant) que notre aimable Eugène ? Comme vous avez pris feu à notre fête!

— Mais le moyen, dit Valmor, de ne pas prendre feu quand on est sous le feu, entre deux feux, entouré de feux !

— Bien, mon fils, dit le vieillard en riant : tu es bien heureux que Dinaïse et Corilla ne t'entendent pas !

Croyez-vous, milord, que nos fêtes icariennes soient moins belles que vos *fêtes anglaises?*

— Oh ! oui, s'écria Eugène, elles sont belles, les fêtes anglaises! Pour l'Aristocratie, des réceptions à la Cour, en belles toilettes et en beaux équipages dans lesquels on a l'incomparable plaisir de faire queue pendant des heures entières, pour avoir l'honneur et le bonheur de faire une humble révérence au Roi, à la Reine, à quelque marmot au berceau quand il s'en trouve; des *festivals*, où l'on a l'avantage de s'enrhumer dans une église pour entendre de quatre à cinq cents musiciens ; des courses de chevaux où beaucoup se ruinent en paris ; quelques revues militaires où l'on tire des coups de canon et de fusil ; de grands dîners dans des salons dorés ou de grands déjeuners dans des parcs!... Et pour le Peuple, rien, absolument rien , que quelques misérables processions les jours de fête des Saints patrons des corporations ; la vue de quelques illuminations sans goût et sans variété le jour de la fête du Roi ; et , pour le petit nombre de ceux qui peuvent perdre un jour de travail, la vue des équipages, des laquais et du luxe de l'Aristocratie !

— Mais vous, Eugène, lui dit le vieillard, croyez-vous que nos fêtes soient moins belles que vos *fêtes françaises ?*

— Oh ! oui, elles sont belles, les fêtes françaises, répondis-je avant Eugène ! des adulations pour le Roi, pour Charles X comme pour Napoléon ; des arcs de triomphe pour un Prince enfant ou lâche comme pour un héros ; des bals et des dîners pour l'Aristocratie ; et, pour la masse, des revues qu'elle ne voit pas, de maigres feux d'artifice qu'on ne voit qu'à moitié en se dressant péniblement sur la pointe des pieds et en se mêlant dans la foule, au risque d'être étouffé ou écrasé ou volé ! Ha ! j'oubliais les *gendarmes* qu'on trouve partout pour humilier, vexer et empoigner les spectateurs ! J'oubliais aussi les *cervelas* et e vin livrés à la populace pour avoir le plaisir de la voir se battre et s'enivrer ! J'oubliais encore l'*Anniversaire* des fameuses journées de juillet !.... Oui, il est beau l'Anniversaire de juillet !...

— Ah, s'écria Eugène d'un accent profondément affligé, ne parlez pas de l'Anniversaire de juillet ! Nous n'en avons plus ! Nous n'en avons même jamais eu ; car je n'ai vu qu'ici l'Anniversaire d'une Révolution populaire !

Voilà ce qu'on peut appeler un anniversaire ! Voilà un peuple qui ne renie pas son ouvrage ! Voilà un Gouvernement, né des barricades révolutionnaires, qui n'est pas infidèle à son origine ; qui ne supprime pas le récit des traits d'héroïsme des citoyens insurgés ; qui n'efface pas la trace des balles lancées contre la tyrannie par la liberté ; qui ne répudie pas, comme une catastrophe, la gloire d'une Révolution légitime ; qui ne se trouve pas réduit à proscrire les vainqueurs après les avoir proclamés des héros ; qui ne redoute ni les proclamations insurrectionnelles, ni les cris aux armes, ni les attroupements, ni le souvenir des défections militaires, ni la révolte des gardes contre un tyran ; et qui ne remplace pas par des fêtes royales et dynastiques l'anniversaire de la grande œuvre du Peuple

répandant son sang pour conquérir l'affranchissement et le bonheur !

— Eh, mon cher ami, dit le vieillard, souffrez que je vous le dise
franchement, vos plaintes me paraissent peu raisonnables ! Comment voulez-vous qu'une Royauté et une Aristocratie puissent aimer
le souvenir d'une insurrection et d'une Révolution populaire ? Et
comment une fête pourrait-elle être belle sans la coopération spontanée du Peuple ? C'est une République qui organise ici notre Anniversaire et nos fêtes ! C'est le Peuple qui les ordonne ! C'est pour
lui qu'elles sont faites ; et c'est lui qui les exécute avec tout son
enthousiasme et toute sa puissance ! C'est notre carnaval à nous,
notre théâtre d'amateurs, un de nos grands proverbes exécuté en
grande famille !

— Hélas ! répondit Eugène, nous espérions... — Vous espériez,
pauvre Eugène ! eh bien espérez encore ; car nous avons long-temps
espéré nous-mêmes, jusqu'à ce que la longueur et l'inutilité de nos
espérances aient enfin réduit au désespoir l'opinion publique et
notre Peuple tout entier.

— Mais comprenez-vous bien, milord, continua le vieillard en
s'adressant à moi, que tous les citoyens veuillent et puissent être
*acteurs* dans nos *drames politiques*, et que nos fêtes puissent être
si magnifiques ?

— Sans doute ; je le comprends très-bien.

— Non, non, s'écrièrent en riant Dinaïse et Corilla, qui reve-
naient vers nous ; il ne comprend pas ! il ne comprend pas !

— Vraiment, mesdemoiselles, je ne comprends pas ! Eh bien,
nous allons voir ! On ne m'a pas dit que tout ce qui concerne les
fêtes, celle de l'Anniversaire par exemple, est réglé par une *loi;* que
cette loi est faite sur le projet présenté par le *comité des fêtes* publiques ; que ce comité a pu consulter toutes les fêtes des peuples
anciens et modernes ; et que la loi a pu être soumise à l'approbation du Peuple, en sorte que c'est le Peuple entier lui-même qui a
réglé et ordonné la fête, et que, par conséquent, il n'est pas étonnant que le Peuple exécute ce qu'il s'est volontairement chargé
d'exécuter : on ne me l'a pas dit ; mais j'en suis sûr ! — Bravo,
bravo ! s'écria toute la compagnie.

On ne m'a pas dit non plus que, puisque la loi veut qu'il y ait
tant de chanteurs, tant de danseurs et tant de musiciens dans les
fêtes, elle ordonne aussi l'éducation de manière que tous les enfants
soient exercés, de cinq à vingt et un ans, pour pouvoir y danser,

chanter et jouer d'un instrument : on ne me l'a pas dit, mais j'en
suis convaincu ! — Les applaudissements redoublèrent.

Je comprends de même parfaitement que le Peuple veuille et
puisse assister à ses fêtes sans poussière et sans boue, sans gendarmes et sans mouchards, à couvert, commodément assis, de manière
que tous puissent bien voir et voir également bien.

Je comprends parfaitement encore que toutes les fêtes soient
organisées comme une *pièce dramatique* ; qu'elles aient toutes un
but moral et politique ; et que ce but soit toujours, non le plaisir
personnel et la servile flatterie d'un Roi, mais l'intérêt, la gloire et
le bonheur du Peuple.

Et si j'admire au-delà de toute expression la magnificence de
vos fêtes, je n'admire pas moins l'ordre, la prévoyance, la sagesse,
la.... je ne sais plus que dire de votre République.

— Comme vous avez fait du chemin, dit Corilla, dans le champ
de l'enthousiasme et du sentiment républicain !

— C'est vrai, dit Valmor, la démocratie d'Eugène va bientôt pâlir
devant celle d'un milord ! quel miracle ! Nous pourrons nous vanter,
mon grand-père, Dinaros, Eugène et moi, d'avoir opéré la miracu-
leuse métamorphose !

— Et vous oubliez, dit Eugène, quatre autres personnes qui,
pour cette prodigieuse conversion, ont fait beaucoup plus que nous
quatre : la République, la Communauté, et, et...— Les deux autres?
cria Valmor.

— Vous ne les connaissez pas ? répondit Eugène. — Nommez-les,
nommez-les !

— Vous ne les connaissez pas ? — C'est Dinaïse et moi, s'écria
Corilla. — Non... — Si...

Et le pauvre Eugène, bientôt forcé dans ses derniers retranchements par Corilla et Dinaïse, soutint qu'il était plus difficile de
résister à la malice de deux jeunes filles que de repousser les atta-
ques de deux vigoureux champions.

— Vous riez? dit le grand-père : mais savez-vous, mes enfants,
que ces deux petites filles pourraient bien vous en apprendre en
effet, et qu'aucun de vous, peut-être, ne ferait une proclamation
insurrectionnelle aussi électrisante que celle de Corilla, ni des vers
aussi brûlants d'enthousiasme patriotique que ceux de Dinaïse !

Nous lûmes ces deux pièces, ainsi qu'une proclamation de Dinaros, qui était fort belle ; et nous rîmes si fort en sifflant celle-ci et

en applaudissant les deux autres que nos voisins de droite, qui se trouvaient aussi dans leur jardin, se mirent à rire avec nous.

Valmor nous expliqua que tous les Icariens étaient invités à composer de pareilles pièces pour les trois jours de la fête ; qu'on en avait fait circuler un nombre immense ; que beaucoup étaient très-remarquables ; et que les dix meilleures de chaque genre seraient signalées, imprimées et distribuées dans quelque temps sur le rapport d'une Commission chargée de les examiner toutes.

La conversation continua sur les autres fêtes ou grands spectacles publics, qui toujours se célèbrent dans l'une des deux *arènes*. Valmor nous raconta qu'on y voit quelquefois tous les ouvriers et ouvrières, groupés par professions, avec des bannières différentes pour chacune d'elles ; ou tous les chevaux, ou toutes les voitures, ou tous les chiens : il raconta qu'on y amène jusqu'à dix pieds d'eau, et qu'on y voit alors une multitude de vaisseaux, de bateaux à vapeur, de barques et de nageurs, qui, par leur nombre, par leurs évolutions, par la variété de leurs formes, de leurs couleurs et de leurs drapeaux, présentent un des plus magnifiques spectacles, comme le *patinage* en hiver forme l'un des plus gracieux et des plus amusants.

—Vous voyez, dit Dinaros, combien la République surpasse la Monarchie en belles et nobles fêtes, comme elle la surpasse en organisation sociale et politique.

Elle la surpasse également en *jeux* et en *plaisirs*, publics ou privés ; car il n'y a rien, dans le monde ancien et présent, que nous n'ayons étudié, que nous ne connaissions, et dont nous n'ayons fait notre profit, en prenant le bon et en rejetant le mauvais.

D'un autre côté, nous aimons le *plaisir*, et nous trouvons que c'est sagesse d'exercer toutes les facultés des sens que la bienfaisante Nature nous a donnés, et de jouir de tous les trésors qu'elle a prodigués autour de nous et pour nous, pourvu que la Raison, inestimable présent de sa bonté, préside toujours à toutes nos jouissances.

Aussi vous voyez chez nous comme ailleurs tous les genres de théâtres, tous les jeux, tous les plaisirs qui n'ont rien de nuisible ; et c'est la République qui fournit aux citoyens tous les lieux et tous les objets nécessaires.

La République ne proscrit pas même le *luxe* ou le superflu, parce qu'on ne peut appeler superflue une jouissance qui n'a pas d'inconvénients : mais nous nous sommes sagement imposé trois rè-gles fondamentales : la première, que toutes nos jouissances soient autorisées par la *loi* ou par le *Peuple* ; la seconde, que l'*agréable* ne soit recherché que quand on a le *nécessaire* et l'*utile* ; la troisième, qu'on n'admette d'autres plaisirs que ceux dont chaque Icarien peut jouir *également*.

Ainsi, nous avons construit nos ateliers avant nos monuments; nous avons meublé nos chambres à coucher avant de dorer nos salons ; nous avons fabriqué des draps de laine avant des étoffes de soie et de velours ; ce n'est que depuis vingt ans que nous avons des chevaux de selle pour la promenade, et depuis cinq que nous en avons pour les enfants. Dans dix ans d'ici chaque famille aura, sur sa terrasse, un *billard*, qui servira en même temps de table à manger, tandis qu'aujourd'hui chaque rue n'a qu'une salle de billard commune à 32 familles. Bientôt tous nos portiques seront transformés en jardins, ou du moins seront ornés de verdure, de plantes, de fleurs et de guirlandes, qui les rendront délicieux à parcourir.

Comme ce roi de Perse qui promettait une récompense à quicon-que inventerait un nouveau plaisir, nous invitons tous les citoyens à perfectionner ou augmenter nos jouissances : mais tandis que le despotisme ne demandait de nouvelles jouissances que pour le des-pote, la République ne demande de nouveaux plaisirs que pour le Peuple ; et tandis que l'Aristocratie, d'Angleterre par exemple, ac-capare tout pour elle, interdit tous les amusements le dimanche, ne les rend accessibles qu'aux oisifs et aux riches pendant la semaine, et ne laisse au Peuple anglais d'autre distraction que celle de s'eni-vrer dans ses *public houses* pour oublier son affreuse misère, le Peuple icarien, choyé par la République comme un enfant par sa mère, jouit tous les jours de tous les plaisirs, plus heureux que tous les Peuples de la terre et que tous les Aristocrates du monde.

— Ah ! oui, heureuse Icarie ! dit Eugène en soupirant...
Et son soupir nous fit tous éclater de rire.
Et le chaleureux patriote, presque irrité de notre gaieté, lança contre nous la plus foudroyante bordée patriotique, pendant que le bon vieux grand-père seul lui tenait la main et l'applaudissait.

## CHAPITRE XXXVI.

### Colonies.

J'avais vu plus de 10,000 Colons à la fête, presque tous noirs, basanés ou cuivrés. J'avais en outre entendu beaucoup de particularités sur les mœurs et les usages de quelques Peuples sauvages voisins d'Icarie, ainsi que sur l'étonnante rapidité de l'agrandissement des colonies icariennes ; et je priai Dinaros de nous expliquer à fond leur système de colonisation.

—Pendant long-temps, nous dit-il, nous n'avions aucun besoin de colonies. Mais prévoyant que nous pourrions un jour avoir une population excessive, nous avons préparé de loin un établissement colonial sur un terrain fertile et presque désert, habité par de petites peuplades encore sauvages, parmi lesquelles nous voulions commencer un vaste plan de civilisation.

Pour mieux atteindre ce double but, nous nous sommes concertés avec les peuples voisins nos alliés, et nous leur avons proposé de fonder une colonie commune où chacun enverrait le même nombre de familles, qui ne formeraient qu'un même Peuple sous la Communauté, et dont les enfants ne pourraient se marier qu'en mêlant ensemble les races et les sangs.

Pour mieux préparer l'exécution, nous avons demandé et obtenu de beaux enfants étrangers que nous avons élevés avec les nôtres pour les envoyer ensuite dans la colonie.

En même temps, nous avons, de concert avec nos alliés, épuisé tous les moyens de *plaire* aux sauvages et de nous les attacher. Nous leur avons envoyé des vieillards et des enfants, qui ne pouvaient ni les inquiéter ni exciter leur fureur, qui leur portaient toutes sortes de *présents*, qui s'établissaient chez eux et qui apprenaient leur *langue* et leurs usages.

Nous sommes parvenus ainsi à attirer parmi nous quelques sauvages et même quelques enfants, que nous avons comblés de caresses, à qui nous avons montré tout ce qui pouvait les séduire, à qui nous avons enseigné notre langue, et que nous avons renvoyés avec tout ce qui pouvait nous concilier la confiance et l'affection de leurs compatriotes.

Les difficultés et les obstacles ne nous ont pas rebutés ; et ce sys-

tème, suivi avec patience et constance, nous a si complètement
réussi que ces sauvages nous adoraient presque comme des Dieux
bienfaisants, et nous suppliaient d'aller nous établir au milieu d'eux
pour verser sur eux plus de bienfaits.

Aussi, quand nous avons jugé convenable de commencer la Colonie, nous n'avons eu besoin d'aucune espèce de violence.... Une
fois établis, nous avons multiplié nos missionnaires chez eux et leurs
voyageurs chez nous ; nous leur avons donné l'exemple du travail
sans en exiger d'eux ; nous le leur avons fait désirer insensiblement
en les rendant témoins de ses merveilleux résultats ; et aujourd'hui,
après moins de trente ans, nous avons créé une magnifique Colonie
aussi florissante qu'Icarie ; nous avons civilisé sept ou huit petites
peuplades qui rivalisent avec nous ; et nous avons lancé la civilisation pour qu'elle ne s'arrêtât plus !

Nous avons dépensé beaucoup, il est vrai ; nous avons payé les
sauvages pour qu'ils nous laissassent faire leur bonheur : mais
quelle récompense ! Nos bienfaits ont pacifiquement conquis une
nouvelle Icarie pour nous et des sauvages pour la civilisation,
tout en préparant la conquête de l'Univers inculte pour l'Humanité.

— Et nous, Européens et Chrétiens, s'écria Eugène, nous qui
nous vantons de notre civilisation, nous achetons des esclaves,
c'est-à-dire nous encourageons des brigands à voler des hommes,
des femmes et des enfants ; nous les torturons ensuite pour les forcer
à travailler ; et c'est de leurs sueurs et de leur sang que nous tirons
du sucre et du café !

Nous exterminons des Peuples sauvages ou demi-civilisés, pour
conquérir des trésors !

Renouvelant toutes les horreurs de la grande invasion des barbares et de l'invasion espagnole en Amérique, nous massacrons,
nous pillons, nous incendions, pour conserver une colonie et pour
consolider notre pouvoir !

Nous portons des têtes sanglantes attachées aux selles de nos
chevaux, comme si nous voulions nous étudier à nous rendre féroces !

Et le pauvre Eugène, rougissant de colère et de honte, cachait sa
tête dans ses mains.

## CHAPITRE XXXVII.

### Religion. (Suite du chap. xx.)

J'avais souvent pressé Valmor de me donner, sur la croyance religieuse d'Icarie, les renseignements ajournés dans nos premiers entretiens sur la Religion, et toujours il avait éludé mes questions : il vient enfin de satisfaire ma curiosité ; et la conversation est devenue d'un intérêt extrême, en s'étendant sur la France et l'Angleterre.

Mais comme Eugène a rapporté cette conversation dans son journal et qu'il a pris une part plus active au débat, j'adopterai son récit.

*Extrait du Journal d'Eugène.*

#### RELIGION.

William ayant prié Valmor de lui expliquer le *système religieux* d'Icarie, cette demande amena la discussion suivante :

—Je t'ai déjà raconté, dit Valmor à William, que deux ans après la révolution, quand elle avait déjà produit beaucoup d'effets salutaires, Icar fit décréter par la représentation nationale un grand *Concile* composé de Prêtres élus par tous les autres prêtres, de Professeurs élus par tous les professeurs, de Philosophes, de Moralistes, de Savants et d'Écrivains les plus célèbres, pour discuter toutes les questions concernant la Divinité et la Religion.

Ce Concile, ainsi composé des hommes les plus instruits, les plus sages et les plus judicieux, recueillit en outre toutes les opinions individuelles que les citoyens voulurent lui adresser.

Toutes les opinions furent examinées et discutées pendant quatre ans ; toutes les questions furent décidées à une grande majorité et souvent à l'unanimité.

Hé bien, *imagine* que le Concile est assemblé ; qu'il discute et décide tout en une longue séance et que tu assistes à ses délibérations : *imagine*... tu peux les voir et les entendre, là-bas.... Regarde, et prête une oreille attentive. Mais n'interromps pas ! Tu feras ensuite tes observations... Maintenant écoute !

— Y a-t-il un *Dieu*, c'est-à-dire une *cause première* dont tout ce que nous voyons est l'*effet ?* — On va voter par assis et levés: regarde ! — Toute l'assemblée se lève ! On fait la contre-épreuve: regarde bien encore ! Tout le Concile reste assis !

—Ce Dieu est-il connu ? — A l'unanimité : Non !

— Sa forme est-elle connue ? — A l'unanimité : Non ! Des milliers de peuples lui donnent des milliers de formes différentes.

— L'homme a-t-il été fait à son image ? — Nous aimerions à le croire, mais nous n'en savons rien.

— Le Concile croit-il à la *révélation* que Moïse dit lui avoir été faite par un Dieu à figure humaine ? —A l'unanimité : Non !

—Comment ! s'écria William.— Que veux-tu? le Concile entier n'y croit pas ! Tu liras d'ailleurs ses raisons...

— Le Concile croit-il que la *Bible* soit un ouvrage humain? — Oui.

—Comment ! s'écria-t-il encore. — Tu l'as vu; le Concile est debout tout entier : tu liras ses motifs !

— Le Concile croit-il à ce que dit la *Bible ?* — Non. Il n'y a pas d'histoire de fées, de sorciers, de revenants, pas de contes des mille et une nuits, pas de fables mythologiques qui ne soient presque aussi croyables.

— Le Concile croit-il que *Jésus-Christ* soit un *Dieu?* — Les milliers de Religions qui couvrent la terre sont toutes des institutions humaines, imaginées et créées pour maîtriser et gouverner les Peuples... Tous les fondateurs des principales Religions, Confucius en Chine; Lama en Tartarie, Sinto au Japon, Brahma et Boudha dans l'Inde, Zoroastre en Perse, Osiris et Isis en Egypte, Jupiter et sa cour en Phénicie et en Grèce, Minos en Crète, Moïse en Judée, Pythagore en Italie, Numa à Rome, Odin dans le Nord, Mahomet en Arabie, Manco-Capac au Pérou, et tous les autres dans tous les autres pays, sont des hommes de génie, mais seulement des hommes, législateurs, civilisateurs et gouverneurs de leurs nations.

*Jésus-Christ*, méconnu et condamné par ses compatriotes, repoussé plus de 300 ans par les philosophes, c'est-à-dire par le monde savant et éclairé, n'est évidemment qu'un homme aussi, mais un homme qui mérite le premier rang dans l'Humanité par son *dévouement au bonheur du Genre humain* et par sa proclamation du principe de l'ÉGALITÉ, de la FRATERNITÉ et de la COMMUNAUTÉ.

— Comment le monde, et particulièrement l'homme, a-t-il été formé ? — Nous n'en savons rien.

— Pourquoi l'homme est-il exposé à des souffrances physiques et morales ? — Nous n'en savons rien.

— Faut-il adopter la *Bible* comme le livre par excellence ? — Non : dans un temps d'ignorance et de barbarie elle pouvait être utile, parce que tous les autres livres étaient encore plus mauvais qu'elle ; mais aujourd'hui, elle n'a de bon que quelques préceptes de morale qu'on peut en extraire, et tout le reste est devenu erroné, absurde, même indécent, immoral, inutile et nuisible. Elle enseigne par exemple que c'est le Soleil qui tourne autour de la Terre, tandis qu'il a été découvert depuis et démontré que c'est la Terre qui tourne autour du Soleil ! Moïse et Jésus-Christ ont eu raison à leur époque : mais ils n'ont jamais eu la prétention que leur ouvrage serait éternel ; et vouloir en faire la règle immuable des Peuples dans tous les temps futurs, c'est le plus choquant des contre-sens et la plus monstrueuse des absurdités.

— Le Concile croit-il à un *paradis ?* — Les Peuples opprimés et malheureux ont besoin d'y croire ; mais nous n'avons généralement d'autres malheurs que des maladies et des souffrances morales, et nous félicitons les infortunés que l'espérance d'une vie meilleure peut aider à supporter leurs douleurs.

— Le Concile croit-il à l'*enfer ?* — Les victimes de la tyrannie ont besoin de croire que les tyrans y seront punis, et cette croyance leur est utile en les consolant un peu, pourvu cependant qu'elle ne les endorme pas et qu'elle ne les empêche pas de les punir eux-mêmes : la crainte de l'enfer serait utile encore pour arrêter les oppresseurs ; mais les oppresseurs ne croient pas à l'enfer, et ce sont eux précisément qui veulent que les opprimés y croient, afin de les empêcher de penser à leur affranchissement ; mais nous n'avons en Icarie ni tyrans, ni criminels, ni méchants ; et nous ne croyons pas à un enfer, qui nous est inutile.

— Le Concile croit-il aux *Saints,* aux *miracles,* au *Pape,* à son *infaillibilité ?*

— Ho ! s'écria William, je te dispense de sa réponse !

— Mais en vérité, ajouta-t-il, votre religion n'est pas une religion! Vous n'avez pas de religion! — Qu'entends-tu donc par
*Religion?* lui répliqua Valmor. Pour avoir une Religion, faut-il
nécessairement croire à un Dieu à forme humaine, ayant les habitudes et les passions des hommes? Parce que tu crois au Dieu de
Moïse, au Dieu *joloux, exigeant, colérique, vindicatif* et *sanguinaire,* tous ceux qui n'y croient pas, les milliers de peuples qui
croient à d'autres Dieux n'ont pas de religion à tes yeux? Si tu
ne m'avais pas interrompu, tu aurais vu ta question décidée par
le *Concile*; car le Concile s'est demandé : *Une Religion* ( c'est-à-
dire une Religion systématique accompagnée d'un culte particulier)
*est-elle utile aux Icariens?* Et, à l'unanimité, le Concile a répondu
*Non....* Que veux-tu faire à cela? Le Concile, composé de prêtres,
de professeurs, de l'élite du pays, et l'on peut dire du Peuple entier, a répondu *Non!*

— Et le Concile a eu raison, dis-je (moi Eugène), à mon tour;
car voyons, William, raisonnons!

— Puisque le Concile ne croyait ni à la divinité de Jésus-Christ,
ni à l'origine divine de la Bible, ni à la révélation faite à Moïse, ni
à un Dieu à figure humaine, récompensant, punissant, accueillant
les prières, vouliez-vous qu'il eût fait *semblant* d'y croire, qu'il
eût adopté cette religion *imaginaire,* qu'il eût ordonné au Peuple
d'y croire, et qu'il eût fait élever les enfants dans cette croyance,
qu'il déclarait erronée et fausse?

Mais l'ordonner au Peuple Icarien, était-ce possible, puisque le
Peuple c'était pour ainsi dire le Concile lui-même, puisque ce
Peuple était instruit et éclairé ; en un mot, puisqu'il ne croyait pas?

Élever les enfants dans cette croyance, n'était-ce pas presque
également impossible, puisque les pères ne croyaient pas et puisqu'on voulait donner aux enfants une éducation qui pût en faire
des hommes toujours dirigés par la Raison et la Vérité? Tromper
les enfants, n'aurait-ce pas été imiter les idolâtres, les païens, les
mahométans, l'aristocratie, et tourner le dos à la révolution et au
progrès?

A supposer qu'il pût être avantageux, sous quelques rapports,
d'inspirer aux enfants une croyance qu'on croit déraisonnable et
fausse, les inconvénients surpasseraient les avantages, parce que
l'erreur, le mensonge, la superstition, abrutissent l'homme et n'en
font qu'un enfant, tandis que les Icariens veulent que leurs enfants
soient des hommes.

A quoi bon d'ailleurs la crainte de l'enfer, par exemple, pour les

Icariens, avec leur système de Communanté ? Cette Communauté n'est-elle pas le résumé le plus parfait de la philosophie, et la morale la plus pure en action ? N'est-elle pas la réalisation la plus complète du précepte de la fraternité ? Ne renferme-t-elle pas en elle-même toutes les vertus ? N'atteint-elle pas avec certitude le but que toutes les Religions prétendent se proposer sans avoir jamais pu l'atteindre, le bonheur du Genre humain ? En un mot, cette Communauté, prêchée par Jésus-Christ, n'est-elle pas elle-même une Religion, et la plus parfaite des Religions ? Encore une fois, William, quelle utilité trouveriez-vous dans une autre Religion pour un Peuple heureux, qui n'est jamais intéressé à commettre le crime, qui n'en commet jamais, et qui n'a pas plus besoin des punitions d'un prêtre et de la crainte d'une justice infernale que de code pénal, de tribunaux criminels et de prisons ?

—Nous diras-tu, lui dit Valmor, que la Communauté n'empêche pas les maladies et certains malheurs pour lesquels la Religion serait une consolation ? Je te répondrai que la Communauté en diminue considérablement le nombre ; qu'elle donne par l'éducation plus de force pour les supporter ; que la RAISON suffit généralement, et que d'ailleurs c'est précisément pour ce cas que nos lois tolèrent la prière avec l'espérance d'une vie plus heureuse, et qu'elles instituent des temples et des prêtres conseillers et consolateurs.

— Tes prêtres ne sont que des prêtres de la RAISON, répondit William. — Ils n'en sont que plus raisonnables, répliqua Valmor.

— Tes lois et toi vous êtes des *athées!* — Quel épouvantable mot! dit Valmor ; jadis il nous aurait fait brûler. Cependant entendons-nous, et ne faisons pas comme ces insensés qui commencent par se battre et qui, s'expliquant après s'être blessés, sont tout surpris de découvrir qu'ils étaient d'accord. Qu'entends-tu donc par *athées?* Si par ce mot tu entends ceux qui ne croient pas à un Dieu à figure humaine comme Jupiter ou comme le Dieu de Moïse, alors tu trouveras ici beaucoup d'Athées ; et s'ils te font peur, tu peux te sauver, car tu en vois plusieurs ici tout prêts à te dévorer ; mais si, par *athées*, tu entends ceux qui ne croient à aucun Dieu quelconque, tu n'en trouveras pas parmi nous.

En appliquant cette distinction, tu trouveras que nos lois sont *athées* ou ne sont pas *athées;* mais nous, nous trouvons qu'il n'y a jamais eu de lois plus religieuses, puisqu'elles sont toutes basées sur la Communauté, et qu'elles ne s'occupent que de notre bonheur.

Je suis tout-à-fait de votre avis, repris-je (moi Eugène), et je re-

grette bien que mon pays n'ait pas profité de ses nombreuses révolutions pour établir la Religion de la Communauté et du bonheur.

—Oh! répondit William, on sait bien que vous autres *Français*,
tout aimables et spirituels que vous êtes, vous êtes des *incrédules*,
des impies et des athées qui, le dimanche, courez aux spectacles
et fuyez les églises ; vos Rois mêmes, j'en ai été scandalisé,
violent la sainte loi du dimanche pour faire travailler aux plaisirs
de leurs palais : aussi, que de places vous sont réservées dans l'empire de Satan !

— Courage, allons, bon milord, lui dis-je, courage, continuez!
Damnez-nous chrétiennement et dévotement, parce que nous
avons la bêtise d'être philosophes et gais, parce que nous sommes
assez stupides pour n'adorer ni le pieux Charles IX, qui, d'accord
avec le Pape et les prêtres, fit assassiner 100,000 réformistes, ni
le dévôt Charles X, qui, d'accord avec ses jésuites et ses prêtres,
fit mitrailler des milliers de Parisiens !

Allons donc, poursuivez! Comme quelques-uns de vos concitoyens, qui ne se doutent guère qu'ils sont les instruments de leurs
oppresseurs, appelez-nous *chiens de Français!*

Mais puisque vous accusez mes compatriotes d'être athées, je
soutiens que vos Anglais sont aussi des incrédules ; puisque vous
me jetez le gant de combat, je le ramasse pour me défendre et
vous attaquer à mon tour.

Et d'abord, quant à vous personnellement, permettez-moi, mon
cher ami le milord, une petite question : je ne vous demande pas
si, quand vous êtes à Londres ou dans vos terres, vous avez bien
soin d'aller au prône, de vous interdire toute espèce de récréation,
de vous ennuyer et de bâiller tout le dimanche pour plaire à Dieu;
mais veuillez me dire si, quand vous êtes à Paris ou ailleurs,
vous allez également au temple protestant, et si vous fuyez également tous les plaisirs du dimanche? — Non certainement!.

— Hé bien, voilà mon impie tout trouvé!... — Comment, comment?

— Voilà mon incrédule et mon athée trouvé, vous dis-je, et je
vais vous le prouver.

Auparavant, je demande à la compagnie la permission de lui
raconter une petite histoire qui m'est personnelle.

On m'écouta avec un redoublement d'attention.

— Le pauvre William ne se doute guère, dis-je alors, que celui qu'il damne si facilement a été presque fou de dévotion dans sa jeunesse : voici comment. (*Mouvement de surprise.*)

J'avais déjà treize ans lorsqu'un respectable curé, qui m'avait pris en affection et qui désirait faire de moi un prêtre, m'endoctrina à tel point qu'il me persuada que Dieu avait toujours l'*œil ouvert*, qu'il voyait tout, qu'on ne pouvait rien faire sans son appui, qu'on obtenait son aide en l'invoquant sincèrement, et que toutes les privations qu'on s'imposait pour lui plaire lui étaient agréables. Je le croyais dans toute la pureté de mon âme ; j'étais le plus innocent et le plus fervent parmi les pieux et les croyants : voici maintenant les conséquences ! Ecoutez bien, William !

Il me semblait, en tout temps et partout, voir l'œil de Dieu, un *œil immense,* ouvert et fixé sur moi (*éclats de rire*) ; je voyais avec terreur cet œil au haut du ciel ; et je n'aurais pas fait, même dans les ténèbres, la moindre action qu'il pût condamner... Quand j'allais au collége, persuadé que je ne pourrais pas faire une bonne *composition* sans son aide, je lui adressais ma prière avec confiance et faisais d'abord le *signe de croix,* de manière qu'on ne s'en aperçût pas, en mettant un intervalle considérable entre les quatre poses de la main (*nouvel éclat de rire*), mais je l'aurais fait ostensiblement si je l'avais cru nécessaire... En revenant de la promenade affamé, si j'avais l'idée que je lui serais agréable en me privant d'un mets qui me faisait grand plaisir, je m'en privais avec bonheur.... (*nouveaux rires*) ; et si je me surprenais arrêtant complaisamment mes regards sur une jeune fille, je faisais vite le signe de croix pour invoquer l'assistance divine contre l'esprit tentateur (*ce dernier trait les fit rire beaucoup plus encore*).

— Et comment êtes-vous sorti de là ? me demanda Valmor. — Une seule conversation avec un bon vieillard, père d'un de mes camarades d'école, me fit faire des réflexions qui me guérirent de ma folie (car j'étais ou j'allais devenir fou) : je priai d'abord Dieu dans toute la ferveur de mon âme, je le conjurai à genoux, je le suppliai à mains jointes de me faire connaître la vérité par un signe quelconque, par un clin-d'œil, par exemple, lui promettant que je lui consacrerais tous les jours et tous les instants de ma vie, et que je me précipiterais sans hésiter dans les flammes s'il l'ordonnait...

Je lui disais même, je m'en souviens : « O mon Dieu, Dieu toutpuissant, Dieu infiniment bon, montre-toi une fois encore à toute la terre, comme on dit que tu t'es montré à Moïse ! Montre-toi, parle du haut des cieux, ordonne ! et tous les hommes, tous sans exception, j'en suis sûr, se prosterneront comme moi et t'obéiront comme moi ; et le genre humain qui court à des supplices éternels sera sauvé !... Dieu tout-puissant, Dieu bon, Dieu juste, Dieu clément, Dieu notre père, parle, montre-toi, sauve tes enfants !!! »

— Et puis ? dit Valmor. — Mais mon *grand œil* ne fit pas le moindre clignotement ; et je cessai de croire, sans que ma conscience conservât la plus légère inquiétude.

— Et si vous croyiez aujourd'hui ? me dit William.... — Si je croyais! je me prosternerais à l'instant devant sa majesté suprême; je ferais tout ce qui pourrait lui plaire, tout absolument... Je vous tuerais, mon cher milord, je tuerais Corilla, Dinaïse, si je pensais que votre mort pût lui être agréable, ou plutôt je le conjurerais de vous convertir et de vous sauver ; peut-être ferais-je comme ces saints qui exterminaient des idolâtres pour les empêcher d'aller en enfer, après leur avoir jeté quelques gouttes d'eau sur la tête pour leur mériter le bonheur éternel ; ou plutôt je le prierais, la face contre terre, d'éclairer ma Patrie et l'Humanité.

Et ces Français, que vous accusez du crime de s'amuser le dimanche, à l'exemple de leurs Rois, s'ils croyaient subitement, comme vous les verriez se prosterner tous devant leur maître irrité, ou se précipiter dans les églises pour apaiser son courroux!

Et supposez que toute la terre entende subitement une voix appelant les hommes du haut du ciel, comme vous verriez toutes les Nations se prosterner au même moment devant leur divin Maître!

Mais mes compatriotes ne sont pas plus croyants que moi, et ce n'est pas plus leur faute que la mienne ; car nous serions musulmans ou protestants si nous étions nés et si nous avions été élevés à Constantinople ou à Londres, comme vous et vos concitoyens vous seriez catholiques si le hasard vous avait faits Parisiens ou Romains: mes compatriotes rient des bigots, tandis que les bigots les excommunient.

Et vous, pieux milord (car il est temps de revenir à vous), vous qui tout à l'heure avez beaucoup ri de ma folie, vous qui nous accusez d'impiété, je vais vous prouver, comme j'en ai pris l'engagement, que vous êtes vous-même un impie, ou plutôt j'ai déjà fait cette preuve.

Car voyons, répondez à cette simple et unique question, pourquoi ne sanctifiez-vous pas le dimanche à Paris comme à Londres? Pourquoi allez-vous à l'*Opéra* en France le jour où vous ne voudriez pas même entendre de la musique en Angleterre? Allons donc!... Répondez !... J'attends votre réponse!... Ha..., vous ne pouvez pas me donner une bonne raison!... Hé bien, c'est que vous ne croyez pas au dimanche ; c'est que vous ne croyez pas à Dieu créant le monde en six jours, se reposant de ses fatigues le septième, et ordonnant à un Juif (pour qu'il le répétât quand il le pourrait au reste des hommes) de célébrer ce jour de repos du Créateur, et de reprendre ensuite leurs travaux le lundi suivant, quoique le Créateur eût continué depuis à se reposer.

Mais alors vous ne croyez pas à la Bible, à la Révélation, à Moïse, à Jésus-Christ! Oui, milord, vous si bon, vous que j'aime tant et que nous estimons tant, vous êtes un mécréant, un infidèle, un impie! Vous serez damné, pauvre milord! (Bien, bien, me crièrent Valmor et Dinaros, enchantés de ma vigoureuse attaque.)

Je conçois, en effet, qu'un vrai croyant, qui voit toujours mon *grand œil,* soit chaud, ardent, brûlant; je conçois qu'il devienne *fou,* comme on en voit tant à Charenton et à Bedlam: je conçois qu'il devienne *fanatique,* comme ces Indiens qui se font écraser sous les roues du char qui porte l'énorme statue de leur dieu Jagrenat; je conçois qu'il devienne assassin, brûleur, exterminateur des hérétiques; je conçois même votre député Andrew, qui, non content que la *poste* ne distribue pas les lettres le dimanche, demande une loi pour interdire les fiacres, les cabriolets et les omnibus pendant ce saint jour; mais je ne comprends pas la tiédeur et l'*indifférence* quand il s'agit du paradis ou de l'enfer, je ne comprends pas que vous alliez, le dimanche, à l'Opéra parisien. Non, vous n'êtes pas croyant, mon cher milord!

Quand vous allez à la cour du petit Roitelet de ce grain de sable que vous appelez la Grande-Bretagne, vous êtes ému et troublé, n'est-ce pas, à l'aspect de sa Majesté? Et quand vous entrez dans un *temple,* vous n'êtes pas saisi d'une sainte terreur à l'aspect du Roi des Rois, du Souverain des peuples passés, présents et futurs, du Maître de la terre et de l'univers! Ha, vous êtes un impie, un athée, mon vertueux milord!

Quand il s'agit pour vous d'une affaire du plus mince intérêt, vous allez, vous venez, vous ne ménagez ni les paroles, ni les lettres, ni les courses; et quand il s'agit de votre salut ou de votre malheur pour l'éternité, vous restez immobile, plongé dans votre indifférence! Vous êtes un impie, milord!

Mais, regardez! A travers le plafond, là-haut, au milieu du ciel, j'aperçois le *grand œil* de Dieu qui vous regarde et n'attend que vos prières pour assurer le bonheur de votre Angleterre: quoi! vous ne vous prosternez pas, vous ne priez pas, vous ne voyez pas l'œil! Hé bien, c'est que vous ne croyez pas, c'est que vous êtes un impie, mon cher milord! C'est que c'est pour nous éprouver que vous avez eu la malice de vous feindre croyant et dévot!

(Et à chacun de mes arguments, tous ces messieurs éclataient de
rire en battant des mains.)

— Il vous dira peut-être, dit Valmor, comme beaucoup de prêtres
et d'aristocrates : Nous autres, nous ne sommes pas assez stupides
pour croire ; mais il est nécessaire que le Peuple croie, parce que
c'est une bête féroce qui nous dévorerait.

— Oh, non, répondis-je, William aime trop le Peuple pour tenir
un pareil langage : mais s'il était assez fou pour le tenir, je lui répondrais: Le Peuple n'est bête que parce que l'Aristocratie l'abrutit,
témoin le Peuple icarien, qui n'a ni Aristocratie, ni abrutissement;
il n'est féroce que parce que ses oppresseurs sont barbares et poussent sa colère jusqu'à la rage, témoin les Icariens , qui n'ont ni
tyrans, ni férocité ; et l'Aristocratie, qui demande une Religion pour
enchaîner le Peuple, comme elle fait des lois d'intimidation pour
le garrotter, ressemble à des voleurs qui, après avoir assommé et
dépouillé les passants, leur imposeraient une Religion pour qu'ils
se résignassent et se contentassent de prier et d'espérer.

— Très-bien, très-bien, s'écrièrent Valmor et Dinaros.

— Et puisque vous attaquez mes compatriotes (que je ne puis
m'empêcher d'aimer quoique je les déteste ! ), souffrez, monsieur
l'Anglais, que j'examine un peu les vôtres, après vous avoir déjà
examiné vous-même.


— Il est vrai qu'en revenant de France , c'est à qui fulminera le
plus contre les Français, peuple de pécheurs et de mécréants, ce
qui n'empêche pas les pieux calomniateurs de revenir en masse
chaque année dans ce pays de honte et de scandale, pour y prendre
ses modes, ses habitudes , ses plaisirs et ses arts , en attendant
qu'ils puissent acquérir sa philosophie et sa gaîté.

Il est vrai que quelques-uns de vos hommes les plus célèbres,
votre O'Connell par exemple , que j'ai bien souvent admiré, se permettent d'anathématiser la France entière comme irréligieuse, sans
réfléchir qu'ils font peut-être plus de tort, aux yeux de l'Europe,
à leur réputation de sagesse et de jugement qu'à celle de la France;
car quel est donc, sur la terre, l'homme qui ait le droit de s'écrier,
comme pourrait le faire un dieu : Je suis infaillible ; je flétris la nation française comme impie ; et , pour cette raison, je la déclare
indigne de la liberté !

Il est vrai encore que vos Anglais se croiraient perdus s'ils com-
mettaient la moindre infraction au *dimanche* ; que les dévots refu-
seront même de dire à un étranger le nom d'une *orange,* parce que

ce serait une œuvre mondaine (éclats de rire) ; qu'un prêtre zélé censurera publiquement un brasseur qui aura brassé le samedi parce qu'il se trouvera complice de la bière coupable de *travailler* le dimanche (nouveaux éclats de rire) ; et qu'au lieu de se livrer à d'innocents plaisirs, les jeunes filles lisent pieusement les obscènes peintures de la Bible ou parcourent dans les journaux hebdomadaires la longue série des scandales de l'Aristocratie pendant la semaine (on se regarde)...

Mais comptons vos dévôts. Voyons : retranchons d'abord ceux qui ne pratiquent nullement les cérémonies de l'église : que de jeunes fashionables, que de femmes élégantes, que d'Aristocrates parlent beaucoup religion, qui n'entrent jamais dans un temple et ne jettent jamais les yeux sur une Bible ; tandis que le Peuple, privé de toute espèce de plaisir pendant la semaine, se précipite, le dimanche, dans les cabarets plus que dans les temples, n'ayant pas d'autre jouissance que de s'enivrer dans ses *public houses* ! Et dans ce nombre d'incrédules avoués, que de membres du Parlement, que d'hommes distingués par leur jugement et leur savoir !

Retranchons encore tous ceux qui vont au prône un dimanche et qui n'y vont pas l'autre, qui adorent Dieu à Londres et le Diable à Paris : tous ces demi-croyants sont des croyants pour rire ! Je les appelle des infidèles et des incrédules !

Parmi ceux qui pratiquent rigoureusement toutes les cérémonies religieuses, retranchons encore tous les *tartuffes* ; car l'Angleterre, comme la France, n'a-t-elle pas de ces *saints hommes* qui font de Religion métier et marchandise, et pour lesquels il est avec le ciel des *accommodements ?* N'a-t-elle même pas des prêtres qui battent leurs femmes, des de Lacolonge qui égorgent leurs maîtresses, et des Mingrat qui coupent en morceaux les membres des victimes de leur sacrilége lubricité?

Restent donc les praticiens de bonne foi, et vous n'en avez pas plus que la France, car vos temples ne sont pas plus remplis que nos églises : et dans ce nombre, que de gens forcés et contraints, que d'enfants et de vieilles femmes, que de cuisinières et de laquais, que d'ignorants et d'imbéciles, qui croient uniquement parce qu'on leur a dit de croire, qui croiraient de même tous les prêtres de la terre, ou plutôt qui croient croire, mais qui s'agenouillent et prient machinalement sans conviction et sans guide dans les circonstances importantes ! Mon *grand œil* toujours ouvert empêche-t-il ce troupeau de manger l'herbe d'autrui, les boutiquiers de voler leurs acheteurs, les domestiques de voler leurs maîtres ou de calomnier leurs maîtresses, les maris de battre leurs femmes, les femmes de commettre plus d'un genre de vol au préjudice de leurs maris et de leurs enfants?

Je vais plus loin : ne connaissez-vous aucun dévot armateur priant Dieu de lui procurer une bonne cargaison de nègres qui lui fera gagner beaucoup d'argent, aucune dévote priant Dieu de faire naufrager son époux, comme le brigand napolitain récite des *Pater* et des *Ave* pour que le bon Dieu envoie quelque riche milord sous le canon de son fusil, ou comme ce Roi qui, agenouillé devant sa Sainte-Vierge, la suppliait de lui permettre encore un *petit assassinat !* Car en vérité, quand on pense aux abus de la Religion, on trouve que son histoire est celle de toutes les extravagances, de tous les crimes et de tous les scélérats qui ont désolé l'Humanité !

Et votre superbe Aristocratie, qui parle avec tant de pruderie de la Religion, celle qui pratique ses cérémonies comme celle qui les dédaigne, a-t-elle vraiment de la Religion, elle qui depuis si long-temps opprime la malheureuse Irlande, elle qui se nourrit de la misère du pauvre peuple d'Angleterre? Non, William, votre Aristocratie n'a pas de Religion, et votre Nation n'en a guère !

— Ah ! mon ami, s'écria William, votre amour pour le Peuple ne vous rend-il pas injuste envers la Noblesse anglaise et bien sévère envers la Nation elle-même?

— Injuste ! Je serais désolé d'être injuste ; car, avant tout, c'est la *justice* que j'aime, envers les aristocrates comme envers les pauvres ouvriers : je vous avouerai même avec grand plaisir (car j'ai toujours du plaisir à voir le bien et de la peine en voyant le mal), je vous avouerai que je connais en Angleterre comme en France beaucoup de nobles familles dont j'honore le caractère, la bienfaisance et la générosité ; que je connais également beaucoup de familles bourgeoises et ouvrières dont j'admire les qualités et les vertus ; que je vénère l'humanité et la charité de plusieurs de vos sectes religieuses ; que j'estime et respecte votre Nation ; que je l'ai défendue souvent à l'occasion de reproches qu'on lui adresse injustement ; et qu'il est dans votre pays beaucoup de choses qui excitent mon admiration : mais ce n'est pas *parce que* vous avez de la Religion, milord ; c'est, au contraire, *quoique* vous soyez dévots.

Que dis-je, *dévots !* C'est *bigots* et superstitieux que je dois dire ! car cette foule de sectes diverses, ces puériles pratiques auxquelles on met tant d'importance, ne sont-elles pas indignes d'un *Peuple d'hommes ?*

Et cependant, je l'avoue encore, sans prétendre établir un pa-
rallèle entre les deux Nations, les Anglais me paraissent plus
*hommes :* je dirai presque qu'ils sont des hommes, entourés do
charmants enfants, et que les Français sont d'aimables enfants en-
tourant quelques hommes de génie.

Mais je n'en persiste pas moins à soutenir que votre Nation n'a
guère de Religion ; et puisque vous m'avez accusé d'injustice, j'a-
jouterai, pour être complètement juste, que vous n'avez d'autres
parfaits croyants que ceux qui sont à Bedlam ; car, à vos plus charitables dévots je dirais : « Vous êtes simples dans vos vêtements,
» vos logements, vos aliments ; bien ! Vous êtes bons envers vos
» femmes, vos enfants, vos domestiques, vos coreligionnaires; très-
» bien ! Mais vous êtes riches et il y a des pauvres ; vous avez du
» superflu, tandis que des millions de vos frères n'ont ni vêtement,
» ni pain !... Si vous croyez à Jésus-Christ, *réduisez-vous au né-*
» *cessaire,* étendez le cercle de vos aumônes, *donnez tout votre su-*
» *perflu,* et vous aurez pour récompense l'ineffable bonheur de
» plaire à Dieu et de multiplier à l'infini vos bienfaits en multipliant
» vos imitateurs !... Mais, sourds à la voix de Jésus-Christ, vous
» conservez du superflu ! Hé bien alors vous n'êtes pas *Chrétiens!* »

Du reste, William, *la Nation la plus religieuse doit être la plus
vertueuse et la plus heureuse :* hé bien, avec votre Religion ou votre
bigoterie et votre Bible, vos tribunaux ont-ils moins de crimes à
punir que ceux de vos voisins? Vos enfants ont-ils plus de piété fi-
liale? Vos femmes sont-elles plus sages, vos hommes plus vertueux,
votre Peuple plus heureux ?

Vous n'oseriez pas le soutenir, William ! Par conséquent ne
nous parlez plus jamais de la piété des Anglais et de l'irréligion des
Français !

Mais c'est des Icariens que nous devrions parler, toujours parler;
et je vous demande pardon, messieurs, d'avoir si long-temps répondu à la provocation de notre ami ; et puisqu'il critiquait aussi la
Religion d'Icarie, j'aurais dû me borner à lui dire :

« Vous, milord, qui avez beaucoup voyagé, dans quel pays
» avez-vous vu des parents aussi tendres pour leurs enfants, des
» enfants aussi respectueux et dévoués pour leurs parents, des filles
» aussi sages, des époux aussi fidèles, un gouvernement aussi pa-
» ternel, des citoyens aussi libres, si peu de crimes, tant de frater-
» nité, tant de vertus et tant de bonheur, enfin des prêtres si vé-
» nérables et si vénérés? Dans quel pays avez-vous vu l'homme
» répondre aussi bien aux bienveillantes intentions du Créateur et

» faire un aussi bon usage de cette sublime et divine RAISON que
» la Providence lui a donnée comme un inépuisable trésor de per-
» fection et de félicité? Sous quelle Religion avez-vous vu un Peuple
» aussi heureux, aussi avancé dans la carrière sans limite du per-
» fectionnement, ayant aussi peu de reproches à faire à la Nature
» et autant de reconnaissance à lui témoigner pour ses innom-
» brables bienfaits ? Citez-moi une seule Nation qui sache aussi
» bien apprécier et admirer les merveilles de la Création et de
» l'Univers, aussi bien adorer Dieu dans ses magnifiques ouvrages,
» aussi bien reconnaître sa JUSTICE et sa BONTÉ, aussi bien l'ho-
» norer et lui présenter un aussi digne hommage en imitant ce
» *Père commun* du genre humain dans son AMOUR pour tous ses
» enfants?.... Avouez-le donc, proclamez-le, mon cher milord,
» la Religion d'Icarie est la plus parfaite de toutes les Reli-
» gions !! »

## CHAPITRE XXXVIII.

### France et Angleterre.

La République avait reçu, quelques jours auparavant, un paquet
de journaux anglais, français et autres, et venait de publier l'analyse statistique de ceux précédemment reçus pendant les derniers
six mois.

— Quel effroyable tableau ! s'écria le grand-père de Valmor.

Que d'*incendies* et d'*accidents* arrivés par l'incurie des Gouvernements ! que de *faillites*, que d'ouvriers sans travail et réduits à
l'*aumône !* que de procès, de duels et de suicides ! que de vols,
d'assassinats, de crimes de tout genre, de condamnations et de
supplices ! que d'émeutes, de complots et d'attentats ! que d'atro-
cités et de massacres en Espagne et à Alger !

Et au milieu du récit de tant de calamités qui pèsent toujours sur
les pauvres Peuples et qui remplissent l'âme de douleur, on trouve
pour consolation, racontés dans les plus minutieux détails, les fêtes,
les plaisirs et les joies de l'Aristocratie !

Je lis un jour, dans un discours prononcé à l'ouverture des
chambres, que le Peuple est heureux ; que le Gouvernement est
sage, estimé, aimé, adoré ; et que la satisfaction, la confiance et la
paix règnent partout : et le lendemain, je ne puis revenir d'éton-

tément quand je lis d'affreuses misères, d'épouvantables conspirations, des cris d'alarme, des lois d'intimidation et de terreur.

Je ne vois partout, hors d'Icarie, que contradictions et mensonges, confusion et chaos, oppression et malheurs. Je sais bien que c'est l'inévitable résultat de vos mauvaises organisations sociales : cependant je ne conçois pas vos deux pays, mon cher Eugène et mon cher milord.

Je conçois encore un peu l'Angleterre, je conçois qu'une Aristocratie ancienne, qui a toute la fortune et tout le pouvoir, qui tient le Roi dans sa dépendance, qui condamne au supplice les Princes, les Reines et les Ministres indociles, et qui est assez adroite pour ménager le Peuple et lui laisser quelque liberté ; je conçois, dis-je, que cette Aristocratie soit difficile à déraciner, surtout quand le pays est aristocratiquement organisé jusque dans ses fondements, quand le Peuple est depuis long-temps habitué à se prosterner devant ses seigneurs, quand ce Peuple n'est pas journellement tracassé et vexé, quand il est complétement étranger au maniement des armes, et quand le parti populaire fait chaque année quelque conquête qui lui donne quelque satisfaction et qui lui fait prendre patience.

Mais la France!.... Je vois ceux qu'elle a appelés les héros de juillet ou des barricades, proscrits, emprisonnés, condamnés, exilés, jetés dans les fers!.... Celui qu'on appelait *choix du Peuple* n'a-t-il pas été attaqué par les émeutes et les conspirations! les Électeurs ne choisissent-ils pas des ennemis de la Révolution, les Jurés n'ont-ils pas condamné des Écrivains populaires!

—Concevez-vous, lui dis-je en le priant de me pardonner mon interruption, que des jurés ont condamné notre Eugène pour avoir dit, après les mitraillades de juin et deux mois avant celles d'avril, que le *Pouvoir était résolu à mitrailler l'émeute*, comme Galilée a été condamné pour avoir dit que la *terre tourne autour du soleil ?*

—Et en regardant plus avant et plus haut, reprit le vieillard, je vois la France passer de la Royauté féodale à la Royauté constitutionnelle, puis à la République, puis tomber dans l'Empire, puis dans la Restauration.

Je la vois se relever en 1830, ébranler le monde entier du bruit de sa gloire civique, comme elle l'avait ébranlé précédemment du bruit de sa gloire militaire, et retomber presque aussitôt dans l'état où elle était auparavant.

17

Je la vois, depuis 47 ans, donner aux autres Peuples l'exemple des révolutions, les provoquer à l'imiter, puis les abandonner quand ses provocations et ses exemples les ont entraînés !

Je la vois faire d'héroïques efforts et d'immenses sacrifices pour conquérir l'Égalité, la posséder même pendant plusieurs années, puis se laisser maîtriser par l'Aristocratie, souffrir qu'elle ne lui donne que 150,000 électeurs pour 33 millions de Français, permettre qu'elle lui ravisse le droit d'association et d'assemblée, la liberté de la presse et même le jury, enfin se prosterner aux pieds d'un maître !

Et s'il lui prenait fantaisie de *faire le lion*, je ne serais pas surpris de voir, quelque jour, dans un de vos journaux, le Président de vos Députés lui dire à genoux :

> Et vous leur fîtes, seigneur,
> En les croquant, beaucoup d'honneur !

Je suis désolé, mon cher Eugène, que ce tableau vous afflige ; mais je ne conçois pas la France, ou plutôt je conçois trop qu'elle se déshonore !

— Oh oui, vous me déchirez l'âme, s'écria Eugène les larmes aux yeux ! vous me faites rougir de honte ! les lâches, les misérables ! ah que je les méprise, que je les déteste, que je voudrais !... mais que dis-je ? quel blasphème ! Non, non, ce n'est pas là la véritable France, ma Patrie, ma Patrie que j'aime toujours et que je chérirai toujours !

Ne vous arrêtez pas à la superficie, et ne vous laissez pas abuser par les apparences, mon vénérable ami ! Il y a deux Frances, la France démocratique et la France aristocratique : en 1789, en 1792, sous la République, sous le Consulat, sous l'Empire, sous la Restauration, en 1830 et depuis, vous pouvez distinguer ces deux Frances : l'une généreuse, brave, avide de progrès, de justice et de liberté, amie de tous les autres Peuples ; l'autre, égoïste, avide de richesses et de pouvoir, peureuse et cruelle..... C'est la première qui a fait toutes les Révolutions en versant son sang ; c'est la seconde qui a fait toutes les contre-révolutions en avançant son argent !

Si le Peuple s'est laissé arracher la victoire, c'est qu'il est *trop confiant, trop ardent* ; si la seconde a pu si souvent escamoter la Révolution, c'est qu'elle emploie toujours la ruse et la perfidie, les renégats et les traîtres, et même les baïonnettes étrangères. A la

France démocratique estime et respect, honneur et gloire! A la seule France aristocratique...

Encore, non! car les deux Frances n'en font qu'une, divisée par le despotisme qui veut régner, et victime de la confusion et du chaos que produisent les vices de l'organisation sociale et politique. Icarie ne ressemblerait-elle pas encore aujourd'hui à la France, si elle n'avait pas eu le bonheur de posséder Icar? Et la France ne ressemblerait-elle pas actuellement à Icarie, si Napoléon ou si le Prince sorti des barricades avaient eu le cœur et la volonté d'Icar?

— Mais, mon cher Eugène, lui dis-je, si la France est si en arrière et l'Angleterre si en avant, cette différence ne vient-elle pas de la différence de leur caractère, celui de l'une ardent mais léger et inconstant, celui de l'autre froid mais prudent et persévérant?

— Taisez-vous, mon cher William, taisez-vous! Ne vous vantez pas de votre Gouvernement *Représentatif*, qui n'est que la Représentation de votre Aristocratie; car votre Peuple, plongé dans la plus affreuse misère, n'a pas de véritables Représentants, et le mot *Peuple*, dont vous vous servez si souvent et si pompeusement, n'est qu'une déception et un mensonge! Ne vous vantez pas de votre liberté pour le Peuple; car cette liberté ne lui sert à rien pour sortir de sa misère, et votre Aristocratie sait bien lui ravir la presse, les associations et les assemblées quand elles commencent à devenir dangereuses, et même le faire sabrer, fusiller et mitrailler par ses soldats mercenaires, quand il ose recourir à l'émeute! Ne vous vantez pas d'être plus avancés que nous; car, sous le rapport de la philosophie, des habitudes et des mœurs, des préjugés aristocratiques et religieux, de l'Égalité surtout, qui est le point capital, votre Peuple anglais est en arrière d'un demi-siècle sur notre Peuple français! Nous sommes plus comprimés, il est vrai; notre Aristocratie est plus oppressive et notre Démocratie plus opprimée: mais pourquoi! c'est parce que notre Peuple et notre jeunesse ont plus de liberté dans l'âme, parce qu'ils sont plus exigeants, parce que nous sommes dans une situation essentiellement révolutionnaire, parce que notre Aristocratie est sur un volcan qui menace chaque jour de faire éruption pour l'engloutir, parce que le Peuple aurait déjà reconquis tous les droits dont il a été dépouillé si on lui laissait la liberté de la presse et le droit d'association, que l'Aristocratie anglaise ne craint nullement de laisser au Peuple anglais. Nous sommes asservis par une Aristocratie libre: mais notre asservissement n'est que momentané; mais nous protestons et nous résistons; mais tôt ou tard les véritables principes triompheront comme

ils ont déjà triomphé si souvent ; et nous serons alors en avant
de vous d'un demi-siècle.

Et s'il était vrai que vous fussiez en avant, ne le devriez-vous
pas à la France, qui vous tient en éveil depuis 1789, qui vous a
piqués d'honneur en 1830, et qui vous a procuré votre *réforme*
parlementaire, votre seul véritable progrès depuis 150 ans ?

Et s'il était vrai que la France fût en arrière, est-ce bien un
Anglais qui pourrait le lui reprocher, quand elle fait, depuis 47 ans,
tant d'héroïques efforts et tant de sacrifices pour s'affranchir,
quand l'Aristocratie anglaise a soudoyé ou soutient ses ennemis
depuis ces 47 ans, et quand cette même Aristocratie se montre
l'appui de tous les despotismes naissants ?

Mais gardons-nous bien, mon cher William, de nous accuser
mutuellement ! Ne confondons jamais les deux Peuples avec leurs
Aristocraties et leurs Gouvernements ! ne confondons même pas
dans notre haine les *hommes* et les *institutions* ! Victimes tous
deux de la domination aristocratique et des vices de l'organisation
sociale, Peuple anglais et Peuple français, marchons d'accord et
fraternellement pour notre affranchissement et celui des autres
Peuples ! et tâchons d'imiter Icarie, pour notre bonheur et celui de
l'Humanité !

Ces généreux sentiments d'Eugène firent tant de plaisir au vieil
ami d'Icar que plusieurs fois il lui serra la main, et qu'il finit par
l'embrasser avec attendrissement.

---

# CHAPITRE XXXIX.

### Mariage de milord décidé.

C'était aujourd'hui notre partie sur l'eau, depuis long-temps
projetée.

Nous arrivâmes tous, environ trente-six, sur la rive du *Tair*, et
nous montâmes sur un petit bateau ou grande barque qui ne devait
contenir que nous ; car il y en a de toutes grandeurs, et chaque
famille ou chaque réunion peut s'en procurer une en prévenant
quelques jours d'avance.

Quelques-unes, les plus petites, marchent à la rame : mais

presque toutes sont entraînées par la vapeur ou par diverses autres machines.

Toutes ont des formes charmantes, sont peintes, pavoisées, garnies de tentes élégamment décorées.

Le temps étant superbe, la rivière en était couverte dans toute sa largeur et présentait le spectacle le plus animé, le plus varié et le plus ravissant.

Nous en avions cependant un autre peut-être plus admirable encore, celui des deux rives et de la campagne des deux côtés, où l'Art disputait à la Nature le prix des embellissements ; car c'est la République qui, pour le plaisir de ses promeneurs et de ses voyageurs, fait dessiner la campagne sur le bord des rivières et des routes, comme un riche propriétaire fait ailleurs dessiner son parc ou son jardin.

Mais rien, je crois, n'est comparable aux délices de l'*île Fleurie*, où nous débarquâmes après une heure de navigation, et où nous passâmes la journée au milieu des jeux, des chants et des rires.

Tout concourant à nous inspirer des idées de bonheur, nous tînmes un grand conseil sur nos amours et nos futures destinées.

C'était en vain que Valmor, persévérant dans sa victoire sur lui-même et trouvant une ineffable jouissance dans son généreux dévouement, nous pressait tous les jours, Dinaïse et moi, de consentir à son projet d'un triple mariage à la fois, et semblait prendre plaisir à rendre nos sentiments plus vifs : nous ne voulions prendre aucune résolution définitive tant que nous n'aurions pas la preuve que notre union ne causerait le malheur ni de Valmor ni de *miss Henriet*. Mais deux lettres que j'avais reçues d'Angleterre la veille, aidèrent Valmor à renouveler ses instances avec plus d'énergie ; il nous assura qu'il n'était pas assez misérable pour s'exposer à rendre une femme malheureuse, et qu'il était certain de trouver doublement le bonheur dans son propre ménage et dans la vue de notre félicité ; il mit tant de chaleur à nous en convaincre, que nous finîmes par nous laisser persuader ; et, la question mise aux voix, il fut unanimement décidé, au milieu des transports de joie, que nos trois mariages seraient célébrés le même jour, dans deux mois.

Dinaïse y mit seulement une condition, qui fut unanimement applaudie, c'est que je me déclarerais partisan de la *Communauté*, et que je consacrerais mon influence et ma fortune à la propager ailleurs ; avant qu'elle eût achevé, j'avais déjà répondu qu'avec elle je serais le plus redoutable propagandiste : mais elle ajouta une seconde condition, qui fut accueillie avec les mêmes applau-dissements, c'est que je la ramènerais chaque seconde année à sa mère, à sa famille et à ses amis.

Restait cependant une difficulté : la loi ne permet à une Icarienne d'épouser un étranger que quand il a d'abord obtenu la petite *na-turalisation* (qui ne le force pas à renoncer à sa première patrie), et elle n'autorise cette naturalisation qu'en faveur de l'étranger qui a rendu quelque grand *service* à la République : mais le grand-père de Valmor assura que la propagation de la Communauté en Angleterre serait considérée comme l'un des plus grands services qu'un étranger pût rendre à Icarie, et il se fit fort d'obtenir ma naturalisation.

Nous revenions remplis de joie, et nous étions déjà près d'Icara, lorsqu'un accident subit vint jeter l'effroi parmi nous : une des pe-tites filles, âgée de sept ans, tomba dans l'eau. Deux des jeunes garçons, l'un de dix et l'autre de douze ans, et même Eugène, allaient se précipiter à son secours quand Valmor s'y jeta lui-même, en criant qu'on ne bougeât pas et qu'on n'eût aucune peur. Dinaros s'y jeta presque en même temps, après s'être assuré que le bateau était arrêté et ramené en arrière, et après m'avoir recommandé de prendre la *perche* et la *corde*, et de me tenir prêt à tendre l'une ou l'autre. Puis, au son d'une petite *cloche* placée dans cette pré-voyance, toutes les barques voisines accoururent sur la ligne que le corps pouvait parcourir. Mais tous ces secours furent inutiles, et Valmor et Dinaros n'eurent pas même la satisfaction de sauver la petite fille, qu'ils se gardèrent bien de toucher, quand ils la virent reparaître sur l'eau et nager sans crainte et sans danger.

Sa mère la gronda doucement en l'embrassant, et l'on rit même de l'effroi qui s'était peint sur ma figure ; parce qu'on n'ignorait pas que l'enfant savait nager, et qu'elle ne courait aucun péril avec un plongeur comme Dinaros et un nageur comme Valmor.

## CHAPITRE XL.

### Femmes.

Nous étions réunis et joyeux quand Valmor aperçut Eugène arrivant par le jardin.

— Voulez-vous, dis-je vite aux dames, que je le contrarie pour vous faire rire ? Je le mettrai sur le chapitre des femmes , et vous verrez comme il s'échauffe ! — Oui , oui , s'écrièrent Corilla et ses compagnes.

— Ah ! voici le *galant* Français, m'écriai-je en riant.

— Et voilà le *perfide* Anglais, répondit-il en me tendant la main après avoir gracieusement salué tout le monde.

— Et pourquoi donc *perfide ?*

— Et pourquoi donc *galant ?*

— Quoi , vous n'êtes pas galant !

— Hé non... si...

— Voyons , lequel des deux?

— Écoutez ! Un jour, une vieille coquette, qui avait mis du rouge, s'étonnait qu'un jeune homme ne lui fît pas compliment sur la fraîcheur de son teint ; elle s'indignait ensuite qu'il ne se fût pas précipité pour ramasser le gant qu'elle avait à dessein laissé tomber. « Qu'il est peu galant ! » dit-elle avec dédain. Vous voyez donc bien, malin milord, que celui que vous appelez galant Français n'est pas galant !

— O c'était vous ! et vous ressemblez donc à messieurs les Icariens, qui se croiraient perdus s'ils adressaient à leurs femmes la plus légère flatterie, et déshonorés s'ils leur parlaient de bagatelles !

— Et pour cela vous prétendez que les Icariens ne sont pas galants ! Ils ont raison les Icariens ! et si ces dames n'étaient pas là ! je dirais...

— Dites toujours... ces dames vous permettent...

— Je dirai que , quand on a des femmes... quand on peut dire des vérités...

— Comme vous vous embrouillez, mon pauvre Eugène, en voulant défendre une mauvaise cause !

— Eh bien , oui, les Icariens ont raison ! ils ont la bonne , la véritable galanterie , non celle des lèvres et des mots , mais celle

des actions... non celle qui convient à la nullité d'inutiles freluquets
et de ridicules coquettes, mais celle qui honore en même temps
ceux qui la pratiquent et celles qui l'inspirent... Ils aiment les
femmes, les adorent, les idolâtrent...

— Comme vous allez vite !

— Ils les embellissent, les perfectionnent, et ne travaillent en
tout et toujours qu'à les rendre heureuses pour recevoir ensuite
d'elles tout leur bonheur...

— Comme vous vous enflammez !

— Ce n'est pas par les vaines cajoleries et les puériles adulations
qu'on leur adresse, mais par l'éducation qu'on leur donne et par
tout ce qu'on fait pour elles dans l'atelier, dans le ménage, partout, que je juge des sentiments qu'on a pour les femmes ; et c'est
pourquoi je soutiens et soutiendrai toujours que les Icariens sont
galants...

— Libre à vous !... moi je soutiens le contraire !

— Jamais ici l'on ne voit les maris se divertir ensemble dans des
clubs ou ailleurs tandis que leurs femmes s'ennuient dans leurs
maisons ; jamais on ne voit un homme s'emparer de la meilleure
place pour en priver une femme qui peut en avoir besoin...

— Mais dans quel pays sauvage avez-vous vu pareille brutalité ?

— Rarement dans mon pays, et souvent dans un autre que milord connaît bien, et qui commence à se corriger... Ici, je vois le
frère presque aussi galant pour sa sœur qu'on l'est ailleurs pour sa
maîtresse. Je vois plus : je vois ce que j'avais toujours regretté de
n'apercevoir nulle part ; je vois chacun appliquer ce principe qui
renferme toute la morale : *Fais à autrui comme tu voudrais qu'il
te fît* ; je vois chacun traiter les femmes des autres familles comme
il voudrait que les autres hommes traitassent sa mère ou sa fille,
sa femme ou sa sœur. Quelque dépravés que nous soyons dans les
autres pays, il n'est personne qui ne soit prêt à risquer sa vie pour
défendre l'honneur, je ne dis pas de sa femme et de sa fille, mais
de sa mère et de sa sœur ; et cependant combien peu d'entre nous
ont du respect et des égards pour les mères et les sœurs des autres ! Et comment les nôtres pourraient-elles être mieux traitées?
De là les soins excessifs pour les jeunes et jolies femmes, mais
l'abandon général de la jeunesse pour les femmes âgées ; tandis
qu'ici les jeunes gens sont respectueux et empressés auprès de
toutes les vieilles femmes comme auprès de leurs mères, auprès de
toutes les femmes de leur âge comme auprès de leurs sœurs. Oui,
monsieur le fashionable, le Peuple icarien est le plus galant des
Peuples de la terre ! (Les dames applaudissent.)

— Ces dames sont trop polies pour vous démentir, surtout en présence de ces messieurs: cependant ne dit-on pas que c'est à Paris qu'est le *paradis des femmes ?*

— Oui, c'est à Paris, c'est en France qu'il devrait être! mais aujourd'hui, si Paris est un paradis pour quelques jeunes et jolies favorites de la fortune et de l'Aristocratie ( encore quel paradis! ), pour combien de malheureuses femmes du Peuple n'est-il pas un enfer, tandis qu'ici, chéries et protégées dans leur Printemps et leur Été, chéries et respectées dans leur Automne et leur Hiver, toujours tranquilles et heureuses, les Icariennes, toutes les Icariennes trouvent toujours le paradis dans leur pays!... (Nouveaux applaudissements des dames.)

— Ces dames n'oseront pas l'avouer, mais vous, ne trouvez-vous pas que messieurs les Icariens sont un peu égoïstes et *jaloux*, eux qui ne veulent pas que leurs femmes sortent sans eux pour aller au spectacle ou dans le monde?

— Oui, ce serait de la tyrannie s'ils cherchaient le plaisir sans leurs femmes ; mais puisqu'ils ne sortent jamais eux-mêmes pour se distraire sans être accompagnés par elles, puisqu'ils n'ont aucun plaisir séparé, puisqu'ils partagent avec elles toutes leurs jouissances et mettent leur bonheur à les rendre heureuses, ils ont cent fois raison : le mari qui expose sa femme à trouver du plaisir avec un autre homme n'est pas son protecteur et son ami, mais un infidèle et presque son ennemi, s'il n'est pas un insensé... m'entendez-vous?

— Vous les approuvez donc lorsqu'ils exigent que leurs femmes réservent leur plus élégante parure pour leur tête-à-tête?

— O certainement ! puisque l'éducation habitue les femmes à se trouver heureuses en n'ayant de coquetterie que pour leurs maris, je leur en fais mon compliment bien sincère, aux unes comme aux autres, parce que cette conduite me paraît la quintessence de la raison... Et si je ne craignais pas de vous humilier devant ces dames, je vous dirais que... ce sont les Icariens qui... (à l'oreille) qui connaissent le mieux l'amour et ses célestes délices.

— Oh ! ne craignez pas de m'humilier !..... parlez tout haut, galant Français, qui me paraissez égoïste et *jaloux* comme eux! Pour moi, j'aurai ma femme à l'anglaise ou plutôt à la parisienne.

— Quoi, vous laisserez embrasser votre femme dans ce qu'on appelle les *jeux innocents !*

17.

— Et pourquoi pas? quel mal cela pourra-t-il me faire de vous prier de la conduire au bois de Boulogne dans ma voiture, quand je ne pourrai pas l'y accompagner moi-même?,.. n'est-ce pas là le chef-d'œuvre de la civilisation? Oui, mon cher ami, vous serez mon suppléant et son cavalier; vous valserez au bal avec elle; vous courrez un galop avec elle; vous l'embrasserez innocemment dans les jeux innocents; vous la défendrez contre les galants qui voudraient l'importuner de leurs galanteries; vous la conserverez pour moi comme vous feriez pour vous; vous lui ferez grand plaisir, ainsi qu'à moi qui ne désire que son bonheur... Et quel danger tout cela peut-il avoir pour elle avec vous, avec vous mon meilleur ami?

— Quel danger... quel danger?... Pour elle... aucun, certaine-ment... bien sûr... elle inspirerait tant de respect... Mais si le contact du soleil embrasait tout autour de lui...

— Hé bien, vous iriez vous jeter à l'eau pour éteindre l'incendie..

— Vous voulez faire rire ces dames (qui riaient en effet beaucoup); mais plaisanterie à part, répondez! si l'éclat du soleil...

— Vous êtes un flatteur, et je ne laisserai plus ma femme avec vous!... Mais, au reste, pourquoi pas? voyez comme elle est rouge de colère contre vos flatteries!

— Je sais bien que toutes les vérités ne sont pas bonnes à dire, et je connais des gens qui s'en vengent rudement; mais je connais des âmes plus généreuses, et j'espère le pardon de ma témérité.... D'ailleurs je suis bien bête de répondre à toutes vos mauvaises plaisanteries!... Votre femme serait plus sage que vous; et si l'Anglais avait la folie de vouloir, l'Icarienne aurait la sagesse de ne pas permettre.

Ne pas *permettre!* est-ce que je ne serai pas le maître, est-ce que la loi des galants Français eux-mêmes n'ordonne pas formellement à la femme d'obéir à son mari? (Toutes les dames se récrièrent.)

— C'est vrai, de même que la loi des sages Anglais permet au mari de conduire sa femme, une *corde au cou*, au marché des bestiaux, et de la *vendre* à l'encan comme une mauvaise brebis, sur l'enchère de *six sous!* (Oh, quelle horreur! quelle horreur! entend-on de tous côtés.)

— Mais notre loi vient des temps barbares, tandis que la vôtre vient de prendre naissance au siècle de la civilisation et des lumières!

— Elle n'en est pas moins une loi insolente, faite par un despote qui voulait imposer aux femmes l'obéissance au despotisme conjugal, afin de préparer l'obéissance des maris au despotisme impérial !

— Vous voulez peut-être, monsieur le galant, que ce soit le mari qui *obéisse* à la femme ?

— Non, monsieur le plaisant, je vous trouverais ridicule alors, et je suis sûr que votre femme est trop raisonnable et connaît trop bien son véritable intérêt pour désirer que son mari se ridiculise ; mais je voudrais que la loi proclamât, comme en Icarie, l'*Egalité entre les époux*, en rendant seulement la voix du mari prépondérante, et en faisant d'ailleurs tout ce que la loi fait ici pour que les époux soient toujours d'accord et heureux.

— Mais votre loi d'obéissance n'est-elle pas nécessaire dans un pays où l'un des plus grands seigneurs disait, à la Reine elle-même, qu'il n'y avait pas une seule femme qu'on ne pût séduire avec de l'or ?

— Et vous croyez cette calomnie, répétée par vos belles *ladies*, qui se disent plus sages parce qu'elles poussent la pruderie jusqu'à rougir si l'on commet l'horrible indécence de prononcer devant elles les mots les plus indifférents * ! Et puis, dites donc à tous vos milords d'apporter ici toutes leurs guinées pour séduire une seule Icarienne !

— Oui, mais la France n'est pas l'Icarie !

— Hélas, je le sais bien ! et c'est là ce qui me fait enrager, de voir une mauvaise organisation sociale rendre tant de Françaises si malheureuses ! et c'est pour elles surtout que je désire ardemment la République et la Communauté, qui leur donneraient à toutes autant de bonheur qu'en ont les heureuses femmes d'Icarie !

---

## CHAPITRE XLI.

### Relations étrangères. — Projet d'association communitaire.

Tous les jours les étrangers, dînant ensemble dans leur hôtel, se communiquaient ce qu'ils apprenaient sur Icarie, et discutaient là question de savoir si le système dont ils voyaient les merveilleux

---

* Il serait indécent de prononcer les mots *chemise*, *cuisse de poulet* devant une dame anglaise.

résultats était applicable dans leurs pays respectifs. Unanimes dans leur admiration, ils étaient loin d'être d'accord sur la possibilité et les moyens d'application, et souvent la contradiction s'échauffait jusqu'à dégénérer en dispute.

Beaucoup disaient : « Sans doute la Communauté de biens, organisée comme nous la voyons ici, est la plus parfaite de toutes les organisations sociales, et quelque jour elle fera le bonheur du monde entier : personne ne la désire plus vivement que moi, et je lui donnerais ma voix dès aujourd'hui si les autres voulaient aussi lui donner la leur : *mais* nous ne sommes pas assez vertueux, et nos enfants seuls auront le bonheur d'en jouir. — Moi aussi, disait un autre, je lui consacrerais ma fortune et ma vie : *mais...* » Ce vilain MAIS revenait éternellement.

Eugène, qui chaque jour rompait des lances en faveur de la Communauté, et que son ardeur à la prêcher avait fait surnommer l'*Icarimane*, eut l'idée de réunir, dans une salle où l'on pourrait discuter et voter, tous les étrangers qui se trouvaient alors à Icara. « Vous verrez, me dit-il, que, si nous pouvons les faire voter, presque tous les MAIS se changeront en OUI, et peut-être pourrons-nous arriver à quelque résultat utile ; car il est honteux que la Communauté fasse depuis si long-temps le bonheur d'Icarie, et que les étrangers n'aient rien fait pour la propager dans leur pays. Soyons les premiers à donner l'exemple ! Agissons ! »

Nous communiquâmes son idée à quelques-uns des principaux étrangers, notamment à un vieux et vénérable missionnaire écossais appelé le *père Francis*, qui avait une grande réputation de sagesse, et qui approuva le projet d'Eugène, en nous engageant à nous procurer d'abord l'appui de quelques Icariens influents.

Nous en parlâmes le soir même au grand-père de Valmor, qui nous embrassa presque de joie, et qui, à cette occasion, nous exposa les relations d'Icarie avec les Peuples *étrangers*.

### RELATIONS EXTÉRIEURES.

— Après avoir proclamé le principe de la *fraternité* entre Icarie et tous les autres Peuples, nous dit le vieillard, Icar et la République n'ont rejeté aucune des conséquences de ce principe : jamais ils n'ont rien fait qui pût blesser un Peuple étranger, jamais ils n'ont refusé un service demandé qu'ils pouvaient rendre ; et plus on leur devait de reconnaissance, moins ils faisaient sentir leur supériorité.

Mais le grand principe d'Icar était aussi de se mêler le moins possible des affaires de nos voisins, de les laisser à eux-mêmes, de ne rien faire pour accélérer chez eux l'établissement de la Communauté, convaincu qu'Icarie était le pays où l'essai pouvait le mieux réussir au profit de toutes les Nations, et craignant que de mauvaises tentatives dans d'autres pays ne compromissent l'expérience icarienne.

L'une des plus vives recommandations d'Icar a donc été de nous occuper exclusivement de nos propres affaires, jusqu'à ce que la Communauté fût parfaitement organisée chez nous.

Loin de pousser nos voisins à précipiter leur marche progressive, nous avons usé de notre influence pour engager leurs chefs à modérer leur ardeur.

Et notre influence était grande; car nous n'avons jamais eu la pensée d'une *conquête :* nous n'avons pas même voulu accepter la réunion d'un petit Peuple enclavé dans nos frontières naturelles, qui s'offrait à nous ; et ce n'est qu'après ses vives instances, répétées pendant plusieurs années, et avec le consentement spontané de nos autres voisins, que nous avons accompli ses vœux, en déclarant que nous ne consentirions à aucune autre adjonction.

Nous nous sommes contentés d'*alliances* étroites, de relations amicales et fraternelles, d'échanges commerciaux, de bons offices de tout genre, et d'un *Congrès annuel* pour faciliter nos opérations communes, surtout relativement à nos *Colonies.*

Mais aujourd'hui nous sommes assez forts pour appliquer plus largement notre principe de fraternité, et je ne doute pas que tous mes concitoyens ne soient disposés à faciliter partout l'établissement de la Communauté. C'est dans ce but que nous avons pris récemment plusieurs mesures pour attirer les étrangers chez nous ; c'est aussi dans ce but que Valmor vient de proposer, dans son assemblée populaire, d'agrandir l'hôtel destiné à les recevoir.

Mais il faut que les étrangers s'aident eux-mêmes ; et je vois avec grand plaisir l'idée de notre jeune ami Eugène, comme j'ai vu avec grand plaisir l'arrivée de milord.

Réunissez-vous, discutez, discutez, et même associez-vous si vous pouvez ! oui, tâchez d'organiser une grande *association* d'étrangers de tous les pays en faveur de la Communauté ; et si vous y parvenez, je vous garantis l'appui d'Icarie : je ne négligerai rien, du moins, pour vous le procurer.

Entendez-vous donc avec vos compagnons, pour qu'ils veuillent se réunir et délibérer sur vos projets ; moi je me charge de vous obtenir une salle pour vos réunions.

Ces paroles si bienveillantes et ces promesses si flatteuses de la part d'un ancien ami d'Icar, vénéré dans Icara et dans toute l'Icarie (car nous apercevions chaque jour de nouvelles preuves de la vénération qu'inspirait le grand-père de Valmor), donnèrent tant d'espérances à Eugène et lui firent tant de plaisir que nous crûmes qu'il allait en perdre la tête.

## CHAPITRE XLII.

### Première délibération sur le projet d'association.

Communiqué par notre vénérable ami, notre projet avait été accueilli avec tant d'intérêt qu'on nous avait accordé l'une des plus grandes salles d'assemblée populaire, et qu'un grand nombre d'Icariens marquants, députés et autres, avaient promis d'assister à notre réunion.

Cette singulière séance, annoncée depuis plusieurs jours par le journal national avec les expressions les plus vives d'approbation et de sympathie, vient d'avoir lieu.

Après avoir exposé l'objet de la réunion et manifesté l'intérêt qu'elle inspirait à la République, le Président ouvrit la discussion.

Tous les orateurs exprimèrent leur admiration et leur enthousiasme pour l'organisation de la Société en Icarie : néanmoins on entendait une foule d'objections, de *mais* et de *si* ; et la conférence se prolongeait sans conclusion et sans résultat, lorsque Eugène, qui avait voulu laisser parler les autres, demanda la parole et prononça ce peu de mots :

— Nous connaissons tous Icarie, et nous n'avons pas besoin de longs discours pour apprécier son organisation : je demande donc que l'on consulte d'abord l'Assemblée sur cette question : *Désirez-vous l'organisation d'Icarie pour votre propre pays ?* Nous verrons ensuite.

L'Assemblée ayant approuvé cette proposition, avec la modification que les étrangers arrivés depuis plus de dix jours seraient seuls admis à voter, la question fut posée et résolue par assis et levés.

Nous espérions une majorité des quatre cinquièmes : jugez de notre étonnement quand nous vîmes l'Assemblée se lever comme un seul homme en faveur du système icarien.

La joie fut si grande et si bruyante que le Président crut convenable de suspendre un moment la séance. Il semblait que la réunion venait de décider des destins de l'Univers, tant les hommes s'exagèrent leur importance et leur pouvoir dès qu'ils sont réunis ! — Si tous mes compatriotes connaissaient Icarie comme nous, s'écriait au milieu d'un groupe Eugène hors de lui, et s'ils étaient assemblés comme nous, la France entière, j'en suis sûr, répondrait comme nous qu'elle désire la Communauté.

Chacun donnait la même assurance pour son pays. — Si le Genre humain était réuni tout entier dans cette salle, s'écria une voix qui dominait les autres, il voudrait avoir la République et la Communauté ! — Et il les aura bientôt, ajouta une autre voix de Stentor.

Un quart-d'heure après, le Président rouvrit la séance, proposa cette question : *Le système est-il applicable ?* et demanda si quelqu'un voulait parler contre.

Nous nous attendions bien à rencontrer des opposants sur cette question d'applicabilité : mais nous fûmes étonnés du grand nombre qui se levèrent pour motiver leur opposition ; et comme ils étaient trop nombreux pour que le débat pût se terminer dans la séance, la discussion fut renvoyée à un autre jour, et l'on choisit une commission chargée de faire un rapport.

Nous avions remporté déjà une grande victoire en obtenant cette déclaration solennelle que les *étrangers réunis en Icarie désiraient la Communauté pour leurs propres pays*, et nous espérions convertir beaucoup d'opposants sur la question d'applicabilité.

Mais notre espérance s'accrut bien davantage quand, sur le conseil et l'invitation du grand-père de Valmor, Dinaros eut consenti à faire, le matin, pour les étrangers, un petit *Cours de l'histoire d'Icarie* ou plutôt *de l'histoire de l'établissement de la Communauté.*

## FIN DE LA PREMIÈRE PARTIE.

# VOYAGE

# EN ICARIE.

## DEUXIÈME PARTIE

DISCUSSION. — OBJECTIONS. — RÉFUTATION DES OBJEC-
TIONS. — HISTOIRE. — OPINIONS DES PHILOSOPHES.

## CHAPITRE PREMIER.

### Histoire d'Icarie.

L'offre généreuse de Dinaros avait été acceptée avec enthousiasme par la masse des étrangers réunis dans leur hôtel, et une
députation nombreuse avait été envoyée pour lui exprimer leur
reconnaissance.

Des applaudissements unanimes lui renouvelèrent cette expression quand il parut dans la grande salle du cours d'histoire.

— Mon projet, dit-il, n'est pas de vous exposer en détail les
évènements de l'histoire d'Icarie : mon but est seulement de vous
faire connaître comment la Communauté s'est établie parmi nous,
les obstacles qu'elle a vaincus, et les moyens employés pour les
surmonter.

Je crois nécessaire cependant de commencer par vous donner
rapidement une idée de notre histoire nationale et de notre organisation à l'époque de notre immortelle révolution.

Il y a plus de quatre cents ans, des Peuples féroces firent la
conquête de notre pays et s'y établirent. La lutte dura plus d'un
demi-siècle, pendant lequel les conquérants détruisirent presque

toutes les villes, massacrèrent la plus grande partie des habitants et réduisirent le reste en esclavage.

Les vainqueurs se partagèrent toutes les terres et les esclaves, avec tout ce que ceux-ci possédaient, et formèrent une Nation de *maîtres*, de *propriétaires* et d'*aristocrates*.

Si cette Aristocratie de nobles et de prêtres avait toujours été unie, l'esclavage du Peuple se serait perpétué de génération en génération : mais ces barbares, aussi ignorants que féroces, établirent entre eux l'*inégalité* de fortune et de pouvoir, et se donnèrent un Roi héréditaire avec un souverain Pontife électif, et la guerre fut perpétuelle entre eux.

Les Rois se liguèrent tantôt avec les Prêtres contre les Nobles, et tantôt avec les Nobles contre les Prêtres ou avec une partie de la Noblesse contre l'autre ; tandis que les Nobles et les Prêtres se liguèrent quelquefois contre les Rois.

Tous les moyens leur étaient bons, non-seulement la force, la guerre ouverte, le massacre, le pillage et les confiscations, mais encore les conspirations, les empoisonnements, les assassinats et le vol.

Souvent les rois opprimèrent l'Aristocratie, firent pendre ou brûler les Aristocrates, et dépouillèrent les Nobles pour enrichir les Prêtres, ou les Prêtres pour enrichir les Nobles.

Souvent aussi les Aristocrates et les Prêtres opprimèrent les Rois, les déposèrent, les enfermèrent dans des monastères ou des prisons, les assassinèrent ou même les firent décapiter sur l'échafaud.

Dans la longue liste des Rois et des Reines héréditaires (car les femmes héritaient aussi de la couronne), on en trouve un grand nombre qui n'étaient que des *enfants* quand ils montèrent sur le trône ; beaucoup d'autres qui furent toujours dans un état d'*imbécillité* ou de *folie* ; beaucoup d'autres qui furent libertins, débauchés et remplis de tous les *vices* ; beaucoup d'autres qui furent méchants, sanguinaires, coupables de tous *crimes ;* trois ou quatre seulement capables et dignes de régner.

Aussi beaucoup d'entre eux moururent déposés, dégradés et emprisonnés ou bannis, ou périrent par la main d'un meurtrier ou du bourreau.

Dans la longue liste des souverains Pontifes, on ne trouve ni guère plus de vertu, ni guère moins de morts violentes, tandis que les Prêtres et les Nobles ne valaient pas mieux que leurs chefs.

Ici l'orateur cite beaucoup de Rois et de Pontifes qui se signa-lèrent par leurs crimes ou qui périrent par la violence.

Mais tandis que l'Aristocratie se déchirait elle-même en présence du Peuple, celui-ci profitait des divisions de ses oppresseurs. Les Rois, d'abord, affranchirent leurs esclaves pour obtenir d'eux un meilleur appui contre l'Aristocratie, et l'Aristocratie affranchit aussi les siens pour obtenir leur secours contre les Rois.

Insensiblement affranchi, le Peuple acquit le droit de travailler pour son compte, d'exercer une industrie, de faire le commerce, de posséder des terres et de la fortune : quelques-uns s'enrichirent et formèrent la *Bourgeoisie* ; mais la masse resta misérable.

Alors le Peuple, devenu plus fort et plus éclairé, mais toujours malheureux, tenta d'améliorer son sort et de conquérir sa liberté : alors les conspirations, les révoltes et les violences populaires vin-rent s'ajouter à celles de l'Aristocratie ; et dans ses résistances à l'oppression, le Peuple était excité, soudoyé, guidé, presque t u-jours par quelques-uns des plus puissants Aristocrates, souvent par quelques ambitieux membres de la Famille royale.

On vit quelquefois le Peuple, momentanément victorieux, se venger sur l'Aristocratie par le massacre, l'incendie, le vol et le pillage.

Mais les insurrections populaires, impuissantes contre la force et la ruse d'un *pouvoir organisé*, furent presque toujours étouffées dans le sang du Peuple ! et l'histoire d'Icarie ne présente pour ainsi dire qu'une chaîne non interrompue d'oppression et de ré-volte, de guerres civiles et de carnage.

Cependant, le Peuple conquit LE DROIT DE S'ORGANISER en *Com-munes* et d'élire des *Représentants* soit dans les États-Provinciaux, soit dans les États-Généraux, et ces importantes conquêtes lui donnèrent le moyen d'en faire d'autres.

Après avoir passé par vingt révolutions plus ou moins sanglan-tes ; après avoir essayé toutes les formes de gouvernement (Aristo-cratie, Théocratie, Royauté absolue, Royauté constitutionnelle, République, Démocratie et Dictature); après avoir été trahis par des Dictateurs comme par des Rois; après avoir élevé sur le trône plusieurs dynasties nouvelles et subi plusieurs restaurations ; après avoir détrôné leur vieux tyran Corug en 1772, et leurs derniers tyrans Lixdox et Cloramido en 1782, les Icariens eurent enfin le bonheur de trouver un Dictateur qui VOULUT sincèrement leur liberté et leur prospérité.

L'immortel Icar, convaincu que la cause de tant de révolutions était non-seulement dans les vices de l'*organisation politique*, mais encore dans ceux de l'*organisation sociale*, entreprit courageusement la *Réforme radicale* de cette double organisation (qui dans la réalité n'en est qu'une), et lui substitua celle qui fait notre bonheur aujourd'hui.

Vous voyez que l'histoire d'Icarie, jusqu'à l'apparition d'Icar, est, à peu-près, l'histoire de tous les Peuples.

Demain, vous verrez que notre *organisation sociale* était alors aussi vicieuse et présentait autant d'obstacles que celle de vos propres Patries, et que la même maladie peut être guérie chez vous par l'application du remède qui nous a si complétement réussi.

De nouveaux applaudissements saluèrent l'habile orateur (dont je n'ai rapporté le discours qu'en substance), et l'assemblée se sépara en gémissant sur l'oppression et le malheur du Genre humain.

---

## CHAPITRE II.

### Vices de l'ancienne organisation sociale.

Vous nous voyez si heureux aujourd'hui, dit Dinaros, vous trouvez nos institutions si sages et si parfaites, que vous aurez peine à croire combien était remplie de vices notre ancienne *organisation sociale*.

Et cependant comment n'aurait-elle pas été *vicieuse*, cette organisation sociale, puisqu'elle était l'ŒUVRE, non d'un seul homme et d'une seule assemblée créant un plan complet et coordonné, mais du temps et des générations successives ajoutant pièce à pièce ; non de la méditation et de la discussion, mais du hasard ou de l'essai ; non de l'expérience et de la sagesse, mais de l'ignorance et de la barbarie ; non de la vertu et de la volonté de faire le bonheur du Peuple, mais du vice, de la violence, de la conquête et de la volonté d'opprimer !

On peut dire même qu'il n'y avait pas de véritable *Société*, ni *le véritables associés*, si ce n'est dans l'Aristocratie, et que la masse n'était qu'un troupeau de vaincus, d'opprimés et d'esclaves, exploités par une petite Société de conquérants et de maîtres.

Les progrès de la civilisation et des lumières, et de nombreuses révolutions, avaient sans doute corrigé beaucoup de vices primitifs; mais il restait encore une innombrable quantité d'injustices, d'abus, de préjugés, d'erreurs et de misères, quand Icar, notre glorieux Icar, entreprit une *réforme radicale*, en 1782.

Veuillez donc m'écouter avec attention; car tous les Pays sont organisés de même, à peu près, et par conséquent c'est l'histoire de l'organisation de *toutes vos prétendues Sociétés* que je vais faire en vous présentant celle de l'ancienne organisation d'Icarie, bien que chacune d'elles en particulier ne réunisse pas l'ensemble de tous les vices que je vais énumérer.

Quelque hideux que soit ce tableau, je vous exposerai franchement la vérité tout entière, parce que, quand une maladie menace l'existence, ce n'est pas en détournant la tête, en fermant les yeux, ou en niant le danger, qu'on peut parvenir à sauver le malade, mais au contraire en sondant courageusement la plaie pour découvrir toute la gravité du mal, et en en recherchant la cause afin de pouvoir appliquer le remède qui convient.

Si ces vices, que je dois vous exposer dans toute leur laideur, excitent en vous quelque mouvement de colère, gardez-vous de confondre les *hommes* et les *institutions!* Détestez, si vous voulez, les défauts, les erreurs, les préjugés, les abus et les excès qui causent les malheurs de l'Humanité, mais indulgence et justice pour nos anciens Organisateurs, dont beaucoup n'ont péché que par inexpérience, tout en voulant le bonheur de leurs semblables, croyant utiles les institutions qu'ils adoptaient, et ne se doutant nullement du mal qui devait en résulter! Ne vous irritez pas même contre les Conquérants, parce que leurs violences et leurs usurpations étaient l'effet presque inévitable de leur éducation ou plutôt de leurs mœurs, c'est-à-dire de l'ignorance et de la barbarie de leur temps! Je ne vais vous montrer notre détresse d'il y a 50 ans que pour la comparer à notre prospérité présente, et pour vous convaincre tous qu'aucun de vous ne doit désespérer du bonheur de sa propre Patrie... Je commence.

Le premier vice fondamental, générateur de tous les autres, c'était l'*Inégalité de fortune et de bonheur.*

Je n'examine pas si c'était une *injustice :* je constate seulement le fait et les conséquences, je me borne à remarquer qu'il divisait les Icariens en deux Peuples, des *riches* et des *pauvres*, des heureux et des misérables, des oppresseurs et des opprimés, et qu'il établissait entre ces deux Peuples la jalousie, l'envie, la haine et une guerre continuelle.

Un autre vice fondamental, c'était le *droit de Propriété,* qu'une loi romaine définissait le *droit d'user et* d'ABUSER des biens créés par la Nature.

Dans le principe, les Conquérants ou l'Aristocratie avaient conquis, c'est-à-dire *usurpé et volé,* toutes les terres et même tous les objets mobiliers, et se les étaient partagés inégalement, en sorte que tous étaient extrêmement riches et beaucoup excessivement opulents.

Dès cette époque, ces Conquérants, voulant rendre leur *Propriété* ou leur conquête inviolable et sacrée, avaient fait des lois pour déclarer que toute atteinte de la part de leurs esclaves ou du Peuple serait un *vol,* un *crime,* et le plus *infâme* de tous les crimes, digne de mort ou de galères et d'infamie.

Pour perpétuer les terres dans leurs familles, ils avaient établi la loi des *substitutions* ou des *majorats,* et celle du *droit d'aînesse,* qui défendaient aux nobles de vendre leurs Propriétés et qui donnaient à l'aîné de la famille la succession du père et souvent celle de plusieurs autres parents, en sorte que l'Aristocratie devait *concentrer éternellement toute la fortune* entre ses mains, et *réduire éternellement le peuple à la misère.*

Les substitutions et le droit d'aînesse avaient ensuite été abolis, et toutes les Propriétés pouvaient être aliénées ; mais chacun y conservait toujours le *droit illimité d'acquérir* et d'amasser tant qu'il pouvait, soit par le privilége de sa naissance, soit de toute autre manière, en sorte que l'Aristocratie et quelques riches bourgeois possédaient toujours exclusivement les richesses.

Les Aristocrates, qui seuls faisaient les lois, et qui les faisaient toujours dans leur intérêt exclusif, avaient établi que la Propriété donnerait seule le *pouvoir,* la *considération* et le *respect,* quand même le riche serait souillé de vices et de crimes, et que le pauvre le plus laborieux et le plus vertueux n'obtiendrait que du dédain, de l'humiliation et du mépris.

A l'époque de la Révolution, les 25 millions d'individus qui formaient la population d'Icarie se composaient d'environ 25,000 *riches*, de 150,000 *aisés* et de 24,825,000 *pauvres*. Les 25,000 riches avaient plus de fortune que les 24,975,000 formant le reste de la Nation : ils avaient presque *tout*, les 150,000 aisés avaient *peu*, les 24,825,000 pauvres n'avaient *rien*, si ce n'est leurs bras pour gagner du pain ; et l'on aurait pu citer tel Aristocrate qui possédait assez pour faire le bonheur de deux ou trois cent mille malheureux.

Ces 25,000 riches vivaient dans l'abondance, dans les plaisirs et dans tous les raffinements du luxe, tandis que le Peuple manquait du nécessaire.

Cette Aristocratie n'était pas seulement *oisive* et *inutile*; elle était encore *nuisible*, soit en employant à nourrir des chevaux et des chiens de luxe les produits de la terre destinés par la Nature à nourrir l'homme, soit en condamnant à la stérilité des immensités de jardins, de gazons, de parcs, de terres et de marais, consacrés aux plaisirs de la chasse et de la promenade : on voyait même quelques-uns de ces Aristocrates laisser incultes des terres immenses, sans en tirer ni profit ni plaisir, et sans donner du pain à des milliers de malheureux mourants de faim.

Cette Aristocratie nuisait encore à la Société en lui enlevant un nombre immense de *domestiques* et d'*ouvriers de luxe*, exclusivement consacrés à ses plaisirs.

On pouvait même dire que le Peuple tout entier ( qu'elle avait appelé son esclave et sa propriété ) était encore son *esclave* sans en avoir le titre, puisque ce Peuple travaillait constamment pour elle et qu'elle ne travaillait jamais pour lui.

Ce Peuple d'anciens esclaves avait été affranchi, mais son affranchissement n'était encore qu'un mot ; sa liberté n'était que partielle et imparfaite, il n'avait que la liberté civile, pour quelques objets particuliers, sans aucune liberté politique, et par conséquent sa prétendue liberté n'était toujours qu'un *esclavage réel*, mais modifié et différent, comme l'esclavage n'était pas le même à Sparte et à Athènes. Chaque famille du Peuple n'était plus l'esclave et la propriété de tel ou tel Aristocrate, et ceux-ci ne se partageaient plus toutes les familles du Peuple pour les posséder individuellement ; mais le *Peuple entier* restait l'ESCLAVE et la PROPRIÉTÉ de l'*Aristocratie entière*, et celle-ci possédait toujours le Peuple et l'exploitait toujours, mais collectivement, indivisément, sous un autre titre et à des conditions différentes, le laissant maître de travailler pour son propre compte, en lui laissant la charge de se nourrir, vêtir et loger avec son salaire, en continuant à disposer de sa personne pour la guerre, et en l'assujettissant toujours à toutes ses lois et par conséquent à tous ses caprices.

Le Peuple appelé libre resta donc réellement *esclave*.

Et cet esclave était bien maltraité et bien malheureux ; car il était condamné à travailler dans son enfance, dans ses maladies et dans sa vieillesse, quand il n'avait pas encore de force ou quand il n'en avait plus, tous les jours, et depuis le matin jusqu'à la nuit, comme une *bête de somme* ou comme une *machine* ; il était condamné à des travaux sales, dégoûtants, pénibles, insalubres et périlleux.

L'excès du travail énervait l'enfant, épuisait l'homme et tuait le vieillard. Peu même arrivaient à la vieillesse ; beaucoup mouraient d'épuisement ou de maladies, ou périssaient par accident. La masse des travailleurs restait abâtardie, et les femmes mêmes perdaient leur délicatesse et leurs grâces comme leur santé. Aussi, quand on comparait certaines masses d'Ouvriers avec les Aristocrates, il semblait que c'étaient des *êtres d'une autre espèce*.

L'Ouvrier n'ayant que son salaire, et ce salaire étant insuffisant, il était mal nourri, mal vêtu, mal logé et toujours rongé d'inquiétudes pour l'avenir. Beaucoup ne mangeaient ni pain ni viande, étaient presque nus ou couverts de haillons et de boue, logeaient dans des caves ou des greniers, dans des trous ou des cloaques, sans meubles et sans feu. Presque tous étaient moins heureux, non-seulement que le *domestique*, mais même que le *cheval* et le *chien* de l'Aristocrate, et beaucoup étaient plus misérables que les anciens *esclaves* et même que les *animaux de travail* que leurs maîtres avaient intérêt de bien nourrir et soigner.

Beaucoup ne pouvaient pas même obtenir de travail, et se trouvaient plus malheureux au milieu de la Société que les *sauvages* ou les *animaux* libres au milieu des forêts !

On voyait des bandes de mendiants et de vagabonds, ressemblant à des bêtes immondes plutôt qu'à des êtres humains !

Si, pressé par la faim, le pauvre touchait au superflu de l'A-

ristocrate, celui-ci l'appelait *voleur, infâme*, et le faisait condamner à la prison, aux galères et souvent à la mort: le grand seigneur tuait un pauvre qui s'emparait d'une perdrix ou d'un lapin!

Aussi voyait-on souvent des enfants et des vieillards, des hommes et des femmes, *mourir de faim ou de froid!*
Souvent encore on en voyait se *suicider* de désespoir!
Souvent même on voyait des pères et des mères *tuer leurs enfants* pour les arracher à la misère!

Un impôt en faveur des pauvres, quelques aumônes particulières, quelques établissements de charité distribuant des secours et
des aliments à domicile, quelques hospices pour des vieillards et
des infirmes, quelques ateliers pour des individus valides, ne rémé-
diaient pas à la millième partie du mal.

Nous sommes presque irrités aujourd'hui contre tant d'injustices;
nous avons même peine à croire à tant de barbarie: mais beaucoup d'entre vous ne trouveront que trop croyables et trop fidèles
plus d'une partie de cet effrayant tableau.

Et cependant, ne l'oubliez jamais, ce n'est pas pour vous irriter
contre les hommes que je vous retrace ces affligeantes vérités, mais
uniquement pour vous indiquer le remède, pour vous montrer ses
heureux effets, et pour vous donner l'espérance de voir la guérison
de la maladie chez vous.

La *Monnaie*, inventée pour être utile, augmentait encore le mal
en donnant à l'Aristocrate, qui n'aurait pu amasser et conserver
en nature les produits de la terre, la facilité de les convertir en
argent, d'entasser son or et d'augmenter continuellement sa fortune.

La Monnaie représentant ainsi toutes choses, chacun n'aspirait
qu'à acquérir de l'*or* et de l'*argent*, de la richesse et de la fortune: c'était le souverain bien, la principale affaire, et tous les
moyens paraissaient bons pour s'enrichir.

Nous allons voir, en effet, que la *Monnaie*, l'*Inégalité* de fortune
et la *Propriété* étaient la CAUSE de tous les vices, de tous les crimes
et de tous les malheurs pour les Riches aussi bien que pour les
Pauvres.

18

Posséder et retenir du *superflu* quand des milliers et des millions manquaient du *nécessaire* était manifestement un acte d'injustice.

Car n'est-il pas certain que la Nature a donné à tous les hommes, au moment de leur naissance, à tous les enfants au berceau, le même droit à l'existence et au bonheur? Est-il possible de nier que c'est pour eux tous également et pour satisfaire leurs besoins, qui sont les mêmes, qu'elle a créé tout ce qui couvre la Terre?

N'est-il pas incontestable qu'elle n'a fait ni pauvres ni riches, mais qu'elle a voulu l'abondance et l'égalité d'abondance pour chacun des membres du Genre humain? Et quand le superflu des uns ne peut exister que par l'*indigence* des autres, n'est-ce pas une *usurpation continue* aux yeux de la Nature, de la Raison, de la Justice et de l'Humanité?

Bien plus, cette première et capitale injustice ne renfermait-elle pas essentiellement *toutes les injustices et tous les vices*, l'Egoïsme, la Vanité, l'Orgueil, l'Inhumanité et même la Cruauté?

Et par conséquent tous ces vices ne devaient-ils pas nécessairement se retrouver dans la masse des actions de ceux qui possédaient les richesses?

Aussi c'est en vain qu'ils se vantaient de leur moralité et de leur charité: la possession de ces richesses et la misère à laquelle elles réduisaient nécessairement les pauvres protestaient continuellement contre leurs prétendues vertus.

Ils n'avaient pas même le droit de se dire religieux et chrétiens, car le Christ a proclamé que tous les hommes sont *frères*, et qu'il ne doit y avoir ni riches ni pauvres parmi eux.

Mais les riches, corrompus par leur éducation et leurs préjugés, n'étaient pas seulement impitoyables envers les pauvres: inégaux entre eux, les moins riches étaient jaloux et envieux du sort des plus riches; et tous, avides et cupides, faisaient autant et même souvent plus d'efforts que les pauvres pour augmenter leur fortune, sans s'arrêter devant aucun vice ni devant aucun crime.

L'*avarice*, la stupide et funeste avarice, était souvent leur plus innocente passion.

L'*oisiveté* jetait les Aristocrates dans toutes les fantaisies et les folies du *luxe* ou dans les dangers du *jeu*, et surtout dans les immoralités de la *débauche*, de la *séduction* et de la *corruption* : non contents de tuer par le travail et la misère les garçons, les pères et les maris pauvres, ils employaient leurs richesses à séduire les filles et les femmes des travailleurs, et à porter le désordre et la honte jusque dans le sein de leurs familles.

Ce n'est pas tout : les Aristocrates, toujours dominés par les nécessités d'une première injustice, s'efforçaient de tenir les pauvres dans l'*ignorance* et même de leur donner des *vices* pour les abrutir et les enchaîner !

C'est en vain qu'ensuite ils recommandaient au Peuple la morale, la probité, la tempérance, la patience et la résignation ; c'est en vain que des prêtres impudiques et luxurieux prêchaient la Religion : leurs mauvaises actions parlaient plus haut que leurs hypocrites paroles, et leurs vices heureux étaient une perpétuelle provocation à les imiter.

L'opulence ou le superflu étant nécessairement, comme je vous l'ai déjà dit, une *injustice* et une *usurpation*, les pauvres ne pensaient souvent qu'à *voler* les riches ; et le *vol*, sous toutes les formes (escroquerie, filouterie, banqueroute, abus de confiance, fraude, tromperie, etc.), était l'occupation presque universelle des pauvres comme des riches.

Et les pauvres ne volaient pas seulement les riches, mais ils volaient aussi les pauvres eux-mêmes ; en sorte que tous, riches et pauvres, étaient *voleurs* et *volés*.

Je ne pourrais énumérer toutes les espèces de vols et tous les genres de voleurs.

C'était vainement que les riches avaient fait des lois terribles contre le vol, c'était vainement que les prisons et les galères étaient remplies de pauvres voleurs et que leur sang était souvent versé sur les échafauds ; poussés par la misère, encouragés par l'espoir de n'être pas découverts, les pauvres volaient dans les *champs*, ou dans les *maisons*, ou sur les *routes*, et jusque dans les *rues* pendant la nuit.

L'adroit *filou* volait sur les personnes mêmes, en plein jour, dans les rues, les promenades, les réunions, partout.

Le hardi *escroc* volait en employant le mensonge et la ruse, soit pour faire acheter des objets qui n'avaient qu'une valeur infiniment moindre, soit pour soutirer de l'argent en abusant de la crédulité et souvent de la bienfaisance.

Parlerai-je des *faux-monnayeurs* et des *faussaires* de toute espèce ?

Parlerai-je aussi des *usuriers*, de ces grands voleurs, les *loups-cerviers* de la Bourse et de la Banque, les *accapareurs*, les *mono-polistes* et les *fournisseurs* ?

Parlerai-je de ceux qui s'enrichissaient des *calamités publiques*, qui désiraient et provoquaient les invasions ou les guerres pour faire fortune, et les famines pour amasser de l'or au milieu des cadavres ?

Parlerai-je de ces voleurs qui compromettaient la *santé publique* en frelatant les aliments et les boissons qu'ils vendaient, et de ces autres grands voleurs, les chefs d'armée, qui pillaient les Peuples étrangers en exposant leur pays à de terribles représailles ?

Parlerai-je enfin des innombrables moyens d'amasser de l'argent aux dépens des autres, et des innombrables individus qui, dans presque toutes les classes, les pratiquaient journellement ?

Tous ces faits n'étaient pas qualifiés *vols* par les lois ; les plus inexcusables, les plus nuisibles, ceux qui n'étaient connus que parmi les riches, jouissaient même de l'impunité légale : mais tous n'en étaient pas moins en réalité des *vols,* suivant les règles d'une saine morale.

Chaque classe présentait sans doute un grand nombre d'*excep-tions :* il y avait quelques riches aussi honnêtes que possible, et beaucoup de travailleurs ou de pauvres pratiquant la probité : mais on peut dire que, par la force des choses et par une irrésis-tible conséquence de l'inégalité de fortune, tous les individus, riches et pauvres, étaient généralement amenés à commettre des actions qui n'étaient en réalité que des espèces de vols.

Et souvent le vol conduisait à toutes les *cruautés*, à l'*assassinat,* aux *tortures* même les plus barbares, pour faire avouer où l'or était caché.

Que d'*empoisonnements* et de *parricides* n'excitait pas la soif de l'or et des successions !

On voyait des voleurs enlever et *voler des enfants* pour les pro-stituer !

On en voyait même voler et égorger des jeunes gens pour en *vendre la chair !* ou le cadavre !

En un mot, il ne pouvait y avoir ni confiance ni sécurité ; chaque individu voyait des ennemis dans presque tous les autres ; et la Société semblait, pour ainsi dire, n'être qu'un *coupe-gorge* au mi-lieu d'une forêt !

Et toutes ces horreurs, que vous retrouverez plus ou moins partout, étaient chez nous et sont encore ailleurs, je ne puis trop le répéter, l'inévitable résultat du droit illimité de Propriété.

Mais le vol et le meurtre n'étaient pas les seules conséquences de l'inégalité des fortunes ; et vous allez en voir bien d'autres !

La Propriété faisait naître des millions de *contestations* entre les voisins, entre les vendeurs et les acheteurs, entre les héritiers, etc. ; et des millions de *procès*, suscités par l'intérêt et la cupidité, tourmentaient les plaideurs et souvent les ruinaient.

Pressées par la misère, une multitude de filles étaient réduites à se *prostituer !* des mères vendaient leurs enfants ! des maris vendaient leurs femmes !

L'argent était la considération décisive pour le *mariage :* on recherchait la fortune plutôt que des qualités et des vertus. Souvent les père et mère empêchaient leur jeune fille d'épouser le jeune homme qu'elle aimait et la forçaient d'épouser un riche vieillard qu'elle ne pouvait aimer. Souvent aussi un jeune homme cupide épousait une vieille fille riche, uniquement pour jouir de sa dot. De là d'innombrables désordres dans les ménages, les familles et la Société ; de là une intarissable source de scandales et de malheurs pour les époux et pour les enfants ; de là les discordes conjugales, les adultères, les procès en désaveu de paternité, les divorces, et souvent les empoisonnements et les meurtres ; de là de mauvais exemples pour les enfants , et leur mauvaise éducation ; de là le trouble porté dans d'autres ménages et dans d'autres familles par des époux mal assortis.

Toujours guidés par l'amour des richesses et par la vanité , les Aristocrates n'avaient *qu'un ou deux enfants*, afin de leur laisser plus d'opulence , tandis que les pauvres, ne pouvant pas laisser moins de misère à dix qu'à deux ou trois, et n'ayant guère d'autre jouissance que celle de la paternité, avaient ordinairement de nombreuses familles et ne procréaient que des misérables.

La pauvreté empêchait une multitude d'individus des deux sexes de se marier : d'innombrables *célibataires* portaient le trouble chez les autres ou vivaient dans le *concubinage*. C'était en vain que , pour empêcher le désordre, on flétrissait impitoyablement d'innocentes créatures et les filles victimes des séductions des hommes et des vices de l'organisation sociale ; cette flétrissure ne faisait qu'augmenter le mal en produisant une multitude d'avortements , d'expositions d'enfants et d'infanticides.

Quelques hospices pour recevoir les pauvres femmes enceintes, et les enfants abandonnés, n'étaient qu'un remède presque imperceptible ; et les maisons de prostitution, tolérées comme un autre remède, ne faisaient qu'autoriser et propager la dépravation des mœurs.

Le besoin d'argent produisait aussi des *romans* et des peintures obscènes et licencieuses qui ne pouvaient acquérir aucune gloire à leurs auteurs, mais qui corrompaient les imaginations, les esprits et les cœurs, et multipliaient les désordres.

L'opulence et la misère exerçaient encore leur funeste influence sur les plaisirs de la Société, les opinions, les mœurs et les coutumes.

Embarrassés de leur oisiveté, les Aristocrates passaient une partie de l'année à la *chasse ;* et leur habitude de cruauté envers les animaux inoffensifs entretenait leurs sentiments d'indifférence et d'inhumanité envers les hommes.

Les *jeux* de hasard et les *paris* les habituaient à doubler brusquement leur fortune ou à se ruiner, à s'enrichir des dépouilles de ceux qu'ils appelaient leurs amis, à se réjouir du désespoir de ceux qu'ils ruinaient, ou à ruiner leurs femmes et leurs enfants pour la chance d'acquérir un peu plus d'or.

Le *luxe* dans le logement, l'ameublement, le vêtement, la nourriture, les domestiques, les équipages, les chevaux, etc., était sans bornes comme les caprices de la folie, absorbait les plus excessives fortunes, établissait la plus ardente émulation de vanité, et rendait l'ambition insatiable.

Les choses les plus recherchées et les plus chères n'étaient pas les plus utiles ou les plus agréables, mais les plus *rares*, ou les plus *éloignées*, ou les plus à *la mode ;* et la mode, changeant presque chaque année, renouvelait continuellement la dépense.

L'or, l'argent, les diamants, les perles, les pierreries, les plumes, les étoffes sans prix, concentraient sur la personne d'une femme riche plus de richesse qu'il n'en fallait pour nourrir, loger et vêtir des milliers de malheureux.

La *galanterie* et la *coquetterie* étaient des passions universelles et la principale occupation des Aristocrates. Les hommes même mariés avaient des *maîtresses* splendidement entretenues, et les femmes avaient des *amants*.

Aussi, sur les théâtres, dans les romans, dans les salons, partout,

les tableaux les plus voluptueux semblaient n'avoir pour but que
d'exciter les passions amoureuses.

Les bals, les concerts, les spectacles, les réunions, les fêtes
n'étaient généralement recherchés avec avidité que comme occasion pour étaler son opulence ou comme moyen de séduction réciproque.

On passait la nuit dans des plaisirs fatigants ou funestes et le jour
dans un sommeil agité.

Au lieu d'*allaiter* leurs enfants, les mères les abandonnaient à
des mercenaires pour passer le temps dans les intrigues et les dis-
sipations.

La fortune obtenant seule la considération publique, les bourgeois
et les pauvres s'efforçaient d'imiter en tout l'Aristocratie et de *paraître* riches quand ils ne pouvaient pas le devenir.

Les jeux de hasard et les loteries, le luxe dans tout, et surtout
dans la toilette, l'esprit de galanterie et de coquetterie, les diver-
tissements publics et particuliers corrompaient ou ruinaient les
pauvres comme les riches.

Les cérémonies religieuses elles-mêmes, la *messe*, surtout la *messe
de minuit*, n'étaient généralement, comme le *carnaval*, que des
occasions de rendez-vous, d'intrigues et de libertinage.

Je ne vous parlerai pas de ces innombrables *cabarets* ou *tavernes*
de toute espèce où le pauvre allait s'empoisonner pour oublier
dans le vin sa misère, et où l'homme s'habituait à descendre au-
dessous de la brute elle-même.

Je ne vous parlerai pas non plus de ces aliments jetés, dans certaines fêtes publiques, au Peuple par l'Aristocratie, comme des os
à des chiens, non pour les nourrir, mais pour jouir de leur voracité
et de leurs combats.

Je ne vous détaillerai pas non plus les funestes conséquences de
tous ces abus ou de ces vices, dont chacun en engendrait mille autres:
votre imagination serait épouvantée si je vous racontais les *suicides*,
les *duels* et les *meurtres* qu'occasionnaient le jeu et le luxe, la jalousie et l'amour, l'abrutissement et la misère.

Je vous en ai déjà trop dit, peut-être, pour vous faire connaître les vices de l'organisation sociale qui fit si long-temps le malheur de nos ancêtres : permettez-moi cependant d'ajouter quelques mots sur l'*état matériel* du pays.

Toujours oppressive et toujours attaquée, ou toujours menaçante et toujours menacée, l'Aristocratie ne pensait qu'à se défendre ou à consolider sa domination.

De là cet immense inconvénient, qu'elle ne pouvait administrer le pays; et que, d'autre part, redoutant l'activité et la puissance populaires, elle ne voulait pas même souffrir que le Peuple de chaque Commune s'administrât lui-même.

Aussi, tout ce qu'on peut appeler administration était-il généralement abandonné ou vicieux ; rien ne se faisait dans l'intérêt du Peuple ; et le pays se trouvait dans un état déplorable.

Les *villes*, presque toutes placées au hasard, construites irrégulièrement et sans plan, étaient mal situées et mal construites. On y trouvait quelques belles rues habitées par les riches, mais un grand nombre de rues étroites , boueuses , mal aérées , malsaines, sans trottoirs, et quelques-unes qui n'étaient que des égouts et des cloaques.

L'Aristocrate était en sûreté dans son carrosse, qui souvent écrasait ou éclaboussait le pauvre ; mais le pauvre était obligé de marcher, souvent nu-pieds, dans la boue, exposé à toutes sortes d'inconvénients et de dangers. Vous seriez effrayés si je vous citais les accidents, les blessures et les morts qui d'ordinaire avaient lieu chaque année dans une grande ville !

La Propriété étant déclarée inviolable, et chaque propriétaire ayant le droit d'user et d'abuser de sa chose, chacun sacrifiait l'intérêt public à son intérêt personnel.

Les Aristocrates et les principaux fonctionnaires publics, qui tous étaient d'ailleurs des riches, avaient de beaux hôtels ou des palais; mais les maisons du pauvre et ses ateliers n'étaient souvent que des trous étroits et insalubres.

Les Aristocrates avaient de superbes châteaux dans les campagnes ; mais les *villages* et les fermes n'étaient souvent que des tas de boue et de fumier.

Quant à la Capitale, on y trouvait de magnifiques édifices et de magnifiques quartiers ; mais elle s'embellissait pour le plaisir des riches aux dépens du reste du pays, et, d'ailleurs, à côté de ces magnificences on voyait les rues les plus sales et les plus dégoûtantes, comme à côté de la plus insolente opulence on voyait la plus hideuse et la plus affligeante misère.

Les grandes *routes*, presque toutes tracées au hasard et mal tracées, étaient souvent presque impraticables, n'étaient jamais disposées pour la commodité du pauvre piéton, et présentaient mille dangers qu'on aurait pu prévenir. Vous seriez effrayés encore du nombre d'accidents et de malheurs arrivés chaque année sur les routes et les rivières !

Les *chemins* qui conduisaient aux châteaux étaient toujours aussi sûrs qu'agréables ; mais ceux que réclamaient les besoins de l'agriculture et des villageois n'étaient communément, quand il y en avait, que des bourbiers, des roches périlleuses ou des précipices.

Et là encore, que d'accidents !

L'oisiveté et le travail inutile étaient deux autres maux immenses.

Comptez en imagination le nombre des Aristocrates oisifs ; des fonctionnaires inutiles, des agents de police, des soldats, des laquais, des moines et des ouvriers de luxe ; et vous verrez que des millions de bras étaient perdus pour les productions utiles : jugez de la perte !

Aussi, la nourricière du genre humain, l'*Agriculture*, était-elle négligée : je ne sais quelle immense étendue de terrain, mais certainement plus du *tiers* du pays était sans culture ; l'éducation des bestiaux était pareillement délaissée ou entravée ; et sur une terre tellement favorisée du ciel qu'elle aurait pu procurer l'abondance à une population double et triple, des masses de malheureux paysans mouraient sans avoir pu manger ni pain, ni viande !

Le défaut d'*ordre dans le travail* lui-même était une source de perte publique et de misère individuelle. Se voyant toujours opprimés, les pauvres avaient du moins exigé la liberté, pour chacun, de choisir son industrie et son commerce ; mais chacun, dépourvu des moyens de connaître ce qui se passait autour de lui comme au loin, prenait son métier au hasard, et la population travailleuse formait comme un atelier où régnaient la confusion, le désordre et le chaos. De là beaucoup trop d'ouvriers dans l'industrie du bois, par exemple, et pas assez dans celle du fer ; trop de produits d'une espèce et pas assez d'une autre ; trop de vin, par exemple, et trop peu de blé ; d'anciens et mauvais procédés suivis par ignorance, quand des procédés nouveaux assuraient la préférence à des produits plus parfaits ou moins chers ; et, sans aller plus loin, vous apercevez combien de laborieux ouvriers devaient se trouver ruinés avec leurs familles, et combien de produits devaient se trouver manquants ou perdus pour la Société!

De là des *faillites* innombrables ou colossales, qui ne s'arrêtaient pas dans leurs ricochets! de là des *crises commerciales* et industrielles, qui répandaient la ruine ou l'effroi!

Les *machines* mêmes, fruit du hasard ou du génie, qui n'est lui-même qu'un hasard comme la beauté, les machines ne servaient souvent qu'à donner de colossales fortunes à quelques-uns et à ruiner des milliers d'autres qui, poussés par le désespoir, brisaient les mécaniques, brûlaient les ateliers et massacraient les propriétaires, jusqu'à ce que ces masses en démence fussent massacrées elles-mêmes par les soldats ou égorgées par les bourreaux!

Je m'arrête, presque en colère, comme vous, contre une organisation sociale qui produisait tant d'horribles calamités.

Et malheureusement vous verrez demain, que notre ancienne organisation *politique* ne présentait ni moins de vices ni moins d'obstacles que notre organisation *sociale*.

---

## CHAPITRE III.

### Vices de l'ancienne organisation politique.

Hier, j'ai déroulé devant vous les vices de notre ancienne organisation *sociale* avec ses funestes résultats; et je vous ai prouvé, je crois, que toutes ces calamités étaient l'inévitable *conséquence* des trois vices radicaux : l'*Inégalité de fortune*, la *Propriété* et la *Monnaie*.

Aujourd'hui, je vais vous exposer les vices de notre ancienne organisation *politique* avec leurs non moins funestes effets; et vous verrez que cette vicieuse organisation politique et ses calamités étaient encore l'irrésistible conséquence des mêmes vices radicaux, l'*Inégalité de fortune* et ses deux malheureuses compagnes.

Vous verrez aussi que l'histoire de cette ancienne organisation politique d'Icarie n'est autre chose, pour ainsi dire, que l'histoire de l'organisation politique de l'EUROPE et du *monde*, et que par conséquent vous ne devez pas désespérer de voir la réforme dans vos pays comme vous la voyez ici.

Et je n'ai pas besoin sans doute de vous répéter que la Justice et la Philosophie vous crient de ne jamais confondre les *hommes* et les *institutions ;* car les mauvaises Institutions politiques ou sociales sont un torrent qui entraîne les riches comme les pauvres, et qui les rend tous presque également victimes en les noyant souvent tous alternativement ou conjointement.... J'arrive au fait.

Vous vous rappelez qu'en 1772, dix ans avant notre régénération sociale et politique, Lixdox et les 25,000 Aristocrates ou riches du pays, dominés et poussés par le besoin de conserver leur opulence, firent tous leurs efforts pour s'emparer du pouvoir et parvinrent à s'en rendre maîtres.

Ce furent eux seuls ou leurs mandataires qui rédigèrent la *Constitution* et réglèrent l'*organisation gouvernementale* ou *politique*.

Remarquez-le bien! L'*Aristocratie* a seule rédigé la *Constitution!* C'est tout vous dire en un seul mot ; c'est vous indiquer le *vice radical* qui devait engendrer mille autres vices ; c'est vous annoncer que tout était arrangé pour la domination des uns et l'oppression des autres : aussi vous allez voir les déplorables mais infaillibles CONSÉQUENCES !

Constamment maîtrisée elle-même par la nécessité de retenir sa fortune et sa puissance, l'Aristocratie s'était attribué tous les pouvoirs, celui de *faire la loi* et celui de la faire exécuter. Par conséquent la LOI n'était que l'expression de la *volonté de l'Aristocratie*; par conséquent encore l'Aristocratie exerçait le *pouvoir absolu* ou le despotisme, et le Peuple n'était en réalité qu'un troupeau d'*esclaves* plus ou moins maltraité par ses maîtres.

Cependant forcés de tromper le Peuple pour l'enchaîner, ces maîtres avaient parlé dans leur Constitution de *Souveraineté du Peuple*, de Gouvernement *représentatif* et de *liberté* ; ils avaient même reconnu que tous les Icariens étaient ÉGAUX *devant la loi*, espérant que ces mensonges séduiraient les imbéciles, sans révolter ceux qui n'étaient que des brutes !

Les Aristocrates qui s'étaient réservé le *pouvoir législatif* et qui l'exerçaient par deux cents *députés* élus par eux tous les dix ans, avaient confié le *pouvoir exécutif* à une REINE héréditaire, qui n'était en réalité que leur instrument.

Je n'examine pas si le Gouvernement ainsi constitué était une *Royauté aristocratique* ou une *Aristocratie royale*; ce qui est certain c'est que, pour elle, sa famille et sa dynastie, la Reine, comme l'Aristocratie, avait un *intérêt contraire* à celui du Peuple; c'est qu'elle était essentiellement son adversaire, pour ne pas dire son ennemie; c'est que l'Aristocratie, ses Députés et la Reine étaient des despotes et les maîtres du Peuple.

Aussi la Reine s'appelait-elle *Majesté, Maître*; ses enfants étaient des *Princes* ou *Princesses* et des *Altesses royales*; ses Ministres étaient des *Excellences*; et le Peuple était *sujet*.

Pour mieux assurer la soumission du Peuple, et toujours dans son intérêt, l'Aristocratie était naturellement conduite à faire de la Reine pour ainsi dire une *Divinité*, en donnant au Peuple l'exemple de se prosterner devant elle et de considérer ses moindres faveurs comme étant la félicité suprême.

Aussi, l'Aristocratie ayant besoin de séduire, corrompre et diviser les pauvres pour les enchaîner, l'un des plus puissants moyens d'y parvenir était l'exploitation de leur *vanité*: la Reine invitait à ses fêtes et même à sa table les femmes des bourgeois et des pauvres les plus marquants; elle leur donnait à baiser sa belle main; elle leur demandait des nouvelles de leurs enfants, de leurs maris, de leurs affaires, et quelquefois de leurs singes ou de leurs perruches; la tête tournait à ces bourgeoises qu'on travaillait à rendre vaniteuses, tandis que la cervelle de leurs maris était renversée quand la Reine les appelait ses *chevaliers* de la jarretière ou de la pantoufle, de l'épingle ou du peigne, et surtout quand sa Majesté daignait accorder aux élus l'inappréciable honneur de suspendre elle-même à leurs narines une petite jarretière en or ou un petit peigne en argent.

Et, je vous le demande, comment la Reine aurait-elle pu ne pas vouloir exciter la vanité des pauvres? Comment les pauvres auraient-ils pu ne pas avoir de vanité?

Par la même raison, l'Aristocratie avait donné à la Reine le droit de nommer environ cent mille *fonctionnaires* publics ou agents royaux; et la Reine les choisissait toujours parmi les Aristocrates et les bourgeois, ou parmi les pauvres qu'elle voulait acheter; et ces pauvres étaient d'ordinaire des êtres vils et cupides, qui vendaient leur conscience pour sortir de misère. Mais comment la Reine n'aurait-elle pas acheté et enrichi la bassesse puisque la bassesse seule consentait à se vendre? Et comment la misère n'aurait-elle pas été tentée de se laisser corrompre?

Le Peuple demandant la *responsabilité ministérielle*, et l'Aristocratie ne pouvant l'accorder sans péril, n'était-ce pas une nécessité
de faire semblant de l'accorder, et de la refuser en effet? Aussi la
Constitution déclarait les Ministres et leurs agents *responsables* de
leurs abus de pouvoir ; mais c'était l'Aristocratie qui seule avait le
droit de les poursuivre ; par conséquent les attentats des Ministres
contre les pauvres en faveur des Aristocrates étaient impunis et
même approuvés ; par conséquent la responsabilité ministérielle
n'était qu'une déception et un mensonge, et rien ne pourrait vous
donner une idée de l'*insolence* du dernier commis ou du dernier
agent de police envers le Peuple, quoique cette insolence , encou-
ragée et protégée par l'Aristocratie, doive vous paraître aussi naturelle de la part des agents que son encouragement de la part des
ministres !

Indépendamment de plus de 50 millions appartenant tant à la
Reine et à sa famille qu'à Lixdox , l'Aristocratie avait donné à la
Reine, sur le trésor public, une *liste civile* de plus de 25 millions
chaque année, pour entretenir la splendeur du trône , l'éclat de la
couronne et la pompe de la Royauté.

La Reine jouissait en outre d'une multitude de superbes *Palais*.

Sa *Cour* était le rendez-vous des riches, le séjour de la flatterie,
un foyer permanent d'intrigues et de conspirations contre le Peuple;
c'était aussi la source empoisonnée d'où le luxe , l'ambition et la
cupidité se répandaient sur toute la surface du pays.

Mais tout cela n'était-il pas une nécessité?

Indépendamment des 25 millions de liste civile , l'Aristocratie
mettait chaque année à la disposition de la Reine plus de 900 millions d'*impôts*, dont elles réglaient ensemble le *budget*, c'est-à-dire
l'assiette et l'emploi.

Ces 900 millions principalement imposés sur les pauvres, comme
vous le verrez tout à l'heure, étaient presque exclusivement employés dans l'intérêt de l'Aristocratie et de la Reine , soit pour
payer d'énormes traitements aux Aristocrates fonctionnaires publics, soit pour acheter des partisans parmi les pauvres, soit pour
entretenir une immense armée et une nombreuse police destinées à
défendre l'Aristocratie et la Royauté.

Mais tout cela n'était-il pas encore indispensable?

Sur cette somme immense, quelques millions seulement étaient

consacrés à l'éducation du Peuple ; et c'est à peine si 40 ou 50 millions étaient employés dans l'intérêt populaire ; encore, ces 50 millions ne profitaient-ils au Peuple qu'indirectement et parce qu'ils
profitaient d'abord aux Aristocrates, dont l'intérêt était, sans exception, la cause déterminante des impôts et des lois.

Mais l'intérêt aristocratique ne l'exigeait-il pas impérieusement?
Quant à l'assiette de l'impôt, l'Aristocratie en exemptait presque
les riches pour en écraser les pauvres ; tandis que le luxe en était
affranchi, tandis que l'Aristocrate conservait un immense superflu,
tandis que d'immenses fortunes en rentes ou en capitaux en étaient
exemptes, chaque pauvre était forcé de donner au fisc (c'est-à-dire
à la Reine et à l'Aristocratie) une partie de son nécessaire, et de
payer le droit de se nourrir , de respirer l'air, d'entrer dans sa
cabane, d'y recevoir la lumière du Soleil, de s'y chauffer, de travailler pour gagner sa vie, même de s'instruire. Le sel et presque
tous les aliments du pauvre, le vin et ses autres boissons, son bois
et son charbon, ses portes et ses fenêtres, ses permissions de travail et ses journaux, tout ce qui l'intéressait était grevé d'impôt,
même le grabat et les haillons que lui laissaient ses père et mère
en mourant, même la *Justice*, même les *dettes* dans les successions,
même le malheur et la *perte* dans les faillites !

Les loteries, les maisons de jeux , les maisons de prostitution,
étaient également imposées, non pour les empêcher, mais pour enrichir le fisc en enlevant au pauvre sa dernière obole ; et c'était
par intérêt fiscal que l'Aristocratie autorisait ces antres de démoralisation et de ruine.

En un mot, les pauvres, qui n'avaient que leur misérable salaire,
payaient ensemble plus des *trois quarts des impôts !*

Ces impôts n'étaient pas seulement un fléau par la misère à laquelle ils réduisaient le Peuple ; ils étaient encore un fléau par la
*démoralisation* qu'ils répandaient dans la masse et par les vexations arbitraires qu'entraînait leur perception.

Chacun considérant l'impôt comme une injustice et presque un
vol, personne ne se faisait scrupule de mentir , de se parjurer,
d'employer toutes les ruses et toutes les fraudes pour *voler* le fisc et
tromper ses agents ; les riches eux-mêmes donnaient l'exemple de
cette espèce de vol : de là l'habitude générale du mépris pour les
lois, de la fraude et du mensonge.

De l'autre côté, instruits de toutes les fraudes pratiquées par les
contribuables, les agents du fisc rivalisaient de ruse et de précau-

tions pour les prévenir et les déjouer, tandis que le fisc excitait leur
inhumanité et même leurs excès, en partageant avec eux les produits : de là les obligations les plus gênantes et les plus préjudiciables imposées à certaines industries ; de là des fouilles domici-
liaires et des perquisitions jusque dans le lit du malade ou de la
femme en couche ; de là les *octrois* et les *douanes*, la visite des
effets des voyageurs et même de leurs personnes souvent mises à
nu par des commis ; de là des dérangements, des pertes, d'inévitables abus de tout genre, d'innombrables vexations, et d'intolérables outrages qui avilissaient les hommes, et dont le récit détaillé
exciterait peut-être en nous de la colère.

Tout cela n'est-il pas révoltant, en effet ? Mais, puisque l'Aristocratie était obligée de vouloir d'énormes impôts sur le Peuple, tout
cela n'était-il pas indispensablement nécessaire ?

L'impôt d'argent n'était pas encore aussi lourd que l'impôt du
*sang :* chaque année, outre le budget de 900 millions, l'Aristocratie
accordait à la Reine cent mille soldats pris parmi les jeunes gens
de 18 ans. Les riches étaient exempts ou se faisaient remplacer
pour un peu d'or, ou commandaient les autres ; et les pauvres
fournissaient seuls les cent mille soldats, la fleur de leurs enfants ;
et ces cent mille travailleurs, enlevés à l'industrie et à leurs pauvres parents au moment même où leur travail commençait à
devenir utile à leurs familles, étaient forcés d'aller se faire tuer
pour défendre les parcs et les palais des Aristocrates, ou pour servir
leur ambition contre l'étranger, ou pour soutenir leur domination
contre les pauvres : *les fils servaient à enchaîner les pères et à tuer
les frères !*

C'était bien le plus dur esclavage ! mais puisque l'Aristocratie
voulait le bonheur exclusivement pour elle, l'inexorable logique ne
la forçait-elle pas à rejeter les fatigues et les dangers de la guerre
sur les pauvres, et même à lancer le Peuple contre le Peuple ?

Je n'ai pas besoin de vous citer les autres lois : vous comprenez
que, faites par l'Aristocratie, toutes étaient nécessairement dans
l'intérêt de celle-ci contre ses sujets. Je ne pourrais pas vous en
citer une seule dictée par l'intérêt populaire !

Et ces lois, entassées pêle-mêle depuis des siècles, héritage de
vingt révolutions, étaient tellement innombrables, confuses, inco-
hérentes, contradictoires ou perfidement obscures, que le légiste
le plus savant pouvait à peine les connaître ou les comprendre !

Et, chose absurde autant qu'inique, la plupart des pauvres, aux-quels elles ordonnaient ou interdisaient toujours quelque chose, en les punissant en cas d'infraction, ne pouvaient ni les connaître ni même les lire.

Aussi comment les pauvres auraient-ils pu aimer et respecter des lois qui n'étaient à leurs yeux que des œuvres d'injustice et d'op-pression? C'était en vain que l'Aristocratie, toujours dans son intérêt, présentait ses lois comme *sacrées*, et ne parlait que de *respect* et d'*obéissance à la loi :* chacun s'efforçait de les éluder ; les menaces, les châtiments et la force pouvaient seuls en obtenir l'exécution.

Il y a plus : les imbéciles ne sentaient pas la tyrannie, les lâches la toléraient, les cupides la servaient ; mais d'autres murmuraient et résistaient. De là des conspirations continuelles, des associations de tout genre pour se défendre ou pour attaquer, des émeutes et des insurrections, des massacres, des supplices, et toutes les hor-reurs de la guerre civile.

Mais, je vous le demande encore, toutes ces horreurs, dont les riches étaient victimes comme les pauvres, n'étaient-elles pas la fatale conséquence de l'amour de l'Aristocratie pour la fortune et la domination, et de l'amour naturel à l'homme pour l'indépen-dance et la liberté?

Menacées à leur tour dans leur existence, l'Aristocratie et la Reine ne pensaient plus alors qu'à se défendre et à paralyser leurs ad-versaires. De même que, dans d'autres pays, les maîtres blancs faisaient des lois pour comprimer leurs esclaves noirs, de même les Aristocrates faisaient chaque jour des lois nouvelles pour comprimer leurs esclaves blancs, pour désorganiser le Peuple ou l'empêcher de s'organiser, pour lui interdire les associations et les réunions, pour le désarmer, pour l'empêcher de lire, de parler et d'écrire.

Et chaque jour de nouvelles lois enfantaient de nouvelles peines, des amendes, des confiscations, les cachots, l'exil, les galères et la mort : c'était la terreur qui gouvernait !

Et pour appliquer ces lois terribles, d'autres lois autorisaient la Reine à organiser une nombreuse Police, une nombreuse Ar-mée, une nombreuse Milice bourgeoise et des Tribunaux de tout genre.

Et tout cela n'était-il pas toujours une chaîne non interrompue de conséquences et de nécessités?

La *Police* violait arbitrairement, la nuit et le jour, sous mille prétextes, le domicile des pauvres ; fouillait leurs meubles et leurs papiers les plus secrets : saisissait tout ce qu'elle jugeait convenable de saisir ; enlevait le mari à la femme ou la femme au mari, le père aux enfants ou les enfants au père, et quelquefois tous ensemble, et les jetait dans des cachots pour les livrer ensuite aux tribunaux.

Elle calomniait ceux qu'elle ne pouvait pas faire arrêter ; et plus un opposant était redoutable par ses vertus, plus elle s'efforçait de le déshonorer par ses *calomnies*.

Ses innombrables *espions* de tous genres s'insinuaient partout pour semer la *division* parmi les pauvres, pour exciter entre eux les jalousies, les rivalités et les défiances, pour trahir et dénoncer, pour séduire, *corrompre*, acheter des traîtres et des délateurs.

Une foule d'*agents provocateurs* provoquaient même les pauvres à conspirer pour les livrer ensuite et les perdre, tandis que les agents de ce qu'on appelait le *cabinet noir* violaient le secret des lettres et fouillaient dans les correspondances pour faire arrêter ensuite des centaines d'individus.

Et pour remplir ces infernales fonctions, l'Aristocratie prodiguait l'or pour recruter leurs agents parmi les plus misérables, parmi les voleurs et les galériens ! Et c'était à cette horde redoutable qu'on livrait le domicile, la personne, la liberté et l'honneur des familles !

Et l'Aristocratie parlait sans cesse d'*ordre*, de *moralité*, de *vertu*, de *loyauté*, d'*honneur !*

Et vous avez peine, je le vois, à contenir vos sentiments d'indignation et de colère !

Et cependant vous ne devez que plaindre la malheureuse humanité, victime d'un premier vice organique ; car, puisqu'on avait organisé l'opulence et la misère, était-il possible que l'Aristocratie n'employât pas la violence, l'arbitraire, la calomnie, la corruption, la provocation, la délation, la trahison, et l'écume de la société dans la Police ! Était-il possible qu'une foule de malheureux ne préférassent pas l'or et le pouvoir à l'indigence ou aux bagnes ?

Vous devinez ce que devaient être les *Tribunaux* organisés par l'Aristocratie et par la Reine, et par conséquent nécessairement organisés dans leur intérêt. Choisis parmi les Aristocrates ou parmi leurs partisans, toujours dépendants de la Reine, et nécessairement désireux de ses faveurs pour eux et leurs enfants, était-il humainement possible que les Magistrats, même les plus vertueux, eussent l'*impartialité* nécessaire à la Justice et sans laquelle il n'y a pas de véritable *Justice?* Et, d'un autre côté, n'était-il pas humainement impossible encore que l'Aristocratie ne désirât point s'assurer la condamnation de tous les ennemis qu'elle aurait besoin de faire condamner?

Aussi, les *prisons*, quoique nombreuses, étaient-elles remplies de condamnés politiques. Et quelles prisons! généralement dégoûtantes et malsaines, elles étaient un outrage à l'Humanité en même temps qu'un instrument de vengeance et d'oppression.

Mais, loin d'amener enfin la soumission et l'obéissance, ces lois et cette police, ces tribunaux et leurs condamnations, cette oppression et cette terreur ne faisaient qu'augmenter le mécontentement et la haine, et porter la colère jusqu'à l'émeute et l'insurrection.

Et si la colère poussait irrésistiblement les opprimés à l'insurrection, la nécessité, la fatale nécessité ne poussait-elle pas irrésistiblement aussi l'Aristocratie à combattre les insurgés pour conserver sa domination?

Se présentaient alors ce qu'on appelait la *Milice bourgeoise* et l'Armée.

La *Milice bourgeoise*, vous le devinez encore, était organisée pour comprimer le Peuple.

Quant à l'*Armée*, tirée du Peuple, sympathisant avec le Peuple, elle était commandée par des Aristocrates et organisée pour défendre les Aristocrates; et les soldats, trompés, ou séduits, ou intimidés par des lois terribles, et d'ailleurs maîtrisés et entraînés par la force de la discipline et la puissance de l'organisation militaire, étaient inévitablement des instruments d'oppression contre leurs pères et leurs frères, et contre eux-mêmes.

Mais voyez jusqu'où s'étendaient les nécessités de l'Aristocratie! Imparfaitement rassurée par la milice bourgeoise et par l'armée, qui renfermaient beaucoup d'hommes du Peuple, cette Aristocratie avait autorisé la Reine à organiser non-seulement une *Garde noble* et une *Garde du Palais*, mais encore une *Garde étrangère*; et cinquante mille mercenaires, poussés par la misère et largement payés, étaient toujours prêts à combattre le Peuple.

Cependant toutes ces armées ne pouvaient ni intimider les mécontents, ni empêcher les *émeutes*, tant la colère était violente ! On se battait dans les villes, dans les rues et les maisons.

Mais avant d'entrer dans la guerre civile et les révolutions, résultats inévitables de l'organisation qui nous régissait , jetons un coup-d'œil sur l'*Education publique* et la *Religion*, qui étaient encore des moyens de gouvernement.

Comment l'Aristocratie , voulant absolument l'Inégalité, aurait-elle pu donner aux pauvres une éducation et une instruction qui leur auraient fait connaître leurs droits à l'Égalité !

Redoutant surtout au contraire les lumières du Peuple, l'Aristocratie ne permettait l'*enseignement* qu'aux professeurs qui lui étaient dévoués, et ne permettait même à ceux-ci que d'enseigner ce qui pouvait lui être utile ou ce qui du moins ne pouvait pas lui nuire ; et celui d'entre eux qui se serait permis de parler politique à ses élèves autrement que pour leur recommander l'adoration de la Reine et l'aveugle obéissance aux lois de l'Aristocratie, aurait été destitué sur-le-champ comme un traître.

Près de la moitié de la population ne savait ni lire ni écrire , le reste des pauvres savait à peine autre chose. La jeunesse bourgeoise perdait son temps dans l'étude des langues anciennes ou dans d'autres études presque inutiles ; les Aristocrates n'apprenaient presque que les arts d'agrément ; les journaux mêmes étaient entravés par des cautionnements , des impôts et des lois de toute espèce ; et tout ce que le Peuple apprenait de ses droits, c'était en dehors des écoles qu'il l'apprenait, malgré le gouvernement et par suite de l'irrésistible progrès de la civilisation.

Quant à l'*Education domestique* , comment les pères et les mères auraient-ils pu former des hommes, lorsque la plupart abrutis ou abâtardis par la misère et par l'organisation sociale, n'étaient que de *grands enfants ?*

Les Aristocrates eux-mêmes, mal élevés par leurs pères, élevant mal leurs enfants, nourris d'erreurs, pétris de préjugés, habitués à se voir adorer par leurs gens comme une race supérieure et divine, se croyant faits pour commander et le peuple pour obéir, regardaient comme la perfection du Gouvernement de perpétuer l'ignorance et l'aveugle soumission de la multitude.

C'était assurément un crime ou plutôt un malheur pour l'humanité ! Mais n'était-ce pas encore l'inévitable conséquence d'un mauvais principe ? Tous les vices des riches, comme tous ceux des pauvres, n'étaient-ils pas le mauvais fruit de leur déplorable éducation perpétuée de génération en génération ?

Riches et pauvres pouvaient-ils être autre chose que ce que cette malheureuse éducation les avait faits ? Si nous ne pouvons nous-mêmes nous empêcher de maudire cette funeste éducation avec sa funeste cause et ses funestes effets, la Raison, la Philosophie et la Justice ne nous commandent-elles pas impérieusement ( je ne puis trop vous le répéter ) d'excuser et de plaindre toutes ces victimes ?

Tandis que l'Aristocratie ne s'emparait de l'Instruction publique et de l'Éducation que pour la paralyser et tenir le Peuple dans l'ignorance, tout en disant qu'elle voulait l'éclairer, elle cherchait dans la *Religion* un secours plus actif.

Après avoir été long-temps intolérants, persécuteurs et sanguinaires, les Prêtres chrétiens dominaient encore.

Pour mieux exploiter la crédulité et la superstition, leurs *frères ignorantins* et leurs *jésuites* s'emparaient des enfants au berceau et s'efforçaient d'en faire des imbéciles ; ils parlaient encore de *lettres récemment envoyées du Ciel* et d'autres miracles de ce genre.

Puis, dans leurs *catéchismes*, dans leurs sermons, dans leurs prières, ils confondaient la Reine avec la Divinité.

Leurs *missionnaires* parcouraient les campagnes et les villes pour tenter de fanatiser les femmes et les vieillards.

Mais c'était presque sans fruit qu'ils répétaient sans cesse les mots de *Religion* et de *Morale* : leur avidité pour l'argent, le sordide trafic qu'ils faisaient journellement des choses saintes et des sacrements, le luxe mondain qu'il déployaient dans les funérailles des riches, et surtout les vices et même les crimes auxquels les portait fréquemment leur célibat forcé, engloutissaient la Religion et la Morale dans le mépris et la haine qu'ils inspiraient eux-mêmes.

Comment d'ailleurs pouvait-on utilement prêcher la *Morale*, quand le plus puissant des prédicateurs, le Gouvernement, prêchait l'*immoralité* par ses actions ; quand les tribunes législatives et judiciaires n'étaient souvent que des tribunes d'*immoralité* ; quand les trahisons de la police, les infamies du cabinet noir, les concussions et les parjures des fonctionnaires publics étaient une leçon perpétuelle d'*immoralité*, une provocation permanente au vol, à la trahison et au parjure ; quand enfin la prospérité de beaucoup d'intrigants, de renégats, de valets et de traîtres était le triomphe de l'*immoralité vivante?*

Et cependant tous ces abus de la Religion, tous ces excès des Prêtres, tout ce mépris pour eux, tout ce dédain pour leurs sermons, toutes ces immoralités en un mot n'étaient-elles pas toujours les conséquences forcées d'antécédents funestes?

Que vous dirai-je maintenant de la guerre civile et des révolutions?

Vous concevez que l'opulence et les privilèges de l'Aristocratie, étant essentiellement une usurpation et une injustice, ne pouvaient enfanter que la cupidité et l'ambition parmi les Aristocrates, les uns à l'égard des autres.

Vous concevez aussi que, l'oppression tenant le Peuple dans un état permanent de misère et de mécontentement, les ambitieux avaient beau jeu pour acheter des partisans parmi les pauvres en leur prodiguant les promesses.

De là les divisions dans l'Aristocratie et jusque dans les familles royales, les prétentions au trône, les partis et les factions, les intrigues et les conspirations, les attentats et les révoltes, les guerres civiles et les révolutions, les usurpations et les restaurations, les vengeances et les proscriptions, les supplices et les massacres.

Je ne vous citerai pas toutes les horreurs de ce genre qui noircissent ou rougissent toutes les pages de notre ancienne histoire d'Icarie : qu'il vous suffise de savoir que vous y trouverez réunies toutes les abominations qui vous désolent quand vous lisez l'histoire des Grecs et des Romains, de France et d'Angleterre, d'Espagne et de Portugal, enfin de tous les malheureux peuples qui composent la malheureuse Humanité.

Vous y verriez plus de 50,000 innocents brûlés ou massacrés par les prêtres, uniquement parce qu'ils avaient une autre croyance; 40 ou 50 émeutes; 25 prétendants à la couronne; 18 révoltes armées; 9 longues guerres civiles, sans compter 17 guerres étrangères; 31 dynasties différentes; 20 révolutions; 12 usurpations; 5 restaurations; 6 proscriptions comme celles de Sylla, de Marius et d'Octave; 7 massacres comme celui de la Saint-Barthélemy; plus de 100 conspirations, dont plusieurs comme celle de Catilina, comme celle des poudres à Londres, et comme les machines infernales.

Vous y verriez je ne sais combien de millions d'hommes tués dans la guerre soit civile, soit étrangère; plus d'un million de bannis;

19.

plus de 300,000 massacrés par les satellites ou égorgés par les bourreaux ; 11 villes incendiées et détruites.

Vous y verriez les femmes et les enfants massacrés comme les hommes, les innocents avec les coupables de révolte !

Vous y verriez les différents partis, les nobles et les bourgeois, les riches et les pauvres, l'Aristocratie et le Peuple, tour à tour vainqueurs et vaincus, proscripteurs et proscrits, oppresseurs et victimes !

Vous y verriez l'Aristocratie se dévorant elle-même ; 22 Ministres condamnés et exécutés par elle ; plus de 10,000 Seigneurs décapités par les Rois et les autres Seigneurs ; et 45 Princes assassinés par des Princes !

Je pourrais vous citer 7 Rois ou Reines excommuniés par des Pontifes ; 21 détrônés par leurs enfants ou leurs frères ou leurs parents ; 15 assassinés par des Nobles ou des prêtres ; 5 condamnés et exécutés sur l'échafaud ; 2 condamnés par leurs successeurs à demander l'aumône à la porte d'une Église après avoir eu les yeux crevés ; et 4 ou 5 réduits à s'enfermer dans leur palais fortifié, sans oser se fier ni à leur barbier, ni à leur cuisinier, ni même à leur femme ou à leurs enfants !

Je pourrais même vous citer deux Princes et des Prêtres qui, comme le duc de Bourgogne et les Jésuites en France, ont publiquement proclamé et prêché la doctrine du tyrannicide en Icarie !

Je m'indigne et m'irrite comme vous contre cette épouvantable doctrine qui justifie l'homicide et l'assassinat, considérés partout et toujours comme un horrible crime, et qui menace les chefs de République comme les Rois, et les meilleurs comme les plus mauvais, puisqu'il n'en est aucun qui n'ait des ennemis dont la haine, même injuste, peut les qualifier de tyrans.

Je m'indigne et m'irrite comme vous contre ces conspirations et ces guerres civiles, ces proscriptions et ces massacres, qui déshonoraient et désolaient notre malheureuse Icarie, qui transformaient les hommes en tigres, et qui faisaient de la Société une immense boucherie.

Mais, je vous le demande, n'est-ce pas là à peu près l'histoire de tous les Peuples sur toute la terre, et depuis le commencement du monde ?

La Société n'a-t-elle pas toujours été et n'est-elle pas presque partout le mélange de deux ou trois Peuples ennemis perpétuellement en guerre, qui ne concluent de temps en temps des armistices et des trèves que pour se préparer à de nouveaux combats? N'est-elle pas un volcan toujours prêt à faire éruption?

Et tous, Rois et Sujets, Aristocrates et bourgeois, riches et pauvres, ne sont-ils pas presque également inquiétés et tourmentés, malheureux et victimes?

Tous n'ont-ils pas intérêt à faire cesser cet effroyable mal, qui fait du monde un véritable enfer?

Mais ce *mal*, qui dure depuis le commencement des Sociétés, ne sera-t-il pas éternel si l'on n'applique pas le *remède?*

Et ce *remède* n'est pas l'oppression et l'esclavage, les supplices et la terreur; car la tyrannie et les tortures les plus cruelles n'ont jamais manqué sur la Terre et n'ont jamais eu d'autre résultat que d'aggraver le mal.

C'est donc la *cause* du mal qu'il faut extirper!

Mais quelle est cette CAUSE, universelle et perpétuelle, qui agit partout et toujours, sous toutes les Religions et sous toutes les formes de Gouvernement, sous la République comme sous la Monarchie?

N'est-ce pas la *cupidité* et l'*ambition?*

Ou plutôt n'est-ce pas la *mauvaise éducation*, qui laisse développer la cupidité et l'ambition?

Ou plutôt encore la *cause* première et génératrice n'est-elle pas l'*Inégalité de fortune*, la *Propriété* et la *Monnaie*, qui enfantent les priviléges et l'Aristocratie, puis l'opulence et la misère, puis la mauvaise éducation, puis la cupidité et l'ambition, puis tous les vices et tous les crimes, puis tous les désordres et le chaos, puis toutes les calamités et toutes les catastrophes?

Oui, examinez, réfléchissez, méditez, remontez, dans toutes les Sociétés, à l'établissement de la Propriété et de la Monnaie, et surtout de l'Inégalité illimitée de fortune; remontez de faits en faits, d'événements en événements, d'institutions en institutions, de législateurs en législateurs, de causes secondes en causes premières, de conséquences en principes, de nécessités en nécessités, de jour en jour et de siècle en siècle; vous trouverez, toujours et partout, pour *cause* unique du mal, OPULENCE et MISÈRE!

Et par conséquent le *remède*, l'unique remède au mal, c'est la suppression de l'opulence et de la misère, c'est-à-dire l'établissement de l'Égalité, de la Communauté de biens et d'une bonne Éducation.

Telle fut l'opinion de Jésus-Christ, qui, proclamé Dieu, fonda sur ce principe la grande Révolution du Christianisme ; telle fut aussi la conviction d'Icar, qui, Dictateur, unissant l'amour de l'Humanité au courage et au génie, fonda sur les mêmes bases notre régénération sociale et politique.

Demain, je vous exposerai comment il a pu parvenir à consommer ce prodige.

Mais, avant de nous séparer, permettez-moi de vous le demander encore : quand vous voyez notre ancien enfer transformé en paradis, comment pourriez-vous désespérer de voir le bonheur dans vos pays ?

## CHAPITRE IV.

### Révolution de 1782. — Établissement de la Communauté.

Jusqu'à présent je vous ai montré le *mal :* maintenant je vais vous montrer le *remède ;* et vous allez voir Icar à son œuvre de régénération.

Vous savez qu'avant l'insurrection déterminée par la révocation de la Constitution et l'usurpation du pouvoir absolu, Icar avait décidé le Peuple à renoncer à tous les attentats individuels.

A peine sorti du combat, et quoique blessé, il ne perdit pas un moment pour gagner la confiance du Peuple entier, arrêter le carnage, organiser la force populaire, et assurer les fruits de la victoire.

A l'instant même, il fit publier et afficher partout une *Adresse* que je vais vous lire, comme je vous en lirai d'autres, pensant qu'il me serait impossible de vous faire connaître en moins de mots ses principes et ses plans.

#### ADRESSE D'ICAR AU PEUPLE.

« Souffrez que mes premières paroles soient pour vous féliciter de votre héroïque courage : vous avez bien mérité de la Patrie et de l'Humanité !

» J'accepte la Dictature ; je suis fier de cet honneur, et je consacre ma vie à justifier votre confiance. Je mets ma gloire à me dévouer à votre bonheur.

» Vous connaissez mes principes : *Souveraineté du Peuple, suffrage universel, égalité, fraternité, bonheur commun.* Inscrivons-les sur nos drapeaux !

» Quand vos Représentants seront assemblés, je déposerai la Dictature et je comparaîtrai devant eux, sans escorte, pour leur rendre compte de tous mes actes. Je me soumets d'avance à leur jugement.

» Mais l'anarchie serait votre plus funeste ennemi : notre intérêt même exige impérieusement que nous agissions avec ensemble, comme un seul homme, s'il est possible.

» Je vais appeler vos meilleurs amis pour en faire un *Conseil de dictature.*

» Ralliez-vous tous autour de nous ! Que les plus utiles citoyens nous apportent leur appui ! Ayez confiance en moi ! Écoutez ma voix ! Surveillez, mais laissez-vous guider pendant quelque temps ; car personne, j'en prends le Ciel à témoin, ne veut plus que moi *tout,* absolument *tout* ce qui peut vous rendre heureux ! »

A l'instant même, il choisit des Ministres et des Commissaires à envoyer dans toutes les provinces. Il organisa une foule de Commissions spéciales, dans lesquelles furent distribués les nombreux citoyens qui s'empressaient d'offrir leurs services.

Peu d'heures après, parurent une Adresse à l'Armée, une autre aux régiments étrangers, un décret pour soigner les blessés, enterrer les morts, adopter leurs enfants et leurs veuves.

En même temps parut un autre décret sur l'organisation de la *Garde populaire* avec l'Adresse suivante :

### ADRESSE D'ICAR POUR LA GARDE POPULAIRE.

» Ce n'est pas tout d'avoir vaincu : il faut assurer la victoire.

» Soyons généreux, mais soyons prudents !

» Que la Garde populaire s'organise partout à l'instant même !

» Que tous les Citoyens en état de porter une arme se présentent à leur municipalité !

» Ceux d'entre vous qui ne pourraient vivre sans leur travail seront soldés, armés et vêtus.

» Pendant quelques jours, soyez en permanence sous vos drapeaux, toujours prêts à exécuter les ordres de votre gouvernement!
    » Accourez tous, car c'est votre intérêt à tous !
    » Plus nous serons promptement organisés, plus nous serons
nombreux, mieux nous pourrons agir, et moins nous trouverons de
résistance. »

Parurent presque aussitôt deux décrets, dont l'un ordonnait le
*désarmement* du parti vaincu et son *expulsion* de toutes les fonctions publiques, et dont l'autre proclamait une *amnistie.*
La Reine, Lixdox, les Ministres, et dix des principaux fonctionnaires publics étaient seuls exceptés. Tous les juges des principaux
tribunaux criminels, et vingt fournisseurs qui avaient fait de scan-
daleuses fortunes, pouvaient aussi être poursuivis, mais seulement
pour être condamnés à des indemnités pécuniaires envers leurs
anciennes victimes ou à des restitutions envers la Nation.

Ces deux décrets furent accompagnés (car tout était préparé
d'avance) des deux Adresses suivantes aux vainqueurs et aux
vaincus.

### ADRESSE D'ICAR AUX VAINQUEURS.

« Nos adversaires vont déposer les armes ou seront désarmés,
tandis que vous compléterez votre armement ; ils seront désorga-
nisés, tandis que vous aurez toute la puissance de l'organisation;
ils seront destitués de leurs fonctions publiques, tandis que vous
occuperez tous les emplois et tous les pouvoirs ; vous serez tout-
puissants, tandis qu'ils seront réduits à l'impuissance d'attaquer et
de résister.
    » Il faut que justice soit faite des grands coupables ! Il y a trop
long-temps que de cruels tyrans torturent les pauvres et l'Humanité!
Que leurs têtes répondent enfin du sang et des larmes qu'ils ont
fait répandre ! Ils comparaîtront devant vos Représentants pour
qu'un châtiment national et solennel épouvante et prévienne à l'a-
venir toute nouvelle tyrannie.
    » Que justice soit faite encore et de ces Juges iniques et préva-
ricateurs qui ont ruiné tant de familles, et de ces grands voleurs
qui se sont subitement enrichis aux dépens des pauvres ou du trésor public ! Que leurs biens répondent des indemnités ou des restitutions !
    » Quant à tous les autres, oubli, amnistie! Les poursuivre, main-

tenant qu'ils ne peuvent plus nuire, ne serait plus que de la vengeance.

» Je sais combien vous avez souffert et combien votre colère est
naturelle : mais la punition du tyran et de ses principaux complices
ne doit-elle pas suffire à votre juste ressentiment? La vengeance
contre la foule qui, comme vous, était victime de la mauvaise organisation sociale, ne serait-elle pas une injustice? Serait-il raisonnable de les réduire au désespoir et de les contraindre à renouveler un combat qui ferait couler du sang des deux côtés?

» J'en appelle à votre Raison pour me répondre!

» Reposez-vous sur votre Gouvernement! Si nos anciens ennemis se révoltaient!... mais ils sont abattus et ne peuvent plus se
relever.

» Soyez donc généreux autant que vous avez été braves! Que
tous les bons citoyens unissent leurs voix à la mienne!

» Soyez cléments! comme Dictateur élu par vous, dans votre
propre intérêt, je l'ordonne : comme votre meilleur ami, je vous en
conjure! »

### ADRESSE D'ICAR AUX VAINCUS.

» Quand la victoire vous a favorisés, vous en avez abusé pour
nous massacrer ou nous bannir : aujourd'hui que vous êtes vaincus, que pourriez-vous dire si nous vous appliquions la loi du
talion?

» Que pourriez-vous dire si, comme vous, nous faisions toutes
les lois d'intimidation et de terreur qui nous paraîtraient nécessaires?

» Que pourriez-vous dire si nous vous appliquions vos propres
lois comme vous nous les avez appliquées pour nous emprisonner,
nous ruiner ou nous supplicier?

» Mais le Peuple, je le connais et j'en réponds, le Peuple est
magnanime : il est prêt à vous tendre la main.

» Déposez les armes, rompez votre organisation, quittez vos
fonctions, résignez-vous!

» Vous devez sentir que nous avons le droit de l'exiger pour
notre sécurité.

» C'est votre intérêt comme le nôtre; car toute résistance serait
inutile, et nous voulons absolument en finir : nous ne voulons plus,
entendez-le bien, nous ne voulons plus de lutte ni même d'inquiétude dans le pays ; à tout prix, je vous le répète, nous voulons
marcher au progrès sans résistance!

» Résignez-vous ! La justice vous le demande , aussi bien que votre sûreté.

» Résignez-vous sincèrement, sans arrière-pensée, et nous serons heureux de pouvoir bientôt vous embrasser comme des frères!

» Jusqu'à présent plongés les uns et les autres dans le chaos de l'oppression, nous ne pouvions nous entendre parce que notre commun oppresseur nous divisait et nous calomniait ; mais aujourd'hui que nous pouvons nous expliquer, vous seriez inexcusables de repousser nos offres fraternelles.

» Encore une fois, résignez-vous ! c'est moi, Dictateur, qui vous en conjure, moi qui désire ardemment le bonheur de tous mes concitoyens ! »

Il n'est pas nécessaire de vous citer les autres Adresses et décrets du Dictateur. Je n'ai pas besoin non plus de vous dire que toutes ses mesures excitèrent l'enthousiasme du Peuple et la confiance universelle ; que tous les hommes éclairés et énergiques accoururent autour de lui ; que la Presse entière lui apporta son appui ; et que, si quelques royalistes, se laissant aveugler par la peur, s'enfuirent ou se cachèrent, la masse se résigna sincèrement, rassurée par le Dictateur.

Le Peuple surtout fut admirable et sublime de générosité : quelques malheureuses victimes de l'ancienne tyrannie, entraînées par leur désespoir et leur colère, essayèrent quelques vengeances individuelles ; mais ce furent les ouvriers qui se précipitèrent partout pour les empêcher.

Les hommes du Peuple qu'avaient égarés les calomnies officielles ne furent pas les moins ardents à crier en faveur de la Révolution et du Dictateur. « Si nous avions su ! disaient-ils... Comme on » nous avait trompés ! »

Peu de jours après , le Dictateur rendit un décret sur l'élection de la Représentation nationale, composée de 2,000 députés, et l'accompagna de l'adresse suivante :

### Adresse d'Icar pour les élections.

« Le Peuple est le *Souverain !* C'est à vous à faire votre *Constitution ;* et s'il était possible de vous réunir tous ensemble pour délibérer et voter, je vous réunirais tous.

» Mais la chose étant matériellement impossible, choisissez des Représentants qui discuteront mûrement et solennellement cette Constitution, et qui la soumettront ensuite à votre volonté souveraine pour être acceptée ou rejetée par vous.

» Vous êtes tous membres de la Société, tous sociétaires, tous citoyens ; vous travaillez tous pour elle ; vous avez tous combattu et vous combattrez tous encore pour elle s'il est nécessaire : par conséquent, vous êtes tous essentiellement *électeurs*. Ceux qui n'ont pas 20 ans, et les domestiques placés sous la dépendance de leurs maîtres, seront seuls momentanément privés de l'exercice de leur droit, jusqu'à ce que la Constitution en ait autrement décidé.

» Vos oppresseurs, qui vous refusaient tout moyen de vous instruire, vous déclaraient incapables de choisir des Députés ; mais ce n'était pas seulement une révoltante *iniquité*, c'était encore une *calomnie*, comme l'élection est d'ailleurs pour vous un incontestable *droit*.

» Faites-vous donc inscrire sur le registre électoral de votre commune ; réunissez-vous ; discutez le mérite des candidats qui vous seront présentés ou qui seront assez confiants dans leurs vertus pour oser se présenter à vos suffrages.

» Discutez avec indépendance, mais avec le calme et la gravité qui conviennent à des Citoyens dignes de la liberté !

» Que la Presse aussi vous éclaire, ne prenant elle-même pour guides que la vérité et l'amour de la Patrie !

» L'élection n'aura lieu que dans 25 jours, afin que vous ayez le temps de vous éclairer parfaitement, et que vous ne puissiez être victimes d'aucune espèce de surprise.

» Choisissez d'abord vos meilleurs amis, les meilleurs amis du pauvre et de l'ouvrier, et parmi eux *les plus estimables*, et parmi ceux-ci *les plus capables* et *les plus énergiques*.

» Et pour que vous puissiez choisir celui qui n'aura que du patriotisme, des vertus et des talents, vos élus recevront une *indemnité* suffisante.

» N'oubliez pas que vos Représentants auront à juger votre Dictateur, à prononcer sur le sort de vos anciens oppresseurs, à faire votre Constitution, et à exercer provisoirement votre Souveraineté.

» Pensez que vous tenez dans vos mains votre sort, celui de la Patrie et celui de votre Postérité ! »

Dès le second jour, le Dictateur avait organisé une Commission de *publication*, composée de cinq écrivains pris parmi les plus populaires et les plus estimables, pour rédiger un journal officiel qui

contiendrait tous ses actes, qui serait distribué *gratis* en assez
grand nombre (plus d'un million d'exemplaires, je crois), pour que
*tous* les citoyens sans exception pussent facilement le recevoir ou
le lire.

Dès le même jour, il avait organisé une commission de *Constitu-*
*tion*, composée de neuf publicistes les plus savants et les plus respectables, chargés de préparer un projet de Constitution nouvelle.
Il leur avait soumis son propre travail, préparé depuis long-temps
en trois parties séparées, contenant : la 1re, tous les VICES *de l'an-*
*cienne organisation sociale et politique ;* la 2e, le plan très-détaillé
d'une *nouvelle organisation* fondée sur la COMMUNAUTÉ DE
BIENS, applicable dans 50 ans, avec toutes les *autorités* à l'appui ;
et la 3e, le plan d'une *organisation* TRANSITOIRE pendant ces
50 années.

Après plusieurs jours d'examen et de discussion, la Commission
avait adopté avec enthousiasme les deux plans en principe et avait
proposé quelques modifications, qui avaient été adoptées par Icar.

Afin que chacun pût bien connaître et apprécier son *nouveau*
*système* d'organisation sociale et politique, il fit aussitôt imprimer
le travail entier à un nombre immense d'exemplaires, avec un
*résumé* des principes qui servaient de base au plan transitoire et
au plan définitif de la Communauté de biens.

Vous comprenez combien ce système de *Communauté* devait
paraître nouveau et étonner les imaginations en même temps que
charmer les esprits ; mais le plan détaillé qui l'accompagnait et qui
présentait ce système en action, comme nous l'avons aujourd'hui
en réalité, démontrait, comme l'expérience l'a matériellement
prouvé depuis, que ce système était parfaitement *exécutable* ; et la
joie du Peuple égalait sa première surprise.

Je vous engage tous à lire et même à étudier tout le travail imprimé d'Icar et de la Commission ; et si quelqu'un d'entre vous
désire quelques explications sur ce travail, je me ferai un plaisir de
les lui donner dans une de nos réunions suivantes.

Mais, dès aujourd'hui, je vais vous exposer rapidement les principales idées d'Icar, servant de base à son plan de Communauté. Je
vous lirai encore deux de ses Adresses, parce que rien autre chose
ne pourrait vous le faire connaître aussi bien,

Icar avait reconnu qu'il ne fallait pas abolir brusquement la Propriété, la Monnaie, et l'Inégalité de fortune, pour leur substituer subitement la Communauté de biens, parce que : 1° les riches et les propriétaires (les petits comme les gros) se trouveraient infailliblement blessés dans leurs habitudes et leurs préjugés : leur enlever leurs biens, même en leur en donnant d'autres, serait peut-être aussi insupportable pour eux que tenter de leur arracher la vie : ce serait les rendre malheureux, contre le but même de la nouvelle Société ; ce serait aussi les pousser au désespoir et à la résistance, entraver et compromettre la régénération sociale. 2° Les pauvres eux-mêmes, paralysés par la tyrannie, n'avaient peut-être pas assez généralement les habitudes et les qualités nécessaires pour commencer l'entreprise sans en compromettre le succès. 3° Enfin, et surtout, l'exécution immédiate ou la réalisation instantanée et complète lui paraissait physiquement impossible, attendu qu'il y aurait un travail immense, le plus grand peut-être qu'on eût entrepris sur la terre depuis le commencement du monde, pour organiser et réaliser complétement la Communauté, par exemple, pour construire et fournir à toutes les familles des habitations convenables et semblables.

Icar regardait donc un système *transitoire* comme absolument indispensable.

Et c'est là ce qui distingue éminemment et essentiellement son projet et son plan de tous ceux que les Philosophes avaient anciennement imaginés.

Je vous exposerai plus tard les principes de son système *transitoire :* pour le moment, je me borne à vous dire qu'il proposait de constituer une *République démocratique* ; de conserver le droit de propriété pendant toute la vie de la génération de propriétaires existante alors ; de respecter tout ce qu'on appelait *droit acquis* ; d'éviter ce qui pourrait désespérer ou tourmenter les riches ; d'améliorer immédiatement le sort des pauvres ; de faire tout ce qui pourrait les rendre heureux ; de détruire progressivement l'Inégalité, et d'établir successivement le régime de l'Égalité parfaite et de la Communauté.

Comprenez-vous la surprise et l'enthousiasme que durent inspirer aux pauvres Icariens ces propositions si nouvelles dans la bouche d'un Dictateur, surtout quand il y joignit l'Adresse suivante, expositive de ses principes :

### ADRESSE D'ICAR POUR LA COMMUNAUTÉ.

« Chers concitoyens, n'avez-vous pas été malheureux jusqu'au-jourd'hui !

» Riches, vous-mêmes, avez-vous été complètement heureux?

» Les malheurs qui nous ont affligés tous et qui ont accablé nos ancêtres depuis le commencement du monde ne viennent-ils pas des vices de l'organisation sociale et politique, surtout de l'Inégalité des fortunes, de la Propriété et de la Monnaie?

» Ces malheurs ne seront-ils pas éternels, si l'on n'en tarit pas la source?

» La Communauté de biens n'est-elle pas le seul moyen de rendre tous les hommes heureux?

» Ce nouveau système est-il impossible à réaliser quand votre Gouvernement est d'accord avec vous?

» Quelque difficile que puisse paraître l'entreprise, ne faut-il pas la tenter un jour?

» Quelque temps qu'il faille pour l'accomplir, le dernier jour n'arrivera-t-il pas d'autant plus vite que le premier jour aura commencé plus tôt?

» Et puisque votre courage a renversé le plus grand des obstacles, l'opposition d'un Pouvoir oppresseur, et puisque le Ciel nous favorise assez pour nous permettre d'accomplir ce que nos malheureux ancêtres n'ont pu faire, l'entreprendre courageusement n'est-il pas un devoir envers le Ciel, envers nous-mêmes, envers nos descendants et envers l'Humanité?

» Examinez ces questions, mes chers concitoyens; discutez-les partout en attendant que vos Représentants les décident provisoirement et les soumettent à votre décision souveraine.

» Avec la Communauté, plus de pauvres ni d'oisifs ; plus de crimes ni de supplices, plus d'impôts ni de police, plus de contestations ni de procès, plus d'inquiétudes ni de soucis ; tous les citoyens amis et frères ; tous non-seulement heureux, mais également heureux !

» Si, comme moi, vous en êtes convaincus, mettons-nous à l'œuvre à l'instant; adoptons le principe, et commençons courageusement les préparatifs.

» Mais, je vous en conjure au nom de la Patrie, de vos enfants et de l'Humanité, ne compromettons pas, par trop d'impatience et de précipitation, la plus grande des entreprises que l'homme ait encore tentées!

» Si, comme je le crois, la Communauté ne peut pas être rigoureusement et complétement appliquée de suite, ajournons tout ce qui doit être ajourné.

» Maîtres du pouvoir, confiants dans vos Représentants qui veulent enfin votre bonheur, prenez patience!

» Si vous êtes assez généreux pour préférer l'intérêt de la Patrie à votre intérêt individuel, qu'importe quelques années de plus ou de moins dans l'accomplissement intégral et parfait d'une pareille œuvre!

» Et si vous ne voulez penser qu'à votre propre bonheur, n'est-il pas raisonnable de vous contenter de tout le bonheur possible aujourd'hui?

» Moins heureux que vos enfants, vous serez du moins bien plus heureux que vos pères!

» Riches d'aujourd'hui, vous voudrez donc, je l'espère, concourir au bonheur de votre postérité!

» Pauvres, je n'en doute pas, vous penserez surtout à la félicité de vos filles et de vos fils!

» Chers concitoyens, vous n'oublierez pas que vous allez décider du sort de vos générations futures et de l'Humanité tout entière! »

Icar voulut s'adresser aux Prêtres et aux Chrétiens.

### ADRESSE D'ICAR AUX PRÊTRES ET AUX CHRÉTIENS.

» Ministres et serviteurs de Jésus-Christ, je désire votre bonheur comme celui de tous mes autres concitoyens.

» Vous conservez vos temples et vous pouvez librement adorer Dieu sous la protection de l'autorité publique.

» Prêchez donc la Morale et la Justice, missionnaires et serviteurs d'un Dieu qui prêchait la Morale et la Justice! et, comme lui, prêchez-la par vos actions autant que par vos paroles!

» Prêchez pour les *pauvres!* car qui, dans le monde, a plus foudroyé les Pharisiens et les Riches que Jésus-Christ? qui, plus que Jésus-Christ, a proclamé son amour pour les malheureux et les souffrants?

» Prêchez pour l'*Egalité* et la *Fraternité!* car Jésus-Christ n'est-il pas mort pour établir l'Égalité et la Fraternité parmi les hommes et pour abolir toute espèce d'esclavage et d'oppression?

» Prêchez la *Communauté des biens!* car Jésus-Christ ne l'a-t-il

pas établie parmi ses disciples et recommandée à tous les hommes?
Les Apôtres n'étaient-ils pas en Communauté? Les premiers Pères
de l'Église ne prêchaient-ils pas la Communauté? Pendant les premiers siècles du Christianisme, tous les Chrétiens ne vivaient-ils
pas autant que possible en commun? Depuis, les plus ardents adorateurs de Jésus-Christ, des milliers de pieux ouvriers, n'ont-ils
pas vécu dans des *Communautés religieuses*, prêchant la Communauté par leurs actions et leurs paroles?

» Oui, vous ne seriez que de faux Chrétiens si vous repoussiez
la Communauté!

» Mais puisque Jésus-Christ donna sa vie pour régénérer l'espèce
humaine par la Communauté, vous voudrez, j'aime à l'espérer,
travailler à son œuvre de régénération!

» Vous voudrez mériter les bénédictions de la Terre pour obtenir
les récompenses du Ciel! »

Je vous le répète, imaginez l'effet produit par de pareils principes
proclamés par un *Dictateur!* et proclamés quelques jours après la
chute d'une longue et effroyable tyrannie!

Imaginez le mouvement imprimé aux esprits! les discussions!

Imaginez la puissance de l'impulsion donnée par le Pouvoir!

Imaginez combien de savants, d'écrivains, de philosophes, de
prêtres (surtout dans le bas clergé), de citoyens influents dans toutes
les classes, adoptèrent et propagèrent avec enthousiasme les idées
du Dictateur! Des riches mêmes et des nobles rivalisaient d'exaltation avec ses admirateurs les plus exaltés!

Imaginez l'effet produit sur les masses par toutes ces conversions,
et la révolution opérée dans l'opinion publique!

Il semblait qu'un voile était tombé de dessus tous les yeux, ou
que chacun avait subi l'heureuse opération de la cataracte!

On ne pouvait concevoir l'ignorance ou l'aveuglement du passé;
les uns riaient de la stupidité des âges précédents, les autres vo-
missaient des imprécations contre la tyrannie; et parmi les impré-
cateurs se distinguaient surtout ceux que les oppresseurs avaient
attirés dans leur camp par de fausses promesses, des mensonges et
des calomnies!

Je ne vous parlerai pas de quelques ambitieux qui, voulant paraître encore plus populaires ou démocrates que le Dictateur, demandaient la *loi agraire* ou la réalisation immédiate, instantanée,
complète, de la Communauté; ni de quelques intrigants qui tentaient
sourdement d'insinuer des défiances contre Icar; ni de quelques

fanatiques sans expérience qui ne pouvaient souffrir l'autorité d'aucun homme : ces vaines tentatives d'opposition s'évanouirent bientôt devant les acclamations populaires, comme une légère vapeur disparaît devant les rayons du soleil.

Je ne vous parlerai pas non plus ni des *monuments* provisoirement élevés sur tous les champs de bataille où le Peuple venait de livrer ses derniers combats ; ni des *tombeaux* élevés sur tous les lieux où reposaient les restes des martyrs de la liberté ; ni d'une grande *fête funéraire* où l'on vit, aux deux côtés du Dictateur, un miraculeux enfant de douze ans qui avait reçu vingt-deux balles en plantant un drapeau sur un monceau de cadavres, et une jeune fille qui avait eu les deux bras coupés en combattant auprès de son père.

Je passerai de même sous silence une *revue* générale de la *garde populaire* et de l'armée, passée par le Dictateur dans la Capitale, et par ses Commissaires dans les Provinces, et qui, quinze jours seulement après la Révolution (tant l'enthousiasme était prodigieux ! ), présenta sous les armes 200,000 soldats et deux millions de citoyens revêtus d'un uniforme démocratique !

J'arrive à l'*élection* de la Représentation populaire, ou plutôt c'est par là que je commencerai la prochaine séance.

Je suis trop long peut-être dans mes explications (Non, non, s'écria-t-on de tous côtés) ; mais je désire vous bien montrer que le Peuple donne toujours sa confiance aux chefs qui veulent sincèrement son bonheur, et que *rien n'est impossible au Gouvernement qui possède la confiance du Peuple* ; je veux vous bien montrer surtout par quels moyens notre immortel Icar est parvenu à conquérir l'amour de ses concitoyens et à réaliser son projet de Communauté.

Des applaudissements plus animés encore que ceux des jours précédents apprirent à l'orateur le plaisir qu'on avait à l'écouter dans tous ces détails.

# CHAPITRE V.

### (Suite de la Révolution.)

### Élections. — Constitution. — Jugement. — Guerre ; Paix.

.A la dernière réunion, je vous ai annoncé l'*élection* de la Représentation populaire.

C'était le 20 juillet, un peu plus d'un mois après la Révolution.
C'était aussi le premier acte de la Souveraineté du Peuple. Le
Dictateur en fit une *fête populaire*.

Les salles électorales étaient magnifiquement décorées ; partout
des drapeaux, des guirlandes de fleurs et de verdure, des inscriptions civiques et patriotiques, et les proclamations du Dictateur.
  Partout les proclamations s'ouvrirent au son de la musique, au
bruit des cloches et du canon.
  Tout rappelait au Peuple qu'il allait consommer un grand acte !

Peu d'intrigants osèrent se présenter aux suffrages, ou plutôt au
jugement des électeurs, et tous furent honteusement repoussés et
flétris.
  Dans beaucoup de villes, les candidats se retirèrent eux-mêmes
devant celui qui paraissait plus digne d'être élu.
  Dans quelques endroits, les électeurs furent obligés d'aller chercher de modestes citoyens qui craignaient de se présenter eux-
mêmes.
  Souvent les suffrages des riches eux-mêmes se réunirent sur un
ouvrier intelligent et honnête ; souvent aussi les ouvriers honorèrent de leur confiance un riche et même un noble qui se trouvait
ami du Peuple.
  Ici, l'élection fut unanime et se fit par acclamations: là, les mains
· levées ou la division en deux camps pacifiques, indiquèrent rapidement la majorité.
  Les élus méritaient, sous tous les rapports, d'être appelés l'*élite*
du pays.
  Et quelques jours après, la Représentation populaire, siégeant
dans le palais que souillait naguère l'Aristocratie, annonçait au

Dictateur qu'elle était constituée, lui déclarait que sa Dictature avait cessé, et le sommait de comparaître devant elle.

Icar répondit à l'instant qu'il donnerait l'exemple de la soumission à la Souveraineté du Peuple, qu'il déposait le pouvoir, et qu'il obéirait à la Représentation populaire.

Le lendemain, sans escorte et sans armes, il comparut, debout, tête nue, à la barre des Représentants assis et couverts. Il rendit compte de tous ses actes, répondit aux questions qui lui furent adressées, et se retira prisonnier en attendant la décision de ses juges.

Je n'ai pas besoin de vous dire les débats; l'Assemblée unanime lui décerna le titre de *Régénérateur de la Patrie*, le nomma provisoirement *Président de la République* (car la République avait été proclamée d'enthousiasme dès la première séance), et le reconduisit en masse jusque dans le Palais national, au milieu d'indicibles acclamations de la population entière.

Icar ayant demandé lui-même que son élection fût soumise à la sanction du Peuple, la Représentation populaire l'ordonna, en ajoutant que des députés spéciaux apporteraient la volonté du Souverain, et qu'à leur arrivée une grande fête nationale célébrerait, le même jour dans tout le pays, la victoire du Peuple et la nouvelle ère de Régénération qui venait de commencer.

Inutile encore de vous dire la décision du Peuple, ni qu'Icar, résolu à faire prendre à ses concitoyens l'habitude de modérer l'expression de leur gratitude, repoussa la proposition de dater la nouvelle ère du jour de sa naissance, et qu'il demanda lui-même qu'elle fût datée du 13 juin, jour de l'insurrection populaire.

Peu de jours après, commença le *procès* de la Reine et des Ministres.

Vous savez que tous furent condamnés, Lixdox et ses complices à la peine capitale, la Reine à une captivité perpétuelle, tous à un milliard d'indemnité, et que la sentence déférait à Icar le droit de grâce ou de commutation.

Le lendemain, Icar publia l'Adresse suivante :

### ADRESSE D'ICAR CONCERNANT LIXDOX.

« Si vos oppresseurs étaient morts avant votre délivrance, il faudrait exhumer leurs cadavres, juger et flétrir à jamais leur mémoire.

» Mais ils sont entre vos mains : la Justice populaire vient de prononcer sur leur sort ; les lois, si souvent invoquées par eux contre vous ; viennent enfin d'être invoquées contre eux ; et leurs têtes vont justement tomber sur l'échafaud , si souvent rougi de votre sang !

» Cinq têtes vont tomber, si vous le voulez !

» Cependant, réfléchissons ! A quoi bon ces têtes, aujourd'hui, quand votre puissance est irrésistible , quand le crime , quoique vieux de quelques jours seulement, semble éloigné déjà de vingt siècles, et quand vous devez à la tyrannie le sublime effort qui vous en a délivrés?

» A quoi nous servira un peu de sang et de boue de ces anciens oppresseurs, au milieu de la gigantesque Révolution qui nous régénère ?

» C'est à l'Aristocratie, *faible* et *toujours tremblante*, qu'il est presque nécessaire d'être *impitoyable* : au Peuple, fort et confiant dans sa force, au Peuple, qui quelquefois se venge en un seul jour de combat et de colère du mal accumulé pendant des siècles, mais qui, presque toujours, est clément après la victoire, au Peuple, il convient d'être magnanime !

» Connaissant votre magnanimité , je connais donc aussi d'avance votre réponse :

» — Laissons-leur la vie ! *Abolissons la peine de mort !*

» Mais, pour que la justice et la loi ne soient pas de vains mots sur la terre, qu'ils soient privés de la liberté ! Que Lixdox ait la tête rasée sur l'échafaud , par la main de son ancien bourreau ! Qu'il soit ensuite publiquement exposé dans la même *cage de fer* qu'il a inventée pour exposer un de vos plus admirables martyrs ! et qu'un monument éternise le crime, la juste sévérité de votre Représentation populaire, la clémence d'un grand Peuple, et une nouvelle ère de religieux respect pour le sang humain ! »

Sur la demande d'Icar, la Représentation nationale ordonna que le Peuple fût consulté ; et quelques rares oppositions de quelques mères qui pleuraient encore leurs enfants, ne rendirent que plus éclatante la générosité populaire.

Je ne vous montrerai pas Lixdox exposé dans sa cage de fer, ni la Reine demandant l'aumône à la porte de la Représentation nationale. Je ne veux pas arrêter vos regards sur cette infortune royale qui, bien que méritée, n'en est pas moins un souvenir affligeant ; car ce sont ses Ministres et sa Cour qui ont perdu la mal-

heureuse Cloramide ; et ces Ministres , coupables d'avoir fait tant
de victimes, étaient victimes eux-mêmes de l'organisation sociale
et politique.

Mais j'appelle votre attention sur un magnifique spectacle.

Deux mille Représentants du Peuple délibéraient solennellement
sur la nouvelle organisation sociale et politique , sur le sort d'une
Nation et sur les destinées de l'avenir.

Déjà ils avaient presque unanimement adopté les deux principes
capitaux , la *Communauté de biens* , et son ajournement *à 50 ans*
au moins pour sa réalisation complète. 154 membres seulement
avaient voté négativement sur la première question, et 162 sur la
seconde : mais le Président de la République supplia la Représentation populaire de ne considérer ce vote que comme *provisoire* ,
et d'ajourner la décision définitive. Il exposa que, dans une question si prodigieusement importante , quelques mois, quelques année même de retard seraient peu de chose à côté de l'inconvénient d'une dissidence d'opinions ; que l'unanimité dans le vote
serait un avantage inestimable ; qu'à tout prix il fallait éviter que
la minorité, quelque faible qu'elle fût en nombre, pût se croire opprimée par la majorité ; qu'il valait mieux discuter encore , pour
donner aux opposants la facilité de faire admettre leurs raisons ,
ou pour les convertir à l'opinion dominante.

On avait formé de nouveaux Comités et de nouvelles conférences ; on imprimait et l'on discutait partout les objections, quand
un *cri de guerre* vint annoncer que tous ces projets pouvaient être
engloutis par la force sous les ruines de la Révolution.

Icar désirait la *paix*, afin de pouvoir se consacrer exclusivement
à l'exécution de son grand dessein. Il désirait pouvoir *licencier
l'armée afin d'employer plus utilement sa solde et ses bras.*

Mais il ne craignait pas la *guerre*, parce qu'il espérait qu'elle
amènerait la Victoire et la Paix , une paix solide , longue et peut-
être éternelle.

Il la regardait comme inévitable, soit parce que quelques-uns
des Rois voisins, qui avaient déjà fait des tentatives pour restaurer
le fils de Corug , ne manqueraient pas de profiter de cette nouvelle
circonstance, soit parce que d'autres Rois qui , poussés par leurs
Aristocraties, s'étaient déjà coalisés pour soutenir la tyrannie, ne
manqueraient pas de se liguer contre une Révolution démocratique dont le triomphe serait un exemple contagieux pour leurs
Peuples et menaçant pour leurs trônes.

Il voulait, du reste, sortir promptement d'incertitude et mettre ses voisins dans la nécessité de donner des garanties pour la Paix ou de déclarer la Guerre.

Aussi vous l'avez vu, dès le lendemain de sa dictature, commencer l'organisation de l'Armée et de la Garde populaire.

Dès le même jour, il avait fait déclarer aux Rois voisins que le Peuple Icarien désirait la Paix et ne voulait pas intervenir dans les affaires des autres Peuples, mais que les précédentes guerres commencées contre lui lui rendaient des garanties nécessaires, et qu'il demandait un *désarmement* général, offrant d'en donner l'exemple, et ajoutant que, si dans 45 jours il ne recevait pas une réponse affirmative, il considérerait le silence comme une déclaration de guerre, et que, si l'une des armées étrangères faisait un mouvement en avant, il considérerait ce mouvement comme un commencement d'hostilités.

En attendant cette réponse, il avait rappelé tous les Agents diplomatiques du dernier gouvernement et renvoyé tous les *Agents diplomatiques étrangers*, déclarant que les Agents respectifs pourraient se fixer près de la frontière pour se transmettre leurs communications.

Il avait même pris la précaution de faire sortir tous les individus *étrangers*, à l'exception de ceux qu'il autoriserait spécialement à rester parce qu'il connaîtrait leurs dispositions à servir les Icariens auprès de leurs compatriotes.

Pendant ce temps, il n'avait rien négligé pour préparer la *défense* en cas d'attaque, faisant fortifier les places, fabriquer des armes, réunir les approvisionnements nécessaires et exercer les troupes.

Toutes les assurances qu'on lui avait données d'intentions pacifiques ne l'avaient ni trompé ni endormi.

Aussi se trouva-t-il en mesure, quand le quarante-cinquième jour arriva sans réponse satisfaisante et quand il apprit tout à coup que quelques corps étrangers s'approchaient des frontières.

A l'instant même il proposa à la Représentation populaire de considérer la Guerre comme déclarée et commencée, et d'ordonner une *levée en masse* de la population pour défendre la Révolution et la Patrie.

Les Représentants du Peuple déclarèrent la Guerre *populaire et nationale*, décidèrent que *toute la nation serait solidaire* pour indemniser les Provinces qui souffriraient de l'invasion, et proclamèrent presque unanimement Icar DICTATEUR.

Et le Peuple, consulté, confirma unanimement la déclaration de Guerre et la Dictature.

Parut alors l'Adresse suivante :

### ADRESSE D'ICAR POUR LA GUERRE.

« Nous demandions la Paix et l'on nous déclare la Guerre ! Eh bien, la Guerre !

» On nous menace, on veut nous attaquer : eh bien ! nous nous défendrons !

» Nous serons prêts à recevoir les agresseurs, car l'agression était prévue !

» Pouvaient-ils en effet ne pas nous attaquer aujourd'hui, ces Despotes et ces Aristocrates qui tant de fois ont envoyé leurs armées pour aider nos oppresseurs ?

» Notre insurrection contre leur allié pouvait-elle ne pas leur paraître une révolte contre eux-mêmes !

» Ces tyrans de leurs propres sujets, ces ennemis de toute liberté et de tout progrès, pouvaient-ils pardonner et tolérer une Révolution démocratique et républicaine qui veut donner aux Peuples l'exemple d'une grande Nation reconquérant ses imprescriptibles droits et pratiquant la Communauté des biens ?

« Plus nous sommes sages, cléments, heureux, plus nous excitons l'estime, l'admiration, les applaudissements et l'envie de leurs Peuples, et plus ils devaient trembler et nous haïr !

» Oui, les Rois et les Aristocrates, ligués depuis le commencement du monde politique par leur intérêt commun pour tenir les Peuples sous leur domination, étaient condamnés par la fatalité même à nous déclarer la guerre, pour sauver leur despotisme, pour détruire notre Révolution et notre liberté, pour restaurer l'Aristocratie et la consolider à jamais !

» Ils massacreraient les plus généreux d'entre nous ! Ils transporteraient les autres dans leurs déserts ! Ils nous arracheraient nos enfants pour les mutiler ! Ils livreraient nos femmes à la féroce brutalité de leurs soldats ! Ils partageraient peut-être les ruines de notre Patrie !

» C'est donc une guerre à mort qu'ils nous déclarent, une guerre d'extermination et d'esclavage.

» Nous laisserons-nous enchaîner, exterminer ainsi? La mort au milieu d'un combat n'est-elle pas mille fois préférable?

» Braves concitoyens, je crois vous entendre répondre: *La guerre! vaincre ou périr en combattant!*

» Oui, nous combattrons! nous combattrons jusque sur le dernier coin de notre pays, jusqu'au dernier d'entre nous et jusqu'à son dernier soupir! Plutôt que de tendre la gorge à nos bourreaux, nous brûlerons nos villes, nous détruirons nos chemins et nos ponts, nous ensevelirons nos femmes, nos enfants et nous-mêmes sous les ruines de la Patrie! Émules de nos Ancêtres et des Peuples anciens qui nous ont laissé tant d'exemples d'héroïque dévouement patriotique, nous montrerons à notre tour quels sacrifices peut inspirer l'amour de la liberté!

» Que dis-je! nous montrerons ce que c'est qu'une *guerre populaire*, ce que peut un grand Peuple uni, quelle force a la *Liberté* combattant pour l'*Indépendance!*

» La Coalition des despotes menace d'envoyer contre nous deux millions de satellites! Mais n'avons-nous pas six millions de soldats et de gardes populaires qui les recevront à coups de fusil et de canon, et dix-huit millions de vieillards, de femmes et d'enfants qui pourront les combattre par mille autres moyens? Nos ennemis ne sont-ils pas divisés par leurs ambitieuses et jalouses rivalités, tandis que nous sommes unis comme si nous n'étions qu'un seul homme?

» Leurs esclaves armés ne nous attaqueront-ils pas à regret pour le Despotisme et l'Aristocratie, tandis que nous défendrons avec enthousiasme notre cause, la leur et celle de tous les Peuples!

» Nous ferons probablement d'abord quelques fautes: mais nos fautes nous instruiront!

» Nous éprouverons quelques revers: mais où serait la gloire si l'on triomphait sans péril! Nous finirons par être invincibles!

» Vous avez déjà brisé votre Aristocratie, vous briserez de même la Coalition qui veut la rétablir! Et si les Rois ont la criminelle témérité d'entrer chez nous, plus ils seront nombreux, plus ils pénétreront dans l'intérieur de notre pays, plus il est certain, n'en doutez pas, que nos champs leur serviront de tombeaux!

» Mais, le glaive une fois tiré, nous ne nous arrêterons plus que quand il n'y aura plus autour de nous ni Aristocraties ni Despotes; nous inscrirons sur nos drapeaux: *Point de conquête! fraternité entre les Peuples!* et nous marcherons en amis à la délivrance de l'Humanité!

» Aux armes donc! aux armes! Jusqu'à ce que nous ayons con-

quis la paix, que notre unique occupation soit la guerre ! Que la
Nation ne soit qu'une Armée, le pays un arsenal et un camp !

« Vieillards, électrisez la jeunesse ! Femmes, électrisez vos enfants, vos maris et vos frères !

« Citoyens, soldats, courons à la frontière au cri de *vive la Patrie ! vive la Communauté !* »

Le Dictateur adressa beaucoup d'autres proclamations aux Peuples étrangers, aux Généraux, aux Paysans, notamment aux anciens partisans de l'Aristocratie.

Décidé à ne pas souffrir des *ennemis intérieurs* qui pourraient
conspirer avec l'ennemi du dehors et trahir en cas de revers, il
épuisa tous les moyens de douceur, de prévoyance et de fermeté
pour prévenir ou maitriser tous les dangers.

Quelques Nobles sortirent du pays : mais la masse des anciens
Aristocrates, convaincus que leur cause était à jamais perdue,
éclairés d'ailleurs, convertis et complétement rassurés par tout ce
qui venait de se passer, rivalisèrent sincèrement de patriotisme
avec les meilleurs citoyens.

Les hommes les plus honorés, les fonctionnaires publics, même
les riches les plus opulents, les prêtres les plus éloquents, les
femmes les plus brillantes, tous, entraînés par le Dictateur, l'aidaient
à leur tour à entraîner les autres.

C'était à qui se distinguerait le plus en offrant ses biens, sa personne et ses enfants à la Patrie, tant l'influence du Pouvoir est irrésistible quand il donne l'exemple de la justice, de la bonté et du
dévouement au Peuple et au Pays !

Je ne vous parlerai pas de tous les moyens qu'employa l'habile
Icar pour exciter l'*enthousiasme*. La presse, la poésie, les chants,
la musique, les spectacles, les clubs, les exercices militaires, les
fêtes, tout y concourut.

Un hymne guerrier, appelé l'*hymne à la Patrie*, chanté partout
en chœur par la population, électrisait toutes les âmes.

Partout, les paysans accouraient sur les routes au moment du
passage des citoyens qui partaient les premiers. Les populations
des villes accouraient à leur arrivée et les accompagnaient à leur
départ.

Soldats et gardes populaires, ouvriers et jeunes étudiants, citoyens de toutes les classes, tous fraternisaient ensemble et s'exal-
taient mutuellement.

On ne voyait partout que des hommes armés, même de petits *régiments de femmes* qui s'offraient pour soigner les blessés ou servir les combattants.

On ne voyait aussi que des ouvriers fabriquant des armes, préparant ou transportant des munitions de guerre.

Et partout on n'entendait qu'une musique guerrière ou des chants guerriers : partout, travailleurs, spectateurs, citoyens réunis, soldats en marche, chantaient l'*hymne à la Patrie*, au milieu d'incroyables transports.

Les Rois eurent beau multiplier leurs *manifestes* hypocrites; rien ne put entrer; et d'ailleurs les proclamations du Dictateur étaient prêtes pour pulvériser leurs mensonges et leurs perfides promesses.

Vingt-cinq armées, confiantes dans les officiers choisis par elles, montraient enfin leurs drapeaux sur toute la frontière; toute la campagne était couverte d'innombrables petits corps francs; toutes les villes voisines étaient remplies de gardes populaires; cinq cents Représentants du Peuple étaient à côté des Généraux; et le reste de la Représentation nationale était auprès du Dictateur pour lui donner tout l'appui qu'il pourrait demander, lorsque le premier coup de canon fut tiré par la Coalition des Rois.

Je passe sous silence les succès et les revers partiels, les coups de fortune et les malheurs, les actes de génie et les fautes, les traits de bravoure héroïque et de dévouement sublime.

Je vous dirai seulement que, quand on vit les armées Icariennes s'ébranler sur toute la ligne avec des cris d'enthousiasme qu'on n'avait jamais entendus, les soldats étrangers qui combattaient à regret, surtout les Rois et les Aristocrates qui les entraînaient, furent glacés d'épouvante, tandis que les Peuples, encouragés par la vue du drapeau de l'Egalité et de la Fraternité, faisaient des vœux pour leurs libérateurs et se préparaient à les recevoir en frères.

Vous parlerai-je de la grande bataille, ou plutôt de l'immortelle victoire de Dorac, sept jours après l'ouverture de la campagne? Jamais peut-être l'enthousiasme que peut inspirer à des hommes l'amour de la Patrie et de l'Humanité n'avait opéré tant de prodiges !

Vous dirai-je aussi les conséquences, le découragement des armées ennemies; la division parmi leurs généraux; la révolte de plusieurs Corps; la défection de 20,000 Miraks, qui, récemment

subjugués par un Roi voisin et forcés de se battre pour lui, tournè-
rent, sur le champ de bataille, leurs canons contre leur oppresseur ?

Vous raconterai-je les insurrections des Peuples, leurs nouveaux
Gouvernements plus ou moins démocratiques, et leur reconnaissance envers leurs généreux libérateurs ?

Remarquons seulement que trois des principaux Peuples voisins,
auxquels d'autres se réunirent ensuite, envoyèrent des Plénipoten-
tiaires dans un *Congrès* où furent proclamés la Paix, le désarmement général, la fraternité des Peuples, la liberté du Commerce
d'importation et d'exportation, l'abolition des Douanes, même la suppression sur les monuments publics de tous les emblèmes qui, dans
chaque Nation, rappelaient aux autres Nations l'humiliant souvenir
de leurs défaites.

Ce premier Congrès organisa même une *Confédération* et un
*Congrès fédéral annuel*, pour discuter les intérêts communs des
Confédérés.

Hâtons-nous de rentrer avec les armées triomphantes ; et sans
nous arrêter aux récompenses et aux *honneurs* décernés aux soldats, ni aux fêtes qui célébrèrent le Courage, la Victoire et la Paix,
revenons à Icar, qui avait de nouveau déposé la Dictature, et à la
Représentation populaire, qui avait repris ses délibérations sur la
Constitution.

Vous allez enfin les voir, ou plutôt demain vous les verrez s'occuper sans distraction de l'établissement de la Communauté !

Mais ces glorieux souvenirs me causent trop d'émotion pour ne
pas vous demander la permission de répéter en finissant notre
cri national : *Gloire à nos Ancêtres ! Gloire éternelle au bon Icar !*

Et tout l'auditoire électrisé répétait ce cri avec tant d'ardeur qu'il
dominait le bruit des applaudissements.

---

## CHAPITRE VI.

Régime transitoire. — Égalité politique ; Inégalité sociale décroissante ; Égalité
sociale progressive.

Vous pensez bien que, après la guerre, la victoire et la paix,
l'influence d'Icar n'eut plus de bornes ; on en aurait presque fait un
*Dieu !*

On proposa de le nommer *Dictateur à vie* : mais ce fut lui qui repoussa cette proposition, disant que le peuple devait s'habituer à faire lui-même ses affaires. Il refusa même le titre de *Président de la République*, pour ne prendre que celui de *Président de l'Exécutoire*, déclarant que la souveraineté du Peuple et de ses Représentants ne devait avoir désormais ni rival, ni l'ombre d'un rival ; mais il n'en fut pas moins l'Âme, le Génie et en réalité le Dictateur de la République.

Aussi la *Communauté*, discutée de nouveau, fut-elle adoptée à l'unanimité, et sa réalisation intégrale et complète fixée à 50 ans, comme il l'avait proposé.

Et, après une longue et solennelle discussion, son système social et politique *transitoire* fut également adopté, avec des modifications plus ou moins importantes.

Je n'ai pas besoin de vous exposer le système de la Communauté, puisque c'est celui que vous nous voyez pratiquer aujourd'hui ; mais je vous exposerai rapidement les principes du système *transitoire ;* en voici le résumé.

### PRINCIPES DE L'ORGANISATION SOCIALE TRANSITOIRE.

1. Le système de l'égalité absolue, de la Communauté de biens et de travail *obligé* ne sera complètement, parfaitement, universellement et définitivement appliqué que dans 50 ans.

2. Pendant ces 50 ans, le droit de Propriété sera maintenu et le travail restera libre et non obligatoire.

3. Les fortunes actuelles seront respectées, quelque inégales qu'elles soient : mais, à partir d'aujourd'hui et pour les acquisitions futures, le système de l'*inégalité* DÉCROISSANTE et de l'*égalité* PROGRESSIVE servira de transition entre l'ancien système d'*inégalité* ILLIMITÉE et le futur système d'*Égalité parfaite* et de *Communauté.*

4. Tous les propriétaires existants aujourd'hui continueront à *conserver leurs propriétés.* Il ne pourra être fait de changements que pour les successions, les donations et les acquisitions *futures.*

5. Aucun des individus actuellement âgés de 15 ans ne sera obligé de travailler quand la Communauté commencera. — Mais les enfants actuellement nés et âgés de moins de 15 ans, et tous ceux à naître, recevront une éducation industrielle générale élémentaire, afin de pouvoir exercer une profession quand la Communauté commencera.

6. A partir d'aujourd'hui, toutes les lois auront pour but de diminuer le superflu, d'améliorer le sort des pauvres, et d'établir progressivement l'Égalité en tout.

7. Le *budget* pourra n'être pas réduit, mais l'assiette et l'emploi en seront différents.

8. La pauvreté, les objets de première nécessité et le travail seront affranchis de tout impôt.

9. La richesse et le superflu seront imposés *progressivement*.

10. Toutes les dépenses publiques inutiles seront supprimées.

11. Toutes les fonctions publiques seront rétribuées.

12. Toutes le seront suffisamment et modérément.

13. Le *salaire* de l'ouvrier sera réglé, et le *prix* des objets de première nécessité sera taxé, de manière que chaque cultivateur, chaque ouvrier et chaque propriétaire puisse vivre convenablement avec le produit de son travail et de sa propriété.

14. *Cinq cents millions* au moins seront consacrés, chaque année, à fournir du *travail aux ouvriers* et des *logements aux pauvres*.

15. A cet effet, tous les travaux préparatoires pour l'établissement de la Communauté seront immédiatement commencés.

16. L'*Armée* sera supprimée aussitôt que possible, avec une récompense.

17. En attendant, elle sera employée, avec une solde spéciale, à des *travaux* d'utilité publique.

18. Le *domaine populaire* sera, s'il est possible, consacré de suite à l'application du système de la Communauté, transformé en villes, ou villages, ou fermes, et livré à une partie des pauvres.

19. On prendra tous les moyens d'augmenter la *population* et de faire cesser le *célibat*.

20. Le mariage des ouvriers sera encouragé et facilité.

21. L'*instruction* et l'*éducation* des générations nouvelles sera l'un des principaux objets de la sollicitude publique.

22. Elles auront pour but de former des citoyens et des ouvriers capables de pratiquer le système de la Communauté.

23. *Cent millions*, s'ils sont nécessaires, y seront consacrés chaque année. Rien ne sera ménagé pour avoir tous les Professeurs indispensables. La République leur fournira l'aisance pour eux et leurs familles, et les considérera comme les plus importants de ses fonctionnaires publics. »

Tels furent les principes de l'organisation sociale transitoire, basée sur la *Propriété* et l'inégalité *décroissante* de fortunes ; et ce système transitoire respectait, comme on voit, tous les *droits ac-*

*quis*, tandis que le système définitif de la Communauté ne devait exister que pour le *petit nombre* des enfants au-dessous de 15 ans, et pour les *générations à naître.*

Dinaros exposa ensuite les principes de l'*organisation politique pendant la transition.*

Je ne répéterai pas ce qu'il nous dit sur ce sujet, parce que j'ai déjà suffisamment rapporté cette organisation gouvernementale, qui diffère peu de l'organisation actuelle. ( *V.* tome 1er, chap. V.)

Je me contenterai d'ajouter que Dinaros nous exposa les bases d'une *République démocratique* fondée sur la souveraineté du Peuple et sur l'*égalité* des Provinces, des Communes et des Citoyens, en nous expliquant les moyens transitoires employés pour faciliter à ceux-ci la fréquentation des assemblées populaires et l'exercice de tous leurs droits politiques.

Je répéterai cependant l'exposé que nous fit Dinaros sur le régime *pénal et judiciaire* ; car, la Propriété devant être conservée pendant 50 ans, il était impossible d'espérer qu'il n'y aurait plus de crimes pendant cette époque, et nécessaire de conserver des moyens de répression.

Dinaros nous parla d'abord des malheureux *condamnés* qui, au moment de la Révolution, encombraient les prisons et les bagnes, où les Aristocrates et les riches les avaient entassés. Il nous apprit qu'Icar les avait immédiatement rendus à la liberté et à leurs familles, en les admettant soit dans l'armée, soit dans les ateliers de la République ; que les voleurs mêmes qui voulaient travailler avaient été graciés ; et que presque tous avaient eu depuis une conduite irréprochable.

Puis il nous lut la fin d'un résumé à peu près ainsi conçu :

« L'organisation judiciaire sera simplifiée. — Les Juges seront électifs et temporaires. — Les Jurés prononceront sur le *fait*, en matière civile et en matière correctionnelle comme en matière criminelle. — Le code pénal sera refait ; *la peine de mort est abolie* ; les peines afflictives seront supprimées. — Le code de procédure criminelle sera refait ; la liberté individuelle sera garantie contre tous les abus d'autorité ; les accusés de crime capital pourront seuls être arrêtés avant le jugement, *avec l'autorisation d'un jury d'arrestation provisoire.* — Les prisons seront saines et commodes. »

— Telles furent, reprit Dinaros, les principes de la *Constitution*

*transitoire*, et cette Constitution, soigneusement publiée et parfaitement connue, fut unanimement *acceptée* par le Peuple, au milieu
des fêtes et des transports de joie.

Ce fut au milieu des mêmes transports que la Constitution fut
mise en action par l'organisation définitive de toutes les assemblées populaires communales, par l'élection des Représentations
provinciales, et par l'installation de tous les nouveaux Fonctionnaires publics.

Le Gouvernement *Républicain-Démocratique* se trouva donc en
vigueur ; et la Représentation populaire, d'accord avec Icar, Président de l'Exécutoire national, s'occupa enfin des *intérêts du*
*Peuple*, et put ne s'occuper que de son bien-être, débarrassée
qu'elle était de toute espèce de discorde civile et de menaces
étrangères.

Le *Peuple* entier prit part à la discussion de ses affaires ; car les
Assemblées populaires Communales, composées de tous les citoyens
réunis dans chaque Commune, discutaient les intérêts communaux;
les Représentations Provinciales, composées de députés élus par
les citoyens de chaque Province, discutaient les intérêts provinciaux ; les unes et les autres discutaient aussi les intérêts plus généraux qui leur étaient confiés par la Constitution ; et la Représentation Nationale, élue par tous les citoyens de la République,
discutait tous les intérêts nationaux.

Pour ordonner l'immense travail d'organisation qu'elle avait à
exécuter, la Représentation nationale se divisa en 15 grands *Co-*
*mités* principaux (d'agriculture, nourriture, vêtement, logement,
industrie, commerce, instruction et éducation publique, statistique, etc.), composés de 133 membres chacun, et subdivisés en
60 *Sous-Comités* de 33. Elle organisa même, près de chacun d'eux,
des *Commissions* composées de citoyens non députés qui possédaient des connaissances spéciales, et qui donnaient des *avis*. Tous
ces Comités faisaient les *enquêtes* nécessaires et correspondaient
avec des Comités analogues, organisés dans toutes les Représentations Provinciales et dans toutes les Assemblées populaires Communales, en sorte que le Peuple entier était distribué dans ces Comités
divers.

Et pour que le Peuple pût discuter en pleine connaissance de

cause, chaque Commune eut un *journal communal*, pour les affaires et les habitants de la Commune ; chaque Province eut son
*journal provincial*, pour les affaires et les habitants de la Province ; et la Nation eut un *journal national ou populaire* pour les
affaires de la Nation et pour tous les citoyens. Chaque journal, rédigé par des fonctionnaires publics, élus par les citoyens, était distribué aux frais des Communes, des Provinces et du Pays (ce qui
n'occasionnait qu'une bien faible dépense à chacun), en sorte que
chaque chef de famille recevait *gratis* le journal de sa Commune,
celui de sa Province, et le journal national ou populaire, cette dépense étant considérée comme dépense pour l'*Instruction publique*
ou pour l'exercice de la *Souveraineté du Peuple*.

Dans ce même but, on institua partout des fonctionnaires spéciaux et permanents pour faire la STATISTIQUE ou l'inventaire des
Communes, des Provinces et de la République entière.

Chaque Commune dut avoir sa *statistique*, qui comprend le
nombre, l'état et l'emploi des maisons; le nombre, l'état et la fortune
déclarée des familles; le nombre des personnes dont chaque famille
se compose, avec l'indication du sexe, de l'âge, de la profession ;
le nombre des femmes et des hommes, des mariés et des célibataires
ou des veufs ; le nombre des individus d'un an, de deux ans,
de trois ans, etc. ; le nombre des maçons, charpentiers, corden-
niers, etc., etc.

La statistique *communale* dut contenir aussi le nombre et l'état
des domaines et des fermes ; le nombre des arpents de terre avec
l'indication des cultures et des produits ; le nombre des chevaux,
bœufs, etc...

La statistique *provinciale* dut être le relevé des statistiques communales de toutes les communes qui composaient la Province ; et
la statistique *nationale* fut le relevé de toutes les statistiques provinciales.

Chacune de ces statistiques eut des bâtiments particuliers dans le
chef-lieu de chaque Commune et de chaque Province, et dans la
Capitale.

Chacune d'elles dut être imprimée et distribuée, chaque année, à mesure de sa confection, de manière que chaque chef de
famille eût celle de sa Commune, celle de sa Province et celle de
la Nation.

Le Gouvernement pouvait ainsi connaître, pour chaque Commune, pour chaque Province, pour le Pays entier, quels étaient
sa population, ses besoins et ses moyens de travail, et quels

étaient tous les produits de la terre ; il y trouva continuellement tous les renseignements nécessaires pour lever toutes les difficultés, pour utiliser toutes les ressources, pour satisfaire à toutes les nécessités, et pour perfectionner l'ordre et l'économie dans l'administration.

Toutes les idées de *Réforme* et d'*amélioration* purent donc partir sans cesse de chaque Famille, de chaque Commune, de chaque Province, pour éclairer la Représentation nationale, ou descendre de la Représentation nationale pour diriger ou consulter le Peuple; et, dans les cas les plus importants, c'était le Peuple entier qui décidait souverainement et définitivement.

L'une des premières questions sur lesquelles Icar et la Représentation nationale appelèrent les méditations de tous les citoyens fut celle-ci : *Comment, en conservant transitoirement la Propriété, détruire la misère et améliorer progressivement le sort des pauvres, de manière que tous soient, le plus tôt possible, bien nourris, bien vêtus et bien logés ?*

Jugez quel mouvement excita dans les esprits cette seule question soumise à toutes les intelligences ! Quel monde nouveau !

On commença par réformer les ABUS.

Inutile de vous dire que tous furent balayés comme d'un seul coup de balai.

Et comme presque tout était abusif ou vicieux, on changea presque tout, les poids et les mesures, la division du temps et du pays, les choses et les noms, les usages et les coutumes; on fit une *Révolution* universelle et radicale, une *Rénovation* complète, une véritable *Régénération*.

Les individus même quittèrent leurs noms pour en prendre de nouveaux, en sorte qu'un nouveau Peuple semblait avoir pris la place du premier, tandis que le pays paraissait métamorphosé lui-même, les provinces, les villes, les rues et les rivières ayant remplacé leurs noms anciens par des noms tout différents.

Les abus balayés, on s'occupa de reconstruire ou d'améliorer ; et partout on écrivit cette règle générale : *D'abord le nécessaire !* — *puis l'utile !* — *ensuite l'agréable !*

Pour que les pauvres fussent convenablement nourris, vêtus et logés, on proposa : les uns de diminuer le prix des aliments, des

vêtements et des logements, et d'augmenter le salaire en assurant
du travail ; les autres, de leur distribuer des aliments, des vêtements et les logements nécessaires, ou de l'argent pour s'en procurer,
et d'établir à cet effet une *taxe des pauvres* : d'autres proposèrent
de contracter des *emprunts* et même de créer un *papier-monnaie*,
afin de donner à la République le moyen de secourir les pauvres
sans grever trop sensiblement les riches.

Tous ces moyens, combinés ensemble, concoururent au même
but et mirent à la disposition de la République un *énorme capital*
suffisant pour toutes ses dépenses.

L'AGRICULTURE fut l'un des principaux objets de la sollicitude générale : on employa tous les moyens nécessaires pour que toutes les
terres fussent cultivées et le mieux possible ; on envoya des commissaires dans tous les pays étrangers pour étudier leurs procédés ;
on indiqua les productions qui convenaient le mieux à chaque espèce
de terre, les produits surabondants dans le pays et les produits
qui manquaient ; on encouragea l'amélioration des grains, des légumes, des fruits, des bestiaux, en un mot de tous les aliments, de
manière que tous les citoyens pussent être bien nourris. Le Gouvernement donna l'exemple sur le *domaine national* et sur les *terrains communaux*. — Du reste, les *mille Comités d'agriculture*
organisés dans les mille Communes s'occupèrent sans cesse de perfectionnements, et un *journal* spécial *d'agriculture* éclairait et dirigeait tous les agriculteurs.

Les Comités de NOURRITURE, composés principalement de médecins, de chimistes et de cuisiniers, discutèrent les milliers de
questions concernant le nombre et l'heure des repas ; le nombre,
la nature, l'ordre, la préparation et l'assaisonnement des mets ; les
bons et les mauvais aliments ; la variété convenable suivant les
saisons, les âges, les sexes et les professions. Ils indiquèrent non-
seulement tous les vices de l'ancien système d'alimentation, tous
les inconvénients à éviter et toutes les améliorations à introduire,
mais encore le meilleur système de repas et de nourriture pour le
temps où la Communauté serait établie, où tous les aliments seraient
distribués par la République et où tous les citoyens seraient nourris
de même.

La Représentation populaire arrêta ce système *définitif*, en
prépara l'application et l'appliqua même partiellement dans tous
les cas où la chose fut possible, dans ses *hôpitaux* par exemple,
dans ses *écoles* et dans ses *ateliers*. Elle vota successivement

toutes les dispositions *transitoires* qui devinrent praticables, et travailla sans relâche à améliorer et perfectionner la nourriture du Peuple.

Les Comités de VÊTEMENTS, composés principalement de médecins, dessinateurs et ouvriers compétents, discutèrent de même les milliers de questions concernant le vêtement des hommes, des femmes, des enfants, des ouvriers, etc., et indiquèrent, pour la masse du Peuple, les meilleurs vêtements, les plus commodes et les plus élégants.

La Représentation populaire détermina le système qui serait appliqué, quand tous les citoyens seraient vêtus de même, et vota toutes les dispositions *transitoires* qui lui parurent les plus utiles.

Du reste, les législateurs étant élus par le Peuple et possédant toute sa confiance, tous les projets ayant été discutés et approuvés par le Peuple lui-même, toutes ces lois n'ayant aucun autre but que l'intérêt du Peuple, les lois ne rencontraient d'opposition nulle part, et chacun s'empressait d'exécuter les décisions et même les simples indications de la Représentation nationale concernant les aliments et les vêtements.

Il en fut de même pour le LOGEMENT et l'AMEUBLEMENT.

Tous les citoyens devant être logés de même et le mieux possible sous la Communauté, la Représentation populaire décida qu'une magnifique récompense, avec un *buste* dans toutes les maisons de la République, serait décernée, au nom du Peuple, à celui qui présenterait le *plan d'une* MAISON *modèle* le plus parfait sous tous les rapports.

Et quand tous les plans eurent été jugés dans un *concours* public, la Représentation populaire adopta le plan couronné, et ordonna que désormais toutes les maisons de la Communauté seraient construites sur ce plan.

Et chacun comprit qu'il en résultait cet inappréciable avantage que, toutes les portes, les fenêtres, etc., étant absolument les mêmes, on allait avoir la possibilité de préparer, en masses énormes, toutes les pièces constitutives d'une maison, d'une ferme, d'un village et d'une ville.

En attendant, on consacra beaucoup de *bâtiments publics* à loger un grand nombre de familles pauvres, et l'on prit toutes les dispositions transitoires qui parurent nécessaires pour *améliorer de suite le logement du Peuple.*

La satisfaction que cette grande mesure de justice et d'humanité donnait au Peuple excita tellement l'enthousiasme universel qu'un grand nombre de riches, entraînés par l'exemple d'Icar, *offrirent des bâtiments* à la République pour la même destination.

On obtint de même les plans-modèles d'une *ferme*, des divers *ateliers*, des *hôpitaux*, des *écoles*, etc.

On fit de même pour l'*ameublement* et pour chaque espèce de *meubles*.

Toutes les Villes communales devant être semblables sous la Communauté, une immense récompense et une *statue* dans toutes les Communes furent offertes à celui qui présenterait le plan d'une *Ville-modèle* le plus parfait.

Le même pour les Villes *provinciales*, pour la *Capitale*, et pour tous les *monuments*.

On fit reconnaître les Villes mal situées ou mal construites, celles à reconstruire en entier et celles à réparer seulement, avec les changements à leur faire subir et les dispositions *transitoires* à adopter.

La Représentation populaire ordonna de suite la reconstruction des Villes brûlées pendant la guerre et la construction de plusieurs autres Villes où seraient logés les *soldats blessés* et des *pauvres*, et où l'on appliquerait de suite le système de la Communauté.

Elle ordonna que presque tous les Villages seraient reconstruits.

Le territoire de la République fut divisé en 100 Provinces égales, autant que possible, en étendue.

Chaque Province fut divisée en 10 Communes à peu près égales.

On chercha à placer chaque Ville Provinciale (ou Chef-lieu de la Province) au centre de sa Province, et chaque Ville Communale (ou Chef-lieu de la Commune) au centre de sa Commune, avec des communications telles qu'une heure fût suffisante pour amener dans la Ville Communale tous les citoyens dispersés sur le territoire de la Commune.

Chaque Ville Provinciale et son territoire contint le territoire et la population de *trois* Villes Communales et de trois Communes. La Capitale en contint *soixante.*

On prit aussi toutes les dispositions pour distribuer également la population de manière que chaque Commune et par conséquent chaque Province fût également peuplée.

On constata les grandes *routes* mal tracées, et les changements à y faire, ainsi que dans les *canaux* et les *rivières* qui, presque toutes, durent être alignées, creusées et canalisées. On indiqua tous les *chemins* à créer ou à réparer, et l'on ordonna les travaux les plus urgents.

On fit chercher partout toutes les *mines* que pouvait contenir le pays.

Le travail à exécuter étant immense, le *Comité de l'Industrie* mit à contribution tout le génie mécanique et industriel du Peuple et même des Étrangers, pour inventer ou importer toutes les *machines* et *mécaniques* qui pourraient augmenter la fabrication et remplacer l'homme pour tous les travaux périlleux, ou pénibles, ou dégoûtants.

Dans toutes les fabrications, celle des vêtements, par exemple, on chercha les formes qui rendraient la confection plus facile, afin de pouvoir diminuer le nombre des tailleurs et les utiliser autrement.

La République reçut même successivement plus d'*un million d'ouvriers étrangers*, qui s'établirent et se marièrent dans le pays ; mais elle n'admit que de beaux hommes ou des hommes de talent, afin d'améliorer en même temps la population et l'industrie.

La Représentation populaire éclairait et dirigeait le *Commerce* et l'*Industrie*, en indiquant les marchandises et les ouvriers surabondants ou manquants.

Elle se fit même *grand négociant* et *grand manufacturier*, au nom du Peuple ; car elle ordonna à l'Exécutoire de faire, surtout à l'étranger, d'immenses achats de matières premières, et d'organiser d'immenses manufactures *républicaines*, d'immenses ateliers *républicains*, pour fabriquer les étoffes, les vêtements et les meubles les plus nécessaires au Peuple, et pour préparer toutes les pièces de maçonnerie, de boiserie, de serrurerie, nécessaires à la construction des maisons.

Elle fit construire aussi d'immenses *usines républicaines* pour l'exploitation des *mines* et pour la fabrication des *machines*.

Les nombreux ouvriers employés dans ces divers ateliers furent tous soldés, ou plutôt nourris, vêtus et logés par la République.

Et pour faciliter cet immense travail de reconstruction et de fabrication, le Comité des *travaux publics*, aidé d'une Commission composée de savants et d'industriels, détermina l'*ordre des travaux* et ceux par lesquels il fallait *commencer* pour préparer les autres et surmonter toutes les difficultés.

Le Comité de *santé publique* indiqua toutes les précautions à prendre dans les ateliers et partout. Un traité d'*hygiène populaire* couronné par la Représentation nationale et distribué gratuitement à plusieurs millions d'exemplaires, apprit à chacun ce qu'il devait faire pour sa santé dans toutes les situations de la vie ; et le Comité de *perfectionnement humanitaire* travailla sans cesse à l'amélioration de l'Espèce humaine.

*L'Éducation* et *l'Instruction* publiques avaient été le principal objet peut-être de l'attention d'Icar, et concentrèrent celle des Philosophes et du Peuple entier.

La Représentation populaire fit préparer des *écoles provisoires* et y consacra les plus beaux bâtiments publics.

Elle prit toutes les dispositions pour avoir de suite ou pour former le plus tôt possible tous les instructeurs et *professeurs* nécessaires.

Elle s'occupa d'abord des *adultes* de 15 à 30 ans, auxquels elle fit apprendre la lecture, l'écriture et quelques autres des connaissances pratiques les plus utiles à l'ouvrier et au citoyen.

Elle décréta, pour le temps de la Communauté, un système d'Éducation et d'Instruction le plus parfait sous tous les rapports.

Elle décréta aussi un système *transitoire* qui différait le moins possible du système *définitif*.

Tous les enfants des deux sexes, riches et pauvres, qui avaient alors de 10 à 15 ans, furent obligés d'apprendre un état de leur choix, et furent instruits sur l'organisation nouvelle et sur la Communauté.

Tous les enfants au-dessous de 10 ans furent *gratuitement* élevés *en commun* jusqu'à 18 ans et complétement habitués à la vie de la Communauté.

Enfin, on fit rédiger tous les ouvrages nécessaires, soit pour former des professeurs, soit pour instruire les élèves, soit pour *instruire tous les citoyens*.

Un des projets qui plaisaient le plus à Icar, c'était de faire composer une *langue nouvelle*, parfaitement rationnelle et régulière, ne présentant aucune exception aux principes adoptés et renfermant le plus petit nombre de règles possible, par conséquent la plus simple, la plus laconique et la plus facile à apprendre.

Son projet fut adopté par la Représentation populaire, qui décida l'érection d'une *statue* dans toutes les *écoles* en l'honneur de celui qui présenterait le meilleur plan. Puis, elle ordonna l'enseignement de cette langue à tous les enfants et jeunes gens, et la *traduction* des meilleurs ouvrages anciens existants, les mauvais se trouvant ainsi supprimés.

La *Religion* et les Prêtres obtinrent également toutes les méditations d'Icar, de la Représentation populaire et de la Nation entière, pour fixer soit le système religieux *définitif*, soit le système *transitoire*.

On proclama le respect de toutes les croyances et la tolérance do tous les cultes.

La Religion fut complétement séparée du Gouvernement et ramenée à l'adoration de la Divinité et à la prédication de la Morale.

Tous les jeunes Prêtres durent être élus par leurs coreligionnaires et purent se marier.

Le Clergé lui-même se déclara indépendant de tout Pontife étranger et reconnut qu'il était soumis à la loi.

Et tandis qu'on respectait les habitudes des vieux Prêtres et des vieux dévots, on employait l'éducation pour façonner de nouveaux Prêtres qui pussent être aussi respectables qu'utiles, pour régler les sentiments religieux des générations nouvelles, et pour ramener la Religion à la pureté et à la simplicité qui la font aimer et respecter.

Ce fut ainsi qu'Icar, les Représentants du Peuple et le Peuple lui-même, organisèrent *transitoirement* la Société, et travaillèrent à préparer la Communauté définitive.

Tout était si bien combiné que la mort d'Icar, en 1798, n'eut presque aucun inconvénient.

Des milliers de disciples et d'apôtres professaient et prêchaient sa doctrine; et l'on peut dire même que le Peuple entier partageait tous ses principes,

21.

Tout se trouvait décidé ; et l'exécution était tellement organisée, préparée et avancée, qu'il ne s'agissait plus, pour ainsi dire, que d'un travail de manœuvres.

Bien plus, les anciennes opinions et les anciennes habitudes furent tellement modifiées par l'Éducation, par les habitudes nouvelles, par la discussion et par l'expérience, que les riches eux-mêmes *donnaient leurs biens à la République* pour entrer dans quelque *Communauté partielle.*

Icar donna l'exemple en consacrant toute sa fortune à *constituer une Communauté* dans laquelle il établit 100 pauvres familles qui formèrent un village.

L'un des plus riches seigneurs, le duc d'Alizor, consacra également toute son immense fortune à *fonder une Communauté* composée de 300 pauvres familles, qu'il choisit lui-même.

Un autre, le comte de Marbel, les imita en choisissant, dans les hospices des enfants trouvés, 200 petits garçons de 9 à 10 ans et 200 petites filles de 5 à 6, qu'il fit instruire et qu'il admit dans sa *Communauté* après les avoir mariés.

Un troisième s'associa avec vingt autres pour organiser une *Commune entière*, tandis qu'un vénérable Prêtre déterminait tous les propriétaires de sa petite ville à mettre leurs biens en commun pour se *constituer en Communauté.*

Bien plus encore : tous ces exemples excitaient tant d'enthousiasme que des milliers de pétitions, à la tête desquelles on voyait des riches, demandèrent que l'époque transitoire fût abrégée ; et les travaux préparatoires marchèrent si rapidement que les 50 ans furent successivement *réduits à 40*, puis à 30, et que la Communauté fut complétement et définitivement établie en 1812, 14 ans après la mort d'Icar et la 30ᵉ année de la Régénération.

Vous comprenez maintenant, j'espère, comment cette heureuse Communauté s'est organisée chez nous : cependant, si quelqu'un d'entre vous a besoin de quelques nouvelles explications, (et je sais que plusieurs désirent quelques renseignements), je me ferai, comme je vous l'ai déjà dit, un vrai plaisir de répondre à toutes les questions ; car je désire vivement moi-même ne laisser aucun doute dans vos esprits : nous consacrerons donc notre prochaine séance à l'examen de vos *objections.*

Mais avant de terminer aujourd'hui, permettez-moi deux mots encore.

Imaginez, si vous pouvez, cette époque de *transition* : l'immensité des travaux de construction et de fabrication ; le mouvement de l'industrie et du commerce ; l'activité de l'intelligence et des bras ; la masse des découvertes, des inventions ou des perfectionnements dans les arts et les sciences ! Pendant ces 30 années, la Nation exécuta plus de *travaux* et fit plus de *progrès* que pendant toute son existence antérieure !

Imaginez aussi l'*aisance* et le *bonheur* dont jouirent nos pères après les horribles tempêtes et les gigantesques événements dont ils avaient été victimes ou témoins !

Dès le lendemain de la Révolution, aussitôt que les projets d'Icar furent exposés, le Peuple ne connut plus d'autre sentiment que la *confiance*, la *satisfaction* et l'*espérance* ; chaque jour apportait quelque conquête ou quelque amélioration nouvelle ; chaque jour augmentait l'enthousiasme pour la Patrie, pour la Fraternité, pour l'Humanité tout entière ; et nos pères, plus malheureux que nous dans leur enfance, ont trouvé, dans leurs succès et leurs victoires de tout genre, plus de *jouissances* intellectuelles, morales et matérielles, que la Communauté ne nous en donne à nous-mêmes aujourd'hui !

## CHAPITRE VII.

### Objections contre l'Égalité et la Communauté.

Quoique Dinaros dût seulement répondre aux questions qui lui seraient faites, nous avions tous tant de plaisir à l'entendre que la salle était aussi remplie que les jours précédents.

Une circonstance nouvelle doublait encore la curiosité : un vieux inquisiteur espagnol, nommé *Antonio*, renommé par son érudition et par la subtilité de son esprit, avait annoncé qu'il avait beaucoup d'objections à proposer ; et ses partisans, qui l'avaient excité à soutenir la discussion, se réjouissaient par avance de son futur triomphe.

Je crois avoir entendu, dit à Dinaros un des assistants, qu'on a reconstruit toutes les fermes et toutes les maisons, tous les villages et toutes les villes : mais comment a-t-il été possible de terminer tant de constructions dans l'espace de 30 années seulement ? Je conçois combien étaient puissants les divers moyens d'exécution dont vous nous avez parlé; cependant mon imagination est encore effrayée de l'immensité du travail, et peut-être existait-il d'autres moyens que j'ignore : s'il en est ainsi, ayez la bonté de nous les faire connaître.

— L'essentiel était en effet, répondit Dinaros, de préparer tous les logements pour l'époque fixée; mais l'essentiel était moins d'avoir des maisons solides et de longue durée que des maisons faciles à bâtir rapidement.

Après avoir arrêté, comme je vous l'ai dit, le plan modèle d'une maison et d'une ville, on a donc arrêté la manière de les construire *le plus rapidement possible*; l'on a tout disposé pour atteindre ce but, et l'on a fait des maisons légères qui ne devaient durer peut-être que 30 ou 40 ans et qu'on devait remplacer à loisir par des maisons plus solides.

On a aussi ajourné, dans les villes, tous les monuments qui n'étaient que d'embellissement, laissant vides les places qui leur étaient destinées.

Il en a été de même pour les meubles et pour tout le reste. Pendant les 30 ans, on n'a fabriqué que les choses *nécessaires*, laissant les choses *utiles* ou *agréables* pour le temps de la Communauté.

Je vous ai dit, d'ailleurs, qu'on employa toutes les *machines* connues dans les pays étrangers; qu'on en inventa une infinité d'autres; que toute l'intelligence du Pays s'exerça sur cette industrie; que le Peuple travailleur acquit une prodigieuse habileté; qu'un nombre immense de bras oisifs autrefois ou mal employés produisirent un travail utile; que nous reçûmes plus d'un million d'ouvriers étrangers; et que l'ensemble de nos machines représenta une force de plus de *deux cents millions de chevaux*, ou de *trois milliards d'ouvriers*.

Ajoutez à cela qu'on établit partout des *ateliers immenses* et des *manufactures gigantesques*; et que l'on préparait en *masses énormes* toutes les parties constitutives d'un bâtiment (pierres taillées, briques, charpente, portes, fenêtres, etc.); en sorte que la construction marchait ensuite avec une rapidité presque incroyable. Ainsi, je vous dirai que Icar a fait construire, sous ses yeux, une maison en un jour, et qu'il a vu bâtir une rue entière en 5 jours, une ville communale en 3 mois.

Remarquez encore que la plupart des villes à construire contenaient, sur le plan, plus de maisons qu'il n'en fallait d'abord, en sorte que des quartiers entiers ont été ajournés pour n'être construits que plus tard, au fur et à mesure que la population augmenterait.

— Je conçois, dit un deuxième... : mais ce que j'aperçois moins bien, c'est le PASSAGE du *Régime transitoire* au *Régime de la Communauté :* comment ce PASSAGE a-t-il pu s'opérer d'un seul coup, subitement, sur toute la surface du pays?

— Ce n'est pas ainsi que le PASSAGE s'est opéré, répondit Dinaros, mais partiellement et successivement : écoutez-moi bien !

On a commencé par les Provinces qui avaient le plus souffert de la guerre, et ensuite par les Provinces qui paraissaient le mieux disposées. Chaque année on a appliqué le nouveau régime à une, deux, trois ou quatre Provinces, en sorte qu'on a commencé la Communauté dès l'an 2, et qu'on l'a complétée en l'an 30.

Vous voyez déjà que l'opération était moins compliquée et moins difficile : voici maintenant comment elle s'exécutait·dans une Province ou plutôt dans une Commune.

Je dois d'abord vous dire que la loi déterminait le nombre et le modèle de tous les objets qui devaient composer le *mobilier* de chaque maison ou de chaque famille, et que les différents objets composant ce *mobilier légal* étaient fabriqués en grandes masses ; par conséquent, chacun pouvait réduire son mobilier à ces objets et se procurer ceux qui lui manquaient.

En second lieu, la *statistique* communale indiquait le nombre des familles et des personnes habitant la Commune, et le nombre des objets de chaque espèce qui leur étaient nécessaires ; par conséquent les magasins pouvaient être remplis d'avance.

Eh bien, dès qu'une maison nouvelle était construite, habitable, et *garnie* de tout son mobilier légal, on la livrait à un *pauvre*, et l'on déposait son *ancien mobilier* dans les magasins publics pour en tirer tout le parti possible.

Tous les *pauvres* de la Commune se trouvaient ainsi logés et meublés, et le plus grand nombre des maisons occupées dans le cours de six mois, par exemple : puis, les aisés et les riches étaient successivement logés, et *déposaient* également tout leur mobilier ou le réduisaient au mobilier légal.

Quand toutes les familles étaient ainsi logées et meublées, au bout d'un an ou deux, on élisait les nouveaux fonctionnaires, et l'on proclamait la Communauté dans la Commune.

On a fait plus ; et vous allez voir que le travail s'est commencé partiellement dans toutes les Communes de la République à la fois. Prêtez-moi toute votre attention !

Dès qu'il fut décidé, en l'an 1er, que les Provinces et les Communes, les Villes et les Villages, les maisons et les fermes, seraient semblables, et que par conséquent tout serait changé, on fit dresser le plan de chaque nouvelle Province avec toutes ses nouvelles Communes, et de chaque nouvelle Commune avec ses nouveaux Villages, ses nouvelles fermes et ses nouveaux chemins, et l'on y traça l'emplacement des chemins, des fermes, des villages et des villes.

On décida quelles villes seraient construites sur de nouveaux emplacements, et quelles villes seraient reconstruites sur l'emplacement des anciennes : pour les premières, on en fit tracer le plan sur le terrain, avec leurs places, leurs quartiers et leurs rues: pour les secondes, on en fit lever le plan sur des cartes immenses ; on en fit même dresser le plan en relief; puis, appliquant le plan-modèle, on indiqua sur le papier tous les changements à opérer; puis, appliquant ces changements sur le terrain, on indiqua par des jalons l'alignement de toutes les rues nouvelles, des places, monuments, promenades, etc. Comme les ingénieurs avaient acquis une prodigieuse habileté dans ces opérations, le travail fut terminé partout au bout de 4 années.

Partout alors on commença les chemins, les fermes, les villages les plus nécessaires : dans presque toutes les villes, on commença quelques rues et quelques quartiers pour y loger les plus nécessiteux ; et dès qu'une rue ou même une maison était habitable, on y plaçait les habitants d'une mauvaise maison, et l'on démolissait celle-ci pour en utiliser les matériaux.

Vous concevez ainsi que partout les *pauvres* ont pu jouir personnellement des bienfaits du nouveau système dès les premières années, tandis que, sur quelques points, des Communes entières et même des Provinces ont pu pratiquer dès la même époque le régime complet de la Communauté. Vous comprenez qu'aujourd'hui, en 1836, aucune de nos Provinces ne jouit de ce régime depuis moins de vingt-quatre ans, mais que presque toutes en jouissent depuis plus long-temps, les unes depuis quarante-huit ans, d'autres depuis quarante-sept, d'autres depuis quarante-six, et ainsi de suite d'année en année.

Vous devez concevoir maintenant comment la Communauté a pu s'établir successivement ou simultanément dans les Communes d'une Province, puis successivement ou simultanément dans plusieurs Provinces, puis enfin dans toute la République.

Vous devez concevoir même que, quoique beaucoup de bâtiments et d'effets mobiliers aient été perdus, la *perte* n'a pas été aussi considérable qu'on pourrait le supposer d'abord, parce qu'on a pu conserver les meilleurs bâtiments et utiliser les matériaux des autres, et parce que, quant aux meubles, on a pu utiliser les anciens en les modifiant, ou même les laisser à leurs maîtres jusqu'à ce qu'ils fussent usés, ce qui ne devait pas excéder les trente ans de l'époque de transition.

Tous les meubles fabriqués depuis l'an 2 ont été faits sur les *nouveaux* modèles, et tous les anciens se sont trouvés usés ou presque usés après les trente ans, de manière qu'il n'y a presque point eu de perte sur le capital national mobilier.

— Cependant, dit un troisième, les diamants, les bijoux, les objets de luxe?... Puisque la loi les interdisait, ils ont été perdus quand la Communauté s'est établie !

— Oui; mais ces objets n'avaient pas de valeur réelle; et d'ailleurs leur nombre avait successivement diminué, soit parce que le goût du luxe s'était naturellement affaibli, soit parce que l'industrie de luxe avait insensiblement été abandonnée.

Vous concevez par conséquent aussi qu'après les trente ans, les riches n'ont dû faire aucune difficulté pour *déposer* tous leurs objets de luxe dans les magasins publics, puisque, ne pouvant plus s'en servir, ils n'avaient aucun intérêt à les conserver.

— Il a dû en être de même de la *monnaie !* dit un quatrième.....

— Sans doute, puisqu'elle était devenue complètement inutile : on s'était d'ailleurs habitué à n'y plus mettre de prix.

— Et ceux qui avaient du *papier* n'ont pas plus perdu que ceux qui avaient de l'or?...

— Ils n'ont rien perdu ni les uns ni les autres, puisque la Communauté les a enrichis en leur donnant tout ce dont ils avaient besoin.

— Les *dettes* et les *créances* se sont trouvées éteintes? dit un cinquième...

— Indubitablement; car c'est dans les magasins publics que le débiteur et le créancier devaient déposer leur argent.

— Mais cela dut empêcher les *prêts* et la circulation des capitaux pendant la transition? dit un sixième...

— D'abord, cela n'empêcha pas les prêts à courte échéance. En second lieu, pourquoi les capitalistes auraient-ils conservé ou enterré leurs capitaux, puisqu'ils devaient être obligés de les dé-

poser ou de ne pas s'en servir! Le capitaliste égoïste pouvait
dépenser son argent pour jouir de la vie, et alors ses capitaux
circulaient; mais le capitaliste généreux donnait ou prêtait avec ou
sans intérêts, surtout à l'approche de la Communauté; et l'adoption du principe de la Communauté produisit même ce singulier et
heureux effet que, dès le milieu de l'époque de transition et plus
cette époque avançait, moins on tenait à l'opulence, moins on
craignait la pauvreté, plus l'*Egalité* s'établissait dans les fortunes.

— Et la *Rente?*...
— Hé bien! vous devez le deviner; elle se trouva éteinte après
les trente ans, et même successivement chaque année, au fur et à
mesure que les rentiers entraient dans une communauté communale; et pendant les trente ans, la Rente a été payée exactement:
elle a même pu se vendre comme auparavant, quoique le *jeu de
Bourse* eût été supprimé.

Vous pouvez deviner aussi que la Rente a été remboursée, après
les trente ans, aux *rentiers étrangers* : mais, dès l'adoption du
principe, on a constaté la quantité de rentes appartenant alors à
des étrangers, et la loi a défendu de leur en vendre davantage.

— Et les *agents de change*, comment ont-ils supporté la suppression de leur charge et la perte de leur fortune?
— Comme tous les riches, la Communauté les a, du même coup,
ruinés et enrichis pour les rendre plus heureux!

— Et les *étrangers* qui possédaient des *immeubles* dans le pays?...
— Ils ont été forcés de les vendre à quelque Icarien, ou expro-
priés et remboursés en vertu de l'ancienne loi sur l'expropriation
pour cause d'utilité publique; et il n'a plus été permis à l'étranger
d'acquérir à l'avenir aucune propriété.

— Mais vous avez ainsi repoussé les étrangers?...
— Non, nous les avons admis, comme vous l'êtes aujourd'hui,
en payant à la République une juste indemnité pour leur nourriture
et leurs autres dépenses.

— Mais les malheureux qui ne peuvent rien payer?...
— Nous voudrions pouvoir jouir de la satisfaction de les admettre
à partager notre bonheur : mais vous sentez bien qu'il nous est matériellement impossible de recevoir tous les malheureux qui sont
sur la terre! Nous recevons du moins ceux qui peuvent nous être

utiles par leurs talents, et même quelques victimes des tyrannies étrangères.

Antonio, qu'on attendait avec impatience, ayant alors demandé la parole, l'attention redoubla sur tous les bancs.

— Je voudrais, dit-il, obtenir la faveur de vous soumettre quelques observations ; mais, je l'avoue, mon embarras est extrême en présence des merveilles qui nous éblouissent les yeux dans Icarie.

— Parlez ! lui dit Dinaros. Parlez ! lui cria-t-on de toutes parts.

— J'admets, dit-il, que les Icariens sont réellement aussi heureux qu'ils le paraissent et le disent, et que leur bonheur est aussi solide que complet ; je ne m'arrête pas au miracle de tant de travaux exécutés en si peu de temps, parce que, si trente ans étaient insuffisants ailleurs, on pourrait les étendre à soixante, à quatre-vingts, à cent : mais je hasarderai quelques réflexions sur le système de l'*Egalité* et de la *Communauté* en lui-même, appliqué à nos pays d'Europe, si pourtant mes observations ne sont désagréables à personne.

— Parlez ! parlez ! lui répéta Dinaros. Parlez ! lui crièrent ses partisans.

— Hé bien ! je crois que l'*Egalité sociale* est contraire à la Nature, injuste, inutile, ou plutôt nuisible et impossible ; j'ajoute qu'elle a été repoussée dans tous les temps et chez tous les Peuples ; j'ajoute encore qu'il en est de même de la *Communauté ;* et je le démontrerais si je ne craignais pas de blesser des personnes dont la bonté nous inspire autant de reconnaissance que leur talent excite en nous d'admiration.

— Parlez ! parlez ! lui crièrent Dinaros et toute l'assemblée.

— Je vais donc user de votre permission, reprit Antonio : et, du reste, mes observations, restreintes à nos vieux Empires Européens, seront étrangères à Icarie, assez heureuse pour se trouver dans une position privilégiée et dans des circonstances toutes spéciales.

### OBJECTIONS CONTRE L'ÉGALITÉ ET LA COMMUNAUTÉ.

Hé bien, messieurs, je vous le demande, est-ce l'*Egalité* ou l'*Inégalité* NATURELLE que vous apercevez sur la Terre ?

La Nature elle-même, antérieure à la Société, n'a-t-elle pas créé les hommes *inégaux* en sexes et en couleur, en forme et en

santé, en taille et en force, en beauté et en fécondité, en intelligence et en génie, en courage et en vertus, comme elle a fait les
animaux *inégaux* entre eux par leurs forces et leurs instincts, et
les contrées *inégales* en fertilité et en productions, en chaleur et en
salubrité? Et quand, dans ces innombrables objets de la création,
on ne trouve pas deux êtres, deux hommes, deux animaux, même
deux feuilles et deux grains de sable qui soient parfaitement égaux
en tout, comment nier que la Providence, la Toute-Puissance, la
Sagesse infinie, n'ait voulu l'*inégalité*? Prétendre substituer à son
œuvre l'*Egalité*, n'est-ce pas se révolter contre Dieu lui-même?
(Quelques bravos se font entendre.)

Naturellement *inégaux* en force, en capacité, en activité, en
prévoyance, en besoins et en sobriété, les hommes devaient donc
être *inégaux* en influence, en autorité, en pouvoir, en fortune et
en considération : par conséquent l'*Egalité sociale et politique* aurait évidemment été la souveraine injustice.

Loin d'être *utile* aux faibles et aux incapables, cette Égalité aurait été *nuisible* à tous, parce qu'elle aurait empêché ou étouffé
l'émulation, l'activité, les efforts, le développement du génie et
les découvertes.

Quand même la Société aurait fait la folie de détruire l'*inégalité
naturelle* pour établir l'*Egalité de fortune et de possessions*, cette
Égalité ne pouvait être *durable* : l'assiduité des uns au travail,
leur adresse, leur prudence, leur frugalité, leur économie et mille
autres circonstances, devaient nécessairement les enrichir, tandis
que la paresse des autres ou leurs maladies, leur stupidité ou leur
ignorance, des accidents ou leur intempérance et mille autres
causes, devaient nécessairement les appauvrir et les réduire à la
misère : en un mot, l'*inégalité naturelle des moyens*, des vertus ou
des vices, aurait inévitablement dû détruire à son tour l'œuvre de
la Société et ramener l'*inégalité naturelle de fortune et de pouvoir.*
(Bravos, bravos.)

Aussi, voyez ce qu'a fait la sagesse de nos pères, lorsqu'ils ont
constitué les Sociétés, dans les temps d'innocence, de justice et
de vertu, dans l'âge d'or de l'Humanité! Sur toute la Terre, dans
tous les pays, dans tout le Genre humain, chez tous les Peuples
grands ou petits, dans tous les siècles, depuis le commencement
du monde jusqu'aujourd'hui, apercevez-vous autre chose que l'*inégalité de fortune et de pouvoir?*

Et voyez l'opinion, je ne dis pas des masses ignorantes, mais des classes qui se rapprochent de la Divinité par leurs lumières et les inspirations de l'esprit divin ; voyez l'opinion des historiens, des savants, des philosophes, des législateurs, des Gouvernements, des saints interprètes de la volonté céleste, et même des sectes et des sociétés mondaines les plus hardies en révolution et en réforme ; l'*inégalité* n'est-elle pas leur cri commun de ralliement ?

J'en dirai autant de la *Propriété* et de la *Communauté de biens.*

Si la Providence a fait pour le Genre humain tout ce qui se trouve sur la terre, n'est-il pas vrai qu'elle n'a rien donné à personne en particulier, et qu'elle a laissé à chacun la faculté de s'approprier les animaux, les fruits et les champs qui lui étaient nécessaires ? N'est-il pas vrai que chacun a eu la possibilité de se procurer en effet, en travaillant, tout ce dont il avait besoin ?

N'est-ce pas la Nature elle-même qui a donné à l'homme la prévoyance de l'avenir, l'esprit d'économie, le talent de cultiver la terre, le goût de la Propriété, le désir d'amasser des richesses pour en jouir et pour en faire jouir ses enfants ? N'est-ce pas dès lors Dieu lui-même qui a établi la *Propriété* ?

N'était-il pas souverainement juste que chacun fût propriétaire et maître des animaux qu'il avait pris à la chasse ( en les poursuivant péniblement et en les combattant au péril de sa vie), des fruits qu'il s'était donné la peine de chercher et de cueillir , de la cabane et du champ qu'il avait eu l'adresse et la peine de construire et de cultiver ?

N'aurait-il pas été souverainement injuste au contraire que tout fût commun entre le laborieux et le paresseux, entre l'intelligent et le stupide, entre le sobre et l'intempérant , entre l'économe et le prodigue ; et que le premier travaillât pour le second et partageât avec lui, tandis que le second aurait mangé et dormi sans rien faire pour le premier ?

Et si, de deux hommes, l'un avait toutes les qualités et toutes les vertus, l'autre tous les défauts et tous les vices ; si l'un avait de nombreux enfants qu'il élevait bien, de nombreux serviteurs qu'il dirigeait bien, et de nombreux esclaves qu'il savait bien utiliser, tandis que l'autre restait seul et réduit à sa nullité ; si les deux familles avaient ainsi continué pendant plusieurs générations , n'était-il pas naturel et juste que l'un de ces hommes eût accru ses propriétés et l'autre perdu les siennes en les aliénant , que l'une de ces familles fût devenue riche et puissante, et que l'autre se trouvât pauvre, faible et gouvernée?

N'était-il pas naturel, en un mot, que la *Propriété*, ÉGALE d'abord par suite d'un premier partage entre les premiers Peuples et les premiers citoyens, se transformât bientôt, par la vertu des uns et le vice des autres, en une *Propriété* INÉGALE?

Aussi, partout et toujours, chez tous les Peuples et dans tous les siècles, la *Propriété* et l'*Inégalité de fortune* ont servi de base à la Société, sans que l'*Egalité de biens* et la *Communauté* aient pu s'établir jamais et nulle part.

Et permettez-moi de vous rappeler les avantages de cette institution dictée par la Nature et adoptée par l'Humanité, en leur comparant les inconvénients de la *Communauté de biens ;* permettez-moi de vous retracer quelques-uns des innombrables bienfaits de la *Propriété* et de la *Richesse*, non-seulement pour les propriétaires et les riches, mais encore pour la masse de chaque Nation, et particulièrement pour les pauvres et les prolétaires.

Qui peut nier d'abord que la richesse ne soit une source de jouissances et de bonheur, que l'amour de la Propriété et l'amour des enfants (qui porte le père à désirer la fortune pour eux autant que pour lui-même) ne soient, avec l'amour du pouvoir, trois des passions les plus énergiques que la Nature ait déposées dans le cœur de l'homme?

Qui peut nier que ce soient ces passions ardentes qui ont poussé l'homme à faire tant d'efforts et de tentatives, et à braver tant de dangers, pour découvrir, créer et produire tant de richesses que la tiédeur et l'indifférence de la Communauté n'auraient pas tirées du néant?

Qui peut nier encore que la Propriété et la Richesse n'aient été nécessaires pour donner ce loisir, cette tranquillité d'âme, cette instruction, cette éducation, cette habitude de réfléchir et de méditer, en un mot, cette capacité dont les législateurs, les magistrats et les savants ont indispensablement besoin pour gouverner les Peuples et faire leur bonheur?

Sans la Propriété et la fortune, l'homme serait réduit à la satisfaction de ses besoins physiques et matériels, privé de ces jouissances plus exquises et plus nobles de l'esprit et du cœur que donnent l'obligeance, la générosité, la bienfaisance et la charité ; il ne connaîtrait pas même ces vertus sublimes, qui font la gloire de l'Humanité !

Et que seraient devenus les pauvres, sans la charité des riches? que seraient devenus les ouvriers sans le travail et le salaire que leur donnent les propriétaires? que seraient l'agriculture, l'industrie et le commerce, sans le secours des grands capitalistes? que seraient la civilisation, l'urbanité, la politesse, l'adoucissement et la délicatesse des mœurs, et tous les agréments et les plaisirs de la Société, sans l'intervention de l'opulence? que seraient enfin les sciences, les belles-lettres et les beaux-arts, sans l'impulsion du luxe?

Oui, les progrès en tous genres; les merveilles et les prodiges des sciences et des arts, en Chine et dans l'Inde, en Perse et en Égypte, en Grèce et en Sicile, à Carthage et à Rome, en Italie et en France, en Angleterre et en Amérique; la grandeur et la pompe de Louis XIV et de Napoléon; les gigantesques entreprises et les vertus héroïques; en un mot tout ce qui fait la puissance, le bonheur et la gloire de l'Humanité, est le fruit du droit de *Propriété illimitée.*

Quant à la Communauté de biens, qu'a-t-elle pu faire et qu'a-t-elle fait sur la Terre? quel Peuple a voulu en risquer l'expérience?

Dans nos vieilles et riches Sociétés d'Europe (car je fais toujours abstraction d'Icarie), ne substituerait-elle pas une tiédeur et une indifférence mortifères à cette heureuse émulation, à cette féconde concurrence de la science et du génie, à cette généreuse ambition, qui vivifient tout et qui font sortir le bonheur public du bonheur particulier?

Et dans cette Europe dont la *liberté* est l'idole aujourd'hui, la Communauté ne viendrait-elle pas apporter d'intolérables entraves à cette inestimable liberté, premier besoin de la plus noble des créatures?

Avec la Communauté, point de Propriété ni de fortune, point de succession ni de donation, aucune acquisition, même pour prix des plus belles découvertes et du plus précieux génie! on ne pourrait disposer de rien, ni de sa personne ou de ses actions, ni de ses enfants, ni du fruit de son travail et de son talent! on ne pourrait ni se reposer ou travailler, ni voyager ou chasser, ni se faire servir comme on voudrait! on ne serait maître d'avoir ni des domestiques et des chiens, ni des chevaux et des équipages, ni des châteaux et des parcs! on serait forcé de travailler! on ne serait libre ni dans sa nourriture et son vêtement, ni dans son logement et son ameublement, ni dans ses plaisirs et ses jouissances, ni dans ses veilles et son sommeil, ni dans sa vie et sa mort! Ce serait le plus odieux despotisme, la plus humiliante tyrannie, le plus insupportable esclavage!

Et l'homme le plus éminent et le plus utile par sa science et sa capacité, par son patriotisme et ses vertus, par ses découvertes et ses services, ne serait pas mieux traité que les autres! L'ingratitude et l'injustice seraient le principe régulateur de cette nouvelle perfection sociale et gouvernementale!

Aussi tous les hommes sensés et judicieux, véritables et sincères amis du Peuple et de l'Humanité, se sont-ils toujours unanimement élevés contre cette injuste, ingrate et funeste Communauté.

Platon et Th. Morus ont osé seuls la préconiser : mais ces deux hommes, dont au reste je suis loin de contester les intentions généreuses, n'ont-ils pas été considérés, par le monde raisonnable et savant, comme deux visionnaires, deux monomanes et deux fous? La Communauté du rêveur grec n'est-elle pas reconnue pour une *chimère*, et ces mots *chimère Platonicienne* ne sont-ils pas devenus synonymes de *rêve*, d'*extravagance* et de *folie*, comme l'*Utopie* du rêveur anglais est devenue synonyme d'*impossibilité* et presque de *niaiserie?*

Qui d'ailleurs a jamais tenté d'essayer leurs vagues et vides théories? quel Monarque, quel Pontife, quel Sénat, quel Législateur, quelle Nation a voulu perdre son temps à faire l'expérience? Platon lui-même n'a pu trouver un Prince ou un peuple qui voulût se prêter à son envie; et son disciple Plantin n'a risqué son crédit auprès d'un empereur romain que pour voir ses prières dédaignées par la sagesse impériale!

On n'a pas même pu réaliser la *Loi agraire* ou le partage des terres, et l'*Egalité des propriétés*; et ce ne sont pas seulement les sénateurs et les riches qui s'y sont énergiquement opposés, mais les petits propriétaires eux-mêmes, aussi et plus attachés peut-être à leur modeste héritage que les grands à leurs vastes domaines! Et pourquoi cette opposition! parce qu'on a toujours été convaincu que ce partage et cette Egalité ne seraient qu'éphémères; parce que cette division à l'infini de la richesse nationale entre tous les citoyens ne devait ne donner à chacun qu'une part presque nulle et créer l'*Egalité de misère* en augmentant sans cesse la stérilité de la terre et la population; enfin, parce que les partisans les plus ardents des lois agraires ne demandaient le partage que dans le dessein de tout prendre sans rien laisser aux autres, et de dire aux anciens propriétaires (pour me servir d'une expression triviale) *Ôte-toi de là que je m'y mette!*

Aussi, quels sont ceux qui, en Europe, demandaient ou demandent aujourd'hui la Communauté ou seulement la Loi Agraire ? Ne sont-ce pas généralement les Révolutionnaires et les anarchistes, tous ceux qui n'ont rien à perdre et tout à gagner dans les Révolutions, tous ceux qui ne reculent ni devant les attentats ou les insurrections, ni devant l'incendie ou l'assassinat, ni devant la spoliation et le pillage, tandis que les Conservateurs ne prêchent que l'ordre et la paix, le travail et la tranquillité, le respect de la religion et des lois, le bonheur du Peuple et le perfectionnement de l'Humanité?

Bienfaisante seulement pour Icarie, la Communauté serait donc le fléau de l'Europe !

Ces derniers mots étaient à peine prononcés que les partisans d'Antonio, qui déjà l'avaient souvent appuyé de leurs bravos, essayèrent d'intimider leurs adversaires par la vivacité de leur enthousiasme et de leurs applaudissements, tandis que le reste de l'assemblée, gardant un profond silence, paraissait incertain et ébranlé.

Cependant Dinaros voulait répondre à l'instant : mais les deux partis, secrètement animés par des motifs différents, demandèrent l'ajournement de la discussion ; et nous attendîmes, Eugène et moi, la séance du lendemain avec impatience et non sans quelque anxiété.

---

## CHAPITRE VIII.

### Réponse aux objections contre l'Égalité et la Communauté.

La plus vive curiosité se peignait sur toutes les figures, lorsque Dinaros prit la parole.

— Le savant et respectable orateur auquel je vais répondre, dit-il, n'est sans doute, et j'en suis convaincu, animé comme moi que par l'amour de la vérité et de l'Humanité ; et, comme lui, je repousserais la Communauté pour l'Europe, si je pensais que la propriété et l'inégalité pussent seules faire son bonheur.

Mais quelque nombreuses que soient les *objections* proposées avec

tant de vigueur, et quelque solides que ces objections paraissent
à quelques esprits, je voudrais qu'on en eût encore ajouté d'autres, certain que je suis de n'en laisser aucune sans réfutation victorieuse, certain aussi de démontrer que la Communauté peut seule
faire le bonheur des pays d'Europe, comme elle fait la félicité
d'Icarie. C'est donc avec confiance que je réponds au vénérable
Antonio (l'attention redouble).

Vous prétendez, Antonio, que la *Nature* a fait les hommes inégaux en tout : que, par conséquent, la *Société* doit les maintenir
inégaux ; et que l'Inégalité sociale et politique doit être la confirmation et la consécration de l'Inégalité naturelle ou divine : moi je
soutiens le contraire de ces deux propositions ; je soutiens que la
Nature n'a pas divisé les hommes en classes ou espèces, l'une de
supérieurs qui doivent avoir le commandement et la fortune, l'autre
d'inférieurs qui doivent obéir, travailler et végéter.

Et pour justifier mon opinion, je distingue la *différence* de l'*Inégalité*, la *force* du *droit* ; et je dis :

Oui, les hommes sont *différents* en taille, couleur, force physique, etc. ; mais non, les hommes ne sont pas *inégaux*.

Deux hommes peuvent bien être inégaux partiellement, sous
quelques rapports, en force physique, par exemple, ou en force
intellectuelle ; un homme vigoureux et stupide peut bien vaincre un
homme intelligent et faible, comme il peut être vaincu par un
homme faible, adroit et armé ; mais la force *totale* d'un homme
vis-à-vis d'un autre homme est une question ou une chose infiniment *complexe ;* une foule d'éléments divers (la taille, la vigueur,
l'adresse, la ruse, l'habileté, l'instruction, l'expérience, les armes,
la richesse, le nombre des enfants ou des soutiens, mille accidents
même et mille hasards) entrent dans la composition de cette force
*totale*, tous dans des proportions différentes et continuellement va-
riables ; et cette complication est telle qu'il est impossible d'apercevoir quel est le plus fort, tant que la victoire ne l'a pas montré ;
et même si ces deux hommes se font la guerre sans se tuer, chacun
d'eux pourra être alternativement vainqueur et vaincu.

Mais la Raison, sinon égale dans tous les hommes, au moins suffisante en général, indique aux plus faibles de se réunir plusieurs
contre un fort, pour rétablir par le nombre l'Égalité des forces ; et
comme cette Raison est la principale arme que la Nature a donnée
à l'homme pour se conduire et se défendre, on peut bien dire, dans
le sens le plus général, que la *Nature* a fait les hommes *égaux en
force*.

Elle les a faits même *égaux en intelligence;* car la différence qu'on remarque, sous ce rapport, entre deux hommes, provient de la différence de cette foule de circonstances dans lesquelles chacun s'est trouvé depuis sa naissance; leurs organes étaient les mêmes en naissant et avaient la même destination ; tous deux étaient également ignorants; tous deux avaient également besoin d'instruction et d'éducation ; et si tous deux avaient été placés dans des circonstances absolument les mêmes, leur intelligence et leur instruction seraient aussi les mêmes, ou du moins elles seraient suffisantes pour chacun d'eux, et ne seraient pas assez inégales pour établir entre eux une véritable inégalité.

Ce n'est donc pas la *Nature* mais la *Société* qui fait les hommes inégaux en intelligence et en instruction; et quand même il serait vrai, que quelques individus se trouvassent naturellement supérieurs en intelligence, il n'en serait pas moins certain que la Nature n'a pas divisé le Genre humain en espèces ou en classes douées d'une intelligence graduelle, organique et héréditaire, qui ferait un Peuple d'Anges ou de Génies parmi les autres Peuples, et qui les distinguerait du reste de l'Humanité comme l'homme est distingué des autres animaux.

En un mot, s'il existe quelques intelligences naturellement supérieures, ce sont de rares exceptions, qu'on ne trouve pas dans une classe plutôt que dans une autre, mais qu'on rencontre dans toute la masse, dans toutes les familles, et même parmi les faibles et les pauvres plus souvent que parmi les Grands et les riches.... Et qui, sur la Terre, oserait dire : *Je suis d'une race plus intelligente que la vôtre?*.... Qui surtout oserait dire à sa nation : *Je suis le plus intelligent d'entre vous et le plus capable de vous gouverner ?*

Disons donc, au contraire, en prenant l'expression dans son sens le plus complexe et le plus étendu : Tous les hommes sont, par la Nature, généralement *égaux* ou à peu près *égaux en force* physique et intellectuelle, et dès lors sont naturellement *égaux en droits.*

(Ici d'innombrables applaudissements couvrirent la conclusion de Dinaros.)

Mais je suppose un moment les hommes naturellement *inégaux* EN FORCE : seraient-ils, par cela seul, *inégaux* EN DROITS? Les uns seraient-ils faits pour commander et les autres pour obéir, les uns pour être oisifs, et les autres pour travailler et les servir, les uns pour être riches et heureux et les autres pour être pauvres et misérables, comme s'il y avait entre les deux classes la différence qui

22

existe entre l'homme et les animaux, comme si les premiers étaient des demi-dieux destinés à jouir, et les seconds des brutes condamnées à souffrir et à végéter?

Mais quel outrage à la Divinité! Quoi! vous adorez Dieu comme la *bonté* infinie, comme la *justice* suprême unie à la *toute-puissance*; vous l'appelez le *Père* du Genre humain: vous dites que tous les hommes sont ses *enfants*, de la même espèce, tous de la même race, tous de la même famille, tous *frères*; et vous prétendez que ce Père infiniment bon et juste, au lieu de confondre tous ses enfants dans son amour, au lieu de partager également entre eux tous ses bienfaits, au lieu de leur donner à tous la même intelligence, les mêmes désirs, les mêmes passions, les mêmes moyens pour les satisfaire, et les mêmes droits sur ce globe que sa bonté créait pour eux, les aurait divisés en catégories et en castes de maîtres et d'esclaves, de despotes et de sujets, d'aristocrates et de parias, de propriétaires et de prolétaires, de riches et de pauvres, de consommateurs et de producteurs, d'heureux et de malheureux!

Et de quel œil regarderions-nous le père d'une nombreuse famille qui, maître de faire ses enfants semblables, les aurait faits différents; qui distribuerait entre eux son affection paternelle suivant leur taille, leur forme, et la couleur de leurs cheveux; qui gâterait de ses caresses les plus beaux et les plus spirituels et proscrirait les plus faibles et les plus laids; qui donnerait tout son héritage aux bien portants et ne laisserait rien aux infirmes; qui bénirait les grands et maudirait les petits?

Mais d'ailleurs, dans le commencement du Genre humain, quand tous les hommes étaient sauvages, errants, nus, mangeant de l'herbe ou du gland, ou dévorant des chairs saignantes, et maintenant encore au milieu des palais et des chaumières, sous la pourpre ou les haillons, dans le berceau doré ou sur la paille de l'étable, à quel signe, à quel caractère divin reconnaissait-on et reconnaît-on encore les bénis et les maudits, les élus et les damnés?

Non, non, ce serait blasphémer contre la Providence que de lui supposer tant d'injustice! Elle a fait les hommes *différents* entre eux, mais *égaux* en force et surtout en droits; elle les a faits tous supérieurs aux autres êtres, mais elle leur a donné à tous les mêmes besoins et les mêmes désirs; elle leur a imposé la même obligation de les satisfaire et les mêmes *devoirs*; elle leur a donné les mêmes instincts, les mêmes moyens, les mêmes *droits* de se servir de tous leurs sens, de tous leurs organes, et de tous les objets extérieurs qui les entourent.

Si la Nature a donné à quelques-uns la volonté d'attaquer et de gouverner, elle la donne également à tous, comme à tous également la volonté de se défendre.

Si elle donne aux uns l'égoïsme, l'amour-propre, l'amour du commandement, l'orgueil et la vanité, elle les donne également à tous, comme à tous également la *haine* de l'esclavage et de la soumission, la PASSION de l'*Indépendance* et de l'*Egalité*.

Et surtout, elle leur donne à tous la *Raison*....

La *Raison* !... Pourquoi la Providence n'a-t-elle pas fait tous les hommes non-seulement égaux, mais semblables en tout, en taille, en beauté, en couleur, en force physique, en intelligence ? Pourquoi ?... mais ne leur a-t-elle pas donné la *Raison?*... Et la *Raison* n'est-elle pas suffisante pour indiquer à l'homme les moyens d'exercer ses droits et d'assurer son bonheur en établissant l'*Egalité?*

La *Raison* ne suffit-elle pas pour bien organiser la Société, pour créer l'Égalité d'éducation et par conséquent de capacité, l'Égalité de travail et de fortune, l'Égalité de droits sociaux et politiques ?

Oui, la *Raison* est une Providence secondaire qui peut créer l'Égalité en tout ; et comme cette *Raison* est un bienfait de la Nature ou de la Divinité, l'Égalité se retrouve, ainsi que je l'ai déjà dit, l'œuvre indirecte de la Nature ou de Dieu lui-même. (Tonnerre d'applaudissements.)

Mais, tout le monde le reconnaît, l'homme fut d'abord *sauvage*, comme on l'a trouvé sur presque toute la surface de l'Amérique et de l'Afrique, et dans toutes les îles découvertes depuis trois ou quatre siècles ; il ressembla d'abord aux animaux, comme eux entièrement nu ; sans habitation, errant dans les forêts ; comme eux, sans autre connaissance que son instinct, sans aucune idée de pudeur, de vices et de vertus ; comme eux, sans industrie, sans arts et sans science ; comme eux, vivant en troupe plutôt qu'en société, sans propriété, sans aucune distinction de fortune, de rang et de pouvoir ; et, dans ce commencement, la Raison n'était pour lui qu'un instrument ou un gouvernail inutile, ou plutôt la Raison n'était encore qu'un germe qui devait se développer lentement et se perfectionner avec l'Humanité.

Cet état de bestialité, de végétation et de développement successif dura long-temps, des milliers et peut-être des millions d'années ; car l'imagination n'aperçoit pas de terme à la longueur du temps nécessaire pour inventer les langues, surtout l'écriture, et les milliards de découvertes faites depuis la naissance du Genre humain jusqu'aujourd'hui ; et d'ailleurs, que sont les millions d'années de-

puis cette naissance comparés aux millions d'années qui doivent
probablement les suivre, comparés surtout à l'éternité de l'Univers,
avant et après la création de ce pauvre petit Genre humain? Et
pendant cette enfance de la Raison et de l'Humanité, la force animale et brutale régna seule sur la terre ; la chasse aux hommes et
aux animaux fut le principal moyen d'existence ; la guerre et le
vol furent long-temps la seule ou la principale industrie ; la victoire
et la conquête furent le plus puissant moyen d'acquisition et de
fortune; les forts et les habiles ne travaillèrent qu'à tuer des hommes pour les manger et les spolier, ou à les réduire en esclavage
pour s'en servir ; et c'est ainsi que se fondèrent partout les Gouvernements et les Aristocraties, l'inégalité de fortune et de pouvoir.

Mais, chaque Peuple se croyant le plus fort, la guerre et les
révoltes furent perpétuelles sur la Terre; après d'innombrables
combats et d'effroyables massacres, après d'immenses conquêtes
sur une foule de petits Peuples pasteurs ou cultivateurs, les conquérants, les vainqueurs et les héros guerriers furent vaincus et
conquis à leur tour ; la Terre se couvrit de débris et d'ossements;
les ruines de Babylone, de Thèbes, de Carthage, de Tyr, de Jérusalem, d'Athènes et de Rome, attestèrent, comme le tombeau de
Sainte-Hélène, la fragilité de la force; et cependant c'est la conquête
et son Inégalité qui régnent encore sur presque toutes les Nations.

Il en fut de même, dans chaque Empire particulier, entre ses
citoyens, ses habitants et ses partis : ce fut encore la force et la
conquête qui constituèrent la prétendue Société, le pouvoir, les
lois, la Propriété et l'Inégalité ; et comme chaque parti se croyait
le plus fort, la guerre civile et les insurrections furent presque
continuelles, ainsi que les massacres et les supplices; et ce fut
encore la force qui partout resta maîtresse du champ de bataille
et installa l'Inégalité.

Mais, quoique bien jeune encore, l'Humanité a grandi avec les
siècles; le sentiment de la justice s'est développé dans l'oppression;
la sagesse est née plus tard de l'expérience ; la Raison s'est mûrie
dans le malheur ; et aujourd'hui... car enfin laissons le passé pour
nous occuper du présent; laissons le vague et l'incertain de la nuit
des temps pour considérer le positif actuel ; oublions dans le néant
les générations éteintes pour consulter la génération vivante!

Aujourd'hui, comme autrefois, n'y a-t-il pas une Nature et un
Genre humain? et faut-il, imitant ceux à qui Socrate reprochait
de ne regarder que le Ciel en négligeant la Terre, arrêter nos regards sur les morts en négligeant les vivants? Que la Terre ait ou

n'ait pas été volontairement partagée entre les Peuples, puis entre les hommes ; que les Sociétés et l'Inégalité aient ou n'aient pas été formellement consenties, que nous importe, à nous qui souffrons ? C'est le genre humain qui vit, et non le Genre humain qui n'est plus, dont il faut rechercher et constater les sentiments et les opinions, les droits et la volonté, éclairés que nous sommes par une Raison plus perfectionnée qu'elle ne fut jamais.

Hé bien, permettez-moi une supposition, bizarre peut-être, mais non déraisonnable : supposons que, après une peste ou toute autre catastrophe, il ne restât sur le Globe que des femmes enceintes et des vieillards privés de leurs compagnes, et par conséquent sans postérité et sans intérêt personnel : supposons aussi que ces vieillards fussent réunis pour délibérer sur les droits de ce Genre humain dans le ventre de ses mères ; je vous le demande, y aurait-il, dans ce sénat désintéressé, une seule voix qui prétendit que ces enfants à demi nés ne fussent pas *égaux* en droits aux yeux de la Nature, et qu'ils ne dussent pas être *égaux* en éducation, en fortune, en droits sociaux et politiques ?

Supposons encore que le Genre humain fût rassemblé pour entendre discuter la question d'Égalité : croyez-vous que la petite minorité des Aristocrates et des riches eût seulement la pensée de contester le droit égal de tous au bonheur comme à l'existence ? Et si partie de cette minorité avait la folie de le faire en recourant à la force et à la guerre, si la Société se trouvait partout dissoute et remplacée par l'*état de Nature*, cette minorité ne perdrait-elle pas à l'instant ses propriétés et son pouvoir ? En admettant même qu'il lui fût possible, par son adresse, de soutenir et de prolonger la lutte, ne serait-ce pas la guerre et l'extermination partout ? et la Raison, intervenant comme médiatrice, ne dirait-elle pas à tous que leur intérêt commun serait de reconnaître l'Égalité des droits, et de constituer enfin la Société sur cette base désormais inébranlable ?

Oui, la Raison, ou la Nature, ou Dieu, dicterait, et le Genre humain adopterait l'*Egalité sociale et politique l* ( Vifs applaudissements.)

Le Génie même ne donnerait aucun droit de maîtrise, de domination ou de commandement sur les autres ; car c'est l'élection seule qui peut constater le Génie, et c'est le mandat populaire qui peut seul lui conférer quelque autorité dans l'intérêt du Peuple.

L'Égalité ne connaîtrait donc d'autre exception que celle des fonctions et des honneurs conférés par le Peuple.

Mais revenons sur nos pas pour répondre à quelques *objections* de détails, bien que ce qui précède y réponde indirectement déjà.

Vous prétendez, Antonio, que les premiers hommes étaient plus innocents et plus vertueux, plus sages et plus parfaits! vous parlez de *l'âge d'or!* vous invoquez la *vieillesse*, l'*expérience* et l'*autorité* de l'Antiquité!

Mais tout cela n'est-il pas supposition gratuite, fable et contre-sens? N'est-il pas incontestable que, plus on remonte vers la naissance de l'Humanité, et plus elle est *enfant*, tandis que plus on se rapproche de l'époque actuelle et plus elle est *âgée?* C'est autrefois qu'elle était dans l'enfance, ignorante, muette encore, s'essayant à bégayer et à marcher ; et c'est aujourd'hui qu'elle a de l'âge et de l'expérience!

Et que d'ignorance, que d'erreurs, que de vices, que de turpitudes, que d'infamies, que d'iniquités et que de cruautés ont signalé son enfance!

N'est-il pas vrai que nous savons aujourd'hui tout ce que savait l'Antiquité, tandis qu'elle ignorait un nombre immense des choses que nous avons récemment découvertes!

Non, n'invoquez jamais en rien son *autorité!* ne dites pas surtout qu'elle a admis l'Inégalité, car je vous répondrais qu'elle a admis aussi l'esclavage, l'anthropophagie, les tortures, les bûchers et mille autres horreurs!

Vous supposez une convention formelle, un *contrat*, un consentement des hommes, soit pour se réunir en Société, soit pour constituer l'Inégalité de fortune et de pouvoir, lorsqu'il est évident que cette double Inégalité fut partout l'effet de la force et de la conquête.

Vous donnez à l'opulence de l'Aristocratie une *origine* presque céleste et divine, le travail, l'habileté, l'économie, toutes les qualités et les vertus, et à la misère des pauvres prolétaires une cause presque infernale, la paresse, la stupidité, la gourmandise et tous les vices : après vous, tous les Riches sont devenus riches parce qu'ils étaient laborieux et avaient toutes les bonnes qualités, et les Pauvres ne sont devenus pauvres que parce qu'ils étaient paresseux et vicieux ; d'après vous la pauvreté est la peine du vice comme la richesse est le prix de la vertu.

S'il en était ainsi, je dirais : Puisque les pauvres ne le sont que par leur faute, *tant pis pour eux!* Encore non ; ce langage serait aussi injuste qu'inhumain : je les plaindrais plutôt, parce qu'ils sont nos frères, parce qu'*ils auraient les mêmes qualités que les riches s'ils avaient la même éducation, parce que tous leurs vices sont la faute et le crime de la Société.*

Du reste, vous reconnaissez par là que si tous les hommes avaient les mêmes qualités, ils auraient les mêmes droits à la richesse et devraient être tous également riches ou pauvres (car la richesse est relative), et je prends acte de votre aveu.

Mais y avez-vous bien pensé? Cette *origine* que vous donnez à la richesse et à la pauvreté est-elle véritable? Le fait est-il exact et vrai? N'est-ce pas le fait contraire qui est la vérité? Y a-t-il même, sur la Terre et dans l'Histoire, une vérité plus manifeste et plus éclatante que celle-ci, que les Peuples cultivateurs et industriels ont tout inventé et tout produit, et que les Peuples pasteurs, chasseurs ou guerriers les ont conquis, subjugués, dépouillés, réduits en esclavage et contraints à travailler pour eux? N'est-il pas incontestable que, pendant toute l'antiquité jusqu'à J.-C., le travail était flétri partout, déclaré ignoble et imposé aux seuls esclaves; que la guerre et le brigandage étaient seuls honorables; que, dans la Grèce même et à Rome, l'ouvrier libre était réputé esclave du public, indigne d'être citoyen, exclu des droits de cité et des assemblées populaires; et que, même dans les temps modernes, l'industrie et le commerce étaient une dérogation à la Noblesse?

Pouvez-vous nier que l'opulence de l'Aristocratie romaine n'ait été que le fruit de la conquête et l'odieux composé des dépouilles de l'Univers; que la grande invasion commencée au III\ siècle n'ait enrichi les barbares des dépouilles du monde civilisé; que la conquête de l'Angleterre par les Normands au XI\ siècle n'ait enrichi les conquérants des dépouilles anglaises; et que l'invasion des Espagnols en Amérique au XIV\ siècle n'ait enrichi les assassins des dépouilles de douze millions d'Américains égorgés par eux?

Voulez-vous que je passe en revue les acquisitions des Églises, des Moines, des Prêtres et des Papes enrichis par la tromperie, l'escroquerie et l'extorsion, et celles des Nobles de cour enrichis par les spoliations, par les confiscations et par les libéralités des Princes, pour prix de la bassesse, de la prostitution, de la délation, de la trahison et de l'assassinat?

L'origine la plus innocente de l'opulence de l'Aristocratie d'aujourd'hui n'est-elle pas le *hasard* de la naissance et la transmission héréditaire des anciens héritages souillés de sang et de crimes?

Et si quelques grandes fortunes ont une origine légitime dans des services réels rendus au pays ou dans l'industrie et le commerce, combien sont pures de tout alliage avec la fraude, l'injustice, les souffrances et les larmes des populations ?

Nierez-vous aussi que, marâtre injuste et inhumaine, la Société donne aux Riches, ses enfants gâtés, les moyens d'être toujours riches, tandis qu'elle élève mal les pauvres ou plutôt les prive de toute instruction et les réduit à rester éternellement dans la misère ?

Ainsi dès le commencement du Genre humain, on peut distinguer deux classes, quoique mêlées et confondues : l'une, comprenant les hommes bons, actifs, industrieux, tempérants, etc. ; l'autre, comprenant les paresseux, les intempérants, les cruels, etc. ; ce sont les premiers qui ont cultivé la terre, découvert les Arts et les Sciences, et créé les Propriétés et les richesses, tandis que les seconds ne s'occupaient que de chasse et de guerre, de vol et de brigandage, consommant sans rien produire, ne connaissant d'autre moyen que la force, d'autre droit que la victoire, d'autre vertu que la cruauté et le meurtre ou l'oppression !

Ainsi encore, c'est le paresseux et le méchant qui a dépouillé le travailleur pacifique ; c'est le gourmand, le prodigue et le vicieux qui a dépouillé le sobre, l'économe et le vertueux ; le pauvre est enchaîné et paralysé pour rester éternellement misérable, tellement qu'il en est à peine un sur mille qui puisse améliorer sa position par son travail ; et le désordre est tel dans le sein de la Société, que, dans certaines circonstances, un homme de mérite, de capacité et de vertu, jeté dans votre Paris ou dans votre Londres, pourrait être embarrassé d'y trouver du travail pour y gagner du pain !

Ne cherchez donc plus à justifier l'Inégalité de fortune par son *origine !*

Mais vous voulez la justifier par son *emploi* et par ses *résultats :* voyons donc encore !

Vous prétendez que l'Inégalité de fortune est nécessaire au bonheur du Genre humain, des pauvres aussi bien que des riches ; que c'est la Raison et l'intérêt général qui la conseillent ; qu'elle a d'innombrables avantages et peu d'inconvénients ; que l'opulence donne aux riches le loisir et les moyens de s'instruire pour être plus utiles aux pauvres, tandis que la pauvreté met le Peuple dans l'heureuse nécessité de travailler et d'obéir paisiblement aux lois. Vous prétendez que les riches emploient leur fortune à acquérir de l'instruction, puis leur instruction, leurs richesses et leur loisir à diriger, aider et secourir les pauvres en se consacrant aux affaires publiques, en procurant du travail aux ouvriers, en les nourrissant, en construisant pour eux des écoles, des ateliers et des hôpitaux, en pratiquant la générosité et la bienfaisance. Vous prétendez que les *grands capitaux* sont nécessaires pour vivifier l'agriculture et l'industrie, et pour qu'aucun terrain ne soit abandonné et improductif. Donnant aux Princes et aux Aristocrates, aux Prêtres et aux riches, la grandeur d'âme et la bonté du cœur, vous en faites des Anges et presque des Dieux. Et de tout cela vous concluez que, avec et par l'Inégalité, le Genre humain est heureux ou du moins aussi heureux que sa nature lui permet de l'être. Vous ajoutez même que les Historiens et les Philosophes l'ont reconnu dans leurs écrits et les Peuples par leur silence.

Ah! si ce tableau se trouvait aussi fidèle que brillant, comme je bénirais avec vous l'Inégalité! Je bénirais même l'Aristocratie, même le Despotisme, même la Superstition! car je n'ai d'autre passion que celle du *bonheur* du Genre humain, et vous me voyez prêt à adopter avec enthousiasme tous les moyens, quels qu'ils soient, d'assurer sa félicité!

Mais, de bonne foi, y a-t-il rien de plus imaginaire et de plus fantasmagorique que ce tableau! Y a-t-il, passez-moi le terme, une dérision plus amère!... Je vous l'avouerai même, je me sens trop ému, trop affligé des misères et des souffrances des pauvres, trop indigné de l'inhumanité des riches, trop irrité des vices et de la cruelle insolence des Aristocrates, pour hasarder d'exprimer tous mes sentiments et mes opinions sur ces hypocrites oppresseurs du Peuple, assez audacieux pour invoquer son intérêt et son bonheur: souffrez donc que je ne réponde que sur quelques points.

« Les riches, dites-vous, sont charitables et bienfaisants! » — Je l'admets, pour quelques-uns du moins; mais, si c'est un plaisir pour les riches de faire l'aumône, n'est-ce pas une humiliation pour les pauvres d'être réduits à la nécessité de la recevoir? Si c'est un bien et une vertu, n'est-ce pas parce que la pauvreté est un mal auquel il est généreux d'apporter un remède? Les riches voudraient-ils changer les rôles? Ce que demande l'ouvrier, c'est l'Égalité, c'est son droit, c'est du travail et l'aisance en travaillant, et non l'aumône et l'hôpital, où bien souvent d'ailleurs il ne peut entrer, pour y mourir dans l'humiliation!

« L'instruction, ajoutez-vous, l'éducation, les vertus et le loisir sont le précieux résultat de la richesse ! » — Hé bien, partagez la richesse nationale entre tous, et tous auront du loisir, de l'instruction, de l'éducation et des vertus !

« Il n'y aurait plus de riches, mais seulement des pauvres et l'*Egalité de la misère !* » — Oui, si vous laissez tout le reste comme il est aujourd'hui ; mais non, si vous prenez les moyens convenables indiqués par la Raison : par exemple, ceux pratiqués en Icarie; et ces prétendus docteurs qui divisent arithmétiquement le revenu d'un Empire entre tous ses habitants, pour en conclure triomphalement que chacun d'eux n'aurait que cent ou cent cinquante francs par an et mourrait de faim, ces prétendus docteurs, dis-je, ne sont que d'effrontés charlatans !

« Les beaux-arts seraient négligés ! » — Et qu'importe? Les beaux-arts, qui n'existent que pour le plaisir des riches, et qui, pour l'immense majorité des pauvres, n'existent guère plus que s'ils n'existaient pas du tout, les beaux-arts ne sont pas indispensables au bonheur de l'Humanité, tandis que même, d'un autre côté, une meilleure organisation sociale les produirait également et mieux encore pour l'agrément du Peuple entier.

« Le monde n'a tant de merveilles que parce que l'Inégalité de fortune existait ! »—Non, ne dites pas *parce que*, mais *quoique!...*

« Les grands *capitaux* sont nécessaires ! » — Comme si le capital national était détruit parce qu'il serait dans les mains de tous au lieu d'être dans le coffre de quelques-uns ! Comme si les capitaux fournis par les associations volontaires et nombreuses (qui ne manquent jamais aux entreprises utiles) étaient moins productifs que les mêmes capitaux fournis par le monopole de quelques Aristocrates !

« Si , par suite d'une loi agraire , dites-vous encore , les terres étaient partagées également, beaucoup resteraient incultes et stériles, et seraient perdues pour leurs possesseurs et pour la Société! » — Comme si les petits champs des pauvres n'étaient pas plus soigneusement cultivés que les vastes domaines des riches ! comme si les Aristocrates ne consacraient pas au luxe de leurs plaisirs d'immenses parcs et jardins perdus pour la production! Si quelque paresseux négligeait de cultiver son lot et se trouvait indigent, ce serait alors tant pis pour lui ; il ne pourrait se plaindre de personne et ne serait d'ailleurs pas plus pauvre qu'aujourd'hui, comme la

Société ne perdrait pas plus qu'elle ne perd actuellement par les châteaux ; et si cette Egalité avait quelques autres inconvénients, elle en aurait toujours moins que l'Inégalité, l'opulence et la misère....

Mais quelle supposition chimérique ! Comment admettre qu'il pourrait y avoir une seule famille qui, quoique bien élevée, et n'ayant d'autre ressource pour vivre que son champ, le laisserait inculte au milieu d'autres champs parfaitement cultivés, au milieu d'autres familles riches et heureuses par leur travail ? N'est-il pas palpable au contraire que, avec une bonne organisation sociale et politique et surtout avec une bonne éducation, toutes les terres seraient cultivées, parfaitement cultivées, mieux cultivées même qu'aujourd'hui, et que le partage égal amènerait l'Égalité des richesses et du bonheur ?

« L'Égalité serait bientôt détruite par les aliénations et par l'augmentation du nombre des membres dans une partie des familles et la diminution dans les autres ! » — Non, car la Société pourrait faire toutes les lois agraires et somptuaires dont il serait besoin pour maintenir l'Égalité ; elle pourrait déclarer les propriétés inaliénables, comme en Judée et à Sparte ; elle pourrait faire le partage par têtes, comme dans l'ancien Pérou, le renouveler fréquemment pour augmenter le lot des familles croissantes et diminuer celui des familles décroissantes.

« Tous les Peuples ont partagé les terres inégalement en constituant leur Société! » — Belle preuve, comme je l'ai déjà dit, de la justice et de la sagesse de l'Inégalité ! Le fait d'ailleurs est-il vrai ? Les Philosophes ne supposent-ils pas tous, au contraire, même pour justifier la possession des riches, un premier partage exprès ou tacite et égal, entre tous les hommes d'alors ? Le Peuple de Dieu, les Hébreux, s'établissant dans la Terre Promise, n'ont-ils pas, par l'ordre de Moïse invoquant l'ordre de la sagesse divine, partagé la terre par portions égales, comme Romulus et ses compagnons l'ont fait plus tard dans la campagne qui devint le siège de Rome et le centre de l'empire romain, et comme l'ont fait peut-être une multitude d'autres Peuples, car tous les Peuples guerriers partageaient également le *butin* et les dépouilles des vaincus ? Et comment d'ailleurs savoir ce qui se passait dans ces premiers temps d'ignorance et de barbarie, sans écriture et sans historien ?

« Aucun Peuple n'a admis la *loi agraire* après avoir eu l'Inégalité ! »

— Si, les Spartiates : mais d'ailleurs les Peuples ne l'ont-ils pas toujours désirée et même demandée , comme à Rome? Et si les Aristocrates s'y sont toujours opposés, pour conserver leur excessive opulence, est-ce une preuve contre l'Égalité , ou n'est-ce pas plutôt une raison décisive en sa faveur?

« Les pauvres et les petits propriétaires ne veulent pas de la loi agraire ! » — Je nie le fait : rassemblez-les, consultez-les, et vous verrez ! Si quelques petits propriétaires n'en voulaient pas, ce serait parce que l'opinion ne serait pas encore assez éclairée : mais la Raison publique se perfectionne continuellement; l'opinion s'éclaire; et tôt ou tard, bientôt peut-être, la masse des pauvres et des petits propriétaires, c'est-à-dire l'immense majorité de chaque Peuple, sera unanime pour demander l'Égalité ; car , je ne m'arrête pas à réfuter cette *calomnie*, qu'il n'y a que les brouillons, les anarchistes, les voleurs et les brigands, qui demandent l'Égalité, pour s'enrichir en ruinant les autres, calomnie répétée par quelques hommes de bonne foi, mais perfidement imaginée par les Aristocrates mêmes qui n'ont jamais reculé devant aucune violence ni devant aucune spoliation pour accaparer toute la richesse et pour consolider leur injuste domination ; car , en vérité , peut-on ne pas s'indigner et s'irriter contre ces Patriciens de Rome qui accusaient d'avidité les partisans de la loi agraire, eux les plus insatiables et les plus sanguinaires des usurpateurs et des voleurs !

«Les Peuples ont approuvé l'Inégalité par leur silence!»—Comme si ce n'étaient pas les Aristocrates qui défendent aux Peuples de parler, de se plaindre et de réclamer! Comme si le silence qui règne dans les cachots et dans les enfers était une preuve d'approbation et de contentement! Comme si d'ailleurs l'émeute et l'insurrection n'avaient pas protesté sans cesse contre l'oppression et l'Inégalité!

« Les Historiens l'ont approuvée! » — Mais, dans ces temps où les riches seuls et leurs protégés avaient l'instruction, le loisir et les documents historiques nécessaires pour écrire l'histoire, tous ces apologistes de l'Aristocratie et de l'Inégalité n'étaient que des Aristocrates ou des moines, leurs courtisans intéressés ou leurs valets!

«Les Philosophes ont réprouvé l'Égalité!» — Hé bien! nous verrons, et je me borne à leur opposer ici J.-C.

« Le besoin de s'enrichir, le désir de la fortune, l'espérance d'en

acquérir, la concurrence, l'émulation et l'ambition même, sont l'âme
de la production ! » — Non, non ! car tout est produit sans eux en
Icarie : mais l'ignoble égoïsme, l'inhumaine cupidité, l'insatiable et
fatale soif de l'or (*quid non mortalia pectora cogis*, *auri sacra
fames!*), le luxe et son inséparable compagne, la misère, qui pousse
au crime (*malesuada fames*), sont la source intarissable de cette
mer de maux qui menacent de submerger l'Humanité ; et, plus j'y
réfléchis plus j'en suis convaincu, c'est l'Égalité seule qui peut la
sauver du naufrage.

Me résumant donc sur la question d'Égalité, je conclus que, quand
même la Nature n'aurait pas fait les hommes *égaux*, la Raison con-
seillerait à la Société d'établir l'*Egalité*, mais que c'est la Nature
elle-même, mère de la Raison et de la Société, qui veut que l'homme
cherche et trouve le bonheur dans l'*Egalité*.

Ce n'est pourtant pas la *loi agraire* et le partage égal de la
Propriété qui me paraît la perfection : sans m'arrêter en chemin,
je fais un pas en avant et j'arrive au dernier terme, à la Communauté.

### RÉPONSE AUX OBJECTIONS CONTRE LA COMMUNAUTÉ.

Je préfère le système de la *Communauté* au système de la *loi
agraire* et de la *Propriété* individuelle, parce qu'il n'a pas ses *inconvénients*, et parce qu'il a autant et beaucoup plus d'*avantages*.

La Communauté n'a pas les inconvénients de la Propriété ; car
*elle fait disparaître l'intérêt particulier pour le confondre dans l'in-
térêt public*, *l'égoisme pour lui substituer la fraternité*, *l'avarice
pour la remplacer par la générosité*, *l'isolement, l'individualisme et
le morcellement pour faire place à l'association ou au socialisme*,
*au dévouement et à l'unité*.

Elle a tous les avantages réels de la Propriété ; car le principal
avantage du propriétaire, c'est la jouissance raisonnable de sa
ferme, ou de sa maison et de son jardin ; et la Communauté
donne cette jouissance comme la Propriété, n'enlevant que le droit
déraisonnable d'abuser et de satisfaire des caprices préjudiciables
à la Société.

Elle a beaucoup plus d'avantages ; car elle permet beaucoup
mieux d'établir, en tout, une Égalité réelle et parfaite, prévenant
même l'Inégalité que pourraient introduire les accidents et les
hasards.

D'un autre côté, maîtresse de tout, centralisant, concentrant, réduisant tout à l'unité ; raisonnant, combinant, dirigeant tout ; elle peut mieux et peut seule obtenir cet inappréciable et incommensurable avantage d'éviter les doubles emplois et les pertes, de réaliser complétement l'économie, d'utiliser toute la puissance de l'intelligence humaine, d'augmenter indéfiniment la puissance de l'industrie, de multiplier les productions et les richesses, de développer sans cesse la perfectibilité de l'homme, et de reculer continuellement les limites de son bonheur en reculant toujours les bornes de sa perfection.

Antonio, pourtant, attaque le système de la Communauté et lui préfère celui de la Propriété : il soutient que, quand même il pourrait admettre l'Égalité de fortune, il repousserait encore la Communauté comme plus particulièrement injuste, nuisible, impossible et repoussée par l'opinion universelle ; il regarde la Propriété comme une institution divine et la Communauté comme l'œuvre du délire humain : il faut donc lui répondre encore.

Mais, ayant déjà, et victorieusement je crois, défendu l'Égalité de fortune et le partage égal des propriétés, je n'ai plus que peu d'efforts à faire pour défendre la Communauté.

Vous dites que la Propriété est une institution divine, et que par conséquent c'est Dieu lui-même qui repousse la Communauté !... — Mais qu'est-ce donc que la Communauté ? Est-ce une chose aussi différente de la Propriété que le Ciel est différent de la Terre ? N'est-ce pas tout simplement la Propriété modifiée, une Propriété indivise et commune (comme entre des héritiers qui n'ont pas encore partagé l'héritage), même une Propriété et une Jouissance communes, comme entre des frères qui jouissent de l'héritage paternel sans vouloir le partager, le cultivant en commun et consommant les fruits en commun ou les partageant également ; et comme entre les habitants d'un village, jouissant en commun de leurs pâturages communs au lieu de les partager entre eux pour en jouir séparément ? La Communauté de biens n'est donc autre chose que la Propriété appartenant à quelques-uns ou à beaucoup, à une famille, ou à un village, ou à une ville, ou à un peuple, à l'exclusion des autres, indivise entre les propriétaires au lieu d'être divisée et morcelée, exploitée et utilisée fraternellement en commun pour leur procurer également la nourriture et le vêtement, l'existence et le bonheur, au lieu de leur procurer des jouissances individuelles et un bonheur inégal. Y a-t-il, dans cette si petite différence, un motif suffisant pour appeler *divine* la Propriété divise, et *infernale* la Communauté ou la Propriété indivise, *divine* la division, c'est-à-dire l'anarchie, et *infernale* l'indivision, c'est-à-dire l'ordre et l'union ?

Ne confondons pas la Propriété avec les *choses* qui en sont l'objet. Il est vrai que ces choses sont divines, puisque tout ce qui se trouve sur le Globe est l'œuvre de la Nature ou de la Divinité : mais cette Nature, qui dit à l'Humanité de jouir des objets de la création, ne lui prescrit pas d'en jouir d'une manière plutôt que d'une autre, par la Propriété plutôt que par la Communauté : la Propriété n'est pas plus d'institution divine que la Communauté, et la Communauté pas plus d'institution humaine que la Propriété.

Aussi (et c'est une preuve sans réplique, preuve d'ailleurs bien surabondante, car il n'y a pas de vérité plus manifeste et plus incontestable), chaque Peuple et chaque époque dans chaque Peuple a des lois différentes sur la Propriété, en sorte qu'il y a des milliers de législations différentes sur la Propriété chez les milliers de Peuples qui composent le Genre humain, et des milliers de législations différentes chez chaque Peuple pendant ses milliers d'années d'existence, c'est-à-dire des millions de lois sur la Propriété.

Aucune histoire ne présente plus de révolutions que l'*histoire de la Propriété !*

Il y a plus : je soutiens, avec conviction et confiance, que, si l'une des deux entre la Propriété et la Communauté est d'institution naturelle ou divine, c'est la Communauté.

La nature, en effet, n'a-t-elle pas fait l'homme essentiellement sociable, ayant besoin de la Société et cherchant la Société ? Ne l'a-t-elle même pas créé et fait naître dès le principe en Société et en Communauté, comme les fourmis et les abeilles ? Le vœu de la Nature n'est-il pas toujours et partout pour l'union plus que pour la division, pour l'*association* plus que pour l'isolement, pour l'agglomération plus que pour le morcellement, pour la composition et l'unité plus que pour le fractionnement, pour le concours plus que pour l'opposition, l'antagonisme et la rivalité ?

Regardez la Création, l'Univers, les grandes masses d'aliments donnés par la Nature à l'homme, les grandes sources de la vie, l'air et l'électricité, la lumière et la chaleur, l'eau du ciel et la mer, tout cela n'est-il pas insusceptible de Propriété individuelle et exclusive, si ce n'est pour la portion absorbée par chaque individu, appropriée par lui et identifiée avec son corps ? La Nature n'a-t-elle pas voulu que tous ces éléments appartinssent au Genre

humain en commun et fussent sa Propriété commune? N'a-t-elle
pas établi la *Communauté de l'air et de la lumière?* Le soleil ne
luit-il pas pour tout le monde? La Raison n'indique-t-elle pas qu'il
doit en être de même de la *terre*, dont les productions sont aussi
nécessaires à la vie que l'air et l'eau? Tous les Philosophes ne reconnaissent-ils pas une Communauté naturelle, primitive, universelle (*tout à tous*), qui dura des siècles, jusqu'au premier partage
et à l'établissement de la Propriété? Ne reconnaissent-ils pas que
l'effet et le droit de cette Communauté primitive subsistent encore
aujourd'hui sous certains rapports; que le partage n'a pu être fait
que sous la condition tacite qu'il n'empêcherait personne d'exister;
et que, dans ce qu'ils appellent les cas de *nécessité*, aucune loi humaine ne pourrait empêcher un homme de prendre dans la propriété
d'autrui les fruits nécessaires pour l'empêcher de mourir?

Voyez aussi ce qui s'est passé sur la Terre pendant les milliers
d'années qui ont précédé l'agriculture et l'organisation des Peuples
cultivateurs, pendant un beaucoup plus long temps chez les Peuples
chasseurs ou pasteurs, et jusqu'à nos jours chez les Peuples sauvages
de l'Amérique, de l'Afrique, de l'Asie et de toutes les contrées inconnues! Chez tous les Peuples, et pendant ces milliers d'années, la terre
n'était-elle pas possédée et exploitée en commun pour la chasse, le
pâturage, l'habitation et les fruits? Chez tous ces Peuples, c'est-à-
dire sur tout le Globe, et pendant tout ce temps, c'est-à-dire pendant la plus grande partie de l'existence du Genre humain, celui-ci
n'a-t-il pas eu la *Communauté de la terre* comme la *Communauté
de l'air?* Pendant tout ce temps, tout n'était-il pas commun, la
résidence et le déplacement ou le voyage, le camp, le combat et
le butin, même les femmes jusqu'à l'établissement du mariage?

Remontez aussi du commencement des Peuples cultivateurs, du
prétendu partage dont parlent les Philosophes, et de l'établissement
de la Propriété, jusqu'aujourd'hui! Que de choses sont restées
communes! de vastes terres *nationales* dans chaque pays; de
vastes terrains *communaux* dans chaque commune; les grandes
routes, les chemins et les passages; les rivières et les canaux; les
rades et les ports; tous les lieux et les bâtiments publics, places,
promenades, fontaines, fortifications, temples, théâtres, écoles,
hospices, bains! Toutes les villes, tous les villages ne sont-ils pas
autant de Communautés appelées, pour cette raison, *Communes?*
Les royaumes eux-mêmes ne sont-ils pas appelés *Communautés?*
Toutes les familles ne sont-elles pas autant de petites Communautés?
Que dirai-je de ces innombrables monastères appelés *Communau-*

*tés religieuses*, et de ces innombrables associations industrielles, qui ne sont autre chose en réalité que des Communautés ? Parlerai-je de tous ces établissements pour le service du Peuple (diligences, omnibus, poste aux lettres, marchés, boutiques, magasins, moulins, fours, pressoirs, fêtes, jeux et plaisirs publics), tous fondés sur l'esprit de la Communauté ? Le principe de la Communauté n'est-il pas aussi l'âme de toutes les *servitudes* légales établies sur les propriétés, de la mitoyenneté des murs et du passage, par exemple ? N'est-il pas aussi l'âme d'une foule de dispositions législatives qui prescrivent que tout soit *commun* dans un naufrage, dans une inondation, ou dans un incendie ?

Reconnaissons donc qu'une des grandes impulsions de la Nature, plus puissante que les passions égoïstes, est celle qui porte l'homme vers l'Association, la Société et la *Communauté*.

Et remarquez que je ne vous parle pas de J.-C., recommandant et instituant la Communauté, ni de son Église, formant une immense *Communion* ou Communauté !

Et ne m'opposez pas que tous les Peuples ont fini par adopter la Propriété et qu'aucun n'a préféré la Communauté ; car d'abord je vous en citerai plusieurs qui ont préféré la Communauté et qui n'en ont été que plus heureux, comme les Peuples de Sparte, du Pérou et du Paraguay ; et, d'autre part, je vous répondrai que les autres Peuples ont adopté la Propriété comme ils ont adopté l'esclavage, par ignorance et par barbarie, et qu'ils n'ont pas eu l'idée de la Communauté comme ils n'ont eu ni celle de l'imprimerie ni celle de la vapeur !

J'irai plus loin : tout en croyant qu'il est fâcheux pour l'Humanité qu'elle n'ait pas adopté dès le principe la Communauté comme il est fâcheux qu'elle n'ait pas connu plus tôt la vaccine, et sans m'étonner de la lenteur de ses progrès, je pense que la Communauté est plus facile chez les Peuples civilisés que chez les Peuples sauvages, dans les grands Empires que dans les petits États, en France et en Angleterre ou en Amérique que dans les autres Nations, et aujourd'hui qu'autrefois, comme elle sera plus facile encore dans vingt ans qu'aujourd'hui.

Mais Antonio accuse la Communauté d'*ingratitude* et d'*injustice*, parce qu'elle ne donne pas à l'homme de génie, qui fait une grande découverte, une part dans les produits plus grande qu'aux travailleurs ordinaires ; et c'est une accusation trop grave pour négliger de la repousser.

Eh bien ! je soutiens qu'elle a raison d'agir ainsi ; je soutiens que le génie, ses découvertes et ses services, sont l'œuvre de la Société et doivent lui profiter sans qu'elle soit obligée de les acheter. Que servirait, en effet, à votre Fulton la découverte de l'application de la vapeur, s'il n'y avait pas de *Société* pour l'utiliser ? Bien plus, comment aurait-il pu acquérir son génie et faire cette découverte, qui doit changer la face du monde, si, dès sa naissance, la Société ne l'avait pas entouré pour l'instruire et lui donner la vie intellectuelle ; si, du sein de sa mère, on l'avait porté dans une île déserte pour y végéter seul, y vieillir et mourir ?

Oui, l'homme n'est que ce que le fait la toute-puissante Société ou la toute-puissante éducation, en prenant ce mot dans sa signification la plus large, non-seulement l'Éducation du maître, de l'école et des livres, mais l'Éducation des choses et des personnes, des circonstances et des événements, l'éducation qui prend l'enfant au berceau pour ne plus le quitter d'un instant ! Idées, habitudes, mœurs, langue, religion, profession, connaissances, tout ne dépend-il pas de l'Éducation qui forme et façonne l'enfant ? Vingt enfants qui différeront en tout, s'ils sont nés et élevés dans vingt pays différents, ne se ressembleront-ils pas s'ils sont élevés ensemble sans se quitter jamais, comme nous en avons fait l'expérience en Icarie? Vingt enfants du même pays et du même âge ne seront-ils pas tous égaux à peu près ou énormément inégaux suivant qu'ils seront élevés de même ou différemment, comme nous l'avons encore vérifié, en sorte que le même homme pourrait être vingt personnages différents suivant les vingt éducations qu'il recevrait? Que de sots en apparence auraient pu être des hommes de génie s'ils avaient reçu l'Éducation convenable ! Que d'hommes de génie n'auraient été que des sots s'ils avaient été placés dans d'autres circonstances!

Redevable de son génie à la Société, tout citoyen lui doit donc, pour prix de l'Éducation qu'il a reçue d'elle, le tribut de son génie : quand il lui procure l'avantage de quelque invention utile, il ne fait que payer sa dette ; quand il reçoit encore d'elle tout ce qui lui est nécessaire, il ne peut se plaindre de n'avoir pas plus de fortune que ses concitoyens ; et si la Société, qui ne lui doit rien de plus, lui accorde quelque récompense, ce doit être uniquement dans l'intérêt social, pour exciter l'émulation, et non dans la vue de l'intérêt personnel du récompensé.

Trouvez-vous que la récompense purement honorifique soit insuffisante pour atteindre le but, et que la Société devrait, dans son intérêt même, pour mieux exciter l'activité, récompenser en fortune les découvertes et les services? Alors c'est une autre question ! Mais je réponds encore, d'après notre ancienne expérience et la vôtre, que les récompenses en argent ont d'énormes et de nombreux dangers, tandis que notre récente expérience démontre que le patriotisme, l'honneur et la gloire ont une puissance immense quand la toute-puissante Éducation prépare l'Opinion, quand d'ailleurs la richesse est égale pour tous et suffisante pour assurer le bonheur matériel. L'étude, les expériences, la science et les découvertes, ont tant d'attrait qu'on les aime pour elles-mêmes, sans autre intérêt, en sacrifiant au contraire tous les autres intérêts, en bravant tous les périls et tous les malheurs, la misère et les persécutions, la prison et la mort : jugez donc quel charme, quel entraînement doit avoir l'étude pour des hommes bien élevés et instruits, sans soucis et heureux ! Et voyez chez nous ! N'est-ce pas notre plus grand plaisir, la source la plus abondante de nos jouissances ? Que nous servirait d'avoir plus de fortune que les autres ? N'avonsnous pas, avec la passion du travail, de la Patrie et de l'Humanité, toute l'émulation possible à l'homme ? Et ne l'avons-nous pas *tous* ? Et ne voyez-vous pas ici cent fois plus d'activité d'esprit et de découvertes que dans tous les autres pays ensemble ?

J'arrive enfin à la plus grave peut-être de toutes les accusations portées par Antonio contre la Communauté, celle d'être *incompatible avec la liberté* : mais cette accusation ne m'effraie pas plus que les autres, et voici ma réponse :

Sans doute la Communauté impose nécessairement des gênes et des entraves ; car sa principale mission est de *produire* la richesse et le bonheur ; et pour qu'elle puisse éviter les doubles emplois et les pertes, économiser et décupler la production agricole et industrielle, il faut de toute nécessité que la Société concentre, dispose et dirige tout ; *il faut qu'elle soumette toutes les volontés et toutes les actions à sa règle, à son ordre et à sa discipline.*

Mais comparez vous-mêmes la Liberté dans les deux systèmes, de la Propriété et de la Communauté, et jugez lequel a plus de Liberté et la Liberté la plus réelle.

Auparavant, entendons-nous bien sur le sens du mot *Liberté*, mot infiniment complexe, trop vague et trop indéfini. Qu'est-ce que la *Liberté* ? Est-ce le droit de tout faire suivant son caprice, même ce qui peut nuire à autrui, par exemple voler et tuer ? Non, la loi le défend !... Est-ce le droit de ne rien faire si cela plaît, de ne pas payer l'impôt et de n'être pas soldat ? Non, la loi l'ordonne !... Est-ce le droit d'aller nu quand il fait chaud ? Non, les mœurs ne

le permettent pas !... Est-ce le droit d'être ingrat! Non, l'opinion
publique flétrit l'ingratitude !... Est-ce le droit de trop manger
impunément ou de ne pas manger? Non, la Nature ne le souffre
pas !...

L'homme est partout dans la dépendance de la Nature et de ses
éléments (de l'air et du vent, de la pluie et de la tempête, du chaud
et du froid), comme le citoyen est partout dans la dépendance de
la Société, de ses lois, de ses mœurs, de ses usages et de l'opinion publique, qui sont aussi des lois.

La *Liberté* n'est donc que le droit de faire tout ce qui n'est pas
défendu par la *Nature*, la *Raison* et la *Société*, et de s'abstenir de
tout ce qui n'est pas ordonné par elles; elle est soumise aux innombrables lois de la Nature, de la Raison et de la Société.

Il est vrai cependant que la *Liberté* est aujourd'hui une passion
universelle, ardente, impatiente de la gêne, et qui va presque
jusqu'à la licence : mais n'est-ce pas un excès, une erreur, un préjugé, dont on peut connaître la cause et qu'on peut corriger et guérir? Voyons !

Oui, la passion aveugle pour la liberté est une erreur, un vice,
un mal grave, né de la haine violente qu'excitent le despotisme et
l'esclavage; c'est l'excès de la tyrannie qui jette dans l'excès de
l'amour de l'indépendance, c'est la réaction qui lance à l'extrémité
opposée.

Il est dans la nature de l'homme qu'il sente le mal présent bien
plus que le mal futur, même plus violent, et que le mal actuel l'ab-
sorbe trop pour lui laisser la faculté de penser au mal éloigné ou
d'en apercevoir toute l'étendue; la souffrance l'égare souvent au
point qu'il emploie les remèdes les plus dangereux pour la faire
cesser à tout prix.

C'est ainsi que le malheureux qui se noie s'accroche à tout et sai-
sirait un fer rouge; c'est ainsi qu'un voyageur mourant de soif boit
de la boue, qu'un homme sur la tête duquel on lève un sabre saisit
la lame au risque de se couper les doigts, et que, pour fuir la rage
d'un ennemi, on se réfugie chez un autre ennemi qui assassine.

C'est par la même cause que, dans la guerre de l'Humanité
contre la tyrannie, les Peuples prennent pour cri de ralliement *Liberté! Liberté quand même!* qu'ils crient *Liberté de la Presse*, contre
l'oppression de la pensée; *Liberté d'enseignement*, contre l'obscu-
rantisme des frères ignorantins; *Liberté d'industrie*, contre les
maîtrises, les jurandes, les corporations oppressives et la voracité

du fisc ; *Liberté de commerce*, contre les priviléges, les monopoles et les infernales douanes; *Liberté de la propriété*, contre les confiscations arbitraires et la prétention des despotes d'être les seuls propriétaires ; enfin *Liberté de tout faire et de tout dire* ou de ne *rien faire*, contre la Police qui veut tout empêcher ou tout ordonner dans l'intérêt du despotisme.

Mais la Raison fait entendre aux Peuples les plus jaloux de Liberté que *la Liberté n'est ni la licence, ni l'anarchie, ni le désordre, et qu'elle doit être limitée dans tous les cas où le demande l'intérêt de la Société constaté par le jugement populaire.*

Comparons maintenant la liberté sous les deux systèmes, de la Propriété et de la Communauté !

« La Communauté a beaucoup de lois, dites-vous ! » — Et la Propriété flanquée de la Monarchie, n'en a-t-elle pas?

« La Communauté gêne la *Liberté !* »—Et la Monarchie ?... Vous permet-elle de faire tout ce que vous voulez? Vous laisse-t-elle la *Liberté* de votre personne, de votre domicile, de vos enfants, de vos biens, de vos actions, de vos pensées même et de vos croyances, de vos sentiments et de vos espérances? La misère laisse-t-elle à la masse des misérables la *Liberté* d'avoir le nécessaire et l'utile? La Police royale vous laisse-t-elle la liberté de rester au spectacle tant que vous voulez, de danser ou de dîner comme il vous plaît, de porter un bouquet de violettes ou le ruban ou la canne qui vous fait plaisir? Il n'est pas une entrave apportée par la Communauté qui ne le soit par la propriété, et plus grave, capricieuse, déraisonnable, vexatoire, tyrannique !

Dans la Communauté , c'est la Société tout entière , c'est le Peuple tout entier qui fait ses lois, même ses mœurs, ses usages , son opinion publique ; et il les fait toujours d'après la Nature et la Raison, toujours dans son intérêt, toujours du consentement général, après une discussion qui montre à tous les avantages du projet proposé ; et ces lois, toujours consenties et voulues, sont toujours exécutées avec plaisir et même avec un sentiment de fierté.

Et dans le système de la Propriété, sous l'Aristocratie ou la Monarchie...!!!

Non, non ; c'est la Communauté et la Démocratie, l'Égalité parfaite et le Bonheur, l'ordre et la paix , qui sont la *Liberté !* La Propriété, l'Inégalité, la misère, ne peuvent enfanter que l'oppression et l'esclavage !

Et tous les amis de la *Liberté* doivent vouloir la *Communauté !*

Et je n'aurais pas même répondu sur ce point au vénérable

Antonio si je ne le considérais comme un ami sincère de la Liberté; car je ne voudrais pas la défendre contre ses ennemis déguisés sous le masque d'amis, contre ces perfides Aristocrates et ces hypocrites despotes qui n'invoquent son nom que pour le profaner, et qui n'affectent tant d'amour pour elle et tant de jalousie que dans le but de la trahir et de l'étouffer ou de l'enchaîner!

Et j'espère vous avoir prouvé que le cri du Genre humain doit être *Égalité! Communauté!* (Applaudissements prolongés.)

Oh! que je serais heureux, ajouta Dinaros, si j'avais pu vous faire partager à tous ma conviction profonde que la Communauté peut s'établir dans vos Patries; car je me croirais coupable de l'orgueil le plus insensé si je pensais que l'Angleterre, la France et l'Amérique, par exemple, ne peuvent pas accomplir ce qu'a fait Icarie!

Aussi, je veux que vous ne puissiez conserver aucun doute; je veux pousser la démonstration jusqu'à l'évidence; je veux que vos âmes soient remplies comme la mienne de cette conviction consolante que l'Humanité est faite pour être heureuse et qu'elle tient son bonheur entre ses mains. Écoutez-moi encore un moment!

On prétend que l'Égalité est impossible.... Eh bien! si vous voulez m'entendre, je vous développerai la marche et les prodigieux progrès de l'Égalité et de la Démocratie depuis la naissance de l'Humanité!

On craint que l'Égalité ne soit stérilisante.... Eh bien! si vous voulez, je déroulerai sous vos yeux le tableau des découvertes et du progrès des Sciences et des Arts, et les prodiges de l'industrie présente!

On invoque l'opinion des Philosophes contre l'Égalité et la Communauté... Eh bien! si vous voulez, je ferai passer en revue devant vous tous les Philosophes, anciens et modernes, qui sont la lumière et le fanal du Genre humain.

On parle d'impossibilités.... Eh bien! si vous voulez, je vous présenterai le tableau des impossibilités réalisées! Nous examinerons quel peut être l'Avenir de l'Humanité! et vous pourrez voir enfin que ses espérances doivent être sans bornes comme sa perfectibilité, et que la Communauté est à la fois *sa tendance, son but et sa destinée!*

Le voulez-vous? — Oui, oui, oui, cria-t-on de toutes parts avec enthousiasme.

— Eh bien! à demain!

Et quand Dinaros, qui avait prononcé ces dernières phrases d'un ton plus animé, se leva pour sortir, les bravos et les applaudissements furent si bruyants que la voûte de la salle semblait près de s'écrouler sur nous.

Et je n'ai pas besoin de dire à qui causaient le plus de plaisir ces applaudissements qui s'adressaient au frère de ma Dinaïse...!

---

## CHAPITRE IX.

### Progrès de la Démocratie et de l'Égalité.

La curiosité semblait plus vive encore que la veille.

On doute, s'écria Dinaros, de la *possibilité* de l'Égalité sociale et du triomphe de la Démocratie : eh bien! regardons le point d'où l'Humanité est partie, la route qu'elle a parcourue, ses progrès et le point où elle est arrivée! Nous allons voir l'Égalité, créée par la Nature, presque étouffée par la force, se ranimer comme le Phénix renaissant de ses cendres, grandir, briller, et faire des prodiges pour succomber de nouveau sous le despotisme, puis s'éteindre presque et disparaître dans la nuit de la barbarie, puis reparaître comme un soleil qui d'abord a peine à dissiper les nuages, mais qui finit par s'élancer radieux au milieu de Ciel pour inonder le monde de lumière et de chaleur!

Suivez-moi donc! Jetons ensemble un rapide coup-d'œil sur l'histoire de l'Humanité!

Pendant les milliers d'années du premier âge, quand l'homme, animal plus qu'homme, vit partout en troupes plutôt qu'en sociétés, où sont les Rois et les Pontifes, les Aristocrates et les Prêtres, les marquis et les barons, les couronnes et les sceptres, les armoiries et les habits brodés? C'est bien alors l'Égalité!

Pendant les milliers d'années du second âge, lorsque des milliers de Peuplades couvrent la surface du Globe; lorsque les plus grands, les plus forts, les plus courageux, les plus expérimentét et les plus habiles, ou les inventeurs de quelque découverte, sons élus ou choisis par leurs égaux, dans l'intérêt de ceux-ci, et remplacés par de plus capables aussitôt que l'intérêt général le demande ; lorsque tous les membres de chaque Peuplade s'assemblent pour délibérer en commun sur le départ et le séjour, sur la chasse ou la guerre ; lorsque le Chef élu n'est qu'un Général ou un Juge ; où sont encore les Rois de *droit divin* et la Noblesse *héréditaire* ? C'est bien encore, n'est-ce pas, l'Égalité et la Démocratie !

Mais quelques Peuplades enfermées dans des îles, ou entre des rivières, des marais et des montagnes, ou sous un beau climat et sur un terrain fertile, deviennent cultivateurs, industriels et civilisés, tandis que d'autres restent chasseurs et nomades, guerriers et vagabonds : ceux-ci deviennent conquérants, subjuguent et réunissent successivement un grand nombre d'autres Peuplades agricoles, et forment de grands Peuples, de grandes Nations, de vastes Empires, la Chine et le Japon, l'Inde et la Chaldée, l'Assyrie et la Perse, la Phénicie et l'Égypte. Alors, par la conquête et l'usurpation, s'établissent la monarchie et le despotisme, l'aristocratie et la théocratie, la division en *castes*, le système d'ignorance pour le Peuple, d'isolement vis-à-vis les autres Peuples et d'immobilité, en un mot l'*esclavage* et le *quasi-esclavage* organisé pour être perpétuel : ce n'est plus pour le Peuple, dans tous ces pays civilisés, que l'Égalité d'oppression et d'abrutissement.

Mais, d'une part, l'esclavage, qui remplace l'extermination à la guerre, est un progrès relatif ; d'autre part, ces grandes Nations civilisées (notamment les Indiens, les Assyriens, les Perses, les Phéniciens et les Égyptiens), se mêlent fréquemment par la guerre et les conquêtes, et font de grandes découvertes dans les sciences et les arts, tellement que les prêtres Égyptiens réunissent plus de 30,000 *traités* qu'ils attribuent à Mercure ; d'autre part encore, tout le reste du Genre humain reste sauvage et conserve l'Égalité.

Et après l'immense durée de ces trois premières époques (30,000 ans avant J.-C., suivant les Phéniciens et les Égyptiens ; 100,000, suivant les Perses ; 700,000, suivant les Babyloniens ; 2 millions, suivant les Chinois et les Japonais ; 4 millions, suivant les Indiens ; et 4,000 seulement suivant la Bible), quand nous arrivons à 2,000 ans avant J.-C., vous voyez l'Égalité renaître, grandir et triompher au centre du monde !

De 2,000 à 1,600 ans avant J.-C., vous voyez en effet commencer les colonies de l'Orient en Occident, comme auront lieu, environ 3,000 ou 3,500 ans plus tard (vers 1,500 ans après J.-C.), des émigrations et des colonies de l'Europe en Amérique.

Un essaim de petites colonies partent donc d'Égypte, de Phénicie, des îles et des côtes de l'Asie-Mineure (sous le nom de Pélages), et vont s'établir en Judée, en Grèce, en Sicile, en Italie et dans l'Afrique septentrionale, où elles bâtissent un grand nombre de villes (Jérusalem, Athènes, Sparte, Thèbes, Corinthe, Carthage, etc.), fondent une foule de petits États, exterminent ou s'adjoignent et civilisent les *sauvages habitants* de ces contrées.

Composées de mécontents, d'opposants, de proscrits, d'aventuriers, en un mot des hommes les plus avides de liberté, toutes ces colonies apportent dans leur nouvelle Patrie l'amour de l'indépendance et de l'Égalité.

Ne nous arrêtons pas aux HÉBREUX, quoique ce Peuple ne fuie l'Égypte que par haine de l'esclavage : quoique *Moïse* reconnaisse déjà la *souveraineté du Peuple* en leur soumettant une *Constitution*; quoique cette Constitution, présentée comme écrite et dictée par *Dieu* lui-même, établisse déjà la RÉPUBLIQUE, la *Démocratie* et l'*Égalité*, notamment l'Égalité de fortune et de suffrage; quoique nous puissions voir chacune de leurs douze tribus s'assembler chaque mois tour à tour, et des assemblées populaires de 50,000 personnes; quoique nous puissions y trouver des *Prophètes* haranguant les citoyens, et même une Association de 4,000 individus pratiquant la *Communauté de biens !* Laissons de côté cette *République Judaïque* qui, cependant, dure environ 400 ans, et qui, après environ 600 ans de Royauté et de captivité, recommence et dure encore plusieurs siècles, pour être remplacée de nouveau par la Monarchie jusqu'à la dispersion des Juifs, 134 ans après J.-C. : mais jetons un regard sur la GRÈCE.

Quant aux GRECS, quoique leurs nombreuses Peuplades choisissent pour *Rois* les chefs qui les ont conduits et guidés, tous ces petits Rois ne sont que des Généraux et des Juges, exécuteurs des lois faites et des décisions prises par le Peuple assemblé.

Mais ces Rois voulant devenir usurpateurs et despotes, le Peuple abolit la Royauté; et bientôt la RÉPUBLIQUE domine en Grèce, en Asie Mineure, en Judée, en Phénicie, à Carthage et dans l'Afrique septentrionale, dans les îles orientales de la Méditerranée, en Sicile, dans l'Italie méridionale et dans l'Italie centrale ou l'Étrurie, dont les nombreuses villes sont confédérées dès l'an 2,050 avant Jésus-Christ.

Quelques-unes de ces Républiques, comme Lacédémone, conservent un *Roi* subordonné au Peuple et au Sénat; mais presque

toutes se gouvernent sans Roi par une *Assemblée* générale composée de tous les citoyens et par un *Sénat* nombreux.

Dans les unes, comme à Athènes, c'est la *Démocratie* qui domine;
et dans d'autres, comme à Sparte et à Carthage, c'est l'élément
*aristocratique:* mais, dans celles-ci même, la Démocratie se fait
respecter et lutte sans cesse en faveur de l'Égalité politique.

Toutes ces Républiques sont encore assez ignorantes pour croire
à la légitimité de l'*esclavage;* les plus aristocratiques méprisent
même les métiers vulgaires et refusent les droits de cité aux ouvriers
qui louent leur travail et aux petits marchands: mais la Démocratie
traite mieux les travailleurs et les esclaves, et partout la masse du
Peuple se montre avide d'Égalité et de liberté.

Presque partout s'est introduite l'Inégalité de fortune, divisant les
citoyens de toutes ces Républiques en *riches* et en *pauvres;* mais
c'est l'origine, la cause et la source de toutes les discordes; mais
*Minos* établit la Communauté de biens en Crète; *Lycurgue* (855
ans avant J.-C.) l'établit à Sparte en obtenant des riches l'abandon
de leurs richesses et leur consentement au partage égal pour la
jouissance des terres; *Solon* abolit les dettes à Athènes; et partout le Peuple réclame et lutte sans cesse pour obtenir l'Égalité de
fortune.

Les Aristocrates mêmes veulent l'Égalité pour eux et entre eux;
et cet amour de l'Égalité est si universel et si vif que partout la
résistance à l'usurpation, l'insurrection contre les usurpateurs,
et le tyrannicide, sont proclamés des droits populaires garants de
la liberté.

Le Grec n'est plus une brute comme l'Asiatique et l'Égyptien;
c'est un homme qui sent sa dignité d'homme; et les Républiques
grecques ou voisines de la Grèce renferment plus d'hommes que la
vaste Égypte et l'immense Asie peuplées d'esclaves!

Mais bientôt, Athènes ayant chassé ses tyrans, et le despotisme
oriental menaçant la liberté grecque d'une *Invasion étrangère* et
d'une *Restauration*, l'amour de la Patrie et de l'indépendance enfante des prodiges; Léonidas et ses 300 Spartiates se dévouent à une
mort certaine pour arrêter quelques jours les Perses au passage des
Thermopyles; les Athéniens abandonnent et laissent brûler leur
ville; et moins de 30,000 Républicains, battant deux millions de
Perses sur terre et sur mer, à Marathon, à Platée et à Salamine,
490 ans avant J.-C., préservent l'Europe du despotisme Asiatique.

Affranchie alors de ses tyrans, délivrée de la crainte du joug oriental, la Démocratie coule à pleins bords : dans toutes ces villes, on voit le Peuple, constamment occupé des affaires publiques ou communes, se réunir presque journellement dans des assemblées délibérantes de 5, ou 10, ou 15, ou 30,000 citoyens : des Sénats de 300, ou 500, ou 1,000 sénateurs annuellement élus ; des tribunaux de 500 ou 1,000 jurés ; des élections annuelles où tous les citoyens élisent tous leurs magistrats et leur font rendre compte ; des magistratures conférées par la voie du sort à tous indistinctement, comme celle de jurés et même celle de sénateurs ; des théâtres contenant 20 et 30,000 spectateurs ; les pauvres payés afin de pouvoir assister aux assemblées populaires et aux spectacles ; des places publiques, des portiques, des promenades, des gymnases, où se réunissent habituellement les citoyens pour s'entretenir de la République et pour s'instruire ; des bains communs et gratuits ; des temples, des fêtes nationales ou religieuses, et de grands jeux où les populations accourent de toutes parts.

Toutes les institutions, les luttes à corps nus, les concours, les prix, les couronnes, les statues, les associations de 3 ou 500 frères ou amis, tout consacre et respire l'Égalité.

Bien plus : affranchis des castes et de la théocratie de l'Égypte et de l'Asie, et de toutes les entraves apportées à la communication des Peuples et au progrès ; admettant des milliers de Dieux divers ; visitant la Perse, l'Inde, la Phénicie, l'Égypte, surtout depuis qu'un des Rois égyptiens (Psamméticus) appelle une armée grecque à son secours contre un compétiteur (670 ans avant J.-C.); recueillant partout les connaissances acquises par l'Humanité ; libres dans l'enseignement et l'éducation comme dans la pensée ; discutant tout au grand jour de la publicité ; les Républicains grecs s'avancent à pas de géants dans la carrière des sciences et des arts, surtout dans la morale, la philosophie et la politique.

Ils n'ont pas encore l'imprimerie ni les écoles communes et gratuites ; mais ils veulent la diffusion des lumières et repoussent leur odieux monopole; ils ont d'innombrables copistes ; pour la première fois, la République donne à l'Humanité des *bibliothèques* PUBLIQUES (à Athènes, 524 ans avant J.-C.), des *écoles*, des gymnases, des instituts, des académies, des lycées et des musées, tandis que Sparte lui montre la toute-puissance de l'éducation ; pour la première fois, le Peuple jouit d'une *langue commune* à tous, et cette langue, harmonieuse et magnifique, répand partout (dès le temps d'*Orphée* et d'*Homère*, 1,300 et 1,000 ans avant J.-C.) les connaissances de toute nature par le charme de la poésie, tandis que, pour la première fois encore, les *Sages* et les *Philosophes* se présentent à leurs concitoyens, discutent publiquement les droits et les intérêts du Genre humain, et découvrent toutes les formes de Gouvernements, même les ligues et les confédérations, même la députation et la représentation, même les assemblées représentatives et les congrès.

Et la République ou l'Égalité porte à la perfection les *beaux-arts*, la poésie et la tragédie, l'architecture, la sculpture et la peinture!

Et cette même République multiplie tellement la *population* que la Grèce inonde à son tour de *colonies Républicaines* l'Asie-Mineure, la Sicile et la moitié de l'Italie, décorée du titre de *Grande-Grèce*, et dont la Rome peut être considérée comme une fille grecque instruite par sa mère : Bysance ou Constantinople et Marseille sont aussi deux colonies Grecques et Républicaines.

Ne nous arrêtons donc pas sur ces Républiques Asiatiques, Siciliennes et Italiennes, enfants de la Grèce et lui ressemblant plus ou moins : nous jetterons seulement, tout à l'heure, un rapide coup-d'œil sur la République Romaine.

Ne nous arrêtons pas même sur la marchande et conquérante Carthage, fondant autour d'elle trois cents villes ou Républiques Africaines, et finissant par succomber sous la puissance Romaine.

Et remarquons seulement que, à l'apparition d'Alexandre, Aristote peut réunir DEUX CENT CINQUANTE *Constitutions Républicaines* et compter bien plus de Républiques encore en Grèce et autour de la Grèce, tandis que l'Egypte et l'Asie méridionale sont encore esclaves, et que tout le reste de la Terre est encore sauvage ou presque sauvage, jouissant de son Egalité naturelle.

Mais, comme une armée fait halte ou revient sur ses pas pour atteindre ou rejoindre les traînards afin d'avancer plus sûrement ensemble, ne dirait-on pas que la Grèce s'arrête et rétrograde pour rejoindre les autres Peuples restés en arrière, afin de reprendre sa course plus tard et de les entraîner ou de les guider en avant?

En attendant, voyons vite cinq grands événements qui se succèdent dans le court espace de sept ou huit siècles; les conquêtes d'Alexandre, la République romaine devenant universelle, l'Empire romain, le Christianisme, et la grande invasion des Barbares.

Passons vite d'abord sur les conquêtes du Macédonien *Alexandre*, qui subjugue la Grèce (environ 330 ans avant J.-C.), mais qui, avec une petite armée de Grecs, subjugue et réunit l'Asie-Mineure, la

Judée, la Phénicie, la Perse, une partie de l'Inde et l'Égypte, fonde *Alexandrie*, et répand dans son vaste Empire la langue et les connaissances des Grecs, mêlant ensemble l'ancienne et la nouvelle civilisation.

Alexandrie renferme bientôt dans sa bibliothèque 700,000 volumes, c'est-à-dire toutes les connaissances de l'Humanité, et devient la *nouvelle Athènes* du monde civilisé, placée entre l'Afrique, l'Europe et l'Asie.

La Grèce gagne peu et perd beaucoup dans ce contact et ce mélange, mais les autres Peuples réunis y gagnent beaucoup plus qu'ils n'y perdent : c'est l'eau *bouillante* qui perd de sa chaleur par son mélange avec l'eau *froide*, tandis que celle-ci gagne la chaleur perdue et que toutes deux, devenues *tièdes*, peuvent *bouillir* ensemble.

Mais la République Romaine engloutissant la Grèce et les conquêtes d'Alexandre, va mêler ensemble deux mers d'eau chaude et d'eau froide ! Revenons donc à Rome, et remontons à sa naissance.

Dès son berceau, ROME, fondée par une colonie d'Albe sous la conduite de Romulus (753 ans avant J.-C.), partage également ses terres et veut l'Égalité. Romulus est Roi, mais électif et borné dans son pouvoir : le Sénat commence une Aristocratie qui finira par tout envahir ; mais tous les citoyens ont d'abord le droit de suffrage, et le Peuple forme une Démocratie puissante.

Bientôt Rome est divisée en *riches* et en *pauvres*, en *créanciers* et en *débiteurs*.

Bientôt aussi les Rois veulent opprimer les Aristocrates et le Peuple : mais l'Aristocratie appelle le Peuple à la résistance ; après sept Rois électifs et 240 ans de monarchie populaire, la Royauté est abolie ; l'Invasion étrangère, amenant la Restauration, est vaincue ; et la République reste triomphante !

De là de sublimes vertus républicaines, le sentiment de la dignité de l'homme, l'amour de la Patrie et de la Gloire, l'accroissement de la Démocratie, la vie publique, la fréquentation du *forum* et du champ de Mars, les comices ou les assemblées populaires composées quelquefois de 200,000 citoyens, les élections annuelles, les discussions publiques, les jugements par le Peuple, l'envoi de commissaires pour étudier les lois et les usages de la Grèce et des autres pays, les triomphes, les fêtes, les jeux, les vastes théâtres, les cirques immenses et les immenses arènes, enfin tout ce qui respire l'Égalité et même la Communauté !

Mais, dès le commencement de la République, l'Aristocratie, déjà riche et puissante, veut prendre la place de la Royauté, et se trouve seule en face d'une Démocratie pauvre, guerrière et armée, qui demande en vain l'abolition des dettes et la *loi agraire* ou le partage des terres conquises.

De là des divisions continuelles, des discordes sans fin, des troubles, des émeutes, la guerre civile, les proscriptions, les tyrannicides, enfin le despotisme impérial et la tyrannie du sabre.

Cependant, essentiellement guerrière et conquérante, souvent menacée d'être subjuguée et détruite, Rome conquiert l'Italie entière et la Sicile, Carthage et l'Afrique septentrionale, l'Espagne, toute la Gaule jusqu'au Rhin, même la Grande-Bretagne, enfin la Grèce (146 ans avant J.-C.), l'Asie-Mineure, l'Égypte et la plus grande partie de l'Empire d'Alexandrie.

Elle étendra continuellement ses conquêtes et gouvernera bientôt, au midi, l'Afrique jusqu'au Niger ; à l'occident et au nord, l'Europe jusqu'à l'Océan, jusqu'à l'Irlande, jusqu'au Danube, depuis sa source à son embouchure ; et à l'orient, l'Asie jusqu'à l'Euphrate.

Quelle République, immense, colossale, gigantesque, presque universelle !

Rome prend et répand tout et partout !

Elle prend à Carthage, à Syracuse, à Corinthe, à Athènes, à Sparte, à Éphèse, à Jérusalem, à Alexandrie, partout.

Elle prend à la Grèce ses sciences et ses arts, ses statuts et ses bibliothèques (quand la guerre ne les détruit pas, comme celle de Carthage et celle d'Alexandrie), ses lois et sa philosophie ; à l'Asie-Mineure ses productions naturelles et industrielles, ses richesses et son luxe ; partout quelque chose.

Elle s'enrichit et s'embellit des dépouilles du monde ! Et sa civilisation devient le résumé de toutes les civilisations d'alors !

Mais, à son tour, elle civilise l'Italie septentrionale, l'Espagne, la Gaule et la Grande-Bretagne.

Elle construit partout des routes, des camps fortifiés, des aqueducs, des temples, des bains et des arènes ; elle transporte dans l'Occident les animaux et les fruits de l'Orient.

Elle fonde des Académies à Autun, à Lyon, à Toulouse.

Elle organise partout des *Communes* ou des *Municipalités*, qui sont autant de petites Républiques.

Elle envoie partout ses légions et mêle tous les Peuples dans ses armées ; elle distribue partout ses fonctionnaires et fait venir de partout de nouveaux sénateurs et de nouveaux citoyens, des Ambassadeurs et des Représentants de tous les pays : de Rome on va partout, et de partout on accourt à Rome.

C'est le foyer où convergent les rayons partis de tous les points d'une vaste circonférence ! c'est le soleil dont les rayons éclairent et échauffent tous les points qui l'entourent !

Et quoiqu'elle ait encore l'esclavage, mille imperfections et mille vices, suite inévitable de l'enfance de l'Humanité, elle répand l'esprit d'Égalité, elle tend à L'UNITÉ et au nivellement, elle crée partout une puissante Démocratie luttant contre l'Aristocratie !

Mais bientôt aux torrents de chaleur versés par la République s'ajoutent des torrents refroidissants versés par l'*Empire*.

L'EMPIRE, c'est le triomphe de l'Aristocratie, d'une Aristocratie nouvelle, militaire, armée, dont le despote est tantôt le maître pour opprimer la liberté et tantôt l'instrument pour l'opprimer encore !

C'est le règne de la force brutale !

Et des monstres à face humaine, des Tibère et des Caligula, des Néron et des Héliogabale, escortés de leurs Sénateurs, de leurs Patriciens, de leurs *Ducs*, de leurs *Marquis*, de leurs *Comtes*, de leurs Prétoriens et de leurs Eunuques, se font adorer comme des *Dieux !*

Les philosophes sont proscrits ; la science et le progrès se taisent et s'arrêtent au milieu du bruit des armes et sous le glaive du Despotisme !

L'art de gouverner et d'administrer n'est que l'art d'opprimer ; l'*ordre* n'est partout que la *servitude* organisée !

Et pendant 400 ans, vous ne voyez que révoltes, guerres civiles et guerres étrangères, massacres et tyrannicides !

Cependant, partout l'Égalité encore ! Pour le Peuple, c'est l'Égalité d'abrutissement et de misère : mais tous ces sujets deviennent citoyens ; les Barbares (Goths, Francs, Parthes, etc.) sont admis dans l'armée, à la Cour, dans tous les emplois ; le dernier des soldats, même barbares, peut aspirer à l'Empire ; le dernier des esclaves, des affranchis et des eunuques, peut être Ministre d'un Empereur et régner sous son nom ; et les cadavres des Despotes, percés par le poignard d'un tyrannicide ou par le sabre d'un prétorien, tombent les uns sur les autres comme ceux de leurs victimes ! Quelques Empereurs libéraux (Vespasien, Titus, Adrien, Nerva, Antonin) favorisent les sciences et les savants, et fondent l'*Athénée*

au Capitole et des écoles partout ; Rome, Milan, Marseille , Bordeaux, Toulouse, Narbonne, Carthage même, deviennent l'asile
des études ; Nerva et Trajan accordent la liberté de penser et d'é-
crire, qui donnent à la postérité *Tacite*, les deux *Pline* et *Plu-*
*tarque* !

Mais l'Égalité va recevoir une impulsion bien autrement grande !
c'est de l'eau bouillante que va répandre à grands flots le *Christia-*
*nisme* pour échauffer l'Humanité ! Hâtons-nous donc de revenir à
Jésus-Christ, et ne nous arrêtons plus sur l'Empire que pour remarquer que *Constantinople*, située à la tête de la Grèce (au centre du
monde, entre l'Europe, l'Asie et l'Afrique), devenue seule capitale
de tout l'Empire, puis de l'Empire d'Orient seulement après le partage entre deux Empereurs, sera désormais le foyer de toute la
civilisation Grecque et Romaine, et que c'est là que se trouveront
les savants, les ouvrages, même ces fameux *Codes de lois romaines*
rédigés par ordre de Justinien, qui deviendront plus tard la lumière et le droit commun de l'Europe.

Cependant, arrêtons-nous encore un moment pour bien constater
l'esprit de l'Humanité à cette époque.

La civilisation Grecque, et par suite la civilisation Romaine, sont
le produit des idées religieuses des anciens Pélages mêlées à la
science venue d'Égypte et d'Asie. Suivant les premières, on croit généralement qu'il y a sur terre des *Dieux* MORTELS, c'est-à-dire des
*hommes nés des Dieux et pourvus d'une âme immortelle*, et des
HOMMES SANS AME, matière à Propriété aussi bien que les bêtes, le
sol, les maisons, etc. Il n'y a République que pour les Dieux mortels : le reste ne compte pas plus que des animaux. Suivant la science
d'Égypte et de l'Inde, les hommes sont d'anciens *Anges* originaire-
ment *égaux*, mais déchus, en punition de péchés commis dans le
ciel, et condamnés à rester sur la terre et à y souffrir jusqu'à ce que
le péché soit expié et racheté. Tant que la purification n'est pas complète, l'âme coupable est soumise à la métempsycose, c'est-à-dire à
passer continuellement d'un corps mort dans un autre corps. Les
âmes sont classées, suivant la gravité de leurs péchés, en six ou sept
*castes*, depuis le Prêtre jusqu'à l'esclave et jusqu'à la bête.

De là la supériorité de chaque *caste* sur toutes les castes inférieures jugées plus coupables et plus dégradées. On croit en outre
que les âmes d'une caste restent toujours dans la même caste : de là
l'immobilité des castes sans qu'aucune puisse se mélanger avec une
autre.

et quoique les philosophes ne partagent pas toutes ces idées, on peut dire que c'est encore l'opinion de l'Humanité à cette époque.

De là non-seulement les *castes*, les *Despotes*, les *Aristocrates* et l'*esclavage*, mais le droit de vie et de mort du mari sur sa *femme* et du père sur ses *enfants*.

Et c'est une croyance vulgaire et universelle qu'*un Dieu viendra racheter tous les* *péchés* et délivrer tous les hommes.

Tel est l'état social, religieux et politique, de l'Humanité au commencement de l'Empire romain.

Hé bien, voici que d'une des plus obscures provinces de cet Empire, entre l'Europe, l'Asie et l'Afrique, une voix proclame l'arrivée du Messie ou du Dieu annoncé et attendu, l'expiation et le rachat du péché originel, la délivrance du Genre Humain, une immense Réforme ou une immense Révolution.

« Je vous le dis en vérité, s'écrie JÉSUS, vous êtes *tous fils d'un* » *même père*, qui est Dieu ; vous êtes t us frères, TOUS ÉGAUX ; il n'y » aura dans le Ciel ni petits ni grands, ni riches ni pauvres, ni hom- » mes ni femmes ; il n'y aura que des Anges de Dieu.... Celui qui » voudra être le *premier* parmi vous sera le SERVITEUR de tous les » autres. *Aimez* donc votre prochain comme vous-mêmes, et Dieu » par-dessus tout. »

Et il recommande même la COMMUNAUTÉ *de biens !*

Et il meurt sur la croix, dit saint Matthieu, pour expier, par un seul sacrifice, les iniquités de tous les hommes, les racheter tous du péché originel, mettre fin à leur châtiment, et rétablir entre eux leur *Égalité primitive* en détruisant la cause de leur *Inégalité accidentelle*.

Et cette voix est répétée du haut du phare d'Alexandrie, centre alors de la Philosophie, pour être entendue de toute la Terre !

Et les uns disent que c'est la voix d'un Philosophe, d'un Sage, d'un grand Homme ; mais la masse croit que c'est celle d'un *Dieu !*

Et la divinité de Jésus-Christ devient la base d'une religion nouvelle !

Et la Morale de cette nouvelle Religion est l'Égalité, la Fraternité, la Charité ou l'Amour du prochain, la *Communauté*, le dévouement des Gouvernants à l'intérêt du Peuple, le dévouement du Peuple à l'Humanité, la Paix et la Liberté.

Et Jésus-Christ ordonne à ses disciples la *propagande* et la *prédication* sur toute la Terre, pour faire du Genre Humain un seul Peuple et une seule Famille.

Bientôt les Apôtres de ce Dieu nouveau prêchent cette Religion nouvelle à Rome et dans tout l'Empire romain, et font d'innombrables prosélytes.

Bientôt les Chrétiens forment mille associations et une *vaste République* disséminée dans l'Empire, et mettent en pratique l'*Egalité*, la *Fraternité* et la *Communauté* de biens.

Ni la persécution ni les supplices ne peuvent arrêter leur *propagande*; les sociétés secrètes et le martyre les conduisent au triomphe (320 ans après Jésus-Christ); l'Église et la Croix remplacent les temples ; Jésus-Christ prend la place de Jupiter (qui l'aurait cru possible ?) ; le Christianisme supplante le Paganisme ; et alors des *Conciles* et des *Congrès* qui représentent la République chrétienne, une *Constitution* religieuse, le suffrage universel pour les Chrétiens, les élections qui prennent le mérite dans tous les rangs pour instituer les Pasteurs ou les Curés et les Pères ou les Évêques, des prédications publiques, des écoles nouvelles, des hospices pour les pauvres et les voyageurs, enfin une *propagande* plus active et plus ardente, répandent partout, en Orient comme en Occident, jusque parmi les Peuples barbares, l'esprit d'Égalité et de Fraternité.

Mais quel vent glacial soufflant du nord, quel vent brûlant soufflant du midi, viennent tout à coup obscurcir et glacer ou enflammer l'atmosphère de l'Humanité !

Du nord de l'Europe et de l'Asie (appelé la *fabrique du Genre humain*) s'élancent cent Peuples sauvages et barbares (Goths, Ostrogoths, Visigoths, Francs, Saxons, Angles, Allemands, Cimbres, Teutons, Lombards, Hérules, Gépides, Alains, Suèves, Huns, Abares, Bulgares, Scythes, Tartares, etc.) qui se précipitent par le haut sur l'Empire romain comme une tempête ou comme un torrent, tandis que Mahomet et ses Arabes (Sarrasins, Maures, Musulmans, Ottomans, Turcs) s'élèvent par le bas comme un incendie dévorant.

Hommes et femmes, enfants et vieillards, presque nus et effroyables, vivant de chairs crues et saignantes, accourent avec leurs tentes et leurs bestiaux, les uns à pied ou sur leurs chariots, les autres à cheval ou sur leurs chameaux.

Les uns arrivent à Rome par l'Asie-Mineure, la Grèce et l'Italie; les autres par la Gaule et l'Espagne, d'où ils passent en Sicile et en Italie, tandis que plus tard les terribles enfants de Mahomet subjugueront tous ces premiers envahisseurs et feront le tour de l'Empire, d'abord par le midi, l'occident et le nord, s'ils ne sont pas arrêtés à Poitiers par Charles Martel, ensuite par le nord et l'occident, s'ils ne sont pas arrêtés à Vienne par les Polonais.

Rome est prise, reprise, prise encore, pillée, brûlée, détruite; et son Aristocratie va mourir sur les ruines de Carthage ou s'enfermer dans les murs de Constantinople.

Tout l'Empire est inondé, subjugué, conquis, couvert de Barbares; et Constantinople seule reste debout, entourée et bloquée, conservant dans un étroit foyer la civilisation de la Grèce, de Rome et du monde.

Et quelle désolation après cet effroyable tremblement de terre et les nombreuses secousses qui l'ont précédé et suivi pendant près de 400 ans, jointes aux dévastations des chrétiens *Iconoclastes* qui, pour exécuter la prescription de Moïse contre les *images*, détruisent toutes les Églises, toutes les statues et toutes les peintures en Orient!

La terre est partout couverte de cendres, de ruines ensanglantées et de cadavres; les villes sont détruites, la moitié de la population périt et le reste devient *esclave*, forcé de cultiver les champs pour des barbares devenus maîtres de tout, hommes et terres, meubles et bestiaux.

Et tous ces Peuples barbares, libres auparavant et égaux entre eux, ayant des Gouvernements démocratiques et des assemblées générales où la Nation entière faisait ses lois et décidait ses affaires, changent tous leurs usages après la conquête : dispersés dans le pays, unis seulement contre leurs victimes et divisés entre eux, ils finissent par n'avoir plus d'assemblées et par laisser à leurs Généraux le pouvoir de choisir des Rois ; et ces Rois, d'abord électifs et presque sans autorité, se rendront héréditaires, voudront devenir despotes comme les Empereurs romains, et, comme ceux-ci, se feront appeler *Dieux*, ou Rois *de droit divin*, ou Rois *par la grâce de Dieu :* tout le reste se transforme en une Aristocratie de Princes, Ducs et Pairs, ou égaux du Roi, Marquis, Barons, Comtes, Vicomtes et Seigneurs, étagés comme les officiers d'une armée; ou plutôt tous ces féroces et hideux Aristocrates organisent la plus épouvantable *anarchie*, voulant tous être indépendants et maîtres chez eux, voulant faire la loi pour leurs sujets, juger, battre monnaie et faire la guerre, s'enfermant dans leurs châteaux-forts, ne s'occupant qu'à guerroyer entre eux et à se piller, et ne laissant à leurs serfs ou esclaves d'autre occupation que celle de travailler et de se faire tuer pour eux !

Et les sciences et les arts ont disparu ! Presque tous les monuments de l'Orient, de la Grèce et de l'Italie sont engloutis ou réduits en poussière ; tous les savants ont péri sans laisser aucun disciple ; les écoles et les bibliothèques sont dans le néant ; pendant longtemps les Francs font leur cuisine et les moines font des enveloppes avec les bibliothèques de Reims et de la Gaule ; pendant six mois, les Mahométans échauffent leurs bains avec la nouvelle bibliothèque d'Alexandrie ; tous les ouvrages grecs sont perdus dans l'Occident, même les *Pandectes de Justinien*; plusieurs des ouvrages de Cicéron n'existent plus, ainsi que beaucoup d'autres écrits romains ; quelques-uns seulement échappent aux naufrages, mais long-temps inconnus * et inutiles dans la poussière de quelque église ou monastère, car personne ne comprend plus le latin ni le grec, et c'est à peine si, parmi les prêtres et les moines, qui seuls conservent une étincelle de savoir, on peut trouver un Évêque capable de lire autre chose que l'Oraison dominicale.

Sciences et arts, Philosophie et Religion, Histoire et Politique, tout est éteint ; il n'y a plus personne peut-être, en Occident, qui se doute qu'il ait existé une Grèce et une Rome, des Républiques et un Christianisme prêchant l'Égalité et la Fraternité !

C'est donc l'ignorance et la stupide crédulité ; c'est la force brutale et la barbarie ; c'est l'Aristocratie et la servitude ; c'est, pour l'Humanité et l'Égalité, la glace, la nuit et presque la mort !

La résurrection de l'Égalité n'est-elle pas impossible ?

Hé bien, ne désespérez pas ! Suivez-moi toujours ! Et vous me direz ensuite si la Providence ne semble pas avoir décidé que l'Égalité triompherait !

Mais que mon embarras est grand ! car beaucoup d'entre vous savent aussi bien que moi ce que je vais vous exposer rapidement, tandis que beaucoup l'ignorent, faute d'avoir pu l'apprendre : comment donc en dire assez pour ceux-ci, sans en trop dire pour les premiers ? Et par où commencer ? Cependant, si vous avez de la patience, j'aurai du courage pour vous dérouler un grand et magnifique spectacle : essayons !

Voyez Rome délivrée par Constantinople, rebâtie, repeuplée, puis révoltée contre sa libératrice, reconnue indépendante et libre

---

* La *République* complète de *Cicéron* reste enfouie dans la Bibliothèque du Vatican pour n'être retrouvée qu'en 1819.

avec son petit territoire appelé l'État de l'Église ou le Patrimoine de saint Pierre, et gouvernée républicainement par son Évêque électif, Prince temporel en même temps que spirituel ! N'est-ce pas déjà un commencement d'Égalité renaissante ?

Voyez cet Évêque de Rome, élu par le nouveau Peuple romain, se faire appeler PAPE, successeur de saint Pierre Président des apôtres de Jésus-Christ; se faire reconnaître comme Président et chef de tous les Évêques, de tous les Prêtres, de tous les moines, de toutes les Églises, de tous les chrétiens de l'Occident, et se constituer, au milieu de l'anarchie féodale, Président *électif* d'une immense *République religieuse* ayant ses élections, ses Représentants, ses Conciles ou Congrès, son Gouvernement et son Conseil !

Seul éclairé, quoique faiblement d'abord, et pouvant seul s'éclairer progressivement; ménagé, caressé, enrichi par tous les Rois, à cause de son influence sur les vaincus et même sur les vainqueurs; seul maître du peu de livres échappés à la destruction; pratiquant la langue latine et jouissant de l'immense avantage d'être à Rome ; possédant dans son Conseil plus d'hommes instruits et plus de traditions gouvernementales que tous les Rois ensemble, avec plus de ruse et de fourberie même, plus d'unité et d'ensemble, plus de suite et d'opiniâtreté dans sa politique que chacun d'eux ; vous le verrez bientôt *Monarque universel* comme un des premiers Empereurs romains, Souverain et maître des Rois et des Peuples !

Et remarquez-le bien dès maintenant, tandis que toutes les Royautés et toutes les Aristocraties nouvelles n'ont presque généralement que des incapacités et des nullités *héréditaires*, la République chrétienne prend le mérite par l'*élection* ; et vous savez que le dernier des roturiers peut, s'il est savant, devenir Évêque et Pape, sans que j'aie besoin de vous lire la longue liste des *vilains* parvenus à la Papauté !

Hé bien, n'est-ce pas là un vaste foyer d'Égalité ?

Voyez, en Orient, les brûleurs de la bibliothèque d'Alexandrie, ces féroces Arabes qui ne voulaient souffrir qu'un seul livre sur la Terre, leur ridicule *ai Coran* ! Maîtres maintenant de l'Égypte, de la Judée ou Palestine, de la Perse, d'une partie de l'Inde, et des anciennes Républiques grecques de l'Asie-Mineure, les voilà qui se laissent policer par leurs vaincus; qui étudient la langue, les arts et la science de la Grèce; qui font de *Bagdad* une nouvelle Athènes, où sont appelés des savants de Constantinople ; qui traduisent la Philosophie d'Aristote ; qui répandent les *caractères* et les *chiffres*

24

*arabes* ou plutôt *indiens*, qui seront adoptés par l'univers ; et qui répandent aussi leurs ouvrages, leurs traductions, leur architecture, leur chevalerie, leur galanterie et leurs tournois, en Afrique, en Italie et en Espagne, d'où plus tard ils les communiqueront à la France et à tout l'Occident ! N'est-ce pas encore un progrès vers l'Égalité ?

Voyez Charlemagne rétablir l'Empire d'Occident ; se faire proclamer Empereur par le Pape à Rome ; unir et mêler ensemble la France, partie de l'Espagne, l'Italie et toute l'Allemagne ; faire entrer celle-ci dans le mouvement et dans la civilisation Européenne ; répandre le Christianisme dans le Nord ; rétablir les assemblées nationales ; appeler les savants ; fonder des écoles et favoriser les sciences et les arts ; tandis que l'Université de Cambridge est déjà fondée en Angleterre et que le *grand Alfred* y favorise, un peu plus tard, la liberté, l'étude et la philosophie. N'est-ce pas encore un pas vers l'Égalité ?

Voyez l'Empire d'Occident passer sur la tête d'un prince d'Allemagne, se réduire à l'Allemagne et l'Italie, cesser d'être despotique, et devenir une *confédération* de Princes ou de Républiques Aristocratiques qui aura sa *constitution* écrite.

Voyez *Crescentius* chasser le Pape de Rome et rétablir momentanément la République (en 998) ; les *Communes* d'Italie se rendre indépendantes de l'empereur d'Allemagne (dès 1050) ; et les principales, Pise, Lucques, Parme, Plaisance, Florence, Venise, Gênes, Milan, se constituer en *Républiques !*

Voyez les *Communes* s'affranchir, les armes à la main, dès 957, ou *acheter* leur affranchissement, en France (sous Louis-le-Gros en 1112), en Angleterre, en Allemagne, et plus tard en Espagne.
Cet affranchissement des *Communes* de l'Europe n'est-il pas une immense Révolution en faveur de l'Égalité !

Voyez le Pape Grégoire VII, fils d'un charpentier Toscan, se proclamer Vicaire de Jésus-Christ, *Monarque universel*, Empereur de toute la Chrétienté, Juge et Maître de tous les Rois, de tous les Peuples et de tous les Pays de la terre ; ôtant et donnant les couronnes, les Empires et les Nations ; plus puissant que ne le fut aucun Empereur romain ! Et il n'est pas un *roturier* qui ne puisse, comme lui, devenir Roi des Rois !

Sans doute les Papes abuseront de cette immense concentration de tous les Peuples, qui pourrait être si utile à l'Humanité : mais puisque l'Humanité est encore trop jeune au sortir de la barbarie, quelle révolution n'est-ce pas cependant contre les idées d'Inégalité en faveur de l'Égalité ?

Voyez les descendants de Guillaume-le-Conquérant (Henri 1er en 1101, et Jean-sans-Terre en 1215) *forcés* de concéder la *grande Charte* à l'Aristocratie anglaise, préparant ainsi l'admission des *Députés des Communes* dans le Parlement britannique (en 1265, par le comte de Leicester, usurpateur, pour engager le Peuple à soutenir son usurpation), comme l'affranchissement des Communes en Espagne prépare la *grande Charte espagnole* et l'admission des Députés du Peuple dans les *Cortès* en 1283, comme l'affranchissement des Communes en France prépare l'établissement des *Etats-Généraux* et l'admission des *Députés du Tiers-Etat* (1301) quand Philippe-le-Bel a besoin d'eux pour avoir de l'argent afin de résister à la domination du Pape !

Voyez les CROISADES (depuis 1095 jusqu'en 1267) emmener en Palestine ou Judée des millions d'hommes, les Aristocrates et les Rois de toutes les parties de l'Europe ; ruiner l'Aristocratie dans sa fortune et son pouvoir ; ressusciter l'industrie et le commerce de l'Italie vers l'Orient ; mêler ensemble tous les Peuples ; les conduire dans Constantinople prise d'assaut (1204), et les y laisser pendant plusieurs années ; créer même des royaumes français à Jérusalem, à Antioche, en Chypre ; rapporter les arts et les sciences des Arabes et des Grecs et beaucoup de leurs livres, notamment *Aristote* ; et souffler partout l'esprit de liberté et d'Égalité !

La découverte d'un exemplaire des *Pandectes* de Justinien, retrouvé en 1135, à *Amalfi*, dans le royaume de Naples, enfante une foule de traductions, de commentaires, d'écoles, de professeurs, d'écrits contre les usurpations Papales, et la classe des *légistes*, qui marcheront bientôt les égaux de la noblesse d'épée !

Dès 1143, *Arnaud de Brescia* commence à prêcher la *Réforme* dans Rome, et y rétablit momentanément la *République* ; son supplice n'empêche pas sa doctrine de marcher, pour triompher un jour.

Le moine anglais *Roger* BACON, prodigieux génie, rétablit, dès 1294, le règne de la Raison, attaque les erreurs et les préjugés, indique les moyens de s'instruire, annonce la poudre à canon, les verres grossissants et brûlants, les bateaux et les voitures à méca- nique ; tandis qu'un autre *Bacon*, le chancelier, dressera plus tard un tableau de toutes les connaissances humaines, proposera une Association ou République des savants de toute la Terre, et ouvrira une carrière nouvelle à l'intelligence et au progrès de l'Humanité!

Pour affaiblir l'Aristocratie, Louis X affranchit les serfs de ses domaines (1314) et force les seigneurs à *vendre* à leurs paysans leur affranchissement, en reconnaissant que, d'après le *droit de Nature*, chacun doit être franc et libre !

La *poudre à canon*, indiquée par le moine Bacon et définitivement inventée par le moine Schwartz, à Cologne (1340), et l'*artillerie*, dont les Maures commencèrent à se servir au siége d'Algésiras (1342) et les Anglais, à Crécy (en 1346), opèrent une révolution dans l'art de la guerre, épargnent le sang des hommes qu'elles semblaient devoir répandre plus abondamment, font disparaître l'inégalité de la force physique, désarment l'Aristocratie féodale des armures qui la distinguaient, rendent les châteaux-forts pres- que inutiles, et rétablissent l'Égalité entre les villes comme entre les armées !  .

Trois *Cantons Suisses* se confédèrent dès 1307, pour secouer le joug de l'Autriche ; et la Suisse entière, divisée plus tard (1514) en treize Cantons, reconquiert son indépendance et forme une *Répu- blique confédérée* comprenant *treize petites Républiques*, plus ou moins démocratiques, dans la plupart desquelles l'Égalité règne plus qu'en Grèce autrefois et à Rome.

*Rienzi* ne peut établir que momentanément (1342) la République à Rome même et dans toute l'Italie, comme un *Doge* Vénitien ne peut parvenir (1354) à rétablir la Démocratie à Venise ; mais ces tentatives ne sont pas perdues pour la cause de l'Égalité.

Et voyez quel mouvement en France ! Voyez les *Etats-Généraux* y *refuser les impôts* (1355), y proclamer la Souveraineté nationale (1358), y dicter la loi à la Royauté et y établir presque la Répu- blique ! Voyez-y les Bourgeois de Paris s'insurger sous la conduite de *Marcel*, prévôt des marchands, qui veut organiser une Répu- blique française ! Voyez-y la guerre civile de la *Jacquerie*, l'insur- rection des paysans contre l'Aristocratie, et l'incendie des châteaux!

Voyez encore l'insurrection des *Maillotins*, ou des Bourgeois de Paris, contre les impôts !

La Royauté et l'Aristocratie restent victorieuses, parce qu'elles ont plus d'adresse, plus de discipline, plus d'unité ; mais l'Égalité n'en a pas moins fait un pas de géant !

Bientôt la guerre civile éclate en France ; les *Armagnacs* et les *Bourguignons* se disputent le pouvoir : les premiers appellent les Anglais à Paris ; et le duc de Bourgogne, qui veut défendre la capitale attaquée par les traîtres et par l'étranger, organise une troupe d'assommeurs sous le nom de *Cabochiens*, et fait arrêter et massacrer, dans les prisons et partout, plus de 3,500 adversaires qu'il accuse de conspiration et de trahison !

L'Angleterre a aussi sa *Jacquerie* : un impôt sur toutes les personnes de 15 ans excite une insurrection (1381) ; un prédicateur fougueux prêche au Peuple l'*Egalité* ; 100,000 paysans s'emparent de Londres, tuent le Ministre et brûlent son palais. L'Aristocratie écrase bientôt, avec 40,000 hommes, une armée sans discipline et sans chef : mais l'esprit d'Égalité germe dans toutes les têtes.

Bientôt (1399) un docteur d'Oxford, WICLEFF, prêche la *Réforme* de l'Eglise, la doctrine de Jésus-Christ et l'*Egalité :* ses nombreux partisans, appelés *Lollards,* sont persécutés et brûlés ; mais l'enthousiasme des martyrs propage l'amour de l'Egalité.

Voyez dans la République Chrétienne, un autre mouvement bien autrement étendu, le *Concile de Constance* convoqué (1414) pour *réformer* la Chrétienté !

Voyez-y réunis un nombre prodigieux de Cardinaux, de Prélats et de Docteurs ; plus de 100 Princes souverains d'Allemagne, l'Empereur à leur téte ; 27 ambassadeurs de Rois ; d'innombrables Députés de presque toutes les Communautés de l'Europe !

Voyez cette *Convention* ou cette *Constituante* Européenne se déclarer SOUVERAINE, déposer trois Papes, en élire un autre, et ne se séparer qu'après avoir reçu sa promesse qu'il préparerait un projet de Constitution, qu'il convoquerait un nouveau Concile dans 5 ans pour le lui soumettre, puis un Concile régulier tous les 10 ans !

Les Papes auront la perfidie de violer cette promesse ; mais la Réforme est dans les têtes !

Le Concile fait brûler comme hérétiques deux réformateurs,

*Jean Huss*, Recteur de l'Université de Prague, et *Jean de Prague*, son disciple ; les *Hussites* sont exterminés après 20 ans de combats ; mais leur héroïque dévouement échauffe encore les esprits!

Le *Concile de Bâle* (1430) ne fait qu'une ombre de Réforme après avoir déposé, comme *parjure* et *hérétique*, le Pape (Eugène IV) qui, de son côté, excommunie les Membres du Concile comme *sots, fous, enragés, bêtes féroces*, et le nouveau Pape (Félix V) comme un *cerbère*, un *veau d'or*, un *Mahomet*, un *Antechrist* ; mais toutes ces injures, tous ces parjures, toutes ces excommunications et toutes ces dépositions assurent le triomphe de la Réforme et de l'Égalité.

Voyez comme vont se presser les grands événements qui précipitent ce triomphe, l'invention de l'imprimerie à Strasbourg (1437), la prise de Constantinople (1453), le règne de Louis XI (1461), la découverte du cap de Bonne-Espérance (1486), celle de l'Amérique (1492), et la Réforme (1517) !

L'IMPRIMERIE, qui amènera bientôt l'abandon du latin pour la *langue française* et les *journaux*, c'est la publicité, pour tous les Peuples et pour presque tous les hommes, de tous les ouvrages de la Grèce et de Rome, sur les sciences et les arts, sur l'histoire et la politique, sur la morale et le droit, sur la Philosophie et la Religion : la Bible elle-même, inconnue du Peuple, va être enfin imprimée, traduite et connue : c'est comme si l'on créait des millions de professeurs et des millions d'écoles ; c'est la naissance d'une *République des lettres* plus vaste que toutes les autres Républiques ou Monarchies, comprenant et unissant tous les savants de la Terre ; c'est comme une voix qui se ferait entendre du Monde entier ; c'est, pour la première fois, la création d'une *opinion publique*, populaire, universelle ! quel instrument pour la Raison et pour la Vérité qui finit toujours tôt ou tard par triompher !

CONSTANTINOPLE est prise par les Turcs ou les Mahométans. Tous les savants Grecs se réfugient en Italie ; ils y apportent tous les ouvrages grecs et latins encore inconnus, les Historiens, les Philosophes et les Politiques, Pythagore, Platon, Aristote, que l'Imprimerie va multiplier en grec, en latin, et dans toutes les langues modernes ; ils ouvrent des écoles et enseignent les langues anciennes ; la Grèce ressuscite, ou plutôt son âme reparaît à sa place, pour éclairer et pousser en avant l'Occident et le Monde.

On apprend généralement alors, et avec un grand étonnement, que l'Aristocratie *de droit divin* est une imposture d'invention toute récente, qu'Aristote a pu réunir 250 *constitutions républicaines*, et que la plus grande partie de l'Humanité était autrefois République et Démocratie !

Pesez, si vous pouvez, les conséquences en faveur de l'Égalité !

Je ne vous dis qu'un mot de Louis XI, abattant l'Aristocratie et la féodalité; favorisant le commerce et l'industrie ; établissant la *poste*; créant l'ordre de Saint-Michel, pour honorer le *mérite civil*, c'est-à-dire les Plébéiens ( car les Aristocrates n'estiment que les armes, méprisent l'étude, et sont ignorants autant que barbares) ; élevant ainsi les roturiers au niveau des nobles; tandis que pendant la minorité de Charles VIII, les États-Généraux proclament de nouveau le principe de la Souveraineté nationale, et que Louis XII aura le titre de *Roi roturier* et de *Père du Peuple*.

Vous parlerai-je de la *boussole*, découverte en 1200 ou rapportée de la Chine et perfectionnée en 1301, qui permet les longs et larges voyages maritimes, et qui prépare d'immenses événements, notamment la découverte du passage par le *cap de Bonne-Espérance* ?

Vous prévoyez sans doute les résultats de la découverte de ce passage, qui conduira tous les Européens dans l'Inde, le Japon et la Chine; qui va faire connaître la civilisation Asiatique ancienne et moderne; qui mêlera des colonies Portugaises, Espagnoles, Italiennes, Françaises, Anglaises et Hollandaises ; et qui va donner à la navigation, à l'industrie, au commerce , aux sciences, aux arts, à la Philosophie et à la Politique, une impulsion nouvelle et toujours favorable à l'Égalité !

Et cependant, ce n'est presque rien comparé à la découverte d'un Nouveau Monde, de l'Amérique , où l'on trouve un antique et vaste Empire (le Pérou) pratiquant depuis 400 ans la *Communauté de biens*, où les Puritains anglais, les Quakers et les frères Moraves, viendront l'établir (en Pensylvanie), tandis que les Jésuites l'y établiront (au Paraguay), où presque tous les germes de liberté et d'Égalité qui se trouvent en Europe iront se réfugier pour s'y développer à l'aise et rapporter à l'ancien Monde la Démocratie grande et forte !

Et c'est peu de chose encore comparé à la Réforme !

Aussi, tout importante que soit la *fédération* des villes libres ou des petites Républiques de la *Souabe*, je la passe sous silence, parce que les plus brillantes étoiles disparaissent, éclipsées par le soleil de la Réforme.

La RÉFORME! quelle entreprise! La Réforme des abus introduits dans l'Église, et des excès commis par les Prêtres et la Papauté! la Réforme dans la grande République Chrétienne, devenue Monarchie universelle! L'examen des droits du Peuple Chrétien et de l'autorité du Pontife qui se dit Vicaire de Jésus-Christ et Souverain des Rois!...

Et cette Réforme, vainement réclamée déjà par les Peuples, par le Clergé, par les Conciles, c'est un Moine obscur, LUTHER, qui la demande de nouveau, appuyé bientôt par un autre Prêtre, *Zwingle*, en Suisse, et par un troisième, *Calvin*, à Genève! Ce sont ces trois nains qui attaquent le colosse Papal, le Roi des Rois, le demi-Dieu Lieutenant d'un Dieu!

Mais l'imprimerie porte leurs voix dans toute l'Europe; mais la Raison est déjà grande et peut comprendre la Vérité; mais les Pygmées attaquent le Géant avec la Bible, avec les paroles et la doctrine de Jésus-Christ lui-même, invoquant les droits de l'homme et du Chrétien, l'Égalité et la Fraternité; ils l'attaquent au tribunal de l'Europe, dans l'intérêt de la Religion, des Peuples et des Rois!

Quoique évidemment intéressés à secouer le joug du Pape, les Rois et les Aristocrates comprennent bien que la Réforme religieuse entraîne nécessairement la Réforme politique et que l'Égalité menace à la fois la Papauté, la Royauté et l'Aristocratie; ils repoussent la Réforme pour conserver leurs Couronnes, et préfèrent le joug du Pape à la liberté des Peuples, espérant d'ailleurs s'affranchir eux-mêmes par la suite; et toute la Chrétienté se divise en *deux ligues* ou *deux camps*, l'un comprenant le Pape et les Prélats, l'Empereur et presque tous les Rois, l'autre comprenant le bas Clergé, les petits Princes, quelques Seigneurs généreux et beaucoup de Peuples; l'un comprenant les *Protestants*, ou les Réformistes, ou les Révolutionnaires ou les Républicains, ou les Démocrates, l'autre comprenant les *Catholiques* ou les Papistes, ou les Conservateurs, ou les Monarchistes, ou les Aristocrates.

C'est la lutte de la Démocratie contre l'Aristocratie, de la République et de l'Égalité contre la Monarchie et le Despotisme!

Et le procès est plaidé dans toute l'Europe, dans chaque pays, partout! Il se plaide dans des sermons, dans des écrits, dans des Conciles, dans des Congrès et sur les champs de bataille!

C'est le plus grand procès, le plus grand tribunal, la plus grande discussion qu'on ait jamais vus!

C'est la réapparition de Jésus-Christ sur un plus grand théâtre, avec ses principes de fraternité et d'Égalité, et plus de moyens pour faire de la propagande?

Et c'est de l'*argent*, c'est la VENTE par un Pape de la permission de commettre des crimes, c'est une espèce d'*impôt* papal qui fournit l'occasion!

Et après 150 ans de discussions, de négociations et de sanglants combats, en Allemagne et en France, après d'horribles supplices et d'héroïques martyres, la Réforme finira par être triomphante.

Car, quoique Henri VIII veuille tout simplement se substituer au Pape, quoiqu'il veuille arrêter la Réforme, il la sert et l'anime en supprimant tous les monastères pour s'emparer de leurs biens, en divulguant toutes les tourberies et les immoralités des moines, en assemblant une *Convention ecclésiastique* qui rédige une *Constitution religieuse* et qui fait traduire et imprimer la Bible. L'Angleterre adopte plus tard un demi-protestantisme demi-libéral, qu'elle répand dans toutes ses colonies, c'est-à-dire dans toute l'Amérique septentrionale et dans une grande partie du Globe, tandis qu'en France l'*Édit de Nantes*, donné par Henri IV, garantit aux Protestants la liberté de conscience et de culte, et qu'en Allemagne le fameux traité de paix de Westphalie proclame et garantit la tolérance religieuse et l'Égalité des religions. La moitié de l'Allemagne et de la Suisse, la Belgique et la Hollande, presque tout le Nord, plusieurs millions de Français, en un mot une grande partie du monde embrassent la Réforme!

Et la Réforme répandant sur toutes les questions et sur toutes les institutions l'esprit d'*examen*, de perfectionnement et d'innovation, d'indépendance et de liberté, d'Égalité et de République, prépare la Réforme philosophique et politique, universelle et radicale, et le triomphe de l'Égalité!

Voyez maintenant les événements, comme ils se succèdent et se pressent en faveur de l'Égalité!

1517. — Luther commence l'attaque; Zwingle le soutient, Calvin aussi.

1519. — *Charles-Quint*, élu Empereur d'Allemagne, attaque

aussi le Pape, fait saccager Rome, et favorise ainsi malgré lui la Réforme, tandis que la *République* se rétablit à Gênes.

1523. — Les paysans de Souabe et de Franconie s'insurgent à la voix de Luther et de Muncer.

1526. — D'autres paysans les imitent sous la conduite de *Jean de Leyde*, qui prêche l'Égalité de fortune, également adoptée par les *Anabaptistes* et par les *frères Moraves*. Toute l'Allemagne s'enflamme pour la Réforme.

1529. — La Diète de *Spire* condamne la Réforme.

1530. — Les Réformistes ayant *protesté* (d'où le nom de *Protestants*) et présenté leur confession ou profession de foi, la Diète d'*Augsbourg* les autorise.

1531. — *Servet*, dépassant Luther et tous les autres, attaque la Divinité de Jésus-Christ et porte l'examen sur le vrai caractère de toutes les Religions.

1532. — *François Ier* combat la Réforme, mais il la sert malgré lui en fondant le *Collége de France* et l'*Imprimerie royale* à Paris, en ordonnant l'usage du français, et en accordant aux savants une protection qui le fait appeler le *Restaurateur des lettres*.

1552. — Le traité de paix de *Passau* garantit la Réforme.

1540. — Les *Jésuites* s'associent pour défendre le Pape contre la Réforme : mais ils la servent malgré eux en organisant une *République* qui prêchera la doctrine du *tyrannicide*, et qui travaillera sans cesse à l'abaissement des Rois et de l'Aristocratie.

1559. — Une *Chambre ardente*, créée contre la Réforme en France, fait pendre et brûler comme Protestant un Président du Parlement (Anne Dubourg). Ainsi persécutés, les Protestants de France, composés principalement de nobles et de bourgeois, conspirent pour enlever le Roi et sa cour à Amboise : 1,200 sont massacrés ou exécutés; des milliers sont égorgés partout; mais l'impulsion démocratique est donnée, et les Protestants, qui soutiennent long-temps leurs droits par les armes, obtiennent enfin la liberté de conscience.

Dans le même temps, le Roi catholique d'Espagne opprime les Pays-Bas et la Hollande : mais les Seigneurs mêmes conspirent et s'associent sous le titre populaire de *gueux*, et sept Provinces se déclarant indépendantes se constituent en *République fédérative*.

1572. — 100,000 Protestants sont assassinés en France le jour de la *Saint-Barthélemy* par Charles IX, d'accord avec le Roi d'Espagne; le Pape ordonne une procession à Rome; le parlement en ordonne une à Paris; mais ce massacre excite l'horreur de l'Europe, et les Protestants, qui se défendent avec intrépidité dans

La Rochelle, sont sur le point d'y proclamer la *République* et conquièrent un nouvel édit de pacification.

1588. — La *Ligue* catholique s'insurge à son tour contre Henri III qu'elle ne trouve pas assez intolérant, se *barricade*, le chasse de Paris, prêche que la *Bible* autorise le *tyrannicide,* et le fait assassiner à Saint-Cloud.

1600. — Henri IV proclame la liberté religieuse par l'*édit de Nantes*, et écrase encore l'Aristocratie qui conspire pour établir elle-même une RÉPUBLIQUE *aristocratique :* il tombe aussi sous le poignard d'un agent des Jésuites, tandis que, la même année, des Aristocrates anglais catholiques et les mêmes Jésuites organisent la *conspiration des poudres* contre le Roi protestant Jacques I<sup>er</sup>.

1610. — La Sorbonne condamne la doctrine du *Régicide* professée et pratiquée par les Jésuites ; mais leur Général proteste publiquement contre cette décision.

Peu après, ils s'emparent du monopole de l'enseignement, fon admirer à leurs élèves les Républicains grecs et romains, les *Mutius Scévola* et les *Brutus*, et professent publiquement encore la doctrine du *Régicide,* dont ils feront une nouvelle application sur Louis XV.

1624. — *Richelieu* achève d'écraser l'Aristocratie et fonde l'*Académie Française*.

1647.—La *Fronde* se révolte contre *Mazarin*, renouvelle les Barricades, chasse Louis XIV enfant et son Ministre, parle beaucoup encore de *République,* et généralise en France l'esprit de critique et d'*opposition*, tandis que, dans le même temps, les Napolitains se révoltent et remplacent leur Roi par le *pêcheur* MAZANIELLO.

C'est dans le même temps encore (1648) que le traité de Westphalie proclame le triomphe définitif de la Réforme, reconnaît les *Républiques Suisse* et *Batave*, et constitue définitivement l'Allemagne en confédération de *Villes libres* et de Princes *élisant* leur chef.

Et voyez comme les événements vont se presser encore pour accélérer les progrès de la Démocratie !

1649. — Voici l'un des plus puissants Rois, *Charles I<sup>er</sup>,* qui perd la tête sur l'échafaud ! Voici l'Angleterre qui donne au monde l'exemple d'une grande Nation moderne jugeant solennellement et condamnant son Roi, abolissant sa Pairie, proclamant la *République* et s'élevant par elle, en dix ans, au plus haut point de puissance !

L'Angleterre n'a pas seulement alors des *Puritains* qui veulent la République avec la morale de Jésus-Christ dans toute sa pureté;

elle a aussi une secte nombreuse de *Niveleurs* (levellers) qui veulent l'Égalité absolue, en fortune comme en tout.

Quel malheur que *Cromwell* ne soit pas Icar ou Washington!

1660. — Voici un autre Peuple, le Danemark, qui donne à son
Roi le pouvoir absolu pour qu'il écrase l'Aristocratie, tant les Aristocrates sont odieux et l'amour de l'Égalité passionnée!

1661. — Voyez comme le despote *Louis XIV* va servir malgré
lui l'Égalité! son ambition réduit les Rois de l'Europe, coalisés
contre lui, à demander, comme condition de paix, que les États-
Généraux, supprimés depuis 1614, soient rétablis et réguliers afin
d'empêcher les guerres ambitieuses; son orgueil favorise les lettres
et développe cette République des savants (commencée avec la
Réforme sous François Ier et développée par Richelieu), dans laquelle les roturiers marchent à l'égal ou au-dessus des Aristocrates;
sa révocation de l'Édit de Nantes, qui force près d'un million de
Protestants à quitter la France pour porter dans toute l'Europe
leur industrie et leur esprit républicain, avance aussi les progrès
de la Démocratie Européenne, tandis que COLBERT lui imprime une
impulsion rapide en développant le commerce et l'industrie, en ranimant les sciences et les arts, en ouvrant des routes et des canaux,
en établissant des manufactures et des écoles, en fondant l'Obser-
vatoire, l'École militaire de Metz, les Écoles maritimes de Brest et
de Toulon, l'École de peinture à Rome, une chaire de *droit public,*
une foule de monuments, et l'*Académie des sciences,* qui servira de
centre à tous les savants et de modèle à des Académies pareilles
dans presque tous les pays de l'Europe.

1688. — Voyez encore un Roi chassé, le catholique et oppresseur *Jacques III* Voyez l'Aristocratie anglaise réunie dans une
*Convention nationale* et agissant au nom du Peuple, donner encore
l'exemple d'une grande Nation punissant un Roi violateur des
droits nationaux. C'est, à la vérité, pour eux que les Aristocrates
renversent une Royauté; mais ils apprennent au Peuple à renverser
l'Aristocratie et l'encouragent à le faire en appelant *glorieuse* cette
Révolution.

1695. — Bientôt l'Angleterre proclame aussi la *liberté de la
presse,* et la montre à la France pour qu'elle la désire et l'ac-
quière.

En France, il est vrai, Louis XIV, la Régence qui lui succède,

Louis XV, l'Aristocratie et le Clergé catholique, joignent l'intolérance, la cruauté, le libertinage et la débauche au Despotisme ; mais la résistance, l'opposition, la critique et l'esprit révolutionnaire sont partout ; et des cris d'horreur s'élèvent de toutes parts quand un enfant, le jeune Chevalier de *Labarre*, déclaré coupable d'avoir outragé un crucifix sur le pont d'Abbeville, condamné à mort, est exécuté par cinq bourreaux qui lui font subir l'amputation du poing, l'amputation de la langue arrachée avec des tenailles, la torture ordinaire et extraordinaire, et qui le brûlent ensuite à petit feu !

Et le vœu général pour une Réforme politique est si énergique (1774) que Louis XVI, guidé par Malesherbes et Turgot, sent la nécessité d'y céder et commence par abolir la corvée, quand éclatent coup sur coup deux Révolutions qui vont ébranler la Terre pour en faire jaillir l'Égalité.

Quels événements ! quel spectacle !

Mais arrêtons-nous un moment et revenons sur nos pas.

Depuis l'invention de l'imprimerie, la prise de Constantinople, la découverte de l'Amérique et la Réforme, la Philosophie et sa sœur la Politique ont fait d'énormes progrès. En Angleterre, en France, en Italie, en Allemagne, en Belgique, en Hollande, partout, les Philosophes ont tout examiné, tout discuté ; guidée par l'ancienne Philosophie de la Grèce et de Rome, la *Philosophie moderne* a bientôt atteint et surpassé son aînée ; elle a reconnu, publié, proclamé les *droits* des Peuples et des hommes, l'indépendance et l'Égalité ; et des milliers d'ouvrages, l'*Encyclopédie* surtout (publiée en 1759), et le théâtre Républicain de Corneille, de Crébillon et de Voltaire a popularisé cette Philosophie.

Mais quoique discutés et reconnus quelquefois dans les Parlements aristocratiques d'Angleterre et de France, les *droits des hommes* n'ont encore été que des *théories* ; et voici deux des principaux Peuples du monde qui vont les mettre en *pratique*, et donner une leçon à tous les autres.

Ranimez donc votre attention !

Voilà l'Aristocratie Anglaise, si jalouse envers ses Rois, qui veut opprimer ses Colonies Américaines et les traiter en esclaves, en exigeant d'elles des *impôts* qu'elles n'ont pas consentis ; mais l'une d'elles résiste, et les douze autres viennent s'*associer* avec elle pour la défense de leurs droits communs.

Bientôt les Représentants des 13 Colonies discutent, décident et proclament que chacune d'elles est ÉGALE *en droits* à l'Angleterre.

Et les 13 Colonies le répètent !

Et leur Ambassadeur *Franklin* le répète solennellement devant le Parlement Britannique !

Et quelques généreux Aristocrates le répètent aussi dans le sein de l'Aristocratie !

Et la Presse le répète dans l'Europe attentive !

Et quand les oppresseurs s'opiniâtrent dans l'oppression, les 13 Colonies proclament leur INDÉPENDANCE, justifient leurs droits dans un *manifeste* (rédigé par Franklin, Jefferson et Adams) qu'elles adressent au Genre Humain tout entier, se constituent en *Républiques* associées et confédérées, et présentent le spectacle aussi imposant que nouveau de treize grandes Républiques, presque aussi vastes ensemble que l'Europe entière, assises chacune sur une *Constitution* écrite, basée sur les *droits de l'homme,* sur la *Démocratie* et l'*Égalité !*

Et quand l'Aristocratie Anglaise en appelle à la force des armes, les Peuples d'Europe applaudissent à l'Amérique et l'encouragent par leurs vœux ; les Rois de France et d'Espagne, comme entraînés par la fatalité, soutiennent la cause de la Révolution et de la Démocratie !

Et la Démocratie triomphe !

Et le bonheur veut que Washington ne soit ni Cromwell ni Napoléon, mais presque Icar !

Et l'Aristocratie Anglaise est forcée de reconnaître la Révolution, l'indépendance et la République !

Et tous les Rois de l'Europe reconnaissent l'ÉGALITÉ entre les Peuples, par conséquent l'Égalité entre les citoyens et entre les hommes !

Et bientôt l'Égalité donnera à ces treize Républiques une prospérité sans exemple !

Et bientôt aussi onze autres Républiques pareilles viendront agrandir la Confédération !

Et bientôt encore toutes les Colonies Espagnoles et Portugaises se déclareront indépendantes !

Et toute l'Amérique sera Républicaine, formant une République plus vaste que toutes les anciennes Républiques grecques, carthaginoises et romaines réunies !

Et la République des États-Unis deviendra toujours plus démocratique !

Et, défendue par l'Océan et par près de 2,000 lieues de mer et de tempêtes, la Démocratie Américaine pourra braver tous les

Rois et toutes les Aristocraties de l'Europe, accepter toutes les découvertes et toutes les inventions, les bateaux à vapeur et les chemins de fer, tenter toutes les expériences, et conquérir toutes les améliorations et toutes les réformes pour les donner ensuite à l'Univers !

Adversaires de l'Égalité et de la Communauté, réfléchissez, calculez les conséquences pour l'Égalité en Europe, et dites-moi s'il n'est pas vrai que la Démocratie déborde !

Et qu'allez-vous dire quand tout-à-l'heure vous verrez la Révolution Française abolir la Royauté et la Noblesse, lutter contre toutes les Aristocraties Européennes coalisées contre elle, les vaincre, et planter au milieu de l'Europe le drapeau de la Démocratie triomphante !

Mais j'ai besoin de reprendre haleine pour la suivre dans sa course : à demain donc !

Et vous ne pouvez vous figurer l'impression profonde que ce tableau de tant d'événements prodigieux produisit encore sur les auditeurs étonnés et électrisés !

## CHAPITRE X.

### Progrès de la démocratie et de l'égalité. (Suite.)

Hier, j'ai fait passer en revue devant vous des centaines de révolutions, la réforme, les Révolutions Anglaises de 1649 et de 1688, et la Révolution Américaine.

Je ne vous parle pas de notre Révolution d'Icarie en 1782, fille de cette magnifique Révolution d'Amérique et que, sans vanité, je puis dire plus belle encore que sa mère : quelle influence n'aurait-elle pas sur le reste du monde, si notre Icarie se trouvait au milieu de l'Europe !

Mais jugez dans quel état d'effervescence et de bouillonnement doit se trouver la France après cette Révolution Américaine inspirée, soufflée, et presque opérée par elle !

Et voyez si Louis XVI n'est pas entraîné par une espèce de fatalité, quand il a la folie d'imiter l'Aristocratie Anglaise, qu'il vient

de combattre, et quand il parle en sultan pour exiger des impôts!
Voyez si la Noblesse, les Notables et les Parlements ne sont pas
entraînés par la même fatalité, quand les premiers lui refusent le
secours de leurs bourses, tandis que l'Aristocratie parlementaire
s'oppose au Despotisme royal et ministériel, invoque la Souveraineté nationale, et réclame les États-généraux supprimés depuis
175 ans !

Voilà la Royauté forcée de céder ! Et comme la Révolution est
dans toutes les têtes, on peut dire la Révolution consommée !

Les électeurs sont convoqués : *six millions* !
Des *cahiers* sont rédigés : ils demandent la *Réforme*, une *Constitution* et l'*Egalité* !
Les Députés sont élus : *douze cents*, dont 300 par la Noblesse,
300 par le Clergé, 600 par le Tiers-État, l'élite du pays.
Et la Représentation nationale, on pourrait dire la Nation elle-
même est assemblée.

Et la lutte s'engage à l'instant entre l'ARISTOCRATIE, qui demande
la division en trois Chambres, et le *vote par ordres*, et la DÉMOCRA-
TIE, qui réclame la réunion en une seule Chambre et le *vote par
têtes*, ou l'Égalité des suffrages.

Je ne vous dirai pas l'épouvante de la Royauté, son commandement de se dissoudre, la fermeture de la salle, la courageuse
résistance des Députés populaires, leur sublime *serment* d'accomplir le mandat du Peuple, l'emploi de la force armée contre les
Représentants, la défection des soldats, l'immortelle prise de la
*Bastille*, et la capitulation de la Royauté : j'arrive vite à l'Assemblée reconnue *unique, nationale, souveraine*, CONSTITUANTE.
Et l'Europe voit tout, entend tout, connaît tout !

Voyez maintenant, voyez !
Dans une seule nuit (4 août), l'Assemblée Constituante, éclairée,
guidée, échauffée, électrisée par la Philosophie du XVIII° siècle,
achevant l'œuvre de la Réforme, proclame les *droits de l'homme*,
c'est-à-dire de tous les hommes, de tous les Peuples, de l'Humanité toute entière ; et le principal de ces droits, c'est l'*Egalité* ! Elle
abolit tout ce qui reste de la féodalité, l'Aristocratie nobiliaire et
sacerdotale, tous les priviléges et tous les monopoles.
Et l'entraînement de la raison et de la justice est tellement irré-

sistible qu'une grande partie de l'Aristocratie offre elle-même, avec enthousiasme, le sacrifice de ses intérêts sur l'autel de l'Égalité !

Puis, pendant trois ans, l'Assemblée Constituante (et remarquez-le bien, ce ne sont plus seulement quelques philosophes dans leur solitude, c'est une réunion de 1,200 hommes d'élite que renferme le pays) examine et discute solennellement tous les abus à corriger et toutes les améliorations à introduire, c'est-à-dire presque toutes les questions de morale, de philosophie, de religion, d'organisation sociale et politique.

Les deux partis y soutiennent la lutte ; l'ARISTOCRATIE, qui se réunit dans le club ou la société des *Feuillants*, qui suit l'*école Anglaise*, qui veut l'Inégalité, deux Chambres, une Royauté forte et le moins possible de changements ; et la DÉMOCRATIE, qui se réunit dans le club des *Cordeliers* ou des *Orléanistes*, fondu bientôt dans le club des *Jacobins*, appelés *anarchistes*, parce qu'ils suivent l'*école Française* ou des philosophes, et demandent des innovations, une *seule Chambre* législative, une Royauté limitée et l'Égalité politique.

C'est la Démocratie qui triomphe par une immense majorité. Elle renverse, abat, balaie ; puis reconstruit, rebâtit et rédige la *Constitution* de 1791.

Elle n'établit pas nominativement la *République* ; mais la Royauté qu'elle organise avec une seule Chambre, est une Royauté républicaine et démocratique, une véritable République en fait.

Elle n'abolit pas la *Propriété*, et n'établit ni la Communauté, ni la loi agraire, ni l'Égalité de fortune ; mais elle crée l'Égalité dans les successions et l'Égalité d'éducation, source de toutes les Égalités, et toutes ces institutions tendent à diminuer l'Inégalité de fortune comme toutes les autres Inégalités.

Elle divise le territoire en 83 Départements à peu près égaux.

Elle proclame la tolérance religieuse, la liberté et l'Égalité des Religions et des Cultes, et rend aux *Juifs* la qualité d'hommes et le droit de citoyens.

Je n'examine pas si, avec une génération formée sous l'ancien régime, une Assemblée qui renferme tant d'anciens Aristocrates pourrait faire davantage, tout d'un coup, brusquement et sans transition ; je constate seulement ce fait prodigieux, qu'elle exécute immensément beaucoup plus que l'Angleterre en 1688, plus que l'Amérique elle-même en 1776, infiniment plus que les Philosophes les plus révolutionnaires ne croyaient possible quelques années auparavant. Je constate surtout qu'elle proclame et conquiert irrévocablement pour l'Humanité le PRINCIPE de l'*Egalité absolue des droits*, principe immensément fécond, dont les Assemblées ou les générations futures sauront bien tirer toutes les *conséquences*.

Et je le répète, l'Europe voit tout, entend tout, connaît tout!

Et cette Constitution servira de modèle à je ne sais combien de Constitutions nouvelles rédigées par d'autres Peuples!

Et c'est une forteresse d'où la Démocratie et l'Humanité pourront s'élancer à de nouvelles conquêtes, mais d'où l'Aristocratie ne pourra plus les débusquer définitivement!

Mais l'Aristocratie Française (quel crime ou quel malheur!) recourt à la violence, émigre, s'enrégimente sur la frontière, appelle à son secours toutes les Aristocraties et tous les Rois de l'Europe, insulte, outrage et menace la Révolution.

Et toutes les Aristocraties d'Europe, l'Anglaise à leur tête, se coalisent et décident la guerre contre la France, guerre nouvelle, guerre de l'Inégalité contre l'Égalité, de l'immobilité contre le progrès, de la Force contre la Raison et la Justice, de l'intérêt de quelques-uns contre l'intérêt de l'Humanité!

Avant de déclarer la guerre, la Coalition épuise tout l'arsenal de Machiavel, la *calomnie* et les faux bruits, la division et la corruption, les intrigues et les conspirations, la guerre civile et les trahisons!

Mais le danger, électrisant le Peuple et l'*Assemblée législative* (qui remplace la Constituante), les pousse davantage à la République, à la Démocratie, à l'Égalité.

Qu'il est beau de voir la France, ou la Représentation nationale, en face de la guerre et de tous les Rois d'Europe, déférer le titre de citoyens français à *Schiller* et à tous les *Philosophes étrangers* défenseurs de la Liberté et de l'Égalité; discuter un plan d'*éducation* publique qui doit donner à la génération prochaine l'Égalité radicale, et proclamer que la Nation ne combattra jamais dans un but de *conquête!*

Et l'esprit de la Démocratie est tellement universel et impérieux qu'un Prince, qui brigue la faveur populaire, ne trouve rien de mieux pour se populariser que de s'appeler ÉGALITÉ, croyant honorer la princesse sa mère en se disant fils de son cocher, comme Alexandre crut honorer la sienne en se disant fils de Jupiter!

Je ne vous parle pas de l'invasion étrangère, ni des malheureuses trahisons de la Royauté, ni du péril de la Révolution, ni de l'insurrection populaire, ni de l'assaut du palais (10 août), ni de la prise du Roi, ni du massacre des conspirateurs avant de courir à l'ennemi (comme autrefois le duc de Bourgogne fit massacrer les Armagnacs avant de courir aux Anglais, qui menaçaient Paris), ni de la fuite des envahisseurs, ni des élections nouvelles, qui choisissent pour Représentants les hommes les plus populaires, et qui les chargent de juger Louis XVI, de sauver la Révolution, et de reconstituer l'Égalité en lui donnant une force nouvelle.

Voici la CONVENTION, une Convention revêtue d'un nouveau mandat du Peuple et investie de sa Souveraineté!

Et les événements, depuis 1789 à 1792, ouvrant pour le Peuple un immense *Cours pratique de Démocratie*, ont tellement accéléré son *éducation politique* que la *République*, à peine nommée en 1789 et fusillée en 1791, est unanimement proclamée par la Convention dès sa première séance, le 21 septembre 1792!

Je ne veux pas juger ici la justice ou l'injustice de ses actes ; car comment la Convention ne ferait-elle pas des fautes, quand elle est composée d'hommes gâtés, comme les Rois et les Aristocrates, par la détestable organisation sociale qu'elle veut réformer! je veux seulement constater les faits, le développement graduel et rapide de la Démocratie et de l'Égalité. Je continue.

La Démocratie Française accepte la guerre contre la coalition de toutes les Aristocraties Européennes ; et l'esprit d'égalité est tellement naturel à l'homme et tellement répandu sur la Terre par la Philosophie du XVIIIᵉ siècle, que la France croit pouvoir compter sur la sympathie des Peuples.

Elle proclame l'Égalité et la Fraternité des Nations, les appelle à la liberté, trouve des échos et des amis partout, divise, par la seule puissance de sa voix, chaque Pays en deux camps, de Démocrates et d'Aristocrates, et commence sa guerre de Propagande, sa guerre à mort contre les Royautés et les Aristocraties, en leur lançant la tête de son Roi, solennellement jugé, déclaré parjure et traître, et dont la condamnation est ratifiée par les 7/8 de la Population.

Je ne m'arrête pas à plaindre ce malheureux Louis XVI, qui pouvait être si heureux en faisant le bonheur de la France, s'il eût suivi les conseils de Turgot, tandis qu'il périt comme Charles Iᵉʳ, après avoir attiré, comme celui-ci, d'effroyables calamités sur sa Patrie, tous deux victimes, aussi bien que leurs Peuples, des vices affreux de l'organisation de leurs Pays.

Mais voyez la gigantesque marche de l'opinion ! Chaque année désormais, l'anniversaire de ce terrible sacrifice sera célébré comme un jour de triomphe par tous les magistrats, par toutes les armées et par tous les citoyens, jurant à l'envi *haine à la Royauté !*

Et n'accusez pas toute une Nation d'être cruelle et sanguinaire ! Reconnaissez plutôt que, sans colère contre l'homme, presque indifférente sur le sort d'un coupable quand tant de catastrophes menacent 25 millions d'innocents, considérant comme mort un Roi détrôné, et se croyant forcée de le détrôner pour ne pas périr elle-même, cette Nation veut lancer l'anathème sur un passé dont la funeste organisation l'expose à tant de malheurs !

Et l'on pourrait douter que l'Égalité soit enracinée dans l'âme du Peuple Français !

Bientôt la Convention rédige une Constitution nouvelle, sa Constitution de 1793, plus Démocratique que l'ancienne Constitution d'Athènes et qu'aucune autre constitution sur la Terre, excepté celle d'Icarie.

Mais elle la suspend jusqu'à la paix, dans l'intérêt de la Démocratie elle-même, et la remplace provisoirement par un Gouvernement dictatorial et révolutionnaire, dirigé par un *Comité de salut public*, dont le nom seul indique la gravité du péril qui menace l'existence de la Patrie.

Pendant cette terrible Dictature, ou plutôt cette guerre, la plus périlleuse de toutes les guerres, la Convention, qui ne peut sauver la France que par le dévouement du Peuple, pousse la Démocratie jusqu'aux dernières limites de l'exaltation et de l'enthousiasme.

Elle n'abolit pas la Propriété pour lui substituer la Communauté, et ne proclame pas même la loi agraire ; mais voyez comme elle en approche ! elle déclare nationaux les immenses domaines du Clergé ; elle confisque tous les biens des émigrés et des conspirateurs ; elle supprime au profit des paysans toutes les rentes féodales et toutes les redevances seigneuriales ; elle rend aux Communes toutes les terres usurpées par les seigneurs ; elle appelle les enfants naturels à partager les successions paternelles et maternelles avec les enfants légitimes ; elle vend les domaines nationaux et les divise pour multiplier le nombre des acquéreurs et des propriétaires;

elle promet *un milliard* aux défenseurs de la Patrie ; elle veut détruire en un mot l'opulence et la misère.

D'un autre côté, le Peuple est électeur, juré, garde national et armé ; il se réunit journellement dans ses assemblées populaires ; il occupe toutes les magistratures, toutes les fonctions, tous les emplois.

D'un autre côté encore, *tous les citoyens sont soldats et nomment leurs officiers ;* toutes les classes, auparavant séparées, sont fondues dans l'armée, tous peuvent aspirer à tous les grades par leur courage et leurs talents : on verra un tambour devenir général, et pendant cette longue guerre plus de 100,000 roturiers, remplaçant les Comtes, les Marquis et les Ducs, deviendront officiers de tous grades et généraux !

D'un autre côté enfin, la Convention, poussée par les événements beaucoup plus loin que la Constituante et la Législative, qui d'ailleurs avaient déjà bien déblayé la route, achève de démolir et d'abattre l'ancien régime, change et révolutionne tout, égalise et nivelle tout, centralise et porte tout à l'*unité*, renouvelle tout, même la Société, même la *religion*, et fonde l'*Egalité d'éducation* pour amener l'Égalité réelle, et la classe des *sciences morales et politiques* dans l'Institut national pour préparer sans cesse de nouvelles améliorations Démocratiques.

Elle établit aussi l'uniformité des poids et mesures, un nouveau calendrier, les télégraphes, l'école polytechnique, le bureau des longitudes, le conservatoire de musique, l'école des langues orientales, etc., etc

Et jamais on ne vit dans un Peuple plus d'enthousiasme, plus de dévouement patriotique, plus de dispositions à réaliser toutes les idées de justice, de fraternité et de perfectionnement social. Et si les riches étaient d'accord avec les autres, ou si seulement la Convention était unanime pour vouloir l'Égalité, elle établirait la Communauté !

Malheureusement, une partie des Aristocrates et des riches conspirent pour la Coalition des Rois contre la Révolution ; beaucoup de parents ou d'amis d'émigrés compromettent le salut de la Patrie en leur envoyant des secours ; la guerre civile décuple le danger de la guerre étrangère, et la Convention se croit dans l'affreuse nécessité d'adopter, pour se défendre, un système d'intimidation et de terreur contre les contre-révolutionnaires, contre les émigrés, contre leurs parents et leurs amis, contre les conspirateurs et les insurgés.

Malheureusement encore, tandis que le Peuple veut l'Égalité, beaucoup de riches veulent conserver leur opulence, des bourgeois et des pauvres veulent profiter de la Révolution pour s'enrichir, et la Convention elle-même se divise en trois partis, la *Démocratie populaire* ( ou les Montagnards ), qui veut le progrès et l'Égalité réelle ; la *Démocratie bourgeoise* (ou les Girondins), qui veut la résistance et une demi-Égalité, et qui s'allie avec l'Aristocratie, dont elle est dupe ; et l'*Aristocratie*, qui, quoique bien faible en nombre, espère toujours opérer la contre-révolution à l'aide de ses richesses, des *divisions* et de l'étranger.

Quelque déplorables que soient ces *divisions*, nous ne pouvons nous étonner que l'ancienne organisation sociale ait enfanté des ambitieux, des avares et des cupides : quelque déplorable que soit le fait, c'est un fait qu'une partie de la Convention repousse absolument l'Égalité réelle , quand l'autre partie veut absolument l'établir.

C'est donc la guerre sociale avec toutes ses chances et ses hasards !

Les Girondins ou les Démocrates bourgeois sont d'abord écrasés par les Montagnards ou la Démocratie populaire, puis une fraction de celle-ci (les Hébertistes et les Dantonistes) par l'autre fraction (les Robespierristes); puis ces derniers sont écrasés (le 9 thermidor an 2, ou 27 juillet 1794) par tous leurs adversaires réunis, par la Démocratie bourgeoise et par l'Aristocratie, qui s'efforcent de flétrir leur mémoire, et qui remplacent la *premiere terreur* contre les Royalistes par une *nouvelle terreur* au moins aussi sanglante contre la Démocratie.

Et pendant cette effroyable réaction, l'Aristocratie Anglaise, *Pitt* à sa tête dans la chambre des pairs, et *Burke* dans la chambre des communes, poussent des *cris d'extermination* contre la Révolution et la Démocratie Française !

Vous ne craignez pas que j'approuve l'une plus que l'autre terreur : étranger à toutes ces violences, éloigné d'elles par plus de quarante années et par près de deux mille lieues, libre de toute haine et de toute partialité, jugeant une révolution française comme une révolution romaine, planant du haut de l'histoire et de la philosophie, élevé à l'école d'Icar, qui mit sa gloire et son bonheur à réaliser sa réforme radicale sans effusion de sang ; habitué par notre éducation à aimer tous les hommes, je plains Louis XVI, les Aristocrates, les émigrés et les contre-révolutionnaires, victimes de la Démocratie, comme je plains les Démocrates et le Peuple, victimes de l'Aristocratie ; je les plains et je déplore leurs malheurs, parce qu'ils sont tous victimes des vices de l'organisation sociale et politique qui les maîtrise tous également depuis leur naissance ; je repousse la *vengeance*, même la plus légitime, comme aveugle, souvent injuste et funeste, presque toujours nuisible, et toujours indigne de l'homme ; je la repousse dans l'intérêt même du Peuple et de la Démocratie; je repousse la *violence* comme un crime, quand elle n'est pas indispensable ; et la redoute comme un malheur pour celui qui l'emploie, même dans le cas de la plus impérieuse nécessité ; je repousse les amis aveugles et fous qui compromettent, et j'abhorre les cruels et les perfides qui déshonoreraient leur cause par leurs excès, si les excès de quelques individus pouvaient déshonorer un Peuple et la plus juste des causes !

Mais vous n'attendez pas non plus que je m'arrête à juger les individus et les faits de détail, ni que je condamne en masse la Démocratie, la Convention et sa terrible Dictature. Quelque éloignés que nous soyons déjà de la scène, si nous sommes trop près encore pour la bien juger, transportons-nous à cent ans en avant ou reportons la scène à cent ans en arrière ; élevons-nous au sommet de l'Histoire et à l'impartialité de la Philosophie; voyons en hommes et non pas en enfants, en spectateurs désintéressés et non pas en femmes ou en vieillards meurtris, qui voient oujour, derrière eux le spectre de la terreur: *jugeons avec courage et bonne foi, et non pas en lâches amis qui craignent de dire la vérité qui déplaît, ou en perfides ennemis qui veulent calomnier !*

Hé bien ! dites, l'époque de 92 à 95 n'est-elle pas la guerre et la plus périlleuse des guerres, la tempête et la plus furieuse des tempêtes? L'histoire vous montre-t-elle un Peuple environné de tant d'ennemis extérieurs et intérieurs, un danger pareil, une situation plus horrible? Trompée, trahie, voyant des dangers partout, la Démocratie pouvait-elle n'être pas effrayée, furieuse, presque désespérée? Frappe-t-on toujours juste dans la mêlée? N'y prend-on pas souvent l'ami pour l'ennemi, et fait-on ce qu'on *veut* au milieu d'un naufrage ou d'un incendie? Aucun agent du machiavélisme

étranger ne s'est-il glissé dans le camp pour poignarder des aristocrates et quelques démocrates, afin d'en accuser la Démocratie?
Les vainqueurs n'ont-ils pas toujours calomnié les vaincus, et surtout les morts? *Les héros de la veille ne sont-ils pas presque toujours des brigands le lendemain ?* N'est-ce pas toujours la victoire
qui qualifie le crime et la vertu? Les accusateurs les plus impitoyables de cette époque ne sont-ils pas des apostats, des renégats, des
traîtres, des *Fouché,* qui, après avoir poussé à la violence et s'être
baignés dans le sang, se sont vendus à l'ennemi?

Et puis, parmi les milliers de Royautés et d'Aristocraties qui ont
dominé sur la terre, en est-il une seule, oui une seule, qui, pour
défendre son injuste domination, n'ait fait autant et beaucoup plus
que ce qu'elle accuse la Démocratie d'avoir fait pour défendre ses
droits et son existence?

L'Aristocratie n'a-t-elle pas adopté pour Ministre le régicide et
noyeur Fouché?

Et puis encore, ne sont-ce pas la Royauté, l'Aristocratie et la
Coalition qui ont provoqué la Démocratie, qui l'ont mise dans la
nécessité de se *défendre* en lui déclarant une guerre à mort?

En un mot, ne sont-ce pas des siècles d'oppression, la Saint-
Barthélemy, les dragonnades, les trahisons de la Royauté, les outrages de l'Émigration, les horribles menaces de la Coalition et les
périls de l'invasion, qui sont la cause première, la véritable cause
des violences de la Démocratie?

J'aurais dû peut-être me dispenser de ces réflexions; aussi je n'exa-
minerai pas si, dans la question de réorganisation intérieure, les
Démocrates n'ont pas commis la faute d'aller trop vite et de trop
entreprendre à la fois; si les préjugés et les habitudes n'étaient pas
encore trop forts pour qu'il fût possible d'établir l'Égalité de fortune ; s'ils ont fait tout ce qu'il fallait faire pour y disposer les esprits, et si les chefs avaient assez de gloire, de puissance et de génie pour commander l'opinion.

Je n'examine pas non plus si le Peuple ne doit pas tirer une
*précieuse leçon* de ce fait éclatant que, après avoir été le maître et
tout-puissant, *il est écrasé faute de chefs, de discipline, d'ensemble,
de prudence et d'instruction solide.*

Bornons-nous donc à remarquer que la Convention organise la
victoire pour le présent et pour l'avenir, et qu'elle sauve la Révolution et le pays ; remarquons surtout que, pendant deux ans, elle
plante trop profondément la *Démocratie* en France pour qu'elle n'y
soit pas solidement *enracinée.*

A partir du 9 thermidor, cependant, la Démocratie décline ; le Peuple des faubourgs de Paris est désarmé ; ses clubs sont fermés; l'Aristocratie devient si puissante et si hardie qu'elle ose attaquer la Convention à force ouverte ; et la Constitution de 1793 est supprimée pour faire place à la Constitution de l'an 3, beaucoup moins démocratique, qui conserve la Propriété et l'opulence. Quelle reculade ?

Mais cette Constitution nouvelle, établissant une *République démocratique*, se trouve encore la plus démocratique de toutes les Constitutions existantes ; et, quoique ayant rétrogradé, la Démocratie se trouve encore infiniment plus loin que sous la *Constituante* et sous la *Législative*.

Favorisés par les Démocrates bourgeois, les Aristocrates deviennent de nouveau menaçants dans le commencement du DIRECTOIRE, tandis que les Démocrates populaires se réorganisent et conspirent en grand nombre pour établir l'Égalité de fortune et la *Communauté de biens*.

Je n'examine pas encore si cette tentative n'est pas prématurée, s'il n'est pas impossible qu'elle réussisse par la force, et si ce projet n'est pas la cause de tous les désastres qui vont tomber sur le Peuple ; je vous le demande seulement, cette vaste conspiration en faveur de la *Communauté* ne prouve-t-elle pas les immenses progrès qu'a faits la Démocratie depuis 1789 ?

Mais le Directoire écrase les Démocrates après avoir comprimé les Aristocrates, détruit la liberté de la presse, et fait exécuter malgré leur pourvoi en cassation, ou plutôt fait assassiner vingt Démocrates condamnés par un conseil de guerre, dont l'arrêt est cassé après l'exécution !

Et cependant tout cela n'empêche pas la Démocratie de reprendre une vigueur nouvelle, peu de temps après, dans le Peuple, dans les Électeurs et dans leurs Représentants.

Et après onze ans de révolution, la Démocratie *va triompher* de nouveau complétement dans la Représentation nationale, quand arrive le 18 *brumaire* an 8 (9 nov. 1799).

Et voyez la marche de la Démocratie Européenne et Américaine depuis 1789 à 1800 !

Le sultan de Constantinople fait traduire en turc l'*Encyclopédie* française !

Les esclaves nègres de *Saint-Domingue* s'insurgent et reconquièrent leur qualité d'hommes et leurs droits, malheureusement à la lueur des incendies et par le massacre de leurs maîtres, tandis que la Noblesse Suédoise assassine son Roi.

La brave Pologne s'insurge à la voix de Kosciusko, sans que la fortune réponde à son courage, mais en jetant contre ses oppresseurs un long cri qui retentit en Europe.

La Belgique et la Hollande reçoivent comme des libérateurs les soldats français et redeviennent *Républiques*.

L'Italie entière, délivrée pareillement par la Démocratie française guidée par Bonaparte, se couvre de Républiques : *Ligurienne* à Gênes, *Romaine* à Rome (où cinq Consuls remplacent le Pape, où 14 Cardinaux bénissent la Révolution, et où l'Évêque d'Imola prêche à l'Italie les idées républicaines), *Cisalpine* à Milan, *Parthénopéenne* à Naples, tandis que la Démocratie triomphe dans la République de *Venise*, et que la Suisse se démocratise sous le titre de République *Helvétique*.

L'Irlande veut s'insurger; la flotte Anglaise se révolte à Spithead et à Portsmouth ; et la Démocratie Américaine continue ses progrès, tandis qu'une armée Française, conduite par *Bonaparte* et accompagnée de savants, porte en Égypte les idées républicaines et prépare l'affranchissement de cet antique berceau de la civilisation.

Dites-le donc, adversaires de l'Égalité, la Démocratie ne déborde-t-elle pas partout avec la République Française, quand, au 18 brumaire, Bonaparte devient dictateur?

Quel malheur pour l'Humanité que ce glorieux Bonaparte ne soit pas un Icar, pas même un Washington !

Mais il se met à la tête de la Démocratie bourgeoise et déclare la guerre à la Démocratie populaire, tout en flattant le Peuple pour le tromper ; il accuse, calomnie, proscrit les Démocrates et veut écraser la Démocratie; il remplace la Constitution Directoriale par une Constitution Consulaire dans laquelle on ne voit plus ni Déclaration des droits de l'homme, ni Souveraineté du Peuple, ni Égalité; il détruit en réalité le droit électoral, le droit d'association, la liberté de la presse, l'éducation républicaine et la *Classe des sciences morales et politiques* à l'Institut; il veut imposer silence même à la pensée, à l'*idéologie* ; et peu après il restaure la Monarchie en sa faveur,

rétablit la Noblesse et les Prêtres, se fait Empereur, Empereur par
la *grâce de Dieu*, et reconstitue le Despotisme, tandis qu'au dehors
il détruit les Républiques et les remplace par des Royautés !

Je n'examine pas si ce 18 brumaire n'est pas *le plus grand des
crimes* contre la Représentation nationale, ni si la destruction de
l'*éducation* républicaine et la proscription contre les *sciences morales
et politiques* et contre l'*idéologie* ne sont pas *des crimes contre l'Humanité* : je déplore sans m'étonner que Napoléon soit, comme tant
d'autres, un beau fruit gâté par l'influence pestiférée d'une fatale
organisation sociale qui ne soufflait que l'égoïsme, l'ambition et la
cupidité ; et je veux constater seulement le fait du rétablissement du
Despotisme et de l'Aristocratie.

Quelle reculade encore !

Et cependant, voyez si Napoléon ne semble pas être lui-même,
malgré lui, un instrument d'Égalité, tant est puissant l'ascendant
de la Révolution !

Entendez-le proclamer que les Français peuvent se passer de *liberté*, mais que leur passion dominante est l'ÉGALITÉ ! Voyez-le
caresser la multitude et faire semblant de soumettre à son *acceptation* son Consulat et son Empire ! Voyez-le obligé de s'entourer
de roturiers, de Démocrates, de Révolutionnaires, de régicides,
pour en faire des ambassadeurs, des ministres, des sénateurs, des
députés, des tribuns, des chevaliers de la Légion-d'Honneur, des
maréchaux de France, des princes grands-dignitaires de l'empire et
grands-officiers de la couronne, des préfets, etc.! Voyez-le, roturier
lui-même, n'être toujours pour le Peuple et pour l'armée que le
PETIT CAPORAL au petit chapeau et à la redingote grise, le fils et le
Représentant de la Révolution, de la République et de la Démocratie ! Voyez-le fusiller le duc d'Enghien comme un simple soldat,
et finir par être destitué par le Sénat comme un simple garde-
champêtre qui remplit mal ses fonctions !

Voyez-le sourdement attaqué par la société secrète républicaine
des Philadelphes dans sa propre armée, frappé par l'*idéologie*,
abandonné par la Démocratie plutôt que vaincu par l'Étranger,
déposé par le Sénat qui l'accuse d'avoir trahi la Révolution et
la liberté, constater encore par sa chute la puissance des idées démocratiques !

Et au dehors ! s'il abat les Républiques enfantées par la République Française, il donne aux mêmes Peuples des *constitutions* qui
sont un hommage à la souveraineté populaire ! S'il viole la souve-

raineté des nations et cette déclara¦
— *pas de conquêtes,* — en projeta¦
monarchie universelle pour lui , et¦
des principautés pour ses frères et¦
République et la Démocratie qu'il¦
terre ; ce sont des roturiers qu'il p¦
princes , le roturier Joseph en Esp¦
lande, le roturier Jérôme en West¦

tique et presque Républicaine qui proclame de nouveau l'*Egalité*
des Peuples et des hommes, tandis que les Colonies Espagnoles
d'Amérique, apprenant l'entrée du conquérant usurpateur en Espagne, se déclarent toutes successivement indépendantes et se
constituent en *Républiques!*

Et voyez quel autre prodige son despotisme enfante au profit de
l'Égalité! Pour s'affranchir de sa domination, les Rois et les Aristocraties de l'Europe sont obligés de se faire *propagandistes de
liberté* et *prédicateurs de Démocratie!* Ils sont forcés de parler d'indépendance et de Patrie; d'invoquer les droits des Peuples; d'appeler à leur secours les Philosophes, les Professeurs et les Écrivains,
pour exciter l'enthousiasme populaire, et surtout pour enflammer
la jeunesse; d'organiser partout des *sociétés secrètes*; et de promettre formellement des *Constitutions* garantes de la liberté et de
l'Égalité!

Sa chute même n'est pas inutile à la Démocratie en amenant en
France et à Paris toutes les armées de l'Europe qui, témoins des
merveilles qu'a produites la Révolution française, reportent jusqu'au fond de la Russie des germes de Révolution et d'Égalité!

Ah oui, s'il a bien refroidi la France, Napoléon a bien échauffé
l'Europe et le Monde!

Et voyez, en outre, le mouvement imprimé ailleurs par la Révolution!

La Servie, la Valachie et d'autres Provinces, s'insurgent contre
le Sultan de Constantinople; toute la Turquie s'insurge bientôt
contre les Turcs; le Pacha d'Égypte prépare aussi son indépendance; et c'est l'Empereur de Russie qui souffle l'insurrection!

Deux révolutions éclatent à Constantinople; deux Sultans sont
déposés; et ce sont les Souverains d'Angleterre, de Russie et de
France qui soufflent tour à tour la Révolte!

L'Irlande s'insurge pour obtenir la liberté religieuse, 30,000 Ir-
landais périssent dans les combats ou les supplices; mais l'insurrection a conquis sa liberté de catholicisme!

Les nègres de *St-Domingue* (écoutez bien!), des esclaves affranchis proclament la *République d'Haïti!* et c'est l'Aristocratie Anglaise qui les appuie! et dans le même temps, esclave de cette
Aristocratie, le Peuple de Londres s'ameute contre elle en faveur
de *Francis Burdett* qu'elle fait arrêter pour avoir demandé la Réforme parlementaire!

En un mot, malgré le despotisme de Napoléon, la Démocratie marche partout, quand 1814 voit la France envahie.

Mais voici la Coalition victorieuse par l'effort démocratique des Peuples de l'Europe et surtout de la jeunesse allemande! Voici l'invasion qui ramène la Restauration et l'Émigration! Voici la Royauté réinstallée par les Royautés européennes, et l'Aristocratie française par l'Aristocratie féodale! Une Charte octroyée remplace les Constitutions; une Chambre des Pairs remplace le Sénat; l'ancienne Noblesse est rétablie, et la nouvelle est conservée; de nouveaux *ordres* sont créés; on ne voit que des Princes et des Ducs, des Marquis et des Comtes, des Vicomtes et des Barons, des Chevaliers anciens et nouveaux, des croix prétendues d'honneur, des croix et des rubans du lis; on entend la Contre-Révolution menacer de dépouiller tous les anciens acquéreurs de biens nationaux et de détruire tout ce qu'ont fait les 25 ans de Révolution!

Et au dehors, la Coalition détruit tout ce qu'a fait la Révolution en Italie, en Espagne, en Suisse, en Belgique, en Hollande, en Allemagne; opérant ainsi une Restauration Européenne, refusant aux Peuples les Constitutions promises; annulant les Constitutions déjà pratiquées et violant à la fois leurs promesses et les droits des nations, imitant et surpassant le despotisme et l'ambition de Napoléon, les Grandes Puissances s'emparent des Petits États qu'elles volent et se partagent : la Russie prend la Pologne; la Prusse prend la Saxe et emprisonne son Roi pour le forcer à abdiquer; l'Autriche prend l'Italie; l'ancien Prince de la Hollande prend la Belgique; l'Angleterre, qui proteste, n'en prend pas moins les îles Ioniennes; Ferdinand supprime en Espagne la Constitution des Cortès et rétablit l'Inquisition; le Pape rétablit les Jésuites; le Sénat de Hambourg reprend aux Juifs le droit de citoyens; et Louis XVIII remet la France sous la protection de la *Sainte-Vierge!*

Quelle immense reculade encore!

Cependant, n'ayez pas peur, et suivez-moi toujours.

La Démocratie est si puissante et si redoutable, qu'Aristocratie et Émigration, Bourbons et Coalition sont forcés de la ménager, de la caresser, et de capituler avec elle pour la tromper.

Ce n'est qu'en prodiguant les promesses, en criant *Plus de guerre et plus d'impôts vexatoires,* en promettant de reconnaître la Souveraineté nationale et d'accepter une *constitution,* que le Comte d'Artois et le duc d'Angoulême osent franchir la frontière! Ce n'est qu'après avoir reconnu et garanti les droits du Peuple et l'Égalité

devant la loi, que Louis XVIII et la Coalition osent entrer à Paris!
Ils sont obligés de se supposer rappelés par le Peuple, avec la mission de délivrer la Liberté du Despotisme! Si, quand ils sont entrés,
ils violent perfidement leurs promesses et repoussent une Constitution, ils sont du moins forcés de donner une *Charte*; et cette Charte,
consentie par la Coalition, proclame l'*Egalité devant la loi*, principe hypocrite il est vrai, menteur, stérile, absurde, tant que la
législation appartiendra à l'Aristocratie maîtresse de ne mettre que
l'Inégalité dans la loi, *surtout dans la loi électorale*, mais principe
fécond, tout-puissant, et renfermant en germe l'Égalité de fortune et
la Communauté dès que la loi sera faite par la Démocratie! Et si
la Charte rétablit l'ancienne Noblesse et conserve la nouvelle, elle
est forcée de ne leur laisser qu'un vain titre sans aucun *privilège*!
Si elle constitue plus solidement la Propriété en donnant à la fortune exclusivement l'électorat et l'éligibilité (l'un aux propriétaires
payant 300 fr. d'impôt, l'autre aux propriétaires payant 1,000 fr.),
elle est forcée du moins de reconstituer le droit d'*élection directe*
qui, sous une atmosphère démocratique, suffira, avec la *liberté de
la presse* rétablie et le *jury* conservé, pour faire éclore l'Égalité!
Et si la Restauration place partout les Aristocrates, les Émigrés et
les contre-révolutionnaires, elle est réduite à admettre avec eux,
dans son Ministère, dans sa Pairie, à sa Cour, à la tête de l'armée,
partout, les Fouché et les Talleyrand, les régicides et les Démocrates,
jusqu'à un ancien *tambour* parmi ses Pairs, ses Maréchaux de
France et ses Ministres! Louis XVIII, en un mot, est contraint à
se faire *Démocrate* aux yeux de l'Aristocratie, qui l'appelle *Jacobin*!

Et quand enfin l'Aristocratie montre trop ses prétentions contre-
révolutionnaires, la Démocratie se réveille et balaie tout, à la voix
de Napoléon débarquant de l'île d'Elbe le 1er mars 1815!

Mais, qu'est alors Napoléon! Est-ce l'Empereur ou le Consul?
Est-ce l'Empire ou la République qui se présente pour chasser la
Restauration?

Subissant à son tour l'influence de la Démocratie, pour regagner
son trône il est forcé d'appeler à lui la Démocratie, le Peuple et
l'Armée, les Prolétaires et les Soldats, et d'invoquer la Souveraineté
nationale, les droits populaires, les souvenirs des Champs de Mars
et des Champs de Mai, et les décrets de la Constituante, de la Législative et de la Convention, contre la Royauté, l'Aristocratie
et l'Émigration; il accuse les Bourbons de n'avoir rien oublié
ni rien appris, et la Coalition d'avoir trahi tous les Peuples et
violé tous leurs droits; il fait rédiger par son Conseil d'État le Ma-

nifeste le plus révolutionnaire, le plus démocratique et le plus foudroyant contre les Royautés et les Aristocraties ; il annonce la suppression de la nouvelle Noblesse, la convocation du Peuple pour qu'il fasse lui-même sa Constitution ; en un mot, comme la Coalition pour renverser Napoléon, Napoléon pour renverser la Coalition est forcé de se faire *propagandiste* et *prédicateur de Démocratie et d'Egalité !*

Et c'est la Démocratie, confiante et séduite, enflammée de haine contre l'Aristocratie, qui le porte en triomphe comme le champion du Peuple !

Comme la Démocratie bouillonne alors !

Ha ! que n'est-il Icar ou Washington, il établirait la Communauté sur la terre !

Mais, ô douleur, il trompe encore le Peuple ! son Champ de Mai n'est qu'une parade ; au lieu de recevoir une Constitution, il octroie un *acte additionnel aux constitutions de l'Empire,* qu'il soumet à un simulacre d'acceptation ; et quoique infiniment plus démocratique que ces prétendues Constitutions consulaires et impériales et que la Charte de la Restauration, la Démocratie regarde cet acte octroyé comme une déception une trahison, une usurpation ; elle ne voit que l'Empereur et le despote au lieu du Démocrate et du Révolutionnaire ; elle l'abandonne ou ne le soutient qu'à regret et à demi, tandis que la Coalition a beau jeu pour l'accuser personnellement d'ambition et d'incorrigible despotisme !... Il tombe à Waterloo !

Ha, s'il n'avait pas en effet le despotisme enraciné dans l'âme ; s'il aimait sincèrement le Peuple, sa Patrie et l'Humanité ; si n'écoutant que son devoir, la raison et son véritable intérêt, s'élevant aussi haut qu'il paraîtrait s'abaisser, il proclamait la République, offrait seulement son épée comme Général ou Consul, se dévouait à la Démocratie et la lançait à l'Europe en se mettant à sa tête ; la Démocratie balaierait encore les Rois et les Aristocraties de l'Europe ! Mais, dominé par ses calomnies du 18 brumaire, il voit des Jacobins dans les Lafayette, les Dupont de l'Eure et tous les Représentants, et discute d'abord s'il ne violera pas de nouveau la Représentation nationale. Cependant, reculant devant un crime qui ne le sauverait probablement pas, il abdique et va expirer à Sainte-Hélène la témérité d'avoir voulu lutter contre la Démocratie !

Voilà donc la Démocratie Française, abandonnée, trahie, livrée, désorganisée, bloquée par toutes les armées, par tous les Rois et par toutes les Aristocraties de l'Europe, qui ne respirent que la vengeance et brûlent du désir de partager la France ! Voilà, revenant à leur suite, la Restauration furieuse et brûlant aussi de se venger sous la protection des baïonnettes étrangères ! Voilà la Démocratie cernée comme une troupe de condamnés attendant le supplice entourés de rangs épais de satellites et de bourreaux ! Voilà l'Aristocratie qui désarme, licencie, destitue, emprisonne, fusille, guillotine, bannit, assassine, massacre, joue aux quilles avec des têtes, et ne s'arrête que quand elle est fatiguée de frapper la Démocratie.

Puis elle déclare la Révolution de 1789 un crime, la condamnation de Louis XVI un parricide et la France entière coupable (c'est-à-dire démocratique ; quel aveu !); elle la condamne tout entière à s'avouer criminelle et à faire amende honorable sur un monument aux mânes du Roi martyr; elle appelle tous les soldats de la République et de l'Empire des brigands et tous les Français des Démocrates et des Jacobins ; elle les condamne à rembourser près de deux milliards à la Coalition pour les frais de la guerre depuis 1792, je ne sais combien de centaines de millions aux Émigrés pour leur solde depuis la même époque, et un milliard pour les indemniser de leurs biens confisqués, en attendant qu'on leur rende les biens eux-mêmes; elle abolit le divorce; elle rétablit les cours prévôtales, les substitutions, le droit d'aînesse, les jésuites, les missionnaires, les frères ignorantins, et la peine du sacrilège ; elle étouffe la Démocratie renaissante en Espagne ; et, toujours appuyée sur la Coalition, toujours prête à l'appeler à son secours, elle tient la Démocratie Française enchaînée, tandis que la Coalition enchaîne toute la Démocratie Européenne !

Voltaire même et Rousseau sont proscrits partout !

Quelle reculade ! quelle inondation de glace ! Ne dirait-on pas la Démocratie morte ou gelée !

Hé bien ! gardez-vous de désespérer, et suivez-moi toujours !

Voyez les miracles de la Démocratie ! voyez Louis XVIII et tous les Rois coalisés, l'Aristocratie Française et l'Aristocratie Européenne, qui, dans toute leur puissance, n'osent pas révoquer la Charte, ni refuser une amnistie, ni laisser la Restauration seule avec la Démocratie sans une garde aux Tuileries et 150,000 hommes aux frontières.

Et quand l'Aristocratie veut aller trop vite, le prudent Louis XVIII est forcé de l'arrêter, de dissoudre la Chambre, et d'accorder la liberté de la presse et quelques lois populaires, pour calmer l'irritation nationale !

Mais, quoique composés des riches à 300 fr. d'impôts, c'est-à-dire des Aristocrates et des Démocrates Bourgeois, les électeurs élisent tant de Démocrates que la chambre des Députés va se trouver en majorité démocratique, quand l'Aristocratie effrayée se hâte de faire une nouvelle loi électorale plus aristocratique encore et de dissoudre la chambre.

De son côté, la Démocratie populaire proteste continuellement contre l'Aristocratie par des émeutes et des conspirations ; et Louvel frappe le Duc de Berry en déclarant que, d'après lui, tous les émigrés méritent la mort, et qu'il se dévoue pour éteindre la race des Bourbons : la jeunesse s'organise en une vaste société secrète (la charbonnerie), dont quelques martyrs périssent courageusement au cri de *Vive la République !* et quoique l'opposition parlementaire se trouve réduite à dix ou douze Députés, elle déclare avec raison qu'elle a derrière elle le Peuple tout entier !

Les missionnaires, qui veulent attirer le Peuple dans les Églises, sont obligés de faire chanter leurs cantiques sur des airs révolutionnaires !

Quand Charles X veut favoriser l'Aristocratie sacerdotale, une grande partie de l'Aristocratie nobiliaire et la Démocratie bourgeoise l'abandonnent !

Et quand il ose porter la main sur la Charte, la Démocratie populaire, qu'on croyait morte ou démissionnaire, le foudroie à coups de pavés, pulvérise la Restauration et l'Aristocratie pour revenir aux premiers jours de la Révolution, et jette le frère de Louis XVI à la tête de l'Aristocratie Européenne !

Quel pas de géant ! quel horizon de feu sur la France !

Et regardez la marche de l'Europe depuis 1815 !

Vous vous rappelez les promesses des Rois, les efforts et les espérances des Peuples !

Hé bien, c'est en vain que les Rois se parjurent ; c'est en vain que la Coalition se coalise plus étroitement sous le faux nom de *Sainte-Alliance* contre les Révolutions, c'est-à-dire contre les Peuples et leur liberté ; c'est en vain qu'elle tient des congrès à Vienne, à Carlsbath, à Laybach, à Vérone pour étouffer la Démocratie ; c'est en vain que la Commission inquisitoriale de Francfort poursuit sans relâche la *Presse* et les *Sociétés secrètes* ; c'est en vain que l'Autocrate, se plaçant comme un Jupiter infaillible au dessus de tous les Philosophes, prétend foudroyer, par un ukase impérial, ce qu'il appelle les *doctrines* INSENSÉES de la *Philosophie moderne :* voyez la tempête qui les emporte tous !

Tous les Peuples invoquent les proclamations et les promesses des Rois, et demandent des Constitutions.

Plusieurs sont forcés d'en donner (Saxe-Weimar, Wurtemberg); l'Angleterre en donne une aux îles Ioniennes, constituées en République aristocratique.

Les Sociétés secrètes se conservent et se multiplient partout, en Italie, en Espagne, en France, en Belgique, en Allemagne, en Prusse, en Pologne, en Russie et jusqu'en Turquie ; la *Baronne de Crudner* parcourt l'Allemagne en y prêchant la morale de Jésus-Christ, et par conséquent l'Égalité et la Fraternité ; les étudiants réunis de tous côtés pour célébrer la fête séculaire de la Réforme protestante, brûlent publiquement le traité de la Sainte-Alliance ; le jeune *Sand*, désigné par le sort pour se dévouer à la liberté, immole *Kotsbue*, agent secret des despotes et prédicateur de despotisme, et l'immole au nom des Sociétés secrètes ; une foule d'autres jeunes gens fanatisés viennent assister à son supplice, et se précipitent sur l'échafaud pour tremper leurs mouchoirs dans le sang du martyr !

C'est en vain que Ferdinand étouffe une première révolte et fait fusiller *Lascis* et *Portier*; c'est en vain qu'il prépare une expédition pour soumettre ses Colonies insurgées : l'Armée destinée à porter l'esclavage se retourne contre le tyran et le force à proclamer lui-même la Constitution, la Liberté et l'Égalité! Encore un Roi PRÉDICATEUR de Démocratie !

Le Portugal, Naples et le Piémont imitent l'Espagne, et ce sont aussi leurs rois qui proclament la même Constitution démocratique.

La Belgique a ses émeutes ; la Hongrie murmure ; les paysans de Moravie se révoltent contre leurs Seigneurs ; la Norwège abolit sa Noblesse !

La GRÈCE, oui la Grèce, ressuscite et combat héroïquement ses antiques oppresseurs! Toute la Démocratie d'Europe fait hautement des vœux pour le triomphe de la Mère des Républiques anciennes; lord *Byron* court lui porter sa fortune, son épée, une presse et sa plume, pour écrire les nouveaux prodiges de l'esprit démocratique; et l'opinion publique force les Rois à reconnaître la légitimité de la révolte! et c'est l'Autocrate Russe qui pousse à l'insurrection ! c'est l'Empereur d'Autriche qui permet à l'Aristocratie Grecque de la préparer à Vienne contre Constantinople ! Toujours des Rois ambitieux et cupides, instruments de la Providence, qui les emploie pour faire triompher la Démocratie !

L'Égypte suit bientôt l'exemple de la Grèce !

La Turquie elle-même entre dans la carrière de la Réforme, tandis qu'une conspiration républicaine, préparée en Russie et en Pologne, vient étonner l'Europe et semer au Nord l'esprit d'affranchissement et de liberté, tout en manquant de commencer, sur les débris du trône des Autocrates, le règne de la Démocratie sur les frontières des deux Continents !

Et l'Irlande est tellement agitée que l'Aristocratie Anglaise est forcée d'y suspendre les lois (l'*habeas corpus !*).

Et en Angleterre, l'émeute attaque le Prince-Régent lui-même, et le force à suspendre encore la liberté individuelle, la presse et les associations ; Castlereagh se coupe la gorge de désespoir d'avoir trop accordé à la Sainte-Alliance ; l'Aristocratie Britannique est forcée de protester contre les principes de cette Sainte-Alliance, en faveur des sentiments de *liberté* et d'*indépendance ;* la Démocratie Anglaise fait une immense conquête en arrachant l'*émancipation des catholiques* et l'*Egalité religieuse*; et CANNING proclame l'irrésistible puissance de la Démocratie Européenne, en menaçant tous les Rois d'inscrire sur ses drapeaux ces mots magiques *liberté civile et religieuse !*

Et l'Amérique ! elle donne au Monde presque l'exemple d'un nouveau Washington dans la personne de BOLIVAR ; elle avance la victoire de la Démocratie universelle, en ajoutant au nord onze Républiques nouvelles à ses anciennes Républiques, en réunissant les deux parties de Saint-Domingue en une seule république reconnue par la France, en affranchissant le Pérou, le Mexique, le Brésil, le Chili, tout le Centre et le Midi transformés en immenses Républiques !

Et l'Afrique ! la République des Nègres américains affranchis fondée sur les côtes de Guinée, la LIBERIA, prépare, avec la République des Caffres, avec l'Égypte et la colonie française d'Alger, la régénération et le triomphe de la Démocratie Africaine.

Et l'abolition de l'esclavage des noirs dans plusieurs états de l'Amérique, l'abolition de la *traite* par tous les gouvernements, les sociétés philanthropiques organisées partout, préparent l'abolition universelle de l'esclavage des noirs et assurent l'abolition du *quasi-esclavage des prolétaires blancs*, c'est-à-dire le triomphe de la Démocratie sur la terre !

Voilà la position de la Démocratie en juillet 1830 ! Voyez maintenant le nouveau tremblement de terre !

Voyez cette Démocratie révolutionnaire du 14 juillet 1789, du

10 août 1792 et de 1815, se lever comme un seul homme ; surpasser tous les prodiges de la Révolution ; imiter notre Icar et le surpasser même, car les obstacles sont plus grands ; effacer toutes les révolutions passées ; renverser, après trois jours de combat, le protégé de la Sainte-Alliance ; braver tous les périls pour reconquérir ses droits et ceux de l'Humanité ; et joindre au plus sublime courage la plus sublime générosité !

Voyez tous les Peuples applaudir, jusqu'au fond de l'Asie et de l'Amérique !

Voyez toutes les Aristocraties pâlir, tous les trônes trembler , et toutes les Démocraties, réveillées, électrisées, remplies d'enthousiasme, arborer les couleurs de la Démocratie Française, chanter sa Marseillaise, et l'attendre avec impatience pour mettre fin partout au règne de l'Aristocratie !

Oui, que la France ait alors un Icar, et la Terre entière devient une Démocratie et une Communauté !

Mais, ô malheur, ô désespoir ! Ce n'est qu'un avortement, dont je ne me sens pas le courage de vous faire le lamentable récit ; car, quoique je ne sois qu'un Icarien, la cause de la France étant celle de l'Humanité et par conséquent la nôtre , je pourrais vous dire comme Énée racontant à Didon les malheurs de Troie, *Infandum, Regina, jubes renovare dolorem ;* en m'obligeant à vous retracer l'histoire de la Révolution de 1830, vous me rappelleriez d'inexprimables douleurs.

Il n'est que trop douloureux déjà de vous avouer que , après le sacrifice de huit ou dix mille de ses enfants morts dans les trois journées du combat de la Liberté , le Peuple est encore *esclave ,* puisque *trente-trois millions* de Français sont tenus d'obéir à des lois qui ne sont faites que par la moitié de 160 mille Électeurs ou de leurs Députés : il n'est que trop douloureux d'ajouter qu'on invoque l'*impopularité* comme principe de Gouvernement, et qu'on se vante d'avoir anéanti l'Égalité et la Démocratie.

Et la Démocratie paraît en effet morte avec l'Égalité ; quelle nouvelle et déplorable reculade !

Mais gardez-vous d'en croire les apparences! Non, non, la Démocratie n'est pas morte ; non, non, la Révolution qui a chassé Charles X et sa race n'est pas perdue : toujours au contraire et sans cesse le Peuple réclame les *conséquences* de cette Révolution et le prix de ses sacrifices; et tout, même les rigueurs accumulées

26

contre la Démocratie, prouve et proclame sa vie, ses progrès et sa formidable puissance.

Cette Démocratie populaire ne triomphe pas, il est vrai ; mais ce n'est pas non plus l'Aristocratie qui triomphe; c'est la *Bourgeoisie*, c'est-à-dire la *Démocratie Bourgeoise.*

Et souvent cette Démocratie Bourgeoise ne l'emporte que de quelques voix sur l'Opposition ou la Démocratie populaire !

Et l'Aristocratie ne peut obtenir d'elle l'hérédité de la Pairie !

Et si l'émeute et le spectre de 93 né la poursuivaient pas, vous verriez comme elle réclamerait elle-même des institutions démocratiques !

Et quand le *temps*, qui est une Puissance aussi, aura mis les fils en place des pères, vous verrez comme la France sera plus hardie pour demander l'Égalité et la Démocratie !

Et au dehors !

Quel ébranlement produit la nouvelle de la victoire du Peuple de juillet! quel enthousiasme excitent son courage, son héroïsme, sa générosité! que d'applaudissements, que de bravos, que de sympathies, que de vœux dans toutes les Démocraties de la Terre! C'est la Belgique qui rompt sa chaîne ; c'est l'Espagne qui secoue ses fers; c'est la Suisse qui du haut de ses montagnes fait retentir ses vieux chants Démocratiques ; c'est la Pologne qui brise le joug Moscovite en bravant héroïquement l'Autriche et la Prusse; c'est l'Italie qui se lève et s'affranchit; c'est l'Allemagne qui arrache les Constitutions promises ; c'est la Hongrie qui s'agite ; c'est la Grèce qui saute de joie ; c'est Constantinople qui frémit d'impatience à la vue de l'Aigle Russe ; c'est l'Égypte qui se régénère : c'est l'Amérique qui applaudit à la France , et qui invoque la Justice divine pour la Pologne en lui envoyant des armes ; c'est l'Angleterre surtout qui, plus Démocrate et plus éclairée que jamais, signe des milliers d'adresses et envoie des commissaires pour venir féliciter la Démocratie française à l'Hôtel-de-Ville, qui chasse Wellington et les Tories du ministère, et qui conquiert enfin sa *Réforme parlementaire*, vainement réclamée depuis 140 ans, dont Francis Burdett ne pouvait parler en 1809 sans être emprisonné, à peine espérée encore, la plus grande Révolution du Peuple Anglais et le Gibraltar de la Démocratie Britannique !

Entendez-vous aussi le Premier Ministre de cette Angleterre, lord *Grey*, déclarer, à la tribune anglaise, que le souffle de la Démocratie Française était tellement irrésistible, qu'à sa voix, si elle avait voulu parler, tous les Rois auraient obéi ?

Ah ! si la France avait alors un *Canning* inscrivant sur son drapeau *Liberté universelle*... ! Ou plutôt si elle avait un Icar.... !

Il est vrai qu'on sacrifie et qu'on étouffe les Peuples et les Révolutions ; la Belgique, qui veut être République, est forcée d'accepter une Royauté ; l'Espagne rentre sous le joug de Ferdinand, qui fait fusiller Torrijos et cinquante braves compagnons ; la généreuse Italie est enchaînée plus cruellement, saignée, mutilée ; la Suisse est humiliée, comprimée et presque envahie ; la Pologne, l'héroïque et malheureuse Pologne...., on lui enlève ses guerriers pour les envoyer jusqu'en Amérique, ses enfants pour les disperser partout, ses filles pour les livrer aux soldats... ! La Démocratie Européenne paraît écrasée, anéantie !

Mais ce n'est heureusement qu'une apparence...

*Honte et malédiction à l'oppresseur de la Pologne ! Vive l'indépendance et la liberté Polonaise !* sont les cris de l'Europe et du Monde, et ces cris menacent sans interruption l'Aristocratie...

Les Proscrits vont porter et prendre partout l'amour de l'indépendance et de la liberté, pour rapporter un jour dans leur Patrie plus d'expérience et de lumières....

L'Espagne et le Portugal prennent de nouveau les armes, quand personne ne s'y attend, pour reconquérir leur Constitution démocratique et même la République ; et c'est (voyez si la fatalité n'entraîne pas les Rois pour en faire des instruments de Démocratie !), c'est encore le despote et le tyran Ferdinand qui rend à l'Espagne la liberté en préférant sa fille à son frère !

Et l'Amérique croît toujours en Démocratie comme en puissance !

Et le Canada, imitant l'Amérique, la France et l'Angleterre, va bientôt peut-être se constituer en République et donner un nouvel exemple à tous les Peuples conquis contre leurs oppresseurs, et à toutes les Démocraties contre les Aristocraties qui les oppriment !

Et l'Angleterre conserve sa Réforme parlementaire, qui lui donne 800,000 électeurs et bientôt après jusqu'à plus d'*un million :* sa Démocratie fait tant de progrès qu'elle demande bientôt le *suffrage universel* et la suppression de la Pairie ou du moins de son hérédité, suppression que personne n'aurait pu proposer quelques années auparavant sans courir le risque de *Botany-Bay !*

Et qui peut calculer les conséquences de cette Réforme Anglaise, qui tôt ou tard amènera la même Réforme en France ; car ne faut-il pas être fou, insensé, stupide, aveugle (aucune expression ne me paraît exagérée), pour espérer que 33 millions de Français n'auront pas 200,000 électeurs, quand, à côté d'eux, 24 millions d'Anglais en comptent *plus d'un million* et vont bientôt probablement en compter 3 ou 4 ? N'est-ce pas une absurdité de déclarer l'ouvrier français moins éclairé que l'ouvrier anglais ? N'est-ce pas le comble de l'impertinence, de l'insolence et de l'outrage, d'appeler les prolétaires français des *barbares*, de ne reconnaître des droits qu'aux *hommes de loisir ou d'argent*, de distinguer la France *légale* et la France mise hors la loi, et de prétendre que, sur 33 millions, la France a 32,800,000 incapables et indignes d'être électeurs et d'élire un Député ?

Oui, s'il est au monde un fait certain, c'est celui-ci : tôt ou tard, d'un seul bond ou en plusieurs, la France aura sa Réforme électorale et le *suffrage universel*, sans lequel, quoi qu'on puisse dire, un Peuple est ESCLAVE.

Hé bien alors, qu'on l'appelle Monarchie ou République, ce sera en réalité la République et la Démocratie !

Gardez-vous donc de croire que cette Révolution de juillet n'a rien produit ! Elle a peu fait sans doute si l'on considère ce qu'elle pouvait faire avec un Icar ; mais elle n'en a pas moins fait faire un pas immense à la Démocratie de France, d'Angleterre et d'Europe !

Oui, malgré tous les efforts de l'Aristocratie pour faire *résistance* au PROGRÈS, et malgré tous les échecs, la Démocratie Européenne finira par triompher, parce que *c'est toujours avec une partie du Peuple que l'Aristocratie asservit l'autre*, et que, après avoir écrasé celle-ci, la partie victorieuse est encore une Démocratie qui renouvelle le combat contre l'Aristocratie ; parce que le Peuple s'instruit par ses fautes et ses défaites : parce qu'il peut perdre cent batailles sans pouvoir périr jamais, tandis qu'une seule victoire peut lui donner un triomphe définitif ; parce que l'Égalité est une IDÉE que les balles et la Police ne peuvent atteindre et qui reste acquise à l'Humanité !

L'Égalité triomphera parce qu'elle est la *Justice* et la *Raison*, parce que son triomphe est la *loi de la Nature* !

Tout a eu son temps et a passé sur la Terre, l'esclavage et les castes, l'Empire d'Alexandre et l'Empire Romain, le Paganisme et la Monarchie universelle des Papes, la féodalité et le vasselage, les tortures et les bûchers, le *droit de vie et de mort* des maris sur leurs femmes et des pères sur leurs enfants : pourquoi l'Aristocratie

et les priviléges ne céderaient-ils pas aussi la place à la Démocratie et à l'Égalité ?

Et voyez, n'est-ce pas l'Aristocratie qui se déshonore, qui se dévore et qui s'anéantit elle-même ? Ne sont-ce pas des *Aristocrates*,
des *Papes* ou des *Rois*, qui, dans tous les pays et dans tous les
temps, flétrissent, dégradent, emprisonnent, assassinent ou tuent
sur l'échafaud des *Rois* et des *Reines ?* Cette liste que je tiens à la
main contient plus de 5,000 ROIS ou REINES tués ou déposés par
des Rois ou des Reines, ou par des Papes, ou par des Aristocrates,
même par leurs époux, leurs fils ou leurs frères !

Voyez cette autre LISTE DE PAPES flétris, bafoués, condamnés
par des Rois et des Aristocrates, par des Conciles ou par d'autres
Papes !

Voyez le Pape Grégoire V faire crever les yeux au Pape Jean XVI,
et le faire promener *sur un âne,* assis à reculons et tenant la queue
de l'animal en guise de bride (en 998) !

Voyez le Pape Calixte II faire amener (1120) le Pape Bourdin
*assis à rebours sur un chameau !*

Voyez l'Empereur d'Allemagne, Frédéric II, excommunié par
Grégoire IX (pour avoir fait publier un livre intitulé les *Trois Im-*
*posteurs,* Moïse, J.-C. et Mahomet), traiter le Pape d'*Antechrist* et
de *Prince des ténèbres !*

Voyez le Pape Nicolas V, emprisonné par un autre Pape
(Jean XXII, fils d'un savetier), après avoir été forcé de confesser
ses fautes *sur un échafaud, la corde au cou !*

Voyez cette autre liste de plus de 50,000 ARISTOCRATES tués par
les Rois, contre lesquels ils avaient organisé d'innombrables conspirations et d'innombrables révoltes !

Voyez surtout Louis XI les enfermer dans des cages de fer et
répandre leur sang sur la tête de leurs enfants ; Henri VIII, en
Angleterre, les envoyer comme à la boucherie ; le roi de Suède,
Christiern II, en faire massacrer 96 qu'il a invités à un festin, et le
Pacha d'Égypte en faire égorger 500 qu'il a invités à une fête dans
son palais (1811) !

Voyez aussi comme l'Aristocratie se discrédite, s'avilit et se perd
dans l'esprit des Peuples par ses propres fautes et ses excès !

Voyez l'intolérance, la cruauté, le luxe, l'immoralité et les crimes
des Prélats et des Papes, surtout de l'infâme Borgia !

26.

Voyez les massacres de Charles IX ; le despotisme et la cruelle bigoterie de Louis XIV ; la crapuleuse débauche de la Régence ; le scandaleux libertinage de Louis XV ; les trahisons du Roi de Pologne et de Louis XVI ; l'ambition et le despotisme de Napoléon ; les perfidies des Rois de l'Europe combattant la Révolution française ; leurs parjures envers leurs Peuples ; leur infernale alliance pour voler et partager les Nations ; les perfidies et les trahisons de Louis XVIII et de Charles X ; les parjures et les trahisons de don Miguel, des Rois d'Espagne, de Naples et de Piémont ; les barbaries de Nicolas ; la puérilité d'Isabelle ; les caprices de Christine et de Dona Maria, lorsqu'il est si facile de se faire adorer quand on est Reine, jeune Reine et jolie Reine !

Voyez l'Aristocratie d'aujourd'hui presque nulle en talents dans presque tous les pays !

Voyez, au contraire, la Démocratie s'élever continuellement par les hommes d'Église, par les hommes de loi, par les hommes de lettres, par les roturiers, parmi lesquels je ne vous citerai que J.-C. (conçu d'une pauvre fille avant son mariage avec un pauvre charpentier), Mahomet (commis-marchand), Grégoire VII (fils d'un charpentier), Luther, Franklin, Washington, Napoléon, Bolivar, O'Connel ! ! !

Et dites-moi si ce n'est pas la Providence ou le Destin qui semble avoir décidé que l'Égalité ou la Démocratie se développerait et grandirait comme la graine qui doit produire le plus excellent fruit, comme le fœtus qui doit devenir un Hercule ?

Dites-moi si les hommes dont la témérité fait le plus d'efforts pour arrêter la Démocratie et les événements qui lui barrent le passage ne ressemblent pas à la digue qui n'arrête qu'un jour le torrent et qui rend ensuite sa course plus rapide ?

Dites-moi si l'Aristocratie n'est pas une machine usée qui se disloque et tombe en poussière ?

Dites-moi s'il n'est pas vrai, comme le disait, je crois, *Royer-Collard*, que « *la Démocratie coule à pleins bords...*, que *la Démocratie déborde!* » ... » et, comme le disait *Cousin*, que « *l'en-* » *treprise d'arrêter la civilisation et d'éteindre la Philosophie est* » *une gageure contre Dieu lui-même, que tout l'esprit du monde* » *ne saurait gagner ?* »

Dites-moi si *Chateaubriand*, qui met ses hommages aux pieds de la République, Reine de l'avenir, n'avait pas raison de dire que « ceux qui veulent *arrêter un siècle* s'exposent à être *pris et broyés* entre le siècle arrêté et le siècle qui vient se heurter contre lui? »

Dites-moi si *de Tocqueville* n'a pas raison de s'écrier :

« Où allons-nous?... Voyez la grande *Révolution sociale et démocratique*, qui depuis 700 ans fait des progrès continuels dans tout l'Empire Chrétien et surtout en France, et qui nous conduit, *irrésistible* et *providentielle*, à l'ÉGA-LITÉ! Serait-il sage de croire q''on pourra l'arrêter ou la suspendre? Pense-t-on qu'après avoir détruit la féodalité et vaincu les Rois, la DÉMOCRATIE reculera *devant les bourgeois et les riches?* Non, il semble que la Démocratie et l'Égalité progressent par la *volonté du souverain maitre; tenter de les arrêter, ce serait lutter *contre Dieu lui-même; et il ne reste aux Nations qu'à s'accommoder à ce nouvel état social que leur *impose la Providence! »

De LAMARTINE n'a-t-il pas raison de dire, dans son Voyage en Orient :

« Ces *révolutions*, ces secousses, ces chutes d'Empires, ces mouvements répétés et gigantesques de tous ces membres de la vieille Europe ; ces reten-tissements en Amérique et en Asie ; cette impulsion irréfléchie et irrésistible qui imprime, en dépit des volontés individuelles, tant d'agitation et d'ensem-ble aux forces collectives ; tout cela n'est *pas un effet sans cause; tout cela a un sens, un sens profond et caché, mais un sens évident pour l'œil du phi-losophe : Ce sens, c'est une *idée commune*, une conviction, une loi sociale, une *vérité qui*, entrée involontairement dans tous les esprits, et même à leur insu dans l'esprit des masses, travaille à se produire dans les faits avec la force d'une *vérité DIVINE*, c'est-à-dire avec une force *invincible*. Cette loi c'est la RAISON GÉNÉRALE : la *parole* est son organe ; la *presse* est son apôtre ; elle se répand sur le monde avec l'infaillibilité et l'intensité d'une *religion nou-velle*; elle veut refaire à son image les religions, les civilisations et les *sociétés*, et refonder celles-ci sur l'ÉGALITÉ et la FRATERNITÉ.... »

La fameuse *lady Esther* STANHOPE (nièce du fameux Pitt, retirée sur le mont Liban), n'avait-elle pas raison de dire au *vicomte de* MARCELLUS, et celui-ci n'avait-il pas raison de répéter :

« Qu'irais-je voir en Europe? des Na ions dignes de leurs chaines et des Rois indignes de régner? Avant peu, votre vieux Continent sera *ébranlé jus-qu'à sa base. Tout y est *usé : les Rois n'ont plus de races ; ils tombent em-portés par la mort ou par leurs *fautes* et se succèdent en *dégénérant; l'ARIS-TOCRATIE, *bientôt effacée du monde*, y donnera sa place à une BOURGEOISIE *mesquine et éphémère*, sans germe ni vigueur ; le PEUPLE SEUL, mais ce Peuple qui laboure, garde encore un caractère et quelques vertus. Tremblez, s'il connait jamais sa force ! »

L'ancien Préfet BILLIALD n'a-t-il pas raison de s'écrier :

« Ne voyez-vous pas les vieilles Monarchies qui s'écroulent? De toutes parts on n'entend que des cris républicains ! *La République* est dans tous les esprits! Bientôt elle reparaîtra puissante et radieuse ! »

Et Guizot lui-même, ne l'entendez-vous pas faire cet aveu :

« *Tous*, soit avec plaisir soit avec chagrin, sont d'accord pour reconnaître que la Société actuelle est *démocratique* et que le *système démocratique* l'emporte définitivement.... l'ancien régime est tombé sous les coups de la Démocratie. Chute terrible, mais dont l'*heure était marquée dans les décrets de Dieu !* »

Et La Mennais, l'entendez-vous s'écrier de sa voix de prophète :

« *Tenez-vous prêts !* car les temps approchent..... Les Rois hurleront sur leurs trônes ; ils chercheront à retenir avec les deux mains leurs couronnes emportées par le vent, et ils seront balayés avec elles ! »

Et Napoléon, ne l'entendez-vous pas prédire, en face de son tombeau, que, bientôt, peut-être, l'*Europe sera République ?*

Vous le voyez donc, adversaires de la Communauté, les temps de l'Égalité et de la Démocratie sont arrivés !
Et demain, vous verrez si ce n'est pas aussi le temps de l'*Industrie*, de la *Production* et de l'*Abondance !*

Et l'enthousiasme de l'Assemblée m'empêcha de remarquer l'embarras d'Antonio et de ses compagnons.

---

## CHAPITRE XI.

### Progrès de l'Industrie et de la production.

Dinaros était pâle : je courus à lui pour en connaître la cause; et quand il m'eut appris que ce n'était que de la fatigue, je l'engageai à suspendre ses conférences ; mais il voulut continuer, en abrégeant seulement la séance.

— Adversaires de la Communauté, dit-il (d'une voix dont la faiblesse augmentait visiblement l'intérêt de ses auditeurs), l'âge actuel n'est pas seulement l'époque de la Démocratie et de l'Égalité, c'est aussi celle de l'*industrie* et de la *production*.

Pour vous en convaincre, je pourrais me borner à vous dire :

Ouvrez les yeux, regardez partout autour de vous, ici, dans notre Icarie ; voyez nos immenses manufactures et nos innombrables machines ; lisez les statistiques de nos gigantesques produits ; contemplez notre abondance et notre bonheur !

Cependant, je voulais vous convaincre autrement, en vous présentant l'état actuel de l'industrie en Europe et dans vos propres pays.

Je voulais vous faire rapidement l'histoire des découvertes, des sciences et des arts, de l'industrie et du commerce, et vous montrer leur naissance, leurs lents progrès jusqu'à l'invasion des Barbares, leur état chez les Peuples de l'antiquité, en Asie et en Égypte, à Tyr et à Carthage, en Grèce et à Rome, à Syracuse et à Marseille.

Je voulais vous montrer leur renaissance après cette longue invasion des Barbares dont, avant-hier, je vous ai retracé les funestes effets ; les Arabes inventant les moulins à vent et l'horloge, et répandant en Espagne leur architecture et leurs caractères de calcul et d'écriture, qu'ils ont tirés de l'Inde et qui sont adoptés par l'Europe entière ; un Empereur de Constantinople envoyant chercher en Chine les vers à soie et l'art de la fabriquer, qui passent ensuite en Occident; le grec Callinique inventant le feu grégeois pour incendier la flotte mahométane, comme Archimède avait inventé, pour détruire la flotte romaine devant Syracuse, 40 machines dont le secret est mort avec lui; les Lombards inventant la lettre de change; Charlemagne et le grand Alfred appelant les savants en France et en Angleterre; un Pape envoyant en Chine chercher la boussole...

Je voulais vous montrer les *Croisades* ranimant le commerce et l'industrie, surtout en Italie, à Venise et à Gênes, et rapportant tous les arts de l'Orient ; la découverte de l'imprimerie et du papier, perpétuant et vulgarisant toutes les découvertes ; la prise de Constantinople faisant passer en Italie la sculpture et la peinture, la découverte du cap de Bonne-Espérance conduisant les Européens dans l'Inde, le Japon et la Chine, et rapportant en Occident de nouveaux arts de ces pays industriels; la découverte de l'Amérique et les colonies de l'Europe en Asie, en Afrique et dans ce Nouveau-Monde, donnant à la marine, au commerce et à l'industrie une impulsion immense et nouvelle.

Je voulais suivre avec vous la marche accélérée de l'intelligence humaine, depuis ces derniers grands événements et depuis la Réforme, c'est-à-dire depuis 350 ans, c'est-à-dire depuis un moment comparé à l'existence passée de l'Humanité.

Je voulais vous signaler les grandes époques des *Médicis* à Florence, de *Léon X* à Rome, de *François I*er en France, d'*Henri VIII* et d'*Elisabeth* en Angleterre, de *Sully* sous Henri IV, de *Richelieu* sous Louis XIII, et de *Colbert* sous Louis XIV ; les grands efforts enfantés par la République et la Révolution anglaises de 1649, par la Révolution et la République américaines, par la Révolution et la République françaises, par le blocus maritime et par le blocus continental.

Je voulais vous montrer les écoles, les universités, les académies des lettres et surtout des sciences, s'élevant partout ; les musées des arts et les musées des métiers ; les prix décernés aux inventeurs et 'es expositions solennelles des produits de l'industrie ; les voyages scientifiques ; l'organisation de la République universelle des savants ; leurs congrès, leurs correspondances, leurs ouvrages et leurs journaux ; et les nouveaux systèmes d'instruction publique, commune et générale.

Je voulais passer en revue avec vous les inventeurs, notamment ceux qui ont ouvert la carrière aux autres, les deux Bacon (l'un moine, dès 1294, l'autre chancelier d'Angleterre en 1590) ; Galilée, Kepler, Copernic ; Descartes et Locke ; Leibnitz et Newton ; Papin, Watt et Fulton.....

Je voulais vous signaler les progrès dans les sciences et dans les arts, dans la philosophie qui embrasse tout, dans les mathématiques, dans l'astronomie, dans la physique et la chimie ; dans la géologie, la minéralogie et l'histoire naturelle ; dans l'anatomie, la physiologie, la médecine, la chirurgie, la botanique et la pharmacie ; dans l'histoire et la littérature ; dans la tragédie, la comédie et la musique, dans le dessin, la sculpture et la peinture.

Je voulais surtout vous exposer les progrès des sciences et des arts dans les applications utiles des mathématiques, de l'astronomie, de la physique et de la chimie à la navigation, à l'agriculture, aux manufactures, à l'industrie et particulièrement à la mécanique et aux machines,

Je voulais vous apporter le tableau des *découvertes* faites depuis ces 350 ans, de toutes les *machines* nouvelles et de toute la somme de *production* possible aujourd'hui dans un grand pays, pour tous les objets qui concernent la *nourriture*, le *vêtement*, le *logement*, l'*ameublement* et le *transport* du Peuple entier.

Je voulais enfin vous prouver par là non-seulement que l'Industrie est aujourd'hui plus puissante que jamais en production, mais qu'elle est assez puissante pour réaliser l'Égalité d'abondance et de bonheur.

Mais je suis trop fatigué pour entreprendre cette tâche.

Vous pouvez d'ailleurs lire les tableaux imprimés par notre République pour les sciences et les arts, pour leurs progrès, pour les inventions et les inventeurs, pour les ouvrages et pour les machines.

Et je vous demanderai la permission de me borner à quelques observations; je vous dirai seulement : Voyez la découverte de la puissance de la vapeur; voyez les machines d'Angleterre, d'Amérique, de France et d'Icarie; voyez les prodiges qui résultent ici de notre système d'instruction et de notre système pour faciliter les découvertes!

Voyez la *vapeur*, qui remplace toutes les autres forces motrices, le vent et l'eau, les chevaux et les hommes; ses milliers d'applications aux machines de tout genre, aux bateaux et aux voitures sur les chemins de fer et sur les chemins à ornières!

Voyez une machine assez puissante pour transporter 500 voyageurs de Londres à New-York, à 1,500 lieues, en 14 jours; une autre qui peut transporter 1,000 personnes de Paris à Toulon, à 200 lieues, en 20 heures; et 1,000 machines transportant en un jour 2 ou 3 millions d'hommes à 50 lieues!

Voyez les distances, le temps, les difficultés et presque les dépenses disparaître pour le transport des ouvriers, des matières premières et des matières fabriquées!

Voyez l'immensité des constructions, des défrichements et de la production industrielle en Amérique, où l'on crée chaque dix ans pour ainsi dire un nouveau Pays et une nouvelle Nation!

Voyez surtout l'immensité de la production industrielle en Angleterre, où de gigantesques manufactures et d'innombrables machines fabriquent dix fois plus qu'il ne faut pour le pays et assez pour une grande partie du monde!

Et jugez ce que seraient en France et dans ces Pays les manufactures, les machines et la production, si le Gouvernement, parfaitement d'accord avec le Peuple, disposait de toute la puissance et de toute la fortune nationales pour organiser et diriger l'industrie!

Jugez de la masse de découvertes qui se feraient en peu de temps dans ces Pays, s'ils voulaient profiter de nos découvertes d'Icarie; s'ils adoptaient notre système d'instruction; et si, comme chez nous, le Gouvernement excitait tous les citoyens à faire des découvertes et à inventer des machines, en leur facilitant toutes les expériences et tous les essais!

Jugez ce que la France, par exemple, pourrait produire et fabriquer si le Gouvernement, voulant organiser la Communauté et porter la production au dernier degré, appelait dans un congrès les cinq ou dix premiers hommes dans chaque science, chaque art et chaque métier, et même les Arago d'Europe et d'Amérique !

Jugez enfin la puissance nouvelle qu'acquerrait l'industrie si, comme l'espérons ici, l'homme peut soumettre à sa volonté l'*électricité* comme la *vapeur*, et l'appliquer comme celle-ci à toutes les machines avec plus de puissance, moins d'embarras et moins de frais !

Non, il n'est pas permis à un homme raisonnable de dire que l'Égalité de fortune ou la Communauté serait, pour la France, ou l'Angleterre, ou l'Amérique, l'*égalité de misère !*

Et remarquez-le bien ! les grandes découvertes dans les sciences et dans l'industrie ne font pas seulement des Révolutions *scientifiques* et *industrielles*, mais aussi des Révolutions *sociales* et *politiques* ; car tout se tient, tout se lie, ou plutôt tout se confond dans la Nature, qui n'est qu'une immense UNITÉ, dans laquelle nous ne distinguons des éléments divers que pour aider la faiblesse de notre intelligence ; et quoique nous distinguions le commerce et l'industrie, l'industrie et la liberté, la liberté et l'égalité, tout cela n'est-il pas en réalité la même chose, ou du moins tout cela n'a-t-il pas une action réciproque et continuelle ? L'industrie n'agit-elle pas sur le Commerce et le Commerce sur l'Industrie ? L'Industrie et le Commerce n'amènent-ils pas la Liberté et la Liberté n'enfante-t-elle pas le Commerce et l'Industrie ? La Liberté n'est-elle pas mère ou fille de l'Égalité, comme celle-ci fille ou mère de la Liberté ?

La découverte de la Boussole, de la Poudre à canon, de l'Imprimerie surtout, n'a-t-elle pas opéré trois Révolutions sociales et politiques en même temps que trois Révolutions industrielles et commerciales ?

Les *Bateaux à vapeur* n'opèrent-ils pas une révolution dans la guerre maritime et par conséquent dans la politique aussi bien que dans la navigation et le commerce ?

Et les *Chemins de fer !* Les Chemins de fer, qui transforment pour ainsi dire chaque Empire en une seule ville, dont les autres villes et les provinces sont les quartiers et dont les grandes routes sont les rues ; qui peuvent amener en un seul jour toute la Nation dans la Capitale et l'y amèneront successivement tout entière (car quel Français par exemple ne voudra pas voir Paris quand il lui sera plus facile de s'y transporter qu'autrefois d'aller à quatre ou cinq lieues de son village ?) ; qui transporteront en douze ou treize heures les Anglais de Londres à Paris et les Français de Paris à Londres ; qui mêleront tous les Peuples plus complétement et plus rapidement qu'ils n'ont pu le faire à aucune autre époque ; les chemins de fer, dis-je, n'opéreront-ils pas une incalculable Révolution sociale et politique aussi bien qu'une incalculable Révolution dans le commerce et l'industrie ?

Quand, par exemple, l'habitude de voyager sera devenue générale ; quand on comptera les voyageurs nationaux et étrangers par milliers au lieu de les compter par douzaines ; quand les négociants, les industriels et les savants iront à deux ou trois cents lieues pour s'arrêter quelques heures, terminer d'importantes affaires et revenir soigner chez eux de grands intérêts , en comptant sur des départs et des arrivées fixes, sans perte d'un quart-d'heure ; comment pourra-t-on conserver les monstrueuses entraves des passeports, des visites de gendarmes, des octrois et des douanes ? Vous verriez alors de belles *émeutes de voyageurs !*

Comment pourra-t-on conserver le monopole de la *poste aux lettres ?*

A quoi bon les entraves de la *Presse* quand des centaines de milliers de brochures et de journaux pourront circuler chaque jour portés dans la poche des voyageurs, et quand les faits, la vérité et l'opinion arriveront de partout et se répandront partout avec la rapidité du vent !

Oui, la machine qui fait frissonner quand on entend au loin son mugissement, ou quand on la voit arriver et passer avec tant de puissance et de vitesse, porte dans son ventre mille petites révolutions et la grande Révolution sociale et politique !

Oui, les plus puissants propagandistes et les plus grands *Révolutionnaires* sont Jésus-Christ et Luther, l'inventeur de l'imprimerie et celui de la vapeur !

C'est à eux que la Démocratie doit élever des statues !

Et ces statues, ce sont les Peuples qui doivent les élever !

Et quand le Roi de Prusse fait rendre les honneurs militaires à l'un des inventeurs de l'imprimerie , quand un premier ministre d'Angleterre, lord Liverpool , se met à la tête d'une souscription pour élever un monument à l'un des inventeurs de la machine à vapeur, c'est une espèce de fatalité qui les entraîne ; car *la vapeur fera sauter l'Aristocratie !*

Et , maintenant qu'elle produit tous ses prodiges en Amérique et en Angleterre, rien ne peut en priver la France et le monde ; et l'on peut dire que c'est la Providence qui l'envoie et qui crie à l'Aristocratie :

27

« Gare, gare! voici la voiture à vapeur qui arrive!... Gare, gare
» cédez la place à la Démocratie! »

Et demain vous entendrez ce que disent les Philosophes!

Et l'on aurait pu croire que l'Assemblée entendait ou voyait une
énorme machine à vapeur amener, sur une longue file de chars,
mille Réformes escortant l'Égalité!

---

## CHAPITRE XII.

### Opinions des Philosophes sur l'Égalité et la Communauté.

Vous prétendez, adversaires de la Communauté, qu'elle n'a pour
elle que quelques opinions sans crédit et sans poids : hé bien! je
vais interroger devant vous l'Histoire et tous les Philosophes;
écoutez!

Je ne m'arrête pas à vous parler de plusieurs Peuples anciens
qui, suivant Platon, Aristote, Diodore de Sicile, Justin, César et
Tacite, pratiquaient ou avaient pratiqué la Communauté de biens,
de repas, et même de femmes, notamment les premiers Égyptiens,
les premiers Grecs, les habitants de l'île de Ceylan, les Scythes,
les Amazones, les Lipariens, les Achéens, les Vaccéens, les Sir-
miniens, les premiers Peuples de l'Italie méridionale et les Germains.

Je ne m'arrête pas non plus aux Hébreux, qui avaient l'Égalité
de fortune et une société d'Esséniens pratiquant la Communauté de
biens, ni aux Prêtres Égyptiens qui vivaient en commun, ni à
Minos, qui prit chez eux la vie commune pour l'établir en Crète
(1,000 ans avant J.-C.), où vinrent la prendre Lycurgue et Pythagore, pour l'introduire à Sparte et en Italie.

Je ne vous parle pas non plus de Confucius et de Zoroastre
qui, l'un en Chine et l'autre en Perse, long-temps avant Jésus-Christ,
proclamèrent ce principe de morale qui, quoique seul, peut conduire à la perfection : *Ne fais pas à autrui ce que tu ne voudrais
pas qu'il te fit. — Fais aux autres ce que tu désires qu'ils te fassent.*

Mais quel spectacle nous présente Lycurgue obtenant des riches
l'abandon volontaire de leurs propriétés, partageant toutes les
terres en 39,000 portions pour les 39,000 citoyens qui ne peuvent
les aliéner, supprimant le luxe et la monnaie, établissant l'*Égalité*

de fortune et d'éducation, même la *Communauté* d'usage ou de jouissance, de repos, d'éducation et presque de tout (845 ans avant J.-C.) !

Et c'est le frère d'un Roi, pouvant être roi lui-même, dépositaire en réalité de toute la puissance du Peuple, qui établit ainsi l'Égalité et presque la Communauté !

Et il l'établit du consentement des riches et de l'Aristocratie ! avec l'approbation de l'Oracle de Delphes !

Et cette organisation sociale et politique dure 500 ans, élevant Sparte au plus haut rang de puissance, de gloire et de prospérité, admirée de Xénophon, d'Aristote lui-même et de la Grèce entière.

Voyez maintenant AGIS et CLÉOMÈNE !

La Constitution de Lycurgue fut renversée quand Lysandre, vainqueur des Athéniens, apporta dans Sparte un immense butin, et quand il fut permis de donner ou vendre son héritage.

Dès qu'une fois l'amour de l'or et de l'argent se fut glissé dans l'État, que les richesses eurent attiré l'avarice, le luxe, la mollesse, la dépense et la volupté, Sparte se trouva réduite à un état d'impuissance, de bassesse et d'humiliation qui dura près de 300 ans, jusqu'au règne des deux Rois *Agis* et *Léonidas*.

A cette époque, il ne restait dans la ville que 700 Spartiates naturels, et sur ce nombre 100 possédaient toutes les terres et toute la fortune, et les 600 autres étaient accablés de dettes et de misère. Remplis de haine et d'envie, ces derniers refusaient de défendre le pays et désiraient continuellement une Révolution.

Le jeune *Roi* AGIS, quoique plus riche que tous les autres Lacédémoniens ensemble, et quoique élevé dans le faste et les délices, entreprit de *Réformer* la Patrie et d'y rétablir l'ancienne Constitution de Lycurgue, c'est-à-dire l'*Égalité* et la *Communauté de biens*.

Il commença par sonder les sentiments de ses concitoyens et par donner l'exemple de la simplicité et de la frugalité.

Il trouva la jeunesse bien disposée : il gagna sa mère qui était immensément riche, et trois des principaux personnages, notamment *Agésilas*, son oncle; mais son collègue, le Roi *Léonidas*, les autres riches et surtout les femmes qui possédaient presque toutes les terres dans la campagne s'opposèrent à la Réforme et s'efforcèrent de calomnier le bon et généreux Agis.

Cependant il proposa la Réforme, l'abolition des dettes et le partage des terres; mais les Sénateurs repoussèrent son projet.

Il assembla le Peuple et déclara qu'il mettait en commun toute sa fortune, et que sa famille, ainsi que ses amis, qui étaient les plus riches des Spartiates, suivaient son exemple : mais Léonidas et beaucoup de riches s'opposèrent ouvertement à la Réforme, et le Sénat la rejeta à la majorité d'*une seule voix*, tandis que le Peuple la demandait avec Agis.

Léonidas fut accusé par l'un des Éphores, déposé faute de comparaître, remplacé par son gendre, proscrit et fugitif; Agis protégea sa fuite et lui sauva la vie.

Puis l'oncle d'Agis, Agésilas, criblé de dettes, proposa perfidement de n'abolir d'abord que les dettes; et quand cette abolition, qui l'enrichissait, fut prononcée, il abusa de son pouvoir d'Éphore pour faire ajourner continuellement le partage des terres, afin de conserver les siennes, et leva de nouveaux impôts , pendant qu'Agis était absent pour diriger les opérations militaires.

Enhardis par le mécontentement du Peuple, les riches rappelèrent et rétablirent Léonidas ; et Agis, menacé par celui-ci, fut obligé de se réfugier dans un temple de Minerve.

Trois infâmes, qui se disaient ses amis et qui voulaient s'emparer de ses biens, complotèrent de le trahir et de le livrer à Léonidas. A force de démonstrations amicales et de protestations de dévouement, ils parvinrent à l'attirer hors du temple , a s'emparer eux-mêmes de sa personne et à le jeter dans une prison voisine. — Léonidas accourut à l'instant avec des soldats étrangers, avec les Ephores qu'il avait fait nommer , et avec une partie seulement des Sénateurs , ceux qui repoussaient la Réforme ; puis, se constituant en *tribunal*, ils accusèrent Agis d'avoir voulu changer la Constitution. « Vous avez sans doute été forcé, lui dit un des prétendus Juges , et vous vous repentez de ce que vous avez fait? — Non , répondit Agis : plein d'admiration pour Lycurgue, j'ai voulu l'imiter et rétablir ses lois ; et je ne me repentirai jamais d'une entreprise si belle, si noble, si vertueuse, quand même la mort serait devant moi...»

Ils le condamnèrent de suite à mort.... Et comme le Peuple accourait autour de la prison et menaçait de le délivrer, ils le firent étrangler à l'instant ; puis, sa mère et sa grand'mère accourant en pleurs , on les fit entrer dans la prison et on les fit étrangler toutes les deux sans aucun simulacre de procès.

Le Peuple était furieux ; mais Léonidas et les riches n'en conservèrent pas moins leur pouvoir et leurs richesses.

Ainsi périt le *Roi* AGIS, trahi par des riches, assassiné par un Roi qui lui devait la vie et par quelques Sénateurs , pour avoir voulu rétablir à Sparte l'Égalité et la Communauté !

Mais voici CLÉOMÈNE !

Après la mort de Léonidas, son fils et son successeur, le jeune *Roi* CLÉOMÈNE, électrisé par sa jeune femme, veuve d'Agis, reprit l'œuvre de celui-ci.

Mais convaincu qu'il aurait le sort d'Agis s'il demandait le consentement des riches, il résolut d'employer la violence et de commencer par acquérir de la gloire militaire.

Après plusieurs victoires, il rentra dans Sparte à la tête d'une partie de ses soldats, fit tuer les 5 Ephores, bannit 80 riches, assembla le Peuple, rendit compte de sa conduite et de ses motifs, exprima le regret d'avoir été dans la nécessité d'employer la force, proposa l'*abolition des dettes* et le *partage des terres*, et donna l'exemple en mettant tous ses biens en commun.

Bientôt les anciennes mœurs reparurent à Sparte ; elle reprit son rang dans la Grèce ; et Cléomène, qui remporta un grand nombre de nouvelles victoires, devint un des Rois les plus célèbres.

Voilà donc trois Princes, Lycurgue, Agis, Cléomène , beaucoup d'Aristocrates et de Riches, et l'Oracle, qui consentent au partage des terres et à la Communauté !

SOLON, riche , premier personnage d'Athènes par sa naissance, sa fortune et son instruction, chargé de donner une Constitution à sa Patrie, veut, comme Lycurgue (549 ans avant J.-C.), établir le partage des terres et l'Égalité de fortune, mais, l'Aristocratie résistant, il se borne à abolir les dettes et à établir l'Égalité politique.

Son contemporain, PYTHAGORE, adoré comme un Dieu, entreprend une grande *réforme* basée sur l'éducation, et fonde, à Crotone en Italie, une société nombreuse et célèbre destinée à étudier, à pratiquer et à propager les principes d'Égalité, de Fraternité et de Communauté de biens.

Les Tyrans et les Aristocrates de Sicile et d'Italie parviennent à calomnier, à proscrire et à disperser les Pythagoriciens (510 ans avant J.-C.) : mais une foule d'hommes célèbres et de législateurs sortent de cette école, professent et propagent ses doctrines, notamment *Empédocle d'Agrigente*, *Parménide*, *Zénon*, *Zeleucus*, *Charondas* et *Protagoras* qui (444 ans avant J.-C.), professe à Athènes la doctrine de l'Égalité et publie un modèle de République fondé sur la *Communauté de biens*.

Mais SOCRATE et son disciple PLATON entreprennent de Réformer Athènes et la Grèce, l'un en prêchant, l'autre en écrivant sa *République* et ses *lois*.

Tous deux reconnaissent d'abord que le *tien* et le *mien*, c'est-à-dire la *propriété*, est la cause de tous les maux qui affligent l'Humanité.

Ils posent en principe l'*Unité* dans l'État, l'Égalité et la Fraternité entre les citoyens, l'éducation pour tous, la suppression du luxe et de la monnaie, la souveraineté du Peuple, le suffrage universel, l'élection pour tout, et le bonheur commun comme but de la société et de la délégation du pouvoir social.

Admettant comme nécessaire une espèce d'Aristocratie élective composée de Gouvernants et de Guerriers chargés de gouverner la République au dedans et de la défendre au dehors, ils admettent des règles différentes pour le Peuple et pour cette Aristocratie.

Pour le Peuple, ils veulent le partage égal des terres; l'inaliénabilité des propriétés; un maximum pour les acquisitions mobilières; ni dots ni testaments; des habitations semblables; l'éducation commune; en un mot, non pas une Communauté de biens véritable, mais seulement l'Égalité absolue en fortune et en tout.

Quant à l'Aristocratie, qui doit se dévouer au bonheur du Peuple : pour la rendre plus parfaite et la garantir de toutes les tentations de l'intérêt personnel, ils veulent qu'elle ne forme qu'une seule famille; ils veulent pour elle la Communauté de biens et la Communauté en tout, la Communauté d'habitation de repas, d'enfants, presque de femmes, d'éducation, de fonctions à l'intérieur et de périls à la guerre.

Ils veulent la *Communauté d'enfants;* car ils veulent qu'à la naissance ils soient tous déposés dans un bâtiment commun, où les femmes les allaiteront tous indistinctement, et où tous seront élevés comme les enfants de la Patrie, sans connaître ni leurs pères ni même leurs mères, obligés par conséquent de se considérer comme frères, d'avoir pour tous les hommes et toutes les femmes le même respect filial, tandis que tous les hommes et toutes les femmes auront pour tous ces enfants la même tendresse paternelle ou maternelle.

Ils veulent presque la *Communauté des femmes*; car, quoiqu'ils établissent le mariage comme saint et la fidélité conjugale comme un devoir sacré, ils veulent que tous les mariages soient formés et renouvelés chaque année par le sort, et que chaque femme puisse avoir successivement 15 ou 20 maris différents, comme chaque homme 15 ou 20 épouses.»

Voilà ce qu'on a appelé *improprement* une Communauté de femmes ; car ce sont des mariages *à courte durée*, accompagnés des principes les plus austères de chasteté, de pureté, de religion et de patriotisme.

Quelque étrange que cette idée nous paraisse aujourd'hui avec notre éducation , nos mœurs, nos habitudes et nos préjugés , elle n'avait rien de choquant dans un temps où l'Humanité avait des idées toutes différentes sur les femmes, la pudeur, la chasteté et la décence ; dans un temps où tous les hommes et toutes les jeunes filles paraissaient entièrement nus dans les gymnases , dans les jeux et dans les fêtes... Aussi, c'est pour leur pays et pour leur époque , et non pour l'Europe d'aujourd'hui, que Socrate et Platon imaginent leur système de Communauté ; et s'ils vivaient aujourd'hui , ils ne proposeraient certainement ni la Communauté d'enfants, ni les mariages au sort et à courte durée, pas plus qu'ils ne proposeraient l'esclavage.

Écartons donc de leur République ce qui concerne les femmes et les enfants , et remarquons seulement qu'ils veulent l'*Égalité* et la *Communauté*. Écoutez-les dire * :

« Il faut le bonheur pour *tous*, sans *opulence* ni *pauvreté*. — Jusqu'à présent chaque Pays renferme DEUX PEUPLES ENNEMIS, des *riches* et des *pauvres*. — Le MIEN et le TIEN sont la cause de tous les maux de la Société. — La *Communauté* seule peut être le remède au mal. — C'est un proverbe qu'*entre amis* (et tous les hommes sont *frères*) les biens doivent être *communs*.—Mais l'exécution de cette Communauté est-elle possible? On peut en douter. Néanmoins j'indique la *Réforme* en présentant le plan d'une République-modèle. — Tout changerait de face dans les États si les *Philosophes* gouvernaient ou si les Gouvernants étaient *Philosophes* : mais jusqu'à ce que *la sagesse et la puissance soient unies*, il ne faut pas espérer que le Genre humain, *jouet éternel de l'ambition et de l'avarice de ses* MAITRES, voie jamais la fin de ses *calamités*, ni que le soleil éclaire une République telle que la nôtre : l'Humanité restera *misérable*. — Ses malheurs seront éternels tant que les Magistrats et

* Toutes les citations suivantes contiennent fidèlement le sens et la substance.

des guerriers auront des PROPRIÉTÉS quelconques. — Mais il y aura QUELQUE JOUR, *quelque part*, QUELQUE ROI-PHILOSOPHE... et alors la COMMUNAUTÉ S'ÉTABLIRA »

Et quels sont les hommes qui proclament ces principes entre 400 et 350 ans avant J.-C. ?

Ce sont deux des plus belles âmes, des meilleurs cœurs, et des plus grandes intelligences humaines; deux Philosophes indépendants et désintéressés, qui n'écoutent que les inspirations de leur génie et de leur amour pour l'Humanité !

C'est SOCRATE, appelé *le plus sage* des hommes par l'Oracle de Delphes ; adoré presque comme un *Dieu* après sa mort ; vénéré par la postérité comme le plus vertueux et le plus sublime des Philosophes; qui, poursuivi comme Révolutionnaire par les Prêtres du Paganisme, bravait héroïquement les supplices et répondait à ses juges :

« On ne doit compter pour rien ni la *vie* ni la *mort* dès qu'on peut être *utile aux hommes*... Je me suis cru *destiné à les* INSTRUIRE; j'ai cru en avoir reçu la MISSION du *Ciel même;* je dois garder avec courage le poste que les *Dieux* m'ont assigné... J'irai plus loin : si j'étais absous à condition de garder le silence, je vous dirais : O mes juges, je vous aime et vous honore, mais je dois obéir à *Dieu* plutôt qu'à vous; tant que je respirerai, je ne cesserai de répéter : N'avez-vous pas honte de courir après les RICHESSES et les *honneurs,* tandis que vous négligez les *trésors de la sagesse et de la vérité?* »

C'est PLATON, appelé *divin*, bravant aussi les persécutions pour défendre son maître, pour venger sa mémoire et pour publier une foule d'ouvrages sur la Réforme, conduit en triomphe à Syracuse ; comptant parmi ses disciples l'illustre *Dion*, prince de Sicile et libérateur de sa Patrie ; fondateur de l'*Académie ;* chef de l'école la plus nombreuse et la plus célèbre ; prié par beaucoup de Peuples d'être leur Législateur * ; refusant de leur donner des Constitutions parce qu'ils refusent de renoncer à l'*inégalité de fortune ;* et dont la doctrine prépare celle de Jésus-Christ, ou du moins se mélangera et se confondra bientôt avec elle.

Hé bien ! je vous le demande, parmi ceux qui se permettent de rejeter, je ne dis pas les détails, mais les principes de la doctrine de Socrate et de Platon, quel est celui dont l'autorité puisse balancer la leur, sous tous les rapports du génie, de l'indépendance, du désintéressement, de la vertu, de l'amour de l'Humanité, du dévouement et du courage ?

* Les Arcadiens, Thébains, Cyrénéens, Syracusains, Crétois, Eléens, Pyrrhéens, etc.

On leur oppose ARISTOTE, disciple de Platon, Précepteur d'Alexandre, fondateur du *Lycée*, Encyclopédie vivante de cette époque, dont les ouvrages reparurent en Occident après les Croisades, et qui fut cité comme un Oracle dans les écoles long-temps avant qu'on y connût Platon.

Il est vrai que, dans son traité sur la *Politique*, Aristote critique la Communauté de Platon quant aux femmes et aux enfants, et même quant aux biens.

« Tous les biens, dit-il, doivent-ils être *communs* et appartenir à la Nation? — La Propriété *vaut mieux* avec de bonnes lois et de bonnes mœurs (comme si la Propriété n'était pas un obstacle aux bonnes lois et aux bonnes mœurs!) — Le meilleur, c'est la *Propriété* et la *Communauté* mélangées et combinées; comme a Sparte, où *l'usage* des propriétés était *commun*, suivant ce proverbe : *La vertu rend* L'USAGE *des biens* COMMUN *entre amis*. — Du reste la Communauté PARAIT absolument *impossible* et *impraticable* : jamais on ne fondera un État si l'on ne commence par *classer* les hommes et par *partager* les terres. »

Et c'est ce timide et douteux PARAIT *impossible* (démenti par l'exemple du Pérou et du Paraguay) qu'on a transformé en cette espèce d'axiome : *La Communauté* EST *impossible et impraticable*.

Mais de quel poids peut être, contre l'autorité des deux hommes qui avaient approfondi et discuté la question, cette opinion si vague du Précepteur et de l'ami d'un despote, qui effleure tout sans pouvoir tout approfondir, qui ne donne aucune raison, qui approuve l'esclavage, et qui refuse le droit de cité aux petits marchands et aux ouvriers?

« Jamais, dit-il, un État BIEN POLICÉ ne fera d'un *artisan* un *citoyen; car* l'artisan est *l'esclave du public*. »

Et d'ailleurs, voyez comme ses principes se rapprochent de ceux de Socrate et de Platon sur l'*Égalité de fortune* et même sur la *Communauté de biens*.

Il ne veut ni l'*opulence* ni la *pauvreté*, ni que les uns aient *trop*, ni que les autres n'aient *pas assez*; mais il veut la *médiocrité de fortune pour tous*, et par conséquent l'*Égalité* ou la presque Égalité.

.... Il regarde l'*Inégalité* comme la cause de toutes les révolutions... Il veut la *République*, qu'il appelle le vrai *juste-milieu*; il veut la souveraineté du Peuple et le suffrage universel...... Il veut des *repas publics, communs et gratuits*, et la COMMUNAUTÉ d'une partie des terres nationales consacrées à fournir à ces repas et à nourrir le Peuple.

....Il veut même la *Communauté* d'USAGE, comme à Sparte, pour la portion de terres partagée entre les citoyens et inaliénable, en sorte que le droit de Propriété ne serait plus qu'un droit de possession.

On peut donc dire, qu'au fond et en réalité, Aristote partage les principes de Socrate et de Platon, et qu'il adopterait une Communauté de biens s'il en connaissait une mieux organisée que celle de son maître.

Du reste, parmi les 250 Constitutions rassemblées par lui, il en cite avec éloge plusieurs des principales qui sont fondées sur le principe de l'*Egalité de fortune*, ou qui, comme à Carthage, instituent des *repas communs*.

## Voyons maintenant les GRACQUES à Rome !

Tandis que Rome est déjà gorgée des richesses de vingt Nations conquises; tandis que les Patriciens, qui se sont emparés de tout, possèdent des terres immenses, d'innombrables esclaves et de colossales fortunes; le Peuple, dont le sang a payé toutes ces conquêtes, n'a qu'une excessive misère, rendue plus dure encore par le spectacle d'une excessive opulence.

*Tibérius* GRACCHUS et son frère *Caïus*, Tribuns du Peuple, entreprennent, comme Lycurgue et Solon, la *réforme* d'un si monstrueux abus, et demandent qu'on exécute enfin la loi qui défend de posséder plus de 500 *arpents* de terre et qui permet à la République de reprendre l'excédant en *remboursant* sa valeur.

« Les bêtes sauvages, disent-ils, ont des tanières; et des citoyens romains, qu'on appelle les maîtres du monde, n'ont *pas de toit* pour leur demeure, *pas un pouce de terre* pour leur sépulture ! »

Les Patriciens opposent vainement leur *longue possession;* la loi passe : elle ordonne qu'on reprendra, en le remboursant, l'excédant de 500 arpents; qu'on reprendra même les terres *usurpées* sur la République; qu'on y joindra les trésors légués par le Roi de Pergame au Peuple romain; et que le tout sera partagé entre les pauvres.

Mais les Patriciens sont disposés à toutes les violences pour empêcher la réalisation de la *réforme;* et pour mieux réussir ils emploient le mensonge et la *calomnie.* — Tiberius s'étant fait continuer dans le Tribunal, ses ennemis l'accusèrent de n'être qu'un ambitieux, de flatter le Peuple pour en faire un instrument de son ambition, et *d'aspirer à la tyrannie;* et, sous ce perfide prétexte, les Sénateurs, suivis de leurs clients, viennent au Capitole, où le Peuple est assemblé, et se précipitent sur le Tribun, qui *périt* sous les coups des assassins avec 300 de ses amis. — Peu après, Caïus périt également avec 3,000 de ses partisans, publiquement massacrés par les Patriciens, qui jettent leurs cadavres dans le Tibre. — Et les pauvres, trompés par les calomnies des Riches, séduits et achetés par leur argent, abandonnent leurs deux amis les plus dévoués, qu'ils idolâtraient d'abord, pour se confier à leurs ennemis! Les assassins sont absous ! la mémoire des victimes est flétrie! et le Peuple conserve sa misère, parce que l'Aristocratie conserve son opulence!

Et qu'étaient ces Gracques ! — Leurs ennemis vainqueurs les traitent de brouillons, d'anarchistes, d'ennemis du Peuple, de pillards et de brigands, comme les Prêtres et les Riches traitaient Pythagore, Socrate, Agis et Jésus-Christ lui-même : mais la vérité, qui tôt ou tard fait justice des calomnies, rend hommage aujourd'hui à la sublime vertu de deux hommes illustres par leur naissance qui se dévouèrent à la cause du Peuple et de l'Humanité.

Mais voici un DIEU, voici JÉSUS-CHRIST qui vient prêcher l'Égalité, la Fraternité, la Communauté de biens ; et pendant les trois ou quatre cents premières années qui suivent son apparition, tous ou presque tous les Philosophes sont Chrétiens ou Platoniciens ; et tous adoptent et propagent la Communauté de biens ; et depuis que le Christianisme est adopté par Constantin, tous ses Prêtres la prêchent publiquement, et des milliers de Communautés religieuses et des millions de Chrétiens pratiquent cette Communauté qu'Aristote disait impossible et impraticable.

Hé bien ! n'apprenez pas ce fait immense pour l'oublier aussitôt ! Méditez-le, pensez-y sans cesse ! Vous tous qui regardez Jésus-Christ comme *Dieu*, comment pouvez-vous repousser l'Égalité, la Fraternité et la Communauté ordonnés par *Dieu ?* Comment osez-vous lui désobéir ? Qu'est l'opinion des Électeurs, des Députés, des Pairs, des Rois et des Nations comparée au commandement de Dieu ?

Les Aristocrates et les Courtisans qui entourent l'Empereur Gratien disent aussi que la Communauté est impossible quand PLOTIN demande la cession d'une petite ville *ruinée* et la permission d'y essayer la Communauté de Platon en y fondant une *République de Philosophes* et en y bâtissant une ville qu'il appellerait *Platonopolis :* mais l'opinion des Aristocrates et des Courtisans impériaux ne peut sans doute balancer l'opinion d'un Philosophe qui, quoique traité de *fou* par eux, avait de nombreux sectateurs et de célèbres disciples, et qui jouissait d'une si grande réputation que l'illustre Porphyre le comparait à Jésus-Christ.

Le Pythagoricien APOLLONIUS *de Thyane* prêche aussi l'Égalité, la Fraternité des Hommes et des Peuples, et la Communauté ; et l'école d'Alexandrie le prétend fils d'un *Dieu* et l'oppose à Jésus-Christ. D'après cette école célèbre, sa venue est annoncée comme celle d'un *Restaurateur* du Genre humain ; sa naissance, son adolescence, toute sa vie, sont marquées par des *prodiges* ; il a toutes les qualités possibles de l'âme et du corps ; il sait toutes les langues ;

il parcourt tous les pays et possède toute la sagesse des Nations, et, je le répète, ce prétendu Dieu proclame aussi l'Égalité, la Fraternité et la Communauté !

Vous parlerai-je du bon, du vertueux PLUTARQUE, qui tient une école de Philosophie à Rome, et qui professe la doctrine de Platon sur la Communauté, pendant que tous les Philosophes Chrétiens la prêchent au nom de Jésus-Christ !

Il est vrai que, tout en fondant des milliers de Communautés religieuses, les Prêtres Chrétiens veulent accaparer pour eux toutes les richesses, qui deviennent leur propriété, et que les Barbares repoussent aussi la Communauté de biens : mais l'ambition et la cupidité des Prêtres et des Aristocrates, pas plus que celle des Barbares, ne prouvent certainement rien contre la Communauté.

Que ne puis-je vous citer ici l'opinion de tous les *Pères de l'Eglise*, et les discussions des CONCILES, sur cette question de l'Égalité et de la Communauté !

Mais voyez, dès 1143, *Arnaud de Brescia* prêcher dans Rome la Réforme et le retour à la doctrine de J.-C. et de Platon, c'est-à-dire à l'Égalité, à la Fraternité et à la Communauté de biens !

Voyez des milliers de *Vaudois* ou d'*Albigeois*, en France; un Prédicateur anglais suivi de 100,000 hommes, le docteur *Wicleff* et des milliers de Lollards en Angleterre; *Jean Huss* et des milliers de Hussites en Allemagne, prêcher ou adopter la même doctrine et braver pour elle tous les supplices!

Tous sont brûlés, ou exterminés, ou réduits au silence : mais la Réforme n'en finira pas moins par triompher !

Et avant cette réforme, quand l'Amérique est découverte, en 1492, on trouve un immense Empire, de 1,300 lieues d'étendue, le PÉROU, dans lequel, depuis plus de 400 ans, on pratique l'Égalité de fortune et la *Communauté de biens*; « dans lequel on ne vit jamais (dit Robinet *) *ni fainéants, ni voleurs, ni pauvres, ni mendiants* : PHÉNOMÈNE qui paraît contredire les vérités les plus lumineuses, en présentant une organisation sociale et politique qui *surpasse* toutes les spéculations des philosophes, des savants et des législateurs de l'antiquité célébrés avec tant de vénération dans l'histoire de l'ancien monde ! »

Mais voici maintenant *Thomas* MORUS qui, dans son UTOPIE, répète, avec Socrate et Platon, que la *Propriété* est la cause de tous les maux, et qu'il n'y a pas d'autre remède que la *République* et la *Communauté*.

Son *Utopie* est un *roman* destiné à montrer une grande Communauté en action, sans monnaie, mais avec l'éducation pour base, avec la communauté du travail, avec l'Égalité parfaite de droits, de fortune et de bonheur.

* *Bibliothèque de l'homme d'État.*

« Ailleurs, dit-il, on voit des nobles, etc., qui sont riches et heureux, tandis que les *pauvres ouvriers* sont plus malheureux que les *bêtes de charge et de voiture...* Les *riches* PILLENT *les pauvres* et décorent leurs violences et leur pillage du titre de *légalité....* Quand je considère toutes ces autres Républiques (*common-wealths*), réputées florissantes, qui couvrent la Terre, je n'y vois qu'une sorte de *conspiration des riches* pour tout accaparer, sous le faux prétexte du *bien public*, pour retenir ce qu'ils ont *illégitimement* amassé, et pour dépouiller et exploiter les *pauvres....* Dès que les riches ont consacré leurs usurpations par des lois, qui sont leur ouvrage et qu'ils prétendent faites dans l'intérêt général, leurs usurpations deviennent légitimes.... Et cependant ces *méchants riches*, qui prennent tout, ne sont pas aussi heureux que les Utopiens qui, en supprimant la *monnaie*, ont supprimé tous les soucis, tous les vices et tous les crimes.... J.-C., qui savait bien ce qui convient le mieux aux hommes, a recommandé la *Communauté*; et il aurait utopianisé l'Univers si l'*Orgueil* des riches ne l'en avait empêché.

« .... L'amour-propre empêchera probablement la Communauté de faire le bonheur du *Genre humain....* Mais, quoique sans beaucoup d'espoir, je souhaite que le monde puisse s'utopianiser. »

Telle est, en substance, l'*Utopie* de Thomas Morus.

On y trouve sans doute des imperfections, des choses de détail inutiles ou mauvaises, soit pour son temps, soit pour le nôtre surtout : mais c'est le premier ouvrage où l'on trouve la Communauté appliquée à une *Nation toute entière*, et à une *grande Nation*; c'est le plus grand pas fait par l'indépendance de la raison, par la morale, par la philosophie et par la politique; et les principes fondamentaux de l'Utopie nous paraissent le progrès le plus avancé de l'intelligence humaine et la destinée future du Genre humain.

Et à quelle époque cette grande idée est-elle conçue? — En 1516, avant la Réforme, quand l'ignorance et la barbarie n'ont pas encore disparu, quand le despotisme sacerdotal, royal et aristocratique opprime presque toute la Terre !

Et quel est l'auteur de cette Utopie? Est-ce un prolétaire, un anarchiste, un révolutionnaire, un athée...? — C'est un homme que sa vaste instruction, ses talents, ses écrits, rendent bientôt célèbre, et que ses vertus surtout élèvent successivement aux fonctions de Shérif, de membre du conseil privé du Roi, d'*Ambassadeur*, de *Député*, de *Président* de la Chambre des Communes, enfin de *Chancelier d'Angleterre* (première place du royaume après celle du souverain), favori du redoutable Henri VIII !

Il a trente-six ans, occupe déjà le poste d'ambassadeur et s'est déjà rendu célèbre par d'autres ouvrages, quand il public son *Utopie;* et cette publication n'empêche pas Henri VIII de le choisir pour son principal ministre !

Cette *Utopie* excite l'étonnement et l'admiration du monde savant et philosophe, surtout hors de l'Angleterre *. On en parle tant, elle est si connue, que son nom passe dans la langue comme nouveau substantif; on dit sans cesse une *Utopie* pour dire une *perfection nouvelle et imaginaire*; car les rois et les aristocrates reconnaissent bien que l'innovation de l'*Utopie* serait une perfection, mais ils soutiennent et répètent qu'elle est *impraticable* comme celle de Platon.

Et voyez encore quel homme est ce Thomas Morus ! Éminemment religieux, chrétien, catholique, convaincu que le Pape est le seul chef légitime de l'Église, adversaire du protestantisme naissant, le chancelier d'Angleterre préfère la disgrâce de son roi et la mort même à un mensonge ! Henri VIII s'étant déclaré Pape anglais, ayant répudié sa femme Catherine d'Aragon, pour épouser Anne Boleyn, malgré l'opposition du Pape, et ayant prescrit un serment pour reconnaître son divorce, son mariage et sa Papauté, Thomas Morus refuse de prêter ce serment que chacun prête, et donne sa démission plutôt que de mentir à sa conscience. Sa réputation de sagesse et de vertu est si grande et son exemple peut être si contagieux que Henri VIII le fait arrêter. La menace d'un procès criminel, puis d'une condamnation, n'ayant rien pu sur lui, il est condamné par une Commission à être pendu, à être mutilé quand il serait encore à moitié vivant, à avoir le ventre ouvert, les entrailles brûlées, les quatre quartiers de son corps attachés aux quatre portes de Londres, et la tête exposée sur un pont au bout d'une pique. — Cet horrible et barbare supplice ne pouvant encore lui arracher le serment exigé, le tyran commue sa peine en simple décapitation; et l'ex-chancelier d'Angleterre périt, en 1535, comme Socrate et comme Jésus-Christ, admiré partout comme un *sage*, et vénéré par les catholiques comme un *martyr*.

Voilà l'auteur de l'*Utopie*, ami du célèbre *Erasme* qui l'admire, l'un des hommes dont la science, la sagesse et les vertus font le plus d'honneur à l'Angleterre, l'un des Génies amis les plus désintéressés et les plus dévoués de l'Humanité (bien autrement digne d'une statue que ceux qui découvrent des machines en cherchant la fortune), un nouveau Lycurgue, un Solon, un Pythagore, un Socrate, un Platon, et je dirai presque un Jésus-Christ !

Je vous le demande, que sont les détracteurs de l'*Utopie* comparés à Thomas Morus?

Je puis vous faire les mêmes réflexions à l'égard du moine napolitain CAMPANELLA, mort en 1639, célèbre par son esprit et son savoir, qui, enfermé 27 ans dans les cachots de l'Inquisition, considérant sa prison comme son tom-

* Jusqu'aujourd'hui elle eut plus de 15 éditions latines, plus de 9 éditions anglaises, 3 françaises, et 1 italienne.

beau, s'occupant uniquement du bonheur de l'Humanité, et méditant long-
temps et sans livres sur ses maux et leurs remèdes, rédige une *République* ou
*Cité du Soleil*, fondée, comme celles de Platon et de Th. Morus, sur la *Communauté de biens!*

Et je vous en citerais d'autres du même genre! Mais voyons d'abord la
*Réforme.*

Que ne puis-je vous retracer les doctrines de *Luther*, de *Zwingle*, de *Calvin*, de *Servet*, de cent autres réformateurs ou apôtres de la RÉFORME! vous
verriez que c'est la doctrine de Platon et de J.-C., l'Égalité, la Fraternité, la
Communauté de biens!

Mais écoutez le curé *Muncer*, qui s'écrie en Allemagne : « Nous sommes tous
frères : d'où vient donc cette différence de rangs et de biens que la tyrannie
a introduite entre nous et les Grands du monde? Pourquoi gémirions-nous
dans la pauvreté et serions-nous accablés de maux tandis qu'ils nagent dans
les délices? N'avons-nous pas droit à l'*Égalité des biens* qui, de leur nature,
sont faits pour être partagés sans distinction *entre tous les hommes?* Rendez-
nous, riches du siècle, *avares usurpateurs*, rendez-nous les biens que vous re-
tenez avec tant d'injustice! Ce n'est pas seulement comme *hommes* que nous
avons droit à une égale distribution des avantages de la fortune; c'est aussi
comme CHRÉTIENS!

« Redemandons notre liberté les armes à la main; refusons les impôts qui
nous accablent (car l'impôt est la cause déterminante de presque toutes les
révolutions); et mettons tous les biens *en commun!* »

Reçu comme un *Prophète*, il a bientôt une ARMÉE d'*Anabaptistes*, qui accourent de toutes les parties de l'Allemagne et qui proclament la *Communauté*
jusqu'à ce que plus de 3,000 soient tués dans une bataille, les autres dispersés
et Muncer exécuté.

Deux autres Apôtres réunissent plus de 40,000 Anabaptistes en Souabe et
en Franconie, et font triompher leur doctrine jusqu'à ce qu'ils succombent
avec le dévouement des martyrs.

*Jean de Leyde* recommence le combat avec une autre armée et s'empare de
la ville et de l'Évêché de Munster jusqu'à ce que, livré par un traître, l'Évêque
lui fasse déchirer le corps avec des tenailles ardentes et fasse suspendre son
cadavre dans une cage de fer au haut d'une tour.

Toutes ces défaites n'empêchent pas l'Allemagne et le Nord de se couvrir
d'Anabaptistes : mais ils finissent par succomber et par être persécutés
partout.

« Que de réflexions s'offrent ici (disent les auteurs de la *Bibliothèque de
l'homme d'État*) sur les horreurs du fanatisme, sur l'abus de la Religion, sur la
nécessité de l'*instruction publique* et sur les *occasions de soulèvement* que
fournissent l'excès des impôts, le *faste insolent des riches* et l'EXTRÊME MISÈRE
DES PAUVRES! »

Pour moi, je vous cite ces faits, ni pour approuver ni pour blâmer, mais uniquement pour montrer combien l'Égalité et la Communauté de biens ont eu de partisans.

Les Riches combattent les Novateurs; c'est tout simple : ils sont
plus habiles, mieux disciplinés et vainqueurs; c'est tout simple encore : mais la guerre prouve l'horreur du Peuple pour l'Inégalité
sans que la victoire en prouve la justice.

« Persécutés partout, les Anabaptistes se transforment en *frères Moraves*, qui renoncent à la violence, mais qui conservent leur amour pour la Fraternité et qui organisent plusieurs Communautés de 1,000 à 3,000 ouvriers.

» Mais, en Angleterre, où, dès 1381, un *Prédicateur* a pu conduire à Londres plus de 100,000 hommes sous le drapeau de l'*Égalité*, et où, en 1399, le docteur *Wicleff* a pu former une nombreuse secte de Lollards, partisans de la Communauté; la doctrine des Anabaptistes ou des frères Moraves est répandue par un simple ouvrier, *Fox*, qui fonde la nouvelle secte des *Quakers*, d'où sortent bientôt des armées de *Puritains* et de *Niveleurs* (Levellers), tandis que tous les PROTESTANTS, c'est-à-dire des millions d'hommes en Europe adoptent plus ou moins les principes de l'Égalité, de la Fraternité et de la Communauté. »

Et l'on ose dire que l'Égalité de biens et la Communauté n'ont pas de partisans !

Et ce ne sont pas seulement des prolétaires, des pauvres et des ignorants, mais des riches et des nobles, des Philosophes et des Prêtres qui professent ces principes.

Écoutez, par exemple, MASSILLON, et surtout le père BRIDAINE, foudroyant l'Aristocratie !

Écoutez l'Évêque de Cambrai, FÉNELON, et surtout l'Abbé FLEURY qui, après avoir raconté la Communauté de biens instituée par Jésus-Christ et pratiquée par ses Apôtres et par les premiers chrétiens, s'écrie :

« Voilà donc un exemple sensible et réel de cette *Égalité de biens* et de cette *vie commune* que les Législateurs et les Philosophes de l'antiquité avaient regardées comme le moyen le plus propre à rendre les hommes *heureux*, mais sans y pouvoir atteindre... Ils voyaient bien que, pour faire une SOCIÉTÉ PARFAITE, il fallait OTER *le tien et le mien* et tous les *intérêts particuliers* : mais il n'y avait que la grâce de J.-J. qui pût changer les cœurs et guérir la corruption de la nature. Aussi la source de cette communication de biens entre les Chrétiens de Jérusalem était la *charité* qui les rendait *tous frères* et les unissait comme en *une seule famille* où tous les enfants sont nourris sur les *mêmes biens* par les soins du Père qui, les aimant tous également, ne les laisse manquer de rien. »

Et voyez les *Jésuites*, qui organisent la Communauté de biens et de travail au PARAGUAY, et qui la font pratiquer à 29 Peuplades composant 32 bourgades, comprenant 22,761 familles et 121,000 têtes!

Et voyez la *Pensylvanie*, colonisée par des Anabaptistes, des frères Moraves, des Quakers, qui y établissent l'Égalité, et par une secte allemande, les *Dumplers*, qui pratiquent la Communauté dans une ville bâtie par eux et appelée EUPHRATE !

Mais revenons au temps de la Réforme, et voyons les Philosophes et les Écrivains.

Je ne vous parle ni de *Bodin*, premier auteur politique moderne qui, dans sa *République*, déclare l'Égalité de biens *impossible* tout en reconnaissant que l'*opulence* des uns et la *misère* des autres sont la cause des séditions; ni de *Languet* qui, en 1581, proclame nettement la souveraineté du Peuple, et soutient que le pouvoir social n'a été confié que pour défendre les *pauvres* contre les *riches*, ni du Chancelier Fr *Bacon* qui, dans sa *nouvelle Atlantique*, veut qu'on assure a chacun des moyens de subsistance, qui reconnaît que la *misère* et le mécontentement sont la cause des troubles, et qui demande l'organisation d'une *société de savants* chargés de recueillir toutes les connaissances des autres pays et de faire toutes les expériences nécessaires pour arriver a des découvertes ; ni de LA BOÉTIE, qui ressuscite les principes républicains dans son *Traité de la servitude personnelle.*

Mais j'arrive au Hollandais GROTIUS, réfugié à Paris, qui passe pour le plus savant homme de son temps; qui excite l'admiration et l'enthousiasme des contemporains en séparant le *droit naturel ou divin* du *droit humain*; qui le premier présente un système complet de *droit naturel*; et qui, dans son *Traité de la guerre et de la paix*, publié en 1625 et dédié à Louis XIII dont il reçoit une pension, reconnaît (tout en voulant favoriser la Royauté qui le solde) que Dieu a établi la *Communauté des biens*, et que cette Communauté de la terre *subsisterait encore* si les vices n'eussent pas rompu le lien de l'amitié *fraternelle :* il pretend que la PROPRIÉTÉ résulte d'un *partage* qui s'est opéré entre toutes les Nations et d'un *sous-partage égal* entre toutes les familles, à la condition que, dans les cas d'*extrême nécessité*, les biens seront toujours considérés comme *communs*.

Peu après, dès 1631, l'anglais HOBBES, prenant aussi parti pour la Royauté contre les Républicains qui la menacent en Angleterre, préconise la monarchie *absolue* dans sa République intitulée *De Cive* (du Citoyen), puis dans son *Leviathan*, et soutient que l'homme naît *méchant*. Cependant il reconnaît aussi que les hommes sont *égaux* par la NATURE; qu'elle a donné à TOUS le droit à TOUT; et que l'*inégalité* est l'effet de la *Société* et de la méchanceté. « Qui assigné, dit-il, des *rangs* et des *propriétés* à chaque particulier? Pourquoi les uns dans l'*opulence*, les autres dans la *médiocrité* ou l'*indigence*? Pourquoi des maîtres, des valets et des esclaves? Par la *méchanceté* des hommes!

Mais *Harrington* réfute la doctrine de Hobbes sur la monarchie absolue, et publie sa *République* d'OCÉANA (1656), arrangée pour être immédiatement appliquée à l'Angleterre qu'il espère faire adopter à Cromwell, et dans laquelle, reconnaissant que l'Aristocratie héréditaire et l'Inégalité de fortune sont la cause de toutes les révolutions, il établit un *maximum de propriété immobilière* de 200 ou 500 fr. de revenu, la souveraineté du Peuple, le suffrage universel, un Sénat de 300, une Chambre de 1,000 Députés un Conseil exécutif de sept membres, tous électifs et temporaires, sans aucune hérédité, avec une éducation commune.

Et quel est ce républicain Harrington, partisan de l'Égalité de fortune ? — Un noble, lié avec le Roi Charles I<sup>er</sup> qu'il accompagne jusqu'à l'échafaud, à qui les Courtisans de Charles II restauré demandent ses idées pour les communiquer au monarque, et qui meurt victime de son dévouement à la liberté

N'admirez-vous pas aussi SIDNEY, fils du Comte de Leicester; Républicain sous Charles Ier; qui, dans son *Discours sur le Gouvernement*, saisi manuscrit parmi ses papiers, soutient avec enthousiasme la souveraineté du Peuple; qui vante la liberté comme le plus précieux des trésors; et qui périt martyr en 1683!

N'admirez-vous pas encore l'immortel MILTON qui, chargé par le Parlement de répondre à la *Défense du roi Charles Ier* rédigée par Saumaise à la sollicitation de Charles II, rédige, en 1651, la *Défense du Peuple anglais*, dans laquelle il soutient que les Rois sont, non les *Pères* mais les *fils* DU PEUP. E qui les crée; que le Peuple comprend indistinctement *tous les citoyens;* et que, si le peuple a des défauts, ces défauts sont l'*œuvre* et le *crime* du despotisme, le résultat du *luxe* et de la *misère!* Averti par les médecins qu'il perdra la vue s'il continue d'écrire, il répond qu'il ne peut balancer entre son *devoir* et ses yeux, et devient aveugle en effet; à la veille même de la Restauration, il brave la vengeance en publiant un *plan de République!*

Mais voici LOCKE! Adversaires de l'Égalité et de la Communauté, écoutez Locke, l'une des gloires de l'Angleterre, l'une des plus brillantes lumières de la Philosophie! Écoutez-le proclamer au péril de sa vie, sous Charles II, la souveraineté du Peuple, l'Égalité, la Communauté de biens naturelle et primitive, et les usurpations des riches! Écoutez-le s'écrier dans son admirable *Gouvernement civil :*

« Celui qui *possède au-delà* de ses besoins passe les bornes de la Raison et de la Justice primitive, et *enlève* ce qui *appartient aux autres.* Toute *superfluité* est une USURPATION; et la vue de l'indigent devrait éveiller le *remords* dans l'âme du *riche.* Hommes *pervers* qui nagez dans l'*opulence* et les voluptés, tremblez qu'un jour l'infortuné qui manque du nécessaire n'apprenne à connaître vraiment les *droits de l'homme!* »

Écoutez-le s'écrier encore :

« La fraude, la mauvaise foi, l'avarice ont produit cette *inégalité dans les fortunes* qui fait le MALHEUR *de l'espèce humaine* en amoncelant d'un côté *tous les vices* AVEC LES RICHESSES, et de l'autre *tous les maux* AVEC LA MISÈRE. Le Philosophe doit donc considérer l'usage de la MONNAIE comme une des plus FUNESTES inventions de l'industrie humaine! »

Écoutez-le s'écrier ailleurs :

« Les séditions sont toujours la *faute des Gouvernements...* Dès qu'un Roi devient despote ou tyran, il se *révolte* contre le Peuple, il *abdique,* il se *détrône* lui-même... Un Peuple insurgé est un souverain qui se défend contre l'oppression de *son commis!* »

Écoutez aussi *Condorcet* s'écrier :

« Beaucoup d'écrivains (Grotius, Hobbes, Barbeyrac, etc.) préférant la *pension* des Rois au bonheur des Peuples, ont livré les Peuples aux Rois : combien Locke ne mérite-t-il pas l'*admiration* et la *reconnaissance* des Peuples pour les avoir défendus contre les Rois avec les armes de la Raison et de la Morale! »

Et Locke nous apprend que l'*Évêque Billon, Bracton, Fortescue* et l'auteur du *Miroir* ont écrit dans le même sens!

Écoutez encore l'*Évêque* anglais CUMBERLAND qui, dans son *Traité philosophique des lois naturelles*, publié sur la fin du XVIIᵉ siècle, fonde toute la morale sur ce précepte *divin* de la *bienveillance universelle* ou de la FRATERNITÉ, de l'Égalité et du bien *commun de tous*, et qui reconnaît que Dieu a fait la terre commune à *tous*; que tous ont eu droit au partage; que ce partage a eu lieu pour assurer à chacun perpétuellement sa part ou sa propriété; qu'ainsi il ne devrait point y avoir de *pauvres*; que cependant il faut, pour la paix, respecter les propriétés actuelles; mais que le *Riche doit donner au pauvre* sa SUPERFLU!

Écoutez le *baron* de PUFFENDORF, professeur de droit naturel en Allemagne, et Conseiller d'État à Stockholm et à Berlin, qui, dans son *Droit de la nature des Gens*, publié la même année, réfute la doctrine d'*Hobbes* et de *Grotius* sur la monarchie absolue, qui proclame l'*Égalité naturelle*, la *Fraternité*, la *Communauté de biens* primitive; et qui reconnaît que la *propriété* est une institution humaine; qu'elle résulte d'un partage consenti pour assurer à chacun et surtout aux travailleurs, une possession perpétuelle, indivise ou divise; et que par conséquent l'inégalité actuelle de fortune est une *injustice* qui n'entraine les autres inégalités que par l'*insolence des riches* et la *lâcheté des pauvres!*

Et *Barbeyrac* en Hollande (quoique pensionné par le Roi d'Angleterre auquel il dédie son ouvrage), l'illustre *Wolff* en Allemagne, *Burlamaqui* à Genève, *Vatel* en France professent les mêmes principes sur le droit naturel!

Et BOSSUET, l'évêque de Meaux, le précepteur du Dauphin de France, le célèbre Bossuet, dans sa *Politique tirée de l'Écriture-Sainte*, rédigée pour l'instruction du Dauphin, ne reconnaît-il pas aussi que :

« Sans les Gouvernements, la Terre et tous les biens seraient aussi communs entre les hommes que l'air et la lumière : selon le droit primitif de la nature, nul n'a de droit particulier sur quoi que ce soit; TOUT est à TOUS; et c'est du Gouvernement civil que naît la *Propriété!* «

Vous pensez peut-être que la République de Platon, l'Utopie de Thomas Morus, la République du Soleil de Campanella et la République d'Océana par Harrington, sont les seuls *romans* politiques de ce genre : mais il y en a bien d'autres, parmi lesquels je ne vous citerai que ceux qui paraissent sur la fin du XVIIᵉ siècle ou dans le XVIIIᵉ, et qui sont fondés sur l'Égalité et la Communauté de biens.

La *République des Sévarambes*, publiée à Bruxelles, en 1677; — le *Miroir d'Or*, publié en Allemagne, par WIELAND; — la *République des Philosophes* (ou les *Ajaoiens*), attribuée à FONTENELLE; — la *République des Cessarès*, publiée à Londres, en 1764, — et la *Basiliade*, de MORELLI, publiée en 1753.

La République des Sévarambes, publiée en français, en allemand, en italien et en anglais, étant attaquée en Allemagne par un journaliste de grande réputation, des savants illustres, et notamment le célèbre THOMASINS, prennent publiquement sa défense et celle de la *Communauté*.

« Tous ces traités politiques (disent les auteurs de la *Bibliothèque de l'homme d'État*) sous forme de romans, admettant la Communauté de biens, sont *trop légèrement* rejetés comme n'ayant presque aucune application possible à notre état de société et à nos Gouvernements : on les traite de rêves honnêtes, sans réfléchir que les systèmes décousus de nos penseurs en titre sont souvent fort *au-dessous* de ces rêves d'un honnête homme... Quoi qu'on en puisse dire, et que ces plans soient praticables ou non, ils contiennent toujours des vues dignes d'une sérieuse attention de la part des Législateurs. »

Du reste, remarquez que l'auteur de la *République des Sévarambes* rappelle, d'après JUSTIN, CÉSAR et TACITE, que les premiers *Peuples d'Italie*, les anciens *Germains*, et *tous les premiers Peuples*, ont pratiqué la *Communauté de biens*.

Je ne vous dirai qu'un mot de la *République parfaite* du célèbre David HUME, qui soutient que c'est un préjugé et une erreur de croire la République *impossible* dans un grand état comme l'Angleterre ou la France, et qui propose immédiatement pour la Grande-Bretagne une République fondée sur la souveraineté du Peuple ; sur la division du territoire en cent Provinces ou cent Républiques, subdivisées chacune en cent Paroisses ; sur le suffrage universel ou presque universel, et sur l'élection annuelle de toutes les autorités quelconques, élues par dix mille Représentants élus eux-mêmes par le Peuple.

Après tous ces romans politiques, je voudrais pouvoir parcourir avec vous le THÉÂTRE républicain et démocratique, les *tragédies* de Corneille, de Crébillon, de Voltaire, en faveur de l'Égalité.

Mais je me hâte d'arriver aux grands Philosophes du XVIII<sup>e</sup> siècle, et je commence par Montesquieu.

Hé bien ! que dit ce baron de MONTESQUIEU, ce Président du parlement de Bordeaux, cet Aristocrate de naissance et de position, cet immortel auteur de cet *Esprit des lois* qu'on appelle le *chef-d'œuvre de l'esprit humain* ? Écoutez !

« L'*Égalité naturelle* et les lois de la nature sont antérieures à la société et aux lois positives... *Tous les citoyens* doivent avoir le droit de donner leur voix pour choisir leurs Représentants, excepté ceux qui sont dans un tel état de *bassesse* qu'ils sont réputés n'avoir *point de volonté propre*... L'élection des Représentants est *très à portée du Peuple*... Le Peuple est *admirable pour faire des élections et choisir ceux à qui il doit confier quelque partie de son autorité*.... A Rome Servius Tullius fit une classification aristocratique qui donnait aux *riches* le monopole du droit électoral... Dès qu'il faut un *cens* quelconque pour être électeur, il y a *Aristocratie*... La meilleure Aristocratie est celle où le cens électoral est extrêmement faible et le nombre des non-électeurs *extrêmement petit*...

» La Crète, Sparte, la Pensylvanie, le Paraguay sont des exemples de ce que peut l'*éducation*... Quant au Paraguay (où les Jésuites ont établi la Communauté de biens), on a voulu faire un crime aux Jésuites d'y avoir surtout cherché le plaisir de commander ; mais il sera toujours *beau de gouverner les hommes en les rendant* plus HEUREUX (par la Communauté) ! Il est *glorieux* pour eux d'avoir été les premiers qui aient montré dans ces contrées lointaines de la religion jointe à celle de l'*humanité*. Ils ont entrepris de grandes choses, et ils ont *réussi :* ils ont retiré des bois des Peuples dispersés, leur ont donné une subsistance assurée, les ont vêtus, et ont augmenté l'industrie parmi les hommes. »

## Écoutez, écoutez !

« Ceux qui voudront faire des institutions pareilles établiront la *Communauté de biens* de la République de Platon, ce respect qu'il demandait pour les Dieux, cette séparation d'avec les étrangers pour la conservation des mœurs, et la *Cité faisant elle-même le commerce à l'exclusion des citoyens; ils donneront nos arts sans notre luxe,* et nos besoins sans nos désirs; *ils proscriront l'argent,* dont l'effet est de *grossir la fortune* des hommes *au-delà des bornes* que la nature y avait mises, et de nous *corrompre* les uns les autres.

» Ces sortes d'institutions *peuvent convenir* dans une République, et *peuvent avoir lieu* dans un petit État, où l'on peut donner une *éducation générale,* élever tout un peuple comme une seule famille, et faire les échanges rapidement et sans monnaie. (Cela peut se faire dans un grand pays.)

» Comme les hommes ont renoncé à leur indépendance naturelle pour vivre sous des lois politiques, ils ont renoncé à la *Communauté naturelle des biens* pour vivre sous des lois civiles : de là la *Propriété*.

» L'amour de la Démocratie, c'est l'amour de l'*Égalité* et de la *frugalité;* chacun doit y avoir le *même* bonheur et les *mêmes avantages*, et y goûter les *mêmes plaisirs* en y formant les mêmes *espérances*.

» Une *Égalité réelle et parfaite* est si difficile à établir qu'une exactitude extrême ne conviendrait pas toujours ; il suffit qu'on établisse un cens qui réduise ou *fixe les limites;* après quoi c'est à des lois particulières à *égaliser,* pour ainsi dire, les inégalités par les charges qu'elles imposent aux *riches* et par le soulagement qu'elles accordent aux PAUVRES

» Les lois *agraires,* ou du nouveau partage des champs, demandées avec tant d'instance à Rome, étaient *salutaires de leur nature :* elles ne sont dangereuses que comme *action subite.*

» Romulus, Numa et Servius Tullius partagèrent également les terres entre les Romains, et voulurent que chaque famille conservât *son lot;* mais il fut ensuite permis d'en disposer par testament, et cette permission introduisit la FUNESTE différence entre les *riches* et les *pauvres :* plusieurs lots furent réunis ensemble sur une même tête ; des citoyens eurent *trop*, une infinité d'autres n'eurent rien. Aussi le Peuple, continuellement *privé* de son partage, demandat-t-il sans cesse une *nouvelle distribution* des terres. »

Vous le voyez donc, Montesquieu n'est l'ennemi ni de l'Égalité, ni du suffrage universel, ni des lois agraires, ni même de la suppression de la monnaie et de la Communauté de biens !

Écoutez maintenant Rousseau, l'auteur de cet immortel *Contrat social* pour lequel l'admiration des siècles ira toujours croissant ! Écoutez !

« Les hommes sont *égaux* en droits... La Nature a rendu tous les biens communs... Chacun a pu s'emparer du terrain *libre* qui lui était *nécessaire* et qu'il voulait *cultiver* lui-même : toute autre occupation est une *usurpation*... Avant la Société, chacun n'avait qu'une *possession ;* en entrant en Société, chaque associé met tout en *commun*, sa personne et ses biens : tous les biens appartiennent a la Société, qui *en jouit* ou qui les partage également ou inégalement; dans le cas de partage, la part de chacun devient sa *propriété*. Dans tous les cas, la Société est toujours *seule propriétaire* de tous les biens. »

Écoutez encore !

« L'*Égalité sociale* est plus parfaite que l'*Égalité naturelle ;* car dans la Société tous les hommes doivent être *égaux par convention*, quoique inégaux en force et en génie... Sous les mauvais gouvernements, cette Égalité n'est qu'illusoire ; elle ne sert qu'à maintenir le PAUVRE dans la *misère* et le RICHE dans son *usurpation*. Dans le fait, les lois sont toujours utiles à ceux qui possèdent, et nuisibles *à ceux qui n'ont rien ;* d'où il suit que l'état social n'est avantageux aux hommes qu'autant qu'ils ont *tous quelque chose* et qu'aucun d'eux n'a rien de trop.

» Voulez-vous donner à l'État de la consistance, rapprochez les degrés extrêmes autant qu'il est possible ; ne souffrez ni les *gens opulents* ni les *gueux :* ces deux états, naturellement inséparables, sont également *funestes* à la Société ; de l'un sortent les tyrans, de l'autre les soutiens de la tyrannie. »

Écoutez, écoutez encore Rousseau dans son *Economie Politique !*

« Voulons-nous que le Peuple soit vertueux? Commençons par lui faire aimer sa Patrie. Mais comment l'aimera-t-il, si elle n'est rien de plus pour lui que pour des étrangers? Qu'elle protège le *pauvre* contre la *tyrannie du riche!* Le plus GRAND MAL est deja fait, quand on a des *pauvres* a défendre et des *riches* a contenir... C'est donc une des plus importantes affaires du Gouvernement de prevenir l'*extrême inégalité des richesses*, non en enlevant les trésors a leurs possesseurs, mais en ôtant à tous les *moyens d'en accumuler*, non en bâtissant des *hôpitaux* pour les pauvres, mais en garantissant les citoyens de devenir pauvres... Il faut que l'impôt ne porte que sur le *superflu*, et qu'il soit non-seulement proportionnel, mais *progressif*... Et c'est surtout par l'*éducation* qu'il faut former des hommes et des citoyens, par l'éducation *publique*, *égale et commune*. »

Écoutez, écoutez encore *Rousseau !*

« Avant que ces mots *affreux* de TIEN et de MIEN fussent inventés ; avant qu'il y eût de cette espèce d'*hommes cruels et brutaux* qu'on appelle *maîtres*, et cette autre espèce d'hommes fripons, menteurs, qu'on appelle *esclaves*; avant qu'il y eût des hommes assez ABOMINABLES pour oser avoir du *superflu* pendant que d'autres hommes *meurent de faim*; avant qu'une dépendance mutuelle les eût tous forcés à devenir fourbes, jaloux et traîtres... je voudrais bien que l'on m'expliquât en quoi pouvaient consister leurs *vices*, leurs *crimes*... »

Du reste, par *République* Rousseau entend tout Gouvernement même monarchique guidé par la *volonté générale*.

Écoutez HELVÉTIUS dans son livre de l'*Homme et de son Éducation* :

« Tous les hommes communément bien organisés naissent avec une intelligence à peu près *égale*; ce sont les lois, l'éducation et les circonstances qui créent de la différence entre eux...

» ... L'*intérêt particulier* bien entendu se confond avec l'*intérêt public*...

» ... Le *vice* et la *vertu* consistent uniquement dans ce qui est contraire ou conforme au *bien public*...

» Chaque citoyen est-il propriétaire dans un État, il s'y fait peu de vol... Le grand nombre, au contraire, est-il sans propriétés, le *vol* devient le *ton général*.

» Quel remède à cette maladie? Le seul que je sache serait de multiplier le nombre des propriétaires et de refaire un *nouveau partage des terres*... Mais ce partage est toujours difficile dans l'exécution.

» Lorsqu'on compte dans la même nation des *riches*, des *indigents*, des *propriétaires*, des *négociants*, etc., il n'est pas possible que les intérêts de ces divers ordres soient toujours les mêmes... Rien de plus contraire à l'intérêt national qu'un trop grand nombre de *prolétaires*, parce qu'ils sont toujours à la discrétion des commerçants ou de l'Aristocratie.

» Pour remédier au mal, il faudrait changer insensiblement les lois et l'administration, et notamment *supprimer la monnaie*, qui facilite l'*inégalité de fortunes*.

» Mais peut-on, sans la monnaie, jouir de certaines commodités de la vie? — *O riches et puissants!* qui faites cette question, ignorez-vous que les pays d'argent et de *luxe* sont ceux où les *Peuples* sont le plus misérables? Uniquement occupés de satisfaire vos *fantaisies*, vous prenez-vous pour la Nation entière? Êtes-vous seuls dans la Nature? Y vivez-vous SANS FRÈRES?... Hommes *sans pudeur, sans humanité et sans vertus*, qui concentrez en vous seuls toutes vos affections, sachez que Sparte était sans luxe, sans monnaie d'argent, et que Sparte était *heureuse!* Sachez que, de tous les Grecs, suivant Xénophon, les Spartiates étaient *les plus heureux!*

» Dans les pays à monnaie, l'argent est souvent la récompense du *vice et du crime*... Les richesses y sont souvent accumulées sur des hommes accusés de bassesse, d'*intrigues*, d'*espionage*, etc. Voilà pourquoi les récompenses pécuniaires, presque toujours accordées au vice, y produisent tant de *vicieux*, et pourquoi l'argent a toujours été regardé comme une source de *corruption*.

» Dans un pays où l'argent n'a pas cours, il est facile d'encourager les *talents* et les *vertus* et d'en bannir les *vices*.

» L'amour des *richesses* ne s'étend point à toutes les classes de citoyens sans inspirer à la partie *gouvernante* le désir du VOL et des EXACTIONS. Dès lors, la construction d'un *port*, un *armement*, l'autorisation pour une *compagnie de commerce*, une *guerre* entreprise, dit-on, pour l'honneur de la Nation, tout

*est prétexte* pour la PILLER. Alors *tous les vices*, enfants de la cupidité, s'intro-
duisent à la fois dans un Empire, *en infectent* successivement tous les membres
et le précipitent enfin à sa *ruine*.

» Pourquoi les Empires ne sont-ils peuplés que d'*infortunés?* — Le MALHEUR
*presque* UNIVERSEL des hommes et des Peuples dépend de l'imperfection de
leurs lois et du *partage* TROP INÉGAL *des richesses*. Il n'est, dans la plupart des
royaumes, que deux classes de citoyens, l'une qui manque du *nécessaire*,
l'autre qui regorge de *superflu :* la première ne peut pourvoir à ses besoins
que par un *travail excessif*, qui est un mal physique pour tous et un supplice
pour quelques-uns; la seconde vit dans l'abondance, mais dans les angoisses
de l'ennui.

» Que faire pour ramener le *bonheur?* Diminuer la richesse des uns, augmenter celle des autres, procurer à chacun *quelque propriété*, mettre le pauvre
dans un état *d'aisance* qui ne lui rende nécessaire qu'un travail de 7 ou 8 heures,
donner à tous l'éducation.

» Mais dans quel Gouvernement de l'Europe établir maintenant (en 1770)
cette *moins inégale* répartition des richesses nationales? On n'en aperçoit pas
sans doute la possibilité *prochaine...* Cependant l'*altération* qui se fait journellement dans la Constitution de tous les Empires prouve qu'au moins cette *possibilité* n'est point une chimère platonicienne! (et que dirait-il donc en 1836?)...
Dans un temps plus ou moins long, il faut, disent les Sages, que *toutes les possibilités se réalisent :* pourquoi désespérer du bonheur futur de l'Humanité?..,
Ce sera le résultat d'une meilleure législation. »

Et il propose d'établir la RÉPUBLIQUE en France, de la diviser en
*trente petites Républiques confédérées*, élisant chacune quatre Députés pour composer un *Conseil supérieur* de cent vingt membres,
et de la fonder sur une *excellente éducation*, basée elle-même sur
la morale et le dévouement au bien public !

» Mais un mauvais Gouvernement, dit-il, NE PEUT PAS VOULOIR une *bonne
éducation* pour le Peuple, ni la *vérité*, ni les *Réformes*.

» Cependant le Prince *doit* la vérité au Peuple, il doit en favoriser la *manifestation parce qu'elle est nécessaire au bonheur futur de l'Humanité...* Gêner
la presse c'est insulter une Nation : lui défendre la lecture de certains livres,
c'est la déclarer *esclave* ou *imbécile*.

» La vérité est toujours *utile* au Public et même aux Princes; elle n'est *Funeste qu'à celui qui la dit*.

» Mais chacun *doit-il* la vérité aux hommes? Si la vérité devient un objet de
scandale, dit *saint Augustin*, que le scandale naisse et *que la vérité soit dite!*
On n'est pas défenseur de la vérité, dit saint Ambroise, si, du moment qu'on la
voit, on ne la dit pas *sans honte et sans crainte*. Je dis comme eux et j'ajoute
que la vérité, quelque temps éclipsée par l'erreur, en *perce* tôt ou tard le
nuage. »

Et quel est cet *Helvétius*, qui veut la République, la liberté de
la presse, la vérité, les Réformes, l'éducation, une moins inégale
distribution des richesses, quelques propriétés pour chacun, l'aisance et le bonheur pour tous! — C'est un noble, un fermier-
général, un homme opulent, dont le premier ouvrage, l'*Esprit*,
est admiré de l'Europe entière, et qui s'attire la disgrâce de la Cour

et la colère des Prêtres prêts à le faire condamner à être brûlé!
C'est un homme qui s'enferme dans la solitude pour écrire son
second ouvrage, et qui ne veut le faire paraître qu'après sa mort,
comme son testament à l'Humanité !

« L'amour des hommes et de la vérité, dit-il, m'a fait composer cet ouvrage... Cette composition paraîtra *hardie* à des hommes *timides*... Il est, dans
chaque Nation, des moments où le mot *prudent* est synonyme de *vil*, et où
l'on ne cite comme *sagement pensé* que l'ouvrage *servilement écrit*.

» *Ma Patrie a reçu enfin le joug du despotisme :* elle ne produira donc plus
d'écrivains célèbres, car le propre du despotisme est d'étouffer la *pensée* et la
*vertu*... La France *avilie* est aujourd'hui le *mépris* de l'Europe : *nulle crise salutaire* ne lui rendra sa liberté : c'est par la *corruption* qu'elle périra ; et c'est
du Nord que viendra le bonheur de l'Humanité.

» Mais si, le premier, j'ai prouvé la POSSIBILITÉ d'une ÉGALE *répartition de
bonheur* entre tous les citoyens, et géométriquement démontré cette importante vérité, JE SUIS HEUREUX, je puis me regarder comme le *bienfaiteur des
hommes*. »

Mais vous savez qu'il se forme alors une ÉCOLE de *philosophie*,
une SECTE de *philosophes* qui, comme les Pythagoriciens autrefois,
s'attachent spécialement à la politique ; qui la réduisent en science,
sous le titre d'*Economie politique* ; qui prennent le titre d'*Economistes* ; qui choisissent le médecin *Quesnay* pour *maître*, et *Mirabeau père* pour *sous-maître* ; qui publient leur doctrine dans l'ouvrage intitulé l'*Ordre naturel et essentiel des Sociétés politiques*, et
qui la soutiennent dans un journal appelé les *Ephémérides du
Citoyen*.

Ils veulent la *Propriété foncière*, la *liberté* en tout ; et comme conséquence,
l'*inégalité de fortune et de pouvoir*. Mais ils veulent aussi la Fraternité des Peuples et des hommes ; — le bonheur commun ; — la sûreté ; — l'éducation du
Peuple ; — la perfection de l'agriculture et de l'industrie ; — les grands capitalistes ; — la production, l'abondance, la richesse, le luxe ; — la liberté du
commerce, de l'industrie et de la concurrence, sans patente et sans entrave
d'aucune espèce, avec cet adage : *Laissez faire, laissez passer ;* — un seul impôt,
l'*impôt foncier ;* — l'amour, la bienfaisance et l'assistance entre les citoyens ;
— le bonheur général comme base du bonheur individuel ; la monarchie héréditaire constitutionnelle et légale, n'agissant que dans l'intérêt public.

Et c'est pour obtenir tous ces heureux résultats qu'ils veulent la *Propriété*
et l'*Inégalité*, les *grandes fortunes* et les *grands capitaux*, comme si ceux-ci
n'entraînaient pas nécessairement des résultats tout contraires, et comme si
les résultats qu'ils demandent n'étaient pas aussi difficiles à obtenir que l'Égalité sociale et la Communauté !

Toute la doctrine des Économistes me paraît donc une monstrueuse *inconséquence*, et vous allez sans doute le penser comme
moi ; car écoutez-les !

Écoutez le marquis de MIRABEAU, *l'ami des hommes !*

« L'homme est *sociable* et *cupide*. Sa sociabilité, qui le porte à la Société, enfante toutes les *vertus*, tandis que sa cupidité, qui le porte à *s'approprier tous les biens*, tend a dissoudre la société et produit tous les *vices*; d'où résulte que le premier et le plus important des soins du Gouvernement doit être de diriger les mœurs vers la *sociabilité* et de les détourner de la CUPIDITÉ... De tous les Peuples, dans tous les temps, nuls n'ont vécu plus frugalement, n'ont été plus attachés à leur façon d'être et ne se sont estimés plus *riches* que ceux qui ont vécu le plus en COMMUN. »

Écoutez TURGOT, dans sa *Fondation et distribution des Richesses !*

« C'est par le travail de ceux qui les premiers ont *labouré* les champs et les ont *enclos* pour s'en assurer la récolte, que toutes les terres ont cessé d'être *communes à tous* et que les *propriétés* foncières se sont établies... Plusieurs causes établirent naturellement de l'*inégalité* entre ces propriétés... Chacun cependant cultivait pour soi, et personne n'aurait voulu cultiver pour un autre... Mais des hommes *violents* ont alors imaginé d'en réduire d'autres en *esclavage* et de les forcer à cultiver pour eux : cet esclavage est une *violation* de tous les droits de l'humanité, une coutume *abominable* quoique universelle, un *horrible brigandage.* »

Et voilà cependant la principale source de la Propriété et de l'Inégalité !

Écoutez le célèbre anglais SMITH, dans ses *Richesses des Nations !*

« Les grands propriétaires furent d'abord très hospitaliers et nourrissaient beaucoup de monde ; mais le commerce et les manufactures leur fournirent les moyens d'accaparer : TOUT *pour soi et* RIEN *pour autrui* semble avoir été partout et toujours la *vile* maxime des MAITRES *du Genre humain.* »

Il reconnaît que les hommes naissent avec une intelligence à peu près égale ; que les petits propriétaires cultivent mieux ; qu'il est de l'intérêt d'un bon Gouvernement de donner de l'*éducation* au Peuple ; et que l'impôt ne doit porter ni sur le *salaire* du travail ni sur les objets de *nécessité.*

Je ne vous cite pas une foule d'autres *Economistes*, qui tous admettent l'Inégalité de fortune en demandant des résultats qu'elle rend impossibles.

Mais écoutez *Mably* qui leur propose SES DOUTES *sur leur ordre naturel et essentiel des sociétés politiques*, et qui leur répond :

« Les *Propriétés* foncières et l'*Inégalité* des conditions sont-elles conformes ou contraires a l'ordre de la nature ? Que je crains que votre ordre *naturel* ne soit *contre* nature ! Dès que je vois la *Propriété foncière* établie, je vois des for-

28

*tunes inégales*; et, de ces fortunes disproportionnées, ne doit-il pas résulter des intérêts différents et opposés, tous les *vices* de la richesse et tous les vices de la pauvreté, l'abrutissement des esprits, la corruption des mœurs, tous ces préjugés et toutes ces passions qui étoufferont nécessairement l'évidence? Ouvrez toutes les histoires, vous verrez que tous les Peuples ont été tourmentés par cette *Inégalité de fortune*. Des citoyens, fiers de leurs richesses, ont dédaigné de regarder comme leurs égaux des hommes condamnés au travail pour vivre : sur-le-champ, vous voyez naître des Gouvernements injustes et tyranniques, des lois partiales et oppressives, et, pour tout dire en un mot, cette foule de *calamités* sous lesquelles les Peuples gémissent.

» ... Voilà le tableau que présente l'histoire de toutes les Nations! et je vous défie de remonter jusqu'à la source de tout ce désordre et de ne pas la trouver dans la *Propriété foncière!*

» Je ne puis abandonner l'*agréable* idée de la *Communauté de biens*, appliquée à Lacédémone pendant 600 ans et au Paraguay : peut-on douter que, dans une société où l'avarice, la vanité et l'ambition seraient inconnues, le dernier des citoyens ne fût *plus heureux* que ne le sont aujourd'hui nos propriétaires *les plus riches?*

» ... ÉTABLISSEZ la *Communauté de biens*, et rien n'est ensuite plus aisé que d'établir l'*Égalité* des fortunes et des conditions, et d'affermir, sur cette double Égalité, le *bonheur* des hommes. »

Écoutez encore ce MABLY, cet *abbé* que ses talents et la faveur d'un parent Cardinal et Ministre destinaient aux honneurs et à la fortune, mais qui leur préféra la pauvreté, la retraite, la vertu, l'étude et la philosophie! Écoutez-le dans ses *Principes de la Législation!*

« Les lois qui excitent à l'acquisition des richesses, au commerce, au luxe, à la cupidité, à l'ambition, détruisent la *bienveillance mutuelle* qui produit le bonheur et la paix de la Société... Le *superflu* des uns enfante la *misère* des autres... Et les lois qui tolèrent quelques immenses fortunes sont la cause de *tous les maux* dont l'histoire offre le tableau.

» C'est à L'ÉGALITÉ que la Nature attache le bonheur et la conservation de toutes les qualités sociales, et c'est elle que le législateur doit maintenir dans les *fortunes* et les *conditions* des citoyens. L'inégalité de fortune produit l'avarice ou la cupidité, la bassesse et la dureté; l'inégalité de condition produit l'orgueil et la vanité, l'ambition et l'usurpation; et cette double inégalité produit le despotisme, la tyrannie, les dissensions, la guerre civile et les révolutions.

» Qui peut nier que, en sortant des mains de la Nature, nous ne nous soyons trouvés dans la plus *parfaite Égalité?* N'a-t-elle pas donné à tous les hommes les mêmes organes, les mêmes besoins, la même raison? Les biens qu'elle avait répandus sur la terre ne leur appartenaient-ils pas *en commun?* Avait-elle fait des *riches* et des *pauvres?* »

Écoutez, écoutez encore!

« L'histoire de Sparte prouve que nous ne pouvons trouver le *bonheur* que dans la COMMUNAUTÉ DES BIENS, et qu'il faut considérer la *propriété* comme la première cause de l'inégalité des fortunes et des conditions et par conséquent de *tous nos maux*...

» Quand les hommes sentirent la nécessité de cultiver la terre, leur première idée ne fut pas de faire un partage et d'établir un *droit de propriété*; il est plus probable qu'ils *travaillèrent en commun* et récoltèrent *en commun*, comme ils voyageaient, chassaient et combattaient *en commun*. La Nature avait tout préparé pour nous conduire à la *Communauté de biens* et nous empêcher de tomber dans l'abîme où l'établissement de la Propriété nous a jetés.

» Quand même, dans la *Communauté de biens*, les récoltes auraient été moins abondantes et la population moins nombreuse, ne vaudrait-il pas mieux pour le Genre humain avoir plus de *vertus* et moins de *fruits*, et ne compter sur toute la Terre *qu'un million d'hommes heureux* plutôt que d'innombrables troupeaux d'esclaves qui végètent dans l'abrutissement et la misère?... Mais, avec la Communauté, la Terre serait aussi *cultivée* et *peuplée* qu'elle peut l'être, parce que c'est le *bonheur* qui fait la *population*.

» La *Propriété* nous partage en deux classes, en *riches* et en *pauvres*; en riches qui préfèrent leur fortune à la défense de l'État, en pauvres qui ne peuvent aimer une Patrie qui ne leur donne que la misère. Dans la *Communauté*, au contraire, chacun aime et défend la Patrie, parce que chacun reçoit d'elle la vie et le bonheur.

» Mais l'Égalité de fortune et de condition n'est-elle pas une *chimère impossible à réaliser?* — La *vanité* des Aristocrates et l'*avarice* des riches sont des obstacles insurmontables (mais il ne trouve pas d'obstacle dans la nature des choses).

» Il serait plus facile d'établir la Communauté parmi les *sauvages*.

» Quoiqu'on ne puisse pas espérer la conversion générale de l'Europe, les bizarreries de la fortune rendent *tout possible*. Peut-être verra-t-on établir dans quelque *canton* cette Communauté qu'on n'ose plus espérer... Si G. *Penn* était allé en Amérique 20 ans plus tôt, quand le zèle des Quakers était encore dans toute sa ferveur, il en aurait entraîné un bien plus grand nombre et aurait établi la *Communauté* dans la vaste Pensylvanie. Ce qui pouvait arriver *peut arriver* encore.

» À la naissance des choses, toute loi était *vicieuse*, qui, se relâchant sur la Communauté de biens, tendait de la manière la plus indirecte à favoriser l'établissement de la Propriété : mais aujourd'hui, au contraire, toute loi sera *sage* qui tendra à ôter à nos passions tout moyen de blesser la Propriété. En un mot, les lois doivent déraciner l'*ambition* des Aristocrates et l'*avarice* des riches.

» Pour y parvenir, il faut amortir sans cesse l'amour pour l'argent; réprimer le luxe et les arts inutiles; faire des lois *somptuaires*; faire aussi des lois *agraires* qui restreignent les successions, les dots, les testaments, les substitutions, qui empêchent l'agglomération et favorisent le parcellement; en un mot il faut établir la *République* sans aucun pouvoir héréditaire, ni même à vie, avec l'éligibilité et l'électorat pour tous les *citoyens*, qui sont esclaves quand ils ne sont pas électeurs; avec une *Éducation* publique, générale et commune, et l'enseignement du droit *naturel* ou de l'*Égalité*.»

Et ce n'est pas la célébrité que recherche le vertueux abbé en publiant ces pensées; car c'est à l'étranger qu'il les fait imprimer et publier, pour qu'elles soient utiles à l'Humanité.

Et sa réputation de sagesse, fondée sur une foule d'écrits, est telle, que la Pologne, Berne, Genève, la Corse et l'Amérique lui demandent ses avis pour réformer leurs Constitutions !

Revenons à TURGOT, Baron, Ministre de Louis XVI pendant la

première année de son règne, qui veut réformer les abus, qui fait une foule de réformes, qui veut faire établir une nouvelle *langue,* et qui, pour assurer la liberté de la presse, travaille lui-même à l'invention d'une *presse à domicile.*

Sincèrement et passionnément ami du Peuple, il s'occupe sans cesse d'améliorer son sort et d'assurer son bonheur : en 20 mois, il supprime les priviléges et les monopoles en indemnisant les possesseurs ; il supprime 23 impôts qui pesaient sur le Peuple, notamment la *corvée,* et projette d'en supprimer beaucoup d'autres, notamment la *gabelle;* il assure l'abondance et le bon marché des aliments du pauvre ; il prépare un nouveau travail pour toutes les routes ; il crée l'*Ecole de médecine* et achète beaucoup de remèdes utiles pour les publier ; il fonde beaucoup d'établissements et de manufactures ; il appelle les savants et en envoie beaucoup en pays étranger.

Il veut détruire *l'extrême inégalité des fortunes;* empêcher les fortunes immenses, les gains excessifs, la corruption des mœurs; répandre partout l'*aisance* avec le travail, et fonder la *félicité* publique et individuelle sur l'*éducation.*

« Et ne dites pas que je fais un *Roman,* dit *Dupont de Nemours* (en racontant, dans son Mémoire sur Turgot, le bonheur qui devait résulter de ses projets); car c'est le résultat auquel il serait *arrivé,* et dont la réalisation me faisait pleurer de joie et d'espérance.»

« Dans son opinion, dit *Condorcet* (en racontant la vie de Turgot) la Nature ne permet à l'homme de s'approprier que ce qui lui est *nécessaire sans être nécessaire à un autre :* mais pourtant les lois, faites au gré *du plus fort,* ont consacré le DESPOTISME *des riches sur les pauvres;* partout elles ont créé l'INÉGALITÉ *des fortunes,* qui plonge une petite partie des citoyens dans la *corruption,* et condamne le reste à l'avilissement et à la *misère...* Supposons ces lois remplacées par celles que la *Nature* et la *Raison* nous indiquent : les fortunes seraient divisées avec *plus d'égalité;* les plus pauvres ne gémiraient plus dans la dépendance des *riches commerçants* et des *fabricants privilégiés;* on ne verrait plus *ces fortunes de finances et de banque,* source de luxe et de corruption; les propriétés seraient tellement divisées que tous ou presque *tous les citoyens* seraient propriétaires et électeurs : c'est-à-dire il y aurait une Constitution *républicaine, la meilleure* et la plus rationnelle de toutes les Constitutions; tandis que, sans droit électoral pour tous, il n'y a qu'une *Aristocratie* plus ou moins *vicieuse.*

» Du reste, ajoute Condorcet, Turgot accusait les mauvaises *institutions* plus que les *hommes,* et il regardait une *perfectibilité indéfinie* comme une des qualités distinctives de l'espèce humaine, même pour les facultés *intellectuelles et morales.*»

Mais la principale des Réformes méditées par Turgot, celle qui devait enfanter toutes les autres, c'est la réorganisation de toute la France en *Municipalités,* Cantons et Provinces, et en *Représentations* municipales, cantonnales, provinciales et nationale.

Dans un Mémoire au Roi, il lui propose de reconnaître les *droits des hommes*, de *Réformer* les lois, de faire une *Constitution*, et d'introduire ensuite toutes les *améliorations* de concert avec les Représentants de la Nation, des Provinces, des Cantons et des Municipalités.

« La première et la plus importante de toutes les institutions, dit-il, la plus propre à immortaliser votre règne, c'est l'*Éducation*, l'instruction MORALE ET SOCIALE donnée A TOUS, avec des livres adoptés au *concours* et une école dans *chaque paroisse*... Si V. M. agrée ce plan, j'ose lui répondre que dans DIX ANS la Nation ne sera PAS RECONNAISSABLE, et que, par les lumières, les mœurs et le patriotisme, elle sera infiniment *au-dessus de tous les Peuples* passés et présents.

» Il faut des *villages* à peu près *égaux* en territoire, ayant chacun une *assemblée*; mais pour éviter le trop grand nombre et la corruption, *les propriétaires* fonciers feront seuls partie de cette assemblée, dans laquelle chacun aura un nombre de voix *proportionné* a sa fortune.

» Il faudra ensuite remplacer *tous les impôts* et les octrois par un impôt *unique*, l'impôt foncier proportionnel sur toutes les terres, même sur celles de la noblesse et du clergé, jusqu'à ce qu'on puisse supprimer aussi cet impôt.

» Au bout de quelques années, V. M. aurait un Peuple *neuf* et le premier *des Peuples*. Votre royaume aurait *décuplé* ses forces; il s'embellirait chaque jour comme un fertile *jardin*; l'Europe vous regarderait avec admiration et respect; et votre Peuple, ce Peuple si *aimant*, aurait pour vous une *adoration* sentie.»

» J'approuve les idées de Turgot sur l'éducation (dit un de ses amis dans une lettre au comte de M...), mais je voudrais que tous les propriétaires fussent également électeurs : le bon Gouvernement sera celui où les institutions *rapprocheront les hommes le plus possible de l'ÉGALITÉ*, qui a été le premier *vœu* de la Nature... Il doit suffire, pour être citoyen, d'avoir un *intérêt suffisant*.»

Mais le ministre Turgot ne peut pas agir ou plutôt parler comme un Philosophe purement spéculateur; entouré d'obstacles, d'opposants et d'ennemis, comme Solon, il propose non le mieux absolu, mais le mieux relatif aux circonstances, le mieux possible alors.

. Et cependant, tandis que le Roi déclare que lui seul et son Ministre sont, dans sa Cour, les Amis du Peuple; tandis que le Peuple le comble de ses bénédictions, tandis que les Philosophes le couvrent de leur admiration; tandis que Voltaire veut, avant de mourir, *baiser* la main qui a signé tant d'améliorations populaires, l'Aristocratie conspire, organise même une vaste famine et des émeutes pour le perdre, et fait tant par ses *calomnies* et ses intrigues qu'elle parvient à déchaîner les salons de Paris contre le Réformateur et à perdre Louis XVI lui-même en le forçant à renvoyer le vertueux Ministre qui le sauverait.

Vous parlerai-je du *Dictionnaire des Sciences morales et politiques* ou *Bibliothèque de l'homme d'Etat et du citoyen*, qui s'exprime ainsi sur la Communauté de biens :

« L'Utopie et les autres modèles de Gouvernement fondés sur la base du *bien public* ne sont peut-être *impraticables* que par le *dérèglement* des passions humaines qui, dans nos *vicieux* Gouvernements, tendent toujours à élever l'intérêt d'un amour-propre mal entendu au-dessus de l'intérêt de la Communauté : mais tout impossibles qu'on les suppose, ils ne doivent paraître ridicules qu'à des hommes *vicieux* que le sentiment de leur propre *corruption* empêche de *croire à la vertu!* »

Vous parlerai-je aussi de l'ENCYCLOPÉDIE, vaste résumé de la philosophie ancienne et moderne, où l'on trouve :

« L'ancienne Coutume d'Auvergne autorise les *Communautés de famille*... Les *Pingons*, auprès de la ville de Thiers, sont connus pour subsister ainsi depuis plus de six siècles, en vertu d'un pacte ordonné par le *sage père de* quatre frères, qui leur prescrivit de *mettre leurs biens et leur travail en com-MUN*... Ils vivent nombreux, innocents et sages, dans le hameau qu'ils ont formé... *Plusieurs associations* de ce genre, et plus prospères, se trouvent dans le même pays.»

Mais voici l'abbé RAYNAL! Écoutez-le dans son *Histoire philosophique du Commerce dans les deux Indes!*

Il reconnaît l'*Egalité de droit;* mais il nie l'*Egalité de fait* et la considère comme une *chimère.*

« On a toujours pensé qu'un Peuple ne s'élevait à quelque force et à quelque grandeur que par le moyen des *propriétés fixes* et même *héréditaires*. Sans propriétés fixes, on ne verrait sur le globe que *quelques sauvages errants et* *nus*, vivant misérablement de *fruits* et de *racines*. Sans propriétés héréditaires, nul mortel ne vivrait que pour lui-même; le genre humain serait privé de tout ce que la *tendresse paternelle*, l'amour de son nom et le charme inexprimable de faire le bonheur de sa postérité font entreprendre de durable.»

Je ne vous fais pas remarquer combien ces raisons sont légères et presque indignes d'un Philosophe sérieux!

Mais voyez l'inconséquence!

« Dans les premiers âges du monde, avant qu'il se fût formé des sociétés civiles, *tous les hommes en général* avaient droit sur *toutes les choses de la Nature;* chacun pouvait prendre ce qu'il voulait pour s'en *servir* et même pour CONSOMMER ce qui était de nature à l'être. L'*usage* que l'on faisait ainsi du BIEN COMMUN tenait lieu de *propriété;* et dès que quelqu'un avait pris une chose de cette manière, personne ne pouvait plus la lui ôter sans *injustice*. »

Je ne vous parle ni de CONDILLAC, ni de BERNARDIN DE SAINT-PIERRE, ni des nobles italiens, BECCARIA et FILANGIERI, ni du colo-

nel suisse de Weiss, ni de l'Américain *Th.* Payne, ni de beaucoup
d'autres partisans ardents de l'Égalité.

Mais après beaucoup de Philosophes théoriciens, voir des Philosophes pratiques : voyons-les à l'œuvre !

Voici Franklin, inventeur du paratonnerre et l'un des fondateurs de la République Américaine ; simple ouvrier dont le génie
sait ravir la foudre au Ciel et le sceptre aux tyrans, Philosophe qui,
comme Bacon, forme le projet d'une *Association universelle* de
Philosophes et de Savants, pour le perfectionnement moral de
l'Humanité ; politique célèbre, envoyé comme Ambassadeur chez
les sauvages, en Angleterre et en France ; vénéré partout ; presque
partout reçu en triomphe ; dont la Patrie portera le deuil, tandis
que la Représentation nationale de France rendra bientôt à sa
mémoire un solennel hommage.

Voici Washington, le Dictateur et l'Icar américain !

Voici Jefferson et *John* Adams, que l'Amérique choisira successivement pour ses Présidents.

Voici l'élite des 13 États réunis dans un Congrès pour réorgani-
ser leur Patrie.

Écoutez ! Les premiers écrivent et le Congrès proclame, en tête
de la Constitution, en face de l'Univers :

*Dieu a créé tous les hommes* ÉGAUX EN DROITS !

Voilà déjà, j'espère, de nombreuses et d'imposantes autorités en
faveur de l'*Égalité* et même de la *Communauté* ! — Et demain
vous en verrez bien d'autres !

Et quand l'Assemblée se dispersa, on entendait de tous côtés :
*Je ne savais pas ! Je ne m'en doutais pas !*

---

## CHAPITRE XIII.

### (Suite du précédent.)

Vous allez voir d'autres Philosophes à l'œuvre !

Écoutez Sieyès, dans sa fameuse brochure *Qu'est-ce que le Tiers-
État ?* publiée au commencement de la Révolution française.

« Le Tiers-État ou le Peuple est *tout* : si l'on ôtait la Noblesse et le Clergé, la Nation ne serait pas quelque chose de *moins*, mais quelque chose de *plus*.

» Jusqu'à présent le Peuple a été *esclave* de l'Aristocratie, tandis que les *droits de citoyen* appartiennent à TOUS.

» Le Peuple demande aujourd'hui les *droits politiques* : cette *propriété légale* est la MÊME POUR TOUS, sans égard au plus ou moins de *propriété réelle* dont chacun peut composer sa *fortune*... Puisque la *loi* doit être l'*expression* de la *volonté* GÉNÉRALE, deux cent mille Aristocrates ne peuvent pas dicter la loi à vingt-cinq millions de Français.... Les lois qui sont faites par la *minorité* des citoyens sont radicalement *nulles*.

» Les privilèges de l'Aristocratie sont une *usurpation*, une conquête de la *force*, une *iniquité*, une *absurdité*. La Raison demande la *restitution* des droits usurpés ; il faut que l'ORDRE social remplace le *désordre*.

» L'Aristocratie offre de payer l impôt comme le Peuple, et dit qu'alors tout sera égal : TOUT SERA ÉGAL ! mais en payant l impôt, l'Aristocratie aura encore *tout*, notamment la confection des lois, toujours faites pour elle *contre* le *Peuple !* on veut que le *Peuple soit content* par cela seul que l'Aristocratie ne sera plus exempte d'impôts ! On veut que les GÉNÉRATIONS NOUVELLES ferment les yeux aux lumieres contemporaines !

» L'Aristocratie dit que le *travail déroge*, que les professions sont *viles*, comme si ce n'était pas le *vice* seul qui doit être vil, et comme si les *riches visifs* n'étaient pas plus *vicieux* et plus *vils* que le Peuple.

» C'est une *Constitution* entière qu'il faut enfin au Peuple.

» La haute Noblesse veut *deux chambres* comme en Angleterre, une chambre *haute* pour elle, et une chambre *basse* pour la petite Noblesse et pour le Peuple ; mais la petite Noblesse refuse parce qu'elle veut l'*Égalité pour elle*, et le Peuple refuse aussi parce qu'il veut l'*Égalité pour lui*. La Constitution anglaise, qui pouvait être bonne pour l'Angleterre en 1688, n'est plus bonne pour la France en 1789, l'art social a fait d immenses progrès ou plutôt vient de naitre.

» La Nation française n'ayant pas de Constitution ou voulant changer celle qu'on prétend exister, il fallait convoquer *tous les citoyens* pour élire des Représentants avec le pouvoir *spécial* de faire une *constitution*.

» Que voudraient-ils, ces privilégiés si ardents à défendre leur *superflu*, si prompts à empêcher le Peuple d'obtenir le *nécessaire* ? Entendraient-ils que la *Régénération* qu'on espère ne serait que *pour eux* ? Voudraient-ils ne se SERVIR DU PEUPLE, toujours *malheureux*, que comme d'un INSTRUMENT aveugle, pour étendre et consacrer leur ARISTOCRATIE ?

» Que diront les générations futures en apprenant la *fureur*, les *ligues secrètes*, les *feintes alarmes*, les *perfides manœuvres* des privilégiés contre les *défenseurs du Peuple ?*... Comment la Maison régnante a-t-elle pu laisser de misérables écrivains vomir les CALOMNIES, aussi atroces que ridicules, qui remplissent l'incroyable mémoire publié sous son nom ! Quelle *violence* et quelle profonde *iniquité* !

» On ne veut point de réformes : le Peuple doit s'apercevoir qu'il ne peut rien espérer que de ses *lumières* et de son *courage*. La RAISON et la JUSTICE sont pour lui... Mais il n'est plus temps de travailler à la *conciliation* des partis : quel accord peut-on espérer entre l'*énergie des opprimés* et la RAGE DES OPPRESSEURS ?

» On fermerait en vain les yeux sur la révolution qui s'est opérée : autrefois le Peuple était *serf* et la Noblesse était *tout* ; aujourd'hui le Peuple est *tout* et la Noblesse est un *mot* ; mais sous ce mot s'est glissé une NOUVELLE ET INTOLÉRABLE ARISTOCRATIE, et le Peuple a raison de ne point vouloir d'*Aristocratie*.

» Les privilégiés, se montrant ennemis du Peuple, devraient ÊTRE EXCLUS *des droits d'électeurs et d'éligibles*... Je sais qu'un pareil principe va paraître *extravagant* à la plupart des lecteurs, parce que la vérité doit paraître aussi extravagante au préjugé que celui-ci peut l'être aux yeux de la vérité... Il peut être *impraticable* aujourd'hui ; mais mon rôle à moi, écrivain, c'est de présenter la vérité... Si tout le monde *pensait vrai*, les plus grands changements n'auraient *rien de difficile* dès qu'ils seraient *utiles*... Que puis-je faire de mieux que d'aider de toutes mes forces à *répandre cette vérité* qui prépare les voies? On commence par la mal concevoir ; peu à peu les esprits s'y accoutument; l'opinion publique se forme ; et enfin on aperçoit, à l'exécution, des principes qu'on avait d'abord taxés de *folles chimères*. Dans presque tous les genres de préjugés, si des écrivains n'avaient consenti à passer pour FOUS, le monde en serait aujourd'hui moins SAGE.

« L'administrateur est obligé d'aller lentement; mais le Philosophe doit aller droit au but... La *franchise* est presque toujours de l'*habileté*, et les *réticences* ou les *finesses* qu'on prend pour de la prudence sont ordinairement de *vraies folies*... On croit un peu trop que la vérité peut se diviser en parties et entrer plus facilement dans les esprits quand elle s'y présente en détail; mais le plus souvent, il faut de *bonnes secousses :* la vérité n'a pas trop de toute sa lumière pour produire de ces *impressions fortes* d'où naît un INTÉRÊT PASSIONNÉ pour ce qu'on a reconnu *vrai, beau et utile.* »

Écoutez encore Sieyès dans son projet de *Reconnaissance des droits de l'homme et du citoyen*, présenté à l'Assemblée constituante le 20 juillet 1789.

« La nature inspire continuellement à l'homme le désir du *bien-être :* ce bien-être est son *but.*

» Deux hommes étant *également hommes*, ils ont, à un *égal degré, tous les droits* qui découlent de la nature humaine.

» Deux hommes peuvent être *inégaux en* MOYENS; mais il ne s'en suit pas qu'il puisse y avoir *inégalité de* DROITS.

» La force produit *effet* sans produire *obligation.* L'oppression ne peut jamais devenir un *droit* pour l'oppresseur, ni un *devoir* pour l'opprimé... L'affranchissement est toujours un *droit* et même un *devoir* pressant.

» L'ASSOCIATION est un des moyens inspirés par la Nature pour atteindre le *bonheur :* c'est le *complément* de l'ordre naturel.

» L'objet de l'Association est le bonheur de tous les associés : c'est non de dégrader et d'avilir, mais d'ennoblir et de perfectionner, c'est non d'affaiblir et de réduire les moyens de chacun, mais de les agrandir et de les multiplier... L'état social n'établit donc pas une *injuste inégalité de droits* à côté de l'inégalité naturelle des moyens; au contraire, il protège l'*Égalité des droits* contre l'influence naturelle mais nuisible de l'inégalité des moyens... La loi sociale n'est point faite pour *affaiblir le faible* et fortifier le fort, mais au contraire pour protéger le faible contre le fort, et pour lui *garantir la plénitude de ses droits.*

» Dans l'état de nature, l'homme n'a pas le droit de nuire à un autre, et par conséquent d'avoir du *superflu* quand un autre n'a pas le *nécessaire.*

» Je défriche et cultive un champ : il était à *moi* comme à *tout le monde;* il est maintenant à moi *plus* qu'aux autres, parce que j'ai le droit de *premier occupant* (et ces circonstances suffisent pour qu'elle soit ma *Propriété* exclusive, pourvu qu'il en reste assez pour les autres ). L'Association qui survient ajoute, par la force d'une *convention générale* entre les associés, une *consécration légale...* Et l'on a *besoin* de supposer cette convention et cette consécration pour pouvoir donner au mot PROPRIÉTÉ toute l'étendue du sens que nous sommes habitués à lui donner dans nos Sociétés policées.

» L'art de faire sortir tous les biens possibles de l'état de Société est le *premier* et le plus important des arts... Une Association ainsi combinée pour *le plus grand bien de tous* sera le **CHEF-D'OEUVRE** *de l'intelligence et de la vertu.*

» L'*Égalité des droits politiques* est un principe fondamental et sacré. L'inégalité politique serait un *privilège* d'où sortiraient bientôt tous les privilèges. La *loi* ne peut être que l'expression de la *volonté générale*. »

Écoutez-le, dans son *plan d'éducation* présenté à la Convention nationale, demander qu'elle soit générale, gratuite, et basée sur le principe de la *République* et de l'*Égalité*.

Et quel est ce *Sieyès?* — Un abbé, un savant, qui a long-temps étudié et médité dans la retraite; un philosophe dont l'opinion exerce une immense influence sur la France entière au commencement de 1789; que Paris élit spontanément pour l'un de ses Députés aux États-Généraux, à cause de sa fameuse brochure; que Mirabeau apprécie tellement le génie qu'il appelle son silence d'un jour une véritable calamité publique; que trois départements élisent à la Convention, dans laquelle il siège à côté de Condorcet et des Girondins; et qui gouverne la France républicaine, d'abord comme l'un de ses cinq *Directeurs*, puis comme l'un de ses trois *Consuls*.

Entendez CONDORCET soutenir, dans sa Réponse à l'Académie de Berlin, qu'il ne peut jamais être utile aux hommes d'être trompés.

« Je n'ignore pas que, dans l'état actuel de l'Europe, le Peuple n'est pas capable d'avoir une *véritable morale;* mais la stupidité du Peuple est l'*ouvrage des institutions sociales et des superstitions.* Les hommes ne naissent ni stupides ni fous : ils le deviennent. En parlant *raison* au Peuple, en ne lui apprenant que des choses *vraies*, on pourrait l'instruire du peu qu'il lui est nécessaire de savoir. L'idée même du respect qu'il doit avoir pour la *propriété du riche* n'est difficile à lui insinuer que 1° parce qu'il regarde les richesses comme une espèce d'USURPATION et de VOL fait sur lui, et malheureusement cette opinion est *vraie* en grande partie; 2° parce que son *excessive pauvreté* le porte toujours à se considérer dans le cas de la *nécessité absolue*, cas où des moralistes très sévères ont été de son avis; 3° parce qu'il se croit aussi *méprisé* et maltraité comme *pauvre* qu'il le serait après s'être avili par des *friponneries*. C'est donc uniquement parce que les institutions sont mauvaises, que le Peuple est si souvent *un peu voleur* par principe. »

Entendez le même CONDORCET, dans son *tableau des progrès des connaissances humaines.*

« Nos espérances sur l'état à venir de l'Espèce humaine peuvent se réunir à ces trois points : la *destruction de* l'INÉGALITÉ entre les Nations; les *progrès de* l'ÉGALITÉ dans un même Peuple; le *perfectionnement* réel de l'homme.

» L'*Inégalité* actuelle, qui est presque entièrement l'effet de l'imperfection des institutions sociales, doit s'affaiblir continuellement pour faire place à l'*Égalité de fait*, **DERNIER BUT** de l'**ART SOCIAL.**

« L'Inégalité de *richesses*, l'Inégalité d'*état* et l'Inégalité d'*instruction* sont les principales causes de tous les maux.

« On peut détruire ces Inégalités par beaucoup de moyens, notamment par les *caisses d'épargne* et les *tontines* appliquées à la *masse du Peuple*; par des *banques* avançant aux pauvres les capitaux nécessaires; par l'*instruction industrielle* et l'*éducation*; par le perfectionnement des *arts utiles*; par le perfectionnement des *lois*; par le rétablissement de l'Égalité entre la femme et l'homme, par la création d'une *langue universelle*. »

Écoutez-le, dans *son plan d'éducation* proposé à l'*Assemblée législative*, reconnaître que :

« C'est l'*Inégalité de fortune* qui a PERDU la *Grèce* et *Rome*; les historiens anciens étaient tous *aristocrates*; et il n'est pas étonnant qu'ils aient représenté comme *séditieuses* et inspirées par l'esprit de *faction* et de *brigandage* les tentatives faites pour rétablir l'*Égalité*. »

Entendez-le reconnaître que, s'il y a *quelque inégalité naturelle* entre les hommes, cette inégalité naturelle peut disparaître par l'effet de l'*Education*.

Écoutez-le proclamer que :

« L'Éducation doit être *gratuite, égale, générale, physique, intellectuelle, industrielle, morale, politique*, et dirigée vers l'ÉGALITÉ RÉELLE entre tous les citoyens. »

Écoutez-le, dans son journal l'*Instruction sociale* (avec Sieyès et Duhamel), reconnaître que l'*Egalité des droits* ne peut être réelle qu'avec l'Égalité ou la presque *Egalité de fortune*; que le *nécessaire* ne doit pas être imposé, mais seulement le *superflu*; que l'*impôt* PROGRESSIF, augmentant avec le superflu, est juste et utile.

Il ne demande ni la *Communauté de biens*, ni l'*Egalité absolue* de richesse; il admet la *propriété* et *quelque inégalité* dans les fortunes et par conséquent dans l'instruction et les lumières; il tolère même *de grands capitalistes* : mais il veut qu'il n'y ait *aucune misère* et que tout tende à l'ÉGALITÉ RÉELLE.

Il croit que tous les savants de chaque Nation peuvent former *une association*, et que toutes ces associations nationales scientifiques peuvent former une *association universelle* ou une RÉPUBLIQUE UNIVERSELLE des Sciences pour travailler à la Réforme et au perfectionnement de l'Humanité.

Il croit enfin, avec Turgot, Price, Priestley, à la *perfectibilité* INDÉFINIE de l'homme sous tous les rapports, dans son intelligence et son moral comme dans son physique, même dans la durée de sa vie. Il trouve un progrès immense opéré déjà (en 1793; que dirait-il en 1836!); il n'aperçoit *aucun terme* aux découvertes et aux perfectionnements dans les sciences, dans les arts, dans les machines, dans l'industrie, dans l'homme, dans l'organisation sociale et politique; et le BUT qu'il assigne à tout est toujours l'ÉGALITÉ RÉELLE.

Et quel est ce CONDORCET? Un marquis; un savant, secrétaire perpétuel de l'Académie des sciences; un Philosophe qui, proscrit avec les Girondins et fugitif, consacre le peu d'instants qui lui restent à rédiger les vérités qu'il croit utiles à l'Humanité?

Écoutez le fameux MIRABEAU sur cette question législative: Le propriétaire pourra-t-il disposer par testament?

« Si le droit dont jouissent les citoyens de disposer de leurs propriétés pour le temps où ils ne seront plus pouvait être considéré comme un droit naturel ou primitif, il n'est aucune loi positive qui pût les en dépouiller légitimement : car la Société n'est pas établie pour anéantir nos droits naturels, mais pour en régler l'usage et pour en assurer l'exercice... Il faut donc voir si la *Propriété* existe par les lois de la *Nature*, ou si c'est un bienfait de la Société.

» Si nous considérons l'homme dans son état ordinaire et sans société réglée avec ses semblables, il paraît qu'il ne peut avoir de droit exclusif sur aucun *objet de la Nature*; car ce qui *appartient également à tous*, n'appartient réellement à personne.

» Il n'est aucune partie du sol, aucune production spontanée de la terre qu'un homme ait pu *s'approprier* à l'exclusion d'un autre homme : ce n'est que sur son propre individu, sur le travail de ses mains, sur la cabane qu'il a construite, sur l'animal qu'il a abattu, sur le terrain qu'il a cultivé ou plutôt sur la culture même et son *produit*, que l'homme de la Nature peut avoir un vrai privilége. Dès le moment qu'il a recueilli le fruit de son travail, le fonds sur lequel il a déployé son industrie redevient COMMUN À TOUS les hommes.

» C'est le *partage* des terres fait et *consenti* par les hommes rapprochés entre eux qui peut être regardé comme l'origine de la *propriété*, et ce partage suppose une Société naissante, une convention primitive, une loi réelle.

» La Propriété est donc de droit social ou civil, et par conséquent la loi peut défendre ou permettre d'en disposer par testament; elle pourrait même s'emparer des successions au profit de la Société tout entière.

» Mais il faut laisser les successions aux parents; et quant aux enfants et aux testaments pour conserver l'*égalité* que la Constitution proclame entre les citoyens et qui doit exister surtout entre frères, je pense qu'il ne faut permettre au père de disposer par testament que d'un dixième au profit d'un *étranger*, et que les enfants doivent partager le reste dans une parfaite *égalité*. »

Écoutez MALOUET, qui passe pour un Aristocrate, et qui, dans une des premières séances de l'Assemblée constituante, s'écrie:

« C'est votre *résistance* inconsidérée, ô partisans de l'ancien régime, ce sont vos prétentions irritantes qui peuvent tout perdre... Vous ne voulez pas l'*égalité des suffrages*; vous, cinquantieme partie de la Nation, vous ne voulez point de partage avec ce Peuple immense dont la richesse et les lumières, la misère et l'ignorance, sont également redoutables quand vous l'aurez indis- pose? Hé bien, que ferez-vous si des millions de voix s'élèvent contre la votre?... N'oubliez pas qu'après Dieu le plus puissant Seigneur, c'est un Peuple éclairé. »

Écoutez l'*Assemblée constituante* commencer la Constitution par cette Déclaration solennelle des *droits* :

« Les hommes *naissent* et demeurent *libres* et ÉGAUX EN DROITS. — Les droits naturels sont *inaliénables* et *imprescriptibles*.—Ces droits sont la *Liberté*, la *Propriété*, la *sûreté* et la *résistance* à l'oppression. — Le but de toute asso- ciation politique est la *conservation* de ces droits.

(Ce qui suppose que, à l'époque de l'association, tous les associés ont des *Propriétés à conserver*, et des Propriétés *suffisantes* ; car la Propriété ne peut être un *droit naturel* que quand elle n'est pas établie par la force et l'usurpation, et lorsque personne n'a de *superflu* au préjudice d'autres qui n'auraient pas le *nécessaire :* toute autre Propriété est un *fait* ou un *droit social* contraire à la Nature, mais non un *droit naturel*.)

» La *Liberté* consiste à pouvoir faire tout ce qui *ne nuit pas à autrui :* l'exer- cice des *droits naturels* de chaque homme n'a de limites que celles qui assu- rent aux *autres* membres de la Société la jouissance de ces *mêmes droits*.

(Et par conséquent personne n'a la liberté naturelle de prendre et de conserver du *superflu* quand les autres n'ont pas le *nécessaire*.)

» La *loi* est l'expression de la *volonté générale :* TOUS *les citoyens* ont droit de *concourir*, personnellement ou par leurs Représentants, à sa *formation*. » La *Propriété* est un droit *inviolable* et *sacré*. » Il sera organisé un établissement public de *secours publics* pour élever les enfants abandonnés, soulager les *pauvres infirmes* et fournir du travail aux *pauvres valides* qui n'auraient pas pu s'en procurer. »

Voyez les nombreux Philosophes du PARTI GIRONDIN repousser la *loi agraire* et l'*Egalité absolue* des fortunes, mais admettre la *République*, l'*Egalité politique*, le *suffrage universel*, des *limites* aux acquisitions foncières, la suppression des successions *collatérales*, l'impôt *progressif*, l'exemption d'impôt pour le *nécessaire*, la des- truction de la *misère*, la nécessité de l'*éducation* et de l'*aisance* pour tous, et la *tendance continuelle à l'Egalité réelle*.

Écoutez l'un des *chefs Girondins*, le Philosophe CONDORCET, le 6 juillet 1792, à la tribune de l'Assemblée législative :

« Décrétez que les *biens* des trois Princes français émigrés (Louis XVIII, Charles X, le Prince de Condé) soient sur-le-champ mis en vente pour *dédom-*

29

*mager* les citoyens *dépouillés* au nom des Rois que ces Princes ont excités à
ravager leur Patrie. — Vous pouvez trouver dans cette mesure un moyen de
punir ces orgueilleux coupables en les forçant de contribuer eux-mêmes au
*perfectionnement* de cette ÉGALITÉ contre laquelle ils ont conspiré. Que ces
biens, quelle que soit leur nature, soient vendus par *petites portions!* Ils montent à près de 100 *millions*; et vous remplacerez *trois Princes* par *cent mille
citoyens rendus propriétaires;* leurs palais deviendront la retraite du pauvre
ou l'asile de l'industrie; des chaumières habitées par de paisibles vertus s'élè-
veront dans ces *jardins* consacrés à la mollesse ou à l'orgueil. — Vos prédé-
cesseurs de la Constituante ont établi les fondements de la *liberté politique;*
faites jouir les citoyens de la *liberté civile!* abolissez les *substitutions;* détruisez
les *testaments;* établissez l'ordre de succession le plus favorable à la *division
des propriétés;* donnez aux *mariages* la plus grande liberté; accordez aux
enfants qu'on appelle *illégitimes* les droits auxquels la Nature les appelle;
établissez l'*adoption;* permettez le *divorce;* organisez l'*instruction* et les établissements de *secours publics!* »

Écoutez ce qu'écrivait ROBESPIERRE, en juin 1792, dans le nº 4
de son *Défenseur de la Constitution :*

« Dès le commencement de la Révolution, nos ennemis cherchent à effrayer
tous les riches par l'idée d'une *loi agraire*, absurde épouvantail présenté à des
hommes stupides par des hommes pervers! Plus l'expérience a démontré cette
extravagante imposture, plus ils se sont obstinés à la reproduire, comme si les
défenseurs de la liberté étaient des *insensés* capables de concevoir un projet
également *dangereux, injuste et impraticable;* comme s'ils ignoraient que
l'*Égalité des biens* est essentiellement *impossible* dans la Société civile, qu'elle
suppose nécessairement la COMMUNAUTÉ qui est encore plus visiblement *chimérique parmi nous;* comme s'il était un seul homme doué de quelque industrie dont l'*intérêt personnel* ne fût pas contrarié par ce projet *extravagant!*
Nous voulons l'*Égalité des droits*, parce que sans elle il n'est ni liberté ni bonheur social; mais, quant à *sa fortune*, dès qu'une fois la Société a rempli
l'obligation d'assurer à ses membres le *nécessaire* et la *subsistance par le travail*, ce ne sont ni les citoyens que l'opulence n'a pas déjà corrompus, ni les
amis de la liberté qui désirent cette fortune : *Aristide* n'aurait point envié les
trésors de *Crassus.* »

Écoutez encore *Robespierre*, dans son projet de Déclaration des
droits, adopté par le *Parti Populaire* et accueilli par la *Convention*
avec d'unanimes applaudissements :

« Le but de toute association politique est le *maintien* des droits naturels et
imprescriptibles de l'homme, et le développement de toutes ses facultés.
» Les principaux droits de l'homme sont celui de *pourvoir à la conservation
de l'existence*, et la Liberté.
» Ces droits appartiennent *également à tous* les hommes, quelle que soit la
différence de leurs forces physiques et morales..... L'ÉGALITÉ DES DROITS est
établie par la Nature; la Société, loin d'y porter atteinte, ne fait que la
garantir contre l'abus de la force qui la rend illusoire.
» La *Propriété* est le droit qu'a chaque *citoyen* de jouir et disposer à son gré
de la *portion de biens qui lui est* GARANTIE PAR LA LOI.
» Le droit de Propriété est *borné*, comme tous les autres, par l'obligation

*de respecter les droits d'autrui....* Il NE PEUT PRÉJUDICIER ni à la sûreté, ni à la liberté, ni à l'*existence,* ni à la *Propriété de nos semblables.*

» La Société est obligée de pourvoir à la *subsistance* de tous ses membres, soit en leur procurant du *travail,* soit en assurant les moyens d'existence à ceux qui sont hors d'état de travailler.

» Les secours indispensables à ceux qui manquent du *nécessaire* sont une DETTE *de celui qui possède du superflu :* il appartient à la loi de déterminer de quelle manière cette dette sera acquittée.

» Les citoyens dont les revenus n'excèdent pas ce qui est *nécessaire* à leur existence sont *dispensés* de contribuer aux dépenses publiques; les autres doivent les supporter PROGRESSIVEMENT dans la proportion de leur fortune.

» La Société doit favoriser de tout son pouvoir les progrès de la *Raison publique,* et mettre l'INSTRUCTION à la portée de *tous les citoyens.*

» Les hommes de tous les Pays sont *frères,* et les différents Peuples doivent s'entr'aider selon leur pouvoir comme des citoyens d'un même État. »

Écoutez la CONVENTION, dans sa Constitution de 1793, rédigée par Cambacérès, Berlier, Guyton de Morveaux, etc.

» Le Peuple Français, convaincu que l'oubli et le mépris des *droits naturels* de l'homme sont les *seules causes* du malheur du Monde, a résolu d'exposer ses droits sacrés et inaliénables.

» Le but de la Société est le *bonheur commun....*

» Le Gouvernement est institué pour garantir à l'homme la *jouissance* de ses *droits naturels* et imprescriptibles. — Ces droits sont l'ÉGALITÉ, la Liberté, la sûreté, la PROPRIÉTÉ.—Tous les hommes sont ÉGAUX *par la Nature* et devant la Loi.

» Le droit de *Propriété* est celui qui appartient à tout citoyen de jouir et de disposer de *ses biens,* de ses revenus, du fruit de son travail et de son industrie.

» Les *secours publics* sont une dette sacrée.

» *L'instruction* est le besoin de tous.

Écoutez le *Comité de salut public :*

» Nous voulons un ordre de choses où toutes les passions basses et cruelles soient enchaînées, toutes les passions bienfaisantes et généreuses éveillées par les lois; où l'ambition soit le désir de mériter la gloire et de servir la *Patrie;* où les distinctions ne naissent que de l'*égalité même;* où le citoyen soit soumis au magistrat, le magistrat au Peuple, et le Peuple à la justice; où la Patrie assure le *bien-être de chaque individu,* et où chaque individu jouisse avec orgueil de la prospérité et de la gloire de la Patrie; où toutes les âmes s'agrandissent par la communication continuelle des sentiments républicains, et par le besoin de mériter l'estime d'un grand Peuple; où les arts soient les décorations de la liberté qui les ennoblit, le commerce la source de la richesse publique et non pas seulement de l'opulence monstrueuse de quelques maisons.

» Nous voulons substituer dans notre pays la *morale* à l'égoïsme; la probité à l'honneur; les principes aux usages; les devoirs aux bienséances; l'empire de la raison à la tyrannie de la mode; le mépris du vice au mépris du malheur; la fierté à l'insolence; la grandeur d'âme à la vanité; l'amour de la gloire à l'amour de l'argent; les bonnes gens à la bonne compagnie; le mérite à l'intrigue; le génie au bel esprit; la vérité à l'éclat; le charme du bonheur aux ennuis de la volupté; la grandeur de l'homme à la petitesse des grands; un Peuple magnanime, puissant, heureux, à un Peuple aimable, frivole et misérable; c'est-à-dire toutes les vertus et tous les miracles de la République à tous les vices et à tous les ridicules de la Monarchie.

» Nous voulons, en un mot, remplir les *vœux de la Nature*, accomplir les *destins de l'Humanité*, tenir les *promesses de la Philosophie*, absoudre la *Providence* du long règne du crime et de la tyrannie. Que la France, ja is illustre parmi les pays esclaves, éclipsant la gloire de tous les peuples libres qui ont existé, devienne le modèle des nations, l'effroi des oppresseurs, la consolation des opprimés, l'ornement de l'univers! et qu'en scellant notre ouvrage de notre sang, nous puissions voir au moins briller l'aurore de la félicité universelle!

» Notre but est d'établir un gouvernement *serein*, tel que le Peuple soit *heureux*, tel enfin que, la *Sagesse* et la *Providence* éternelles présidant seules à l'établissement de la République, elle ne soit plus chaque jour ébranlée par un forfait nouveau...

» L'opulence est dans les mains d'un assez grand nombre d'ennemis de la Révolution; les besoins mettent le Peuple qui travaille dans la dépendance de ses ennemis. . La Révolution nous conduit à reconnaître ce principe, que celui qui s'est montré l'*ennemi* de son pays ne peut y être *propriétaire*... Serait-ce donc pour ménager des jouissances à ces tyrans que le Peuple verse son sang sur les frontières et que toutes les familles portent le deuil de leurs enfants?... Ne souffrons pas qu'il y ait un *malheureux*, un *pauvre* dans l'État... Le *bonheur* est une idée *neuve* en Europe.

»...... Le moyen d'affermir la Révolution est de la faire tourner au profit de ceux qui la soutiennent et à la ruine de ceux qui la combattent. »

Et voyez la Convention décréter ce principe :

« Toutes les Communes de la République dresseront un état des patriotes *indigents* qu'elles renferment... Le Comité fera un rapport sur les moyens d'*indemniser tous les malheureux* avec les biens des ennemis de la Révolution.»

Écoutez la Constitution de l'an 3 :

« Les droits de l'homme en Société sont la *liberté*, l'ÉGALITÉ, la *sûreté* et la *Propriété*.

» L'ÉGALITÉ consiste en ce que *la loi est la même pour tous*, soit qu'elle *protége*, soit qu'elle *punisse*.

(D'où résulte qu'elle doit protéger également l'existence, la subsistance et le bonheur de tous, non-seulement leurs propriétés, mais des propriétés suffisantes.)

» L'égalité n'admet aucune distinction de naissance, *aucune hérédité de pouvoir*.

(D'où l'on pourra conclure la suppression de l'*hérédité de propriétés*.)

» La *Propriété* est le droit de jouir et de disposer de *ses biens*, de ses revenus, du fruit de son travail et de son industrie.

» *Chaque citoyen a un droit égal de concourir immédiatement ou médiatement à la *formation de la loi* et à la nomination des Représentants du Peuple.

« Tous les *devoirs* de l'homme et du citoyen dérivent de ces deux principes : *Ne faites pas à autrui ce que vous ne voudriez pas qu'on vous fît, faites constamment aux autres le bien que vous voudriez en recevoir.*

(D'où la conséquence que c'est un *devoir* de consentir à l'*Egalité de fortune.*)

« C'est sur le *maintien des Propriétés* que reposent la *culture* des terres, toutes les *productions*, tout *moyen de travail* et tout l'*ordre social.* »

Comme s'il ne pouvait y avoir ni culture, ni production, ni moyen de travail, ni ordre social avec la Communauté ! Mais la Convention veut repousser la Communauté sans dire son véritable motif, qui est l'égoïsme et l'opposition des riches.

Je ne vous parle pas du plan de P.-L. *Lacretelle*, sur l'instruction publique (1790), ni de celui présenté par *Talleyrand* à l'Assemblée constituante (1790).

Mais écoutez le *Comité* d'instruction publique présentant à l'Assemblée législative son Rapport sur le plan d'Éducation rédigé par Condorcet (20 avril 1792) :

« L'Éducation publique doit offrir à tous les individus les moyens de pourvoir à leurs *besoins*, d'assurer leur *bien-être*, de connaître et d'exercer leurs *droits*, d'entendre et de remplir leurs *devoirs*..... Elle doit établir, entre les citoyens, une ÉGALITÉ DE FAIT, et rendre RÉELLE l'*Égalité politique* reconnue par la Constitution... Tel doit être le premier but d'une Instruction nationale ; et, sous ce point de vue, elle est, pour la Puissance publique, un *devoir de justice.*

» Trente et un mille *écoles primaires*, cinq cents *écoles secondaires*, cent *Instituts*, neuf *Lycées* et un *Institut national* composent le système d'éducation publique et gratuite.

» L'une des quatre classes de l'Institut national, celle des *sciences morales et politiques*, comprend : 1° la métaphysique et la théorie des sentiments moraux ; 2° le *droit naturel*, le droit des gens, et la *science sociale ;* 3° le droit public et la législation ; 4° l'*économie politique ;* 5° l'*histoire.* »

Écoutez !

« L'Assemblée nationale, reconnaissante envers les *sciences* et la PHILOSOPHIE, dont les lumières ont *produit* la *Révolution* française et fondé la *liberté* et l'ÉGALITÉ, déclare que les fonctions dans l'Instruction publique sont les plus importantes de la Société, et elle met tous ceux qui les remplissent au nombre des *fonctionnaires publics.* »

Écoutez un autre *Comité* de l'Instruction publique présentant, le

25 juin 1793, à la *Convention*, son Rapport sur le projet présenté
d'abord par *Michel Lepelletier :*

« L'éducation doit être gratuite, littéraire, intellectuelle, physique, morale
et industrielle.

» Les élèves doivent être exercés à la *danse* et au *chant*, de manière à pouvoir figurer dans les *fêtes* nationales.

» La société scolaire doit être modelée sur le plan de la grande Société
politique et républicaine.

» Il faut de nombreuses *fêtes* nationales, notamment celles : — du perfec-
tionnement du *langage*, — de l'*écriture*, — de l'*imprimerie*, — des DROITS DE
L'HOMME, — de l'institution des *assemblées primaires* et de la *souveraineté du
Peuple*, — des *élections populaires*, — de l'ÉGALITÉ, — de la *Liberté*, — de la
*Justice*, — de la *Paix*, — de la *Nature*, — de la *Fraternité*, — de la destruc-
tion de l'Aristocratie, — de la *Révolution* au 14 juillet, — de l'*abolition de la
Royauté* au 10 août. »

Écoutez *B.* CONSTANT, dans sa brochure ne l'an 3 (1795), sur la
*force du Gouvernement républicain :*

« De nombreux et infatigables échos nous répètent sans cesse que la *République est* IMPOSSIBLE *en France.*

» Tout ce qui n'a pas existé *paraît impossible :* l'histoire n'offre pas d'exemple
d'une République de 25 millions d'hommes ; on en conclut aussitôt qu'une République de 25 millions d'hommes est une *chimère.*

» Cependant, quand on pense que les révolutions physiques de la Terre,
les calamités politiques des Nations, les bouleversements des Sociétés, ont mis
entre nous et la connaissance de tout ce qui remonte au-delà de 4,000 ans une
barrière insurmontable, on est étonné de la *présomption* des hommes qui s'au-
torisent de ce qu'ils n'ont *pas vu* pour décider de ce qui est *impossible*, et qui
croient colorer leur *arrogance* en la mettant toute en négations.

» Ils paraissent surtout *absurdes* lorsqu'on réfléchit que l'argument qu'ils
emploient a été employé il y a *cent, deux cents, mille ans*, et qu'ainsi des
théories antérieures ont successivement argué d'*impossibilités* toutes les découvertes de l'esprit et toutes les combinaisons du hasard.

» Avant la formation des grandes Sociétés, on affirmait sans doute qu'une
*Société nombreuse* ne pouvait subsister, et l'on s'appuyait de l'expérience le
vulgaire de chaque siècle cite avec emphase le *passé contre l'avenir* ; celui qui
lui succède le voit démenti par l'événement : mais, en insultant à son erreur,
il l'imite ; et déplaçant seulement ses négations, il n'en poursuit pas moins
infatigablement ses proscriptions prophétiques.

» Si la *Royauté absolue*, telle que nous l'avons vue en France, n'avait jamais
existé, son *impossibilité* paraîtrait évidente. Quand on réfléchit à l'idée de confier à la volonté d'un *seul* la destinée de *tous*, on sent qu'il ne lui manque que
d'être neuve pour paraître *absurde.*

» Si cette Royauté n'avait existé que dans de petits États, on ferait contre la
possibilité de constituer 25 *millions d'hommes en monarchie*, cent raisonnements spécieux qui n'en seraient pas moins erronés.

» En un mot, *rien ne prouve* et RIEN NE PEUT PROUVER que la République
est impossible en France.

» Et si la République qui s'élève éprouve tant d'entraves et surtout rencontre encore tant d'inertie, c'est à l'*éducation monarchique* qu'il faut s'en
prendre.

» On peut dire même que la sublime découverte du système *Représentatif* appliqué à la *République*, en conservant le but sublime de l'ambition républicaine et en modérant sa fermentation, établit un *juste milieu* (entre la monarchie et la démocratie pure), et que cet avantage est *en raison de l'étendue d'une République*, parce que la grandeur des objets fait disparaître les petites passions, exclut les petits moyens, et met entre les hommes une distance qui ne leur permet plus de s'absorber dans leurs différends, leurs intérêts ou leurs jalousies personnelles.

, Jamais UNE IDÉE mise en circulation n'a été retirée; jamais une révolution fondée sur une idée n'a manqué d'en établir l'empire, à moins que l'idée ne fût incomplète : alors la Révolution n'était qu'un symptôme avant-coureur d'une crise, et elle s'est achevée dès que l'idée complète est *revenue à la charge.*

» Celle de l'ÉGALITÉ est une idée-*mère* qui n'a jamais été expulsée tout à fait du cœur de l'homme; il a mêlé cette idée à tout. Il n'y a pas une religion naissante qui n'ait *consacré l'Égalité*, et il a toujours fallu que la fraude sacerdotale dénaturât ensuite l'institution religieuse pour écarter l'*Égalité.*

» L'origine de l'état social est une grande énigme; mais la marche de la Société est simple et uniforme : au sortir du nuage impénétrable qui couvre sa naissance, nous voyons le *Genre humain s'avancer* VERS L'ÉGALITÉ sur le débris d'institutions de tous genres.

» Chaque pas qu'il fait dans ce sens est sans retour. Si quelquefois on croit apercevoir un mouvement rétrograde, c'est qu'on prend le combat pour une défaite et l'agitation de la mêlée pour une fuite.

» Mais les *Castes*, la *servitude*, la *féodalité*, la *Noblesse*, sont à jamais anéanties en France.

» On croit pouvoir recomposer le prestige de la *Noblesse*, en la décorant du nom spécieux de *magistrature héréditaire :* c'est vouloir une nouvelle secousse.

» Il faut enfin céder à la *nécessité* qui nous entraîne; il faut ne plus méconnaître la marche de la Société; il faut ne plus amener, par de *vains efforts de résistance*, des luttes sanglantes, et ne plus faire acheter aux hommes *leurs droits* par des crimes et des calamités. »

Écoutez le Premier Consul BONAPARTE, dans sa réponse au Sénat (14 thermidor an 10) :

« La Liberté, l'ÉGALITÉ, la prospérité de la France, seront à l'abri des caprices du sort.... Le *meilleur* des Peuples sera le *plus heureux.*

» Content d'avoir été appelé, par l'ordre de celui de qui tout émane, à *ramener* sur la Terre la *Justice.* l'ordre et l'ÉGALITÉ, j'entendrai sonner ma dernière heure sans inquiétude sur l'opinion des générations futures. »

Écoutez l'ex-empereur NAPOLÉON, à Sainte-Hélène :

« J'ai constitué la *nouvelle Noblesse* pour *écraser l'ancienne* et pour satisfaire le *Peuple*, d'où sont sortis la plupart de ceux à qui j'en ai conféré le titre, et parce que le *plus simple soldat* avait le droit d'aspirer au titre de Duc. Je crois même que J'AI EU TORT en cela; car c'était affaiblir ce *système* d'ÉGALITÉ *qui plaisait tant à la Nation* *. »

* Voy. O'Meara, t. I, p. 164.

Écoutez Diderot, dans son *Code de la Nature*, ou plutôt Morelly, véritable auteur de cet ouvrage publié dès 1755 et invoqué par Babeuf comme l'œuvre de Diderot :

« L'esprit de Propriété et d'*intérêt* dispose chaque individu à *immoler* à son bonheur l'espèce entière.... La Propriété est la *cause* générale et prédominante de *tous les désordres*... Par elle les choses se trouvent malheureusement arrangées ou plutôt bouleversées de façon que, en une infinité de circonstances, il faut qu'il naisse de *violentes et fougueuses secousses*...

» Ils ont allumé l'incendie d'une *grande cupidité*; ils ont excité la faim, la voracité d'une *avarice insatiable*; leurs folles constitutions ont exposé l'homme au risque continuel de *manquer de tout* : est-il étonnant que pour repousser ces dangers, les passions se soient embrasées jusqu'à la *fureur*? Pouvaient-ils mieux s'y prendre pour que cet animal *dévorât sa propre espèce*?...

» Il a fallu, à force de règles et de maximes, reboucher les ruptures d'une digue imprudemment opposée au cours paisible d'un ruisseau gonflé par cet obstacle et devenu par ses débordements une *mer orageuse*. »

Voyez-le, plus hardi que ses devanciers, proposer formellement la Communauté comme possible et praticable.

« J'indique le *coup* qu'il faut porter à la *racine* de tous les maux : de plus habiles que moi réussiront peut-être à *persuader*.

» Mortels faits pour régir les Nations, voulez-vous bien mériter du Genre humain en établissant le *plus heureux* et le *plus parfait* des Gouvernements?... Commencez par laisser pleine *liberté* aux vrais sages d'*attaquer les erreurs* et les préjugés qui soutiennent l'esprit de Propriété... Bientôt il ne vous sera plus difficile de faire *accepter* à vos Peuples des *lois* à peu près pareilles à celles que j'ai recueillies d'après ce qu'il m'a paru que la Raison peut suggérer de mieux aux hommes.

» Il ne s'agirait que de parvenir à *faire bien entendre à la majorité* isée que cet ordre entretiendrait parmi nous une réciprocité de secours si parfaite que jamais aucun ne pourrait manquer non-seulement du *nécessaire* et de l'*utile* mais même de l'*agréable*.

» Je le dis encore une fois, je me persuade qu'il ne faut que cette *conviction* pour garantir la *possibilité*; et je ne vois pas qu'il faille avoir des vertus extraordinaires pour adopter un ordre de choses démontré être exclusivement celui où l'on trouve le *mieux-être* et le *nec plus ultra* du bonheur : il ne faut avoir que la vertu de *s'aimer soi-même*, d'aimer son repos, sa tranquillité durable et entière sous tous les rapports, d'aimer la plus grande somme possible de jouissance personnelle; et cette vertu, la Nature a eu très-grand soin de l'implanter dans le cœur de tous les hommes. C'est parce qu'elle y tient par un attachement extrême que l'aveuglement de la passion a conduit dans une fausse route; l'amour de soi a porté chacun à travailler pour grossir démesurément son avoir : on a pu croire que c'était là la seule manière de faire arriver le plus grand nombre à un état heureux. *Montrez* qu'on s'est trompé, *persuadez* bien chacun qu'il est un autre moyen de faire atteindre la majorité au *faîte du bonheur*. Vous verrez que la masse, sans avoir besoin d'autre vertu que celle de l'amour de soi-même, *ne se fera guère prier pour adopter votre moyen*.

» C'est très-peu de chose que les *difficultés de détail* qu'ils doivent rencontrer dans les *applications particulières* des lois pour les distributions des principales occupations, les moyens de pourvoir suffisamment aux besoins publics et particuliers , et ceux de faire également subsister, sans confusion, sans discorde, une multitude de Citoyens.

» Tout cela n'est qu'une simple affaire de dénombrement de choses et de personnes, une simple opération de calcul et de combinaison, et , par conséquent, susceptible d'un très-bel ordre : nos faiseurs de projets , anciens et modernes, ont conçu et exécuté des devoirs incomparablement plus difficiles , puisque, outre les accidents imprévus , ils avaient contre eux les accidents de la Nature et les obstacles sans nombre qui naissent de l'erreur et dont elle s'embarrasse elle-même. Si l'on doit s'étonner, c'est que ces imprudents aient réussi en quelque chose. »

C'est cette doctrine que vont adopter *Babeuf* et les *Egaux* , mais écoutons d'abord *Antonelle* :

Écoutez ANTONELLE et *Félix Lepelletier* dans leur journal *l'Orateur plébéien* et le *Journal des Hommes Libres* :

» Le droit de *Propriété* est *la plus déplorable création* de nos fantaisies. Je suis convaincu que l'état de *Communauté* est le *seul juste*, le *seul bon* , le *seul conforme* aux purs sentiments de la *Nature*, et que, hors de là , il *ne peut exister de sociétés paisibles et vraiment heureuses* (l'Orateur plébéien, n° 9).

» Le nombre est INFINI de ceux qui *adoptent l'opinion* que les hommes réunis en société ne peuvent trouver le bonheur que dans la *Communauté des biens.* C'est un des points sur lesquels les *poètes* et les *philosophes* , les *cœurs* sensibles et les *moralistes* austères, les *imaginations* vives et les *logiciens exacts* , les esprits *exercés* et les esprits *simples* , furent et seront toujours UNANIMES dans leur sentiment comme dans leur pensée (Journal des Hommes Libres, n° 44).

» La réalisation de ce plan social est le vœu continuel des *âmes pures* , la plus naturelle pensée des *esprits droits...* Ce serait un *bonheur* d'y réussir...

» Mais la *possibilité* éventuelle du retour à cet ordre de choses (la Communauté) si sensible et si doux, n'est qu'une *rêverie peut-être...*

» Babeuf et moi nous parûmes *un peu tard* au monde l'un et l'autre , et nous y vîmes avec la *mission de désabuser* les hommes sur le droit de Propriété. Les racines de cette *fatale institution* sont *trop profondes* et *tiennent à tout :* elles sont désormais *inextirpables* chez les grands et vieux Peuples (l'Orateur plébéien, n° 9).

» Tout ce qu'on peut espérer d'atteindre, c'est un degré *supportable* d'inégalité dans les fortunes... et des lois *contre l'ambition et l'avarice...* »

Cependant cet *Antonelle* se laisse ensuite convertir par *Babeuf* et conspire pour établir la Communauté.

Je ne vous rapporterai pas l'opinion de Gracchus BABEUF, discutant et adoptant la Communauté de biens dans son journal le *Tribun du Peuple*, repoussant les objections d'Antonelle sur la pos-

29,

sibilité d'application, et se chargeant de rédiger un *plan de Communauté*, tandis que d'autres y travaillent également *.

Mais remarquez ce fait immense et nouveau? Voici une masse d'hommes qui veulent ÉTABLIR la *Communauté!* Voici Darthé, Antonelle, Bodson, Maréchal, Buonarotti, Germain, Félix Lepelletier, Drouet, Amar, Vadier, Robert-Lindet, soixante Conventionnels (les montagnards proscrits après le 9 thermidor), une foule de Démocrates réunis dans la Société des *Egaux* et dans un grand nombre d'autres Sociétés, une grande partie du Peuple de Paris, et un grand nombre de Démocrates dans les départements, qui discutent et adoptent cette doctrine de la *Communauté*, et qui *conspirent* pour l'établir *par la force* après avoir renversé la Constitution de l'an 3 et proclamé celle de 1793!

Trahis par un agent provocateur (*Grisel*), arrêtés le 21 floréal an 4, cinquante-neuf sont mis en accusation comme suspectés d'avoir voulu détruire : 1° la Constitution ; 2° la *Propriété* pour lui substituer la Communauté.

Les accusés proclament devant la haute cour leurs principes en faveur de l'Égalité et de la Communauté.

Déclarés coupables sur le premier chef d'accusation seulement, sept sont condamnés, *Babeuf* et *Darthé* à mort, *Buonarotti* et quatre autres à la déportation.

Babeuf et Darthé se frappent aussitôt ; mais leurs poignards se brisent dans leurs poitrines, et le lendemain tous deux montent et meurent courageusement sur l'échafaud.

Écoutez ces dernières paroles de Babeuf à sa femme et à ses trois jeunes enfants :

« J'ignore comment ma *mémoire* sera appréciée, quoique je croie m'être conduit de la manière la plus *irréprochable...* Mais ne croyez pas que j'éprouve du regret de m'être *sacrifié pour la plus belle des causes...* Il appartient à la famille d'un martyr de la liberté de donner l'exemple de toutes les *vertus...* Je ne concevais pas d'autre moyen de *vous rendre heureux* que par le BONHEUR COMMUN. J'ai échoué ; je me suis sacrifié : c'est aussi *pour vous que je meurs...* Conserve *ma défense*, ma chère amie : elle sera toujours chère aux *cœurs vertueux* et aux amis de leur pays. Le seul bien qui te restera de moi ce sera *ma réputation :* et je suis sûr que toi et les enfants vous vous consolerez beaucoup en en jouissant. Vous aimerez à entendre tous les cœurs sensibles et droits dire en parlant de votre époux et de votre père : *Il fut parfaitement* VERTUEUX. »

Je me garderai bien d'attaquer ces Associations des *Egaux*, qui

* Un ouvrage de *Bodson* et *l'Éclaireur du Peuple* soutenaient les mêmes principes.

comprenaient presque tous les Démocrates d'alors ; parmi lesquels figuraient des hommes d'une incontestable vertu ; qui voulaient sincèrement, je n'en doute pas, le bonheur de l'Humanité ; qui se *dévouaient* pour elle en bravant des périls manifestes ; dont un grand nombre furent victimes de leur dévouement, et dont quelques chefs montrèrent tout le courage des plus admirables martyrs en perdant leur vie ou leur liberté. — Plaignant et tolérant les riches et les Aristocrates, que je regarde comme victimes de la mauvaise organisation sociale qui les rend égoïstes, ne serait-ce pas une barbare inconséquence d'être inexorables envers ceux que la même organisation rend victimes de leur générosité ?

Mais je ne puis m'empêcher de déplorer cette aigreur, peu philosophique quoique bien naturelle, avec laquelle ils parlaient habituellement de leurs adversaires, et cette fatale ERREUR qui leur faisait croire à la possibilité d'établir solidement la Communauté par la violence.

Autant qu'eux je désire le bonheur du Peuple ; autant qu'eux je suis prêt à sacrifier ma vie pour aider à faire jouir le Genre humain de la Communauté ; mais, profondément convaincu, par la réflexion et par l'expérience, que la Communauté ne peut s'établir et se consolider que par la puissance de l'opinion publique presque unanime, *plus je la désire pour le Peuple, plus je redoute la violence.*

Et voyez combien cette conspiration a été funeste au Peuple qu'elle voulait délivrer ! C'est elle qui a épouvanté les riches, les bourgeois et les Aristocrates, c'est elle qui les a serrés les uns contre les autres pour se défendre ; c'est elle qui les a disposés à se jeter dans les bras du premier venu qui serait assez fort pour les protéger ; c'est elle qui les a jetés dans les bras de Bonaparte, comme elle les aurait jetés dans ceux des Bourbons !

Écoutez maintenant VIELLART, accusateur public de Babeuf et de ses compagnons !

« Et quel était leur but?... Lisez la *doctrine de Babeuf*, imprimée, distribuée et affichée par le Comité insurrectionnel... Vous y verrez la proscription du *droit de Propriété*, le principe de l'*Égalité de fait* et de la *Communauté* de tous les biens, de toutes les jouissances, de tous les fruits de la terre, et même de tous les produits de l'industrie :

« Disparaissez, dit leur *Manifeste*, révoltantes distinctions de riches et de « pauvres, de grands et de petits, de maîtres et de valets, de gouvernants et « de gouvernés ! »

» La *pitié* l'emporterait peut-être sur l'*indignation* si l'on pouvait croire que les auteurs de semblables *rêveries* poursuivissent de bonne foi l'EXTRAVAGANTE CHIMÈRE d'une *Communauté de biens*.

» Quel horrible *bouleversement* que l'anéantissement de ce droit de *Pro-*

*priété*, base universelle et principale de l'ordre social ! Plus de Propriété ! que deviennent à l'instant les *arts?* que devient l'*industrie?* La terre n'est plus à personne ! où sont les *bras* qui vont la cultiver? Qui en *recueillera* les fruits, si personne ne peut dire : Ils sont à moi? Ne voyez-vous pas le *brigandage* couvrir la *terre désolée?* Les distinctions et les attributions sociales sont disparues, mais les inégalités de la Nature subsistent ; le *faible* est écrasé par le *fort*, et, devenant par la nécessité *plus féroces* que les animaux, les hommes se disputent avec fureur la *nourriture* qu'ils rencontrent : car comment suffirait-elle à une population nombreuse lorsque l'industrie et le commerce cesseraient de suppléer à ce que peut produire la *Nature abandonnée à ses seuls efforts!*

» La *destruction* de l'Espèce humaine , ce qui survivrait *rendu à l'état sauvage*, *errant dans les bois* et dans un *horrible désert* , voilà la *perspective* que nous présente le *système* favori des chefs de la conspiration ! voilà le *bonheur commun* auquel ils appelaient les frères et les égaux ! »

Mais l'accusateur nie bientôt que les accusés voulussent réellement la Communauté : il soutient que ce ne sont que des ambitieux dont le but réel était l'*usurpation* de la puissance, l'*oppression* du Peuple et la *tyrannie;* comme le Directoire lui-même avait dit dans une proclamation (affichée en germinal an 4) que les Démocrates voulaient le partage de *toutes les maisons*, même des PLUS PETITES BOUTIQUES ; puis l'accusateur ajoute :

« Peuple infortuné , reconnais donc enfin dans ces *flatteurs perfides* tes plus cruels *ennemis!* Apprécie enfin ces prestiges dont ils se fatiguent à tromper ta crédulité ; traduis dans leur véritable sens ces mots imposteurs que leur faux enthousiasme prodigue , *Liberté* , *Égalité* , *Bonheur commun*. Quand ce langage est dans leur bouche, crois entendre en sortir ces mots affreux : *Esclavage* , *misère, désespoir*. Voilà, oui, voilà le terme où ils te conduisent ! »

Hé bien, je vous le demande, y a-t-il erreur ou mauvaise foi plus manifeste? Ne faudrait-il pas flétrir l'accusateur si l'on ne s'imposait la loi d'être indulgent pour toutes les victimes de l'organisation sociale? Et s'il est déplorable de voir les uns recourir à la violence pour établir la Communauté , n'est-il pas aussi déplorable de voir les autres (un chef de la Justice et le Gouvernement lui-même) employer le mensonge et la calomnie pour défendre la Propriété contre la Communauté !

Que vous dirai-je de LAHARPE, qui (dans son *Cours de Littérature*), après avoir été révolutionnaire, républicain et jacobin, condamne la Révolution et les Philosophes dont les ouvrages l'ont amenée ; qui semble faire sa cour au Directoire vainqueur, en attaquant la Démocratie dans un de ses jours de revers ; qui appelle les Républicains des *brigands* et des *scélérats;* qui dénature les faits et s'abandonne aux plus étranges injures et à la plus incroyable fu-

reur contre *Diderot*, son prétendu *Code de la Nature* et la *Communauté* ;

Qui traite Diderot de *sophiste*, *de charlatan*. *d'astucieux*, *d'immoral*, *d'insolent*, *d'exécrable*, *d'insensé* ou *de scélérat*, *méritant l'hospice des fous* ou *l'échafaud et même l'enfer éternel* ;

Qui défend la Propriété sans prouver son excellence ; qui trouve
presque parfaite l'organisation actuelle ; et qui ne voit dans la masse
des pauvres *que des fainéants et des vagabonds qui ne doivent qu'à
eux-mêmes leurs vices et leur dénuement* ;

Enfin, qui s'écrie :

> « La Communauté est une *abominable folie...* Il faudrait un volume pour
> détailler ce que le seul mot *partage* des biens contient d'*extravagances* et
> d'*iniquités...* A celui qui demande ce partage, on ne peut répondre que par
> le *pistolet* ou par le *gibet.* — Les institutions de Lycurgue ne pouvaient être
> et ne furent pas *long-temps* en vigueur (rien que *cinq cents* ans !), *bientôt*
> elles furent affaiblies et éludées de toutes manières ; et leur mémoire devint
> si *odieuse* qu'un roi de Sparte fut mis à mort pour avoir voulu les faire
> revivre. (Jésus-Christ et Socrate, aussi, furent mis à mort ! Il approuve donc
> cette mort d'Agis ! et il ne parle pas du roi Cléomène, qui fit comme Agis !)
> — L'Égalité des droits politiques est une *extravagance* et une *impossibilité...*
> *Sophistes hypocrites et insensés*, votre Égalité est *absurde* et *vile*, tandis que
> notre Inégalité est *heureuse* et *sage.* »

Certainement un pareil avocat de la Propriété et de l'Inégalité doit
leur faire plus d'ennemis que d'amis !

Écoutez à présent BUONAROTTI, compagnon de Babeuf condamné
à la déportation, qui, en 1828, encore banni, sans espoir et sur le
bord de la tombe, publie l'histoire de cette conspiration et de ce
procès, afin d'exposer leur doctrine sur la Communauté !

Voyez le vieillard raconter leurs délibérations sur la Communauté, l'enthousiasme subit d'*Amar* pour cette doctrine qu'il ignorait comme tant d'autres et qui lui parut tout à coup capable et
seule capable de faire le bonheur du Genre humain !

Voyez-le développer dans toutes ses applications à la France leur
système de Communauté de jouissance et de travail, fondé sur l'éducation, sur les mœurs et sur la vertu !

Entendez-le soutenir que ce système était la RÉDEMPTION de
l'Humanité !

> « Je n'ignore pas, dit-il dans sa préface, que les principes politiques et
> économiques que j'ai dû exposer rencontreront beaucoup de désapproba-
> teurs ; mais ce n'est pas une raison pour ne pas les publier : tant d'autres
> *prétendues erreurs* sont devenues des *vérités incontestables* ! N'est-il pas d'ail-
> leurs aussi des hommes qui ne se laissent pas éblouir par le clinquant de la

Société civilisée et par les systèmes prônés par ceux qui s'arrogent le droit de diriger l'opinion? Ces hommes apprécieront peut-être l'importance de ces principes et donneront quelques *regrets* a la mémoire des citoyens courageux qui, pénétrés de leur *justice*, et fiers d'*exposer leur vie* pour les soutenir, les scellèrent enfin de leur sang.

» Fortement lié à eux par la conformité de nos sentiments, je partageai leur conviction et leurs efforts (leurs périls et leurs souffrances); et si nous nous trompions, notre ERREUR était complète : ils y persévérèrent jusqu'au tombeau; et moi, après y avoir depuis *long-temps réfléchi*, je suis demeuré convaincu que cette Egalité qu'ils chérissaient est la *seule institution* propre à concilier tous les *vrais besoins*, à bien diriger les passions utiles et à donner à la Société une *forme libre, paisible, heureuse et durable*.

» Un moment avant notre condamnation, *Babeuf* et *Darthé* reçurent de moi, sur les bancs de la haute-cour de Vendôme, devant la hache aristocratique qui allait les frapper, la *promesse de venger leur mémoire* en publiant un récit exact de nos intentions communes, que l'esprit de parti avait si étrangement défigurées; *près du terme de la vie*, je m'acquitte de cette obligation, que la prison et mille autres obstacles m'ont empêché de remplir plus tôt. »

Pesez combien sont graves ces paroles d'un descendant de *Michel-Ange*; d'un noble Florentin, élevé dans la cour du Grand-Duc de Toscane, qui préféra la cause de la Justice et de la Philosophie à la fortune qui l'attendait; d'un Philosophe qui se condamna à vivre dans la pauvreté et presque dans l'indigence, pour vivre indépendant en se consacrant à l'étude; d'un homme long-temps martyr de son amour pour l'Humanité, et qui ne cessa jamais de méditer sur les moyens de la rendre heureuse.

Voyez le même Buonarotti, toujours fidèle à ses principes de Philosophie, faire des vœux pour le succès de l'Écossais Robert OWEN, qui suit une autre marche, une marche lente et pacifique, pour établir la Communauté en Angleterre et en Amérique.

Voyez ce R. OWEN :

Adopter le principe de la Communauté de travail, de jouissance et d'éducation; — Organiser une Communauté de plus de deux mille ouvriers réunis dans la vaste FILATURE de *New-Lannarck*, en Écosse; — entreprendre la réforme de la Société; — proposer un *plan* de Communauté universelle; — enthousiasmer un grand nombre de disciples; — se transporter avec quelques-uns d'entre eux en Amérique, pour y fonder des *Villes-Communautés*; — prêcher sa doctrine partout, même devant le *Congrès américain*; — se faire de nombreux partisans; — acheter un immense terrain dans le désert de l'Ouest, et partir avec sa famille et beaucoup de disciples pour y fonder la Communauté de *New-Harmony*; — revenir en Angleterre, s'adresser à tous les Rois dans l'espérance de les convertir; — organiser la *Société coopérative* à Londres, et beaucoup de Sociétés du même genre en Angleterre; — et convertir ainsi des centaines de milliers d'hommes au système de la Communauté.

Et quel est cet *Owen ?* Encore un homme vertueux, un Philosophe indulgent et pacifique, un Riche ami de l'Humanité, qui sacrifie 1,200,000 fr. et toute sa vie au bonheur de ses semblables !

Quel dommage qu'il ait eu trop de confiance dans la bonté des Souverains et des Aristocrates ; qu'il ait découragé le Peuple en assignant de trop courtes époques à la réalisation d'espérances qui ne se sont pas encore réalisées ; et qu'il ait employé, en essais de Communautés partielles et trop petites, qui ne peuvent réussir, un capital qui, bien que considérable, était insuffisant pour tous les besoins d'une Communauté-Modèle, mais avec lequel on pouvait produire un effet incalculable sur l'opinion en l'appliquant uniquement à la prédication de sa doctrine !

Écoutez la célèbre Miss Wright, disciple d'Owen et prêchant comme lui la réforme, dire aux Américains, dans ses *Lectures* et dans son Journal :

« Votre Déclaration d'indépendance de 1776 proclame, à la face de Dieu et des Nations, que tous les hommes sont *libres et égaux;* mais ce n'est qu'une vaine théorie sans pratique, puisque vous conservez l'*esclavage*, puisque vous opprimez les *Indiens*, puisque vous avez parmi vous quelques *riches* qui vivent dans l'opulence et le luxe, et beaucoup de *pauvres* qui poussent des cris de misère ! vous n'avez pas même l'*égalité d'instruction et d'éducation.* Vous vous vantez de votre liberté, et vous êtes les esclaves de vos prêtres et de la superstition ! vous vous vantez d'être des républicains, et vous avez une éducation anti-républicaine ! vous vous vantez de votre démocratie, et vous ne savez pas utiliser votre droit de suffrage pour dissiper l'ignorance, pour établir une éducation commune et populaire, pour amener graduellement l'*égalité de jouissance et de bonheur* et la plus grande somme de bonheur pour tous ! *Si vous voulez être véritablement égaux et libres, unissez-vous, associez-vous pour organiser un système d'*ÉDUCATION COMMUNE. »

« Beaucoup de disciples de la même secte, dit Achille Murat, se sont établis dans les grandes villes, et cherchent à produire une révolution politique en s'emparant de l'esprit des pauvres et des ouvriers, et en les dirigeant contre les riches. Ils prêchent la loi agraire, la *division égale des propriétés*, l'universalité d'une *éducation gratuite*, et tâchent par là de s'élever au pouvoir. Ils ont déjà réussi, dans la ville même de New-York, à conduire une ou deux élections; mais cet engouement ne peut être que temporaire. »

Écoutez Saint-Simon ranimer en France les idées d'Égalité et de Communauté ; proclamer la perfectibilité indéfinie de l'homme, la loi constante et providentielle du progrès ; prêcher la fraternité et l'*association* ; annoncer un nouveau Christianisme, une grande Réforme, un nouvel avenir. Écoutez-le attaquer la mauvaise organisation sociale :

« La *Société actuelle* est véritablement le *monde renversé :* — puisque la

Nation a admis pour principe fondamental que les *pauvres* doivent être généreux envers les *riches*, et qu'en conséquence les moins aisés se privent journellement d'une partie de leur *nécessaire* pour augmenter le *superflu* des gros
propriétaires ; — puisque les plus *grands coupables*, les *voleurs généraux*,
ceux qui pressurent la totalité des citoyens et qui leur enlèvent trois ou quatre
cents millions par an, se trouvent chargés de faire punir les *petits délits* contre
la Société ; — puisque l'ignorance, la superstition, la paresse, le goût de
plaisirs dispendieux forment l'apanage des chefs suprêmes de la Société, et
que les gens *capables, économes et laborieux* ne sont employés qu'en subalternes et comme des instruments ; — puisque, en un mot, dans tous les
genres d'occupation ce sont les hommes *incapables* qui se trouvent chargés
du soin de diriger les hommes capables ; — puisque ce sont, sous le rapport
de la moralité, les hommes les plus *immoraux* qui sont appelés à former les
citoyens à la vertu ; — et que, sous le rapport de la justice distributive, ce
sont les *grands coupables* qui sont préposés pour punir les fautes des petits
délinquants ! »

Entendez-le demander que la CAPACITÉ soit organisée pour l'*amélioration*
la plus rapide, sous le rapport moral, intellectuel et physique, du sort de la
classe la plus nombreuse et la plus utile ; — et que chacun soit RÉTRIBUÉ
*selon ses œuvres !*

Et quel est ce SAINT-SIMON ? Un homme descendant de ce Duc
de Saint-Simon qui se prétendait descendant lui-même de Charlemagne ; un Philosophe qui fait école et secte, qui compte parmi
ses disciples une foule de jeunes talents et surtout de savants élèves de l'école Polytechnique, et que ses apôtres transforment en
un second Jésus-Christ !

Écoutez maintenant les SAINT-SIMONIENS, *Enfantin* à leur tête,
attaquer les vices de la Société !

« L'esclavage est encore *vivant* au milieu de nous, car il y a encore des
hommes qui *vivent du travail de leurs semblables;* il y a encore des malheureux qui ne peuvent traîner leur triste vie qu'à la condition d'engraisser
l'oisiveté des privilégiés de la naissance.... Peu importe que l'OISIVETÉ ne
s'appelle plus *Marquis, Comte, Baron, Gentilhomme,* s'il faut la saluer encore
des noms de *rentier, capitaliste, propriétaire, bourgeois !*

» Les propriétaires étant tous les héritiers ou les substitués aux droits des
anciens Seigneurs, la constitution de la *Propriété* n'est que la modification du
servage; comme le servage n'est qu'une transformation de l'esclavage : la
constitution actuelle de la Propriété doit donc éprouver une réforme complète...

» Nous voulons *abolir l'héritage* et transformer la *Propriété* en mettant à
leur place des institutions qui satisferont bien davantage tous les sentiments
d'affection paternelle, et qui uniront entre elles non pas quelques classes
d'hommes, mais toutes les classes sans exception. »

Voyez maintenant leur système ! Ils veulent :

L'ASSOCIATION UNIVERSELLE, ou l'organisation définitive de l'Humanité, pour l'amélioration progressive du Peuple; — l'éducation pour tous; — le classement et l'emploi de chacun suivant sa *capacité*; — la division et la distribution du travail; — le travail de chacun pour le bonheur de tous, et le travail de tous pour le bonheur de chacun; — la Propriété *sociale et commune*; — les produits sociaux et communs; — la rétribution selon les *œuvres*; — l'ambition de chacun réduite à suivre les progrès de ses *supérieurs* et à élever ses *inférieurs*; — aucune hérédité ni aucun privilége de naissance; — l'égalité entre la femme et l'homme; — le droit d'associé, de suffrage et d'éligibilité pour tous; — le Gouvernement monarchique, mais électif et confié au plus digne par les plus dignes.

Vous le voyez, les *Saint-Simoniens* veulent une réforme radicale, l'abolition de la Propriété individuelle, le travail pour tous avec l'éducation et le bonheur; et leur association universelle n'est autre chose que la *Communauté !*

Comme les Pythagoriciens, ils s'associent; ils s'organisent; ils ont une habitation commune, un nouveau costume commun; ils vont prêcher partout leur doctrine; et bientôt ils comptent un grand nombre de sectateurs, de jeunes gens et de femmes, parmi lesquels se font remarquer beaucoup d'hommes de talent, et des riches qui consacrent leur fortune à la cause du progrès et de l'Humanité.

Malheureusement les Saint-Simoniens ramènent tout à la religion, aux idées, aux formes et aux dénominations religieuses; c'est un nouveau Christianisme qu'ils veulent établir; Saint-Simon est un DIEU qui vient *révéler* au Monde une *religion* nouvelle; leur nouvelle Société est une *Eglise*; tous leurs fonctionnaires sont des PRÊTRES; leur chef, naguère confondu dans la foule, s'appelle *Pape* et *Père*; et leur gouvernement, quoique électif, est à la fois une *Monarchie*, une *Aristocratie*, et surtout une THÉOCRATIE armée du pouvoir absolu.

Et ces dernières idées, si contraires à la Philosophie du 18e siècle, amènent des schismes intérieurs et arrêtent les progrès de la secte nouvelle.

Écoutez maintenant un autre philosophe qui consacre aussi sa vie au bien de l'Humanité, qui fonde une autre *école* où brillent encore des hommes de talent, FOURRIER et ses disciples, cherchant la *Réforme* SOCIALE dans la *Réforme* INDUSTRIELLE, dans l'ASSOCIATION, dans le régime sociétaire substitué au régime de morcellement!

Ils veulent la réforme *industrielle*, en organisant la COMMUNE SOCIÉTAIRE; — la Réforme *civile*, en rendant tous les associés propriétaires et capitalistes; la Réforme *politique*, en établissant l'*unité administrative*, et l'élection ou le suffrage universel, avec un

Roi héréditaire ; — enfin la Réforme *religieuse*, en établissant l'u-
*nité* de croyance et de pratiques.

Leur COMMUNE SOCIÉTAIRE doit posséder un terrain d'une lieue
carrée, et comprendre trois ou quatre cents familles ou douze cents
individus. — Elle forme une seule Société en commandite, qui exploite une seule propriété avec un immense capital immobilier et
mobilier, qui loge et travaille dans un immense et seul bâtiment,
appelé *phalanstère*, et qui n'a qu'une seule *cuisine* et qu'un seul
*ménage*.

Ils veulent que les douze cents Communiers soient divisés, suivant leurs vocations et leurs goûts, en *groupes*, en *séries* et en
*phalanges*.

Ils veulent que le travail soit *attrayant*, du choix de chaque travailleur, varié, à courte durée, et facilité par des machines qui
produisent le plus possible.

Ils ne veulent point de salaire mais une part comme associé, non
un partage égal du produit total mais un partage *proportionnel*
suivant le *capital*, le *travail* et le *talent* de chacun.

Ils veulent que la *femme* et l'*enfant* aient leur part et soient
*indépendants*.

Ils veulent, avec de pareilles Communes sociétaires, organiser
successivement des cantons, des arrondissements, des départements, un Empire et le Globe entier.

Comme vous le voyez, c'est au fond la *Communauté*, avec l'inégalité de fortune conservée, avec des riches sans pauvres : c'est
une Communauté défectueuse, je crois ; mais c'est une Communauté !

C'est en vain que Fourrier cherche 4 millions puis 1,200,000 fr.
pour fonder une Commune sociétaire, et qu'il espère la coopération
du Gouvernement en garantissant un produit *quadruple* ; il ne peut
malheureusement hasarder un essai qu'avec un capital trop faible
pour donner quelque chance de succès ; et comme tous les autres
systèmes, le sien reste à l'état de doctrine et de théorie.

Je ne vous parle pas d'autres projets d'*associations industrielles*
fondées sur les mêmes principes, ni d'un nouveau système d'*association manufacturière* indiqué aux ouvriers anglais par l'ingénieur
*Ch. Babage*, professeur au collège de Cambridge.

Mais écoutez les fondateurs d'une autre *école*, BUCHEZ et ROUX [*],

---

[*] *Européen*, journal ; — *Histoire parlementaire* de la révolution française.
— Beaucoup d'autres ouvrages.

invoquant la Religion et la foi, *Jésus-Christ* et le Christianisme ; la perfectibilité et le mouvement ; le progrès et l'avenir ; l'Égalité et la Démocratie ; la fraternité et le dévouement ; l'unité et l'humanité, l'association et tout ce qui conduit nécessairement à la *Communauté*.

Écoutez l'écrivain de la *Jeune Italie* *, MAZZINI, invoquant aussi l'Avenir et l'Humanité ; l'alliance des Peuples ; la réorganisation et la régénération de la Société par l'Association ; Jésus-Christ et sa doctrine d'Égalité et de Fraternité (qui conduit à la Communauté), sans prolétariat comme sans Aristocratie territoriale ou financière.

Écoutez les trois Associations de la *Jeune Allemagne*, de la *Jeune Pologne* et de la *Jeune Italie*, invoquer les mêmes principes religieux et sociaux, et demander que tout homme *participe*, proportionnellement à son travail, à la *jouissance* du FONDS COMMUN résultant de toutes les forces sociales mises en activité.

Écoutez de LAMARTINE, dans son *Voyage en Orient :*

« La France est belle à voir dans un prochain avenir : une génération qui grandit aura, par la vertu de son âge, un détachement complet de nos rancunes et de nos récriminations de quarante ans ; peu lui importe qu'on ait appartenu à telle ou telle dénomination haineuse de nos vieux partis ; elle ne fut pour rien dans les querelles ; elle n'a ni préjugés ni vengeance dans l'esprit ; elle se présente pure et pleine de force à l'entrée d'une nouvelle carrière, avec *l'enthousiasme d'une idée*... Que j'aurais aimé à y entrer en son nom !.... L'heure serait venue d'allumer le *phare de la Raison* et de la morale sur nos tempêtes politiques, de formuler le *nouveau symbole social* que le monde commence à pressentir et à comprendre. Le symbole d'*amour* et de *charité* entre les hommes, la *politique évangélique*... Que le ciel suscite des hommes ! car notre politique fait *honte* à l'homme et fait *pleurer* les anges. La destinée donne une heure par siècle à l'Humanité pour se *régénérer* ; cette heure, c'est une *Révolution* ; et les hommes la perdent à s'entre-déchirer ; ils donnent à la vengeance l'heure donnée par DIEU à la *régénération* et au *progrès !*

» L'esprit de *famille* est la seconde âme de l'Humanité : les législateurs modernes l'ont trop oublié ; ils omettent la famille, source unique des populations fortes et pures. La législation, même après le Christianisme, a été *barbare* sous ce rapport ; elle interdit à la *moitié* des hommes la *femme*, l'enfant, la possession du *foyer* et du *champ !* et cependant elle DEVAIT ces biens à TOUS.

» Mais quand Dieu permet qu'une *vérité* tombe sur la terre, les hommes commencent par *maudire* et par *lapider* celui qui l'apporte ; puis ils s'emparent de cette vérité, qu'ils n'ont pas tuée avec lui, parce qu'elle est immortelle, et elle devient leur *héritage*.

* *Foi et Avenir.*

» La *Raison* est le soleil de l'Humanité; c'est l'infaillible et perpétuelle révélation des lois divines, applicables aux Sociétés. Il faut marcher pour la suivre, sous peine de demeurer *dans le mal et dans les ténèbres*. Mais il ne faut pas la devancer, sous peine de tomber dans des précipices : *comprendre le passé sans le regretter, tolérer le présent en l'améliorant, espérer l'avenir en le préparant*, voilà la loi des hommes sages et des institutions bienfaisantes.

» Les *idées* humaines ont amené l'Europe à une de ces *grandes crises organiques* dont l'histoire n'a conservé qu'*une* ou *deux* dates dans sa mémoire, époques où *une civilisation* USÉE *cède à une autre*... La Révolution française a été le *tocsin du monde*... Cette Révolution, qu'on appellera plus tard la *Révolution européenne*, car les idées prennent leur niveau comme l'eau, n'est pas seulement une *révolution politique*, une transformation du pouvoir, une dynastie à la place d'une autre, une République au lieu d'une Monarchie; tout cela n'est qu'accident, symptôme, instrument, moyen : l'œuvre est tellement *plus grave et plus haute* qu'elle pourrait s'accomplir sous toutes les formes de pouvoir politique, et qu'on pourrait être *monarchiste ou républicain*, attaché à une dynastie ou à l'autre, partisan de telle ou telle combinaison constitutionnelle, sans être moins sincèrement et moins profondément RÉVOLUTIONNAIRE. On peut préférer un instrument à un autre pour remuer le monde et le changer de place, voilà tout; mais l'*idée de Révolution*, c'est-à-dire de changement et d'amélioration, n'en éclaire pas moins l'esprit, n'en échauffe pas moins le cœur. Quel est parmi nous l'homme pensant, l'homme de cœur et de raison, l'homme de Religion et d'espérance, qui, mettant la main sur sa conscience et s'interrogeant devant Dieu, en présence d'une *Société qui tombe* d'anomalie et de vétusté, ne se réponde : JE SUIS RÉVOLUTIONNAIRE?...

» La Révolution n'a été qu'une bataille, c'est-à-dire confusion et désordre, triomphe et déroute, enthousiasme et découragement. Aujourd'hui on commence à saisir le *plan providentiel* de cette grande lutte entre les idées et les hommes... C'est un beau et rare moment pour l'esprit humain! Quand une révolution est enfin comprise, elle est achevée; le succès peut être lent, mais il n'est plus douteux. L'idée nouvelle, si elle n'a pas conquis son terrain, a du moins conquis son arme infaillible, la *presse*... Pour les Philosophes politiques, il ne s'agit donc plus de combattre, mais de diriger l'arme invincible de la civilisation moderne... L'*Égalité de droit* est admise en principe; la *liberté de discussion* est consacrée dans les formes gouvernementales; la parole parlée et écrite a le droit de faire partout et toujours son appel à l'intelligence de tous; *elle remue et remuera toutes les questions* sociales, religieuses, politiques, nationales, avec la force que l'opinion publique lui prêtera, jusqu'à ce que la Raison humaine, éclairée du rayon qu'il plaît à Dieu de lui prêter, soit entrée en possession du monde social tout entier.

» En France, l'Égalité de droit, qui a produit l'Égalité de prétentions et d'ambition, la liberté de discussion et d'examen, l'instruction répandue dans les masses, le mouvement industriel, les Prolétaires, *tout rend une Révolution inévitable*.

» Les *Prolétaires* se trouvent aujourd'hui dans une condition *pire* qu'ils n'ont jamais été; ils ont reconquis des *droits stériles* sans avoir le NÉCESSAIRE, et remueront la Société jusqu'à ce que le SOCIALISME ait succédé à l'odieux *individualisme*.

» C'est de la situation des *Prolétaires* qu'est née la *question* de PROPRIÉTÉ, qui se traite partout aujourd'hui, et qui se résoudrait par le *combat* et le *partage*, si elle n'était résolue bientôt par la *Raison*, la *politique* et la CHARITÉ SOCIALE. La Charité, c'est le *socialisme*; l'égoïsme, c'est l'*individualisme*. La Charité comme la politique commande à l'homme de ne pas abandonner l'homme à lui-même, mais de *venir à son aide*, de former une sorte d'*assurance mutuelle*, à des conditions équitables entre la *Société possédante* et la *Société non-possédante;* elle dit au propriétaire : Tu garderas ta Propriété, car malgré le *beau rêve* de la COMMUNAUTÉ DES BIENS, *tentée en vain par le Christianisme et par la philanthropie*, la Propriété *parait jusqu'à ce jour* la condition *nécessaire* de toute Société; sans elle ni famille, ni travail, ni civilisation; mais cette même Charité lui dit aussi : Tu n'oublieras pas que ta Propriété n'est pas seulement instituée pour toi, mais *pour l'Humanité tout entière;* tu ne la possèdes qu'à des CONDITIONS de justice, d'utilité, de répartition et d'accession *pour tous;* tu fourniras donc à tes FRÈRES sur le SUPERFLU de ta Propriété, des moyens et des éléments de travail qui leur sont nécessaires pour *posséder* LEUR PART à leur tour; tu reconnaîtras un droit au-dessus du *droit de Propriété*, le *droit* d'HUMANITÉ. Voilà la justice et la politique. »

Ainsi, vous le voyez, *de Lamartine* ne repousse la Communauté qu'avec circonspection, sans preuve entraînante et sans conviction, l'appelant un *beau rêve* dont le *Christianisme* et la *philanthropie* désirent la réalisation.

Mais il proclame l'Égalité, la Fraternité, la Charité et le devoir absolu pour les riches d'employer leur *superflu* à rendre aux pauvres *leur part* dans les biens de la Nature ; c'est-à-dire il veut ce qui conduit irrésistiblement à la Communauté !

Écoutez LAMENNAIS dans son *Livre du Peuple :*

« Les hommes nés d'un *même Père* auraient dû ne former qu'une *seule grande famille*, unie par le doux lien d'une amitié *fraternelle*... Dans une famille, tous ont en vue l'avantage de tous, parce que tous s'aiment et que *tous ont part au bien commun*... qu'on ait peu ou beaucoup, on *partage en frères*... Si l'un est infirme, s'il tombe malade, s'il devient incapable de travail, les autres le nourrissent et le soignent.

» Point de rivalités possibles quand on n'a qu'un *même intérêt*, point de dissensions dès lors. *Ce qui enfante les dissensions, la haine, l'envie, c'est le désir insatiable de posséder plus et toujours plus lorsqu'on possède* POUR SOI SEUL. *La Providence maudit ces possessions solitaires :* elles irritent sans cesse la convoitise et ne la satisfont jamais. »

N'est-ce pas demander la *Communauté ?*

Voyez enfin les *frères-unis* ou les FRÈRES MORAVES dont je vous ai fait connaître l'origine dans le chapitre précédent, société de Philosophes, ou secte chrétienne répandue dans toutes les parties de l'Europe et dans les États-Unis d'Amérique, composant de grandes *Maisons* ou grandes *Familles* en Lusace, en Bohême, en Pologne, en Saxe, en Hollande, et surtout en *Moravie*.

Ces Maisons ou Familles, en Moravie et en Saxe, contiennent 1,000 à 1,200 associés qui s'appellent *frères* et *sœurs*; celle de *Zeist*, près d'Utrecht, en Hollande, en compte 3,500 depuis que, en 1760, un *riche seigneur allemand*, transporté d'admiration, entra dans la Communauté et lui donna toute sa fortune.

La Maison qu'habite chaque grande Famille n'est point un *couvent*, mais un vaste bâtiment qui comprend de petits logements *pour chaque petite famille*; de grands ateliers, les uns pour les hommes, les autres pour les femmes; un grand réfectoire commun; de grandes salles communes pour les jeux, les assemblées et la conversation; des écoles; une infirmerie, une chapelle, un jardin, des promenades, des terres tout à l'entour, des magasins communs, etc.

L'Égalité réelle et parfaite, la Fraternité et la Communauté de travail et de jouissance sont les bases de leur association : chacun doit exercer une profession utile; tous les produits sont communs; tous en jouissent *également* sans aucune préférence; tous mangent en commun, et sont nourris, vêtus et logés de même.

Tous les frères réunis élisent un *maître*, et toutes les sœurs élisent une *maîtresse*, qui représentent la Famille et sont continuellement responsables.

Presque tous sont mariés sans dot; le divorce est permis, mais sans exemple. Les enfants sont élevés et presque allaités en commun.

Ils professent le Christianisme, mais en s'attachant principalement à la *morale évangélique*, en éloignant tout ce qui tient au dogme, en pratiquant le culte simple des premiers chrétiens, *sans prêtres et sans images*.

Les Gouvernements les tolèrent; mais les Rois, et Napoléon lui-même, n'ont jamais voulu les admettre dans leurs armées.

Et le *bonheur* que leur procure la Communauté dure depuis environ 300 ans.

Je ne vous citerai pas *les Quatre âges historiques* et *les Fous* de BÉRANGER, parce que ses chansons ou plutôt ses odes philosophiques sont connues jusqu'au bout du monde.

Je vous citerais les économistes *J.-B. Say*, *Storch*, *de Sismondi*, etc., puis *Chateaubriand*, *Royer-Collard*, *Guizot*, *Cousin*, *de Barante*, *Villemain*, *de Tocqueville*, *Lherminier*, *Billard*, *George Sand*, *Aug. Comte*, etc., etc., si je n'étais pas forcé de terminer cette revue déjà trop longue.

Je rapporterai cependant deux mots de SISMONDI, dans ses *Principes d'Économie politique* :

« Dans l'état actuel de la Société, la plupart des *impôts* sont employés à défendre le *riche* contre le *pauvre*...

» Cela est vrai surtout de l'*impôt* DU SANG : en effet, on dit que l'armée est instituée pour défendre l'*ordre* et la *Propriété*; mais si la Propriété est l'art d'*absorber le travail du pauvre*, celui-ci, composant l'armée en entier, est une portion de la *classe pauvre*, isolée et enrégimentée pour OPPRIMER L'AUTRE. Alors ne parlez donc plus d'armée nationale, et achetez vous-mêmes vos ESCLAVES, car, la nation, c'est le plus grand nombre. »

Mais joignez à toutes ces opinions plus de 3,000 proscrits Polonais, majorité de l'émigration, arborant le drapeau de la Démocratie et de l'Égalité, tandis que le reste proteste contre l'accusation d'Aristocratie !

Joignez-y les Associations d'*ouvriers anglais* et *belges*, à Londres et à Bruxelles, invoquant l'Égalité des hommes et des Peuples, tandis qu'une masse d'*ouvriers français* invoquent la *Communauté du travail et des fruits*.

Joignez-y une foule d'*ouvrages* et d'innombrables JOURNAUX, qui, dans tous les pays, proclament la *Démocratie* et réclament la Réforme *sociale* !

Ajoutez-y d'innombrables SOCIÉTÉS *philanthropiques*, en France, en Angleterre, en Amérique, partout, organisées pour réclamer la Réforme, le suffrage universel, l'éducation populaire, des salles d'*asile* pour tous les enfants, l'abolition de l'esclavage, l'amélioration des condamnés, et la civilisation des sauvages !

Et dites-moi, ne voilà-t-il pas une masse imposante d'opinions et d'autorités !

Je ne m'arrête pas à vous signaler ce qui me paraît imparfait dans ces divers systèmes, car vous savez que *nous autres Icariens nous désapprouvons tout ce qui n'est pas la Fraternité, l'Egalité parfaite et la Communauté*.

Je ne m'arrête pas non plus à déplorer les *emportements*, naturels mais injustes au fond et par conséquent moins persuasifs, de quelques écrivains contre les riches et les Aristocrates, soit leur malheureuse *intolérance* envers des hommes qui ne pensent pas précisément comme eux, mais qui cherchent, comme eux, le bonheur de l'Humanité.

Et je vous le demande, adversaires de la Communauté, direz-vous encore que cette Communauté et l'Égalité n'ont en leur faveur aucune autorité puissante, quand vous en voyez tant, des plus respectables, en faveur de la *Communauté*, et quand vous voyez le Monde philosophe et savant proclamer l'*Egalité* !

A demain, pour terminer ! Nous verrons l'Avenir de l'Humanité, et vous serez convaincus, j'espère, que cet Avenir est la Communauté !

## CHAPITRE XIV.

### Avenir de l'Humanité.

Qui pourrait nier le PROGRÈS ? Qui pourrait nier l'avantage de la civilisation sur l'état sauvage ; de l'esclavage sur l'extermination des vaincus ; de l'affranchissement sur l'esclavage ; du Christianisme avec sa morale sur le Paganisme ; du principe d'Égalité, de Fraternité et d'amour mutuel, sur le principe des Castes ; du principe d'activité, de mouvement et d'amélioration continuelle, sur le principe de résistance et d'immobilité ; du principe de Fraternité des Peuples, de communication, de concentration et d'unité, sur le principe de barrières, de séparation et de morcellement ; du principe de perfectionnement, d'éducation et de vérité, sur le principe d'abrutissement, d'ignorance, de superstition et de mensonge; de la paix sur la guerre ; de la liberté sur le despotisme ; des Communes sur la féodalité ; de l'indépendance sur la soumission forcée ; du système Représentatif réel sur la Monarchie ou l'Aristocratie absolue ; de la République aux États-Unis sur la Royauté; et des millions de réformes opérées sur les millions d'abus qui les précédaient ?

Qui peut nier le Progrès dans les sciences, dans les arts, dans la découverte de l'Amérique, dans l'invention de l'imprimerie, des machines à vapeur, des chemins de fer, etc. ?

Qui peut nier dès lors la PERFECTIBILITÉ humaine ?

Et qui peut assigner des bornes à cette perfectibilité ? Qui peut marquer les limites des Mathématiques, de la Géologie, de la Chimie, de la Physique, de l'Astronomie, de la Mécanique, de la Médecine, de la Pharmacie ?

Qui peut démentir Price, Priestley, Turgot, mille autres, surtout Condorcet, proclamant que la perfectibilité de l'homme est indéfinie, que l'Humanité est encore à son enfance, et que l'Avenir est pour elle une mère inconnue de perfectionnements successifs dont chacun en enfantera continuellement des milliers d'autres ?

Entendez Turgot qui voulait, en 10 ans, métamorphoser la France, faire de son Peuple le premier Peuple du monde et de son territoire un magnifique jardin !

Entendez Condorcet prophétiser un perfectionnement illimité dans le physique, dans l'intelligence et dans le moral de l'homme: lui prédire une amélioration native, un corps plus robuste, plus beau, plus parfait, exempt de douleurs et de maladies, une intelligence plus spirituelle et plus puissante, un cœur plus aimant et plus généreux, une âme plus pure et pour ainsi dire plus divine !

Et tous ces prodiges seraient l'œuvre d'institutions sociales et politiques qui seconderaient la Nature au lieu de l'étouffer; l'œuvre de l'Éducation surtout, de la toute-puissante Éducation; l'œuvre de la Raison et de la Providence qui nous en a fait l'inappréciable présent pour qu'elle opérât ces miracles.

Et ces institutions sociales et politiques qui doivent faire fonctionner ainsi la Raison et satisfaire le vœu de la Nature et l'ordre de la Providence, quelles sont-elles, ou plutôt quel en est le principe ?

Vous l'avez entendu ; tous ceux que l'Humanité consulte comme ses oracles vous répondent que c'est l'*Egalité*, et presque tous ajoutent que c'est la *Communauté!*

Et celui que l'Univers adore comme un DIEU proclame, depuis dix-huit siècles, que c'est l'Égalité et la Communauté !

Oui, la Communauté est le dernier perfectionnement social et politique, et le but où tend l'Humanité : toutes les autres améliorations y conduisent nécessairement ; toutes ne peuvent être qu'insuffisantes par elles-mêmes et par conséquent essentiellement transitoires et préparatoires.

Que serait par exemple la *République* seule, sans l'extinction de la misère et par conséquent de l'opulence, sans l'abondance et le bonheur pour le Peuple en travaillant modérément, et par conséquent sans l'Égalité d'éducation et de fortune ?

Que demandent ceux qui parlent de *réforme sociale* ( et tout le monde en parle ) ? Quelles réformes sociales veulent-ils ? A quelle réforme sociale prétendent-ils s'arrêter, pour que la Société soit parfaite à leurs yeux ? A quoi bon réformer quelque chose s'ils ne veulent pas l'aisance et l'éducation pour tous ? Et s'ils veulent l'aisance, l'éducation et le droit électoral pour chacun, pourquoi s'arrêter en chemin et ne pas adopter l'Égalité complète et la Communauté ?

Non, *il n'y a pas possibilité d'une halte définitive entre l'esclavage* et l'ASSOCIATION ou l'ÉGALITÉ, *entre l'opulence illimitée suivie de la misère et la* COMMUNAUTÉ.

Vouloir l'association réelle, ou l'Éducation, ou l'Aisance, ou le suffrage universel, c'est nécessairement vouloir l'Égalité et la Communauté. — Repousser l'Égalité et la Communauté, c'est nécessairement repousser le suffrage universel, et l'aisance générale, et l'éducation commune, et même l'association réelle.

La Réforme est une immense *échelle* entre le Ciel et la Terre, par laquelle on arrive au Ciel si l'on peut sans obstacle mettre le pied sur le premier échelon, puis sur le second et les autres, et dont il faut éloigner les assaillants sans leur permettre d'atteindre le premier échelon, si l'on veut être sûr qu'ils n'arriveront pas au dernier.

Aussi, *voyez-vous une seule Aristocratie accorder au Peuple l'association, l'éducation, l'aisance et le suffrage!* Ne les voyez-vous pas toutes, au contraire, plus prévoyantes et plus conséquentes, comme l'Aristocratie anglaise, avouer qu'il existe des abus mais soutenir qu'ils sont inévitables, et proclamer le principe de la *conservation* avec celui de la *résistance* et de l'*immobilité*, parce que, disent-elles, si l'on fait une concession, il faudra en faire des milliers; si l'on touche à un abus, il faudra toucher à tous; si l'on enlève une pierre on en verra tomber deux, trois, et l'édifice entier; si l'on souffre un trou dans la digue on sera bientôt submergé; et si l'on permet à la Démocratie d'arriver au premier échelon, elle aura bientôt escaladé jusqu'à la Communauté!

Oui, si j'avais le droit de m'adresser aux Rois, je leur dirais: « Faites le bonheur de l'Humanité! Déclarez solennellement que » vous adoptez la Communauté, et commencez par l'éducation, par » la liberté de la presse et d'association, par le droit électoral! » Prenez tout le temps nécessaire, allez lentement et progressive- » ment; le Peuple prendra patience et n'aura plus la moindre idée » de révolution dès qu'il vous verra entrer franchement dans la » carrière de la réforme : mais ne perdez pas un moment pour dé- » truire la misère et diminuer l'inégalité !... Si *vous repoussez la* » *Communauté pour l'avenir, je n'ai plus rien à vous dire;* car il » ne manquera pas d'émissaires de Satan qui vous diront: Gardez- » vous, gardez-vous d'accorder ni le suffrage, ni l'éducation, ni l'ai- » sance, ni l'association, on vous demanderait bientôt la Commu- » nauté! »

Je dirais également aux hommes qui veulent le bonheur de l'Humanité mais qui se contentent de demander l'association ou le suffrage, l'aisance ou l'éducation, dans la crainte de ne pouvoir obtenir davantage, je leur dirais : « N'êtes-vous pas aveuglés par » votre crédulité quand vous espérez que ceux qui ne veulent pas

» vous accorder la Communauté vous accorderont le Saint-Simonisme
» ou la Commune sociétaire, l'Association ou le Suffrage, l'éducation
» ou l'aisance, c'est-à-dire l'*échelle* pour monter à la Communauté?»

Je n'ai pas le droit sans doute de parler comme tant d'autres
l'ont fait ; mais, en vous soumettant mon opinion et ma conviction,
je hasarderais de vous dire à vous-mêmes : « Il faut opter entre
» *tout* et *rien :* vous tous qui ne voulez pas de la Communauté, re-
» noncez à l'Association, au suffrage, à l'éducation, à l'aisance, à
» toute amélioration, à tout progrès. Acceptez le *statu quo*, la ré-
» sistance, l'immobilité, l'organisation actuelle avec tous ses
» vices, la misère et l'opulence avec toutes leurs calamités. Soyez
» Conservateurs, Tories, Légitimistes ! Arrêtez et ramenez même
» en arrière le char de l'Humanité ! Revenez à l'Aristocratie de
» droit divin, aux Pontifes et aux Empereurs déifiés, à la super-
» stition, aux barrières entre les Peuples, à l'abrutissement de
» l'homme, aux castes de l'Égypte et de l'Inde, en un mot à l'es-
» clavage assimilant l'homme à la brute... Vous ne le pouvez pas,
» dites-vous ! Le char est trop lourd, la montée par-derrière trop
» escarpée, et les coursiers trop ardents à descendre... Hé bien
» alors, en avant, en avant du côté de la Communauté !... En
» avant tous ! Et, *quelque nombreuse que soit l'armée, nous mar-*
» *cherons sans désordre, et nous arriverons à petites journées,*
» *sans combats, sans dangers et sans fatigues ! Et tous les Peuples*
» *auront la Communauté ! Et la Terre ne sera qu'un Empire ! Et*
» *l'Humanité ne fera qu'une Famille !* Et cette immense Famille,
» enivrée de bonheur, n'aura que de l'admiration, de la reconnais-
» sance et de l'adoration pour la Nature ou la Providence ! »

Direz-vous encore que c'est *impossible ?* Comme si ce n'était pas,
depuis le commencement du monde, l'objection banale à toutes les
nouveautés qui déplaisent ! Comme s'il y avait une seule invention qui n'ait été déclarée impossible *avant* son existence, tandis
qu'*après* on dit que c'est la chose la plus simple et la plus facile,
tandis que chacun se vante d'avoir pu la trouver, sans concevoir
même qu'on ait pu douter de sa possibilité !

Que de millions de *prétendues impossibilités* RÉALISÉES ! N'a-
t-on pas déclaré *impossible* l'abolition de l'esclavage ; — le règne,
comme *Dieu*, de celui qu'on crucifiait comme un misérable entre
deux voleurs ; — la monarchie universelle d'un Pape ancien men-
diant et corsaire ? — Colomb n'a-t-il pas été montré au doigt
comme le *fou* par excellence, et presque pendu au haut de són

grand mât par son équipage convaincu que la découverte de l'A-
mérique était impossible? — Aurait-on cru possible qu'une compagnie de marchands (la compagnie anglaise des Indes) conquît 120
millions de sujets, et qu'une petite société de moines (les Jésuites)
devînt la directrice des Rois et des Peuples? — La faculté de médecine de Paris n'a-t-elle pas nié la possibilité de la circulation du
sang découverte par *Hervey* 50 ans auparavant? — N'a-t-elle pas
nié pendant cent ans la possibilité que la pomme de terre convînt
à l'homme comme au pourceau! — Thomas Payne n'a-t-il pas
failli être lapidé pour avoir proposé comme possible l'indépendance
et la République, proclamées peu après par le Congrès américain?
— Ne s'est-on pas moqué de celui qui proposait d'éclairer Londres
avec le *gaz*, et qui devait, disait-on, faire sauter et incendier la
ville avec son volcan à mille canaux souterrains? — L'Institut, consulté par Bonaparte, n'a-t-il pas déclaré les *bateaux à vapeur* impossibles? — Napoléon n'a-t-il pas chassé de sa présence, comme
un extravagant, ce *Fulton* qui lui offrait le moyen de réaliser l'objet de son désir le plus ardent? — L'Univers a-t-il cru possible la
Révolution française, la fortune du petit caporal-Empereur, les
trois journées parisiennes, et chacun des milliers d'événements qui
les ont suivies? — Les savants ont-ils jamais admis la possibilité
qu'un peu d'eau bouillante transportât une voiture à 720 lieues en
24 heures?

Rayez donc le mot *impossible!* ou du moins ne l'appliquez pas
à la Communauté, quand tant de Génies la déclarent possible!

N'oubliez pas que Moïse annonça un Réformateur attendu pendant des siècles dans tout l'Orient; que Jésus-Christ annonça la
*bonne nouvelle* de l'arrivée de ce Réformateur et prédit la future
venue d'un autre Messie; que Platon disait : « *Quelque jour, dans
» quelque pays, quelque Prince établira la Communauté;* » et que
Th. Morus, Helvétius, Mably, Turgot, Sieyès, Diderot, Condorcet,
B. Constant, etc., annonçaient qu'un jour *toutes les possibilités seraient réalisées!*

N'oubliez pas surtout les chemins de fer, oui, les chemins de fer,
qui vont tout révolutionner et préparer la réunion des Peuples et
des Empires!

Et, pour terminer par la plus décisive des autorités, je vous
dirai : « Supposez qu'aujourd'hui, en 1836, Confucius et Zoroastre,
» Lycurgue et Agis, Solon et Pythagore, Socrate et Platon, Aris-
» tote, les Gracques, Apollonius, Plotin et Plutarque, T. Morus et

» Locke, Montesquieu et Rousseau, Helvétius et Mably, Turgot et
» Condorcet, Washington, Franklin, Th. Payne et Diderot, Sieyès
» et Mirabeau, etc., etc., sortent du tombeau et se réunissent en
» congrès, ici, en Icarie, sous la présidence de Jésus-Christ,
» pour choisir entre l'Égalité et l'Inégalité, entre la Propriété et la
» Communauté : doutez-vous que, en présence du bonheur d'Ica-
» rie, ils ne proclamassent pour le Genre humain l'Égalité et la
» Communauté ? »

Nous sommes si heureux par cette bienfaisante Communauté,
nous autres Icariens, que tous, hommes, femmes et enfants, nous
ne savons comment exprimer notre reconnaissance envers ceux
qui nous ont procuré tant de félicité ; et c'est avec une ardeur toujours croissante que nous nous écrions sans cesse : *Gloire à nos
libérateurs ! gloire éternelle au bon Icar !*

Mais nous sommes trop sincères aussi dans nos sentiments de
Fraternité universelle pour que je puisse m'empêcher de m'écrier
ici, au nom de mes concitoyens : *Puisse bientôt la Communauté
faire votre bonheur et celui de vos Patries !*

Je n'ai pas besoin d'affirmer que des tonnerres d'applaudissements répondirent au vœu philanthropique de l'orateur : l'enthousiasme était si grand et la reconnaissance si vive pour Dinaros que
l'assemblée presque entière l'accompagna spontanément jusque
chez lui. Jugez de la joie d'Eugène et de mon bonheur à moi, puisque Dinaros était presque mon frère !

## CHAPITRE XV.

### Association et Propagande pour la Communauté.

Les Étrangers s'étaient réunis de nouveau pour délibérer sur la
question ajournée avant le cours de Dinaros, celle de savoir si la
Communauté était *applicable* à leurs pays ; et tout annonçait une
grande majorité pour l'affirmative.

L'opposition fut vive cependant : Antonio monta le premier à la
tribune, et déclara que son opinion était bien modifiée par tout ce
qu'il venait d'entendre et de voir, mais que néanmoins il doutait
encore que le système *Icarien*, tout désirable qu'il était, fût actuellement praticable en Espagne.

— Je concevrais ce doute, répondit un Carbonaro Italien proscrit par le pape en 1831, si nous n'avions pas l'expérience d'Icarie ; mais quand Icarie a fait l'essai de son système, en 1782,
n'était-elle pas dans la même position que sont aujourd'hui l'Espagne, l'Italie et presque tous les pays civilisés ? La position de
ces pays aujourd'hui, en 1836, n'est-elle même pas plus favorable
que celle d'Icarie, cinquante-quatre ans auparavant, surtout quand
ils ont pour modèle une expérience qui a si bien réussi ? Pour
obtenir le succès des Icariens, chaque Peuple n'aura qu'à répéter
ce qu'ils ont fait, et pourra même faire mieux encore en évitant
les fautes que leur inexpérience en 1782 a pu leur faire commettre.

Supposez la Communauté adoptée en Amérique, en Angleterre,
en France : y aurait-il quelque chose de plus facile que l'exécution
aux *Etats-Unis* ? Si tout le génie industriel des *Anglais*, si tout le
génie inventif des *Français* étaient mis en œuvre pour faire ce
qu'ont fait les Icariens, ces deux Peuples ne réussiraient-ils pas
aussi facilement que ceux-ci ?

Presque tous les opposants déclarèrent qu'ils admettaient la possibilité d'application si tout le monde était d'accord ; mais que les
Aristocrates et les riches n'y consentiraient pas, et que leur propre
hésitation venait de la crainte qu'il ne fallût répandre beaucoup
de sang pour vaincre leur résistance.

— On procédera lentement et doucement comme l'a fait Icar,
répondit un Polonais.

— D'ailleurs, dit Eugène, est-ce que la Communauté ne sera
pas le bonheur des riches comme des pauvres ? Pourquoi douter
que beaucoup de Nobles se montreront justes et généreux, et com-
prendront leur véritable intérêt, comme l'ont fait les Nobles Icariens en 1782, comme l'a fait la Noblesse Française le 4 août 1789,
comme le fait aujourd'hui notre ami Lord Carisdall, l'un des plus
riches Seigneurs d'Angleterre, qui veut consacrer toute sa fortune
à l'établissement de la Communauté dans son pays ?

— Je connais, ajoutai-je (moi William), beaucoup de Lords et
beaucoup de Seigneurs en France, en Prusse, en Hongrie, en Italie,
en Espagne, même en Russie et ailleurs qui désirent autant que
nous le bonheur de l'Humanité.

— Quant à l'effusion du sang, dit un autre orateur, je citerai
une anecdote que j'ai apprise il y a quelques jours. Pendant les
seize années qu'il a vécu après la révolution de 1782, Icar se plaisait à raconter souvent que son plus délicieux souvenir était d'a-

voir eu le bonheur d'établir son nouveau système sans répandre de sang. Hé bien, nous ferons comme lui !

— Nous ferons comme lui ! répétèrent une foule de voix.

Les orateurs, qui appartenaient à cinq ou six des pays voisins (à la Virginie, au Taron, etc.), firent connaître que l'exemple d'Icarie était suivi sans obstacle dans leurs pays, quoique avec moins de progrès, parce que ces pays ont moins de ressources.

Deux Américains de New-York et de Philadelphie affirmèrent que rien ne serait plus facile que l'application du système dans les vingt-quatre Républiques unies. Ils ajoutèrent que l'Amérique avait fait déjà beaucoup de Réformes partielles qui conduisent à la Communauté ; que, dans plusieurs des États-Unis, les banques aristocratiques perdent leurs privilèges ; que la poste aux chevaux est supprimée pour les voitures particulières ; que les *boarding-house* (ménages communs) se multiplient dans les nouvelles villes pour nourrir les familles en commun ; que les ouvriers ne veulent plus travailler que comme *associés* ; et que les *domestiques* deviennent chaque jour plus rares. Leurs discours furent accueillis par de longs applaudissements.

— J'ai été dans ma jeunesse l'un des Aristocrates les plus intolérants, dit le vénérable père Francis (missionnaire Écossais) : depuis, je me suis fait Prêtre, et j'ai parcouru presque toutes les parties du monde. Aujourd'hui je suis vieux : l'âge a mûri toutes mes idées, et je n'hésite pas à vous déclarer ma conviction profonde que le système d'Icarie est *praticable* partout. J'hésite d'autant moins à faire cette déclaration qu'elle ne m'engage à rien ; car nous verrons tout à l'heure ce qui nous sera proposé comme moyen d'exécution : si nous pouvons peu, nous ferons peu ; si nous ne pouvons aller vite, nous irons lentement. Mais je crois que nous pouvons quelque chose....

La clôture ayant été demandée et décidée, environ 200 s'abstinrent de voter, déclarant qu'ils n'avaient pas encore de conviction, et plus de 9,500 déclarèrent le système *applicable*. Ce vote fut accueilli avec de longues et bruyantes marques de satisfaction.

Plusieurs membres de la minorité, entraînés par cette énorme majorité, déclarèrent que, puisque la majorité était si forte, ils se

rangeaient à son opinion, parce que cette circonstance leur semblait rendre l'application plus facile.

Vint alors la question de savoir s'il fallait commencer *actuellement* l'application.

D'autres orateurs de la minorité soutinrent qu'il fallait laisser
l'entreprise à la prochaine génération, ou attendre que quelque
grande Nation Européenne eût commencé ou qu'un nouvel Icar se
présentât.

— Et si un second Icar, répondit un gros Allemand, met autant
de temps à paraître après le premier que celui-ci après Jésus-
Christ, il faudra donc attendre 1800 ans ? Si la France attend l'Angleterre et que l'Angleterre attende la France, chacune attendra
bien plus long-temps encore ! Si la génération présente renvoie
l'affaire à la génération prochaine, pourquoi celle-ci ne la renver-
rait-elle pas de même à la suivante ? Et nous ferions alors comme
ce barbier qui avait écrit sur sa porte : DEMAIN *on rase ici pour
rien*, et qui, quand quelqu'un voulait être rasé gratis, lui répondait en riant : Lisez mon enseigne ; c'est *demain* qu'on rase ici pour
rien (éclats de rire). Pour moi, j'adopte la maxime *Aide-toi, le Ciel
t'aidera* ; c'était aussi celle d'Icar, qui prépara ses plans long-
temps avant la Révolution. Je ne sais pas si nous ferons peu ou
beaucoup ; mais mon avis est que nous ne disions pas comme le
barbier, *demain*, et que nous commencions dès aujourd'hui.

Les cris *Aux voix !* se confondirent avec les *bravos*, et l'épreuve
donna une majorité plus forte encore que la précédente.

*Que pouvons-nous faire pour établir la Communauté ?* fut la
quatrième question posée.

— Que pouvons-nous faire ? s'écria le plus fougueux opposant.
Mais où sont notre armée, notre trésor, notre pouvoir pour établir
la République et la Communauté en France, en Angleterre, en
Europe ? Quel est parmi nous l'Icar revêtu d'un pouvoir dictato-
rial ? Poignée d'étrangers pour chaque pays, que pouvons-nous ?
Rien, rien, absolument rien !

— Nous pouvons si peu, dit un autre, qu'en vérité nous ferons
aussi bien d'attendre !

— Nous ferions mieux, dit un troisième ; car nous pourrions re-
tarder au lieu d'avancer l'événement que nous désirons : souvent
on recule en voulant aller trop vite. La poire n'est pas encore mûre !

— Et où en serait Icarie, répondit Eugène, si son Icar avait tenu

ce langage? Icar n'a-t-il pas commencé plusieurs années avant la
Révolution? N'a-t-il pas commencé quand il était seul et sans puissance? Faisons comme lui ; commençons dès à présent !

— Mais voulez-vous donc établir la Communauté par la violence? lui cria une voix retentissante. Vous voulez donc des conspirations, des émeutes, des attentats, une révolution?

— Non, non, répondit Eugène : et puisque vous me faites une
pareille objection, expliquons-nous complétement !... Je partage
sans restriction les sentiments et les principes de modération, de
tolérance et de philosophie professés par Dinaros ; plus heureux
que vous, puisqu'il m'honore particulièrement de son amitié et que
j'ai le bonheur de l'entendre chaque jour, je suis profondément
convaincu comme lui que *la violence serait plus funeste qu'utile.*
Plus je réfléchis sur le passé, plus je considère le *peu d'instruction
des masses* et le *peu de prudence des chefs*, et plus je redoute une
révolution par la force ; plus j'aime le Peuple, plus je lui suis dévoué, et plus je désire une Réforme qui ne soit pas éphémère ; plus
mes vœux sont ardents pour la Communauté, plus je suis impatient
de la voir établie solide et durable, et plus je veux pour elle l'as-
sentiment universel.

Et comme *un vrai patriote doit tout sacrifier à l'intérêt réel du
Peuple,* comme quelques années ne sont rien dans l'existence des
Nations et de l'Humanité, j'aime mieux la Communauté commençant dans dix ans avec un Peuple éclairé que la Communauté
commençant dans un an avec un Peuple trop incertain dans ses
opinions ; loin d'en compromettre le succès par trop de précipitation, je préfère l'attendre long-temps; et, loin de désirer la violence
et d'y provoquer, si ma voix était assez puissante pour être écou-
tée, je crierais bien haut : « Point de conspirations, point d'é-
« meutes, point d'attentats! discutons seulement, éclairons l'opinion
« publique ! »

— Mais vous attaquez la Charte française ! — Non, je veux qu'on
éclaire les Électeurs, les Députés, la Nation et le Gouvernement,
sans rien attaquer par la violence.

— Mais vous voulez détruire la Monarchie et amener la République ! — Non, je veux seulement encore qu'on éclaire les Électeurs, les Députés, la Nation et le Gouvernement, pour qu'ils
consentent à établir le *suffrage universel* (qui n'est prohibé ni par
la Charte ni par la loi). Je ne tiens ni aux noms ni aux personnes ;

et peu m'importe que l'organisation politique s'appelle *Monarchie, Démocratie*, SOCIÉTÉ, Gouvernement *représentatif*, ou de toute autre manière, pourvu que le Peuple ait son droit de suffrage; peu m'importe même le nombre et le titre des Gouvernants et leur liste civile, s'ils donnent au Peuple l'Égalité et la Communauté; qu'il y ait un bienfaiteur du Peuple, et ce n'est pas moi qui m'opposerai à ce qu'on lui décerne tous les titres les plus pompeux, tous les honneurs et tous les millions qu'il pourra désirer, s'il est possible qu'un bienfaiteur de l'Humanité mette du prix à des trésors !

— Mais vous attaquez la Propriété ! — Pas du tout ! Profondément convaincu que toute attaque violente à la Propriété ne peut enfanter que la guerre et des calamités pour les pauvres comme pour les riches, je veux la respecter, ainsi que tout ce qu'on appelle droits acquis; je demande qu'ils soient conservés à la génération présente et qu'il n'y ait de changement que pour la génération future, préparée à le supporter sans en souffrir : je veux seulement qu'on éclaire les Électeurs et les Députés, le Gouvernement et la Nation, pour qu'ils admettent les Réformes qu'ils ont incontestablement le droit de consentir et d'exécuter, et, comme Icar et Dinaros, je demande qu'*en admettant le principe* de la Communauté et en l'adoptant de conviction, sans répugnance et sans arrière-pensée, on s'y prépare par un *système transitoire* assez long pour concilier tous les intérêts.

— Mais vous excitez la haine des pauvres contre les riches ! — Non, non ! au contraire ! Le pauvre hait le riche depuis le commencement du monde, avant moi et sans moi, et c'est sa misère qui l'excite à cette haine ! Loin de vouloir l'envenimer, je veux l'adoucir en la détournant sur les choses seulement; je veux qu'on éclaire les pauvres comme les riches et les riches comme les pauvres, dans leur intérêt commun, en leur montrant la vérité, en leur indiquant la véritable cause de leurs maux communs et le remède qui les fera jouir d'une félicité commune. En un mot, loin de faire un appel aux passions violentes, je veux n'invoquer que la *Raison*, la *Philosophie*, la *Justice*, et, s'il le faut, les passions *généreuses*, pour assurer le bonheur de l'Humanité.

— Mais enfin que pouvons-nous faire? lui cria un autre des opposants. — Que pouvons-nous faire! répondit Eugène, voici mon avis;

Nous nous trouvons ici des étrangers de presque tous les pays :
hé bien, nous pourrions former une grande *Association*, qui choi-
sirait des partisans de la Communauté parmi les hommes les plus
respectables, les plus populaires et les plus influents, et qui publie-
rait des *ouvrages* pour faire connaître l'organisation d'Icarie.

L'association ne fît-elle pas autre chose, elle rendrait un immense service ; car admettez que des millions de Français, des
millions d'Anglais, des millions d'Allemands, des millions d'Américains se prononçassent en faveur de la Communauté, et jugez
ensuite de l'influence que ce fait seul aurait sur l'*opinion publique!*

Et quand on dit que *l'opinion est la reine du monde*, ce n'est pas
un de ces mots menteurs qui trompent si souvent les hommes; car
le triomphe du Christianisme atteste que les bourreaux mêmes et
leurs tortures sont impuissants contre les idées et les croyances.

Hé bien ! si, comme je vous le disais l'autre jour, toute la France
était réunie dans une salle et entendait expliquer l'organisation
d'Icarie, toute la France, je n'en ai pas le moindre doute, voudrait
cette organisation pour elle (l'Allemagne aussi! l'Espagne aussi! la
Prusse aussi! entendait-on crier de tous côtés) ; et la Communauté
s'établirait partout sans effusion de sang, sans la moindre violence,
par la seule force de l'OPINION PUBLIQUE.

Mais, puisqu'il est impossible de réunir matériellement la France,
par exemple, dans une salle ni dans une plaine, réunissons-la
d'une autre manière, et faisons-lui connaître Icarie en lui distribuant des écrits qui lui tiendront lieu de discussion.

— Mais l'association est prohibée par vos lois françaises! lui
cria son antagoniste.

— Je le sais, et j'en gémis.... Mais des lois qui dépouillent
l'homme d'une de ses plus précieuses libertés, celle de s'associer
et de se réunir pour discuter et s'éclairer sur le moyen d'être heureux, ne peuvent être que des lois exceptionnelles et momentanées
dans le pays de la philosophie et de la civilisation, surtout quand
l'Angleterre et l'Amérique sont en pleine possession et jouissance
du droit illimité de s'associer et de s'assembler, de prêcher et de
publier, de parler et d'écrire : et d'ailleurs, la loi de France n'empêche pas de discuter par écrit.

Il nous faudra long-temps peut-être ; mais que sont quelques
années dans la vie des Nations? Avant deux ou trois ans, nous
aurons des millions de suffrages, probablement ceux des hommes
les plus célèbres par leurs lumières et leurs vertus, et *nous arri-*

*verons certainement au but,* je le répète, *par la seule force de la raison, de la persuasion, de la conviction et de l'opinion publique.*

C'est sur l'Angleterre... (mais j'aperçois mon vénérable ami qui demande la parole... — Continuez, lui crièrent le vieux missionnaire et beaucoup d'autres) c'est sur l'Angleterre principalement, sur la France et sur les États-Unis d'Amérique que l'Association devrait, à mon avis, concentrer ses efforts ; et si le Peuple Icarien veut nous prêter quelque appui, personne, je crois, ne pourra plus demander ce que l'Association pourra faire...

(Les applaudissements furent si vifs que je n'en fus pas moins surpris qu'enchanté.)

Mais le silence se rétablit bientôt quand on vit à la tribune la blanche chevelure du vénérable père Francis.

J'appuie de tous mes vœux, dit-il d'une voix solennelle, l'avis du jeune homme qui vous propose de recueillir partout les voix favorables à la Communauté ; mais, tout en approuvant sa prudence et sa modération, j'irai plus loin que lui, parce que mon âge m'autorise peut-être à plus de hardiesse : c'est de la *propagande* qu'il faut faire ! C'est une nouvelle *mission* qu'il faut accomplir ! Apôtres d'Icar, *imitons les apôtres de Jésus-Christ !*... Partons d'Icarie pour parcourir la terre et prêcher aux Peuples la Communauté ! Écrivons, parlons, discutons, persuadons, convertissons !

Presque accablé par la vieillesse, je voulais mourir en paix dans le paradis terrestre d'Icarie ; mais je suis prêt à traverser de nouveau les mers : j'irai, si vous le voulez, jusque dans le nord de l'Amérique, non pour y revoir les sauvages que j'ai visités autrefois, mais pour y prêcher la Communauté à la Nation qui peut-être ressemble le plus à Icarie. Oh, que j'y mourrais heureux si ma voix pouvait contribuer à l'adoption d'un système qui compléterait son bonheur et ferait celui de l'Amérique entière !

Ces paroles du vieillard produisirent tant d'attendrissement et d'enthousiasme qu'on demanda de toutes parts la mise aux voix du principe de l'*Association*, et la nomination d'une *Commission* qui présenterait à l'Assemblée un projet d'organisation de la Société !

L'Assemblée adopta cette proposition à l'unanimité, et se sépara avec autant d'exaltation que si la Communauté avait dû commencer le lendemain sur les cinq parties du monde !

## CHAPITRE XVI.

### Croisade en Icarie pour établir la Communauté.

Je sors de la salle de la Représentation nationale : quelle séance!
quel spectacle!

Après la réunion des Étrangers , dont le résultat avait excité la
plus vive sympathie dans toute la République , Dinaros et Valmor
avaient obtenu la convocation des Assemblées populaires d'Icara ;
et les 300,000 citoyens de la capitale avaient unanimement adopté
une *pétition* recommandant la cause des étrangers à la sollicitude
des Représentants de la Nation.

Dès le lendemain, le grand-père de Valmor avait annoncé qu'il
présenterait un projet de loi en faveur des Peuples qui réclame-
raient l'appui de la République après avoir établi la Communauté.

Sa proposition, distribuée à tous les Députés et publiée par le
journal national, était connue de tout le monde dans l'Icarie. Ce sujet
captivant au plus haut point l'attention publique, la salle était remplie et les environs couverts de citoyens impatients de connaître le
résultat.

« Représentants d'Icarie (dit le vieux orateur, d'une voix lente
et faible, mais parfaitement distincte, au milieu d'un religieux silence), je ne vous ai jamais parlé d'un sujet plus grave et plus intéressant pour la République: cependant je serai court parce que
je sais que mes sentiments sont les vôtres.

» Notre Icar, d'immortelle et glorieuse mémoire, nous a recommandé, vous le savez tous , de regarder tous les Peuples comme
nos frères, et de ne rien négliger pour les faire jouir du bonheur
de la Communauté , après l'avoir complétement consolidée chez
nous.

» Nous avons bien fait de ne nous occuper d'abord que de nos
affaires intérieures, et de ne pas nous presser d'étendre nos relations au dehors.

» Nous avons bien fait  même de ne pas chercher à nous faire
connaître aux Nations éloignées et de n'envoyer chez elles que des
Commissaires secrets.

» Mais les temps ne sont-ils pas arrivés de nous faire connaître
au Monde ?

» Voyez quelle est aujourd'hui notre puissance !

» Chez nous, nous n'avons rien à craindre : vingt Peuples coalisés nous attaqueraient en vain ; car nous pourrions leur opposer plus de 10 millions de citoyens-soldats.

» Les sept Peuples les plus voisins de nous sont nos alliés, ou plutôt des amis et des frères qui nous serviraient de remparts ou d'avant-garde, tandis que quatre Peuples sauvages que nous avons civilisés et colonisés nous serviraient de réserve.

» Notre marine, jointe à celles de deux de nos alliés, est capable des expéditions les plus lointaines ; plus de 2 milliards en lingots et en vases d'or et d'argent, et plus d'un million de soldats, nous permettraient de tout entreprendre ; car si la République proclamait une *croisade* en faveur de la Communauté, je suis convaincu que plus d'un million de nos jeunes citoyens accourraient volontairement sous le drapeau de la propagande humanitaire.

» Et si ce drapeau se montrait aux Nations, que d'alliés, que de millions d'opprimés surtout, voudraient se ranger autour de l'étendard libérateur !

» Jamais Peuple ou Conquérant n'eut une pareille puissance entre les mains !

» Dans cette situation, devons-nous restreindre notre intérêt à nos malheureux frères les *esclaves noirs ?* N'est-ce pas un devoir pour nous maintenant de nous intéresser activement à nos malheureux frères les *esclaves blancs ?*

» Et puisque nous pouvons aujourd'hui ce que nous ne pouvions pas jusqu'à présent, ce n'est plus autour de nous qu'il faut arrêter nos efforts ; c'est en France ou en Angleterre qu'il faut aller planter le drapeau de la Communauté, parce qu'en partant de l'un ou de l'autre de ces grands pays ce drapeau pourra parcourir le reste de l'Europe ; et d'un seul coup nous affranchirons l'Univers.

» Proclamons donc nos principes dans le Monde entier ; envoyons des Ambassadeurs chez tous les Peuples de la terre ; contractons des alliances avec les Peuples libres ; appelons les étrangers chez nous pour qu'ils y voient notre bonheur ; appuyons l'*Association* qui vient de s'organiser ici, et déclarons à l'Angleterre et à la France que, si l'une d'elles proclame la Communauté et si le reste de l'Europe veut lui faire la guerre, la République tient à sa disposition un million d'hommes et 2 milliards.

» Mais il serait indigne des élus d'un Peuple sage d'agir avec précipitation dans une affaire de cette nature, et de céder à l'enthousiasme au lieu de n'écouter que la raison.

» Délibérons donc avec calme, consultons tous nos frères réunis dans leurs assemblées populaires ; et pour être plus sûrs de ne pas compromettre nos intérêts en nous laissant entraîner par nos sentiments généreux, ajournons à six mois la délibération définitive.

» Représentants d'Icarie, vous allez décider peut-être des destinées de l'Humanité !

» Pour moi, vieux compagnon d'Icar, je me sens heureux d'avoir assez vécu pour vous faire cette proposition. J'ai fini. »

La figure du vénérable vieillard était radieuse... Je m'attendais à des applaudissements sans fin : mais je fus aussi surpris qu'affligé quand je le vis descendre de la tribune au milieu du plus morne silence, bien que l'Assemblée se levât spontanément tout entière en signe de respect et qu'elle tînt ses regards fixés sur lui jusqu'à ce qu'il eût regagné sa place.

Valmor me paraissait pâle ; Dinaros souriait ; Eugène et moi nous étouffions d'inquiétude.

Le Président demanda si quelqu'un voulait parler pour ou contre la proposition : silence.... si quelqu'un voulait proposer quelque amendement : silence encore....

Mille lumières éclairaient alors la salle ; et plus de 6,000 personnes écoutaient : jugez quel imposant spectacle !

« Vous allez voter, dit le Président : que ceux qui sont d'avis d'adopter la proposition se lèvent... » Les 2,000 législateurs paraissent debout ! — « Que ceux qui sont d'un avis contraire se lèvent.... » Tous restent assis !

Et toujours le plus profond silence, quoique tous les cœurs bondissent dans les poitrines !

« Au nom de la Représentation nationale, dit le Président, je déclare la proposition adoptée. »

Non, vous ne pourrez jamais vous figurer les transports d'enthousiasme qui éclatèrent alors parmi les étrangers, dans les galeries, et sur les bancs des Représentants eux-mêmes.

Les cris se répétèrent au dehors ; la nouvelle s'en répandit comme l'éclair dans les 60 Assemblées populaires d'Icara qui s'étaient extraordinairement réunis à cet effet ; et partout elle fut accueillie avec des acclamations et des transports qu'on n'avait pas vus depuis long-temps.

— Nous verrons donc, me dit Eugène ivre de joie, une pareille

séance à Paris ou à Londres!... Icarie, la France, l'Angleterre!
O mon cher ami, nous la verrons, cette chère Communauté, faire
le bonheur du Genre humain!

## CHAPITRE XVII.

### Bonheur de Milord.

Tout sourit à mes vœux : notre Association est définitivement
organisée sous la protection de la République; la naturalisation
obtenue pour moi par le grand-père de Valmor me rend Icarien en
me laissant Anglais; miss Henriett, depuis long-temps pressée et
tourmentée par une vieille tante, met son bonheur à consacrer ses
jours à l'adoration de la Divinité : Valmor et Alaé sont si heureux
dans l'espérance de leur union que le délai de deux mois imposé pour
notre triple mariage n'a pas tardé à être réduit de moitié; et c'est
demain que va commencer le paradis pour nous.

Tout est en mouvement, tout respire la joie!
Déjà heureux aujourd'hui par l'amitié, demain l'amour me rendra le plus heureux des époux et des hommes; et bientôt je pourrai revoir ma chère Angleterre, lui montrer ma Dinaïse, et travailler au bonheur de ma Patrie en lui faisant connaître la prodigieuse félicité d'Icarie et les prodigieux bienfaits de la Communauté!

Quel plaisir j'aurai, après-demain, à tracer, pour mes enfants,
le récit de nos noces qui vont être si joyeuses!
Si j'étais superstitieux, je serais épouvanté d'un bonheur si
parfait!

## CHAPITRE XVIII.

### Mariages et noces.

Ce chapitre, dont le titre est écrit de la main de Milord, dans son
journal, n'est pas même commencé; et le journal se trouve interrompu par le plus épouvantable des accidents.
Je vais tâcher de le compléter avec les renseignements que j'ai
pu recueillir.

# CHAPITRE XIX.
### Catastrophe.

Le 21 juin dernier (1837), je reçois de lord Carisdall un billet qui m'annonce son arrivée et qui me presse d'aller le voir. J'y cours, impatient de l'embrasser.

Quoique je le connaisse très-affectueux, il m'embrasse avec une affection et même un attendrissement qui me surprennent. Je le trouve horriblement fatigué, triste, abattu ; sa figure me paraît changée et décomposée, comme si quelque grande adversité l'avait pâlie et sillonnée. J'ose à peine l'interroger.

Nous causons cependant, et je trouve un charme nouveau dans sa conversation mélangée de tristesse et d'enthousiasme. « O mon ami, me répète-t-il plusieurs fois, quelle merveille, quel prodige que cette Icarie ! »
Mais tout d'un coup ses traits s'altèrent ; sa figure s'anime ; il fait un mouvement d'effroi ; son œil devient hagard ; il fixe le ciel à travers la croisée et se lève violemment en s'écriant : « Tu me fuis, ma Dinaïse ! tu me laisses aller seul en Angleterre ! Viens, mon ange, ô viens me rendre la vie ! »

Mais sa physionomie change subitement encore, la joie et le bonheur brillent dans ses yeux ; le sourire est sur ses lèvres ; il adresse à cette Dinaïse revenue vers lui les plus touchantes paroles ; puis il retombe sur son fauteuil comme épuisé de fatigue, s'endort, et me laisse en proie à la plus vive anxiété.

*John* m'apprend alors que son maître a subitement perdu la tête à Icara et qu'il s'est enfui.
Ils ont mis trois mois pour revenir à Londres, et pendant ce temps il n'a eu que cinq accès comme celui-ci.
Aussitôt que la crise est passée, il reprend toute sa raison. Quant à sa bonté, on dirait qu'elle augmente toujours et qu'il n'est occupé que du bonheur des autres.

Quand j'eus demandé à John la cause de sa maladie : — Ah ! vous ne savez pas encore? me répondit-il... Il aimait mademoiselle Di-

naïse, pour laquelle il a failli mourir. Le jour du mariage (ho! que
Milord était heureux!), en descendant de la cérémonie pour entrer
dans la salle du bal, elle est tombée, on ne sait par quel accident,
aux pieds de Milord, qui l'a relevée... Elle était... morte ! *.

Et les sanglots étouffaient la voix du pauvre John...

Le lendemain, John entre chez moi tout essoufflé et hors de lui.
— Monsieur, monsieur !... Venez vite !... Elle n'est pas morte !...
On vient de me remettre une lettre... Elle est en route ! Elle a été
long-temps évanouie, froide, comme sans vie... Tout le monde la
pleurait... C'est presque un miracle !... Oh quelle histoire !... Vous
lirez la lettre... Mais venez tout de suite !... Je ne sais comment
annoncer cette nouvelle... Je crains... Venez l'annoncer vous-
même !... Venez, venez !

Et je cours à l'instant apprendre à Milord qu'il reverra sa Dinaïse.

* J'ai été témoin d'une scène absolument pareille à tous les événements de ce
chapitre.

FIN DE LA DEUXIÈME PARTIE.

# VOYAGE
# EN ICARIE.

### CHAPITRE UNIQUE.

Explications de l'auteur. — Doctrine Communitaire.

Plusieurs de mes amis étant surpris de me voir prêcher la Communauté, tandis que je ne leur parlais autrefois que de *progrès* et d'*amélioration* du sort du Peuple, je leur dois une explication, et la voici :

Trop long-temps victime de mon dévouement à la cause populaire pour ne pas m'y dévouer toujours, j'avais résolu, comme *Campanella*, de mettre à profit le temps de l'exil pour étudier, réfléchir et tâcher d'être utile encore à mes concitoyens : je préparais, pour le Peuple, trois histoires *élémentaires* (une histoire universelle, une histoire de France, une histoire d'Angleterre)[1], lorsque je voulus lire en anglais l'*Utopie*, que, comme beaucoup d'autres, j'avais souvent entendu citer sans la bien connaître. Malgré les nombreux défauts de cet ouvrage, surtout si l'on veut en faire l'application aujourd'hui, je fus tellement frappé de son idée fondamentale que je fermai le livre sans vouloir m'en rappeler

[1] Le deuxième de ces ouvrages est publié. Les deux autres sont presque achevés.

les détails pour méditer sérieusement sur cette idée de Communauté que je n'avais jamais eu le temps d'approfondir, dominé
d'ailleurs que j'étais, comme presque tout le monde, par cette
aveuglante prévention qui proscrit la communauté comme une
chimère.

Mais plus je réfléchis, moins cette idée me parut chimérique....
J'en essayai l'application théorique à toutes les situations et à tous
les besoins de la Société; et plus j'essayais d'applications particlles,
plus j'en apercevais la possibilité et même la facilité.

Je ne puis dire le plaisir que j'éprouvai à trouver enfin le remède
à tous les maux de l'Humanité ; et je suis sûr que, dans leurs palais et leurs fêtes, les exileurs n'ont pas de jouissances aussi pures
que l'exilé apercevant chaque jour davantage l'aurore du bonheur
pour le Genre humain.

Mon plan de Communauté terminé, je lus ou relus tous les
Philosophes les plus célèbres *, dont je ne donne ici que l'esprit
dans les chap. 12 et 13 ** ; et je ne puis dire encore le plaisir que
j'éprouvai quand je découvris que ceux de ces Philosophes que je
ne connaissais pas, et ceux que j'avais lus autrefois sans remarquer
tous leurs trésors, confirmaient mon opinion sur presque tous les
points en question.

Ainsi fortifiée, ma conviction devint inébranlable ; et je résolus de
publier mon travail.

Cependant, quelques amis en France, à qui je communiquai
mon projet et mes idées principales, s'efforcèrent de me les faire
abandonner.

« La Communauté ! m'écrivaient les uns ; mais c'est un épou
» vantail universel, une chimère ! Vous allez soulever l'opinion
» contre vous, ou bien vous la trouverez indifférente ! Vous for
» cerez beaucoup de vos amis à vous renier. Le Peuple même vous
» abandonnera, trop éclairé pour ne pas voir que son véritable
» intérêt n'est pas dans la Communauté, et que l'Égalité réelle ne
» pourrait être que l'Égalité de misère ! Vous vous fermerez ainsi
» tout appui, toute carrière, tout avenir ! Êtes-vous donc devenu
» fou ! »

Mais ces objections ne m'étonnèrent pas plus qu'elles ne me firent
reculer.

* Si j'avais été en France, j'aurais pu trouver des collaborateurs qui m'auraient aidé à en analyser cent autres.
** L'analyse de leurs ouvrages forme un troisième volume très-instructif que
je publierai séparément.

« Je soulèverai contre moi, dit-on, l'opinion publique! »—Quoi!
l'opinion se soulèverait contre une discussion philosophique, contre
la recherche de la vérité et du moyen de guérir les maux qui dé-
vorent l'Humanité! Non, non; il faudrait que l'opinion publique
fût bien aveugle, aussi aveugle (*si parva magnis componere licet*
—s'il est permis de comparer les petites choses aux grandes) que
quand elle se souleva contre Socrate et Jésus-Christ; et ce serait
une raison de plus pour travailler à l'éclairer.

« Ou bien elle n'accueillera mes idées qu'avec indifférence! »
—Hé bien alors elles n'auront pas d'inconvénients pour les autres;
et c'est encore une raison pour réveiller l'indifférence, aussi funeste en Philosophie et en Sociabilité qu'elle peut l'être en Religion.

« Mes amis me renieront! » — Ha! j'en serais désolé pour ceux
que j'aime autant que je les honore; mais l'exil apprend et habitue
à se passer de bien des amitiés; et je ne balancerais pas à dire:
*Amicus Cato, sed magis amicus Plato et magis adhùc amica Ve-*
*ritas* (J'aime *Caton*, mais plus encore *Platon*, et plus encore la
*Vérité*)... Et d'ailleurs, non, mes vrais amis ne me renieront pas;
car je pensais comme eux quand je n'avais pas étudié la question,
et ils penseraient probablement comme moi s'ils l'avaient comme
moi méditée pendant trois ans: je suis prêt à la discuter avec eux,
bien convaincu qu'ils se convertiront, et prêt à me laisser convertir
moi-même s'ils me démontrent mon erreur.

« Le Peuple lui-même m'abandonnera! »—Non, parce qu'il n'a
pas d'ami plus sincère, plus constant et plus dévoué. Je sais bien
cependant que ce Peuple, toujours généralement bon, juste et généreux, peut être trompé et écouter ses ennemis, comme autrefois
le Peuple lacédémonien abandonna le roi Agis, comme le Peuple
athénien abandonna Socrate, comme le Peuple romain abandonna
les Gracques, et comme le Peuple juif laissa crucifier Jésus-Christ:
mais c'est encore une raison pour se dévouer à sa délivrance.

« Je me ferme tout appui, toute carrière et tout avenir! »—Ho!
je le sais, et j'y travaille depuis trop long-temps pour ne pas le
savoir: mais *trop d'entre nous ne pensent qu'à eux-mêmes; il faut*
*bien qu'il y en ait quelques-uns qui ne pensent qu'au Peuple et à*
*l'Humanité!*

« Je suis devenu fou ! » — Hélas ! tout n'est-il pas folie sur la terre ? Ne sommes-nous pas tous des fous qui ne différons que par le genre et l'espèce ? Quand tant de prétendus sages se tourmentent pour des jouissances égoïstes, les plus fous sont-ils ceux qui trouvent de la jouissance à se dévouer pour leurs Frères ? Et quand on est fou avec Socrate, Platon, Jésus-Christ, et tant d'autres, le Charenton dans lequel on se trouve avec eux ne vaut-il pas le Charenton rempli d'ambitieux, de cupides et d'avares ?

« Quoi, m'écrivaient d'autres amis, vous faites un *Roman* pour » expliquer votre système de Communauté ! et vous ne commencez » pas par exposer votre *doctrine !* » — Hé ! oui, je fais un Roman pour exposer un système social, politique et philosophique, parce que je suis profondément convaincu que c'est la forme la plus simple, la plus naturelle et la plus intelligible pour faire comprendre le système le plus compliqué et le plus difficile; parce que je ne veux pas écrire seulement pour les savants, mais pour tout le monde; parce que je désire vivement être lu par les FEMMES, qui seraient des apôtres bien autrement persuasifs si leur âme généreuse était bien convaincue sur le véritable intérêt de l'Humanité ; parce que je ne veux pas imiter les économistes et leurs imitateurs qui, comme le dit Condorcet, gâtèrent souvent leurs idées par l'abus des termes scientifiques : je me trompe peut-être, mais cette forme, dont au reste l'Utopie m'a donné l'idée, me paraît préférable à toutes celles qu'ont choisies les écrivains modernes pour traiter des sujets analogues... J'ai besoin sans doute de l'indulgence de mes lecteurs, surtout pour toute la partie romantique ; mais on concevra que cette partie n'est qu'un *accessoire* auquel je n'ai pu consacrer que le moins de place possible. D'autres feront mieux ; et quant à moi, je n'aurai pas manqué mon but si le *Roman* a pu gagner quelques lecteurs sans en faire perdre aucun à l'œuvre *philosophique*.

Néanmoins ce système étant nouveau, il aura probablement besoin, pour être parfaitement saisi, d'une seconde lecture, qui sera bien plus facile quand on aura l'ensemble des faits et des raisonnements.

Quant au fond du Système, à l'organisation sociale et politique d'Icarie, je prie le lecteur de bien distinguer tout ce qui est *principe fondamental* de ce qui n'est qu'*exemple* et *détail*. Ainsi, quand je dis que le plan d'une maison-modèle est ou doit être arrêté par une loi après un concours, c'est là un *principe*, que je crois incontestable ; mais quand je donne un plan de cette espèce, ce n'est qu'une des mille idées qu'on peut adopter ; et les gens de l'art pourront trouver beaucoup d'erreurs d'exécution que j'aurais évitées si j'avais fait mon travail à Paris, mais qui sont indifférentes en elles-mêmes : car ce n'est pas là le système ; et quand il s'agira de l'exécution, le Peuple et les savants réunis sauront bien trouver les meilleurs plans et les meilleurs modèles.

Qu'on ne me chicane donc pas sur les *détails ;* car je renonce moi-même à les défendre.

Voici du reste ce que je considère comme la *Doctrine* ou les *Principes* de la Communauté.

### PRINCIPES ET DOCTRINES SUR LA COMMUNAUTÉ.

Qu'est-ce que les *droits naturels* ou *divins ?* — Ce sont ceux qui sont accordés par la Nature ou par la Divinité.

Qu'est-ce que les *droits sociaux* ou *humains ?* — Ce sont ceux qui sont accordés par la Société ou imaginés par les hommes.

Quels sont les droits naturels ? — Les principaux sont le droit d'exister, et le droit d'exercer toutes ses facultés physiques et intellectuelles.

Qu'entendez-vous par *droit d'exister ?*—J'entends le droit d'user de tous les biens créés par la Nature pour la nourriture, le vêtement et le logement, et le droit de se défendre contre toute espèce d'agresseur.

Qu'entendez-vous par le droit d'exercer toutes ses *facultés physiques ?* — J'entends le droit d'aller et venir, de travailler, de s'associer, de s'assembler, en un mot de faire tout ce qui plaît sans nuire au droit d'autrui. J'entends aussi le droit d'avoir un époux et une famille, parce que c'est évidemment pour chaque individu le vœu de la Nature.

Qu'entendez-vous par le droit d'exercer ses *facultés intellectuelles ?* — J'entends le droit d'employer tous les moyens de s'instruire.

Tous les hommes ont-ils les *mêmes* droits naturels? — Oui, parce que ces droits tiennent à la qualité d'homme et que tous les hommes sont également hommes.

Cependant les hommes ne sont-ils pas *inégaux*, en force par exemple? — Cela est vrai ; mais la force n'est pas un droit, et plusieurs faibles peuvent se réunir contre un fort : les hommes peuvent être *différents* en force, en taille, etc. ; mais la Raison nous indique qu'ils sont *égaux* en droits aux yeux de la Nature.

La Nature a-t-elle *partagé la terre* entre les hommes ?—Certainement non : elle a donné la terre à tout le Genre humain, sans assigner de part à personne. Tous les Philosophes reconnaissent que la Nature a donné *tout à tous* sans rien partager, et que les biens de la terre ont formé une *Communauté naturelle et primitive.*

Ce n'est donc pas la Nature qui a établi la *Propriété ?* — Certainement non : elle n'a ni établi la Propriété, ni imposé la Communauté ; elle a laissé les hommes libres de jouir des biens de la terre comme ils voudraient, en établissant la Propriété ou en conservant la Communauté.

Chacun avait-il droit à une *part égale ?* — Évidemment oui ; car tous sont *enfants* et *héritiers* de la Nature.

Cette égalité était-elle parfaite et *absolue*, de manière que chacun ne devait avoir que la même quantité d'aliments ?—Non, l'*égalité* était *relative aux besoins de chaque individu* : celui qui avait besoin de deux fois plus de nourriture pour être rassasié avait le droit d'en prendre deux fois plus, quand il y en avait pour tout le monde.

Y a-t-il jamais eu un *partage réel* de la terre entre les hommes? — Non, chacun a occupé ce qui lui convenait, sans consulter personne, sans obtenir le consentement de personne, et souvent sans que personne le sût.

Qu'est-ce que le droit de *premier occupant ?* — C'est le droit d'occuper ce qui n'est encore occupé par personne.

Pourquoi dites-vous *ce qui n'est encore occupé par personne ?*

— Parce qu'on doit respecter la possession du premier occupant si l'on peut trouver ce dont on a besoin parmi les objets non encore occupés.

Qui règle le droit du premier occupant ? — L'Équité naturelle.

Qu'est-ce que l'*Équité naturelle ?* — C'est l'opinion que la Raison donne partout à tous les hommes de ce qui est juste ou injuste, c'est-à-dire conforme ou contraire à la Nature et à l'Égalité naturelle.

D'après l'Équité naturelle, chacun a-t-il le droit d'occuper du *superflu ?*—Certainement non ; c'est *une injustice, une usurpation, un vol*, à l'égard de ceux qui n'ont pas le nécessaire.

Mais s'il reste encore aux autres des parts égales, de manière que chacun ait le nécessaire et même du superflu...? — Alors chacun peut occuper du *superflu*, parce qu'il ne nuit à personne, mais à la condition de le céder à d'autres quand il s'en présentera qui ne pourront pas se procurer ailleurs le *nécessaire*.

Celui qui aurait du *superflu* devrait donc le *céder* à d'autres qui ne pourraient pas obtenir autrement le *nécessaire ?* — Certainement : dans ce cas, quand même l'occupation du *superflu* aurait été juste dans le principe, comme elle aurait été essentiellement *conditionnelle*, ce serait une injustice de le conserver ; car l'Équité naturelle ne peut pas tolérer qu'un homme ait du *superflu* quand un ou plusieurs autres n'ont pas le *nécessaire*, et la *rétention* du superflu au préjudice d'autres hommes manquant du nécessaire est une injustice et une usurpation répétée chaque jour.

Mais si le premier occupant, possesseur du *superflu*, l'a personnellement travaillé...? — N'importe : le *superflu* était la part des autres, qui commenceraient à la travailler s'il l'avait laissée vacante ; *son travail ne peut lui acquérir la part d'autrui* ; il ne l'a travaillée qu'à la condition de la rendre ; il a profité de son travail pendant sa possession ; rien ne peut priver les autres de la part qui leur est nécessaire dans les biens communs donnés par la Nature à tous ses enfants ; et rien ne peut autoriser le possesseur du *superflu* à le conserver.

Vous venez de parler de *devoir* : qu'entendez-vous par devoir ? —J'entends ce que chacun est obligé de faire.

Tous les hommes ont-ils des *devoirs naturels ?* — Oui ; l'un ne peut pas avoir un droit sans que les autres aient le devoir de respecter ce droit; *droit* et *devoir* s'engendrent réciproquement, et l'un ne peut pas exister sans l'autre ; ce sont deux choses corélatives et inséparables.

Tous les hommes sont-ils *égaux en devoirs naturels ?* — Oui, tous les hommes ayant des droits, tous ont des devoirs ; et tous ayant les mêmes droits, tous ont les mêmes devoirs ; tous, par exemple, ont le droit de réclamer leur part des biens communs, et tous ont le devoir de laisser aux autres les parts qui sont à ceux-ci.

Quels sont les *devoirs naturels ?* — Aimer ses semblables comme ses frères et respecter tous leurs droits, ou bien « ne pas faire à » autrui ce qu'on ne voudrait pas qu'il nous fît, et faire, au con-» traire, aux autres tout ce que nous voudrions qu'ils nous fissent. »

Vous avez parlé de droits sociaux et de *Société* : qu'est-ce qu'une véritable Société ? — C'est une réunion d'hommes qui, *librement et volontairement*, conviennent de s'associer dans leur intérêt commun.

Pourquoi dites-vous *librement et volontairement ?* — Parce qu'il n'y aurait pas Société entre des hommes qui ne seraient pas tous libres et égaux, et qui ne consentiraient pas à l'association : si les uns étaient contraints par les autres, il y aurait des maîtres et des esclaves ou des quasi-esclaves, des exploiteurs et des exploités, mais pas d'associés, si ce ne sont les maîtres entre eux ; entre les oppresseurs et les opprimés il n'y aurait pas plus Société qu'entre les bergers et les troupeaux.

Pourquoi dites-vous associés dans leur *intérêt commun ?* — Parce qu'on ne peut concevoir que des hommes libres et égaux puissent volontairement s'associer dans l'intérêt de quelques-uns d'eux, quand ils peuvent le faire dans l'intérêt de tous.

Quel est l'intérêt commun des associés ? — C'est de conserver et de garantir leurs droits naturels et d'empêcher que les plus forts ne portent atteinte aux droits des plus faibles ; c'est de maintenir et de perfectionner l'Égalité naturelle.

· L'associé doit donc avoir l'*Egalité sociale et politique*, comme l'Égalité naturelle ?— Oui, l'*Egalité sociale et politique doit être la confirmation et le perfectionnement de l'Egalité naturelle.*

Les Nations sont-elles de *véritables Sociétés ?*—Non ! dans toutes il y a bien Société entre les Aristocrates ; mais il n'y en a point entre l'Aristocratie et le Peuple , entre les riches et les pauvres : ceux-ci sont, à l'égard de ceux-là, comme les esclaves d'Athènes à l'égard des Athéniens.

Les Nations n'ont donc pas été formées par une *convention expresse?*—Aucune : les conquérants ont bien pu s'associer expressément ou tacitement pour conquérir ; mais les grandes Nations ont toutes été formées par la conquête ; partout , c'est toujours une Aristocratie conquérante qui subjugue un Peuple devenu son esclave ou son sujet.

Ces prétendues Sociétés *peuvent-elles être bien organisées ?* — Non, parce qu'elles sont l'œuvre de la conquête, de la force, de la violence, de l'injustice et de l'usurpation, ou de l'inexpérience, de l'ignorance et de la barbarie.

L'organisation actuelle de ces prétendues Sociétés *est ·elle encore vicieuse ?* — Infiniment ; car les uns ont tout et les autres rien ; *l'Aristocratie a du superflu sans travailler, et le Peuple n'a pas le nécessaire en travaillant excessivement* ; les pauvres sont dépouillés de leurs droits naturels.

Les enfants des pauvres *ont-ils encore aujourd'hui des droits naturels?* — Certainement : aujourd'hui, comme toujours, les enfants, à leur naissance, sont tous les *enfants de la Nature*; tous les hommes d'aujourd'hui sont des hommes comme les premiers hommes; tous sont égaux en droits· naturels ; tous ont droit à la même part des biens de leur mère commune; c'est pour eux tous que la Nature, aujourd'hui comme toujours, répand la lumière et la chaleur qui féconde la terre et sans laquelle sa Propriété serait inutile.

Tous les hommes existants aujourd'hui ont donc encore des droits naturels ? — Sans aucun doute: les lois sociales qui privent les uns du *nécessaire* pour donner aux autres du *superflu* , sont autant de voies de fait qui violent l'Équité naturelle ; mais les droits divins sont sacrés, inaliénables et imprescriptibles ; le dépouillé conserve son droit, quoiqu'il n'en ait plus la jouissance; comme *le volé conserve son droit sur la chose enlevée et possédée par le voleur*.

Cette organisation prétendue sociale est-elle au moins *bonne pour les Aristocrates et les riches?* — Non : elle fait le malheur des pauvres sans donner aux autres un bonheur parfait ; elle établit entre eux tous une guerre perpétuelle qui entraîne pour eux tous d'innombrables calamités.

Quels sont les *principaux vices* de cette organisation prétendue sociale ? — Trois : l'Inégalité de fortune et de pouvoir, la Propriété individuelle et la Monnaie : en réfléchissant bien, on trouve que ce sont les trois principales causes de tous les vices et de tous les crimes, de tous les désordres et de tous les malheurs.

Pourquoi les hommes ont-ils adopté partout ces trois institutions? — Les uns les ont adoptées par égoïsme, dans leur intérêt exclusif : et les autres par ignorance, espérant qu'elles amèneraient le bonheur général.

Quel est le principal vice de l'organisation politique ?—C'est que la loi est faite par les Aristocrates ou les riches.

N'y a-t-il *aucun remède* au mal ? — Certainement il y en a un, car à quoi servirait à l'homme la Raison ?

Quel est ce *remède?*—C'est de supprimer la cause du mal, c'est-à-dire de supprimer l'Inégalité, la Propriété et la Monnaie, et de les remplacer par l'Égalité en tout et par la Communauté.

La Communauté permet donc de conserver les droits naturels?— Oui , puisque son principe fondamental est précisément de conserver et de perfectionner l'*Egalité naturelle*.

Quel est son principe concernant les *personnes?* — La Nation ou le Peuple forme une véritable Société consentie dans l'intérêt commun ; *tous les membres de la Nation sont associés, frères, parfaitement égaux en droits et en devoirs :* La Nation n'est même qu'une Famille ; elle n'est aussi qu'une seule personne morale.

Quel est le principe par rapport aux *biens?* — Tous les biens sont communs et ne forment qu'*un capital* social ; le territoire ne forme qu'*un domaine* exploité en commun.

Quel est le principe pour l'*industrie ?* — L'industrie sociale est unique, c'est-à-dire ne forme qu'une seule industrie exploitée par le Peuple comme par un seul homme, de manière à produire tout ce qui est nécessaire en divisant et en ordonnant le travail, et de manière à produire le plus possible, sans double emploi et sans perte.

Quel est le principe relativement aux *droits* et aux *devoirs ?* — Ils sont les mêmes pour tous ; chacun a le devoir de travailler le même nombre d'heures par jour, *suivant ses moyens*, et le droit de recevoir une part égale, *suivant ses besoins*, dans tous les produits.

Mais, n'est-il pas injuste que l'homme de talent et de génie n'ait qu'une part égale à celle des autres? — Non, parce que le talent et le génie sont le résultat de l'éducation que donne la Société, et que l'homme de talent ne serait rien sans la Société.

Comment le travail est-il considéré? — Comme une fonction publique ; tandis que, de leur côté, toutes les fonctions publiques sont considérées comme un travail : le travail et les fonctions sont aussi considérés comme un impôt.

Y a-t-il d'autre impôt? — Pas d'autre que la part égale de chacun dans le travail et dans les fonctions.

Quel est le principe par rapport au *travail ?* — Il est général et obligatoire pour tous ; commun, dans de grands ateliers publics, et, le plus possible, attrayant, court, et facilité par des machines.

Quel est le principe pour les *machines ?* — On ne peut trop les multiplier : on fait par elles tout ce qu'il est possible de leur faire exécuter.

Quel est le principe concernant la *nourriture*, le *vêtement*, le *logement* et l'*ameublement ?* — Ils sont, autant que possible, les mêmes pour tous, préparés par la Communauté et fournis par elle à chacun : tout est fait d'après un *modèle* adopté par la loi.

Quel est le principe concernant les *plaisirs* et le *luxe?* — La Communauté produit d'abord le nécessaire et l'utile ; ensuite elle produit l'agréable, sans y mettre d'autres bornes que la Raison.

Quel est le principe par rapport aux *villes*, etc., aux *maisons?* — Toutes sont faites par la Communauté sur un plan-modèle.

Quel est le principe pour les *chemins* et les *canaux?* — Ce sont des machines de transport qu'on ne peut trop multiplier.

Quel est le principe relativement au *commerce?* — Le commerce extérieur est fait par la Communauté, et le commerce intérieur n'est qu'une distribution faite sur tous les points par cette même Communauté.

Quel est le principe concernant la *famille?* — Chaque famille vit le plus possible en commun, toujours *sans domestiques*, ne formant qu'un seul ménage.

Quel est le principe quant au *mariage?* — Chacun peut et doit se marier ; le choix est parfaitement libre ; les époux sont égaux ; le mariage peut être dissous quand il y a nécessité.

Quel est le principe relativement à l'*éducation?* — Elle est tout l'homme et la base de la Communauté ; elle est physique, intellectuelle, morale, civique et industrielle ; elle est partie domestique et partie commune ; elle est générale ou élémentaire, et spéciale ou professionnelle.

Quel est le principe pour l'*éducation générale?* — Elle donne à tous les éléments de toutes les sciences et de tous les arts.

Quel est le principe de l'*organisation politique?* — Le Peuple est Souverain ; *tout est fait par le Peuple et pour le Peuple*.

En quoi consiste l'*Egalité politique?* — Tous les associés sont également citoyens, membres des assemblées populaires et de la garde nationale, électeurs, éligibles.

Quel est le principe concernant le *pouvoir législatif?* — Ce pouvoir constitue la Souveraineté ; il organise et règle tout par des lois.

Le pouvoir législatif est-il exercé par le *Peuple ?* — Oui ! Les lois sont discutées et préparées par des Représentants élus par le Peuple, et soumises ensuite à l'approbation du Peuple.

Les lois sont donc l'expression de la *volonté générale ?* — Oui, dans toute la vérité de ces mots.

Vous venez de dire que la loi organise et règle tout ; mais n'est-ce pas une atteinte à la *liberté ?* — Non, parce que la loi est faite par le Peuple, et que *le Peuple ne fait que les lois qui lui conviennent.*

Quel est le principe concernant le pouvoir *exécutif ?* — Il est essentiellement subordonné au pouvoir législatif, et exercé par des *magistrats électifs, temporaires et responsables* ; les fonctionnaires provinciaux et communaux sont très-nombreux.

Quel est le principe pour le pouvoir *judiciaire ?* — La Communauté prévenant par elle-même presque tous les crimes, les lois pénales sont infiniment simples et douces, et les tribunaux presque inutiles : c'est le Peuple qui juge dans ses assemblées populaires.

Le Peuple peut-il aisément fréquenter les *Assemblées populaires?* — Tout est disposé pour que personne n'y manque.

La Communauté assure-t-elle le bonheur commun? — Certainement : toute la puissance publique est exercée par le Peuple, et par conséquent pour le bonheur du Peuple ; l'Égalité d'éducation, de travail, de fortune et de droits, prévient l'inquiétude et la jalousie, les vices et les crimes, et procure toutes les jouissances dont l'homme est susceptible.

En un mot, le *problème* à résoudre est celui de trouver un moyen de *rendre heureux* les hommes et les Peuples : or, l'expérience universelle a prouvé que ce moyen n'est ni l'espérance ou la crainte d'une autre vie, ni la terreur des lois humaines, ni la vigilance de la police, ni l'organisation sociale et politique actuelle, ni l'opulence exceptionnelle, dont au contraire l'effet est si pernicieux que disait Jésus-Christ, « *il est plus facile à un chameau de passer par* « *le trou d'une aiguille qu'à un riche d'entrer au paradis.* » Le moyen que nous cherchons est donc ailleurs ; et la Raison indique qu'il ne peut se trouver que dans un nouveau système d'organisa-

tion qui rende : 1° *la vertu* FACILE ; 2 '*le vice et le crime* DIFFICILES,
et pour ainsi dire IMPOSSIBLES ; et ce nouveau système ne peut être
que la COMMUNAUTÉ qui , par l'*éducation*, habitue l'homme à la
Fraternité et à toutes les vertus sociales, tandis que , par l'*égalité*
*d'aisance et de bonheur* sous la seule condition d'un travail modéré,
elle ne lui laisse *aucun intérêt à nuire* à ses frères.

Est-il possible de substituer brusquement la Communauté au
système de l'Inégalité et de la Propriété ? — Non ; un régime transitoire est indispensable.

Quel régime *transitoire ?* — Un régime qui , tout en maintenant
la Propriété, détruise le plutôt possible la misère et progressivement l'Inégalité de fortune et de pouvoir ; qui forme, par l'éducation, une et plusieurs générations pour la Communauté ; qui donne
d'abord la liberté de discussion et d'association, et qui donne aussi
le suffrage universel.

Pourquoi ne pas supprimer de suite la Propriété ? — Parce que
les Propriétaires n'y consentiraient pas, et qu'*il faut à tout prix*
*éviter la violence* ; parce que d'ailleurs il est matériellement impossible d'exécuter instantanément les travaux nécessaires pour la
Communauté.

Quelle est la durée de ce régime transitoire ? — 30, ou 50, ou
100 ans, suivant les pays.

C'est bien long ! — C'est vrai ; mais il est absolument impossible
de faire autrement ; et d'ailleurs le bonheur se fera sentir de suite
et croîtra chaque jour, dès qu'on aura adopté le système transitoire et le Principe du système de la Communauté.

Il faut donc adopter d'abord le *Principe de la Communauté*, sauf
a en ajourner la réalisation complète et définitive ? — Nécessairement ; car si l'Aristocratie repousse le principe de la Communauté,
elle repoussera de même le régime transitoire et toute réforme
quelconque.

Mais comment déterminer l'Aristocratie à adopter le Principe de
la Communauté ? Faut-il employer la force ? — Non ! *ni violence*,
*ni révolution, par conséquent ni conspiration ni attentat.*

Pourquoi ? — Je pourrais en donner beaucoup de raisons ; mais je me borne à celles qui sont puisées dans l'intérêt du Peuple et de la Communauté : écoutez bien !

Les révolutions violentes sont la guerre avec toutes ses chances : elles sont extrêmement difficiles, parce qu'un Gouvernement, par cela seul qu'il existe, a une force immense dans son organisation gouvernementale, dans l'influence de l'Aristocratie et des richesses, dans la possession du pouvoir législatif et exécutif, dans le trésor, l'armée, la garde nationale, les tribunaux, le jury, et la police avec ses mille moyens de division et de corruption.

Ce n'est pas tout pour les opprimés d'être nombreux ; car il faut qu'ils puissent s'organiser en armée, et le Gouvernement emploie toute sa puissance à empêcher cette organisation : ce n'est pas tout d'avoir du courage, même un héroïque courage ; car les adversaires peuvent avoir aussi de la bravoure avec l'avantage de la discipline et mille autres avantages : ce n'est pas tout d'avoir une confiance sans borne en son dévouement ; car on n'arrête pas des boulets de canon avec la main. Et que de fautes ( l'amour excessif de l'indépendance et l'indiscipline, l'intolérance et la désunion, l'inexpérience et la maladresse, l'impatience et la témérité), bien naturelles sans doute au parti populaire jeune et souffrant, compromettent son succès !

Aussi, ce n'est pas d'aujourd'hui que le Peuple désire des révolutions : depuis le commencement du monde, il n'y a pas d'année peut-être que chaque Peuple n'ait senti le besoin de secouer le joug de l'Aristocratie pour reconquérir ses droits naturels ; et cependant, *combien peu de révolutions tentées comparativement au nombre des révolutions désirées !* Parmi les révolutions entreprises, combien peu ont réussi ! Et parmi ces dernières, combien peu ont atteint leur but, sans être escamotées ou anéanties plus tard par l'Aristocratie !

Je n'ai pas besoin de citer les révolutions tentées depuis 50 ans, ni les imprudences et les trahisons qui en ont fait échouer un si grand nombre ; mais je le demande, quand le Peuple aurait-il jamais autant de puissance qu'il en avait en 1793, lorsqu'il était maître de tout ? Et cependant, par suite de la division de ses chefs et de trop de précipitation peut-être, n'a-t-il pas été désarmé, chassé de partout, et presque garrotté par l'Aristocratie ? Faute d'ensemble et d'habileté, ne s'est-il pas, deux fois après le 9 thermidor, laissé ravir la victoire ?

Et quel mal ne fait pas au Peuple toute révolution déjouée, vaincue ou avortée ! que de mal n'ont pas fait la conspiration de Babœuf et la tentative du camp de Grenelle ! que de force n'ont pas donné à l'Aristocratie les émeutes, les conspirations et les attentats depuis 1830 ! N'est-ce pas une opinion générale que *l'Aristocratie désire et même provoque des violences* qui lui sont presque toujours aussi favorables qu'elles sont funestes à la cause du Peuple entier, lors même qu'elles ne sont que le fait de quelques individus ! Et n'est-ce pas l'un des plus grands dangers des temps révolutionnaires que quelques hommes isolés, les plus enfants et les plus étourdis comme les plus réfléchis, les plus fous comme les plus prudents, les plus pervers comme les plus dévoués, peuvent compromettre tout le Peuple, à son insu et contre sa volonté, dans l'intérêt de leur ambition ou de leur vanité et de leur cupidité, sans se douter qu'ils sont responsables de tout le mal qu'ils font à leur parti?

Je le répète donc, dans l'intérêt du Peuple lui-même, je repousse la violence.

Mais si la violence réussissait, ne serait-il pas juste de contraindre l'Aristocratie et les riches? — Non, parce que la violence n'est pas indispensable. *Les riches sont hommes comme les pauvres, et nos frères comme ceux-ci*; ils forment même une grande et belle portion de l'Humanité. Sans doute il faut les empêcher d'être oppresseurs ; mais il ne faut pas plus les opprimer que se laisser opprimer par eux ; la Communauté, imaginée pour faire le bonheur de tous les hommes, ne doit pas commencer par en désespérer une grande partie: Nous ne devons pas même les haïr ; car leurs préjugés et leurs vices sont l'effet de leur mauvaise éducation et de la mauvaise organisation sociale tout aussi bien que les imperfections et les vices des pauvres : cette mauvaise organisation, c'est Satan pervertissant également tous les hommes : il faut les en délivrer tous, mais non les brûler pour chasser le démon, comme Jésus-Christ n'est pas venu détruire les riches, mais les convertir en prêchant seulement la suppression de l'opulence et de la misère. En un mot, il ne faut pas plus sacrifier les riches aux pauvres que les pauvres aux riches, ou bien toute la pitié, tout l'intérêt, toute la justice, toutes les vertus, tous les efforts, se réuniraient contre les *nouveaux oppresseurs* en faveur des *nouveaux opprimés*.

Il ne faut donc pas haïr l'égoïste *boutiquier?* — Vous pouvez détester l'égoïsme et surtout sa cause ; mais rien ne me paraît

moins raisonnable, moins juste, et surtout plus maladroit que d'insulter et de menacer la nombreuse classe des marchands et des
fabricants ; car, quels que soient leurs défauts, ces défauts sont
l'inévitable effet de l'organisation générale et de leur situation particulière : la nécessité d'être exact dans ses paiements pour conserver sa réputation et son crédit, la crainte d'être déshonoré par
une faillite, les chances multipliées de pertes et de ruine , l'impossibilité de compter sur le secours des autres en cas de malheur,
le souci continuel et le tourment des billets à payer à la fin de
chaque semaine ou de chaque mois, les terreurs de l'associé ou de
la *femme* (qui, dans cette condition, connaît toutes les affaires de
son mari, et qui double ses inquiétudes et son égoïsme en lui rappelant sans cesse l'intérêt de ses enfants), tout se réunit pour rendre *égoïste* le marchand et le fabricant ou le boutiquier. C'est un
malheur sans doute qu'il ait généralement si peu d'instruction et
tant de crédulité, et qu'il soit si facile à l'Aristocratie de s'en faire
un instrument en lui parlant continuellement d'émeutes, de pillage
et d'anarchie ; mais s'il a peu d'instruction, ce n'est pas sa faute ;
s'il est crédule , c'est la conséquence d'une mauvaise éducation ;
s'il croit aux projets de pillage, il est bien naturel qu'il le redoute;
en un mot, l'influence de sa position est tellement irrésistible que,
généralement, l'Ouvrier, celui même qui crie le plus contre le boutiquier, en prend les sentiments et les habitudes aussitôt qu'il prend
la *boutique.*

Comment donc faire adopter à l'Aristocratie le principe de la
Communauté?—Comme Jésus-Christ, en prêchant, en écrivant, en
discutant, en persuadant, en convainquant les riches et les pauvres jusqu'à ce que tous, Peuple, Électeurs, Législateurs et Gouvernants soient convertis au principe de la Communauté. Ce n'est
pas tout pour le Peuple de désirer une réforme et même de faire
une révolution ; il faut surtout avoir un système, des principes, une
doctrine, une religion politique : ce n'est pas tout de se qualifier
*Citoyen*, *Frère*, *Démocrate*, *Républicain* ou *Communiste*, mots
qu'un agent provocateur peut prononcer aussi bien que qui que ce
soit ; il faut être bien persuadé et bien convaincu ; il faut bien savoir et bien connaître, et le plus grand génie ne peut savoir faire
une épingle s'il n'a pas fait l'apprentissage de l'épinglier ; il faut
enfin avoir la résolution d'accomplir tous ses *devoirs* en même
temps que le désir et la volonté d'exercer tous ses *droits.*

*Ce n'est pas d'aujourd'hui que le Peuple fait des révolutions :
pourquoi donc tant de ces révolutions ont-elles avorté ? N'est-ce*

pas parce que le Peuple n'avait pas de doctrine arrêtée? Les révolutions de 1792, 1815, 1830, n'auraient-elles pas eu un tout
autre résultat si le Peuple avait été bien pénétré de l'excellence
de la Communauté? Et si, depuis 1830, le Peuple entier ne s'était
uniquement occupé que de s'instruire et de propager ce système,
ne serait-il pas infiniment plus avancé maintenant?

Mais ne sont-ce pas les *riches* surtout qu'il faut convertir? —
Sans doute, et c'est même par eux qu'il serait le plus utile de commencer, parce que les riches et les savants ont bien plus d'influence
pour convertir d'autres riches et les pauvres eux-mêmes : que de
prosélytes les *Lamennais* et les *de Lamartine*, les *d'Argenson* et
*Dupont de l'Eure* ne font-ils pas à la doctrine dont ils se déclarent les apôtres!

Mais peut-on espérer que les riches se convertiront? — Et comment en douter? Est-ce qu'il n'y a pas de riches éclairés, justes,
généreux? Est-ce que les Lycurgue, les Agis, les Solon, les Gracques, les Thomas Morus, les Sidney, les Helvétius, les Mably, les
Turgot, les Condorcet, et mille autres, n'appartenaient pas à la
classe aristocratique et riche? Est-ce que, à toutes les époques,
l'Aristocratie n'a pas fourni des La Fayette, des d'Argenson, et mille
autres illustres exceptions? Est-ce que, parmi les femmes et la jeunesse de l'Aristocratie d'aujourd'hui, on ne trouverait aucune âme
enflammée du saint amour de l'Humanité?

A l'œuvre donc, à l'œuvre, vous tous, riches et pauvres, qui
vous trouvez convertis à la Communauté! Discutez, prêchez, con-
vertissez, propagez! Recueillez toutes les opinions et toutes les
preuves qui peuvent faciliter la conversion des autres! J'ai commencé : d'autres pourront mieux faire que moi.
Et point de conspirations, point d'associations conspiratrices,
toujours exposées à l'impatience et à la désunion! Point d'arrière-
pensées! seulement de la discussion!
Point même d'essais de Communautés partielles, dont le succès
ne pourrait faire que peu de bien, et dont la chute, presque certaine, ferait toujours beaucoup de mal! Du prosélytisme seulement,
et toujours du prosélytisme, jusqu'à ce que la masse adopte le
Principe de la Communauté!

Mais si l'Aristocratie ne veut jamais l'adopter...? — C'est impossible! Si la Communauté est une chimère, la discussion suffira pour

en faire justice, et le Peuple lui-même la repoussera pour adopter un autre système : mais si cette doctrine est la vérité même, elle aura de nombreux prosélytes dans le Peuple, parmi les savants, dans l'Aristocratie; et plus elle en aura, plus elle en conquerra chaque jour, tandis que chaque jour l'Angleterre et l'Amérique feront de nouvelles conquêtes pour tous les autres Peuples comme pour elles-mêmes. A la Communauté l'avenir, par la seule puissance de la Raison et de la Vérité! Et quelque lentement que l'Opinion publique amène son triomphe, elle l'amènera toujours plus promptement et plus solidement que ne le ferait la violence.

Et ma conviction sur ce point est tellement profonde que, *si je tenais une révolution dans ma main, je la tiendrais fermée, quand même je devrais mourir en exil !*

Tels sont mes *principes* sur la Communauté.

Peut-être voudra-t-on trouver des *allusions* dans mon ouvrage ; car comment parler histoire ou philosophie sans qu'on puisse en trouver, quand Richelieu ne demandait que cinq lignes quelconques de l'écriture d'un homme pour y trouver un crime à le faire pendre ! Mais j'ai bien acheté, je crois, le droit de prétendre qu'on ne peut pas plus douter de ma hardiesse que de ma franchise, et je déclare aux amis comme aux ennemis que, dans toute la partie critique de l'ouvrage, je n'ai jamais eu d'autre but que de signaler les vices de *toutes les organisations sociales et politiques* sans vouloir faire aucune allusion personnelle.

Hommes de tous les partis, étudiez la question de la Communauté ; car c'est la question du *bonheur*, la première et la plus importante des questions, celle qui renferme toutes les autres questions de morale, de philosophie, d'économie politique et de législation ! Ne serait-il pas puéril de gémir sur les MAUX du Genre humain sans en rechercher la CAUSE et le REMÈDE ! Ne serait-il pas dérisoire de ne s'occuper qu'à énumérer les vices du Peuple et à lui donner de stériles conseils, sans exhorter les puissants à guérir le mal en appliquant la justice et l'humanité !

Hommes de tous les partis, religieux ou politiques, écoutez M. GUIZOT dans son livre sur la *Religion dans les sociétés modernes*.

« C'est l'esprit du temps de DÉPLORER la condition du Peuple....

32

» mais *on dit vrai*; et il est impossible de regarder *sans une com-*
» *passion profonde* TANT DE CRÉATURES HUMAINES SI MISÉRABLES....
» cela est douloureux, *très douloureux* à voir, très douloureux à
» penser ; et cependant il faut y penser, *y penser beaucoup*; car à
» l'oublier il y a *tort grave* et GRAVE PÉRIL. »

Le remède donc! le remède, le remède!!...

Égoïstes, étudiez cette question ; car il s'agit de votre
propre intérêt!

Bons pères et bonnes mères, étudiez la question ; car
il s'agit du bonheur pour vos enfants et votre postérité!

Généreux amis du Peuple, étudiez la question ; car il
s'agit du bonheur pour le Pauvre et pour le Peuple!

Généreux philanthropes, étudiez la question ; car il
s'agit du bonheur pour l'Humanité tout entière!

CABET.

FIN DU VOYAGE EN ICARIE.

---

## DOCTRINE COMMUNISTE.

Quelques-uns nous font l'objection suivante: « Votre *Voyage
en Icarie* ne contient *pas de science*, pas de *doctrine*, pas de
*théorie.* » — Nous répondons :

Il y a deux manières d'écrire pour le Peuple ; l'une, de prodiguer
les mots *science, scientifique, savants, philosophie, philosophes,
doctrines, formules*, etc., etc., et beaucoup de termes techniques*
tirés du grec et du latin, et généralement inintelligibles, en un mot,
d'embrouiller et d'obscurcir les choses simples et claires, souvent
pour avoir l'air d'être savant; l'autre, d'éclaircir les choses les
plus embrouillées, de faire de la science sans le dire, et de tout
faire comprendre en employant la langue vulgaire. C'est au Peuple
à juger laquelle des deux méthodes est préférable pour lui.

Pour nous, nous soutenons que le *Voyage en Icarie* et tous nos
écrits sur le Communisme renferment une *science*, une *doctrine*, une
*théorie*, un *système*.

Nous soutenons que notre système est le plus simple, le plus
clair, le plus intelligible, et que sa simplicité, sa clarté, loin d'être

un défaut, sont une véritable perfection, une incalculable supériorité sur tous les autres systèmes.

Si l'on nous demande :

Quelle est votre *science?* — La *Fraternité,* répondons-nous.

Quel est votre *principe?* — La *Fraternité.*

Quelle est votre *doctrine?* — La *Fraternité.*

Quelle est votre théorie? — La *Fraternité.*

Quel est votre système? — La *Fraternité.*

Oui, nous soutenons que la *Fraternité* contient tout, pour les savants comme pour les prolétaires, pour l'Institut comme pour l'a-
telier ; car appliquez *la Fraternité en tout,* tirez-en toutes les conséquences, et vous arriverez à toutes les solutions utiles.

Il est bien simple, le mot *Fraternité,* mais il est bien puissant
dans l'application de ses conséquences !

### LA COMMUNAUTÉ C'EST LE CHRISTIANISME.

*Jésus-Christ* lui-même a non-seulement proclamé, prêché, com-
mandé la Communauté comme conséquence de la fraternité, mais
il l'a pratiquée avec ses Apôtres.

Ses Apôtres l'ont ensuite pratiquée entre eux, puis avec les
premiers Chrétiens.

Et pendant long-temps les premiers Chrétiens l'ont pratiquée à
l'exemple de Jésus-Christ et des Apôtres.

Si les Communautés religieuses avaient été mieux organisées, si
elles avaient réuni des familles, et si chacune avait compris un
grand nombre de membres, elles auraient probablement établi la
Communauté sur la terre : mais ces Communautés ne comprenant
que des hommes seulement ou que des femmes seulement, et en
petit nombre, c'était toujours une espèce d'*individualisme,* et le
*Communisme* s'est arrêté, au mépris du commandement de Jésus-
Christ.

Cependant le patriarche de Constantinople, *saint Jean-Chrisos-
tome, Pelage* et ses nombreux partisans, les *Bagaudes,* en Gaule,
les *Vaudois* et les *Albigeois,* en France, une foule de sectes pro-
testantes en Allemagne, en Angleterre, en Amérique, et une foule
de philosophes, ont pratiqué ou prêché la Communauté depuis
Jésus-Christ jusqu'aujourd'hui,

Les Communistes actuels sont donc les *Disciples,* les *Imitateurs*
et les *Continuateurs* de Jésus-Christ.

Respectez donc une doctrine prêchée par Jésus-Christ.

Examinez-la, étudiez-la.

Dites, si vous voulez, qu'elle est *trop belle*, que c'est un *rêve*, une *utopie* impossible à réaliser ; et c'est déjà beaucoup de vous accorder un pareil langage quand Jésus-Christ dit le contraire : mais il ne vous est pas permis de dire qu'elle est immorale, méprisable, détestable.

Ne dites pas que le Communisme, c'est la *loi agraire* ; car c'est tout l'opposé, puisqu'il ne veut pas de partage.

Ne dites pas que le Communisme, c'est la *spoliation* ; car il ne veut dépouiller ni appauvrir personne.

Ne dites pas que le Communisme, c'est la *violence* ; car il n'invoque que la discussion, la persuasion, l'opinion publique et la volonté nationale.

Ne *méprisez* pas le Communisme ; car c'est la doctrine la plus morale, la plus pure, et même la plus vraiment religieuse, parce que l'homme, heureux alors par l'intelligence et les richesses qu'il a reçues de la Nature ou de la Divinité, n'a plus pour elle que de l'admiration, de la reconnaissance et de l'amour.

Ne *haissez* pas surtout, ne repoussez pas les *vrais Communistes* ; car ils ne désirent que la justice et l'ordre, le travail et la concorde, la fraternité et le bonheur de tous les hommes.

### LA COMMUNAUTÉ, C'EST UNE ASSURANCE UNIVERSELLE.

Rien n'est plus usité maintenant que l'*assurance*, soit par mutualité, soit par spéculation intéressée : assurances contre l'incendie, contre la grêle, contre la gelée ou la coulure, contre le service militaire, contre la maladie ou la mort, contre les naufrages, etc.; on en compte un grand nombre d'espèces.

Poussez plus loin. Créez des assurances contre les faillites, contre le chômage, contre la misère, etc. ; supposez que le gouvernement ou la société soit l'assureur, et vous arriverez à la Communauté.

Oui, la Communauté est une *assurance mutuelle* et *universelle*, de tous pour tout. Moyennant un travail modéré, la Communauté assure ou garantit à chacun l'éducation, la faculté de se marier, la nourriture, le logement ; en un mot, tout.

# TABLE

ALPHABÉTIQUE ET ANALYTIQUE DES MATIÈRES

CONTENUES DANS

## LE VOYAGE EN ICARIE.

———

32.

FIN DE LA TABLE.

www.ingramcontent.com/pod-product-compliance
Lightning Source LLC
Chambersburg PA
CBHW070238290326
41929CB00046B/1848